HISTÓRIA DA FILOSOFIA OCULTA

SARANE ALEXANDRIAN

CHAVE

Título original **HISTOIRE DE LA PHILOSOPHIE OCCULTE**
Autor **SARANE ALEXANDRIAN**

Copyright © Éditions Robert Laffont, Paris, 1983

Direção editorial **ROGÉRIO DE CAMPOS E LETICIA DE CASTRO**
Edição **GUILHERME ZIGGY**
Assistente editorial **AMANDA PICKLER**
Tradução **ALEXANDRE BARBOSA DE SOUZA**
Preparação **GABRIELA MEKHITARIAN**
Diagramação **CARLOS ASSUMPÇÃO**
Capa e projeto gráfico **GUSTAVO PIQUEIRA – CASA REX**
Revisão **EDERLI FORTUNATO**
Agradecimentos **AMELI JANNARELLI E ALEX JANUÁRIO**

Todos os direitos reservados à Chave.

Dados Internacionais de Catalogação na Publicação – CIP

A382   Alexandrian, Sarane (1927-2009)
        História da filosofia oculta / Sarane Alexandrian.
        Tradução de Alexandre Barbosa de Souza. –
        São Paulo: Editora Campos, 2025. (Selo Chave).
        456 p.; Il.

        Título original: Histoire de la Philosophie Occulte.

        ISBN 978-85-9571-281-2

        Filosofia. 2. Filosofia Oculta. 3. Religião. 4. Espiritualidade. 5. Misticismo. 6. Esoterismo. 7. Hermetismo. 8. Gnose. 9. Cabala. 10. Descrições Simbólicas. 11. Dialética. I. Título. II. A grande tradição da gnose. III. Os mistérios da Kabbala. IV. A aritmosofia. V. A alquimia triunfante. VI. A conquista do porvir pelas artes divinatórias. VII. A medicina hermética e a taumaturgia. VIII. As comunicações com o invisível. IX. A magia sexual. X. Souza, Alexandre Barbosa, Tradutor. XI. Selo Chave.

CDU 133.5   CDD 133

Catalogação elaborada por **REGINA SIMÃO PAULINO – CRB 6/1154**

1ª edição
2025

CHAVE
R. Araújo, 124, 1º andar – 01220-020 – São Paulo, SP – Brasil
www.chaveeditora.com.br | +55 11 3211-1233

SUMÁRIO

Prólogo	11
As origens da magia ocidental	18
A busca do segredo dos segredos	25
O ensinamento iniciático, a Rosa-Cruz e a Franco-Maçonaria	29
Triunfo dos valores ocultos	32
1. A grande tradição da gnose	39
A gnose simoniana	43
Os pais do sistema gnóstico	48
Hermes Trismegisto, os sete arcontes e a receita da imortalidade	55
Sofia e as mulheres gnósticas	61
A serpente Ouroboros e a orgia ritual	65
A herança do "Tesouro da luz"	72
2. Os mistérios da Kabbala	79
O Zohar	88
Os primórdios da Kabbala filosófica	94
A doutrina do século dourado	99
Os alfabetos celestes e terrestres	103
O dogma da Alta Magia	106
A ordem cabalística da Rosa-Cruz	113

3. A aritmosofia — 121

A matese e as leis do cálculo metafísico — 125
A geometria oculta — 134
A esteganografia — 137
Os "números rítmicos" da História — 143
A filosofia do absoluto — 148

4. A alquimia triunfante — 155

A Grande Obra e a pedra filosofal — 161
Os alquimistas apesar de si mesmos — 169
Os clássicos da literatura alquímica — 175
A hiperquímica e o hilozoísmo — 181
A alquimia no século XX — 185

5. A conquista do porvir pelas artes divinatórias — 189

O prognóstico e a profecia — 195
A astrologia — 202
A geomancia — 209
A fisiognomonia — 212
A quiromancia — 217
A metoposcopia — 223
A oniromancia — 225
A adivinhação através do espelho — 227
A cartomancia — 231
A rabdomancia ou a vara divinatória — 238

6. A medicina hermética e a taumaturgia — 245

A revolta médica do Renascimento — 250
A medicina espagírica — 255
O médico dos três *S* contra o médico da *arkhé* — 268
Teoria e aplicação do magnetismo animal — 276
A taumaturgia e suas técnicas — 281
Medicina oculta mista e mediatria — 290

7. As comunicações com o invisível   299
A goétia   306
Os duos mediúnicos   313
O iluminismo   318
As viagens extáticas   321
A busca da "Coisa"   327
O "caminho interno" do martinismo   333
A teodoxia universal   338
O ocultismo contra o espiritismo   343
As experiências de desdobramento   348
A síntese do visível e do invisível   353

8. A magia sexual   359
Ontologia do ato sexual   362
O erotismo diabólico   368
O sabá   379
O enfeitiçamento e a possessão   385
A missa negra   394
As uniões imateriais   404
A santificação do sexo   408
A hierogamia nos tempos modernos   413

Notas   429
Sobre o autor   454

PRÓLOGO

A história da filosofia oculta é certamente a parte mais singular, mas também a mais desconhecida, da antropologia geral. A abundância de livros que tratam deste assunto, atestando o interesse constante do público pelos fenômenos que se relacionam a isso, encobre o conhecimento que se poderia ter sobre o assunto com todo tipo de considerações parasitárias, decorrentes tanto de um charlatanismo exaltado, como de um racionalismo restritivo. É difícil julgá-la sem se deixar levar por um desses dois extremos opostos, a credulidade ou o ceticismo, que prejudicam igualmente a objetividade. Quando somos crédulos demais diante dos fatos extraordinários que ela relata, não somos mais capazes de elaborar uma visão judiciosa do conjunto e de reclassificar esses fatos com um senso crítico íntegro. Por outro lado, quando continuamos inabalavelmente céticos, corremos o risco de perder os ensinamentos preciosos que esses fatos contêm sobre o homem e o mundo e de rejeitar como divagações sonhadoras diversas opiniões que tiveram uma influência real sobre os costumes. É por isso que, evitando com cuidado os abusos de interpretação, quero abordar com um espírito novo o estudo da magia ocidental, recusar a barafunda de anedotas que a ridicularizam, filtrar com rigor as crenças e as possibilidades de que ela lançou mão, e apresentá-la de forma assimilável pela cultura moderna.

Emprego de preferência o termo *filosofia oculta* (conforme os autores clássicos, como Cornelius Agrippa e Paracelso, que assim chamavam sua disciplina), que indica tratar-se da exposição de um conjunto de princípios, de dogmas e de métodos; o termo é mais conveniente que *ocultismo*, inventado por Éliphas

Lévi para criar um movimento análogo ao romantismo e ao socialismo e, portanto, compatível apenas com uma corrente nascida no século XIX. Também não creio que se possa falar com seriedade de *ciências ocultas*, pois as ciências propriamente ditas tiveram que, para alcançar um desenvolvimento positivo, se separar das ilusões do pensamento mágico e até mesmo combatê-las quando necessário. Essa noção de filosofia oculta é ainda mais apropriada uma vez que Pitágoras, a quem se atribui a invenção da palavra *philosophia*, concebeu ele mesmo a divisão dessa arte do pensar em um saber exotérico, destinado aos profanos, e um saber esotérico, reservado apenas aos iniciados. Os membros de sua escola deviam jurar conservar em segredo aquilo que aprendiam: aquele que o divulgava era considerado morto e se erguia uma estela funerária com seu nome; foi essa a sanção imposta contra Hiparco quando professou em público o pitagorismo, apesar dos avisos de seu condiscípulo Lísis. A obrigação do segredo distinguia o filósofo do vulgar sofista[*]. Mais tarde, Aristóteles dará também ensinamentos acroamáticos, isto é, puramente orais e oferecidos em particular aos melhores alunos, de teor diferente daquele de seus cursos públicos e de seus escritos. Estabeleceu-se, assim, a tradição de uma elite de pensadores responsáveis por uma doutrina secreta, da qual deviam afastar os espíritos frívolos e que abordavam matérias que a religião, a ciência e a instrução civil evitavam aprofundar. Essa doutrina não era apenas especulativa, e pretendia colocar à disposição de seus adeptos recursos superiores para governar os seres e compreender as coisas.

Como se explica que ao final do século XX, não obstante os progressos da física nuclear, da medicina, da astrofísica e da psicanálise, ainda se encontrem leitores apaixonados por obras sobre magia, feitiçaria, a ponto de a quantidade crescente de revistas, conferências e trabalhos que tratam disso assumir a importância de um fenômeno sociológico? Devemos prever que no século XXI, e mesmo depois, ainda haverá amadores que irão se dedicar à filosofia oculta: a evolução das descobertas científicas jamais terá algum efeito sobre ela. Atribuiu-se às mais diversas causas essa sobrevivência de crenças supostamente arcaicas: uns incriminam o declínio das religiões, e interpretam a recrudescência das superstições populares como uma consequência do materialismo; outros veem nisso uma aspiração intelectual rumo

---

[*] Armand Delatte enfatizou que se escondiam as ideias, não os ritos: "Era certamente sobre as teorias que se impunha o segredo, segundo o testemunho de historiadores antigos". (*Études sur la littérature pythagoricienne*. Paris: Honoré Champion, 1915).

ao maravilhoso, uma crise da civilização, uma expressão do desarranjo coletivo, e assim por diante. Para mim — e essa é uma das linhas diretrizes do meu estudo — a filosofia oculta é necessária para a constituição do espírito humano, que comporta inevitavelmente o *pensamento mágico* e o *pensamento pragmático*. O pensamento mágico é inerente ao inconsciente, o pensamento pragmático resulta do consciente. A filosofia oculta pertence a todos os tempos porque ela sistematiza o pensamento mágico que cada um leva em si, quer o aceite ou o negue, quer o cultive ou o reprima. Esse pensamento mágico aparece sem entraves na fabulação infantil, no sonho e na neurose. Todo homem já foi criança, todo homem sonha à noite, todo homem pode atravessar uma neurose de angústia relativa a um traumatismo moral; todo homem é, portanto, suscetível, em qualquer momento da vida, a assistir a emergência em si de paradigmas da magia ancestral.

A infância é, em primeiro lugar, uma verdadeira aprendizagem do mundo oculto. Basta observar à sua volta as crianças, consultar as próprias lembranças, para verificar essa disposição que grandes pediatras, aliás, codificaram. Melanie Klein, ao estudar os três primeiros anos da vida infantil, destacou "atos obsessivos de contra-magia", que ela reconheceu como "uma proteção contra os maus desejos, mais precisamente contra a intenção de morte"[1]. Segundo ela, na verdade, as pulsões destrutivas da criança acarretam o medo de ser exterminada por elas, e ela as neutraliza do mesmo modo que combate os perigos exteriores, utilizando o "poder mágico de seus excrementos" (o que explica a agressividade urinária do menino, que associa o pênis a uma arma). D.W. Winnicott, ao descrever a "experiência da onipotência", na qual um bebê começa a fazer a distinção do eu e do não-eu, mostrou que o *nursing couple* (par simbiótico formado pela mãe e seu lactante) já comporta uma relação mágica: "A confiança na mãe suscita um *playground* intermediário no qual a ideia de magia tem sua origem"[2]. Por sua vez, Jean Piaget definiu os quatro grupos de ações mágicas na criança, assim como as diversas formas de "animismo infantil", que compreendem os "hábitos mágicos de comando sobre as coisas". Ele discerniu um "período de artificialismo mitológico", durante o qual a criança explica para si mesma, de uma maneira fantástica, a origem do mundo, e transfere uma consciência aos objetos. Piaget demonstrou que esse comportamento não é uma fuga no imaginário, mas, pelo contrário, o começo do realismo, da participação com o exterior: "Aquilo que é próprio do estágio mágico, por oposição aos estágios posteriores, é justamente que os símbolos são ainda concebidos como participantes das coisas. A magia é, portanto, o estágio pré-simbólico do pensamento"[3].

Para o indivíduo saído da infância e tornado adulto dedicado a tarefas precisas e a cálculos de eficácia imediata, o sonho noturno é a lembrança constante de antigos prestígios esquecidos, e não abolidos. No filme interior do homem que dorme, o mágico nele reprimido pela vida cotidiana se vinga, dialoga com os pais mortos, produz aparições e prodígios, reemprega o arsenal de conjurações e sacrifícios rituais a fim de resolver suas dificuldades íntimas. É por isso que o sono se apresenta sempre, em todos os povos, como um contato com o mundo sobrenatural que lançaria avisos sibilinos. Hoje, os psicanalistas, reduzindo o sonho à realização de um desejo inconsciente que se disfarça para escapar à censura do consciente, esclareceram o significado dos sonhos supostamente premonitórios. No entanto, o mecanismo da condensação, do deslocamento e da dramatização que a psicanálise desvendou com o "trabalho do sonho", é aquele da atividade encantatória primitiva. O próprio Freud, ao fazer sua autoanálise, notou sonhos em que o material simbólico emanava de seus temores supersticiosos[4]. Sendo os desejos inconscientes indestrutíveis, o espírito não se crê capaz de superá-los senão por recursos fabulosos. O pensamento mágico entra em ação toda vez que intervém um problema diante do qual o pensamento pragmático é impotente. Assim, o sonho acordado, próprio dos apaixonados impacientes para realizar seus desejos, adota os procedimentos maravilhosos do sonho noturno. O ambicioso que deseja uma vitória, o apaixonado que arde com a vontade de abraçar sua amada, e o frustrado que planeja uma vingança, eliminam a ansiedade do fracasso por meio de devaneios muitas vezes absurdos, os quais fazem desaparecer os obstáculos como que por obra de um encantamento. Mesmo os homens de ação conservam tal necessidade de controle irracional do destino, que veremos quando o cardeal Richelieu consultar o astrólogo Jean-Baptiste Morin, o general Bonaparte pedir para ler a sorte com a cartomante Marie-Anne Lenormand, o chanceler Hitler seguir os conselhos do mago berlinense Eric Hanussen.

Enfim, nas neuroses e nas psicoses se realizam extravasamentos do pensamento mágico, como pude constatar regularmente quando, estudante de psicologia patológica, acompanhei todas as semanas a apresentação de doentes mentais em Sainte-Anne. Um deles, por exemplo, que apresentava um caso de delírio parafrênico, havia chegado ao hospital com duas malas, uma delas com o sinal (-) e outra com o sinal (+): ele as considerava polos da bateria que alimentavam o magnetismo de seu cérebro. Quando perguntado, ele subitamente erguia os braços para cima: "Fazendo esse gesto", ele nos explicava, "obrigo todas as pombas reunidas neste momento na Place de l'Opéra a saírem voando". Diante da convicção desvairada de seu olhar, pensei comigo que ele se agarrava desesperadamente a essa ideia de um todo-poderoso fictício, a fim de compensar sua fraqueza em meio ao mundo dos bem-pensantes, como um menino que brinca de senhor do universo para se livrar da angústia de depender dos adultos. Da mesma forma, no estado normal, homens de intelecto bem-organizado reagem contra instâncias superiores indefiníveis com crenças e cortejos simbólicos que tendem a dirigi-los. O pensamento mágico é uma função reparadora do Eu.

Para descobrir o caráter fatal desse processo, basta ler os poetas nos quais, após uma crise moral, a barreira que continha as reivindicações do inconsciente se rompeu. Não é estudando os processos de bruxaria que melhor se julga o espírito de uma bruxa da Idade Média diante de um torcionário da Inquisição que acredita em feitiços, mas sim lendo Antonin Artaud acusar seus perseguidores: "Tentam me fazer passar por louco, por delirante, porque eu acredito na magia, e não paro de dizer que manobras mágicas de ordem particular estão sendo exercidas contra mim. [...] A terra é em certas horas da noite, em certos dias do ano, do mês ou da semana, um imenso circo de feitiços muito bem camuflado e que ninguém constata, mas que conduzem os acontecimentos"[5]. A crença na magia não é *em nenhum caso* a prova de um desequilíbrio psicótico: é esse desequilíbrio que, ao desmascarar camadas profundas da personalidade, mostra o quanto essa crença, nesse contexto, é *natural*. O doente mental assume, no paroxismo e com toda espontaneidade, seu pensamento mágico, que ele não consegue mais subordinar ao pensamento pragmático. E o poeta alienado, que permanece um *vidente* até nos piores tormentos espirituais, comenta melhor do que ninguém o sentido oferecido pela realidade a partir desse desacordo interior.

O pensamento mágico contém dois princípios indispensáveis à vida humana, e dos quais o pensamento pragmático não sabe se servir: o *conhecimento pela intuição* e o *raciocínio analógico*. A intuição é uma espécie de instinto intelectual que alerta o homem do que é bom ou ruim para ele; o raciocínio analógico estabelece correspondências entre o ser e o universo e julga suas qualidades em função das semelhanças ou dessemelhanças constatadas. As descobertas feitas assim são tão "realistas" que, durante séculos, a medicina foi associada à magia; toda vez que se tratava de *vencer impossibilidades*, eram empregados procedimentos mágicos que abandonamos apenas quando tais impossibilidades puderam ser vencidas de outra forma. Na Índia védica, o *atharvan* (médico religioso que tirava sua ciência do *Atharva-Veda*), quando fazia o parto de uma mulher, começava por desatar todos os nós que houvesse na casa, para que a parturiente não ficasse amarrada por causa deles. Ele aspergia o doente com uma mistura de água e manteiga derretida, limpava-o da cabeça aos pés, sempre no mesmo sentido, para transportar a doença em direção aos pés, por onde ela fugiria. Ele fazia com que os vestígios de um mal desaparecessem sob emplastros e pós coloridos, e dizia que o doente estava recuperado. Suas curas não deixavam de ter eficácia: as invocações de deuses, as fumigações de madeiras de bom agouro, tinham os melhores efeitos sobre o moral de seu paciente, e os remédios extraídos de vegetais faziam o resto. Em caso de picada de serpente, o *atharvan* dirigia uma súplica ao deus das serpentes Takshaka, mas ministrava também um vomitivo ao ferido, cuja ferida havia sido sugada, cauterizada com um tição e lavada com uma decocção de plantas[6].

Sem a intuição e a analogia, nenhuma civilização teria se desenvolvido: não devemos subestimar os materiais fornecidos por esses dois métodos que aliam imaginação e observação. Os médicos chineses empregavam, contra as inflamações das pálpebras, uma pomada feita de excremento de morcego: isso parecia uma superstição ridícula até que um químico, ao analisar o excremento, descobriu que continham mais vitamina A do que o óleo de fígado de bacalhau. Os médicos do Egito faraônico, a partir de receitas do Papiro Ebers, que data da 18ª dinastia, aplicavam nas doenças oculares leite da mulher que deu à luz um menino (porque a julgavam mais vigorosa); o leite materno deve ter uma virtude oftalmológica, pois o cirurgião inglês John Arderne o recomendava ainda no século XIV, em Londres, como colírio (mas ele preferia, por considerá-lo mais fluido, o leite da mulher que tivesse dado à luz uma menina). As ideias bizarras do pensamento mágico permitiram algumas vezes compensar a insuficiência dos recursos técnicos de uma época. E mesmo quando eram em vão, elas serviam ao menos para evitar o desencorajamento, uma vez que uma certeza ilusória vale mais que o tormento da incerteza.

Os autores racionalistas consideram o domínio oculto como um conjunto de erros ideológicos dos quais nos livramos pela razão discursiva e pela ciência; eles só aceitam explorá-lo a fim de medir o caminho que o conhecimento da espécie humana percorreu, preservando-a de erros semelhantes no futuro. Até mesmo Alfred Maury, em *La Magie Et l'Astrologie Dans l'Antiquité Et Au Moyen Âge* [Magia e astrologia na Antiguidade e na Idade Média] (1860), limitou sua erudição a essa perspectiva estreita. Meu ponto de vista admite, pelo contrário, que ainda não saímos totalmente das crenças mágicas, e é provável que jamais sairemos delas: o homem mais racional do mundo as conserva, debilitadas e travestidas, dentro de si. Elas não tendem a se apagar, mas sim a se dissimular cada vez mais profundamente sob aparências lógico-pragmáticas. Em vez de considerar, portanto, essas crenças mágicas como letra morta, devemos vê-las como signos vivos de um estado de espírito em perpétua evolução ao longo das eras. Elas correspondem a fontes psíquicas permanentes da humanidade que a filosofia oculta pretende definir, aumentar e utilizar para melhorias do indivíduo, o que torna seu estudo indispensável, entre outros motivos, para uma boa apreciação do devir do ser humano.

Nessas condições, é lamentável que, apesar da multiplicidade das publicações especializadas, não exista hoje uma história da filosofia oculta que confronte seus aspectos e seus autores em um panorama traçado com o rigor da exatidão que é aportado às histórias da filosofia clássica. Eu quis suprir essa lacuna essencial dos escritos sociológicos. Hubert e Mauss que, no início do século XX, designaram a magia como um "fenômeno social", também disseram: "Ninguém nos deu, até o presente, uma noção clara, completa e satisfatória da magia, da qual não poderíamos prescindir"[7]. Ao comparar sistemas próprios dos indígenas cherokees, hurons, ojíbuas aos dos malaios dos estreitos, dos brâmanes da Índia védica, eles empenharam pesquisas no caminho da etnologia, de onde não conseguiram mais escapar. Os historiadores das religiões, os etnólogos, os psicanalistas e os sociólogos têm a tendência a se referir, para julgar o pensamento mágico, às comunidades selvagens ou camponesas, mais do que às comunidades urbanas. Malinowski buscou-o entre as tribos da ilha Trobriand, Georges Dumézil deu prioridade aos mitos indo-europeus, Claude

Lévi-Strauss consagrou sua tese aos índios nhambiquara e a maior parte de suas *Mitológicas* (1964) ao "campo mítico" dos índios klamath e modoc perto das Montanhas Rochosas, Mircea Eliade privilegiou as técnicas do êxtase do xamanismo siberiano, Géza Roheim fundou sua antropologia psicanalítica a partir da observação dos aborígenes da Austrália. Todos esses trabalhos engrandeceram nossa concepção da mentalidade primitiva, mas acabaram por fazer esquecer que há ações mágicas bem mais extraordinárias feitas pelos "civilizados" nas cidades da Europa: é precisamente isso que vou demonstrar. A mania do exotismo se tornou tamanha que se acredita tirar mais ensinamentos da autobiografia de um feiticeiro hopi, Don Tayalesva, do que daquela de um mago do Renascimento, Girolamo Cardano. Mesmo os ensaios de heresiologia sobre as seitas europeias negligenciam totalmente o aporte das doutrinas ocultistas do século XIX e não citam nem Fabre d'Olivet, nem Papus. Há, por toda parte, uma lacuna persistente na apreciação dos fundamentos do espírito ocidental, o que justifica minha tentativa de a preencher.

AS ORIGENS DA MAGIA OCIDENTAL

Meu princípio inicial é que a história da filosofia oculta só começa com o início do cristianismo: baseio esse postulado em numerosos exemplos e em uma análise das relações entre o *sagrado*, o *religioso* e o *mágico*. Ordinariamente, não se faz uma diferença entre a magia dos orientais e a dos ocidentais, como se, desde os tempos antigos até os modernos, elas pertencessem ao mesmo sistema. Ora, não podemos compará-las, pela simples razão de que, no Oriente antigo e na Antiguidade greco-romana, o sagrado dependia de um conjunto no qual magia e religião se confundiam. Um assírio que proferisse uma conjuração contra o Pazuzu, símbolo do vento do sudoeste, ou uma assíria que oferecesse um par de sapatos à Lamastu, persecutória das mulheres grávidas, a fim de convidá-la a retornar ao seu domínio subterrâneo, não eram desautorizados pelos *shangu* (sacerdotes) dos templos. Um egípcio do Novo Império que prendesse ao punho um amuleto, fosse este um "olho de Hórus" ou um "pilar djed", não incorria na censura dos sacerdotes de Karnak. Um grego que quisesse conhecer o próprio futuro em um *manteion*, santuário da adivinhação, ou que empregasse fórmulas de evocação dos espectros no seio do culto de Hécate, não escandalizava ninguém. Um romano que consultasse os arúspices sobre seu destino ou que se recusasse a sair de casa por conta de um presságio ou de um sonho não estaria infringindo sua religião. Ao passo que um cristão dos primeiros séculos que usasse talismãs, encantamentos e procedimentos divinatórios agiria contrariamente às constituições apostólicas, às interdições à astrologia e aos sortilégios decretados em 366 pelo concílio de Laodiceia e pelos posteriores de Agde, Orleans, Auxerre e Narbona. Os Pais da Igreja fizeram questão de mostrar que o sagrado não se identificava com o mágico, mas que este era um assunto que pertencia exclusivamente ao religioso; de modo que a magia, quando dissociada da religião, era rejeitada, apartada, tentou se aliar à filosofia para justificar sua importância e se transformar em ideologia de oposição.

Não devemos nos deixar enganar, nesse sentido, pelas leis que foram algumas vezes promulgadas contra os mágicos antes do cristianismo: elas não tinham como pretensão separar o religioso do mágico. Se os primeiros artigos do código de Hamurabi, na Mesopotâmia, indicam os castigos aos quais se expunham os rogadores de maldições, é porque se distinguiam os sacerdotes, dedicados à magia defensiva, dos feiticeiros, praticantes da magia ofensiva. Havia três classes de mágicos oficiais nos templos: o *baru* (adivinho), o *ashipu* (encantador) e o *mashmashu* (purificador). Da mesma forma, mais tarde, na Roma antiga, onde o Colégio de Pontífices e o Colégio dos Áugures exerciam altas prerrogativas mágicas, e o imperador Cláudio reunia em corporação os domadores de tempestades toscanos especialistas na arte fulgural (isto é, a arte de atrair ou afastar relâmpagos), a Lei das Doze Tábuas regulamentava apenas o mau uso da magia. A lei Cornélia dividia dois tipos de delitos: o *veneficium* (de *venenum*, veneno), composição de peçonhas, drogas abortivas ou filtros amorosos, e a morte por *defixio*. O *defixio* era uma placa de chumbo sobre a qual se inscrevia uma maldição com o nome de uma pessoa, com fórmulas escritas em "letras efésias"; colocava-se essa placa na sepultura de um morto prematuro a fim de submeter a uma influência mortal o inimigo designado. Quando Germânico morreu, encontraram-se *defixiones* contra ele e, assim, acusaram Pisão. A severidade de certos imperadores pagãos contra os mágicos vinha do medo de serem envenenados ou derrubados por perturbações sociais: Augusto mandou queimar os livros divinatórios, Tibério exilou na Sardenha quatro mil astrólogos, Vespasiano baniu de Roma os astrólogos de seu reino (conservando o mais célebre, Balbilo, junto a si), a fim de tirar dos cidadãos os recursos para especulação das probabilidades de um complô*. No processo da magia, seu valor religioso não era posto em dúvida. Os autores que, nessa época, ousaram criticá-la foram os epicuristas, isto é, os espíritos fortes comparáveis aos materialistas ateus do século XVIII. Pouco numerosos, não impediram a magia e a religião de colaborarem e de crescerem com aportes do Egito.

Pelo contrário, o cristianismo, desde seu advento, combateu com vigor todos os cultos orientais e gregos que o haviam precedido e denunciou como abomináveis os ritos e as crenças a eles associados. Desde Constantino e sua Constituição de 319, que ameaçava de morte no fogo o arúspice que penetrasse em uma casa, e de deportação aquele que o recebesse em sua casa, passando por Teodósio, cuja lei de 395 aboliu todas as práticas pagãs, até chegar ao Código repressivo de Justiniano no século VI, os imperadores cristãos perseguiram a adivinhação, os sacrifícios aos deuses e o culto doméstico; as penas incorridas iam do confisco de bens ao suplício derradeiro. Antes, só se punia o exercício ilegal da magia ou seu emprego criminal; a partir de então, será punida a crença na magia, mesmo quando não seguida de efeito. Os Pais da Igreja conduziram uma verdadeira guerra santa contra as superstições, por meio da polêmica e da ação, pois os países que queriam cristianizar tinham suas próprias divindades antigas. A cidade de Florença se converteu ao cristianismo exigindo conservar a estátua do deus Marte que protegia seus habitantes; o pedido foi atendido com a condição de que os florentinos destruíssem o templo de Marte e pusessem a estátua na margem do Arno[8].

Foi particularmente difícil vencer o poderoso atavismo pagão da Gália: a religião gaulesa, com 25 deuses e catorze deusas, sacrifícios humanos a Esus, a Teutates e a Taranis, a classe sacerdotal de Druidas e de Eubages, fundindo-se com a religião romana, havia criado um dos povos mais supersticiosos do Ocidente. A evangelização da Gália no final do século IV por São Martinho, então bispo de Tours, tal como contada por seu discípulo Sulpício Severo, foi uma empreitada de

---

* Alfred Maury observou bem: "Os senhores do império acreditavam na adivinhação astrológica, mas queriam reservar para si as vantagens". (*La Magie Et l'Astrologie Dans l'Antiquité Et Au Moyen Âge*. Paris: Didier, 1877).

vandalismo religioso: por onde passa, é representado quebrando estátuas e incendiando templos. Os gauleses se atiram sobre ele sem cessar, mas ficam petrificados onde estão ou caem para trás quando ele faz o sinal da cruz. Em Berry, onde o impedem de incendiar um templo, ele ora por três dias, e dois anjos armados de lanças e escudos aparecem para conter a multidão enquanto ele incendeia o edifício. São Martinho converteu a população com seus milagres: ressuscita três mortos, abraça um leproso "cuja figura pavorosa causava horror a todos" e que no dia seguinte aparece curado, agradecendo-lhe "com um semblante sadio e rubicundo"[9]. O prelado desprezava ainda mais os deuses romanos que o visitavam no retiro em Marmoutiers e conversavam com ele: "Mercúrio lhe parecia particularmente desagradável; Júpiter, segundo ele, era estúpido e grosseiro"[10].

Para desenraizar o paganismo, os autores cristãos empregaram a propaganda pelo maravilhoso, que opunha aos mitos pagãos, nos quais os deuses agiam, as vidas de santos em que os homens da verdadeira fé realizavam facilmente tudo aquilo que parecia impossível. A consequência inesperada foi substituir as antigas superstições por novas. Os hagiógrafos contavam que São Simplício, para se desculpar de uma falsa acusação, havia transportado carvões em brasa sem se queimar, e que São Brício havia feito o mesmo. Por causa disso, do século VI ao século XIII, praticou-se na França a prova do ferro em brasa ou da água fervente para identificar ladrões. Em um acréscimo de 593 à lei sálica, foi decretado que um homem acusado de roubo seria julgado culpado caso se queimasse na prova de fogo. Obrigavam-no a mergulhar o braço, às vezes até o cotovelo, em uma caldeira de água fervente, a fim de recolher um anel que haviam colocado ali; ou ainda a segurar na mão um ferro em brasa (chamado de *vômer* porque era semelhante a uma relha de arado) e assim carregá-lo por uma curta distância. Uma outra variação dessa prova do ferro em brasa consistia em fazer o acusado caminhar descalço sobre seis ferros em brasa (ou nove ou doze, conforme o delito): ele devia, para não ser condenado, mostrar-se insensível a isso. Um padre, Pierre Le Brun, nos revela: "Nos séculos X e XI, havia abades que consideravam um direito singular benzer o fogo, e conservar os ferros e as caldeiras destinados a tais usos"[11].

Seria possível reunir muitos outros exemplos da influência da literatura hagiográfica. O autor da *Vida de São Bernardo* diz que este fez com que morressem todas as moscas que infestavam a abadia de Foigni, na diocese de Laon, dizendo simplesmente: *Excomunico eos* (eu as excomungo). Também no século xv, encontram-se muitas sentenças dos oficiais de Lyon, de Autun e de Mâcon que excomungam esses insetos. Jean Milon, oficial de Troyes em 1516, declarou malditos e anatematizados os animais que estragassem a terra caso não saíssem a deixasse em um período de sete dias[12]. Os camponeses começaram a fazer exorcismos, bendições e orações em todas as oportunidades, para transformar em magia o simbolismo cristão, tanto que foram proibidos de "porte de Evangelhos, relíquias, breviários ou documentos, cintos e braceletes sobre os quais houvesse palavras sagradas ou cruzes escritas"[13]. Assim, as superstições cristãs substituíram as superstições pagãs e, para lutar contra o novo espírito que eles mesmos haviam desencadeado, os teólogos dividiram as superstições em oito gêneros: a *arte notória* (que consiste em escrever signos bizarros, pronunciar palavras desconhecidas), a *vã observância* (fazer certos gestos ou atos supostamente ritualísticos), o *culto induzido* ou *falso culto* ("fazer um culto divino a quem não se deve ou da maneira como não se deve")[14], o *culto supérfluo* (quando se agrega à liturgia cristã práticas exageradas de veneração)*, a *magia* (emprego de sortilégios), a *idolatria* ("culto divino prestado à criatura") e os *preservativos para a saúde* (como o "*pater* de sangue, isto é, espécie de contas de rosário que se coloca por cima do corpo para deter hemorragias")[15].

Esse empenho em fazer triunfar o pensamento religioso sobre o pensamento mágico trouxe intuições excelentes que nunca nenhum filósofo antigo teve; mas ele era acompanhado de uma campanha de difamação de três mil anos de civilização anterior à era cristã. Foi por isso que se formou uma resistência para manter o espírito dos cultos ctônicos, nos quais se desejava ver verdades que não deviam se deixar perder. Conservaram-se como um tesouro de sabedoria acumulado do princípio dos tempos, os fundamentos mesclados do pitagorismo, do orfismo, dos mistérios de Elêusis e das religiões pelágica, etrusca, egípcia, hitita, fenícia, que remonta às origens da Suméria. Seguiu-se,

---

* Na rubrica do *culto supérfluo*, J.-B. Thiers classifica as orações como a "barbe à Dieu" [barba de Deus] e o "patenôtre blanche" [pai-nosso branco] que garantiam o paraíso se fossem ditas todos os dias, ou atos como "levar na toalha usada no Natal o grão de trigo que se quer semear a fim de que nasça com facilidade e seja mais bonito". Na *vã observância*, ele fala dos "que cospem no sapato direito antes de calçar, a fim de se preservar de malefícios". A *magia* estava em "impedir pessoas de dormir colocando na sua cama um olho de andorinha" etc.

entre os filósofos revoltados, uma tentativa de recuperação ideológica do paganismo no contexto cristão, *que é precisamente o que devemos entender por filosofia oculta*. Admito que não existiria magia ocidental sem a herança da magia assírio-babilônica desde que se acrescente: não haveria magia ocidental sem a fundação do cristianismo, da qual ela foi tanto a contestação, quanto a interpretação supererrogativa.

Esse movimento, que se constitui desde o século I com a Gnose, tem como particularidade não ser um paganismo tardio, mas sim o fato de invocar a Tradição; ele luta para salvar, diante dos ataques incessantes do cristianismo, as religiões anteriores do Egito, da Índia, da Pérsia, da Grécia e da Etrúria, sem preferir uma à outra, tratando-as todas como elementos de um mesmo fundo cultural. E nessa Tradição, servida por iniciados que possuem uma "ciência escondida" que é também uma "ciência do escondido", ele engloba o próprio cristianismo naquilo que tem de melhor, ao retomar sua argumentação teológica e utilizar uma parte de seu maravilhoso. A Tradição refletirá as ideias da nova fé, em sincretismo com aquelas dos cultos antigos, pois ela se gaba de abarcar todas as aspirações da humanidade. Ela se apoiará tanto sobre a Bíblia como sobre os *Vedas* da Índia, o *Zende-Avesta* da Pérsia, e até sobre os *Versos de Ouro* de Pitágoras, compilação de um discípulo da Época Baixa, a fim de não deixar o espírito humano se confinar em um único dogma, mas de abri-lo a um conhecimento ilimitado da transcendência.

Entre os defensores da Tradição oculta, difundiu-se logo a convicção de que havia um cristianismo esotérico, penetrado de mistérios antigos, e que esse era o verdadeiro depósito confiado por São Paulo a Timóteo. Fizeram entrar na lista de seus representantes São Dionísio, o Areopagita, iniciado nos mistérios de Ísis antes de se tornar bispo de Atenas; Juliano, o Apóstata, imperador cristão que quis restaurar o culto de Cibele; Sinésio, bispo de Ptolemaida alimentado pelos filósofos de Alexandria; Raimundo Lúlio, o "doutor iluminado", que opôs à escolástica sua *Ars magna*, método combinatório que explicou em 1287 na Universidade de Paris; e ainda muitos outros, que estudaremos mais adiante.

O termo "cristianismo esotérico", julgado escandaloso quando foi inventado pelos ocultistas, é hoje usado unanimemente pelos teólogos. Não apenas houve padres que se dedicaram à magia (alguns tendo sido severamente punidos por isso), mas inclusive os que a combatiam acreditaram nela e publicamente lhe deram crédito. No entanto, é preciso avaliar esse cristianismo esotérico tal como ele foi de fato, uma vez que teve sua importância aumentada pelas lendas: ele foi visto onde não estava, em vez de ser avaliado através de seus verdadeiros representantes. O jurisconsulto Ulpiano denunciou as *improbatae lectionis* da literatura cristã primitiva, escritos publicados sob nomes usurpados; o mesmo abuso se deu do lado da Tradição. A fim de justificar a bruxaria, grimórios foram atribuídos ao rei Salomão, a Alberto Magno, ao papa Honório III; puseram tratados de alquimia sob autoria de um monge que jamais existiu, Basílio Valentim. Todos esses apócrifos, essas falsas biografias que iludem até hoje diversos "especialistas", devem ser esclarecidos por uma justa erudição se quisermos separar os disparates dos grandes princípios.

Desde o final do século XV, os esotéricos preocupados em reconciliar o judaísmo e o cristianismo defenderam a Kabbala, doutrina mística secreta dos israelitas. Derivada do verbo hebraico *kabal* (receber, transmitir), a *kabbala* é a transmissão através das eras daquilo que Adão sabia antes da Queda: saber original, magia suprema, dos quais toda religião e toda ciência são apenas aproximações. De fato, no Éden, o anjo Raziel havia trazido do céu, para Adão, um livro que continha explicações sobre todas as coisas ignoradas até pelos anjos superiores: "No meio do livro, estava gravado o mistério da 'Sabedoria eterna', com o auxílio da qual se descobrem as mil e quinhentas chaves que não são confiadas a nenhum ser celeste"[16]. Os cabalistas pretendem reconstituir o ensinamento desse livro perdido por Adão, dedicando-se a especulações ousadas sobre o Antigo Testamento, para a indignação de teólogos cristãos e até mesmo de teólogos judeus anticabalistas, que não aceitavam colocar o Zohar, obra maior da Kabbala, ao lado do Talmude (livro sagrado mais antigo, terminado em 499).

Compreende-se agora que era necessário, para que nascesse a filosofia oculta, um período em que as religiões pagãs fossem violentamente contestadas, o que levou pensadores a examiná-las não mais separadamente, mas em bloco, e a extrair delas todas o espírito comum. Era preciso também o exemplo da mística judaica que, sob o nome de Kabbala, honrava uma Tradição anterior ao próprio Moisés, tendo sua fonte no Éden. Enfim, era preciso que o cristianismo tentasse demonstrar a superioridade do pensamento religioso sobre o pensamento mágico, aportando, como provas, suas próprias histórias fantásticas, com as quais fortaleceu uma mentalidade nova, sonhando com uma supermagia legítima. De tudo isso resultou uma doutrina geral, confusamente esparsa entre os gnósticos, os alquimistas e os astrólogos da Idade Média, antes que a chamássemos publicamente de *philosophia occulta* em 1533, começando, então, a fixar seus estatutos.

A BUSCA DO SEGREDO DOS SEGREDOS

O inaugurador da filosofia oculta foi Heinrich Cornelius Agrippa von Nettesheim, vulgo Cornelius Agrippa, nascido em 1486 em Colônia, médico, jurista e teólogo, grande rebelde do Renascimento, a quem o humor combativo suscitou diversos obstáculos. Mestre em artes aos vinte anos, tendo aprendido direito, medicina, filosofia e línguas, ele foi primeiro soldado na Espanha, em nome do rei de Aragão. Foi para a França e tentou, em 1509, ser professor de literatura sacra em Dôle; mas desde os primeiros cursos, nos quais fazia um estudo comparado das religiões e afirmava que a religião católica era a melhor, disse que, apesar de tudo, era preciso manter em relação a ela uma liberdade de exame; logo os franciscanos *cordeliers* se juntaram contra ele e o expulsaram da cidade. Depois de uma temporada em Londres, onde escreveu seus comentários sobre as Epístolas de São Paulo, ensinou teologia em Colônia, em 1510, e foi enviado como teólogo ao concílio de Pisa, em 1511, por recomendação do cardeal de Santa Croce. Viveu sete anos na Lombardia, a serviço do imperador Maximiliano que o promoveu a cavaleiro dourado (ou seja, aquele que tinha o privilégio de portar espadas douradas), e deu aulas na universidade de Pavia, depois na de Turim, até que a guerra o obrigou a partir[*].

Graças ao apoio do marquês de Montferrat, Agrippa se torna síndico, advogado e orador da cidade de Metz; ele atrai mais uma vez o ódio dos monges ao se opor aos procedimentos do dominicano Nicolas Savini, grande inquisidor, que queria condenar como bruxa uma aldeã de Woippy, com base em testemunhos de oito camponeses bêbados. Agrippa apresentou uma solicitação junto ao

---

[*] Foram contestados seus títulos de cavaleiro e de doutor, mas era impossível negar sua coragem e seu saber. Cf. Auguste Prost, *Les Sciences et les Arts occultes au XVIᵉ siècle: Corneille Agrippa, sa vie et ses oeuvres* (Paris: Champion, 1882).

bispo de Metz, conseguiu libertar a pobre mulher que estavam prestes a torturar, e pune seus difamadores com forte sanção. Esse feito logo tornou a situação de Agrippa insustentável e o obrigou a deixar a região com a esposa e o filho. Em 1523, é médico na cidade de Friburgo, onde sua reputação incita o bispo de Bazas, Symphorien Bullioud, a convidá-lo a ir para a França e apresentá-lo à corte; de forma que, em 1524, Luísa de Saboia, mãe de Francisco I, nomeia Agrippa seu médico e lhe pede que seja também seu astrólogo, o que ele recusa não por ceticismo (ele aceita fazer o horóscopo do condestável de Bourbon), mas porque ela negligencia seus honorários ("Bullioud me paga com bulas", dirá ele a um de seus correspondentes).

Instalado durante quatro anos em Lyon, Agrippa redigiu *De Incertitudine et vanitate scientiarum et artium* [Da incerteza e da vaidade nas ciências e na arte] (1527), no qual defende, antes de Rousseau, que as ciências e as artes são nocivas ao homem, e denuncia os abusos das profissões liberais de sua época, em 103 capítulos que atacam, um por um, os gramáticos, os músicos, os médicos etc. Essa obra, que teve duas edições em três meses, foi apreendida e queimada por ordem da Faculdade de Teologia de Paris, em janeiro de 1531. Agrippa, que, na época, era conselheiro e historiógrafo do imperador Carlos V na Antuérpia, escapou das perseguições porque contava entre seus admiradores com o cardeal Campegi, legado apostólico, e com o cardeal La Mark, bispo de Liège. Foi, em 1532, a Bonn e tentou publicar *Três Livros de Filosofia Oculta*, enciclopédia de magia que havia escrito anteriormente e submetido às críticas de seu mestre, o abade Johannes Trithemius em Würzburg[*]. Os trabalhos de impressão dessa obra foram interrompidos em janeiro de 1533 por exigência da Inquisição ao Senado de Colônia; Agrippa protestou em uma carta aos magistrados e conseguiu dar a obra a lume em julho.

Agrippa começou *Três Livros de Filosofia Oculta* (1533) declarando que ninguém deve se ocupar da magia se não conhecer perfeitamente a física, as matemáticas e a teologia. Na primeira parte, sobre a magia natural, ele desenvolve a teoria dos três mundos, o Elemental, o Celestial e o Intelectual, sendo cada mundo governado por seu superior e recebendo suas influências. Ele analisa as "virtudes ocultas das coisas" (distintas de suas qualidades elemen-

---

[*] As cartas que eles trocaram sobre esse assunto foram traduzidas por Jean Orsier em *Henri Cornelis Agrippa, sa vie et son oeuvre d'après sa correspondance* (Paris: Carcornac, 1911.)

tares imediatamente perceptíveis), o modo como elas provêm das Ideias, da Alma do Cosmos e dos influxos planetários, quais atrações e quais repulsões elas suscitam entre as espécies animais, vegetais e minerais. A segunda parte, sobre os Números, explica não apenas o poder mágico que eles detêm, mas também os segredos da harmonia musical e do zodíaco. A última parte, sobre a magia cerimonial, trata do efeito dos nomes divinos, da hierarquia dos anjos, das nove classes de maus espíritos, dos ritos, do êxtase e da pureza, mesclando, em uma síntese estonteante, os ensinamentos de Moisés, Cristo, Orfeu, Demócrito e Plotino.

Agrippa, que sabia oito línguas, entre elas hebraico, leu tudo e tentou conciliar as Escrituras sagradas com os textos sagrados de outras religiões. Ele expõe muitos fatos incríveis, mas destaca que os extraiu de autores estrangeiros: "Não os dou como verdades, mas como conjecturas que se aproximam da verdade... É preciso ter a sabedoria que sabe tirar o bem de todo mal e reduzir à linha reta todas as coisas oblíquas"[17]. Sabemos por ele que Serenus de Samos, em seus preceitos de medicina, recomendava adotar a fórmula *abracadabra*, repetida dez vezes, junto ao pescoço de um doente, para suprimir sua febre; que o rabino Hama, em seu tratado *Da Contemplação*, aconselhava contra enfermidades uma medalha com o nome *Ararita* escrito. Se Agrippa afirma que todo homem é acompanhado por toda sua vida por três guardiões invisíveis, o *daimon* sagrado, o *daimon* da natividade e o *daimon* da profissão (que muda quando se muda de profissão), ele cita como justificativa as autoridades religiosas impositivas. Alguns padres leram inebriados *Três Livros de Filosofia Oculta*, outros a evitaram com horror, pois viram na obra a quintessência das leituras que lhes eram proibidas.

Em 1535, Agrippa deixou Bonn e voltou a Lyon; Francisco I logo mandou prendê-lo por ter feito comentários satíricos contra a rainha-mãe, mas seus amigos conseguiram libertá-lo. Refugiou-se em Grenoble com François de Vachon, presidente do parlamento do Dauphiné, e morreu nesse mesmo ano; foi sepultado na igreja dos dominicanos Frères Prêcheurs. Deixou uma reputação de "príncipe dos mágicos", que demorou muito tempo para ser abolida. Paul Jove conta que ele se fazia seguir por toda parte por um grande cachorro preto que chamava de *Monsieur*, que era, com certeza, o Diabo; ele se esqueceu de adicionar que Agrippa também tinha uma cadela chamada *Mademoiselle*. Foi assim que as menores anedotas ou singularidades de um autor anticonformista se voltaram contra ele.

Os filósofos ocultos foram todos da mesma cepa que Cornelius Agrippa. Não se deve esperar encontrar neste livro os amalucados ou maníacos, entregues a quiméricas especulações, mas pensadores originais e ousados, humanistas revoltados que tinham ideias brilhantes. Se foram perseguidos por sua liberdade intelectual, situam-se não obstante entre os gênios da humanidade: Paracelso, que precisou fugir, em 1528, para não ser exilado em uma ilha no lago de Lucerna, foi recebido, em 1536, pelo rei Fernando I em Viena como um mestre da nova medicina; Girolamo Cardano, antes de sofrer as sevícias da Inquisição, entrou, embora plebeu, na Academia dos Affidati, reservada aos nobres (da qual Felipe II da Espanha era membro). Foram, assim, os matemáticos, médicos, teólogos, juristas, eruditos e letrados que elaboraram a doutrina esotérica, com verdadeira inspiração: eis por que ela tem em seu conjunto tanta profundidade e radiância.

Como esses pesquisadores eram acusados sem cessar de serem demoníacos, Gabriel Naudé, enquanto sábio cristão, quis estabelecer uma distinção entre a "magia permitida" e a "magia proibida e ilícita". Indignando-se contra "Beno cardeal cismático que fez um catálogo dos papas mágicos", dentre os quais constavam Silvestre II, Bento X e Gregório VII, atribui tais calúnias à ignorância e à inveja. Naudé objeta que existem quatro tipos de magia, dos quais apenas um é repreensível, a goétia, que evoca demônios com finalidade criminal: "Este deve ser chamado apenas de mágico, em relação a Biermannus, que faz o pacto com o Diabo para se servir dele em tudo o que quisesse empregá-lo"[18]. Era precisamente esse tipo que era usado antes do cristianismo: "Essa magia perversa e proibida esteve tão em voga em todo o Egito, que para lá acorriam pessoas dos quatro cantos do mundo como se fosse uma Academia". As três magias permitidas são: 1. "essa magia sagrada e divina... que se faz reconhecer em suas operações excelentes e sobrenaturais, como a profecia, o milagre, o dom das línguas"; 2. "a teurgia ou magia branca, que, sob a aparência de religião, comanda os jejuns e as abstinências, a piedade, a pureza, a candura e a integridade da vida, a fim de que a alma que deseja ter comunicação com as Deidades superiores não seja em nada impedida por seu corpo poluído e contaminado"; 3. "a magia natural...

não sendo outra coisa que uma física prática, assim como a física é uma magia contemplativa"[19]. Essa magia natural, lícita para os cristãos, compreende, segundo Naudé, a medicina, a química, a astronomia, a fisiognomonia, a oniroscopia, a quiromancia, a helioscopia e a geomancia. Constatamos, aqui, através de que acomodações o pensamento mágico, inseparável do espírito humano, se concilia com os dogmas mais poderosos, uma vez que ele ressurge no cristianismo, apesar dos chamados à ordem reiterados do Vaticano.

O ENSINAMENTO INICIÁTICO, A ROSA-CRUZ E A FRANCO-MAÇONARIA

Evidentemente, a filosofia oculta não foi difundida de um modo oficial como a escolástica, porque ela afastava os profanos e estava em ruptura com a dogmática fixa das escolas. São grupos independentes que a reivindicaram, aqueles que se formaram em torno de um mestre solitário, às vezes tendo descoberto sua obra apenas depois da morte deste; ou organizações iniciáticas que observam um ritual em suas reuniões. Opunham ao saber universitário, no qual a consciência não é sagrada, o saber esotérico solenizado por símbolos comparáveis às sete provas do culto de Mitra. No entanto, não devemos perder de vista este axioma: *a história da filosofia oculta não está ligada à história das seitas e das sociedades secretas*. Dentre estas, apenas alguns adquirem noções da filosofia oculta; assim os Templários, ordem de monges soldados, não se ocupam dela, enquanto os Cátaros professam ideias gnósticas. Aliás, vários filósofos tiveram discípulos sem havê-los procurado (Jakob Böhme, Swedenborg, Saint-Martin, René Guénon); outros criaram associações de acesso deliberadamente restrito. Mesmo a Rosa-Cruz e a Franco-Maçonaria, que devo mencionar, são implicadas apenas em parte nesse movimento.

A Fraternidade da Rosa-Cruz, sobre a qual se escreveram tantas histórias delirantes, e na qual já se procurou ver uma sociedade secreta imponente, foi constituída na Alemanha no início do século XVII *por quatro homens*, dos quais um mestre e três aprendizes; logo se tornariam oito, todos alemães, com exceção de apenas um deles, e todos celibatários. Cinco partiram para difundir sua doutrina pela Europa, tendo combinado de se reunirem a cada ano; um deles, a quem se atribui ter salvado da lepra o conde de Norfolk, morreu na Inglaterra. Eles publicaram seu primeiro manifesto em 1614, *Fama fraternitatis* [Glória da fraternidade], que revela os seis artigos de sua Constituição, a qual estipulava que deviam permanecer ocultos por cem anos e que sua missão era tratar dos doentes gratuitamente. Eles alegavam que um certo Christian Rosencreutz havia fundado sua Fraternidade em 1459, ao longo de uma viagem pelo Oriente. Dois desses rosa-cruzes foram a Paris em 1622, e cobriram os muros da cidade com cartazes manuscritos que continham libelos do tipo: "Nós, deputados de nosso Colégio principal de Irmãos da Rosa-Cruz, passamos uma temporada visível e invisível nesta cidade por graça do Altíssimo, ao qual se volta o coração dos Justos. Ensinamos sem livros, nem notas, e falamos as línguas do lugar onde queremos estar para tirar os homens, nossos semelhantes, do erro e da morte".

A comoção foi considerável na França. Uma quantidade de panfletos surgiu prevenindo o público contra os Invisíveis[*]. Acreditava-se que eles fossem milhares por todo o mundo e que tinham três colégios, um nas Índias, sobre uma ilha flutuante, outro no Canadá e o terceiro em Paris, em um subsolo. Na realidade, os rosa-cruzes eram uma dezena de alquimistas protestantes; a rosa era ao mesmo tempo o símbolo dos luteranos (Lutero tinha em seu brasão uma cruz com quatro rosas) e da alquimia (segundo o *Livro de Abraão judeu*). Eles se dedicaram à medicina, como discípulos de Paracelso, que tinha como emblema uma rosa coroada. Combateram o papismo e o maometismo, e queriam pôr a magia a serviço da religião reformada. Em 1624, os irmãos convocaram todos os membros para uma reunião, esperando que totalizassem 23, mas descobriram serem nove membros e dois aprendizes; decidiram aumentar seu número para 63, não mais do que isso. Os relatórios deles indicam que se dividiram em Rosa-Cruz e Cavaleiros da Cruz de Ouro: "A antiga saudação de nossos irmãos, em geral, era antes *ave frater*, ao que se respondia com *rosae crucis* quando se era da Rosa-Cruz e *aurae crucis* quando se era da Cruz de Ouro, ou ainda *rosae et aurae crucis* quando se era de ambas"[20]. Nessa época, tinham como chefe um *Imperator* eleito a cada dez anos.

Esse punhado de homens manteve em suspenso a opinião pública de uma maneira extraordinária. As pessoas atacavam os rosa-cruzes ou os defen-

---

[*] Os panfletos mais virulentos foram recolhidos por Édouard Fournier em *Varietés historiques et litteraires*, tomo I e tomo IX (Paris: Jannet, 1855–1863).

diam sem nunca sequer terem visto um único deles, sem possuir qualquer informação sobre eles. Descartes tentou em vão se encontrar com eles e foi acusado, por um adversário, de ser um de seus membros. Robert Fludd, em Londres, começou por elogiá-los e terminou se considerando um deles: ele se tornou o maior de todos, ainda que eles provavelmente não tenham se mostrado mais para ele do que para Descartes. John Heydon descreveu, com muitos detalhes, seu templo imaginário na Inglaterra. Depois disso não se falou mais em Rosa-Cruz durante meio século, até que um padre saxão, Sincerus Renatus, em 1714, relançou o mito ao afirmar que eles haviam abandonado a Europa e se mudado para a Índia. Logo alguns quiseram desmenti-lo, e novos personagens se agitaram em nome dessa Fraternidade. A Rosa-Cruz não era, portanto, uma seita, mas era, a princípio, uma mistificação filosófica genial que, sob o disfarce de pensadores isolados ou pequenos grupos, trabalhavam com alquimia e publicavam livros curiosos; ela só assumiu consistência no século XIX.

Quanto à Franco-Maçonaria, ela nasceu na Inglaterra, derivada da corporação dos pedreiros sediada em York, a *Fraternity of Freemason*, trabalhadores que se chamavam de irmãos, davam-se o beijo da paz, prometiam-se tolerância recíproca e auxílio mútuo; eles se faziam reconhecer os mestres de obra por uma senha ou mediante toques de mão. Elias Ashmole, recebido entre eles em 1646, teve a ideia de formar um agrupamento iniciático a partir desse modelo, a Franco-Maçonaria especulativa, e inventou a lenda que dava como fundador Salomão e como arquiteto do Templo, Hiram. No dia 24 de junho de 1717, foi inaugurada a Grande Loja de Londres, à qual pertencia o reverendo James Anderson, que publicou o *Livro das Constituições Maçônicas* (1723), ainda de tendência protestante, que negava a revelação e a Trindade, ao preconizar a religião natural. A maçonaria desembarcou na França em 1730 e ficou por algum tempo sob o jugo inglês; essa "maçonaria azul" francesa desenvolveu-se de maneira tão frívola que, em 1743, reformistas criaram a maçonaria escocesa com seus Altos Graus, Graus de Vingança e Graus Cavalheirescos. Mas os maçons escoceses do século XVIII foram definidos como "místicos ultrajantes e ocultistas postulantes", cujo programa se caracterizava pela "pobreza de invenção, ausência de qualquer valor intelectual e moral"[21].

Segundo os próprios especialistas, apesar do aparato simbólico e dos dogmas, apenas uma pequena parte da franco-maçonaria origina-se da filosofia oculta: é a tendência representada por Martinès de Pasqually, de quem apresentarei, mais adiante, a atividade espantosa. Uma outra encarnação do ocultismo maçônico foi Cagliostro, que fundou em 1785 a Alta Maçonaria Egípcia, ensinando "dois modos de operar, um para se tornar imortal fisicamente, outro para se tornar imortal moralmente"[22]. Mas, durante o Diretório, uma "sociedade de Filósofos desconhecidos" criticou os maçons por serem "Cavaleiros do Estômago" e ressuscitou contra eles os rosa-cruzes, em *Apocalipse Hermético* (1790)[23]. Enfim, Jean-Marie Ragon, em 1853, lastimou que a filosofia oculta não fosse prática entre seus colegas maçons, e propôs um catecismo "para o *terceiro grau filosófico*, no qual se completaria, com a graduação simbólica correspondente, a educação do iniciado moderno"[24].

Vemos como é preciso ser comedido antes de assimilar a filosofia oculta ao trabalho interno de seitas e de sociedades secretas. Apenas os sistemas que unem ocultismo e esoterismo ligam-se à filosofia oculta: o ocultismo é a teoria do conjunto das virtudes ocultas das coisas; o esoterismo, um recurso misterioso de aproximação da Tradição primordial da humanidade, de onde decorrem todas as religiões. Os grupos de iniciados que iremos descobrir, desde os gnósticos até os discípulos de Gurdjieff, são *grupos de estudos*, comparáveis a um curso de filosofia. Quem teria a ideia de considerar uma seita um curso de filosofia? A diferença é que os adeptos vão a um mestre livremente escolhido, de quem admiram a personalidade ou os escritos; enquanto, na universidade, é preciso suportar, mesmo a contragosto, o professor escolhido pelo estabelecimento. E esse mestre ensina tudo aquilo que não se aprende nas Escolas, conhecimentos que emanam da vida contemplativa, intuições sobre a origem do universo, o amor, a morte, permitindo ao ser humano acalmar suas angústias e dirigir seu próprio destino.

TRIUNFO DOS VALORES OCULTOS

No século XIX, a filosofia oculta foi inteiramente renovada por três homens geniais: o linguista Fabre d'Olivet, que enunciou a teoria dos quatro reinos (o reino hominal sendo distinto do reino animal, assim como este é distinto do reino vegetal ou mineral), a qual liga a Tradição ao ciclo de Ram, de onde se origina a civilização celta, e mostrou em sua *Histoire philosophique du genre humain* [História filosófica da raça humana] (1823) que o desenvolvimento das sociedades depende de três potências, a Providência, a Vontade e o Destino; o matemático polonês Hoëné Wronski, cuja "filosofia do absoluto" e cujo "messianismo" propuseram uma reforma do saber; e o abade Constant (vulgo Éliphas Lévi), teólogo dissidente que se tornou apologeta da Alta Magia e declarou: "O ocultismo é belo, ele é imortal, ele representa a natureza e suas leis, o espírito humano e suas aspirações, o desconhecido e suas incertezas que ultrapassam uma hipótese legítima"[25].

Éliphas Lévi definiu o ocultismo como uma filosofia que combina três ciências: a Kabbala, ou "matemáticas do pensamento humano"; a magia, "conhecimento das leis secretas e particulares da natureza que produzem as forças ocultas"; e o hermetismo, "ciência da natureza oculta nos hieroglifos e símbolos do mundo antigo"[26]. Depois dele, a guerra aberta, desde o século I, entre o pensamento religioso e o pensamento mágico, virou a favor deste último, utilizado para criar a "Alta Ciência" pelo *magiste* (termo que os modernos preferiam ao termo mago). E a forma mais pura e mais erudita dessa tendência foi encontrada na França, ainda que, até então, a filosofia oculta tivesse se destacado sobretudo na Itália, na Alemanha e na Inglaterra, onde apareceu *Magus: Tratado Completo de Alquimia e Filosofia Oculta* (1801), de Francis Barrett, obra soberba que não teria equivalente naquele país até o surgimento de Aleister Crowley, um século mais tarde[27].

Foi em Paris que se manifestaram os melhores doutores do ocultismo, dando à disciplina a objetividade da pesquisa científica e o aparato da exegese teológica. Saint-Yves d'Alveydre tentou transformar em realidade a sinarquia, sistema de governo iniciático da Europa. Stanislas de Guaita, grão-senhor cabalista, foi a alma de um grupo de eruditos aos quais ensinava como se era *reintegrado* através do "êxtase ativo" (que contêm dois graus) e como ser *duas vezes nascido* através do "alto êxtase", comunicação com a Natureza-essência ou com o Espírito puro, na Luz da Glória. As reuniões ocorriam em diversos locais, como a Librairie du Merveilleux, rue de Trévise, que pertencia a Lucien Chamuel, editor das revistas *L'Initiation* e *Le Voile d'Isis*. Problemas como o enfeitiçamento e o desdobramento da personalidade foram concretizados em experiências precisas por Papus e seu Círculo de Estudos esotéricos. Alimentou-se a Tradição com noções do budismo, do zen, em uma vontade de *continuidade histórica* (preservar através dos tempos a chama espiritual que se acendeu no início da humanidade) e de *universalidade* (ter em conta todas as culturas para manter essa chama).

Em seguida, um impulso decisivo foi dado por René Guénon, cuja imensa erudição se manifestou desde seu primeiro texto *Le Démiurge* [O demiurgo] (1909), que demonstra "a identidade real, apesar de certas diferenças de expressão, entre a doutrina gnóstica e as doutrinas orientais e mais particularmente com o Vedanta". Conhecendo tão bem a Índia védica quanto o sufismo, informado no taoísmo por Albert de Pourvourville, ex-administrador de Tonquin, que sob seu nome de iniciado, Matgioi, escreveu livros sobre "o espírito das raças amarelas", René Guénon assumiu a direção da revista *Le Voile d'Isis* , que invoca "a transmissão de uma mesma Tradição, sob forma de iniciações gregas, judaicas, cristãs, muçulmanas, no mundo mediterrâneo", e terminou por incluir a herança asiática. Ali, protestou contra sociólogos que confundiam as organizações iniciáticas com as seitas, que faziam apenas uma "pseudo-iniciação", ou uma "contra-iniciação", que resultavam "de divisões engendradas, no seio de uma religião, por divergências mais ou menos profundas entre seus membros". Os verdadeiros iniciados, lembra Guénon, reivindicavam o esoterismo que emana exclusivamente da "Tradição anterior a todas as formas religiosas particulares"[28].

Até então, a filosofia oculta era reivindicada por espiritualistas; é preciso, então, considerar uma inovação inaudita o fato de, no século xx, os materialistas ateus terem se valido dela. O exemplo veio dos surrealistas na mesma época em que militavam mais violentamente em favor do marxismo-leninismo. André Breton, no *Segundo Manifesto do Surrealismo* (1929), embora afirmasse que "o surrealismo se considera ligado indissoluvelmente à abordagem do pensamento marxista e apenas a essa abordagem", que seu movimento testemunha "a necessidade de acabar com o idealismo propriamente dito", que faz "*totalmente* sem reservas" sua adesão ao princípio do materialismo histórico, preconiza ao mesmo tempo "certas práticas de alquimia mental", cita duas vezes Cornelius Agrippa, e diz: "As pesquisas surrealistas apresentam em relação às pesquisas alquímicas uma notável analogia de objetivo". Em torno dele, artistas e escritores — aliás co-

34

munistas, trotskistas ou anarquistas — iniciaram-se no esoterismo, desde Victor Brauner que fabricou objetos de contrafeitiço e pentáculos e que criou pinturas de cera cheias de simbolismos herméticos, até o dr. Pierre Mabille, cirurgião e professor da Escola de Antropologia de Paris, que era apaixonado pela astrologia e pela fisiognomonia. Até então, o ocultismo era uma filosofia de cristãos desiludidos com a incompatibilidade entre as crenças pagãs e o cristianismo; a partir de agora, ele será também uma religião de ateus que não conseguiam se resignar com a desoladora aridez de um materialismo sem mitos.

Um outro representante significativo desse novo estado de espírito foi Raymond Abellio, que descreveu seu caminho intelectual nos três volumes de *Ma dernière mémoire* [Minha última memória] (i. Um bairro de Toulouse, 1971; ii. Os militantes, 1975; iii. *Sol Invictus*, 1980): o ingresso na Escola Politécnica em 1927, a participação no grupo de Estudantes Socialistas dirigido por Marcel Déat, e no grupo "X-crise" que se tornaria o "Centro Politécnico de Estudos Econômicos", a atividade de engenheiro de Pontes e Ruas, a "admiração profunda" por André Breton e pelo surrealismo etc. Na Frente Popular, Raymond Abellio fez parte do comitê de direção da Esquerda Revolucionária fundada por Marceau Pivert, cujos membros, vestidos de camisas azuis ornadas por um tridente vermelho de flechas oblíquas, iam cantar *A Jovem Guarda* em praças públicas. Depois de um romance que refletia a experiência vivida, *Heureux les pacifiques* [Felizes os pacíficos] (1946), Abellio aprofundou a tradição hermética em uma série de ensaios: *Vers un nouveau prophétisme* [Rumo a um novo profetismo] (1947); *La Bible, document chiffré* [A bíblia, documento cifrado] (1950); *La Structure de l'absolu* [A estrutura do absoluto] (1965); e *La Fin de l'ésoterisme* [O fim do esoterismo] (1973). Ele está entre aqueles que quiseram conciliar a práxis revolucionária com a contemplação extática, o marxismo-leninismo com a astrologia, a fenomenologia com a alquimia.

Minha própria empreitada assume, justamente, um sentido particular porque fui, na juventude, membro dessa comunidade surrealista em que se associava ocultismo e materialismo dialético. Em nenhum momento me verão, aqui, dar o menor crédito a concepções nebulosas que não envolvam toda a vida de seu autor. Lembro-me ainda da voz de André Breton, em um dia de primavera de 1948, quando leu para mim o manuscrito de *La Lampe dans l'horloge* [A lâmpada no relógio], lançando esse soberbo desafio aos mandarins universitários: "Não, os 'grandes homens' que vocês nos propõem, com raras exceções, não são os nossos. A sombra deles cobre apenas uma parte ínfima da terra que nós *reconhecemos*. Expliquem--nos, e já, se possível, o que vocês fizeram em termos da interrogação maior do espírito humano. Basta de história elementar, o que vocês estão escondendo de nós?". E acusando-os de fomentar "um período de ignorância crassa em que em poesia, em arte, nem direi em filosofia, mas em termos da maneira geral de pensar, não são dadas contribuições além de obras imediatas, sujeitas à moda, gastas de comentários", ele ordenava que se perguntassem enfim "de onde vinha e aonde ia Martinès de Pasqually", censurava-os severamente: "Por que vocês são mudos sobre Saint-Yves d'Alveydre?"[29]. Esse ano comecei a inventariar os inéditos do acervo de Paulmy de l'Arsenal, a biblioteca francesa que contém os melhores manuscritos de magia, desejoso de encontrar fragmentos da verdade universal, e apresentei Fulcanelli a Breton, que nunca mais deixou de se referir a ele. Nossa justificativa era sobretudo ética: "É uma questão da graça de viver e dos esforços desmedidos que foram empenhados em saber do que essa graça é feita"[30].

Este livro é fruto de inumeráveis leituras que fiz desde então. Não me contentei em estudar os mestres do esoterismo, consultei todas as antigas obras de teologia, de direito consuetudinário e de medicina, que permitiram discernir as infiltrações do pensamento mágico no pensamento pragmático. Isso me levou a descobertas singulares, como se verá, ainda que apenas sobre a formação de superstições (que são, no mais das vezes, crenças científicas ou religiosas interpretadas exageradamente ou deformadas). Minhas pesquisas se inscrevem na série dos trabalhos do Collège de Sociologie fundado por Georges Bataille e Roger Caillois, dos ensaios de "super-racionalismo" de Gaston Bachelard. Sem os tomar como modelos nem me comparar a eles, não esqueço, ao abrir meu caminho pessoal, que eles me ensinaram, um dia, que uma compreensão lúcida do incompreensível era possível.

Impus a mim mesmo limites precisos, por uma questão de purismo. Não trato da literatura, pois houve tantos escritores apaixonados pelo esoterismo e pelo ocultismo, de Dante a Milosz, que seria preciso uma obra específica para falar disso; esta, de todo modo, ajudará a compreendê-los, ao revelar os filósofos e os mitos em que se inspiraram. Excluí de meu livro os espíritas e os falsos magos, do tipo de Dunglas Home ou Raspútin, que os verdadeiros iniciados não consideram como dos seus. Não estudo Raimundo Lúlio porque diversas obras, depois da obra de J.R. de Luanco em 1870, provam que ele não foi nem cabalista, nem alquimista. Enfim, a parapsicologia não faz parte do meu assunto: essa palavra foi inventada por Émile Boirac em 1908 para definir uma ordem de fenômenos bem diferentes das experiências fantásticas de exploração do invisível que relato. Meu desejo é apresentar a filosofia oculta em estado puro, em suas obras autênticas e *nos costumes* (pois ela tem a particularidade de ser tanto vivida como escrita).

O itinerário que seguiremos atravessará os pontos essenciais do saber esotérico. Adotarei uma ordem estruturalista mais do que cronológica; os capítulos, com exceção do primeiro, que trata sobre a Gnose e serve de base histórica ao conjunto, não serão etapas que conduzem até os tempos modernos através da Idade Média e do Renascimento. Ao contrário, cada um deles mostrará a evolução de uma estrutura ideológica, em função de autores de diversas épocas; obteremos, com esse corte em profundidade do assunto tratado, uma visão mais seletiva do que com seu corte longitudinal. Os mestres serão, assim, evocados no seio do domínio em que melhor agiram, e um índice especial permitirá distingui-los de seus escoliastas. Confrontando, assim, os grandes princípios da filosofia oculta, farei melhor compreender que ela tenta materializar o sonho eterno da felicidade, por prescrições que levam o indivíduo a afirmar o poder psíquico e espiritual, o conhecimento das leis do universo, a dominação do acaso, a plenitude sexual, a longevidade, a sobrevida. Que se acredite nela ou não, não está em discussão; filósofos clássicos, como Leibniz com sua teodiceia, também entraram em especulações insólitas, e não temos que recusar aos filósofos ocultos o que se concede sem dificuldade aos outros.

Ao longo destas páginas, que se saiba de antemão, não pretendo favorecer o pensamento mágico em detrimento do pensamento pragmático, o que seria contrário a uma concepção sã do progresso; quero simplesmente mostrar que o pensamento mágico e o pensamento pragmático entram em composição para formar a realidade psíquica, explicar o mundo e lidar com os acontecimentos. Não afirmo, tampouco, que é preciso substituir a filosofia clássica pela filosofia oculta: digo apenas que existe aí uma corrente negligenciada pelo ensino acadêmico, deixada à discrição de falsos profetas, mas da qual podemos emprestar noções na busca da verdade. A civilização, é forçoso constatar, torna-se universalmente vulgar. Se quisermos livrá-la das tendências que a mantêm voltada para o baixo, é preciso identificar e combinar todas as tendências que a levam para o alto. A tendência ocultista não é a menos importante, uma vez que ela funda a liberdade sobre uma ascese moral (e não sobre o direito de manifestar seu egoísmo sem restrições), e a igualdade sobre uma iniciação na qual, segundo a fórmula atribuída a Hermes Trismegisto, "o que está no alto é como o que está embaixo, o que está embaixo é como o que está no alto, pelos milagres de uma única coisa".

1
A GRANDE TRADIÇÃO DA GNOSE

Os gnósticos, que por muito tempo foram considerados heréticos, são hoje vistos como representantes de um sistema de pensamento independente que rivalizava com o cristianismo e até mesmo o influenciava em certos pontos, enquanto tomava emprestados diversos de seus elementos. Os historiadores do século XIX começaram a criticar a falta de objetividade dos heresiólogos nesse domínio e a elaborar quadros mais nuançados da Gnose. Eles identificaram um movimento pré-cristão cuja sede principal foi a escola de Alexandria, em que escritores judeus helenizados combinaram o judaísmo com a filosofia grega, como, por exemplo, Artapan, que identificou Moisés e Hermes, Aristóbulo, que deu uma interpretação aristotélica do Antigo Testamento, e sobretudo Fílon, que, audaciosamente, fez concordar a cosmologia do Pentateuco com a do *Timeu* de Platão. Um outro centro se formou em torno de João Batista, a quem as *Homilias* de Clemente de Roma consideram como discípulo favorito e como sucessor, depois de sua morte, Simão, o Mago[*]. Esse movimento, ainda em estado de esboço, encontrou no caminho o cristianismo nascente, buscou se anexar a ele ou explorá-lo filosoficamente, o que originou as vigorosas reações dos Pais da Igreja contra ele. É preciso muita cautela para separar o gnosticismo de seu entorno. Um professor de Estrasburgo, Jacques Matter, em 1828, foi o primeiro a separar claramente os gnósticos (basilidianos, marcionitas, valentinianos etc.) dos cristãos arcaicos (nazarenos, ebionitas), dos cristãos heréticos

---

[*]   O teólogo protestante Oscar Cullmann escreveu: "A primeira grande concorrente do cristianismo foi a seita que reivindicava João Batista". (*Le problème littéraire et historique du roman pseudo-clémentin*, Paris: Paul Geuthner, 1930).

(docetistas, elcasaítas), dos cristãos ascéticos (montanistas, encratistas) e das seitas anticristãs (samaritanos, hipsistarianos, mandeístas): são distinções sem as quais não se pode fazer uma história séria das ideias.

O estudo da Gnose, prosseguido depois de Matter por Adolf Harnack, Wilhelm Bousset e tantos outros, adquiriria, no século xx, uma aguda atualidade, como se ali o espírito moderno encontrasse um estímulo incomparável. Em 1945, a descoberta, próxima de Nag Hammadi, no Egito, de uma biblioteca gnóstica de cerca·de cinquenta escritos, que provavelmente pertenceu aos setianistas do século ıv, renovou o entusiasmo dos especialistas por autores que até então só podiam ser julgados a partir de extratos citados na literatura patrística. Formaram-se equipes na França, na Alemanha e nos Estados Unidos com o intuito de identificar, traduzir e editar esses preciosos papiros. Agora resta à crítica mostrar como a Gnose abriu o caminho da filosofia oculta (que abarca, por definição, a teologia judaico-cristã e a magia pagã): é isso que farei aqui, e veremos que ambas se iluminam mutuamente do mais vivo clarão.

Se Hans Jonas falou muito justamente de uma "religião gnóstica" bem distinta das outras, é necessário precisar que essa religião não parte de uma personalidade central, como Jesus Cristo para o cristianismo, Buda para o budismo, Muhammad para o islamismo, cujos fiéis perpetuam as revelações ao longo dos séculos. Ao contrário, nós estamos na presença de uma constelação de pequenas comunidades iniciáticas que fazem, cada uma à sua maneira, o culto de um valor transcendente, a *Gnôsis* (Conhecimento), decretado superior à fé. Mesmo quando um chefe de escola poderoso, como Simão, o Mago, Marcião, Valentim, Basílides ou Mani, era reverenciado como um homem-deus por seus discípulos, essa veneração jamais constituiu um ponto da doutrina que dissesse respeito ao conjunto dos gnósticos, e não se prolongou mais do que por algumas gerações. Os fundadores dessas comunidades não são, aliás, todos conhecidos; não se sabe se o Carpócrates dos carpocracianos de Roma é o mesmo que viveu em Cefalônia, e que relação exata mantinham os nicolaítas com o Nicolau combatido por São João. Encontramos um fenômeno análogo na China entre os taoístas reunidos em torno do Tao, o Grande Princípio, que se divide em escolas, ainda que estas sejam menos diversificadas e contrastantes do que as da Gnose.

Os grupos gnósticos tinham crenças e ritos diferentes entre si, mas tinham em comum ao menos uma mesma motivação ideológica e diversos postulados fundamentais. Eles todos se esforçaram para responder a esta questão terrível: "Se existe um Deus, por que existe o Mal no universo?". Não deveria ser tão difícil para uma Divindade suprema criar um mundo perfeito em vez de criar este mundo imperfeito onde as injustiças, as desordens sociais e os crimes se sucedem constantemente e por toda parte. Eles atacaram o Antigo Testamento, porque se recusavam a admitir que um Deus fosse tão vingativo e cruel como o que lá se apresentava, e disso tiraram esta conclusão: há dois Deuses, um Deus mau, o Deus dos judeus e dos cristãos, que criou o mundo e o fez atroz, e um Deus bom, "o Estrangeiro", remoto, inacessível, que não intervém nos assuntos aqui embaixo, pelos quais não tem nenhum interesse.

Os gnósticos criticaram, portanto, os fiéis do judaísmo e do cristianismo por se contentarem com um falso Deus antropomórfico, aquele que declara a Isaías que é o "criador do mal" (*creans malum*, segundo a Vulgata), enquanto eles, graças à Gnose, elevavam-se ao Deus estrangeiro e descobriam de uma só vez a origem e o fim de tudo. Em grego, *gnôsis* exige um genitivo, o conhecimento é conhecimento de alguma coisa; Pitágoras definia a parte secreta de sua filosofia como *gnôsis tôn ontôn*, conhecimento do ser; esse termo tomado em absoluto, a Gnose, subentende o conhecimento do Deus estrangeiro, fonte de todos os conhecimentos possíveis. Como traduziu Henri-Charles Puech, ao resumir três textos gnósticos: "Ter a gnose é conhecer aquilo que somos, de onde viemos e aonde vamos, aquilo pelo qual somos salvos, aquilo que é nosso nascimento e aquilo que é nosso renascimento"[31].

Uma segunda questão, não menos capital, caracterizou a abordagem dos gnósticos: "Por que há tantas religiões sobre a terra, em vez de uma só?". A qual delas se dedicar, e segundo quais critérios preferir uma à outra? Quem está errado, quem tem razão, o pagão, o judeu ou o cristão, aquele que crê na metempsicose ou o que espera o Juízo Final? A resposta a essa questão suscita o ateu, rejeitando em bloco todas as religiões por causa de suas divergências, e o fanático, fechando-se na sua e tapando os olhos e os ouvidos para não ser desbancado pelas crenças contrárias. Já o gnóstico serve-se da Gnose como se de um filtro com o qual peneira as religiões e as filosofias, a fim de reter apenas o que julga melhor. Ele forja para si uma religião intelectual, eruditamente elaborada, em vez de uma religião revelada, da qual se justifica as inverossimilhanças através de visões, êxtases, alucinações auditivas. Há poucos visionários no gnosticismo: Valentim, a quem o Verbo apareceu sob a forma de um recém-nascido, e Marcos, que viu no céu a Verdade como uma imensa mulher tatuada com as letras do alfabeto, são exceções. Eles detestavam os profetas da Bíblia, que acusavam de serem todos inspirados pelo Deus mau (o que explicava que em geral anunciassem as catástrofes).

Esse viés seria contestável se a Gnose adotasse aqui e ali noções contraditórias, e as ligasse de qualquer maneira; mas ela funde essas noções e as recria. Jacques Matter reconheceu isso expressamente: "O gnosticismo não compila; ele modifica tudo o que adota"[32]. É por isso que não podemos nos deixar enganar pelos elementos cristãos da Gnose: eles mudam de sentido conforme o contexto. Os carpocracianos se gabavam de possuir um retrato autêntico de Jesus Cristo feito a pedido de Pôncio Pilatos, e a partir dele faziam estátuas que coroavam de flores em suas cerimônias; mas também honravam da mesma maneira Pitágoras e Platão. Os prodicianos (discípulos de Pródico) tinham como textos sagrados os Apocalipses de Zoroastro; outras comunidades se referiam a versões novas de episódios bíblicos, que se intitulavam *Evangelho de Eva*, *Evangelho Segundo São Tomé*, *Apócrifos de João* etc. Tudo isso não se originava de um ecletismo, pois sempre houve tentativas de síntese; é precisamente isso que torna tão complicadas certas cosmogonias gnósticas, em que a preocupação de conciliar valores inconciliáveis se expande em sutilezas infinitas.

A ambição dos gnósticos de unir indissoluvelmente, em uma religião filosófica, o paganismo e o cristianismo, suscitou-lhes inimigos nos dois campos. Plotino, em nome do neoplatonismo, em um discurso a seus discípulos, dentre os quais alguns estavam seduzidos pelas ideias da Gnose, colocou-os na defensiva: "Essas são invenções de pessoas que não estão ligadas à antiga cultura helênica". E sublinha com indignação: "Eles admitem no inteligível todo tipo de gerações e corrupções; culpam o universo sensível; consideram um erro a união da alma com o corpo; criticam aquele que governa nosso universo"[33]. Mas, em nome da Igreja, Tertuliano os rejeitou ao lado de Sócrates, Diógenes e outros filósofos que ele abomina, e Orígenes, em 249, quando o pagão Celso confunde os gnósticos (ofitas e cainitas) com os cristãos, protesta que não há nenhuma comparação possível: "Essas não são doutrinas de cristãos, mas de pessoas totalmente estranhas à salvação"[34]. Ele se refere à salvação pela fé, naturalmente, pois os gnósticos nunca deixaram de reivindicar a salvação através da Gnose. Se duvidarmos por um instante da originalidade do gnosticismo, encontraremos em seus adversários motivos para nos convencer de que se tratava de uma empreitada paradoxal e verdadeiramente nova.

Avaliar a Gnose continua difícil, devido ao número de escolas que a praticaram. Epifânio, no século IV, em seu *Panarion* (ou "caixa de remédios") contra oitenta heresias, consagrou aos gnósticos três quartos do livro, denominando assim oito grupos acéfalos, e estudando em separado todos aqueles que, dos basilidianos aos heracleonitas, tinham um mestre definido. Já foram propostos diversos tipos de classificação: Jacques Matter os dividiu geograficamente, distinguindo "as escolas da Síria, do Egito e da Ásia menor", mas também houve gnósticos na Espanha (os agapetos e os priscilianistas), na Itália (os valentinianos se instalaram em Milão), na Gália (os marcosianos tiveram uma igreja em Lyon). Eugène de Faye preferiu dividi-los em quatro espécies, os "gnósticos antibíblicos", os "Adeptos da Mãe", os "gnósticos licenciosos" e os "gnósticos da lenda", o que está longe de esgotar o assunto: na verdade, onde colocar os naassenos, adoradores de serpente, os antitactos, que se opunham às leis humanas por amor às leis divinas, e outros grupos? O melhor seria uma classificação mista por períodos e por temas: darei aqui apenas um resumo, uma vez entendido que, neste livro, em que quero mostrar uma proliferação de ideias e um enxame de personalidades, vou me limitar a retratos concisos, análises ponderadas e transições rápidas, a fim de poder descrever de um fôlego só todos os aspectos da filosofia oculta.

A GNOSE SIMONIANA

Sem ser o fundador da Gnose, porque não se pode atribuir essa qualificação a ninguém, o mais típico entre os primeiros iniciadores foi Simão, o Mago, um contemporâneo de Cristo e um dos gnósticos lendários de quem antes se hesitava em falar, uma vez que "a lenda se apoderou deles de tal modo que se tornaram irreconhecíveis"[35]. Chamado por Irineu de "pai de todos os heréticos" (*Simone patre omnium haereticorum*), sua doutrina não tinha nada de heresia, já que ele não confessava o dogma cristão, mas se inspirava sobretudo em Empédocles e nos magos da Pérsia. As *Homilias* atribuídas a Clemente I, papa que foi antes secretário de São Pedro, contêm uma biografia fantástica desse "Simão, o precursor" que foi associado a São Pedro em função da "regra da sizígia". Existem no universo sizígias, pares de realidades complementares, o céu e a terra, o sol e a lua, o dia e a noite, a vida e a morte: "Enquanto, entre as obras de Deus, as primeiras são superiores e as segundas inferiores, entre os homens constatamos o contrário: as primeiras coisas são inferiores, as segundas superiores"[36]. Assim, Abel foi melhor que Caim, o piedoso Jacó que seu irmão ímpio Esaú; a sizígia de Aarão e Moisés, de João Batista e Jesus, prova o quanto os segundos superam os primeiros. São Pedro supostamente superaria Simão em sua sizígia, uma vez que o sucedeu "como a luz à treva, a ciência à ignorância, a cura à doença"[37]. Portanto, nessa obra escrita no século III, segundo as *Cerigmas* [Predicações] de São Pedro, consente-se que a ação do gnóstico Simão foi anterior à dos apóstolos.

Originário de Ghitta, um vilarejo perto de Samaria, Simão, o Mago foi estudar em Alexandria, e regressou para levar a vida de filósofo itinerante na Palestina e na Fenícia. Atraiu para si uma reputação fabulosa pelos discursos em que se proclamava "a Grande Potência de Deus" e pelos números de magia que executava para o demonstrar. Seu suposto amigo de infância, Áquila, conta ao pseudo-Clemente: "Ele fazia as estátuas andarem; ele rolava sobre o fogo sem se queimar; algumas vezes ele até voava; transformava pedras em pães; ele se metamorfoseava em serpente, em bode; aparecia com dois rostos; ele se transformava em ouro; ele abria portas fechadas à chave; quebrava o ferro; fazia aparecer fantasmas dotados das formas mais diversas; por ordem sua, os móveis de uma casa se apresentavam sozinhos para o serviço, sem que se pudesse ver quem os punha em movimento"[38]. Simão, o Mago, já prefigura Cagliostro e outros encantadores, que em breve entrarão em cena; mas esse traço de sua personalidade não bastou para recomendá-lo à posteridade. Através dos exageros de seus acusadores, discernimos nele, como disse Matter, "um filósofo entusiasta, e não um impostor político"[39].

Seus ensinamentos, objeto de um livro intitulado *Megalê Apophasis* [A grande revelação], designavam o fogo como a "Raiz do todo", sendo o fogo oculto supraceleste diferente do fogo visível terrestre, o qual ele comparava a uma árvore gigantesca cujo fruto seria a alma humana. O Cosmos recebeu desse fogo seis princípios, nascidos aos pares, que lhe permitiram florescer: Espírito e Pensamento (*Nous* e *Epinoia*), Voz e Nome (*Phonê* e *Onoma*), Razão e Reflexão (*Logismos* e *Entímese*). Todos esses princípios dependiam de uma sétima potência: "O que se mantém de pé, se manteve de pé e se manterá de pé". O próprio Simão é o *hestôs*, "Aquele que se mantém de pé" (ou o Imutável), o Deus estrangeiro que teve como primeira iniciativa produzir um Grande Pensamento, a *Ennoia*, destinada a ser a Mãe de todos.

Ela engendrou com ele os anjos, e estes fabricaram o mundo, mas estes disputaram tanto pelo poder que ela quis ir para as regiões inferiores para colocar as coisas em ordem. Os anjos se apaixonaram por ela, sem saber de quem se tratava, e a mantiveram prisioneira na terra; impedida de voltar ao céu, ela passou, ao longo dos séculos, do corpo de uma mulher para o corpo de outra. O Espírito de Deus (isto é, Simão) decidiu descer ao meio dos homens a fim de procurar a *Ennoia* perdida, e encontrou-a reencarnada em uma prostituta de um lupanar de Tiro. Simão ia a toda parte acompanhado dessa prostituta, Helena, que ele apresentava como "o Primeiro Pensamento de Deus", e afirmava que ela havia sido a mesma Helena que causara a Guerra de Troia. Os simonianos, disse Hipólito, adoravam nele e nela o Espírito de Deus e seu Primeiro Pensamento: "Eles dão a Simão o título de Senhor (*kurios*) e a Helena o de Soberana (*kuria*)"[40]. O sabor desse título é maior se sabemos que *kurios* é a palavra grega que traduz Iahvé na Bíblia dos Septuaginta.

O culto de Helena é a parte sublime da gnose simoniana. Todas as religiões são repletas de megalomaníacos que se consideram Deus ou Enviados de Deus: em suma, nada mais banal, e isso não distingue Simão dos outros. Mas que ele tenha tido a ideia sem precedentes de fazer do Primeiro Pensamento de Deus um princípio feminino (enquanto o Deus do Gênesis criou primeiro o universo e o homem), de mostrar esse princípio que culmina em um bordel fenício (enquanto Atena, saída da cabeça de Zeus, continuava uma virgem incorruptível), era de uma audácia inaudita tanto para os pagãos como para os cristãos. Simão funda assim o feminismo revolucionário e a teologia erótica da Gnose. Lucien Cerfaux explicou seu sucesso em Samaria pelo fato de que lá identificavam Helena com a Lua: "O povo se contentava em amalgamar todos os deuses em um só, o Sol, e em concentrar sobre a Lua as homenagens devidas a todas as deusas"[41]. Esse autor comparou Simão a Alexandre Abonótico, que, em Paflagônia, celebrava publicamente mistérios nos quais ele tinha o papel de Endimião, sua amante Rutília, o de Selene, que descia do céu em sua direção. Isso revela a superioridade do gnóstico que, não se limitando a ilustrar o paganismo, visava à sua síntese com o monoteísmo judaico-cristão.

Se Cristo tinha doze apóstolos, Simão, o Mago, tinha trinta discípulos, como se ele fosse o homem-deus lunar oposto ao homem-deus solar. Ele guardava o sabá a cada onze dias ou a cada dia onze do mês. Lia em público passagens do Antigo Testamento para provar que ali se falava de um Deus de obras imperfeitas. Em sua disputa de três dias em Cesareia com São Pedro, ele defendeu que *Adão foi criado cego*, referindo-se ao Gênesis, onde se diz que, quando Adão e Eva comeram o fruto proibido, *seus olhos se abriram* e só então *eles viram* que estavam nus. Ainda que o apóstolo tenha dado um sentido metafórico a essa expressão, Simão lhe respondeu que, nesse caso, "era o espírito de Adão que era cego"[42]. Eis por que considera-se Simão, o Mago o chefe dos livres pensadores de seu tempo, e porque se colocou entre seus companheiros de luta o filósofo epicurista Atenodoro; o gramático Apião, célebre por seu antissemitismo; e o astrólogo Anubião. As *Homilias* do pseudo-Clemente I dizem de Simão: "Ele não crê na ressurreição dos mortos. Renega Jerusalém e a substitui pelo monte Garizim. No lugar do nosso verdadeiro Cristo, ele se autoproclama Cristo. Ele interpreta alegoricamente a Lei a partir de suas próprias ideias pré-concebidas"[43]. Esse texto cristão admite, aliás, que Simão é "uma potência esquerda de Deus", mas Hipólito relata que ele era identificado, entre os gnósticos, com o Deus estrangeiro, que veio momentaneamente à terra: "Foi assim que ele assumiu a forma de um homem, embora não fosse um homem; que aparentemente sofreu na Judéia, sem sofrer de fato; que apareceu aos judeus como Filho, aos samaritanos como Pai e às outras nações como Espírito Santo"[44].

O fim de Simão, o Mago, se perde no mito construído por seus adversários. Os *Atos dos Apóstolos* contam que, maravilhado pelos milagres do diácono Filipe, pediu que fosse batizado, para também poder realizá-los, e que, ao não conseguir, quis comprar esse dom; em seguida, foi a Roma, voou diante do público reunido, mas, estando São Pedro absorto em orações, foi precipitado do céu e se matou. Hipólito, diferentemente, alega que ele ensinava à sombra de um plátano, e que se fez enterrar vivo em uma fossa, afirmando que dali ressurgiria dentro de três dias, o que não aconteceu. Sua lembrança continuou tão viva que no século seguinte, em 152, Justino, Mártir disse: "Quase todos os samaritanos e alguns homens de outras nações o reconhecem e adoram como sua primeira divindade"[45]. Mas os simonianos do século III evocados por Hipólito, que escrevia entre 225 e 230, parecem mais libertinos que gnósticos: "Eles se consideram livres para fazer tudo o que quiserem, pois repetem que por graça de Simão foram salvos. Ninguém, segundo eles, merece ser punido por um ato mau; pois o mal não existe por natureza, mas apenas por convenção"[*].

A gnose simoniana se perpetuou com algumas modificações. Um de seus representantes, Menandro, fez escola ao se considerar um Enviado da "Grande Potência de Deus"; ministrava a seus adeptos um batismo de água e de fogo que devia torná-los imortais e invulneráveis a feitiços malignos. Um outro, Satornil, impunha a seu grupo um simonismo austero, que excluía Helena e interditava o casamento e a procriação como obras diabólicas. Satornil ensinava que o universo tinha sido criado por sete anjos (sendo um deles o Deus do Antigo Testamento), que fabricaram, em seguida, o homem a partir de uma imagem brilhante percebida no céu; mas eles não conseguiram fazer o homem ficar de pé e ele se arrastava como um verme. O Deus estrangeiro, tendo pena dessa criatura feita canhestramente à sua semelhança, enviou para o homem uma "centelha de vida", que lhe permitiu se endireitar e caminhar, essa "centelha de vida" torna a subir, no momento da morte, rumo à sua fonte divina. No sistema de Satornil, Cristo tinha o papel da *Ennoia*, vindo à terra para salvar os homens bons dos maus, o que marca o início da tendência que integra o mestre do cristianismo à teogonia gnóstica.

Cerinto, cuja escola se aparentava com a de Satornil, fez a distinção, própria da Gnose, entre Jesus e Cristo. Jesus, dizia ele, foi um homem particularmente justo e sábio, a quem, em sua idade adulta, se uniu Cristo, uma das inteligências do Deus estrangeiro. Essa opinião não é nenhuma extravagância, mas uma solu-

---

* Santo Hipólito, *Philosophumena*, op. cit. Os simonianos tiveram também um Evangelho, dividido em quatro seções, que eles chamavam de "Livro dos Quatro Cantos do Mundo". Prosper Alfaric, em Simon dit le Magicien (Cahiers du Cercle Ernest Renan, n. 5, 1955), tentou reconstruir esse Evangelho no qual Simão estava presente como "a única Força de Deus capaz de romper os vínculos da matéria".

ção original para contradições da cristologia do século II, que compreendia a heresia dos docetas (que só acreditavam na personagem humana de Jesus) e as três doutrinas que dividiam a própria Igreja, o adocionismo (que via em Jesus o filho adotivo de Deus), o modalismo (que se recusava a incluí-lo em uma Trindade e o considerando um modo de aparição do Deus único) e a teologia do Verbo encarnado. Esta última, defendida por Tertuliano e Orígenes, prevaleceu e fez rejeitar como heréticos Teódoto, o curador de couro, que professava o adocionismo, e Sabélio, que professava o modalismo. Cristãos, gnósticos e heréticos se parecem tanto que é preciso uma extrema vigilância para distingui-los.

OS PAIS DO SISTEMA GNÓSTICO

Enquanto os gnósticos do século I, Simão, o Mago, e seus sucessores, compenetraram a filosofia grega, os do século II foram mais próximos do cristianismo, que, ao se consolidar e desenvolver sua apologética, tornou-se uma religião de vanguarda. Mesclaram-se aos cristãos a fim de discutir com eles sobre o Antigo Testamento e os Evangelhos, dos quais desvirtuavam os textos em benefícios de seus próprios dogmas. Eles se autoproclamavam filhos de Adão (os cainitas se ligavam a Caim, os setianos a Set), da esposa ou dos filhos de Noé, de um apóstolo; diziam possuir por tradição oral os ensinamentos secretos de Jesus confiados, depois de sua ressurreição, a Maria Madalena ou a algum outro personagem. Os gnósticos apresentavam-se, assim, como os verdadeiros conhecedores do cristianismo, em contrapartida, os doutores da Igreja pensavam se opor a eles com a verdadeira Gnose.

Esses dois movimentos religiosos paralelos tinham, aliás, alguns ritos idênticos: o batismo, que os gnósticos praticavam com variações (ministravam-no três vezes ao longo da vida, ou por imposição de mãos, e batizavam até os mortos); a epiclese, oração litúrgica que invoca o Espírito Santo sobre a água batismal, o vinho, o pão, o óleo ou qualquer outro elemento de um sacramento; a ceia, que não era eucarística no gnosticismo; a extrema-unção. Mas os gnósticos empregavam também conjurações e encantamentos, filtros, talismãs e procedimentos de magia sexual; eles aperfeiçoaram a tradição dos mistérios antigos introduzindo neles uma metafísica diferente.

O primeiro mestre da Gnose no século II foi Basílides, um sírio instalado em Alexandria, onde brilhou até sua morte (em 135, aproximadamente) por seus ensinamentos, que seguiram com o mesmo brilho por meio de seu filho Isidoro. Autor dos 24 livros das *Exegéticas* que comentam os Evangelhos, Basílides afirmava não inovar em nada, e apenas expor o cristianismo esotérico, segundo os testemunhos confidenciais de Mateus e de Gláucias, um intérprete de Pedro. No entanto, também mesclou ideias da Pérsia à sua doutrina poderosamente pessoal. Basílides se referia a Deus como "Aquele que não está", a fim de mostrar que a Causa primeira escapa à razão e à imaginação. "Ele esteve", disse Basílides, "em um tempo no qual nada havia. Esse *nada* não era uma das coisas existentes, mas para falar de modo simples, sem artifícios, não existia absolutamente nada"[46]. Nesse vazio tão total que permanece inconcebível, inominável, se produziu o começo de Tudo: "Aquele que não está, sem pensamento, sem sentimento, sem intenção, sem plano estabelecido, sem qualquer emoção, quis fazer o mundo. Se eu emprego, diz Basílides, a palavra *quis*, é para me fazer compreender (pois na verdade) não havia nem vontade, nem pensamento, nem sentimento. E o mundo (do qual se trata aqui) não é o mundo que foi criado mais tarde com sua grandeza e suas divisões, mas o germe do mundo"[47]. Esse *sperma*, especifica Basílides, constituía uma *panspermia*, uma semente universal ou uma coleção de todas as sementes que permitiam engendrar a diversidade dos seres e das coisas: "Assim o Deus que não está fez o mundo daquilo que não havia, depositando e empregando como base um único germe que continha em si todos os germes do mundo"[48].

Do *sperma* cósmico proveniente de entidades não existentes nasceu "uma tripla Filialidade" formada por uma parte sutil que ergueu-se em direção ao Deus que não está, por uma parte opaca que se revestiu do Espírito Santo servindo-lhe de asa para se aproximar das alturas, e por uma parte impura que permaneceu na semente universal. Da parte sutil, desenvolveu-se o Arconte (Governador) que, ignorando a existência de um Deus acima de si, criou o firmamento, os astros e os seres celestes; Basílides o denomina a Cabeça do universo (ê *kephalê tou kosmou*) ou ainda Abraxas, o rei dos 365 céus. Depois, um segundo Arconte, inferior ao outro, saiu da parte impura e utilizou a *panspermia* para criar a Terra e seus habitantes: "Basílides de fato divide os seres em duas categorias principais e fundamentais: a primeira ele chama de cosmos (o mundo), a segunda de hipercosmos (o que está acima do mundo); e à barreira que separa o cosmos do hipercosmos ele dá o nome de Espírito (*Nous*)"[49].

· É o *Nous* que, quando a redenção do mundo inferior foi necessária, se reuniu ao Jesus-Kaulakau (palavra que significa *esperança na esperança*) por meio do batismo no Jordão. Jacques Matter disse: "Essa ideia é uma das inovações mais curiosas do gnosticismo. Ela não tem nenhum precedente entre os antigos... A possessão demoníaca apenas oferece algo de análogo à incorporação do *Nous*, mas essa analogia é precisamente o que nos faz ver melhor a novidade e a ousadia . da opinião gnóstica"[50]. É lamentável que só tenhamos fragmentos da gnose de Basílides, pois sua moral igualava-se à sua cosmologia extraordinária; ele ensinou os basilidianos a "nada odiar, nem desejar", e queria fazer dos Eleitos "estrangeiros neste mundo" (*xénoi en kosmô uperkosmioi*).

Seu contemporâneo Marcião, de doutrina menos complexa, foi um dos raros gnósticos que poderia ser qualificado de herético, porque a heresia é o fato de alguém que pertence a uma religião modificá-la a ponto de se fazer excluir por seus correligionários. Nascido por volta de 85 no Ponto, colônia romana no Mar Negro, filho de um pagão convertido ao cristianismo que se tornou bispo de Sinope, Marcião foi criado como cristão, mas passou a criticar o culto, o que, somado à sua ligação com uma virgem que fizera voto de castidade, incitou seu pai a excomungá-lo. Marcião, sendo armador, tomou um de seus barcos para visitar as comunidades cristãs vizinhas; rechaçado pelo bispo de Esmirna, Policarpo, chegou a Roma e se fez aceitar pelos cristãos da cidade, que ele ajudou oferecendo trezentos mil sestércios. Decepcionado com o modo como os presbíteros* responderam às suas dúvidas, frequentou o gnóstico Cerdão e elaborou sua própria dogmática: como resultado, excomungaram-no uma segunda vez e lhe devolveram o dinheiro. Marcião, então, fundou junto a seus discípulos um movimento que afirmou ser o verdadeiro cristianismo; os marcionitas levantaram igrejas na Itália, no Egito, na Palestina e na Síria, tiveram bispos (dos quais um foi mártir) e se mostraram rivais particularmente temíveis do clero romano até o século IV.

Com Marcião, a Igreja cristã primitiva encontrou seu primeiro cismático de grande envergadura, comparável a Lutero. Mas ele permanece, em pri-

---

* Chamavam-se "presbíteros" os sacerdotes assim como os bispos que constituíam os "anciões".

50

meiro lugar, um perfeito representante da Gnose, da qual exprimia fortemente a crença fundamental em um Deus bom desconhecido e em um Deus mau que se manifesta na criação do mundo. Essa crença apoiava-se em uma exegese literal de textos bíblicos e evangélicos, mais erudita do que qualquer outra de sua época. Partindo da Epístola aos Gálatas em que São Paulo opõe o Evangelho à lei mosaica, Marcião criticou o cristianismo por não ter se separado do judaísmo, e por ter se submetido cegamente ao cânone do Antigo Testamento, em vez de ter seu próprio cânone fundado sobre os Evangelhos. Ele dizia que estes eram repletos de interpolações judaicas, que era preciso eliminar para apreciar a missão de Jesus, e passou a fazer sua revisão, aceitando como autêntico apenas o Evangelho de São Lucas e corrigindo os outros segundo seu próprio critério.

O dualismo de Marcião não é a luta do Bem e do Mal: os gnósticos não são tão simplistas. É o antagonismo entre um Deus de Justiça, odioso por sua dureza para com a espécie humana, e um Deus de Bondade que lhe é superior. Em suas *Antíteses*, Marcião expôs, através de exemplos, que esse Deus de Bondade anunciado pelos Evangelhos não podia corresponder ao Deus Juiz e Guerreiro (*judex, fierus, bellipotens*) do Antigo Testamento. Ele negou todos as "profecias messiânicas" referentes à vinda de Cristo, que apresentou como um revolucionário pacífico que o Deus Bom havia enviado aos homens graciosamente, sem aviso prévio, para livrá-los do império do Deus Juiz. Diante disso, o ardoroso bispo de Cartago, Tertuliano, se lançou em uma polêmica com cinco livros, *Adversus Marcionem*, em que respondia às *Antíteses* com argumentos deste gênero: "Meu Deus, dizes, ignorava que houvesse um Deus superior a ele. Mas o teu não sabia que havia um Deus inferior... Meu Deus entregou o mundo ao pecado, à morte, e ao demônio instigador do pecado. Mas o teu Deus não é menos culpado; ele tolerou tudo isso"[51]. Mais tarde, membros da Igreja deploraram "os erros de Tertuliano" (ele acreditava que Deus tinha um corpo; que a alma possuía três dimensões e membros; que o êxtase era uma espécie de demência etc.), ao contrário, os ataques de Marcião teriam sobre o cristianismo efeitos positivos, como indica Leisegang: "É a ele que remonta a ideia de agregar ao Antigo Testamento uma nova Escritura sagrada. Ele é o primeiro a opor à Lei e aos Profetas os Evangelhos e as Epístolas. A Igreja adotou a ideia e aplicou-a por meio de seu Novo Testamento"[52].

Marcião era um moralista extremamente austero, que expiou os erros da juventude; ele só concedia o batismo àqueles que faziam o juramento de jamais se casar, ou aos noivos que jurassem renunciar ao ato sexual; os marcionitas se abstinham também de carnes e de espetáculos para merecerem a salvação. Sem esse pessimismo que visava à extinção da espécie humana, o marcionismo teria se propagado mais, pois o povo compreendia muito bem suas ideias: "Muitos aceitam sua doutrina como a única verdadeira e zombam de nós", dizia Justino, um cristão que testemunhou seu sucesso[53]. O melhor discípulo de Marcião foi Apeles, que, em *Silogismos* (do qual Santo Ambrósio cita o 38º livro em seu *De Paradiso*), denunciou metodicamente as inverossimilhanças do Antigo Testamento: ele demonstrava, por exemplo, que a Arca de Noé, segundo as dimensões reportadas, só poderia abrigar quatro elefantes, e não todos os animais designados e seus alimentos. Era, já no século II, o gênero de crítica de um Voltaire ou de um Renan; mas os marcionitas a praticavam religiosamente, tendo como único fim depurar as crenças às quais aderiam.

Na mesma época, Valentim, um egípcio que começou sua carreira em Alexandria, construiu um sistema soberbo, determinando uma nova corrente na Gnose. Ele foi a Roma por volta do ano 135, sob reinado do imperador Adriano, e ali ensinou até cerca de 160. Ele era estreitamente ligado aos meios cristãos, Tertuliano diz que ele ambicionava ser bispo, e que foi excomungado duas vezes: "Valentim contava com o episcopado, porque tinha talento e eloquência. Indignado porque um outro, através do privilégio do martírio, obteve essa dignidade, ele rompeu violentamente com a Igreja que professa a verdadeira fé"[54]. Valentim, que animou o grupo dos valentinianos, instalou-se enfim em Chipre e tornou-se um gnóstico admirado até por seus adversários. Esse filósofo religioso teve concepções tão impressionantes que um diretor da Escola de Altos Estudos, Eugène de Faye, vendo nele "o especulativo mais ousado do século II" e "o autor de um poema metafísico", não hesitou em compará-lo a São Paulo graças ao vigor de sua teologia.

Foi Valentim que introduziu na cosmogonia as noções de Pleroma, Éons, Sofia e a teoria das sizígias. Antes do início, só existia o Propator (Pré-Pai), também chamado de Bythos (Abismo), que se mantinha em repouso absoluto com Sigé (Silêncio), sua parte feminina. O Propator era todo amor, e como não existe amor sem objeto amado, ele projetou para fora de si *Nous*, o primeiro dos Éons. O termo *aion*, na filosofia grega, exprimia uma noção de tempo: duração individual, século ou eternidade. Em Valentim, o termo designa uma força abstrata universal, emanação do Propator. O Deus estrangeiro, de fato, não age diretamente sobre o Universo, mas por intermédio de suas emanações ou Éons, que são em número limitado e constituem uma hierarquia de alto a baixo do mundo divino.

Depois do *Nous* foi emitido um Éon feminino, Aleteia (Verdade), que formava com ele a primeira sizígia. Para os basilidianos, a cadeia de emanações se compunha de unidades saídas umas das outras; para os valentinianos, elas se sucediam aos pares. A sizígia, à qual cristãos e gnósticos não atribuem o mesmo sentido, era uma noção egípcia, já mencionada por Sanconíaton. O Éon, sendo uma substância invisível, provinha de uma espécie de conjunção sexual, pois, segundo Valentim, "é o elemento feminino que emite a substância e é o elemento masculino que dá uma forma à substância emitida"[55]. *Nous* e *Aleteia* engendraram *Logos* e *Zoe* (Verbo e Vida), e estes, *Antropos* e *Ekklesia* (Homem e Igreja). Essas duas sizígias, que têm por origem comum o Intelecto e a Verdade, uma emitiu uma série de dez Éons, a outra, uma série de doze Éons. De *Logos* e *Zoe* saíram assim *Bythios* e *Mixis* (Abissal e Mescla), *Ageratos* e *Henonis* (Isento-de-velhice e Redução-à-unidade), *Autofies* e *Hedone* (Que-nasce-de-si-mesmo e Prazer), *Acinetos* e *Sincrasis* (Não-movido e Conjunto), *Monogenes* e *Makaria* (Engendrado-só e Bem-aventurada). De seu lado, *Antropos* e *Ekklesia* produziram *Parakletos* e *Pistis* (Defensor e Fé), *Patrikos* e *Elpis* (Paternal e Esperança), *Matrikos* e *Ágape* (Maternal e Amor), *Aeinous* e *Sinesis* (Inesgotável e Compreensão), *Ekklesiastikos* e *Makaristé* (Eclesiástico e Santa), *Theletos* e *Sofia* (Querido e Sabedoria). O conjunto desses Éons constitui o Pleroma (ou Plenitude), desenvolvimento de potências do Ser supremo, totalidade das inteligências nele concentradas que ele aceita exteriorizar.

Nota-se a novidade dessa teogonia que não apresenta, como nas outras religiões, deuses humanizados: os Éons não são nem sequer anjos, são abstrações puras, princípios vitais em movimento. E, no entanto, não se trata de uma fria alegoria, pois essas entidades ideais têm uma estranha sexualidade desencarnada, e vivem um drama cósmico intenso. A última dos Éons a nascer, Sofia, desesperada por estar tão longe do Propator, será tomada por uma ânsia frenética de vê-lo e de se reunir a ele. O desejo insatisfeito fará com que ela conceba sozinha uma filha degenerada, sem forma, que cairá no caos. O sofrimento de Sofia atinge tal ponto que o Pleroma é perturbado por convulsões. O Propator emite um novo Éon, *Horos* (Limite), que impede Sofia de se lançar para fora do mundo divino; *Logos* e *Zoe* emitirão uma sizígia, *Christos* e *Pneuma* (Cristo e Espírito Santo), destinada a aliviar a infeliz.

Sofia experimentou quatro paixões seguidas, o medo, a tristeza, a ansiedade e a oração, das quais nosso universo é resultado. Do medo de Sofia saiu a substância psíquica; da tristeza, a substância material; da ansiedade, a substância dos demônios; e das súplicas ao Ser supremo, do arrependimento, nasceu o Demiurgo (ou Artesão) que criou o mundo humano. O Demiurgo ignora a existência de um Deus acima de si e não compreende os homens: "O Demiurgo, dizem os valentinianos, não sabe absolutamente nada; ele é, segundo eles, desprovido de inteligência e estúpido… Como ele não sabe o que criou, Sofia o auxilia em todas as coisas, inspirando-o e dando-lhe força; agindo apenas sob inspiração de Sofia, não obstante, ele imaginava operar sozinho a criação do mundo"[56]. O Demiurgo é, aliás, inferior ao Diabo, que ao menos sabe da existência do Propator. A antinomia entre o Deus--Pré-princípio e o Deus-Artesão canhestro que criou o mundo arrevesado não é, portanto, a antinomia do Bom Deus e do Diabo: o Diabo é um terceiro personagem na Gnose, muito mais astucioso que o Demiurgo. Os valentinianos distinguiam inclusive ao lado do Diabolos, o príncipe da matéria, Belzebu, o chefe dos demônios.

Quando a harmonia foi restabelecida no Pleroma, todos os Éons, em honra ao Propator, decidiram emitir em conjunto um novo Éon: esse foi Jesus, "fruto comum do Pleroma". Christos e Pneuma o enviaram à Terra para salvar a Sofia-que-estava-aqui-embaixo, a filha sem forma da Sofia-que-estava-no-alto. Esse mito religioso nos mostra, portanto, uma Sabedoria divina que experimenta uma grande infelicidade porque tentou o impossível: aproximar-se do Propator, mais do que o Intelecto se aproximava ("É um crime querer conhecer o que o *Nous* não revela", dizia Valentim); e uma Sabedoria terrestre que se manteve informe até que Jesus a veio modelar à semelhança da outra.

A gnose de Valentim se expandiu em diversas escolas, cujos fundadores haviam sido seus alunos: Secundus, Heracleon, Ptolomeu, Marcos. Enquanto Axionicos continuava, em Antióquia, o ensinamento do mestre sem nenhuma alteração, os outros aportaram modificações que só eram reveladas aos iniciados depois que tivessem cumprido um noviciado de cinco anos, segundo Tertuliano: "Eles não revelam nenhum de seus segredos aos próprios discípulos antes de terem certeza de que estão com eles"[57]. A teologia gnóstica adquiriu tamanha amplitude e seduziu tantos espíritos, que os bispos se esforçaram para preservar seus seguidores. Um exemplo dessa atração é o filósofo armênio Bardesanes, amigo dos cristãos a quem defendeu contra perseguições, que a princípio combateu os marcionitas, e depois, apaixonado pela Gnose, fundou a segunda escola gnóstica da Síria. Bardesanes, nascido em 165, conselheiro de Algor, rei de Edessa, e autor de um sistema que fazia coexistir o Deus estrangeiro e a matéria eterna, compôs mais de 150 hinos gnósticos de tamanha beleza que eram cantados também nas igrejas cristãs; eles só desapareceriam no século IV, quando Efrem, sobre as mesmas árias, pôs outras palavras.

A partir da gnose valentiniana, a crença nos três princípios da natureza humana torna-se comum a todos os grupos. Dizia-se que o homem era formado por um corpo, por uma alma (*psiquê*) e por um espírito (*pneuma*), ou seja, por um princípio hílico (ou material), por um princípio psíquico e um princípio pneumático (ou espiritual). O *pneuma*, elemento divino feito de ar e de luz, superior à alma, tinha a consistência de um sopro (Filon o definia: "um sopro que volta sobre si mesmo"). Como um dos princípios tende sempre a predominar, os gnósticos dividiam os indivíduos em três classes: os hílicos, mergulhados na matéria, incapazes de serem salvos; os psíquicos, melhores que os precedentes, mas ainda tão ignorantes que têm necessidade de "milagres" para justificar suas crenças e de "boas obras" para merecer a salvação; e os pneumáticos, que discerniam através da Gnose o verdadeiro do falso, e cujo *pneuma* não deixa de ser incorruptível e imortal, o que quer que fizessem.

HERMES TRISMEGISTO, OS SETE ARCONTES E A RECEITA DA IMORTALIDADE

Ao lado dessa gnose que combinava elementos do cristianismo, da filosofia grega e de diversas religiões orientais, existia uma outra, puro produto da cultura helenística; ela tinha por mestre Hermes Trismegisto (três vezes muito grande), assim chamado porque, segundo a lenda contada por Hermias de Alexandria em seus *Escólios*, ele havia vivido três vezes no Egito, e, em sua terceira vida, lembrava-se das duas precedentes, o que lhe daria um triplo saber. Os autores árabes, abundantes nesse tema, pretendiam que o primeiro Hermes, inventor da astronomia, vivera antes do Dilúvio; o segundo, fundador de Babel, fora médico e filósofo; o terceiro, especialista em alquimia, guardara seus tesouros em Kamtar, a cidade dos mágicos perdida no deserto. Hermes Trismegisto foi identificado com o deus Thot dos egípcios, e Jâmblico, repetindo, a partir de Manethon, que ele havia escrito 36 525 livros, especificou: "Ele deixou cem tratados sobre o estudo dos deuses do empíreo, outros tantos sobre os do éter, e mil sobre aqueles do céu"[58]. Dizia-se que os sacerdotes egípcios deviam saber de cor quarenta deles, mas, naturalmente, os textos desse personagem mítico nunca foram encontrados.

Na época do gnosticismo, uma confraria tão zelosamente oculta que o próprio padre Festugière, especialista na questão, não descobriu nem o local de origem, nem nenhum de seus membros, redigiu sob o nome de Hermes Trismegisto, entre os séculos II e IV, uma série de obras que, reveladas em 1463 por Marsílio Ficino em Florença, propagaram o mito hermético até nossos dias. Os escritos em grego atribuídos a Hermes Trismegisto são de três tipos: o *Corpus hermeticum*, reunião de dezessete tratados ou fragmentos, nos quais Hermes ensina sua filosofia a seu filho Tat, a Asklepios e ao rei Amon; o *Discurso Perfeito*, do qual só existe uma versão latina, o *Asclepius*; e extratos da *Anthologion* de Estobeu. A estas, se agregarão, mais tarde, numerosas obras em árabe atribuídas a ele, como o *Livro de Ostathas*, que expõe a teoria do macrocosmo e do microcosmo, ou a carta à rainha Amtounasia sobre a Grande Obra[59].

Esses livros de Hermes Trismegisto, compostos por autores anônimos diferentes, não apresentam unidade de doutrina, e alguns deles não têm nada de gnósticos. O mais típico é o *Poimandres*, que faz parte do *Corpus hermeticum* e corresponde inteiramente à definição de Festugière: "A gnose hermética é o conhecimento de Deus enquanto hipercósmico, inefável, não suscetível de ser conhecido apenas pelos meios racionais, e o conhecimento de si enquanto oriundo de Deus"[60]. Nele, Hermes Trismegisto conta que Poimandres, o verdadeiro Deus, apareceu para lhe revelar as origens do Cosmos e a destinação da alma. No início, esse Ser de luz reinava sozinho sobre uma escuridão enrolada em espirais: "Então o Nous Deus, sendo macho e fêmea, existindo como vida e luz, concebeu, a partir de uma palavra, um segundo Nous Demiurgo, que, sendo deus do fogo e do ar, formou os governadores, sete em número, os quais envolveram em seus círculos o mundo sensível, e seu governo se chama Destino"[61].

Os sete Governadores ou Arcontes são os espíritos dirigentes dos sete planetas e exercem concertadamente uma influência sobre o universo. Há sete céus, delimitados pela posição desses planetas, que colocam a Terra no meio de sete faixas concêntricas; o oitavo céu, ou céu dos fixos, aquele das estrelas mais distantes, é o último, para além dele reside a Divindade suprema. Todos os gnósticos acreditaram nessa Ogdóade (série de oito céus, ou ainda, oitavo céu que comporta oito princípios divinos), também Basílides confundiria bastante os historiadores com seus 365 céus; Leisegang formulou a hipótese de que eram 365 círculos descritos pelo Sol, segundo a tradição egípcia, para produzir os dias do ano. Em geral, na Gnose, o sétimo Arconte, aquele do planeta Saturno, é o chefe dos outros e o Demiurgo, nomeado mais frequentemente Ialdabaoth, é assimilado ao Deus do Antigo Testamento. Hermes Trismegisto varia nesse ponto, e diz que o Demiurgo é o Sol, cercado de todos os coros dos demônios planetários.

Em seguida, Poimandres explica a Hermes como nasceu o Homem primordial na mais alta região do céu; esse foi o Ser de luz que engendrou à sua imagem, fazendo-o andrógino como ele; o Homem primordial não é, portanto, uma criação do Demiurgo, mas seu irmão. Todos ficaram maravilhados com sua beleza, do Deus-Pré-princípio aos Arcontes: "Os Governadores se apaixonaram por ele e cada um lhe deu uma parte de sua magistratura"[62]. O Homem primordial, tendo se inclinado sobre o mundo inferior, viu ali seu reflexo na água, e se achou tão bonito que desceu para se contemplar mais de perto; preso na armadilha da matéria, foi revestido de uma forma perecível: "E é por isso que, de todos os seres que vivem na terra, apenas o homem é duplo, mortal pelo corpo, imortal pelo Homem essencial"[63]. A Natureza ou *Physis*, apaixonada por ele, abraçou-o e, após a cópula, deu à luz gigantes andróginos, que constituíram a raça humana do período pré-histórico; mais tarde, seus corpos se separaram em machos e fêmeas.

Na cosmogonia hermética, o Demiurgo, portanto, se apaga atrás do Homem primordial, Narciso divino que veio habitar seu reflexo terrestre, e cuja evolução não é consequência de um delito.

A parte final do *Poimandres*, depois de tratar da ascensão da alma após a morte, exprime com sobriedade essa crença própria de todos os gnósticos. Quando um homem morre, ele deixa para a natureza sua forma, o eu inativo, toda irascibilidade e concupiscência que existia nele; as "energias" que animam seus sentidos corporais se volatilizam. Assim, mais leve, sua alma se lança para as alturas em uma viagem cósmica de oito etapas: no primeiro céu, governado pelo Arconte da Lua, ela se despoja do poder de crescer e decrescer; no segundo céu, ela deixa o dom de intrigar e iludir ; no terceiro, o poder de desejar; no quarto, o poder de comandar e todas as ambições associadas a isso; no quinto, o poder de afirmação temerária ou ímpia; no sexto, o poder de cobiçar riquezas e de adquiri-las; no sétimo, o poder de mentir. Despojada desses sete invólucros da psique, apenas a parte mais pura do homem, o *pneuma*, penetra no oitavo céu e ali encontra outros seres pneumáticos esperando, enquanto cantam hinos ao Pai, uma partida coletiva: "E então, ordenadamente, eles sobem na direção do Pai, abandonam a si mesmos às Potências, e tornando-se também eles Potências, entram em Deus. Pois esse é o fim bem-aventurado para aqueles que possuem o conhecimento: tornar-se Deus"[64].

O *Poimandres* fala apenas das almas justas que chegam a bom porto graças à Gnose; o *Asclepius* fala das outras, julgadas más, que são atiradas em tempestades, sendo eternamente fustigadas ao capricho das intempéries. Essa concepção da morte foi mais amplamente detalhada por diversos grupos gnósticos, como os ofitas, que mostraram como era perigoso atravessar os domínios dos sete Arcontes, Ia, Astaphaios, Adonai, Ailoaios, Horaios, Sabaoth e Ialdabaoth. Era preciso, para que eles abrissem os portões fechados com correntes, recitar uma fórmula apropriada a cada um deles, que se aprendia durante a iniciação. O sacerdote gnóstico, no momento da unção com óleo dada ao moribundo, lembrava-lhe junto ao ouvido as sete fórmulas para dizer aos Arcontes. Se um deles recusava passagem, a alma e seu conteúdo, o *pneuma*, voltavam para a terra a fim de encarnar em um novo corpo. Assim se conciliavam a doutrina iraniana da metempsicose e a soteriologia cristã que promete a vida eterna.

Um documento dos barbelognósticos ou severianos, a *Pistis Sophia*, desenvolve com aspecto pitoresco e luxuriante o tema que Hermes Trismegisto reduziu à expressão mais simples. O próprio Jesus conta a seus discípulos os múltiplos episódios dessa viagem ao além-túmulo. A alma é interceptada em sua ascensão pelos "Recebedores" que a conduzem, durante três dias, através dos "cinco caminhos do meio", até a "Virgem de luz" que é encarregada de julgá-la; se a Virgem de luz a julga como boa, ela sela a alma com seu selo, e a envia aos assistentes de Ieou, o Vigilante do "Tesouro de luz", para que eles a levem ao "Lugar das heranças da luz" onde se reúnem as almas perfeitas. Mas se a "Virgem de luz" julga que uma alma é imperfeita, ela a envia de volta para baixo, para se reencarnar, ou ela a expede ao interior das trevas circulares do Amenti: "As trevas circulares são um grande dragão cuja cauda está em sua garganta, ficam fora do mundo e circundam o mundo inteiro"[65]. Há ali "doze câmaras de tormentos duros", cada uma dirigida por um demônio assustador — Eukhthonin de cabeça de crocodilo, Kharakhar com cara de gato, Khrimaôr com sete cabeças de cão etc. — onde a alma pecadora será supliciada em um fogo violento ou em um frio glacial.

No entanto, a Gnose crê na não-responsabilidade humana, em razão de seu fatalismo astrológico. "O que força o homem a pecar?", pergunta Maria Madalena. "Os Arcontes do Destino, são eles que forçam o homem a pecar", responde Jesus"[66]. De fato, os sete Arcontes dos planetas criam com seu sopro uma anti-alma, o *antimimon* ou espírito de falsificação, que juntam à alma verdadeira de cada ser, a qual permanece ligada até a morte. O *antimimon*, capaz de assumir todas as formas, de fazer passar erros por verdades ou vícios por virtudes, arrasta a alma até os piores desvios. É a parte do *antimimon* com a qual o Arconte contribuiu que é restituída a cada Arconte na ascensão da alma até o oitavo céu. Hermes Trismegisto tem outra explicação para os pecados, que se devem, segundo ele, à influência dos trinta e seis Decanos, inteligências astrais do Zodíaco, que produzem os demônios que servem de agentes a cada um dos astros. Esses demônios, incessantemente ativos, são bons ou maus, às vezes mesclados de bem e mal: "Eles buscam remodelar nossas almas segundo seu interesse e excitá-las, instalados nos músculos e nas medulas, nas veias e nas artérias, em nossos cérebros mesmo, e penetram até as entranhas. Pois uma vez que cada um de nós veio a nascer e foi animado, encarregam-se de nós os demônios que estão de serviço naquele instante preciso do nascimento"[67]. Mas assim que, através da Gnose, o homem recebe na alma um raio de luz divina, "os demônios são reduzidos à impotência"[68].

"Hermes três vezes encarnado" parecia perfeito para dar uma "receita de imortalidade", mas o hermetismo não comportava nem cerimônias, nem purificações, nem epifanias; os únicos mistérios reconhecidos eram os "mistérios do Verbo". Em seu *Discurso Secreto Sobre a Montanha*, o Trismegisto descreve os doze vícios que agrilhoam a alma, e as dez "potências" que nos permitem deles nos livrar (a primeira sendo o "conhecimento da alegria"), fazendo, portanto, com que a salvação só dependesse do domínio sobre si mesmo. Festugière disse: "A religião do Deus cósmico jamais implicou em cultos. Ela nunca conheceu templo ou imagem. Ou antes, seu templo era o universo; suas imagens, os astros do céu"[69]. É por isso que os "conventículos herméticos", dos quais se supõe a existência, puderam passar despercebidos: nenhum ritual chamava atenção para eles.

Mas outras gnoses possuíam "receitas de imortalidade" indicando os gestos a serem cumpridos, as invocações a serem ditas, para acessar no além o "Tesouro de luz". Os gnósticos estudados por Amelineau oravam com as mãos estendidas e praticavam "mistérios purificadores" que lhes garantiam a sobrevida: "Havia, além do mistério da redenção dos pecados, três outros grandes mistérios: o batismo da fumaça, o batismo do espírito da santa luz e o grande mistério das sete vozes"[70]. A *Pistis Sophia* declara: "Sem mistério, ninguém entrará no reino da luz, seja justo, seja pecador"[71]. Mesmo a alma mergulhada em uma das doze câmaras de trevas infernais, caso saiba o nome secreto do lugar onde se encontra e o pronuncie, uma porta se abre e ela deve sair dali; os "Recebedores" a conduzem até Ieou para que ele, depois de fazê-la beber da taça do esquecimento, lhe designe uma reencarnação. Um homem que jamais pecou não merece, por causa disso, um lugar no reino da luz: ele deve conhecer "os mistérios da dissolução de todos os selos e de todos os vínculos" que prendem o *antimimon* à alma. Disso resulta que a Gnose tenha recorrido amiúde às palavras misteriosas, aos signos e aos números, em função de seu conteúdo mágico; e que tenha inspirado aos gnósticos uma tal confiança que eles se consideravam *teletoi* ("perfeitos"), em relação aos hílicos e aos psíquicos que não possuíam esse saber.

SOFIA E AS MULHERES GNÓSTICAS

Uma das originalidades mais sedutoras da Gnose é a importância excepcional que ela concedeu ao elemento feminino na metafísica e na moral. Vimos que, para a maioria dos gnósticos, o Espírito Santo se identifica com uma mulher imaterial, irmã e esposa de Christos; a alma é como uma moça aprisionada no corpo do homem (exceto entre os naassenos, para quem a alma é andrógina, e segundo os quais apenas a parte viril subsiste após a morte); a "Virgem de luz" desempenha o papel de juíza suprema do além; os sofrimentos de Sofia incitam Jesus a consolá-la e, através dela, a libertar a humanidade inteira. Esse feminismo ardente é a diferença essencial entre a Gnose e a Kabbala, profundamente misógina, como observou Scholem: "É uma doutrina masculina, feita por homens e para homens. A longa história da mística judaica não mostra traço nenhum de uma influência feminina. Não houve mulheres cabalistas"[72].

O valor que impregnou de feminilidade a Gnose foi Sofia, figura abstrata à qual logo se atribuiu uma personificação romanesca. Sabia-se que ela representava a Sabedoria, um Éon impalpável, mas acabaram se apaixonando tanto por ela que fizeram dela uma espécie de Ísis cristianizada. Quase todos os grupos gnósticos tinham sua própria versão das desventuras de Sofia, fazendo a diferenciação entre a Sofia do alto, a Mãe celeste, e a Sofia de baixo, que chamavam ora de Sofia Achamoth, ora de Sofia Prounicos ("a Lasciva"), já que assimilavam seu desejo de luz ao desejo sexual. Um escrito em copta, a *Pistis Sophia*, exprimiu essa crença sob forma de um romance religioso em que Jesus conta como veio acudir Sofia. Fazendo parte das "vinte e quatro emanações do grande Invisível", ela ocupava "o décimo-terceiro Éon, seu lugar nas Alturas" (aqui o Éon é a esfera de onde a emanação divina exerce sua ação). Quando ela desejou a luz do Pai, os doze Éons acima dela se incomodaram com a sua pretensão de aproximar-se mais do que eles, e o Tridynamos, dito o Arrogante, criou um monstro luminoso que enviou à terra para atrair Sofia. Quando viu brilhar essa luz, dirigiu-se a ela acreditando ser ainda a luz do Pai, e o monstro se atirou sobre ela: "Essa grande Potência de luz com face de leão engoliu todas as Potências de luz que havia em Sofia"[73]. Privada de seu esplendor, Sofia dirigiu uma série de "arrependimentos" — hinos de súplicas — ao Pai; no nono arrependimento, Jesus partiu em seu socorro, repeliu o monstro luminoso, tirou de si mesmo uma "Virtude de luz" com a qual revestiu e coroou Sofia, que ele restabeleceu no 13º Éon.

Em outros grupos gnósticos, a personagem de Sofia desapareceu por trás de Barbelo, a Primeira Potência feminina engendrada por Deus, mãe do Arconte Ialdabaoth, que reina sobre o sétimo céu. Barbelo detesta o filho porque este lhe roubou seu "orvalho luminoso" para animar o mundo criado por ele, e, em compensação, ela não cessa de provocar com volúpia os outros Arcontes, a fim de extrair deles toda semente luminosa (é por isso que a *Pistis Sophia* a denomina "Barbelo, a sanguessuga"). A cosmogonia gnóstica é tão rica e variada que o *Livro de Baruch*, texto sagrado dos ofitas, tem por heroína uma outra mulher cósmica, Éden, que está na origem do universo. O mito diz que há três princípios não-engendrados do Todo, dois princípios masculinos, o Bom e Elohim, e um feminino, Éden (que possui duplo espírito e duplo corpo: moça em cima e serpente embaixo). Elohim se apaixonou por Éden e, dessa união, nasceram doze anjos masculinos devotados ao Pai e doze anjos femininos devotados à Mãe; foram esses anjos que criaram Adão e Eva, nos quais Elohim pôs o *pneuma*, Éden pôs a alma. Mas Elohim se elevou ao céu com seus doze anjos, e decidiu ficar junto ao Bom na pura luz; Éden, furiosa por ter sido abandonada, enviou seus doze anjos femininos, divididos em quatro grupos, para rondar eternamente o mundo e semear a perturbação: assim, seu primeiro anjo, Babel, causa os dramas passionais e os divórcios. Éden quer punir Elohim atormentando o espírito que ele insuflou nos homens; e ele, desejoso de salvar esse espírito, contrapõe-se a ela por intermédio de seu terceiro anjo, Baruch. Esse mito, que explica o Mal por meio do despeito amoroso da Terra-Mãe abandonada, é ainda um exemplo da maneira como a Gnose aliava o paganismo ao cristianismo.

Os gnósticos são filósofos ao mesmo tempo apaixonados e decepcionados pela Bíblia; assim, inventaram personagens e episódios para completá-la ou para contradizê-la. Uma dessas invenções foi a mulher de Noé, a quem chamaram Norea, da qual fizeram a encarnação da revolta metafísica. No *Livro de Norea* citado por Epifânio, Norea se opunha à construção da Arca de Noé, que ela tentou incendiar três vezes, uma vez que se recusava a perpetuar a criação do Deus mau; ela desejava servir apenas ao Deus bom e a Barbelo, indiferentes a essa criação. O sistema gnóstico leva em conta, então, as paixões da mulher, os extravasamentos da sexualidade, e especula sobre seus efeitos cósmicos sem ver como consequência disso o pecado original, a Queda do homem, uma vez que todas as infelicidades da humanidade vêm da incapacidade do Demiurgo e as felicidades vêm de Sofia.

Como se não bastasse encherem de hipóstases femininas sua religião, os gnósticos se dirigiam às mulheres com uma atenção particular. Ptolomeu escreveu a *Carta a Flora* a fim de ensinar a uma dama romana a diferença entre o Deus perfeito não-engendrado, o Deus engendrado intermediário (ou Demiurgo) e o Diabo (ou Cosmocrator): o tom é, de ponta a ponta, caloroso e fraternal. O alquimista gnóstico Zósimo confiou seus segredos a Teosébia, que ele evocou em *Omega* e em *Conta Final*, assegurando-a de que ela não tinha nenhuma necessidade de praticar a devoção para ser uma Eleita: "Portanto não te deixes seduzir, ó mulher... Não te ponhas a divagar em busca de Deus... Repousa teu corpo, acalma tuas paixões, resiste ao desejo, à cólera, à tristeza e às doze fatalidades da morte. Dirigindo-te assim, chamarás a ti o ser divino e o ser divino virá a ti, ele que está em toda parte e em parte alguma"[74]. Isso equivalia a dizer que a mulher podia alcançar a sabedoria tanto quanto o homem, algo de que se duvidava em outros meios.

Os gnósticos aceitaram até honrar profetisas, embora não acreditassem em profetas masculinos e dissessem que o espírito da profecia havia sido decapitado com João Batista. Apeles, o marcionita, tendo deixado Roma para ir à Alexandria, aí modificou sua filosofia sob influência de uma virgem iluminada, Filomena, da qual registrou as revelações em um livro. Marcos, que começou seu apostolado na Palestina em 180, foi à Gália onde transtornou, nos diz Irineu, as "damas de vestidos bordados de púrpura" (privilégio da classe senatorial). Seu culto se baseava na *Charis* (Graça), inspiração divina que captava e transmitia a seus adeptos através de cerimônias imponentes. Depois de haver introduzido "o germe da Luz" na mulher que ele iniciava, declarava-lhe: "Vê, a Graça desceu em ti. Abre a boca e profetiza". Se ela balbuciasse que não sabia profetizar, ele fazia as invocações e repetia: "Abre a boca, diz o que for: profetizarás"[75]. Ela se abandonava a uma improvisação que era recolhida como um oráculo, pois Marcos considerava que o psiquismo feminino deixava escapar verdades intuitivas.

Esse Marcos era, aliás, um mago extraordinário, seduzia as mulheres mais belas, que abandonavam seus maridos por ele, entregavam-se à embriaguez de sua religião, e se arrependiam aos prantos quando eram resgatadas pelas famílias. Sua doutrina era uma mescla de gnose valentiniana e de especulações neo-pitagóricas sobre os números. A iniciação dos marcosianos exigia dois batismos: o segundo, a apolitrose (ou batismo de redenção), concedia a indulgência a todos os delitos. A missa de Marcos era dita por sacerdotisas, que ministravam, como sacramento de comunhão, uma beberagem sobre a qual ele invocava a Graça. Ele transformava diante dos fiéis a água em vinho, que punha em uma taça pequena e, em seguida, derramava sobre uma taça grande até a borda. Ninguém compreendia como o conteúdo da pequena taça havia sido suficiente para encher a grande. Hipólito achava que ele esfregava previamente o interior da taça com uma droga que, devido ao gás produzido, aumentava o volume do líquido[76].

O feminismo dos gnósticos suscitou o aparecimento, entre eles, de mulheres chefes de escola, o que não se via em outros contextos. O culto persa de Mitra, praticado publicamente em Roma desde o reinado de Trajano, contava com sete graus de iniciação para os homens e nenhum para as mulheres, que dele eram excluídas. O cristianismo primitivo revalorizou a condição das viúvas, das quais fez diaconisas, encarregadas de cuidar dos pobres, mas não traçou planos de fazer delas predicadoras ou professoras*. Entre os gnósticos houve iniciadoras reconhecidas. Foi o caso de Marcelina, que dirigiu o grupo dos carpocracianos em Roma, em cerca de 160, e atingiu na cidade uma celebridade escandalosa. Carpócrate era um gnóstico de Cefalônia que defendia o comunismo dos sexos, e cujo filho Epifânio, morto aos dezessete anos, passou a ser adorado como um deus em Samé, onde um templo foi erguido para ele. O segredo guardado pelas comunidades gnósticas não permite saber exatamente se é em torno de Carpócrate ou de Marcelina que se relacionam todas as anedotas sobre os carpocracianos, mas, de todo modo, Marcelina aparece como uma mestra mulher, não hesitando em propor uma filosofia que ousa grandes liberdades sexuais e religiosas.

---

* São Paulo diz: "Não permito, portanto, que a mulher ensine" (*Primeira epístola a Timóteo*). Tertuliano critica, em seu tratado sobre o batismo, a cristã Quintila que reivindicava o direito de pregar e batizar. São Jerônimo louva Santa Marcela por jamais, apesar de todo o seu saber, ter dado nenhum ensinamento. Vemos como os gnósticos se distinguem de seus contemporâneos por seu feminismo radical.

Sulpício Severo falou de uma mulher gnóstica, Ágape, que teria fundado, por volta de 375, um grupo em Barcelona, mas o erudito comentador de sua *História sagrada*, Lavertujon, duvida que ela tenha existido; já antes se denominava "agapetas" as solteironas e as viúvas que seguiam, como servas benévolas, os ascetas cristãos em seus deslocamentos. Jacques Matter acreditava na existência de Ágape e supôs que ela tivesse um "espiritualismo extático"; o *Dicionário das Heresias* de Migne diz que ela "perverteu, na Espanha, muitas mulheres de qualidade", e que estas, as agapetas, seduziam os jovens e "lhes ensinavam que não havia nada de impuro para as consciências puras". Via-se em Ágape a iniciadora de Prisciliano que converteu ao gnosticismo dois bispos espanhóis, e tendo se tornado ele próprio bispo de Labila com o apoio deles. Prisciliano foi condenado, por causa de sua doutrina, nos concílios de Saragoça em 380 e de Bordéus em 385; criticava-se suas discípulas mulheres, especialmente Eucrócia e sua filha Prócula, descendentes de uma nobre família da Gália. Acusadores o denunciaram como mágico ao imperador Máximo, e durante seu processo em Trèves, convencido de feitiços malignos, "ele admitiu também ter se dedicado a estudos abomináveis, ter feito reuniões noturnas com mulheres impudicas e ter o hábito de rezar totalmente nu"[77]. Prisciliano foi decapitado, assim como Eucrócia, mas sua morte fez com que ele fosse venerado como um santo pelos priscilianistas da Espanha; ao atribuir à enigmática Ágape a iniciação desse mestre, os cronistas reconhecem, ao menos, uma alta capacidade filosófica à mulher gnóstica.

A SERPENTE OUROBOROS E A ORGIA RITUAL

Dois outros aspectos do gnosticismo fazem compreender como ele foi inventivo em sua vontade de aliar o paganismo e o cristianismo: o culto da serpente e o recurso a ritos orgiásticos. Eram, com efeito, componentes do culto de Dioniso na Grécia, mas longe de fazer uma paródia deste culto, os gnósticos opuseram-lhe um conjunto mítico e ritual que o ultrapassava. "A cada um de seus deuses vocês dão por atributo o grande e misterioso símbolo da serpente", dizia Justino aos pagãos, em nome dos cristãos: "Nós chamamos o chefe dos demônios de serpente, satã e diabo"[78]. Clemente de Alexandria, em seu *Protrepticus*, obra destinada a converter os gregos, reprovando neles as obscenidades de sua religião, insiste sobre o simbolismo fálico da serpente nos mistérios de Sabázio, onde os iniciados do culto de Deméter e de Koré submetiam-se ao contato com esse animal para figurar a união de Zeus com a própria filha: "É uma serpente que fazem passar em seu seio, testemunha da má-conduta de Zeus"[79]. A grossa cobra da Macedônia, inofensiva e fácil de domesticar, era a que servia com mais frequência aos ritos dos templos.

Os gnósticos se encontraram, portanto, posicionados entre os cristãos que faziam da serpente sinônimo de *diabolos* e de *satanas*, e os egípcios, os gregos, os persas, que nela viam uma divindade ctônica bastante favorável. No Egito, o *uraeus*, usado na cabeça do faraó, garantia a dominação sobre os inimigos, e, no Baixo Império, a imagem do universo era representada por um círculo que tinha como diâmetro horizontal uma serpente estrelada, o Agathodaimon (ou "Gênio Bom"), a Alma do Mundo. Os gnósticos conciliaram as duas tendências antagônicas ao adotar um símbolo ambivalente, conveniente a seus propósitos, a serpente Ouroboros ("que morde a própria cauda"), ora exprimindo as trevas, ora o Tempo infinito, mas de todo modo marcando o limite circular do mundo humano. O amuleto mais popular do gnosticismo foi uma pedra em que, no interior de um círculo formado pela serpente Ouroboros, estavam gravadas palavras mágicas. Um papiro traduzido por Festugière revela a fórmula de consagração de um anel que devia conferir sucesso a toda empreitada: sobre o aro de ouro estão inscritos os nomes Iao Sabaoth, e sobre o jaspe da coroa, o Ouroboros cerca um crescente lunar com duas estrelas nas pontas, tendo por cima um sol de nome Abraxas. Os primeiros alquimistas gregos, sendo gnósticos, tomaram o Ouroboros como emblema da dissolução da matéria, como especifica Olimpiodoro: "A serpente Ouroboros, é a composição que em seu conjunto é devorada e fundida, dissolvida e transformada pela fermentação"[80].

Seus contemporâneos nos dizem que aqueles que chamavam de naassenos, ofitas (de *naas*, *ophis*, serpente) intitulavam-se simplesmente gnósticos; de fato, todos esses grupos com nomes diversos não os tinham escolhido, e eram designados assim pelos adversários, que queriam distinguir entre eles as variedades da Gnose. Os fibionitas (de uma palavra copta derivada do hebraico que significava os pobres, os humildes), os estratiotas (soldados), os barbelitas (filhos do senhor), os peratas (do verbo *peran*, franquear, atravessar) não reivindicavam esses títulos de forma alguma, e Amelineau até supôs que se tratava de graus de iniciação da Gnose confundidos com seitas. A serpente sempre desempenhou um grande papel entre os gnósticos que assim se afirmavam. Os peratas honravam a "serpente universal", cujo símbolo lhes parecia a serpente de bronze que Moisés criou no deserto, e acreditavam que tudo estava submetido à influência da constelação da Serpente. A serpente universal, aparecendo às vezes sob forma humana, como "José vendido pelos irmãos e vestindo apenas um traje multicolorido", se identificava com o Verbo: "Segundo eles, o universo se compõe do Pai, do Filho e da Matéria. Cada um desses três princípios possui em si potências infinitas. Entre a Matéria e o Pai fica o Filho, o Verbo e a Serpente sempre em movimento em direção ao Pai imóvel e à Mãe muda"[81].

Os ofitas haviam estabelecido um diagrama do universo, formado por círculos concêntricos, dos quais dois, no exterior, indicam o domínio divino além do céu dos fixos; embaixo, um círculo amarelo inscrito em outro azul delimita o domínio intermediário, morada dos doze anjos de Elohim; no meio, o domínio terrestre era circunscrito pela serpente Leviatã enrolada em sete órbitas, figurando o movimento dos planetas em torno da Terra. Os naassenos também faziam da serpente uma força cósmica, mas era o *Nous* que comunicava às pedras o desejo de ter uma alma. Diferentes dos ofitas, eles estruturavam seu sistema sobre o Homem primordial andrógino, Adamas: "O conhecimento do homem, dizem eles, é o começo da perfeição; o conhecimento de Deus é sua culminação"[82].

Os naassenos são típicos da vontade de síntese da Gnose: consideravam Homero um profeta superior aos da Bíblia; seu livro sagrado era o *Evangelho segundo os egípcios*; toda a parte cristã de sua filosofia vinha de um ensinamento que Tiago, irmão do Salvador, teria transmitido a uma mulher, Mariana. Assíduos nos mistérios da Grande Mãe do culto de Attis, eram ascetas que proibiam as relações sexuais, e até mesmo tomavam cicuta para ficarem impotentes, pois pensavam: "As relações do homem e da mulher são obra de porcos e cães"[83]. No entanto, em vez de inculpar o pansexualismo da religião pagã, os naassenos davam uma interpretação mística às duas estátuas de homens nus, com o membro viril ereto, que se encontravam no templo da Samotrácia, vendo nelas uma representação da serpente da alma se dirigindo ao céu.

Por essa compreensão dos símbolos fálicos do paganismo, os gnósticos foram levados a defender as "orgias" pagãs que os cristãos atacavam. Clemente de

Alexandria denunciou no *Protrepticus*, detalhando suas particularidades, as orgias do culto de Afrodite, onde se dava ao iniciado um grão de sal e um falo, as do culto de Cibele, onde se assistia à castração ritual dos sacerdotes. As "orgias" antigas não eram festividades obscenas, mas cerimônias dramáticas feitas para ajudar a natureza a cumprir o ciclo das estações. As bacantes do culto de Dioniso eram obrigadas a permanecer castas e jejuar para participar do tíaso (ou bacanais); seu rito principal, quando atingiam o delírio sagrado sugando folhas de hera, gritando e se contorcendo (Plutarco fala de sua "embriaguez sem vinho"), era matar um cabrito e comer a carne crua. Durante os Grandes Mistérios de Elêusis, celebrados no outono, perto de Atenas, os epoptas (iniciados do segundo grau, superando os *mistos* do primeiro grau, que eram admitidos apenas nos Pequenos Mistérios da primavera) esperavam em silêncio, no subsolo do santuário onde reinava a escuridão, que o hierofante ("mostrador de coisas sagradas") e a sacerdotisa de Deméter realizassem um coito que simbolizava o de Zeus com a Deusa-Mãe; ao final, o hierofante, acendendo as tochas, mostrava aos epoptas uma espiga de trigo, sinal de que a colheita do ano seguinte seria favorecida por essa ação erótica, dizendo: "A divina Brimo deu à luz Brimos". A festa terminava virando dois vasos cheios de água, situados a oeste e a leste, aos gritos de: "Uiê! Kuê!" (Faz chover! Engravida!), dirigidos primeiro ao Céu e depois à Terra. O coito representava a "união do Pai e da Mãe do grão para a procriação da colheita futura"[84]. Assim, a orgia antiga é uma reunião religiosa em torno de um sacrifício sexual (real ou simulado), forma atenuada do sacrifício humano primitivo, com absorção de uma beberagem que permite a comunicação entre o deus e os fiéis (o ciceão em Elêusis, a hoama no culto de Mitra). Esse tipo de liturgia foi admitido por alguns gnósticos, que lhe eliminaram o caráter pagão da maneira que veremos a seguir.*

As orgias rituais, às vezes mencionadas no gnosticismo, não estavam em contradição com os princípios rigoristas de todos aqueles, dos marcionitas aos naassenos, que proibiam os prazeres sensuais. A mesma mentalidade ascética inspirava essas duas atitudes opostas de abstinência ou de libertinagem, correspondendo ao sentimento que exprime Hermes Trismegisto a seu

---

* A má reputação das orgias antigas data do caso das bacanais de Roma no ano 186 antes de Cristo, contado por Tito Lívio no livro 38 de sua *História Romana*. Sob pretexto do culto de Baco, reuniões homossexuais ocorriam cinco noites por mês, nas quais se pervertiam os jovens, molestando os que resistiam. O Senado fez punir os culpados, que chegaram a sete mil, e votar uma lei contra assembleias noturnas.

filho: "Se de antemão não odeias teu corpo, meu menino, não podes amar a ti mesmo"[85]. Ora, esse ódio ao corpo, prisão onde a alma está condenada a ficar encarcerada até a morte, pode se manifestar tanto ao arrastá-lo pelos excessos perversos como ao recusar-lhe as satisfações que ele reclama. Aliás, é preciso distinguir as calúnias, as fantasias sexuais, nas anedotas a respeito das orgias; sabemos, pelo *Octavius* de Minucius Felix, que os pagãos acusavam os cristãos de se reunirem à noite para cobrir uma criança de farinha, matá-la, despedaçá-la e beber seu sangue, para depois se misturarem, com as velas apagadas, em cópulas incestuosas; entre gnósticos, quando se relatam características similares, estas provêm da mesma tendência para acreditar, sem provas, que os adversários seriam capazes das piores infâmias.

As justificativas para seus atos dadas pelos próprios orgiastas da Gnose indicam que não se tratava de libidinosos querendo "farrear". Os nicolaítas se referiam à lenda do diácono Nicolau, que, criticado pelos apóstolos por seu apego ciumento pela esposa, ofereceu-a a outro homem a fim de provar que só era apegado a Deus. Nesse grupo, um homem testemunhava seu desprezo pela carne empurrando a companheira para um parceiro casual; essa prostituição desinteressada, que não tem como objetivo o lucro ou o prazer, tinha um sentido metafísico. Por sua vez, os carpocracianos acreditavam que os Arcontes do Destino forçavam a alma a se reencarnar até que ela tivesse provado todas as paixões da matéria; evitavam-se, portanto, outras reencarnações quando se pagava sua dívida em uma única vida, nela assumindo o maior número de provas passionais. Os barbelognósticos queriam, com seus atos sexuais, ajudar a Mãe de Todos, Barbelo, a recolher toda a semente dos corpos, de que ela precisava para produzir a energia vital que espalhava por todo o universo; era a analogia entre *pneuma* e *sperma*, aprendida dos estoicos, que determinava sua conduta.

As atitudes dos cainitas refletiam uma rebelião filosófica mais sombria. Eles pensavam que a verdadeira família de Sofia era formada por todos aqueles que no Antigo Testamento haviam se oposto a Jeová; em consequência, honravam Caim, Cam, Esaú e os moradores de Sodoma e Gomorra, que consideravam perseguidos pelo judaísmo. Dispunham do *Evangelho de Judas*, no qual este revelava que havia traído o Salvador por saber que o império de Ialdabaoth seria aniquilado por sua morte. Os cainitas se entregavam a todos os atos proscritos pelo

Decálogo, a fim de demonstrar que não obedeciam às leis de Moisés. Eles se esforçavam para "passar por todas as coisas" (*dia panton chorein*) e, como pensavam que um anjo mau era designado para cada obra carnal, insultavam e desafiavam o anjo com uma invocação ao realizar esses atos.

A regra geral de todos os gnósticos era a recusa da procriação; os que pregavam a continência, a abolição do casamento, o faziam com essa intenção; os que se entregavam às relações sexuais tornavam-nas infecundas por meio da contracepção e do aborto. Eles acreditavam que o Demiurgo tinha dito "Crescei e multiplicai-vos" a fim de perpetuar a infelicidade da humanidade sobre a terra, e que era preciso romper a corrente da evolução e levar em definitivo as almas para o oitavo céu, abstendo-se de fazer filhos. A orgia ritual era uma maneira ostentatória de concretizar coletivamente essa recusa; possuímos, para julgá-la, o testemunho vivido de Epifânio, bispo de Constância, em seu *Panarion* escrito em 370. Aos dezoito anos, vindo a Alexandria, Epifânio ali frequentou uma sociedade de gnósticos barbelognósticos ou borboritas, que ele descreve como sibaritas elegantes, perfumados, que se reconheciam entre eles ao fazer cócegas na palma um do outro com o dedo quando se cumprimentavam. Deram-lhe para ler livros como o *Evangelho de Felipe*, a *Ascensão de Isaías*, o *Apocalipse de Adão*, e as mulheres se encarregaram de iniciá-lo.

Ele ficaria sabendo que eles se reuniam em diversos casais para banquetes, nos quais abusavam das carnes e do vinho. Ao final do banquete, o homem dizia à mulher: "Levante-se e faça a caridade com o irmão". O homem, enquanto a mulher ia se entregar a outro conviva, fazia amor com uma de suas vizinhas; todo mundo fazia isso, a devassidão se tornava generalizada. Depois do gozo, o homem e a mulher recolhiam o esperma nas mãos, erguiam as mãos para o céu, com os olhos voltados para cima, e diziam ao Pai de Tudo: "Nós te oferecemos essa dádiva, o corpo de Cristo"[86]. Em seguida, eles comiam o esperma, e, quando a mulher estava menstruada, bebiam também o seu sangue, orando e tomando Deus por testemunha; era a maneira deles de comungar. Eles cuidavam para jamais procriar, mas se, apesar das precauções, uma de suas companheiras engravidava, faziam com que ela abortasse e punham o feto em uma espécie de pilão, misturando a ele óleo e condimentos, depois cada um provava esse patê com os dedos e absorvia uma parte. Isto feito, eles glorificavam a Deus em uma oração.

Epifânio não escondeu seu asco, e as mulheres zombaram dele. Indignado ao descobrir que oitenta cristãos estavam afiliados a essa comunidade, ele denunciou-os ao bispo de Alexandria, que os excomungou. Sendo Epifânio, na época, um adolescente virgem que os libertinos se divertiram ao escandalizar, naturalmente, não se deve confiar muito nas revelações dele. Podemos rejeitar que os gnósticos comessem fetos, pois essa acusação de antropofagia se renovou constantemente ao longo dos séculos, ora por parte dos pagãos contra cristãos, ora dos cristãos contra os heréticos; ela corresponde aos terrores infantis conservados no inconsciente e a uma obsessão primária da libido. O beijo que expressa a necessidade animal de comer o que se ama e o tema dos pais canibais são encontrados em diversos mitos: o primeiro casal do mazdeísmo, Mashya e Mashyoi, devorou os filhos por excesso de amor. O mito de Dioniso, no qual suas amas quiseram devorá-lo; a lenda das filhas de Mínias em Orcômeno, enlouquecidas e tirando na sorte qual de seus filhos iriam comer; e a selvageria das bacantes no tíaso noturno explicam por que Epifânio não julgava inverossímil esse tipo de canibalismo. A isso se agrega o medo dos sacrifícios humanos, que ainda nessa época continuavam a existir no culto de Zalmoxis, na Trácia, costume que a Bíblia (Êxodo, 34) havia assinalado entre as tribos semíticas, em que os casais sacrificavam o primogênito.

Por outro lado, é preciso certamente levar a sério o que Epifânio diz sobre a sexualidade do grupo, sobre o banquete terminando com uma cópula ritual, sobre a oferenda a Deus da emissão seminal, as mãos estendidas para o céu (modo de rezar dos gnósticos). Os ritos coprofágicos me parecem mais duvidosos, pois faziam igualmente parte das calúnias clássicas contra os ascetas: veremos Psello afirmar que os encratitas, cristãos particularmente devotos, comungavam com excretos. A coprofagia existe, sem dúvida, no erotismo e na mística, mas os produtos do corpo humano citados tinham a reputação de temíveis venefícios (misturas venenosas de mágicos). Em *Pistis Sophia*, o apóstolo Tomé pergunta a Jesus: "Ouvimos dizer que há homens na terra que pegam o esperma dos homens e o mênstruo das mulheres para misturá-los com lentilhas e comer, dizendo: cremos em Esaú e Jacó. Será isso uma coisa apropriada ou não?" Jesus se zanga e responde: "Em verdade vos digo que esse pecado é superior a todos os outros pecados e iniquidades"[87]. Tal ataque visa talvez uma prática de certos cainitas, mas é mais evidente que ela faz justiça, energicamente, aos relatos exagerados de libertinagem gnóstica.

A HERANÇA DO "TESOURO DA LUZ"

O gnosticismo, como fenômeno histórico, terminou no século v, quando o triunfo do cristianismo sobre o paganismo, sob os imperadores cristãos que sucederam a Constantino, aboliu momentaneamente o sonho de uma Gnose que conciliasse as religiões antigas e a religião nova. Foi então que começou a verdadeira história das heresias, ou rupturas no interior de uma Igreja todo--poderosa, entre seus membros divididos sobre algum ponto da doutrina. Essa história teria como precursores não os gnósticos, mas os arianistas do concílio de Nicéia em 325, durante o qual dezessete bispos sustentaram a opinião de Ário negando a consubstancialidade da segunda pessoa da Trindade, fazendo do Pai e do Filho duas substâncias diferentes. Os pagãos da corte de Antióquia, os godos, os vândalos e os borgonheses, acreditando se converter ao cristianismo, adotaram o arianismo, o que obrigou os bispos cristãos a lutarem contra a proliferação de bispos arianistas.

Os heréticos, muito menos interessantes que os filósofos marginais do cristianismo, não construíam sistemas sintéticos, mas contentavam-se com divergências; os nestorianos, por exemplo, recusavam venerar a cruz e honrar a Virgem Maria. Uma outra característica da heresia foi a violência: os donatistas, cristãos de Cartago defensores do bispo Donato, que fazia milagres, se converteram em salteadores de estradas, atacando com pauladas os padres que os contestavam e invadindo suas igrejas. Pelo contrário, o espírito da Gnose jamais foi o de desencadear uma guerra fratricida dentro da mesma religião, ou de uma religião contra outra, mas o de compreender todas e fixar uma Tradição que as harmonizasse.

O primeiro herdeiro da Gnose, o maniqueísmo, foi seu contemporâneo e sobreviveu por mais tempo que ela; ainda havia diversas igrejas maniqueístas no século xi, no Turquestão oriental, e, no século seguinte, os cátaros recuperaram o ensinamento quase na íntegra e o adaptaram às estruturas do Ocidente medieval. Mani, nascido em Babilônia por volta de 216, começou em 242 sua pregação em Ctesifonte, na Mesopotâmia; foi crucificado em 275, em Gundesha-pur, no sudoeste da Pérsia, sob o rei sassânida Bahram I, por instigação dos magos persas enciumados com o sucesso de sua religião. O maniqueísmo conservou tamanho esplendor que Santo Agostinho será maniqueísta por nove anos (de 373 a 382) antes de se tornar cristão. Por muito tempo se hesitou associar Mani à Gnose, mas hoje pensamos como Eugène de Faye que "as origens gnósticas do maniqueísmo são certas" e que o principal é saber "de qual gnosticismo ele é resultado"[88]. Mani possuía a vontade de síntese da Gnose: quando recebeu seu "chamado" em 241 (isto é, quando o Espírito vivo apareceu para ele e revelou a "doutrina dos três tempos", que explica o início, o meio e o fim do mundo), ele se considerava sucessor de Zoroastro, de Buda e de Jesus, cujos dogmas diferentes só ele poderia conciliar.

Enquanto todos os gnósticos admitiam três princípios — o Deus estrangeiro, o Demiurgo criador do mundo e o Cosmocrator reinando sobre os demônios —, Mani só reconhecia dois: a Luz e as Trevas, que precediam a existência do céu e da terra. O Pai da Grandeza mora no País da Luz, que se escalona em cinco moradas correspondentes à sua inteligência, à sua razão, ao seu pensamento, à sua reflexão, à sua vontade. "O rei das Trevas reside em sua terra tenebrosa, em seus cinco mundos, o mundo da fumaça, o mundo do fogo, o mundo do vento, o mundo das águas, o mundo das trevas[89]." Os dois reinos tinham apenas uma fronteira comum e estendiam-se sem limites para os outros lados. O rei das Trevas subiu para atacar o País da Luz, cobiçando seu brilho; o Pai da Grandeza combateu-o com ajuda do Homem primordial, que era dotado de cinco elementos benéficos, mas que foi engolido pelas trevas. Para salvá-lo e repelir a invasão, o Pai da Grandeza evocou uma nova força: o Espírito vivo, cujos cinco filhos se chamavam Ornamento do Esplendor, o Rei da Honra, Adamas-Luz, o Rei da Glória e o Portador. Eles criaram o universo a fim de fazer dele uma muralha que separasse o País da Luz do Reino das Trevas, mas se serviram dos corpos de seus inimigos capturados como material de construção; assim, o céu e a terra foram constituídos pela carne de demônios acorrentados, e os astros, pelas parcelas luminosas que eles haviam engolido e que foram obrigados a regurgitar. O Mensageiro, que morava no sol com doze virgens representantes de doze virtudes (a Sabedoria, a Pureza, a Paciência etc.), ficou encarregado de reger os movimentos cósmicos. Quando o Homem primordial foi enfim arrancado das trevas, ali deixou uma parte de sua luz, que os demônios recuperaram e deram a Ashaqloun, filho do rei das Trevas, que, pela união com sua esposa Namrael, gerou Adão e Eva, nos quais guardou o depósito luminoso. A raça humana é, portanto, nascida do príncipe das Trevas, desejoso de conservar cativa na terra a substância luminosa perdida pelo Homem primordial.

Fala-se muitas vezes do maniqueísmo como um sistema que coloca os bondosos de um lado e os malvados do outro: isso é uma falsa interpretação de seu dogma. Todo mundo é mau no maniqueísmo, homens, animais, plantas, lugares, foram todos criados com a matéria tenebrosa, ora pelo próprio Ashqaloun, ora por seus arcontes. A única chance de salvação é ouvir um "chamado" do Mensageiro da Luz. Não há bons, há apenas os "chamados" que tomam consciência do trágico da condição humana e sabem expulsar de si mesmos as trevas por meio de uma conduta ascética que comportava a abstinência de carne e vinho, a renúncia à propriedade individual e a recusa ao casamento. Os maniqueístas se compunham de duas classes de iniciados: os Eleitos, que se impunham duras provas, levando uma vida monacal "que exerceu, sem nenhuma dúvida, uma vigorosa influência sobre a vida monástica dos cristãos", segundo Hans Jonas[90], e os Auditores ou Soldados, podendo se casar e possuir bens, mas observando também a certas interdições (não matar nenhum animal, não perjurar etc.), além de cinquenta dias de jejum por ano. Um Auditor se santificava ocupando-se de um Eleito, que não se permitia nem o direito de partir o próprio pão. Missionários do maniqueísmo, entre os quais havia mulheres, iam bastante longe ensinar sua religião; essa foi outra diferença deles em relação ao gnosticismo, que queria apenas constituir uma elite de iniciados e não buscava divulgar sua moral a um público.

O maniqueísmo influenciou do século VIII ao XIII os paulicianos da Síria, os bogomilianos da Bulgária, os patarinos da Bósnia e da Dalmácia, e sobretudo os cátaros (que significa "os puros"), espalhados pela Itália do norte e no Midi francês. Houve também cátaros em Flandres, na Inglaterra, na Alemanha, onde, em Colônia, queimaram vários deles, em 1163, entretanto, foram os cátaros do Languedoque, ou albigenses, os mais célebres, pois a repressão deles assumiu um aspecto de guerra religiosa, ilustrada pelos massacres de Béziers, em 1209, e a queda da fortaleza de Montségur, em 1244.

Os cátaros, que negavam o Antigo Testamento, a hierarquia eclesiástica, o valor da cruz, a eucaristia, reconheciam dois princípios e se dividiam entre Crentes e Perfeitos. Um Crente era admitido como tal após uma cerimônia, a *convenentia*, na qual proferiam o *melioramentum*, que consistia em renegar a fé católica. Ao final de um ano de provas, o segundo rito, o *consolamentum*, que tinha algo de batismo, de confirmação, de ordenação e de extrema-unção (servia também de sacramento aos mortos), fazia dele um Perfeito. Os costumes dos Perfeitos eram extremamente austeros; não tinham domicílio pessoal, renunciavam ao casamento, à carne e ao vinho, e eles praticavam três longos jejuns anuais à base de pão e água, e às vezes a *endura*, a recusa a se alimentar, chegando ao ponto de se deixarem morrer de inanição. Os Crentes se submetiam uma vez por mês ao *apparelliamentum*, confissão geral de todas as faltas a um Perfeito, que lhes ordenava como penitência três dias de jejum e cem genuflexões. Os Crentes deviam dedicar-se aos Perfeitos, e estes deviam garantir em troca a purificação dos fiéis e a salvação. As mulheres desempenhavam entre os cátaros um papel tão grande quanto no maniqueísmo, como Esclarmonde de Foix, que recebeu o *consolamentum* em 1205, ou Furneria de Mirepoix, que dirigiu três comunidades de Perfeitos. No entanto, o catarismo tinha muitas implicações políticas por se parecer com o gnosticismo, cujos filósofos se consideravam isentos de fanatismo, nem perseguidos nem perseguidores, e tentavam assumir serenamente sua concepção de mundo.

Fora o maniqueísmo, que foi uma aplicação restrita, o espírito da Gnose subsistiu até nossos dias. Todos os grandes filósofos ocultos foram, de um modo ou de outro, continuadores dos gnósticos, sem necessariamente retomar o vocabulário e os temas, nem sempre preocupados com o Pleroma, os Éons e o Demiurgo. O curso de Cornelius Agrippa na Universidade de Pavia, em 1515, girou inteiramente em torno do *Poimandres* de Hermes Trismegisto; Jakob Böhme e Louis-Claude de Saint-Martin, introduziram em seu sistema o culto de Sofia; Éliphas Lévi retomou a ideia da viagem cósmica da alma após a morte, de planeta em planeta, rumo ao Absoluto divino. Stanislas de Guaita, embora se interessasse sobretudo pela Kabbala, escreveu a Péladan: "A ciência é apenas uma metade da sabedoria; a fé é a outra. Mas a *gnose* é a própria sabedoria, pois ela procede das duas"[91].

Na França, Jules Doinel fundou a Igreja gnóstica universal no ano 1890, que foi decretado "ano I da Restauração da Gnose". Essa religião que se pretendia escrupulosamente conforme ao gnosticismo, estreou com onze bispos titulares, dos quais uma Sophi (bispa mulher), e com um grande número de diáconos e diaconisas. Sua sede primeira se estabeleceu em Montségur, onde um sínodo, em 1893, elegeu Jules Doinel, sob o nome de Valentim II, como patriarca. Mas, em 1894, este renunciou a suas funções, e escolheram para substituí-lo Léonce Fabre des Essarts, que se autodenominou Sinésio. Essa iniciativa teve um certo sucesso, pois, ao final do século XIX, havia igrejas gnósticas em dezesseis cidades da França, dentre as quais Paris, e outras na Itália e na Polônia, especialmente em Milão, em Concorezzo e em Varsóvia. Os fiéis se reuniam todo domingo em sua igreja e ali celebravam a liturgia da Virgem de Luz, com o canto do *Rorate*, sob direção do bispo gnóstico usando luvas roxas, com a cruz egípcia em forma de *Tau* sobre o peito. A "santa hierurgia" comportava três sacramentos: a fração do pão, e como entre os cátaros, o *consolamentum* e o *apparelliamentum*. Cursos de dogmática foram publicados, como um *Catecismo* de Sofrônio, bispo gnóstico de Béziers, sobre os "mistérios iluminadores", que permitiam conhecer "o grande Inefável"[92] e *A Árvore Gnóstica* (1899) de Fabre des Essarts, grão-mestre da Ordem da Pomba, que ilustrava também sua religião através de poesias e de peças de teatro.

René Guénon, ligando-se a esse movimento, lançou em novembro de 1909 *La Gnose*, "órgão oficial da Igreja gnóstica universal". Ele dizia no primeiro número: "Esta revista se destina não apenas a nossos irmãos e nossas irmãs na Gnose, mas também a todas as inteligências interessadas nas coisas da religião e curiosos do estudo das crenças antigas". Sinésio, patriarca da Igreja gnóstica da França, aí publicou uma homilia que começava assim: "A todos os Perfeitos e Perfeitas, Associados e Associadas, Saúde, Amor e Bênçãos em Nossa-Senhora-Espírito-Santo". Ele felicitava as Igrejas gnósticas da Bélgica e da Boêmia, a de Praga "onde o vinho místico é oferecido aos Perfeitos na taça de ouro erguida pelas mãos do patriarca Jerônimo". René Guénon reuniu em sua revista estudos de alta qualidade que respondiam ao seguinte imperativo: "Só se basear na Tradição ortodoxa contida nos Livros sagrados de todos os povos".

Contudo, Guénon, que define a religião como "a união com o Si interior, que é ele mesmo uno com o Espírito universal", conclui que "as religiões aparecem como desvios da religião" e separa-se da Igreja gnóstica. Em 1911, *La Gnose* se torna uma revista apenas de esoterismo, e ele explica isso assim: "Não temos nada do caráter dos fundadores de novas religiões, pois achamos que já existem muitas no mundo"[93]. Mais tarde, tendo publicado seu primeiro livro e sabendo, em julho de 1921, que Jacques Maritain o havia criticado por ressuscitar "a Gnose, mãe das heresias", René Guénon lhe responde com indignação: "Assim seria justo falar, por exemplo, 'do catolicismo, pai do protestantismo'. De fato, o senhor confunde simplesmente Gnose e Gnosticismo". E ele explicou: "Se o senhor tomar a palavra Gnose em seu verdadeiro sentido, o de 'conhecimento puro', como sempre faço quando a emprego... a Gnose, assim compreendida (e me recuso a compreendê-la de outra forma), não pode ser chamada de 'mãe das heresias'; isso equivaleria a dizer que a verdade é a mãe dos erros"[94]. Eis, portanto, uma concepção moderna da Gnose, que não faz dela objeto de uma atividade de grupo, mas um estado de espírito e o objetivo de uma disciplina individual.

O século XX operou a consagração da Gnose. Não apenas vimos humanistas cristãos, como o padre François Sagnard, glorificar a gnose valentiniana à qual Renan se mostrou refratário, mas também escritores originais que puderam passar por homólogos dos gnósticos. Além de René Guénon e seu amigo Frithjof Schuon que trabalhou com seus discípulos para a realização da "unidade transcendente das religiões", os surrealistas foram inegavelmente os representantes da Gnose moderna, preconizando a salvação pelo sonho. Albert Camus, cuja tese para obtenção do grau no ensino superior, em 1936, *Metafísica Cristã e Neoplatonismo*, tratava sobretudo da Gnose, escreveu em seguida um romance gnóstico, *O Estrangeiro (1942)*, sabendo que a qualidade de estrangeiro (ou alógeno) era o orgulho de todo participante da Gnose. Raymond Abellio interpretou a Bíblia como um sistema de alegorias a ser decifrado, a exemplo de Simão, o Mago dizendo que o Paraíso do Antigo Testamento simbolizava o útero da mulher. Um livro sobre a Gnose do século XX deveria incluir igualmente o romancista fantástico H.P. Lovecraft, que se inspirou na relação do siríaco Teodoro bar Konai com o maniqueísmo.

Depois da Segunda Guerra Mundial, afirmou-se nos Estados Unidos uma cosmologia dedutiva que a crítica americana chamou, em 1969, de "Gnose de Princeton", já que foram físicos de Princeton, como E.T. Whittaker e D.W. Sciama, que a elaboraram em grande parte. A bem dizer, para associar a Gnose de Princeton à de Valentim e Basílides, seria preciso um esforço de transposição comparável ao de Raymond Ruyer ao escrever: "A diferença entre a Gnose antiga e a nova é que esta desmistifica os Éons e fala sobretudo de hólons, grandes subunidades, grandes domínios totalizantes"[95]. Mas essa "nova Gnose", com seus paradoxos e seus anti-paradoxos, seus "jogos cósmicos" feitos em computadores, continua muito distante das especulações do esoterismo. O "conhecimento puro" invocado pelos gnósticos não é o conhecimento científico: é um conhecimento original, do qual dependem a ciência, a religião, a poesia e a arte, por diferentes motivos sem chegar a assumi--lo totalmente nem a esgotá-lo. Henri-Charles Puech diz que podemos chamar de *gnosticismo* ou *gnose* "toda doutrina ou toda atitude religiosa fundada sobre a teoria ou sobre a experiência da obtenção da salvação através do Conhecimento"[96], mas que ainda era preciso especificar como ela opera a salvação, e que ela devia ser um conhecimento que satisfizesse à tripla questão: "De onde vim? Onde estou? Aonde vou?", ou dito de outro modo, "O que eu era? O que eu sou? O que eu serei?"[97]. Ora, a Gnose de Princeton, que não fala da salvação e responde apenas a duas dessas perguntas, tem menos aporte filosófico que a aquela do início da era cristã.

Assim, a palavra Gnose é imortal e serve ainda para designar, nos nossos dias, uma tentativa de vanguarda. Ela é aplicável a todo solitário ou a todo grupo de estudos que se associe ao problema, criticado nos gnósticos por Tertuliano, de querer resolver: *unde malum et quare* (de onde vem o mal e por quê?), uma vez que isso levava o espírito muito longe, ao ponto de fazê-lo contestar as crenças melhor assentadas. Os gnósticos modernos são, igualmente, aqueles que buscam os pontos de concordância de todas as religiões, que reivindicam uma moral anticonformista, uma tomada de consciência das intuições do pensamento mágico, em suma, aqueles que propõem um método da salvação para os seres que se sentem "estrangeiros" neste mundo. Esses princípios, como veremos em detalhe, animaram as estruturas fundamentais da filosofia oculta.

2
OS MISTÉRIOS DA KABBALA

Sabe-se hoje que a Kabbala vem historicamente depois da Gnose; até meados do século XIX ainda se ignorava isso, e a premissa adotada neste livro de apresentar os gnósticos como os primeiros filósofos ocultos, teria outrora parecido singular. Os cabalistas se gabavam de transmitir através dos séculos o ensinamento secreto de Moisés, isto é, tudo aquilo que ele não quis divulgar no Pentateuco das revelações recebidas de Deus no Monte Sinai, preferindo confiar oralmente as noções mais importantes a setenta anciões de Israel, a fim de que eles ensinassem aos iniciados, e assim sucessivamente de geração em geração[*]. A Kabbala foi colocada sob proteção do profeta Elias (que aparecia, aliás, amiúde aos cabalistas da Idade Média) e baseava-se no *Sepher Yetsira* [Livro da formação], atribuído ao patriarca Abraão (e Guillaume Postel, em 1553, ao traduzi-lo do hebraico para o latim, não duvidava dessa atribuição). Acreditava-se, portanto, se tratar de um conhecimento esotérico que remontava ao tempo de Moisés, ou seja, cerca de mil e duzentos anos antes de Cristo e até mesmo antes do Gênesis, certos rabinos pretendem inclusive que a Kabbala reconstituiria as instruções comunicadas por Deus a Adão durante seu sono para lhe permitir nomear a Criação.

Na realidade, a Kabbala nasceu na Idade Média, no decorrer do século XII, na França, e mais precisamente na Languedoque. Heinrich Graetz pensou que fosse uma reação de místicos judeus contra o rigor do Talmud, livro jurídico

---

[*] No início da era cristã, Fílon, São Lucas e muitos outros estavam convencidos de que o Pentateuco (os cinco primeiros livros do Antigo Testamento) havia sido escrito pelo próprio Moisés. Juliano, Apóstata e o gnóstico Ptolomeu o negaram, sem convencer seus adversários. Foi por isso que se admitiu que haveria também um ensinamento oral de Moisés, explicando como ler as Sagradas Escrituras.

e religioso que fixava a Torá (a lei israelita emanada do Pentateuco) e continha 613 preceitos, dos quais 248 mandamentos e 365 interdições; e também contra o racionalismo de Maimônides, que lançou em 1204 seu *More Neboukhim* [Guia dos perplexos] no intuito de chamar à ordem os divagantes que se afastavam da Torá. Mas David Neumark avalia que a Kabbala sofreu influência de duas correntes, vivas ao longo dos séculos v e ix, entre os gaomim, ou chefes de escolas da Babilônia: a *Ma'aseh Merkabah*, especulações extáticas sobre a carruagem divina vista por Ezequiel, e a *Ma'aseh Bereshit*, meditações sobre a primeira palavra do Gênesis, *Bereshit*, "no começo". Gershom G. Scholem, repele essas duas hipóteses enfatizando que o nascimento da Kabbala se deu no sul da França no momento que os cátaros ali se manifestaram, o que sem dúvida influiu sobre seus fundadores[98].

A palavra *kabbala* (que significa *tradição*) já era empregada na literatura pós-bíblica para designar aquilo que não fazia parte da Lei codificada, como os ditos proféticos e os relatos hagiográficos. No século xii, a palavra começou a assumir um sentido absoluto, e exprimia a própria Tradição secreta, tornada objeto de pesquisa e meio de contestação da escolástica talmúdica. A Kabbala será então, como a definiu Karppe, "uma forma de misticismo que impressiona desde o início por seu aspecto abstrato metafísico muito distante, infinitamente distante, da doutrina pura do judaísmo, distante inclusive da forma do misticismo anterior, mas não sendo inconciliável nem com uma coisa, nem com a outra"[99]. Isaac, o Cego — que Bahia ben Asher (morto em 1340) chamou de "o pai da Kabbala", qualificativo confirmado por outros cabalistas medievais — foi o mestre mais antigo, embora alegasse ter precursores em sua família. Tendo morado, entre 1160 e 1180, na Provença, em Beaucaire, ele ensinava os "32 caminhos da Sabedoria" do *Sefer Yetzirah*. Seu aluno Ezra ben Salomon, vindo da Catalunha para estudar sob sua orientação, depois difundiu a Kabbala na Espanha e fundou uma escola em Girona, à qual pertencia Azriel — com quem quase sempre o confundiam — e Moshe ben Nachman Gerondi (1194-1270), mais conhecido sob o nome de Nahmanides. Ao lado de seus teóricos, Abraham Abulafia (1240-1292) foi considerado profeta apocalíptico, mas suas viagens ao Oriente, sua atividade messiânica, sua tentativa, em Roma, em 1281, de converter o papa Martinho iv ao judaísmo, não impediram que ele escrevesse uma obra abundante. A Kabbala alemã, inaugurada em

Ratisbona por Yehuda ben Samuel, vulgo HeHasid (o Piedoso), morto em 1217, prosperou com Eleazar, rabino de Worms (1176-1238), que orientou os trabalhos de seus discípulos para a magia. Assim, a partir do século XIII, os focos de Kabbala foram ativos na França, na Espanha (sendo os principais centros Burgos, Girona e Toledo), na Alemanha e na Itália (Abulafia abriu uma escola em Cápua).

A Kabbala é, antes de mais nada, *um método de interpretação da Bíblia*, que permite melhor compreender a constituição do universo e o destino do homem. Esse método exige que se saiba hebraico e que se dedique aos textos sagrados hebraicos três procedimentos originais de leitura: a *gematria*, o *notarikon* e a *temurah*. A gematria consiste em relacionar duas palavras que tenham o mesmo valor numérico, uma vez que as letras do alfabeto hebraico correspondem a diferentes números. Assim, decretou-se que Abraão significava Misericórdia porque ambas as palavras equivalem ao número 248. Escada (*soulam*) e Sinai valem 130 cada uma, de modo que a escada de Jacó foi identificada ao monte Sinai. O *notarikon* construía uma nova palavra com as letras iniciais ou finais das diversas palavras de uma frase; ou o inverso, tirava de uma única palavra uma frase inteira, tomando cada uma de suas letras como iniciais de um sujeito, de um verbo e de um complemento. A *temurah* substitui uma letra de uma palavra por uma outra segundo combinações alfabéticas chamadas de *zerufim*. Os cabalistas, partindo desses mesmos princípios, chegaram aos mais variados resultados, como destacou Paul Vuillaud: "Pelo *notarikon*, *Gan Éden* (jardim do Éden) representa *gouph* (corpo), *nephesch* (alma), *etsem* (osso), *daath* (ciência), *nestsah* (eternidade)"[100].

Vemos, portanto, com a Kabbala, surgir uma nova Bíblia a partir de uma leitura das entrelinhas da primeira. Mas os cabalistas não refutam, como os gnósticos, episódios do Livro primitivo: dizem apenas que o Livro oferece duas leituras possíveis, uma para o povo, outra para os herdeiros dos ensinamentos orais de Moisés. E essa Bíblia escondida na Bíblia, eles a extraem dialeticamente, através de seu método retórico e matemático, ainda que iluminações os ajudem a captar símbolos inevidentes. Eles vasculham o Antigo Testamento, escrutinam os menores versículos para completar uma omissão ou explicar uma anomalia. O *Sefer ha-Bahir* [Livro do fulgor], um dos mais antigos tratados da Kabbala, coloca a seguinte questão: "*Está escrito*: 'Deus terminou no sétimo dia o que havia feito.' O que ele fez no oitavo?"[101]. Todos os procedimentos cabalísticos serão postos em ação para saber se Deus descansou no oitavo e no sétimo dia. Em outra parte, o *Bahir*, lembrando a expressão "Todo o povo, vendo os trovões" (Êxodo, 20:18), comenta: "Por que a Escritura diz 'vendo os trovões', sendo que deveria ter dito 'Ouvindo os trovões'? Uma tradição nos ensina que as palavras que saíam da boca de Deus ficavam impressas nas trevas, assumindo corpo, de maneira que Israel as escutou e as viu ao mesmo tempo"[102].

Se a Kabbala sonda a Bíblia com sua hermenêutica revolucionária, não é para fazer exegese, mas para extrair os nomes secretos de Deus, dos anjos e dos demônios, permitindo ao adepto controlar o universo. Uma palavra sagrada, quando se sabe como formulá-la, em quais condições escrevê-la ou pronunciá-la, pode destruir ou construir um mundo. Eis como o *notarikon* encontra o nome que protegerá do perigo um homem que partirá em viagem: "Depois de recitar uma oração em que se solicita socorro divino para efetuar são e salvo a viagem, o viajante grita três vezes: 'Jouhach, conserve-me'. Essa palavra 'Jouhach' é um nome angélico formado pelas últimas letras do Salmo 91: 11: *Ki maleakav yetsave lak* [Pois em teu favor ele ordenou aos seus anjos que te guardem em teus caminhos todos]"[103]. Esse nome, tornado sinônimo para "todos os anjos", convoca a totalidade destes. Considerou-se absurda, não querendo dizer nada, a palavra *abracadabra* inscrita em tantos amuletos da Idade Média: era simplesmente uma contração de *Abreq ad habra* [Envia teu raio até a morte], fórmula sagrada de expulsão de inimigos. Todas as palavras cabalísticas que se acreditou serem inventadas, como *taphtaphya, nahoririn*, são abreviações eruditas de versículos da Bíblia, tendo um valor místico prodigioso. Abulafia dizia haver três caminhos para o progresso do espírito: o caminho ascético (o menos bom), o caminho filosófico (um pouco melhor) e o caminho cabalístico, que levava mais longe, já que usava, como guia da meditação, "a ciência da combinação de letras" (*hokhmat ha-zeruf*). Uma simples permutação de letras de uma palavra tem consequências cósmicas. O Talmud afirma que Deus criou o mundo presente com a letra *he* e o mundo futuro com a letra *yod*. O Zohar especifica que Adão, antes do pecado, tinha as vinte e duas letras do alfabeto hebraico traçadas em seu rosto, mas que depois elas foram invertidas e empregadas com mau uso. Os cabalistas, manipulando a linguagem, tentavam reencontrar o bom uso desta, que garantiria o retorno à vida edênica.

Seria tentador sustentar que a Kabbala foi, em relação ao judaísmo, aquilo que a Gnose foi face ao cristianismo: mas as dessemelhanças são maiores que as semelhanças entre os dois movimentos. A Gnose queria fazer a síntese das religiões existentes em sua época, o zoroastrismo, o judaísmo, o paganismo grego, o politeísmo grego e o cristianismo. A Kabbala buscava garantir a supremacia da religião judaica sobre as outras, mostrando que ela detinha as melhores informações a respeito das origens da humanidade. Os gnósticos tinham o culto do Conhecimento e só invocavam a Tradição para endossar aquilo que afirmavam; a Kabbala era o culto da Tradição e só recorria ao Conhecimento para tornar irrefutáveis os princípios tradicionais que ela erigia em dogmas. No entanto, os rabinos fiéis à Mishná (o código oficial do judaísmo redigido por Judah ha-Nasi), ao Talmud, aos Midrashim (recolhas de sentenças de sábios talmudistas), não cessaram de ser hostis à Kabbala e de combatê-la como uma heresia. "O racionalismo judaico via, na Kabbala, apenas um empréstimo de alguma civilização estrangeira, fosse hindu, fosse persa, fosse neoplatônica", disse um heresiólogo[104]. De fato, nela se encontram sobretudo reminiscências do gnosticismo, fundidas em um contexto especificamente judaico.

Como a Gnose, a Kabbala acreditava em um Deus inacessível, estrangeiro, quase incognoscível, o *Ein-Sof* (Infinito); ele é até mesmo inominável e a Kabbala só se refere a ele por perífrases, chamando-o de "o Santo bendito seja", representando-o no tetragrama, isto é, com as quatro letras YHWH (Iawhé, Jeová), que apenas os iniciados sabem a pronúncia exata. Quando o *Ein-Sof* se revela à humanidade, é a *Shechinah*, a Presença de Deus, e sua parte feminina (o que Sige é em relação a Bythos, para Valentim); certos cabalistas concebem, aliás, a união do Ein-Sof e da Shechinah como uma união sexual, outros fazem dela seu Primeiro Pensamento. A Criação é obra da Shechinah, que dela se ocupa como uma mãe se ocupa dos filhos. O Talmud diz que ela desceu dez vezes sobre a terra, mas admite também: "A Shechinah está presente em toda parte onde dois homens se consagram juntos ao estudo da Lei". O Zohar especifica que todo homem vê a Shechinah antes de morrer, mesmo os pagãos, e que, quando ela se manifesta, "a Shechinah se coloca sobre a cabeça do homem". É por isso que um crente evitará ficar com a cabeça descoberta: "Uma tradição nos ensina que um homem não deve percorrer um espaço de quatro côvados com a cabeça descoberta"[105].

A teoria dos Éons da Gnose corresponde, na Kabbala, à teoria das Sefirot (de um verbo hebraico que significa *contar*), as dez emanações do Ein-Sof, que são também os dez primeiros nomes. Todas têm nomes: o *Bahir* cita apenas três; Isaac, o Cego, parece ter nomeado as outras. São elas, na ordem que vai de Deus ao Homem: 1. *Keter* (a Coroa); 2. *Chochmah* (a Sabedoria); 3. *Binah* (a Inteligência); 4. *Chessed* (a Graça ou a Grandeza); 5. *Guevurah* (a Justiça ou o Rigor); 6. *Tiferet* (a Beleza); 7. *Netsach* (a Vitória ou a Eternidade); 8. *Hod* (a Glória); 9. *Iessod* (o Fundamento); 10. *Malkhut* (o Reino). A Sefirah primordial é a Coroa, sobre a qual Moisés de Narbona dizia: "Ela foi chamada Keter porque ela circunda o todo"[106]. Ela contém as duas seguintes, Chochmah e Binah, consideradas o Pai e a Mãe, que juntas engendram seis Sefirot inferiores que regem o mundo humano e correspondem às seis direções do espaço. As Sefirot são Inteligências puras e indivisíveis de Deus, formando uma única Inteligência. Segundo Ibn Waquar: "Cada uma dessas Inteligências recebe o influxo daquela que está acima dela e a comunica àquela que está embaixo; a última recebe o influxo de todas e comunica a este mundo inferior aquilo que ela contém da virtude das Inteligências superiores"[107]. A Kabbala formulou comentários por vezes contraditórios sobre as Sefirot, ora demonstrando que seu conjunto constitui a cabeça, os braços, o corpo, o sexo e os pés de Adão Kadmon, o Adão celeste do qual o Adão terrestre foi uma cópia, ora simbolizando as sete Sefirot superiores em um candelabro de seis braços (o pé sendo o sétimo), ou as dez em uma árvore cósmica, a "árvore sefirótica".

Essa concepção das Sefirot justificou o papel da oração na Kabbala: não era um hino ou uma súplica a Deus, mas uma ação que abalava as dez Inteligências intermediárias entre o plano humano e o plano divino, de modo a garantir a ordem universal. Duas Sefirot, Tiferet (também chamada de Rei) e Malkhut (a Rainha), eram consideradas Esposo e Esposa, e produziam a alma humana ao se unirem; ou se afastavam uma da outra quando o mundo vivia em pecado. A oração, de alguma maneira, os engajava, e permitia também unificar o Ein-Sof e suas emanações. Sua eficácia dependia de particularidades ínfimas do movimento dos lábios, do gesto, da entonação: "Tratados inteiros foram consagrados à questão de saber como se devia pronunciar a palavra *Um* na fórmula: *o Eterno é nosso Deus, o Eterno é Um*, a fim de envolver, em uma só emissão de voz, Deus e as Sefirot"[108]. Na Idade Média, a "oração das dezoito bênçãos" comportava três gêneros de demandas que concerniam o bem-estar do corpo, as necessidades da alma e a vida futura. Mais tarde, desenvolveu-se a *kavanah*, espécie de meditação a ser praticada antes e enquanto se orava.

A Kabbala admite uma divisão tripartite do homem: "A alma humana é designada sob três nomes: espírito vital (*nefesh*), espírito intelectual (*ru'ach*) e alma (*neshamah*). Todas as partes da alma se mantêm juntas, embora cada uma resida em uma região diferente do corpo. "Nefesh" se encontra ao lado do corpo até o momento em que este se decompõe debaixo da terra; é essa parte da alma que costuma percorrer o mundo inferior e que encontra os vivos para indagar sobre suas dores; e quando estes têm necessidade de graça, ela ora por eles. "Ru'ach" penetra no Éden inferior onde assume a figura que o corpo tinha aqui embaixo com auxílio de um invólucro que o envolve; ele goza, no Jardim, da felicidade que a estadia ali propicia... "Neshamah" sobe imediatamente à região de onde emana; é com "neshamah" que se acende "a lâmpada" que ilumina o alto. "Neshamah" não desce nunca mais, pois ela é composta do mundo do alto e do mundo de baixo; enquanto ela não chega a seu lugar, onde fica unida ao Trono sagrado, "ru'ach" não pode penetrar no Éden inferior, e "nefesh" não encontra repouso junto ao corpo"[109].

A doutrina da transmigração das almas na Kabbala é o *gilgul*, que agrega à reencarnação a possibilidade da associação entre a alma de um defunto e a alma de um vivente. Um morto que viveu mal pode, para reparar suas faltas, voltar a se associar a um Justo; e, inversamente, a alma de um santo homem reencarnará em um ser em dificuldades para ajudá-lo a vencer suas fraquezas. O *gilgul* só se efetua se as almas são da mesma família, com consequências inesperadas: "Que a alma do pai desça às vezes do céu para operar a redenção da alma de seu filho, isso pode se conceber. Mas que a alma do irmão se transforme em alma do pai, eis aí algo maravilhoso"[110]. Até mesmo a alma de uma mulher morta é capaz de reencarnar no corpo de um homem, ou a alma de um homem no de uma mulher: "As almas das mulheres por vezes se tornam maridos, e as almas dos maridos se tornam por vezes esposas. A alma-irmã destinada a ser esposa de uma outra às vezes se torna a mãe"[111]. O *gilgul*, essa coabitação de uma alma vivente e de uma alma morta em um mesmo corpo, é uma das noções extraordinárias da Kabbala. É naturalmente o *ru'ach* que retorna à extremidade do céu inferior para reencarnar, porque a *neshamah* não deixa nunca seu lugar junto ao Trono divino.

A Kabbala possuía uma angelologia e uma demonologia de que preferiam se servir os mágicos e os filósofos ocultos, uma vez que eram mais ricas que as do cristianismo e da Gnose. Metatron, o servidor de Deus, dirigia os anjos com seu assistente Sandalfon, o mais alto de todos; por sua vez, Samael comandava inumeráveis demônios de atribuições diversas: Tass qupa, o demônio do onanismo; Agroussion, o demônio que provoca a morte de adolescentes; Adimiron, o demônio cor de mirtos úmidos que prejudicou a segunda tribo de Israel etc. O Zohar contava que Adão, quando Caim matou Abel, deixou de se deitar com Eva por 130 anos e uniu-se a duas demônias que engendraram filhos e filhas: "Essas crianças eram demônios e portavam o nome de 'pragas humanas'. Foram elas que seduziram o homem; elas ficam sempre na porta das casas, nos poços e nos locais de lazer"[112]. Uma outra matriz demoníaca é Naamá, descendente de Caim, que aparecia aos homens em sonho; o desejo deles a fecunda e ela procria sem trégua demônios que planam nos ares. A partir de um cálculo baseado no Salmo 91:7, cada homem tem mil demônios à sua direita e dez mil à sua esquerda. Felizmente, existe uma profusão de anjos que podemos evocar para nos defender, como Gadiel, o anjo da felicidade, Raziel, o anjo do sortilégio, colocado sob as ordens de Abarkiel (aquele que transmite a Deus os pensamentos de piedade dos homens), Iehoel, o anjo do conhecimento, Negraniel, o anjo da fantasia etc[113]. E a ciência dos nomes sagrados fabrica facilmente fórmulas para serem colocadas nos utensílios de cozinha, nos pés das camas, ou para serem levadas consigo, *laloun* (a palavra que afugenta os demônios), *ahariss gadis* (contra poluções noturnas), *linewe lekhon* (um dos onze nomes a serem escritos em uma pele de cervo para não se ter nada a temer).

Há dois aspectos históricos bem diferentes na Kabbala que nem sempre foram distintos claramente: o primeiro aspecto — primeiro em todos os sentidos — apareceu apenas na história do misticismo judaico e, de resto, os historiadores que dele trataram não citam os cabalistas externos ao judaísmo: com razão, porque perseguiam um desígnio mais geral, para além da exaltação da religião de Israel. O segundo aspecto, que pertence propriamente à história da filosofia oculta, compreende os filósofos que usaram a Kabbala como uma disciplina de conhecimento, que a reinventaram à sua maneira ou a inseriram em um sistema que lhe dava um sentido ampliado. Portanto, aqui não avaliarei as formas da Kabbala religiosa, nem ponderarei os respectivos méritos dos rabinos que a conceberam, da mesma forma que os especialistas que estudaram as obras da escola de Girona ou de Safed, avaliando os aportes do rabino Jacob Nazir, autor do século XX instalado em Lunel, na França, ou de Ibn Latif, médico cabalista morto em 1290, em Jerusalém, não se preocuparam em expor a Kabbala filosófica, nem se referiram a seus mais ilustres representantes, de Guillaume Postel a Stanislas de Guaita.

Poderíamos achar que a Kabbala religiosa é a única verdadeira, e que a Kabbala filosófica foi praticada por amadores que não tinham a competência de rabinos para analisar os textos hebraicos e deles tirar as melhores consequências ideológicas. Pelo contrário, a diferença entre as duas é com frequência a favor da segunda, pois os filósofos desta não tiveram o sectarismo orgulhoso e fanático dos teólogos da primeira. Além disso, aqueles que examinam uma questão com olhos novos observam pontos importantes que escapam aos olhos acostumados, que, de tanto aprofundar os detalhes, não enxergam mais o conjunto. Por consequência, a Kabbala filosófica expõe generalidades proveitosas para a arte de viver universal; ela não busca garantir a preponderância do judaísmo, mas sim extrair de uma tradição sagrada verdades aproveitáveis por todos. Enfim, algo bastante desconhecido é o fato de os filósofos cabalistas terem sido os grandes agentes da luta contra o antissemitismo, com uma coragem intelectual das mais louváveis. Os Inquisidores, encarregados de julgar os judeus ao final do século XIII, os obrigavam a colocar em suas roupas marcas que os distinguiam dos cristãos, impedindo-os de aparecer em público nos dias das Lamentações e no domingo da Paixão, e faziam incendiar exemplares do Talmud. Os humanistas que, enfrentando essas estigmatizações, se irmanaram com os rabinos para estudar a Kabbala, foram, portanto, os campeões da liberdade de pensamento.

Apesar desses dois aspectos históricos da Kabbala, é preciso ainda considerar dois aspectos metodológicos, segundo os quais ela pode ser especulativa ou prática. A Kabbala especulativa (*Kabbalah iiunit*) erigiu um sistema cosmológico e ético. Ela parte de Nahmanides, antigo talmudista que introduziu no século XIII na Kabbala o espírito de rigor do Talmud. Ela se expande com Moisés Cordovero (1522-1570), estabelecido em Safed, na Palestina, cujos livros *Ohr Yakar* [Luz preciosa], exame de todas as obras anteriores da Kabbala, e *Pardes Rimonim* [Jardim de romã], explicação de mistérios do universo, valeram-lhe numerosos adeptos. Cordovero foi comparado a Spinoza, que ele talvez tenha influenciado, por causa de seu panteísmo: isso equivale a dizer que a Kabbala especulativa, puramente teórica, não tem nenhuma relação com a magia.

Ao contrário, a Kabbala prática (*Kabbalah ma'assit*), ligando a teoria à prática, efetua operações teúrgicas a fim de preservar a santidade ou de realizar uma empreitada. Seu primeiro grande iniciador foi Eleazar de Worms, autor de *Sefer Raziel*, coletânea de segredos que Raziel, o anjo do mistério, havia comunicado a Noé. As traduções latinas desse livro ensinaram aos amadores como confeccionar pentáculos para expulsar demônios que atacavam crianças no nascimento, apagar incêndios, encontrar objetos perdidos etc. Mas o mestre inigualável da Kabbala prática foi Isaac Luria (1534-1582), vulgo Ari (o Leão), que viveu sete anos como eremita à margem do Nilo antes de se fixar em Safed, em 1569. Foi um soberbo visionário que, graças a suas fórmulas de invocação das almas, conversava com o profeta Elias e com cabalistas mortos; ele inventou ritos, que celebrava com trajes especiais. Seu discípulo alquimista Hayyim Vital (1543-1620) comentou seus ensinamentos nos seis volumes do *Ets Chaim* [A árvore da vida]. Seria injusto pensar, como certos autores[114], que apenas a Kabbala especulativa é séria, sendo a outra charlatanismo; a despeito das práticas mágicas, Luria renovou a metafísica através de seu conceito de *zimzum* (retração, contração), explicando que Deus, para abrir espaço para o universo que queria criar, retirou-se parcialmente dentro de si mesmo, liberando assim o espaço humano, em que sua luz não é mais perceptível.

Na Kabbala filosófica, encontraremos, assim como na Kabbala religiosa, especuladores (Agrippa, Reuchlin, Postel), empregando a *guematria*, o *notarikon* e a *temurah* para extrair ensinamentos novos sobre a Escritura sagrada; operadores, que fazem diversas técnicas cabalísticas entrarem na medicina (Paracelso, Robert Fludd, Van Helmont) ou na exploração do invisível; e finalmente, no século XIX, conciliadores (Fabre d'Olivet, Éliphas Levi, Stanislas de Guaita), que se esforçam para aliar, de maneira definitiva, a teoria e a prática.

O ZOHAR

O livro sagrado da Kabbala foi o *Sefer ha-Zohar* [Livro do Esplendor], no qual se inspiraram tanto os filósofos ocultos como os místicos judeus. Não era uma obra contínua, mas um conjunto de tratados, que recolhia os discursos, as sentenças e os diálogos familiares de um mestre tanaíta do século II, Rabi Simeon ben Yochai (que o Talmud já citava como exemplo), falando a seu filho Rabi Eleazar e a seus discípulos. Rabi Simeon não escreveu nada, mas se contentou em dar um ensinamento oral, assim como Sócrates, o Zohar foi, então, tomado por mensagem autêntica, recolhida por ouvintes assíduos, desse rabino visionário da Palestina que, condenado à morte pelos romanos, precisou se esconder durante anos em uma caverna em Gadara. Alguns cabalistas acreditavam que ele mesmo havia o ditado a seus próximos, o que é desmentido pelos anacronismos de diversas seções em que se manifestam doutores da Lei que viveram dois séculos depois dele.

O Zohar apareceu em 1290, revelado por Moisés ben Shem Tov de Leon (1250-1305), rabino polígrafo que residiu por muito tempo em Guadalajara, em Castela, e se instalou depois em Ávila. A questão da autenticidade do livro se colocou rapidamente, e Isaac de Acre, que interrogara, em 1305, o próprio Moisés de Leon, já desconfiou que se tratava de um livro fabricado a partir de documentos coligidos. Quase todo o Zohar é escrito em aramaico (ou caldaico), mas mescla diversos dialetos: se o mais usado é o dos Targuns (versões aramaicas da Bíblia e do Talmud), encontra-se também um aramaico artificial no episódio do *Pastor Fiel*. Uma seção, *Comentário da Eternidade*, utiliza o hebraico das lendas (hebraico hagádico). É por isso que Jean de Pauly, defensor da antiguidade do Zohar, aí viu "uma compilação de diversas obras redigidas por diferentes autores e em diferentes épocas"[115]. Ele observou que os mesmos relatos eram, em algumas ocasiões, repetidos quatro ou cinco vezes, algo que um único redator teria evitado fazer; mas reconheceu também contradições: "Numerosas passagens relatam palavras dos tanaítas, redigidas no idioma falado apenas no tempo dos amoraítas"[116]. Scholem fez a análise linguística do Zohar e descobriu, a partir de suas particularidades gramaticais, que dezoito tratados eram do mesmo autor: "Em todos esses escritos, o espírito do hebraico medieval do século XIII é transparente por trás da forma aramaica"[117]. Outras, de proveniência incerta, não remontavam ao tempo do Rabi Simeon, mas refletiam preocupações da Kabbala espanhola, disfarçadas sob pastiches. Em suma, ele demonstrou que Moisés de Leon havia escrito a maior parte do Zohar, destacando as similaridades de estilo com os livros redigidos por ele antes do Zohar entrar em circulação.

É verdade que o Zohar se mantém, como disse Karppe, "a coroa da árvore mística do judaísmo"[118], e que desde o século XIV, é considerado um texto canônico. Foi editado em Mântua, em três volumes, de 1558 a 1560, e, na mesma época, em Cremona, em um único volume de grande formato; é devido a seus tamanhos respectivos que se devem as designações de Pequeno Zohar (*Zohar Katan*) para a edição de Mântua, e de Grande Zohar (*Zohar Gadol*) para a de Cremona. Foi traduzido para diversas línguas, para o francês, em especial, graças a Jean de Pauly, que foi, para o Zohar, o que seu contemporâneo dr. Mardrus foi para as *Mil e uma noites*: um tradutor inspirado, fazendo valer tanto o espírito quanto a letra. Pauly escreveu a um de seus correspondentes, no dia 18 de setembro de 1900: "Jamais uma tradução foi mais precisa, mais fiel e mais exata. Cada frase e até mesmo cada palavra sofreu mil operações mentais antes de ser definitivamente fixada no papel, e me esforçando muito para escrever em um francês claro, ou pelo menos inteligível, não deixei de imitar sempre que possível o texto do Zohar. Lendo a tradução, lereis o original, tamanha a semelhança de estilo"[119]. E em 15 de março de 1903, Pauly agregou: "Tenho razões para crer que sou o único homem do mundo capaz de traduzir o Zohar segundo a verdade. Por que o único? É um segredo meu e eu o levarei para o túmulo"[120].

Ainda que o Zohar tenha sido redigido em parte por um rabino do século XIII, que recolheu todas as tradições relativas à Kabbala, ele não deixa de ser um monumento metafísico que justifica o nome dado a ele por seus admiradores: "a Chave do Céu". É também uma mina de informações sobre os conhecimentos dos primeiros cabalistas. Nele, vemos com estupefação que eles haviam descoberto, vários séculos antes dos astrônomos, que a terra era redonda e que ela girava em torno do sol: "E no livro do Rabi Hammenouna, o Velho, é longamente explicado que toda a terra habitada gira como em um círculo. Uns se encontram embaixo, outros no alto... É por isso que, quando a região de uns está clara, a de outros está no escuro. Aqueles estão no dia e estes na noite... E esse mistério foi confiado aos mestres da Sabedoria, e não aos geógrafos, porque é um dos mistérios profundos da Lei"[121]. Poderíamos então nos perguntar, plausivelmente, se Galileu era cabalista e se tirou do Zohar a ideia de suas pesquisas.

O conteúdo do Zohar é feito de comentários místicos sobre o Antigo Testamento; os interlocutores justificam suas explicações por meio de visões e iluminações. Assim, Rabi Simeon conta que o profeta Elias apareceu a ele, junto ao mar, para lhe dizer: "Quando o Mistério de todos os Mistérios quis se manifestar, ele criou primeiro um ponto, que se tornou o Pensamento divino". O Gênesis só ocorreu depois disso: "A palavra *Zohar* designa a centelha que o Misterioso fez jorrar no momento que bateu no vazio e que é a origem do universo". Em outro momento, Rabi Simeon e o filho, saindo sob um céu de repente escurecido, "encontraram um anjo gigante semelhante a uma montanha, cuja boca lançava três projéteis de fogo". O anjo anunciou a eles que destruiria o mundo porque não havia trinta Justos na geração atual. Rabi Simeon lhe respondeu: "Nós dois, eu e meu filho, bastamos para proteger o mundo, assim como está escrito: 'Toda palavra (*dabar*) será estabelecida sobre a deposição de duas testemunhas.' Ora, 'dabar' designa o mundo, assim como está escrito: 'Pela palavra (*dabar*) do Senhor, os céus foram feitos.' E se não há nem dois Justos, *quer dizer, se meu filho não for o bastante*, há pelo menos um e sou eu; ora, um único basta, assim como está escrito: 'E o Justo é a base do mundo'. Nesse momento, uma voz celeste se fez ouvir com estas palavras: Bem-aventurada seja a tua sorte, Rabi Simeon, pois tens o poder de ab-rogar aqui embaixo os decretos do Santo, bendito sejas"[122]. Uma interpretação cabalista da Bíblia permitiu evitar a aniquilação da humanidade.

O Zohar não evoca a Kabbala prática, uma vez que esta mostra que a especulação tem tal potência. Encontram-se, contudo, indicações deste gênero: "Mil e quatrocentas e cinco espécies de manchas estão associadas à sujeira acumulada embaixo das unhas. Para que as unhas não possam servir às práticas dos mágicos, convém atirá-las ao fogo; aquele que age assim faz um grande favor ao mundo. Toda pessoa que põe o pé, mesmo calçado, sobre uma unha cortada, pode ser lesada pelos demônios"[123]. O *Segredo dos segredos*, na seção de Jetro, trata da fisiognomonia e da quiromancia. Rabi Yosef e Rabi Isaac, em Tiberíades, estudam os mistérios relativos aos cabelos, ao rosto, aos olhos, aos lábios e às orelhas, declarando: "A fisionomia do homem é o livro sobre o qual estão inscritos seus atos e seus estados de alma". Eles determinam, entre outras coisas, como reconhecer, a partir do semblante, um homem morto que voltou para a terra a fim de reparar as faltas cometidas durante sua vida anterior. Sua cabeça parece a de uma águia: "Ele tem uma ruga na face direita disposta verticalmente perto da boca, e duas rugas profundas na face esquerda dispostas da mesma maneira que a precedente. Os olhos de tal homem nunca brilham, nem mesmo quando ele experimenta alegria"[124]. Quanto à quiromancia, "as linhas da palma e dos dedos são no homem o que as estrelas e os outros corpos celestes são no firmamento". O Zohar distingue cinco categorias de linhas da mão, correspondentes às letras *zayin, resh, he, pe, samek* e *tsadi*.

Há no Zohar algumas passagens mais características do que as outras, que se destacam tanto do conjunto que foram qualificadas como "capítulos parasitários"[125]. O mais longo é *O Pastor Fiel* (*Ra'aia Meheimna*), tema que retorna toda vez que se trata de explicar um dos mandamentos da Torá; o pastor em questão é Moisés, de quem Rabi Simeon, graças a suas visões, alega conhecer as intenções secretas. Uma outra parte, *Os Palácios* (*Heichalot*), é a descrição dos sete palácios do Éden, cada um dirigido por um anjo e destinado a receber almas de uma certa estirpe; e dos sete palácios do Inferno, que rivalizam em horror e sujeira.

O *Sifra di-Zeni'uta* [Livro do ocultamento], texto mais enigmático do Zohar, é uma alegoria cosmogônica sobre "o equilíbrio da Balança", a Cabeça incognoscível, o Longo Semblante e o Pequeno Semblante, "a Barba da Verdade", com símbolos neste gênero: "Treze reis fazem guerra contra sete reis" (o que evoca as treze Misericórdias que se opõem aos sete Rigores). Temos aqui um exemplo do simbolismo complicado com o qual a Kabbala tenta fazer compreender, proclamando que o Ein-Sof e a Shechinah são invisíveis, a diferença de importância entre aquele e esta. A Kabbala utiliza para isso as duas metáforas antropomórficas do Longo Semblante e do Pequeno Semblante. Deus estendeu uma cortina entre o ilimitado e o limitado e, por trás dessa cortina, enquanto Ancião dos Anciões, ele é o Longo Semblante; na frente da cortina, como Rei sagrado do universo, ele é o Pequeno Semblante (*Ze'eir Anpin*, o que também significa o Impaciente). Os cabalistas experimentavam um deleite místico ao detalhar o crânio repleto de um "orvalho luminoso", o nariz, os olhos, a barba do Ancião dos Anciões, sempre evitando comparar Deus ao homem.

O *Velho* (*Sava*) é a história do encontro de Rabi Yosef com um velho comerciante que considera louco quando este elucida questões bizarras: "Quais são os Dois que formam Um e qual é o Um que dá Três? Quem é a águia que fez o ninho em uma árvore antes que a árvore sequer existisse?". Mas esse velho é, na verdade, Rabi Yebba, que, ao longo da conversa, emprega uma sabedoria extraordinária ao discorrer sobre a Shechinah, "Filha única de Deus", e sobre a transmigração das almas. Uma parábola similar, *A criança (Ianuka)*, mostra Rabi Isaac e Rabi Yehuda, que são recebidos na casa da viúva de Rabi Hammenouna, na aldeia de Sanacin, e ouvem seu filho "falar de coisas da Lei" de um modo que os espanta. Iluminado pela luz de seu pai, o menino explica o significado das bênçãos, especialmente porque se costuma benzer com três dedos formando a *barra do centro* (indicador, médio e anular).

O Chefe da Academia (Rav Metivta) é o relato da estadia de Rabi Simeon e de seus discípulos em duas cavernas que constituem "a escola celeste de Moisés", onde se reúnem, todo primeiro dia do mês e em todos os dias de *shabat*, "os grandes homens da geração de Israel mortos no deserto". Aí se aprende todo tipo de informação sobre o além; entre outras, que as almas das mulheres habitam seis palácios do jardim do Éden e que elas têm relações sexuais com as almas dos homens: "Durante o dia, as mulheres ficam separadas dos homens... mas, durante a noite, os maridos se unem às esposas; pois, como aqui embaixo, a hora da meia-noite é também a hora da união no alto, e assim como na terra um corpo se liga ao outro, no Paraíso, a alma do marido abraça a alma da esposa, e as duas luzes se fundem em uma única"[126]. E aprendemos, ainda, por que os olhos de um morto devem ser fechados por aquele que teve por ele a mais profunda afeição: "Mas que proveito isso dá ao próprio morto quando lhe fecham os olhos? Enquanto o corpo não foi enterrado, a vida não está completamente extinta, e é para poupar ao morto a visão deste mundo invertido que se presta a ele um serviço ao lhe fecharem os olhos. Pois este mundo em que vivemos é completamente invertido em relação ao mundo para o qual a alma se eleva"[127].

Enfim, três pedaços particularmente típicos do Zohar são os *Idrot* (assembleias, concílios), como *A Assembleia do Santuário (Idra de-Maschcana)*, que é uma conversa sobre o Rei celeste, cuja Cabeça e cujo Corpo são constituídos pelas Sefirot. *A Grande e Santa Assembleia (Idra Raba Kadisha)* é um torneio de eloquência entre os participantes para descrever o Longo Semblante: "A grandeza do semblante se estende por trezentas e setenta vezes dez mil mundos". Da Cabeça pendem "um milhão de vezes dez mil, mais sete mil e quinhentos cabelos brancos e puros" e "cada cabelo ilumina 410 mundos"[128]. *A Pequena e Santa Assembleia (Idra Zuta Kadisha)*, que conclui o Zohar, relata a morte de Rabi

Simeon, que morreu pronunciando a palavra "Vida" diante de alguns discípulos. Rabi Aba, que é considerado escritor desse testemunho, diz que o leito em que o mestre estava se elevou no ar e se dirigiu sozinho, precedido por um fogo sobrenatural, até o local da sepultura.

O Zohar, ainda que seja antitalmudista, continua inteiramente a serviço do judaísmo. Não é uma questão de estabelecer uma filosofia que leve além das religiões, tampouco de admitir que a religião judaica não é a melhor de todas. Ainda assim, o Zohar não exibe o desprezo dos cristãos, que os rabinos chamavam de "Minim" ou heréticos nos primeiros séculos da cristandade; são sobretudo os pagãos que o Zohar abomina. É interessante ver agora por qual circuito de raciocínio os humanistas empregaram a Kabbala e o Zohar para exaltar, não o judaísmo, mas uma filosofia de ordem mais geral.

OS PRIMÓRDIOS DA KABBALA FILOSÓFICA

Pic de la Mirandole — nome afrancesado de Giovanni Pico della Mirandola (1463-1494) — menino prodígio do Renascimento (aos catorze anos já estudava direito canônico na Universidade de Bolonha), foi o primeiro pensador externo ao judaísmo a introduzir a Kabbala nos estudos filosóficos. Em 1486, aos vinte e três anos, o jovem humanista florentino, depois de tentar raptar, em Arezzo, a esposa de um primo de Lorenzo de Medici, foi tratar na Perúgia as feridas recebidas nesse caso acalorado, no qual perdeu dezoito homens; ali encontrou um judeu siciliano convertido, Guglielmo Raimondo Moncada, vulgo Flávio Mitrídates, que contratou para com ele aprender o hebraico e o caldaico. Moncada iniciou Pico na Kabbala e o convenceu de que ela estava contida nos setenta livros que Esdras havia composto em seu tempo por medo de que se perdesse o ensinamento secreto confiado por Moisés a setenta escolhidos na diáspora do povo judeu; ele traduziu textos que extraiu do Zohar, alegando se tratar de extratos desses livros. Pico della Mirandola trabalhou tão intensamente que, no mesmo ano, escreveu a Marsílio Ficino: "Depois de um mês plenamente consagrado, noite e dia, à língua hebraica, entreguei-me totalmente ao estudo do árabe e do caldaico. Não duvido que farei menos progresso que no hebraico, no qual consigo ditar uma carta, senão perfeitamente, ao menos sem erros"[129].

Inspirando-se em diversos manuscritos hebraicos ou aramaicos, como o comentário de Menachem Recanatti sobre o Pentateuco, Pico della Mirandola redigiu suas *Conclusiones philosophicae, cabalisticae et theologicae* [Conclusões filosóficas, cabalísticas e teológicas], que saíram em dezembro de 1486, e continham uma série de 47 conclusões sobre a Kabbala, segundo o que diziam os israelitas, além de uma série de 71 conclusões sobre o que ele mesmo pensava a respeito delas. Sua tese era a de que a Kabbala permitia esclarecer mistérios do cristianismo — a encarnação do Verbo, a Trindade, a divindade do Messias, a Jerusalém celeste, as hierarquias angélicas, o pecado original — e, ao mesmo tempo, compreender que as filosofias de Pitágoras e de Platão, com as quais ela tinha as maiores afinidades, eram compatíveis com a fé cristã.

Desejando provar que possuía um saber universal, Pico della Mirandola foi a Roma e desafiou os sábios, dedicando-se a sustentar publicamente novecentas proposições de suas *Conclusiones* [Conclusões] (1486); se ofereceu para pagar a viagem e custear a estadia de especialistas que viviam longe da cidade. Mas treze das proposições foram denunciadas como heréticas ao papa Inocêncio VIII, especialmente aquela que declarava que a magia e a Kabbala são meios de provar a divindade de Cristo, e Pico della Mirandola precisou assinar uma retratação em 31 de março de 1487. Ele redigiu de imediato sua *Apologia* — terminada em 31 de maio — para se justificar: ali relatou que um de seus juízes, a quem perguntaram no que consistia a Kabbala, havia respondido que era um homem, chefe de uma seita diabólica; tamanha era a ignorância, no mundo cristão, da filosofia dos hebreus. O papa, ao ficar sabendo da *Apologia*, desencadeou contra o autor um processo de heresia, e o condenou, emitindo uma ordem em 4 de agosto. Pico della Mirandola, que se refugiou na França, foi detido em Lyon, em janeiro de 1488; obteve permissão para entrar em Florença porque Lorenzo de Medici se declarou seu fiador diante do papa. Vemos como era arriscado ser judaizante nessa época.

Pico della Mirandola continuou estudando a Kabbala, adquirindo manuscritos sem cessar, e se correspondendo com eruditos judeus. Seu tratado sobre a dignidade do homem, *De Hominis dignitate* [Discurso sobre a dignidade do homem], enunciou os princípios que serviram de regras para os primeiros cabalistas cristãos. Nele, invoca o argumento, retomado com frequência após ele, de que há duas magias, a goétia, arte das mais enganosas (*artium fraudulentissima*), que torna o homem escravo de potências malignas, e a verdadeira magia, que é "a filosofia mais alta e mais santa" (*altior sanctiorque philosophia*), que permite que o homem seja o mestre dessas mesmas potências. A palavra mago, dizia ele, significava intérprete de coisas divinas e sacerdote; e apenas as palavras sagradas em hebraico tinham poder mágico[*]. A Kabbala, porque ensinava a verdadeira magia, era "a perfeita e suprema sabedoria". Para separar a verdadeira magia da falsa (também sob influência do monge Savonarola, de quem ele era o protetor), Pico della Mirandola escreveu um livro contra a astrologia. Depois de sua morte prematura, suas obras e sua biografia foram publicadas por seu sobrinho, em 1498, e tiveram uma influência decisiva.

Foi, aliás, o encontro do conde della Mirandola em Florença que levou Johannes Reuchlin (1455-1522) a se tornar o iniciador dos estudos hebraicos na Alemanha. Nascido em Pforzheim, era a princípio helenista, filósofo e jurista, Reuchlin estudou grego em Paris, em 1473; fez seu doutorado em filosofia na Basileia, em 1477; e diplomou-se em direito em Poitiers, em 1481. No ano seguinte, como secretário do conde de Württemberg, foi a Roma e visitou uma parte da Itália. Na volta, estabeleceu-se em Stuttgart, e adotou o pseudônimo Capnion (ou fumaça, assim como seu sobrenome, derivado de *rauch*). Em 1492, ele começou a estudar hebraico com o médico judeu Jacob Jechiel Loans, o que lhe permitiu estudar os textos da Kabbala e redigir, a partir de uma documentação séria, *De Verbo mirifico* (1494), cuja repercussão foi internacional. Trata-se de um diálogo entre o filósofo epicurista Sidônio, o Judeu Baruchias e o cristão Capnion, que se encontram em Pforzheim e discutem juntos sobre o poder das palavras e das letras. Eles concordam com a superioridade do hebraico sobre as outras línguas, e Capnion afirma: "É através da língua hebraica que Deus quis dizer seus segredos aos homens". Não se pode explicar o Antigo Testamento sem conhecê-la, como provam numerosos exemplos sobre os quais o autor se estende, antes de revelar a verdadeira ortografia do nome de Jesus, que então se escrevia IHS, forma que só é correta no *pentagrammaton*. Cornelius Agrippa, amigo de Reuchlin, comentou *De Ver-*

---

[*] Amigo de Elias del Medigo, presidente da escola talmúdica de Pádua, Pico della Mirandola sem dúvida havia aprendido com ele esse adágio do Talmud (seção *Shabat*): "Os anjos só compreendem hebraico".

bo mirifico em seu curso em Dole, o que acarretou sua expulsão para fora da cidade: era, portanto, um livro bastante escandaloso, apesar da preocupação que tinha em esclarecer o cristianismo.

Durante uma nova temporada em Roma, Johannes Reuchlin comprou uma Bíblia em hebraico e se aperfeiçoou em filologia com o rabino Obadiah Sporno; assim, publicou a primeira gramática do hebraico feita por um cristão, *De Rudimentis hebraicis* [Os fundamentos do hebraico] (1506). Tornado uma autoridade enquanto jurista e hebraísta, Reuchlin foi convocado como árbitro quando o imperador Maximiliano, a instâncias do judeu convertido Pfefferkorn, emitiu um édito em 19 de agosto de 1509, que decidia mandar queimar todas as obras em hebraico que fossem contrárias à religião cristã. Quando perguntaram a Reuchlin, em 6 de outubro de 1510, se era justo tirar dos judeus todos seus livros exceto a Bíblia, ele se opôs em nome do direito à propriedade. Assim que Reuchlin foi censurado pelos teólogos de Colônia, o caso se agravou e o grande Inquisidor de Mainz, o dominicano Hoogstraten, intimou-o a comparecer diante do tribunal da Inquisição. Reuchlin publicou uma resposta às acusações, *Defensio contra calumniatores* [Defesa contra caluniadores] (1513), mas 53 cidades da Suábia precisaram intervir a seu favor para evitar sua prisão. A comunidade judaica de Pforzheim, que o reconhecia, facilitou suas pesquisas sobre o judaísmo, e, graças a documentos fornecidos pelos rabinos, Reuchlin escreveu *De Arte cabalística* [Arte cabalística] (1516), que um historiador chamou de "a Bíblia da Kabbala cristã", porque foi a principal referência dos cabalistas do século XVI ao século XVII.

Para se proteger dos inimigos, Reuchlin dedicou o livro ao papa Leão X, filho de Lorenzo de Medici, lembrando-se que este se interessava por Pitágoras a ponto de ter feito reunir fragmentos pitagóricos na Academia Laurentina. Ora, Pitágoras havia se inspirado na Kabbala, e, se queríamos reconstituir seu ensinamento perdido, era preciso procurá-lo entre as obras dos cabalistas. Reuchlin pode ter usado esse postulado por precaução, sem verdadeiramente crer nele; mas, ao pretender que o estudo da Kabbala levava à filosofia pitagórica, saía do plano religioso e entrava, enfim, no domínio filosófico das ideias comparadas.

De Arte cabalística é de novo um diálogo, dessa vez em Frankfurt, onde o pitagórico Filolau e o muçulmano Marrane encontram o judeu Simon ben Eliezer, a fim de que ele explique a Kabbala. Depois de lhes dizer que é preciso distinguir entre os *Cabalici* (aqueles que receberam primeiro a Tradição), os *Cabalaei* (os discípulos) e os *Cabalistae* (os imitadores), ele ensina que "a Cabala não deve ser procurada nem através do contato grosseiro dos sentidos, nem através dos argumentos das artes da lógica. Seu fundamento se situa na terceira região dos conhecimentos"[130]. Ele lhes concede a lista mais completa, até então, dos livros a serem consultados, e se ele diz que o Zohar foi escrito por Simeon ben Yochai, "o qual, para compô-lo, viveu em uma vasta e escura caverna durante vinte e quatro anos inteiros", assinala também que o *Sefer Raziel* é "uma ficção mágica", e recomenda os melhores autores hebreus, que caracteriza com precisão.

No dia seguinte, Filolau e Marrane, encontrando-se a sós, porque Simon respeita o *shabat*, expõem um ao outro o pitagorismo e a filosofia árabe, e ficam maravilhados ao constatar que a Kabbala os concilia, sendo "uma teologia simbólica, na qual não apenas as letras e os nomes são signos de coisas, mas também coisas de coisas". Simon, ao se juntar a eles no dia seguinte, completa sua exposição através de indicações sobre numerosos símbolos, como "as cinquenta portas da Inteligência", a primeira porta se abrindo para Deus, a última para o homem: todas as portas se abriram para Moisés, exceto uma, a porta da Criação. Ele escrutinou a Lei através de apenas quarenta e nove portas, e, depois da morte de Moisés, uma outra foi fechada para Josué, que nem mesmo Salomão conseguiu reabrir; desde então, o espírito humano está limitado a 48 portas (ou possibilidades de conhecimento). Simon termina o discurso com o adágio dos cabalistas: "O sábio compreenderá". O admirável, em *De Arte cabalistica* é ver um pagão, um muçulmano e um judeu discutirem entre si com serenidade, atestando uma estima recíproca a todos; Reuchlin dá aí uma lição de tolerância a seus contemporâneos, violentamente sectários, e lhes mostra que o humanismo coloca a verdade acima dos dogmas.

Johannes Reuchlin, ultrapassando Pico della Mirandola, foi o mestre incontestável de todos os filósofos cabalistas do Renascimento. Foi sob sua influência que Francesco Giorgi, em Veneza, redigiu *De Harmonia mundi* [Sobre a harmonia do mundo] (1525) e Paulus Ricius, a partir de diversos opúsculos, sua grande obra *De caelesti agricultura* [Agricultura celestial] (1541). Nessa primeira fase da Kabbala filosófica, tratava-se apenas de apresentar o esoterismo judaico aos humanistas e provar que ele conciliava de maneira ideal as filosofias da Antiguidade grega e as doutrinas dos Pais da Igreja; a segunda fase, que se manifesta a partir de meados do século XVI, engloba pensadores que, não mais se contentando em ser comentadores da Kabbala rabínica, dela tiraram princípios de contemplação ou de ação dos quais fizeram uma aplicação original.

A DOUTRINA DO SÉCULO DOURADO

Foi então que apareceu, na França, um homem que encarnou o espírito da Kabbala filosófica do Renascimento, e que dela se serviu para criar um sistema pessoal, conciliando o cristianismo, o judaísmo e a filosofia árabe: Guillaume Postel, erudito prodigioso que Francisco I e a rainha de Navarra consideravam o maior sábio de sua época, e que Carlos IX chamava de "meu filósofo". Nascido em 1501, em Dolerie, perto de Avranches; órfão aos oito anos, Postel foi a princípio professor de escola em uma aldeia, antes de ir a Paris como criado doméstico no colégio de Sainte-Barbe. Durante as horas de lazer, aprendeu grego e hebraico. Destacando-se por sua inteligência, acompanhou Jean de la Forest, em 1537, até Constantinopla, encarregado de concluir uma aliança com Solimão; Postel aproveitou para visitar a Grécia, a Ásia Menor e uma parte da Síria, além de aperfeiçoar-se em árabe e coletar manuscritos; ele trouxe dessa viagem um livro de Kabbala que um médico judeu do sultão presenteou a ele. Quando voltou a Paris, Postel publicou, em 1538, doze alfabetos orientais, *Linguarum duodecim characteribus* [Nos caracteres de doze línguas]; a primeira gramática árabe da Europa, *Grammatica arabica*; e um tratado que tendia a demonstrar que todas as línguas, até mesmo o grego e o latim, derivavam do hebraico. A partir de 1539, nomeado professor de matemática e de línguas orientais no Colégio Real (atual Collège de France), ele se beneficiou de favores do chanceler Poyet, que conferiu a ele a reitoria de 32 paróquias da diocese de Angers.

Mas, em seguida, Postel se considerou chamado por Deus para atingir a paz universal, e escreveu, com esse intuito, *De Orbis terrae concordia* [Sobre a concórdia da terra] (1544). Ele acreditava que todos os homens deveriam se reunir, conforme a religião cristã, sob a autoridade religiosa do papa e sob a autoridade temporal do rei da França, único do mundo pretendente legítimo ao título de rei, enquanto descendente direto do primogênito de Noé. "O primeiro homem nascido neste mundo depois do Dilúvio é Gômer, filho de Jafé, filho de Noé, Gômer este que é pai e fundador tanto das gentes como da jurisdição gálica e céltica[131]." Postel foi a Fontainebleau para convencer Francisco I a reivindicar a monarquia universal, depois, decepcionado com sua atitude, abandonou a cátedra no Colégio Real, e partiu em direção a Roma com o intuito de conquistar para seu ideal Ignácio de Loyola; foi ordenado padre no seio da Companhia de Jesus, mas Loyola acabou por expulsá-lo depois de dezoito meses, exasperado com sua obstinação em ver nele o papa angélico da Concórdia final. Postel foi preso e, ao sair, refugiou-se em Veneza, em 1547, onde se tornou capelão do hospital San Giovanni e San Paolo. O núncio Della Casa o nomeou censor dos livros em hebraico impressos nesta cidade.

Postel obteve um manuscrito do Zohar e fez uma tradução dele, cujo original está no Museu Britânico, a cópia, na Biblioteca de Munique, e os prefácios, na de Göttingen. Traduziu também o *Bahir* e uma parte do *Bereshit Rabah*; publicou, em 1547, *De nativitate Mediatoris ultima* [O último nascimento do mediador], que afirmou ter sido ditado a ele pelo Espírito Santo; também em 1547, *Absconditorum a constitutione mundi clavis* [A chave dos segredos desde a fundação do mundo]; e, sob o pseudônimo de Elias Pandocheus, um tratado de "panthenosia" (ou reconciliação dos diferentes). Postel havia tomado da Kabbala a crença na era messiânica, que atingiria a redenção final da humanidade. Ele visava preparar "o Estado de Restituição e de Concórdia em que todas as coisas voltarão ao seu estado primitivo". Em seu *Absconditorum clavis*, diz que há quatro eras da Igreja: a era da lei da natureza, a da lei escrita, a da lei da graça, e a da Concórdia, que reintegra o homem em sua condição anterior ao pecado original. Mas, enquanto a Kabbala fazia do judaísmo o princípio diretor da era messiânica, Postel atribuía esse papel ao cristianismo, que absorvia outras religiões, de modo a ser "a Comunhão perfeita de todos os homens piedosos".

No hospital de San Giovanni e San Paolo, Postel foi confessor da cozinheira Joanna, uma quinquagenária analfabeta. Surpreso com a elevação do que ela dizia, perguntou-lhe que mestre havia ensinado a ela como exprimir-se daquela forma: "Aquele que vive em mim e em quem estou morta", respondeu, isto é, seu "doce esposo Jesus"; para ser fiel a este, havia feito voto de virgindade e de dedicação aos pobres. Maravilhado com essas profecias, Postel viu em Joanna "a Mãe sagrada do mundo", destinada a salvar a *anima* (a parte inferior, sensual, da alma humana), a restituí-la ao *animus* (a parte superior, espiritual, até então a única resgatada do pecado original). O encontro com Joanna incitou Postel a adotar uma visão curiosa do Zohar, que alegava a existência de dois Messias, e que a era messiânica começava pela aparição do segundo destes. A mãe Joanna parecia a Postel o novo Messias que completaria a obra do primeiro. O Zohar também dizia: "A alma e o espírito, eis o masculino e o feminino". Para Postel, o espírito feminino do homem, a *anima*, comprometido com o pecado de Eva, não havia sido objeto de redenção pelo Cristo: era preciso uma mulher Messias, no caso, Joanna, a fim de redimi-lo.

As relações exaltadas com mãe Joanna indispuseram seus superiores, que a afastaram dele. A Inquisição examinou sua doutrina e declarou-o *amens* (louco). Em 1549, Postel fez uma nova peregrinação pelo Oriente, que o levou de Constantinopla a Jerusalém, de onde voltou com o embaixador da França, munido de manuscritos destinados a compor uma Bíblia poliglota. No seu retorno a Veneza, em 1551, soube que Joanna havia morrido; Postel perdeu a vontade de comer e de beber, caiu tuberculoso, sentiu que do além ela lhe enviava "o traje da redenção e da restituição", e que uma força invisível envolvia seu ser para fazer dele "o primeiro nascido no mundo restituído". Seu êxtase foi tamanho que conseguiu olhar para o sol durante uma hora. Ele escreveu em italiano *A Virgem veneziana*, apologia da mãe Joanna e, a partir daí, assumiu inteiramente esse tipo de relação entre morto e vivo que a Kabbala denominava *gilgul*: a alma de Joanna se reencarnou nele, ele se sentiu habitado por ela a ponto de submeter a ela toda a sua personalidade.

Postel voltou a Paris, e retornou às aulas no colégio dos lombardos; havia tantos ouvintes para escutar esse mestre majestoso, cuja barba grisalha ia até a cintura, que, não cabendo todos na sala, tinham de ficar no pátio, enquanto ele lhes falava do alto de uma janela. Publicou *La Doctrine du siècle doré* [A doutrina do século dourado], em 1553, na qual dizia que o mundo havia sido feito para o homem, e não o homem para o mundo, e mostrava como se purificar das más ambições mundanas; o "século dourado" seria aquele que viu morrer a mãe Joanna e começar a era da Restituição. A era começava em 1551, data da morte de Joanna; para Isaac Luria, contemporâneo de Postel, o início se deu em 1568; o cabalista cristão e o cabalista judeu são da mesma família espiritual. Em *Les Raisons de la monarchie* [As razões da monarquia] (1551), sonhando com a ideia da monarquia universal, ele demonstrou "como por direito de idade, por direito de instituição, por direito divino e de bênção profética, por direito de todas as gentes e de ocupação natural, por razão de celeste influência e por razão de mérito soberano que merece a soberana e primeira Eleição, a Monarquia pertence aos príncipes pelos povos Gauleses eleitos e aprovados". Ele envolveu o rei da França, "pois só ele, desde Adão, pode verdadeiramente se dizer Monarca do mundo", na organização de um concílio, a fim de que "no mundo inteiro seja primeiramente feita a vitória dos corações pela razão autorizada".

Postel provocou escândalo ao revelar, em *Merveilleuses victoires des femmes du Nouveau Monde* [Vitórias maravilhosas das mulheres do novo mundo] (1553), que a mãe Joanna era o segundo Messias e que, desde sua morte, ela era identificada com ele. Já que era difícil, para os parisienses ignorantes da Kabbala, admitir esse caso de *gilgul*, único na literatura francesa, Postel precisou fugir. Tornou-se professor universitário em Viena e colaborou na edição do Novo Testamento siríaco. Mas como a mãe Joanna fez dele "aquele que compreende" e "aquele que viaja", Guillaume Postel logo seguiu em frente e passou temporadas em Veneza, Pavia, Roma (onde seria preso mais uma vez) e Basileia; debateu, em 1561, com os prelados do Concílio de Trento, voltando em definitivo à França apenas em 1562.

Por causa de suas teorias, o grande humanista foi tratado por *ateu*, *pai dos deístas*, além de ter sofrido as piores injúrias, sobretudo da parte dos calvinistas, sendo chamado de *cão* por Lambert Daneau, *monstro execrável* por Henri Estienne, *cloaca de todas as heresias* por Bèze, e foi acusado por Flácio Ilírico de ser possuído por uma legião de demônios. Para que o deixassem em paz, Postel escreveu *Rétractations* [Retratações], e nelas reconheceu que não estava mais habitado pela mãe Joanna: o *gilgul* havia acabado. Ele se retirou, em 1564, no monastério de Saint-Martin-des-Champs, onde passou o resto da vida a meditar, relaxando apenas ao rezar seu rosário no jardim e ao tocar seu violino. O padre Marrier escreveu: "Ele era afável e grave na conversa. O som de sua voz, o ar de seu semblante, a barba comprida, todo seu exterior predispunha a seu favor as pessoas que se aproximavam dele. Os príncipes e os grandes do reino, os eruditos, sobretudo, e os literatos costumavam visitá-lo"[132]. Morreu, neste mesmo lugar, em 1581, na presença de amigos como o Doutor Filesac, decano da Sorbonne.

Postel teve discípulos eminentes, como Blaise de Vigenère, Palmin Cayet (futuro historiógrafo de Henrique IV), Guy Le Fèvre de La Borderie, autor de *La Galliade* [A galiarda] (1578), sobre "a revolução das artes e das ciências", tanto que se falava em uma seita dos "Postelianos". Sua originalidade é, mais do que analisar, ter vivido e recriado em si a Kabbala, mostrando que ela não era especialidade de uma etnia, mas um dos meios universais de investigação do domínio oculto.

OS ALFABETOS CELESTES E TERRESTRES

O interesse manifestado dos pensadores não-judeus pela Kabbala hebraica suscitou um vivo descontentamento entre as autoridades religiosas e civis do mundo cristão. O padre Marin Mersenne, da Ordem dos Frades menores, foi um de seus mais veementes detratores, em 1623, em seu *Question sur la Genèse* [Questões sobre o *gênesis*], faz uma caricatura da filosofia cabalista e ridiculariza aqueles que a praticam. Logo um jovem padre provençal, Jacques Gaffarel (1601-1681), doutor em teologia pela Universidade de Valencia, respondeu a seus ataques com *Abdita divinae Cabalae mysteria* [Os mistérios ocultos da divina kabbala] (1625), dedicada ao cardeal Richelieu — a quem dizia que seu nome, Armand, em hebraico queria dizer palácio, e que ele era, portanto, "o palácio magnífico da igreja de Cristo". Hebraizante, porque "a língua hebraica foi a mesma que falava Adão", Gaffarel definiu a Kabbala como "a explicação mística das Escrituras", explicação que foi transmitida "antes e depois da vinda de Cristo"[133]. Ele defende, como Pico della Mirandola, que a Kabbala confirma o cristianismo, em vez de desviar os fiéis: "Creio não me adiantar demais ao afirmar que todos os heréticos, não importa quantos forem, podem, graças à Cabala (fundada sobre as tradições dos hebreus), chegar ao conhecimento da Verdade eterna"[134]. Assim, *Bereshit*, lido em *temurah*, dá *Bar aschitt* (eu lhe darei meu filho), e a gematria tira das letras da palavra Messias a data de sua aparição. Gaffarel, indignado com as injúrias de Mersenne contra sábios respeitáveis, diz que ele ganharia sendo cabalista: "Ele deu provas de uma tal ignorância das Escrituras sagradas que jamais se viu igual na memória dos homens"*.

---

* Ibid. Em francês se escrevia antes *Cabale*, mas quando essa palavra adquiriu o sentido pejorativo de disputa, intriga, ela foi substituída no século XIX por *Kabbale*, conforme a etimologia. Saint-Yves d'Alveydre propôs, em uma carta a Papus, conservar as duas ortografias, empregando *Cabale* para designar a Potência e Kabbala para a Tradição. Essa sugestão não foi seguida. Só uso aqui a grafia antiga, *Cabale*, quando ela aparece nos autores citados.

Jacques Gaffarel não se limitou a esse elogio da Kabbala; ele serviu-se dela com tanto espírito que se tornou uma das figuras marcantes do cristianismo esotérico, sendo reconhecido como precursor pelos ocultistas modernos por causa do livro *Curiosidades inauditas* (1629), o qual estuda os alfabetos celestes e terrestres, e revela como interpretar as escrituras cifradas da Natureza. Ele dizia ao leitor: "Se achares estranho um eclesiástico como eu tratar de um assunto tão ousado e livre, como parece, considera que diversos da minha profissão avançaram em questões muito mais livres que estas"[135]. E fazia uma lista de homens da Igreja que haviam se comprometido ao escrever sobre adivinhações e sobre a pedra filosofal: "Antonius Bernardus Mirandulanus, em seu livro *De Singulari certamine*, sustentou coisas totalmente contrárias à nossa religião; o cardeal Cajetan de Vio fez exatamente a mesma coisa"[136].

Gaffarel partia de uma teoria dos "talismãs naturais"; acreditava na virtude dos talismãs e queria provar que, enquanto não fossem pronunciadas palavras mágicas sobre eles, não incorriam em idolatria. Além dos talismãs que se podia fabricar, havia outros fornecidos pela Natureza, que consistiam em pedras, plantas e animais cobertos de "figuras talismânicas", dos quais os mais ativos são "aqueles que se encontram nas pedras chamadas *gamahés*, palavra tirada, a meu ver, de *camaïeu* (camafeu), como se chamam na França as ágatas figuradas"[137]. Um *gamahé* contém uma imagem precisa: uma rosa, estrela, cometa, cabeça humana ou animal, ou simplesmente signos alfabéticos; é um talismã natural, que tem efeito benéfico quando aplicado sobre um mal segundo a figura representada. Gaffarel nos indica, portanto, como decifrar as escrituras minerais, vegetais, traçadas na natureza. Passando às escrituras aéreas, ele nos ensina "toda leitura que se pode fazer no ar", isto é, como ler as nuvens, a chuva, os raios, os pássaros. "Primeiramente, leitura supõe algum signo visível, sejam letras, caracteres, marcas, números, bastões, chamas, dardos, lanças, nós, fios, cores, furos, pontos, animais ou qualquer outra coisa sensível. Ora, todos os signos ou figuras podem ser representados nas nuvens e são três as leituras que deles podemos fazer: por letras e caracteres conhecidos, e por marcas e sinais que representem perfeitamente, e não por enigmas, aquilo que nós lemos"[138]. A chuva "na qual só podemos ler através da terceira espécie de leitura, que é através de hieroglifos", é uma escrita cheia de ensinamentos: "Desse gênero é a chuva vermelha ou de sangue que caiu na Suíça, no ano de 1534, e que formou uma cruz sobre os trajes"[139]. A neve contém signos legíveis, assim como o granizo: "Vê-se amiúde o granizo onde se nota a figura de uma cruz, de um coração ou de um morto, e se não desprezarmos essas maravilhas, leremos sem dúvida no futuro a verdade dessas figuras hieroglíficas"[140].

Enfim, podemos esperar os conhecimentos mais preciosos praticando "a leitura das estrelas", pois o céu foi denominado *Livro* na Bíblia e no Zohar: "Não há nenhuma dúvida de que devemos concluir que nesse livro há letras e caracteres inteligíveis a algumas pessoas!". Gaffarel mostra, a partir de textos, que "Santo Antônio entendia perfeitamente essa escrita celeste", e faz homenagem aos filósofos que já falaram dela, Pico della Mirandola, Reuchlin, Cornelius Agrippa, Khunrath e, sobretudo, Guillaume Postel. Se os teólogos ainda não compreendiam nada da linguagem das estrelas, era porque ignoravam as línguas orientais: "A figura diversa das estrelas representa e compõe a diversidade das letras do alfabeto hebraico e, como essas letras significam alguma coisa tanto separadas como juntas, da mesma forma as estrelas sozinhas ou em conjunto com outras nos assinalam um mistério"[141].

Não bastava saber hebraico para ler com fluência as estrelas. Era preciso possuir outras noções que Gaffarel nos indica. A princípio, há modificações incessantes nas letras hebraicas celestes: "Assim, aquelas que compunham, dez anos atrás, um *thet*, comporão hoje um *mem* ou um *lamed*". Deve-se prestar atenção na relação entre as letras maiúsculas e minúsculas: "Por que nessa escrita há estrelas pequenas e grandes?... Responde-se que é para que se leve em conta as letras da palavra que são mais significativas, sendo esse modo bastante conhecido na arte da anagramatização, como se na palavra *empereur* [imperador] eu quisesse destacar a palavra *père* [pai], eu escreveria... em*PÈRE*ur, onde as letras da palavra PÈRE são maiores que as outras"[142].

Resta distinguir as estrelas segundo os quatro pontos cardeais, pois o sentido de sua leitura vai do oeste ao leste, para determinar os acontecimentos felizes, e do norte ao oeste, para os obstáculos. São as estrelas situadas acima de um país, perpendicularmente, que lhe anunciam suas prosperidades futuras: "É preciso ler as letras que são verticais em relação ao país, ou que não estão muito distantes, do Ocidente para o Oriente; e se forem as infelicidades e os infortúnios que se deseja saber, é preciso começar a ler do Setentrião para o Ocidente"[143]. Nisso se verão até números que indicam datas precisas: a queda da Pérsia foi anunciada por quatro estrelas, que compunham as três letras *Rob*, resultando no número 208, duração da dinastia de Ciro. O Consulado romano não poderia se estender por mais de quinhentos anos, porque no Livro celeste oito estrelas verticais formavam a palavra *Raash*, que valia 501 etc.

As *Curiosidades Inauditas* de Gaffarel foram, no dia primeiro de agosto de 1629, objeto de censura por parte da Sorbonne; ele precisou fazer a retratação pública de suas teorias ocultas, sob pena de ter retirados seus benefícios (ele era cônego de Digne). Viajou pela Itália, em seguida foi protonotário apostólico, conselheiro e capelão do rei Luís XIII, prior de Ganagobie (comuna próxima a Forcalquier), além de ter sido encarregado, por Richelieu, de reconciliar os calvinistas e os católicos. Ligado a Gassendi, a quem ele chamava de "monsenhor meu melhor amigo", Gaffarel não perdeu seu caráter de humanista audacioso; mas, receoso de atrair insultos, deixou em manuscrito ou em projeto suas obras que, em 1633, tiveram seus títulos espantosos revelados por Leo Allaci, bibliotecário do Vaticano: *Selenomancia ou adivinhação por meio da lua — Conclusões demoníacas a partir da opinião dos hebreus — Questões hebraico-filosóficas de saber se o mar foi salgado desde o princípio — Suma zoharística ou índice de todas as matérias contidas no Zohar* etc.

Gaffarel publicou não obstante, em 1635, em Veneza, um opúsculo metafísico, *Nihil, fere nihil, minus nihilo* [Nada, quase nada, menos que nada], série de 26 proposições sobre as relações entre o ser e o não-ser. Publicou também o plano de uma grande obra, *O Mundo Subterrâneo ou Descrição Histórica e Filosófica dos Antros Mais Belos e das Mais Belas Grutas da Terra* (1654), na qual ele falava até de "cavernas do corpo humano" (vegetativas, sensitivas, nutritivas e luxuriosas). Embora não tenha conseguido dar toda a extensão desejada às suas capacidades devido à sua posição oficial, Jacques Gaffarel permanece, contudo, o melhor representante da Kabbala filosófica do século XVII.

O DOGMA DA ALTA MAGIA

O estudo da Kabbala acalmou-se ao longo do século XVIII, exceto nos meios rabínicos da Europa central, e só despertou quando Fabre d'Olivet publicou *A Língua Hebraica Restituída* (1816), com uma gramática e um vocabulário que a restabeleciam tal como era antes do cativeiro da Babilônia. Ele pedia que seus confrades cabalistas usassem a língua hebraica sem acreditar "que ela presidiu ao nascimento do mundo, que os anjos e os homens a aprenderam da boca do próprio Deus e que essa língua celeste, retornando à sua origem, se tornará aquela que os bem-aventurados falarão no céu". Depois disso, Lazare Lenain, desejando combater os grimórios que apareceram sob a Restauração, tentou em *A Ciência Cabalística* (1823) uma classificação dos gênios bons, isto é, dos 72 anjos que governam a Terra, que indicava suas respectivas atribuições e a maneira como invocá-los: "Os nomes dos 72 anjos são formados por três versículos misteriosos do capítulo XIV de Êxodo, a saber, 19, 20 e 21, versículos que, segundo o texto hebraico, são compostos cada um por 72 letras hebraicas"*. Mas foi o abade Constant, vulgo Éliphas Lévi, quem verdadeiramente relançou a filosofia cabalista, apresentando-a como uma teoria da Alta Magia.

Um grande romântico à sua maneira, Alphonse-Louis Constant oscilou, na primeira parte de sua vida, entre a fé cristã e o comunismo; o amor místico e a licenciosidade rabelaisiana. Nascido em 1810, em Paris, filho de um sapateiro de Saint-Germain-des-Près, entrou, aos quinze anos, no seminário de Saint-Nicolas-du-Chardonnet, estudou filosofia no seminário de Issy, hebraico e teologia no de Saint-Sulpice (esse será também o itinerário de Renan). Ordenado diácono em 1835, Constant foi encarregado de fazer o catecismo para as meninas; ele se apaixonou por uma delas, Adèle Allenbach, idealizadamente. "Ele acreditou ver em Adèle a Virgem Santa aparecida sob forma carnal: ele não a amou, ele a adorou[144]." Ele deveria ter sido ordenado padre em maio de 1836, mas, quando seu diretor espiritual o obrigou a antes renunciar à sua paixão, ele renunciou ao sacerdócio. Sua mãe, que sonhava vê-lo padre, suicidou-se por desespero.

Sem recursos, Constant ganhou a vida desenhando retratos para uma publicação mensal. Ele se ligou a socialistas como Flora Tristan e Alphonse Esquiros; até mesmo foi adepto, por algum tempo, de Ganeau, vulgo Mapah, que havia fundado uma religião, o evadismo (a partir dos nomes de Eva e Adão), destinada a reconstituir o Andrógino primitivo. Insatisfeito, tentou voltar para a Igreja e se enclausurar, em julho de 1839, no convento dos beneditinos de Solesmes; mas ali ficou por um ano, já que não chegou a se entender com o superior, Dom Guéranger.

---

* Lenain, *La Science cabalistique* (Amiens: L'Auteur, 1823). É a primeira obra de Kabbala prática impressa na França. No século XVIII, esses livros, proibidos pela censura real, só circularam em cópias manuscritas. A Bibliothèque de l'Arsenal possui diversos deles: o *Livre d'Armadel*, o *Secret des secrets* de Tosgraec, a *Table des soixante-douze anges* etc.

Ao sair do convento, ele encontrou apenas uma posição de inspetor de recreio no colégio de Juilly, e lá, na revolta e na miséria, escreveu a *Bíblia da Liberdade* (1841), apologia do comunismo, obra apreendida uma hora após o lançamento. Constant foi preso "por atentado contra a propriedade e a moral pública e religiosa", e condenado a oito meses de prisão. Isso não o impediu de redigir, no mesmo espírito, as *Doutrinas Religiosas e Sociais* (1841) e a *Assunção da Mulher* (1841).

Uma vez libertado, não podendo viver da escrita, Constant se tornou pintor de quadros religiosos e solicitou apoio do clero. Ele foi enviado a Évreux, junto ao bispo monsenhor Olivier, que pede para que ele mude seu nome manchado por escândalos; Constant se chamará, então, abade Baucourt, e será autorizado a fazer prédicas, como os padres auxiliares. Mas, em fevereiro de 1844, sua "epopeia religiosa e humanitária", *A Mãe de Deus*, desagradou o bispo e ele foi obrigado a deixar a cidade. Em 1845, o *Livro das Lágrimas*, "tentativa de conciliação entre a Igreja católica e a filosofia moderna", é o ponto de partida de sua transformação evolutiva. Pouco depois, ele se relaciona com uma estudante de dezessete anos, Noémie Cadiot, e, ameaçado de ser perseguido por abuso de menor, casa-se com ela em julho de 1846. Um novo panfleto revolucionário, *A Voz da Fome*, levou-o em fevereiro de 1847 à Corte Criminal, onde, antes de ser condenado a seis meses de prisão, disse aos juízes: "O abade Constant morreu. Os senhores têm diante de si um leigo, Alphonse Constant, desenhista, pintor, homem de letras, pobre e amigo dos pobres"*.

Na revolução de 1848, Constant fundou, em 16 de março, *Le Tribun du Peuple*, que reivindicava o "socialismo mais radical" e defendia os trabalhadores intelectuais, "proletários do pensamento". Ele anima também o Club de la Montagne com Esquiros, e busca se tornar deputado, apoiado pelo Club des femmes, do qual Noémie é a secretária; esta, feminista do grupo Vésuviennes, começava então uma carreira de jornalista e de escultora sob o nome de Claude Vignon. Derrotado nas eleições, Constant publica *O Testamento da Liberdade* (1848), renuncia à política, e trajando hábito de monge, vive como restaurador de móveis antigos e compõe canções. A descoberta da filosofia de Wronski o orientou para a Kabbala, que lhe pareceu "uma álgebra da fé", pela qual ele se apaixona a ponto de abandonar seu

---

* Ele se qualificava como abade, o diaconato sendo a segunda ordem maior; mas especificava que jamais fez uma missa, nem recebeu confissão.

nome, em 1853, pelo de Éliphas Lévi Zahed (que ele abreviará depois)*. Ele assume a direção em junho de 1853 da *Revue Progressive*, mas seu patrocinador, o velho marquês de Montferrat, seduz sua esposa, que foge com ele.

Abandonado, Éliphas Lévi passa uma temporada em Londres, de maio a agosto de 1854; ali ele se associa ao romancista Bulwer-Lytton, apaixonado pela teurgia, que o ensina a evocar espíritos, servindo-se de conjurações da *Clavícula de Salomão*. Nas sessões de 20 a 26 de julho, Apolônio de Tiana apareceu para Éliphas Lévi para lhe indicar em que lugar de Londres encontraria seu *Nucte-meron*; depois foi São João, que um dia lhe deu um livro de Kabbala, noutro, um pentáculo, e que ensinou para ele "a magia celeste". Quando voltou a Paris, começou a trabalhar em um grande livro de Kabbala especulativa; lia Moisés Cordovero em hebraico; *Artis cabalisticae*, de Joannes Pistorius em latim; e prestava atenção aos avisos de seus sonhos. Ele anota em um diário íntimo: "Hoje, 27 de julho de 1856, o ser que vi em sonho me disse: dentro de cinco meses nos reencontraremos. Isso nos leva ao sábado 27 de dezembro deste ano". Foi com esse espírito de erudição visionária que publicou *Dogma e Ritual da Alta Magia* (1856), um dos clássicos do ocultismo.

Ele afirmava que nos textos da Índia védica, da Assíria e do Egito, assim como no Talmud ("uma segunda Bíblia desconhecida, ou, sobretudo, incompreendida pelos cristãos"), encontravam-se "vestígios de uma doutrina em toda parte a mesma e em toda parte zelosamente escondida". Essa doutrina era, antes de qualquer coisa, um meio de governo espiritual: "A filosofia oculta parece ter sido a nutriz ou a madrinha de todas as religiões, a alavanca secreta de todas as forças intelectuais, a chave de todas as obscuridades divinas e a rainha absoluta da sociedade, nas épocas em que ela foi exclusivamente reservada à educação dos sacerdotes e dos reis"[145]. Combinando em si o triplo saber de um padre católico, de um rabino e de um hierofante de Elêusis, exprimindo-se mais como vidente que como historiador ("a imaginação é como o olho da alma", dizia ele), Éliphas Lévi opunha a magia à religião: "A magia é a ciência tradicional dos segredos da natureza, que vem a nós pelos magos. Por meio dessa ciência, o adepto se encontra investido de uma espécie de onipotência relativa e pode

---

* Ele alegava que Elifas, um dos três amigos que veio consolar Jó, na Bíblia, representava a "credulidade altiva". Mas não foi por isso que escolheu seu pseudônimo, que é a tradução para o hebraico de Alphonse-Louis.

agir de modo sobre-humano"[146]. Mas era preciso não confundir os magos com os bruxos: "Há uma verdadeira e uma falsa ciência, uma magia divina e uma infernal, isto é, tenebrosa; revelaremos uma e velaremos a outra; trataremos de distinguir o mágico do feiticeiro e o adepto do charlatão. O mágico é o sumo pontífice da natureza, o feiticeiro não passa de um profanador"[147]. Éliphas se dedicou, em seguida, a considerações sobre a *aspiração* e a *expiração* da humanidade, que provocavam os movimentos sociais: "A alma aspira e expira, exatamente como o corpo. Ela aspira aquilo que acredita ser a felicidade e expira ideias que resultam de suas sensações íntimas"[148].

A partir de então, toda a obra de Éliphas Lévi será consagrada ao ocultismo. Sua *História da Magia* (1860) relatou os mistérios e os procedimentos da "magia da luz", que ele distingue da falsa magia do vulgo: "Até o momento, tratou-se a história da magia como os anais de um preconceito ou como as crônicas mais ou menos exatas de uma série de fenômenos; ninguém, de fato, acreditava que a magia fosse uma ciência"[149]. Ele, ao contrário, defende: "A magia reuniu em uma mesma ciência o que a filosofia pode ter de mais certo e o que a religião pode ter de infalível e de eterno... Ela dá ao espírito humano um instrumento de certeza filosófica e religiosa exata como a matemática... Sim, a alta ciência, a ciência absoluta, é a magia". E isso graças à Kabbala, que permite uma síntese universal: "Através da Kabbala, e apenas através dela, tudo se explica e se concilia. É uma doutrina que vivifica e fecunda todas as outras, ela não destrói nada e, ao contrário, dá a razão de ser de tudo o que existe"[150]. Éliphas Lévi parte de Enoque, cujo livro apócrifo constata ser "citado no Novo Testamento pelo apóstolo Judas", e ele esboça uma série de quadros brilhantes de civilizações antigas e modernas, tomando como fio condutor "a santa Kabbala ou tradição dos filhos de Set".

É preciso levar em conta que Éliphas Lévi, em seus trabalhos históricos, permanece um romântico, com todo o charme e os defeitos do gênero; a Kabbala é para ele o que a França é para Michelet: o objeto de um culto que autoriza os piores exageros. Ele compulsa antigos manuscritos como um bibliotecário, mas se serve deles com um lirismo que o leva além da verdade. Ele nunca duvida de uma falsa semelhança se esta vai ao encontro de seus desejos. Estava convencido de que Raimundo Lúlio, "o primeiro iniciado depois de São João", era cabalista e alquimista. Fez uma interpretação delirante do Tarot, no qual quis ver de modo absoluto as imagens do *Gênesis* de Enoque, que, segundo Postel, teria precedido o de Moisés. Mas ele ilumina o todo através de relâmpagos assim: "Se a ciência é o sol, a crença é a lua; é um reflexo do dia na noite"[151]. Os especialistas sabem hoje que só se pode ler a *Histoire de France* [História da França] (1833), de Michelet, com bastante precaução, devido a inexatidões; e, no entanto, é uma obra boa de se ler por conta de sua grandeza épica.

A *Chave dos Grandes Mistérios* (1861) compara as sabedorias diferentes de Enoque, Abraão, Hermes Trismegisto e Salomão, a fim de extrair deles a "ciência mágica". *Le Sorcier de Meudon* [O feiticeiro de Meudon] (1861) é uma biografia romanesca sobre Rabelais, apresentado como adepto da Kabbala, algo que é indiscutível: lembramos da carta de Gargântua a Pantagruel, na qual recomenda que não desdenhe os livros cabalistas. Éliphas Lévi publicou também uma *Filosofia Oculta* em dois volumes: o primeiro, *Fábulas e Símbolos* (1863), afirmando que "a filosofia oculta é essencialmente mítica e simbólica", reunia uma série de poesias inspiradas nos Evangelhos apócrifos e nas tradições rabínicas, seguidas de comentários em prosa. Essas fábulas versificadas ilustravam os mandamentos do perfeito cabalista: "Preservar-se de crenças pueris que perturbam a consciência — Só buscar o infinito na ordem intelectual e moral — Jamais argumentar sobre a essência de Deus — Não conceder existência real ao mal — Respeitar a consciência dos outros e jamais lhes impor nada nem mesmo a verdade. Não romper à força o jugo dos escravos que amam seu jugo" etc. O segundo volume, *A Ciência dos Espíritos* (1865), contra "os pontífices da magia negra" que acreditavam em "supostos espíritos ou fantasmas", expunha as teorias cabalistas sobre os "espíritos elementares". Essa foi a última obra de Éliphas Lévi publicada em vida; durante dez anos, ainda escreverá diversos livros, que serão editados apenas muito mais tarde.

Éliphas Lévi foi o primeiro professor de Kabbala na França, recebia alunos em seu domicílio parisiense ou oferecia-lhes cursos por correspondência, que escrevia com dois tipos de tinta, a fim de destacar as citações do contexto, e que ilustrava com desenhos explicativos. Ele havia avisado ao público: "O autor destes livros dá de bom grado lições a pessoas sérias e instruídas que lhe pedem, mas deve prevenir seus leitores de que não tira a sorte, não ensina adivinhação, nem faz previsões, nem se presta a nenhum enfeitiçamento, nem a nenhum tipo de evocação. Trata-se de um homem de ciência e não um homem de prestígios"[152]. Com frequência declarava que se devia praticar a Kabbala para obter "a paz profunda" (ele denominava assim o "sabbat interior" de que falam os cabalistas judeus), resultante da tranquilidade do espírito e do apaziguamento do coração. A Kabbala aportou-lhe essa paz, segundo a senhora Hutchinson, lembrando-se das horas de estudo junto a esse mestre de barba branca e roupão de veludo preto: "Éliphas Lévi foi o único homem que eu conheci que alcançou a *paz profunda*".

Ele teve alunos em todos os ambientes, desde o dr. Rozier ao conde Alexandre Branicki, que o convidava uma vez por semana a seu castelo de Beauregard, em Villeneuve-Saint-Georges. Ao barão Spedalieri, seu "vigário apostólico", instalado em Marselha, Éliphas Lévi enviou cartas de instruções cabalísticas, de 24 de outubro de 1861 a 14 de fevereiro de 1874, formando uma compilação ainda mais curiosa que seus *Éléments de la Kabbale en dix Leçons* [Elementos da Kabbala em dez lições] para Montaut, um oficial da marinha. Éliphas Lévi recebia pela manhã, e via chegarem visitantes estranhos, como dois agricultores de Jersey que foram lhe perguntar um meio de combater os feitiços malignos lançados por três vizinhos; ele deu a eles o "signo do microcosmo com as letras sagradas de Jehoschua, mais uma fotografia magnetizada". Pouco depois, escreveram para avisar que foram salvos por essa proteção.

Depois do cerco de Paris e da Comuna, Éliphas Lévi, debilitado pelas privações, encontrou um novo mecenas no conde Georges de Mniszech, genro da senhora de Balzac. Ele foi apresentado, em 1873, a Victor Hugo, que havia lido suas obras e nelas se inspirou para escrever *La Fin de Satan* [O fim de Satã][153]. Teve novos alunos, como Judith Gautier, e, sobretudo, Jacques Charrot, um operário de Lyon, a quem deu aulas por escrito uma vez por mês, de outubro de 1872 a março de 1875. Antes de morrer em 1875, Éliphas Lévi legou a um de seus discípulos sua espada mágica e manuscritos para serem publicados vinte anos após sua morte.

Entre as publicações póstumas de Lévi, duas constituem seu testamento filosófico: *O Livro dos Esplendores* (1894) e *O Grande Arcano ou o Ocultismo Revelado* (1896), uma exegética, a outra, ética. *O Livro dos Esplendores* começa por um comentário notável sobre o Longo Semblante (ou Macroposopo) e o Pequeno Semblante (ou Microposopo), esses dois símbolos mais difíceis do Zohar; e termina com um exame das lendas da franco-maçonaria, oferecendo "a chave das parábolas maçônicas". *O Grande Arcano* ensina para o adepto "a arte de submeter as potências", de que maneira disciplinar "as forças errantes" (emanações astrais e projeções magnéticas), encontrar "o ponto equilibrante" de todos os contrários e ter "a inteligência negra" que sabe observar as coisas mesmo nas trevas.

No entanto, não se pode dizer que Éliphas Lévi seja o fundador do ocultismo moderno: ele apenas está na origem de sua corrente literária, enquanto Fabre d'Olivet e Wronski continuam sendo os iniciadores de sua corrente científica. Papus especificou: "Seria um erro buscar determinar a vocação de todos os ocultistas modernos segundo a influência exclusiva de Éliphas Lévi. Foi principalmente sobre os artistas e os defensores da forma que o grande cabalista exerceu um império soberano"[154].

A ORDEM CABALÍSTICA DA ROSA-CRUZ

Quem mesclou a corrente científica à corrente literária do ocultismo foi Stanislas de Guaita, descendente dos marqueses de Guaita, entre os quais havia um margrave nomeado por Frederico Barba Ruiva; ele dividia sua vida entre o castelo de Alteville, perto de Dieuze (Lorena), onde nasceu em 1861, e sua residência em Paris. No liceu de Nancy, foi colega de Maurice Barrès, que se inspirou nele para o Saint-Phlin de *Déracinés* [Desenraízados] e disse: "Nós nos amamos e nos influenciamos um ao outro naquela idade em que se fazem as primeiras escolhas livres"[155]. Os dois amigos, quando eram estudantes de filosofia na classe de Burdeau, liam juntos, todas as noites, Baudelaire. Dedicado à química e à medicina, atendia os camponeses dos arredores; Stanislas de Guaita foi a princípio poeta simbolista, e publicou três coleções de poemas, *Les Oiseaux de passage* [Os pássaros da passagem] (1881), *La Muse noire* [A musa negra] (1883) e *Rosa mystica* [Rosa mística] (1883). Mas em 10 de outubro de 1884, escreveu a Barrès que havia começado, durante o verão, a estudar a Kabbala: "Leia os livros de Éliphas Lévi (o abade Constant) e você verá que nada é mais belo que a Kabbala. E eu que sou muito aficionado da química, fico espantado ao ver o quanto os alquimistas eram verdadeiros sábios". Ele aprendeu hebraico para se aprofundar no Zohar, referindo-se à importante glosa de Knorr von Roseroth, *Kabbala denudata* [Kabbala revelada], publicada em dois volumes em Frankfurt ao final do século XVII.

Stanislas de Guaita empreendeu "Ensaios de ciências malditas", a fim de livrar o ocultismo de seus simulacros. Em 1886, em *No Umbral do Mistério*, declarou: "A Alta Magia não é um compêndio de divagações mais ou menos espíritas, arbitrariamente erigidas em dogma absoluto: é uma síntese geral — hipotética e racional — duplamente fundada sobre a observação positiva e a indução por analogia"[156]. Esta exposição séria de um assunto que se costumava tratar com descaso impressionou o público: "Para muitos, foi uma revelação", disse uma testemunha[157]. Esse livro logo teve duas reedições revistas e aumentadas, e designou de repente Guaita como condutor do movimento ocultista francês.

Assim que viu discípulos virem até ele, quis dar à sua ação uma coesão que os colocasse na vanguarda: "De 1880 a 1887, os iniciados tiveram oportunidade de se emocionar: sociedades estrangeiras intrigavam para despojar a França e levar para Londres a direção do ocultismo europeu"[158]. Foi por isso que Stanislas de Guaita fundou, em maio de 1887, em Paris, a Ordem Cabalística da Rosa-Cruz, tendo por missão combater, onde quer que encontrasse, a feitiçaria com suas torpezas e estupidezes: "Os Irmãos juraram com sua honra perseguir os adeptos da goétia, autoproclamados *magos*, cuja ignorância, malícia e ridículo depreciam nossos mistérios, e cuja atitude ambígua, não menos que as doutrinas escandalosas, desonram a Fraternidade universal da alta e divina Magia, à qual eles reivindicam a glória de pertencer"[159].

Os Irmãos reunidos em torno de Guaita foram, entre outros, Joséphin Péladan; Papus; Juliem Lejay, fundador da "sociologia analógica"; Augustin Chaboseau, especialista em budismo; o romancista Paul Adam, que havia acabado de alcançar celebridade com *Chair molle* [Carne mole] (1884) e que preparou sua continuação romanesca *Les Volontés merveilleuses* [As vontades maravilhosas] (1888); Georges Polti, autor da *Théorie des Tempéraments* [Teoria dos temperamentos] (1889); Victor-Émiler Michelet, poeta, contista e ensaísta de *L'Ésoterisme dans l'art* [O esoterismo na arte] (1890); Albert Jounet, teórico de *Ésotérisme et socialisme* [Esoterismo e socialismo] (1891); François-Charles Barlet, cuja cultura enciclopédica alimentou seu *Essai sur l'évolution de l'Idée* [Ensaio sobre a evolução da ideia] (1891); e Alta (pseudônimo do abade Mélinge), o comentador do Evangelho segundo São João.

A Ordem Cabalística da Rosa-Cruz era regida pelo Conselho supremo dos Doze (seis destes membros deviam permanecer desconhecidos), dividido em três câmaras: a câmara de direção, a câmara de justiça e a câmara de administração. Havia, além disso, uma câmara dogmática, uma câmara de estética (dirigida por Péladan) e uma câmara de propaganda (animada por Papus). A Ordem na qual Stanislas de Guaita era Grão-Mestre oferecia um ensinamento sancionado por um bacharelado em Kabbala, e para os aprendizes do segundo grau, uma licença em Kabbala. No terceiro grau, fazia-se um doutorado, defendendo uma tese, no andar térreo de um endereço na Avenue Trudaine, diante de examinadores que usavam na cabeça um *pschent* branco e trajavam uma túnica vermelha. Quando o número de "Irmãos iluminados" previsto pela Constituição foi atingido, Guaita não admitiu mais ninguém na Ordem.

Era muito amigo de Joséphin Péladan, o romancista apelidado de "o Balzac do ocultismo", por conta de sua "etopeia" *La Décadence latine* [A decadência latina], ciclo de 21 romances, começado em 1884 com *Le Vice suprême* [O vício supremo], que tem como herói o mago Mérodack, cuja reedição de 1886 foi corrigida a partir de conselhos de Guaita. Mas Péladan era um católico intransigente e um inimigo da filosofia alemã, enquanto Guaita a admirava e dizia: "Entre os católicos, só os esotéricos e místicos não são imbecis"[160]. Por vezes, Guaita admoestava Péladan: "Eu te provarei, claro como o dia, que aquele que se detiver um instante sequer no exoterismo da Bíblia e dos Evangelhos não merece o nome de kabbalista e de pensador", outras vezes o prevenia "Tente não se tornar um completo fanático. Os fanáticos são feios (enfeiados pelo ódio) e imundos — talvez por espírito de mortificação"[161].

No entanto, em 1890, Péladan provocou um cisma ao criar a Terceira Ordem intelectual da Rosa-Cruz, na qual ele se qualificou Hierarca supremo sob o nome de *Sar* Mérodack Péladan (*Sar* querendo dizer Rei em assírio), Grão-Mestre da Rosa Cruz do Templo e do Graal. Ele organizou seis Salões, reunindo 170 artistas, e confiou a realização ao conde Larmandie, que ele nomeou "comendador da Guevurah" (pois conferia a seus admiradores títulos inspirados nas dez Sefirot). O primeiro Salão, na casa de Durand-Ruel, começou com uma "inauguração fantástica"; contaram-se mais de 22,6 mil visitantes de toda a Paris das artes e letras, da aristocracia, e até Verlaine "com seu traje de recém-saído do hospital"[162].

115

Houve uma noitada triunfal em que a "pastoral caldeia" de Péladan, *Le Fils des Étoiles* [O filho das estrelas], foi interpretada com música de Erik Satie. O segundo Salão ocorreu em 1893, no Palais du Champ-de-Mars, acompanhado de um manifesto de Péladan, "cardeal laico", que apresentava sua Ordem como uma "confraria de caridade intelectual", que "visita os doentes da vontade e os cura da vertigem da passividade (...) consola os prisioneiros da necessidade material (...) resgata os cativos dos preconceitos"[163], e atribuía à Ordem doze objetivos. Esses "Gestos de exteriorização estética" (como ele se referia aos Salões) eclipsaram com sua mundanidade os trabalhos austeros da Rosa-Cruz cabalista. Ainda hoje, nos manuais de história literária, fala-se mais de Péladan, o cabalista de fantasia (que de fato tinha talento e uma extravagância graciosa), que do grande filósofo Stanislas de Guaita.

Enquanto a Terceira-Ordem assumia um aspecto de escândalo artificial, a Ordem cabalística era um grupo verdadeiramente anticonformista de eruditos e de letrados. Um dos melhores amigos de Guaita, o cônego Roca, a quem suas teorias sobre o cristianismo esotérico, que prometiam "os novos céus e a nova terra", valeram a interdição por parte da Igreja (recusaram-lhe até a sepultura cristã em sua morte, em 1893), havia percorrido durante quinze anos a Europa para vasculhar bibliotecas, especialmente "a famosa *Colombina* da catedral de Sevilha". O próprio Stanislas de Guaita se portava como um antipapa, pronunciando violentos anátemas. Ele vociferou contra "a turba de feiticeiros e encantadores de baixa extração", contra a "horda de místicos duvidosos", atacou com seu desprezo o espiritismo: "As práticas espíritas consistem sobretudo na evocação dos mortos amados. O cerimonial usado para tanto não tem nada do selo de indelével grandeza que salva ainda, aos olhos do artista, os ritos mais sacrílegos da antiguidade sacerdotal"[164]. Os médiuns não encontraram nenhum obséquio diante dele: "Os médiuns são, em sua maioria, pobres valetudinários, acostumados sem saber a um verdadeiro onanismo cerebral"[165].

Para levar a bom termo seus Ensaios de ciências malditas, Guaita criou para si a mais importante biblioteca de ocultismo que já existiu. Localizou ininterruptamente documentos raríssimos, reuniu manuscritos com iluminuras da Idade Média; clavículas e grimórios; curiosidades pouco conhecidas, como as obras de Jehan Boulaese, o principal discípulo de Postel, ou o tratado de Bossardus, *De Divinatione et magico praestigiis* [Sobre a divinação e os feitiços mágicos] (1605). Quando a biblioteca foi posta à venda pelos herdeiros de Guaita, o catálogo incluía 1.653 livros, todos fora de circulação, sendo que alguns não figuravam nem mesmo na Biblioteca Nacional. Ele os havia lido e relido, anotado, deixando comentários nas folhas, como disse seu amigo, o conde de Pouvourville (vulgo Matgioi): "Guaita trabalhou *sobre* e *em* seus livros"[166]. Toda a sua obra se baseou nessa documentação excepcional, da qual tirou um partido filosófico incomparável.

Stanislas de Guaita se declarou defensor da "Kabbala universal", não a dos rabinos que glorificavam o judaísmo, nem a dos humanistas do Renascimento que queriam privilegiar o cristianismo, mas a interpretação erudita de textos sagrados feita para compreender o que era a humanidade antes mesmo que existissem religiões. Eis portanto a nova etapa, e provavelmente definitiva, da Kabbala filosófica. Ele queria dar continuidade a "Paracelso, Éliphas Lévi, Keleph ben Nathan, Martinès [de Pasqually] e toda a escola esotérica do Ocidente"*. Ele dizia: "Só recorremos à Kabbala zohárica subsidiariamente (ou ao menos não fazemos dela uma autoridade para nós)". Ele partia, no entanto, de Moisés: "A doutrina secreta de Moisés constituiu aquilo que chamamos de Kabbala primitiva, aquela que se materializou paralelamente à própria língua dos santuários". Mas de um Moisés que, segundo a tese de Fabre d'Olivet, teria participado da religião egípcia, e cujo único escrito autêntico seria o *Gênesis*, "o livro dos princípios cosmogônicos, em que a ciência colossal do passado dorme sob um triplo véu de hieróglifos"[167].

Guaita afirmava que Deus Pai não é Iawhé, mas Adão Kadmon, o homem celeste primordial, que representa o Verbo divino. Ao lado dele se encontra "nossa Mãe celestial", Eva ou a Sofia dos gnósticos, ou a Natura naturante, esposa do Espírito puro, "em uma palavra, a Providência ou a consciência universal da Vida-Princípio". Ele identificava Adão Kadmon às dez Sefirot, ao passo que Reuchlin o identificaria apenas a *sefirah* Tiferet; mas o ponto de vista revolucionário de Guaita se referia à *Porta dos céus* de Rabi Cohen Irira, reproduzida em *Kabbala denudata*. Esse foi "o Grande Arcano cabalístico" para seu grupo e Albert Jounet disso inferiu: "O que distingue a Kabbala antiga da nova é sobretudo o papel muito importante que esta atribuiu a Adão Kadmon"[168].

---

* Keleph-ben-Nathan era o pseudônimo de Dutoit-Membrini, um teósofo de Genebra, autor de *La Philosophie divine* (1793), que Guaita julgava "uma obra admirável, apesar de alguns erros".

Guaita começou, em 1887, seu tríptico *A Serpente do Gênesis*, que devia ter três volumes de sete partes cada um, totalizando 21 partes correspondentes a 21 arcanos do Tarot, e a conclusão teria como inspiração o 22º arcano. Ele explicou a seu secretário, Oswald Wirth, que desejava exprimir a *Alta Doutrina* do ocultismo, isto é, "uma síntese radical, absoluta, precisa como a matemática e profunda como as próprias leis da existência"[169]. Em *O Templo de Satã*, o primeiro volume, ele atacou a bruxaria, "essa magia às avessas que os ignorantes e os invejosos no mais das vezes confundiram involuntária ou deliberadamente com a *santa Kabbala*". Observando que Shatan, em *Números*, só tem um sentido adverbial, análogo ao de *adversus* em latim, significando *contra*, exclamou: "Só tens uma desculpa, ó príncipe das Trevas, que é o fato de não existires! Ao menos, não és um ser consciente: negação abstrata do Ser absoluto, não tens realidade psíquica e volitiva, além daquela que te emprestam cada um dos perversos em que te encarnas"[170]. Ele mostrou, passando em revista as aberrações de satanistas antigos e modernos, que apenas os idiotas, os neuropatas ou os praticantes vulgares do judeu-cristianismo acreditam no Diabo, enquanto a Serpente do Gênesis, para os verdadeiros iniciados, é antes a Luz astral, *Aor, Nahash*, "esse fluido implacável que governa os instintos", e em seguida, "o egoísmo primordial", causa da queda de Adão e do Mal metafísico.

O segundo volume, *A Chave da Magia Negra* (1897), que levou sete anos para terminar, expôs "a Inteligência da Natureza", a fim de abolir a noção de sobrenatural: "O vocábulo *sobrenatural*, aplicado a fenômenos da natureza, nos parece tão tolo como seria atribuir a essências espirituais o vocábulo *hiperdivino*"[171]. Guaita aí descreveu com precisão científica as forças invisíveis que nos envolvem, desde a Luz astral, "suporte hiperfísico do universo sensível" até os *Indígenas do astral*, "essas larvas — das quais os cabalistas veem apenas as cascas, conchas ínfimas (córtex, *kliphot*)", que agem como potências de dissolução emanadas de *Hereb*". De fato, a Luz astral compreende duas correntes antagônicas: "Essa imensidão psico-fluida é movimentada incessantemente por dois agentes ocultos, reitores de suas correntes: uma força adstringente (*Hereb*) e uma força expansiva (*Ionah*): a primeira, constritiva ao longo da cadeia dos Tempos; a outra, abundante através dos planos do Espaço"[172].

Há nesse livro um capítulo extraordinário sobre a morte, que nos faz compreender por que Wirth qualificou seu mestre de "platônico cabalista". Guaita distingue quatro caminhos no homem (universal, individual, celular, químico ou atomístico) e define a morte como "a ruptura do vínculo simpático DOS CAMINHOS". O modo alucinante como ele relata "a odisseia dos elementos que sobrevivem ao corpo", as agressões que sofrem dos *Masikim* (que são "os vermes, as cobras e as hienas do Invisível"), o refúgio que a alma encontra no Antíctone, terra espiritual, ou entre "as hostes do cone de sombra", são ao mesmo tempo de um pensador que se nutriu da Kabbala de Isaac Luria e de um poeta dos grandes.

Ele não teve tempo de terminar o terceiro volume, *O Problema do Mal* (1949), que deveria conter sua cosmogonia e resolver "o enigma dos enigmas" — o Mal —, mas as páginas soberbas que sobreviveram, tratando das "correntes fatais do instinto", da "Queda de Adão", indicam que desejava estudar a relação entre o Adão celeste (macrocosmo) e o Adão terrestre (microcosmo): "Os iniciados de todos os santuários do esoterismo consideram a Queda de Adão (esse ser cosmogônico, quero dizer, quaisquer que sejam os diversos nomes que tenha recebido), como a causa universal da *Involução*"[173]. A involução, isto é, "a materialização progressiva do espírito", e a evolução, isto é, "a reaparição do espírito que emerge no seio da matéria que ele fecundou, animou, na qual se empenhou". Seria um engano situar a Queda de Adão no início da história da humanidade: "Primeiro, a Queda de Adão não é nem anterior, nem posterior ao que quer que seja; ela é eterna. Cada vez que um espírito desce para encarnar em uma forma qualquer, ele comete o pecado original e a Queda de Adão se realiza nele, ínfimo submúltiplo de Adão"[174].

Stanislas de Guaita teve uma reputação de bizarrices muito pouco justificada. Era um homem de cabelos e barba loiros, de olhos azuis, "com mãos de uma beleza notável" (segundo Barrès), que viveu, em Paris, em um apartamento revestido de vermelho-turco, do qual não saía por semanas a fio. Sua existência era consagrada ao conhecimento esotérico e respondeu à mãe desolada com seu anticlericalismo: "Sou um soldado do exército do Verbo. Tenho sede de Justiça e Verdade e busco ambas as coisas onde creio que as vejo"[175]. Dizia-se que ele tinha um fantasma familiar escondido em um armário. Paul Adam garantiu: "O tal fantasma aparecia quando estávamos à mesa. Sua forma indecisa ficava parada em um canto da sala de jantar". Esse fantasma devia muito à imaginação de uma velha criada a quem esse armário, que continha drogas, era proibido. Para atenuar o sofrimento da doença que o levou, Guaita se tornou morfinômano; no entanto, teve com a morfina a mesma relação lúcida que Thomas de Quincey teve com o ópio, e dela tirou talvez a intensidade das percepções do plano astral. Stanislas de Guaita morreu em seu castelo de Alteville em 1897, aos trinta e seis anos, e Maurice Barrès disse, com emoção, sobre seu túmulo: "Sei que ele foi um filósofo, se, como acredito ser, a filosofia for, diante da vida, o sentimento e a obsessão do universal, e diante da morte a aceitação"[176]. Por sua vez, Joséphin Péladan, reconciliado, rendeu-lhe esta homenagem: "No renascimento das ciências mortas, Tua fisionomia ficará inesquecível como Tua obra; Foste, para todos, o cavaleiro do Oculto... Eu Te venero"[177].

A Ordem cabalística da Rosa-Cruz durou ainda alguns anos, sob a direção de Barlet, que continuou sendo o modelo exemplar do que pode fazer um grupo de escritores decididos a explorar "a Kabbala universal". Franz Hartmann, que tentou formar na Alemanha uma *Fraternitas* análoga, com a condessa Wachtmeister, fez dela uma simples sociedade de acionistas. Depois disso, os dois números especiais sobre a Kabbala que publicaram os iniciados da *Le Voile d'Isis*, em 1933, mostraram que o esoterismo moderno deixou de privilegiá-la: eles atribuíram a ela o valor de uma "corrente iniciática", que unia o presente ao passado, e continuava do presente rumo ao futuro, ligando aquilo que veio *antes* ao que há *diante* do homem, mas reconheciam também outros ciclos tradicionais e admitiam a possibilidade de harmonizá-los todos em uma "corrente de mundos", da qual a Kabbala seria apenas um dos elementos fortes.

3
A ARITMOSOFIA

A aritmosofia, parte da filosofia oculta que trata do simbolismo dos números, de suas funções metafísicas e das operações mágicas que se pode efetuar com eles, é um desenvolvimento mais amplo, mais imparcial, daquilo que Athanasius Kircher chamava de artimologia, que tinha por objetivo a "mistagogia dos números" (*mystagogia numerorum*), isto é, a explicação geral de suas propriedades secretas e de seu significado místico[178]. Não se trata de uma invenção arbitrária, que se deve à imaginação de alguns fantasistas, mas de uma vasta corrente de especulações, na qual se mesclam, em sua origem, quatro fontes bem distintas: a filosofia grega, formada pelas doutrinas de Pitágoras e de Platão sobre os "números ideais"; a Gnose, que estabelece uma concordância entre os números e as letras: a mística judaica, e mais precisamente da Kabbala, e sua concepção das Sefirot, os dez números considerados como as emanações do Ein-Sof (o Deus oculto); e, enfim, o cristianismo, que compreende não apenas a numeração fantástica de São João em seu Apocalipse, mas também toda exegese dos "números misteriosos" praticada por Santo Agostinho e outros Pais da Igreja. Entre essas diversas tendências, e por vezes entre um autor e outro da mesma religião, havia múltiplas contradições: a filosofia oculta se propôs a resolvê-las, reconduzindo a princípios comuns universais todas essas noções particulares.

A primeira influência foi Pitágoras, que, no século V antes da nossa era, elevou a matemática às alturas de um sacerdócio. "Tudo se organiza a partir do Número", essa fórmula fundamental guiava a atividade de sua escola, na qual chamavam de aritmética a teoria do Número-Ideal ou número puro, e de logística tudo o que tinha relação com o cálculo simples. Os pitagóricos, ao mesmo tempo, alimentaram o pensamento científico, com seus teoremas e suas tabelas, e o pensamento mágico com seu simbolismo aritmológico; a Antiguidade aprendeu com eles que a linha horizontal e os números pares são femininos, a linha vertical e os números ímpares masculinos. A tétrade, que eles invocavam em seu juramento iniciático, era o conjunto dos quatro primeiros números 1 + 2 + 3 + 4, imagem da perfeição em virtude do quaternário e do resultado 10. Eles ensinaram as relações de harmonia entre os números, elementos, deuses, planetas e notas musicais; a habilidade deles em mensurar o imensurável encontrou um eco em Platão, quando, por exemplo, em *A República*, ele calculou metodicamente que um tirano tem uma vida 739 vezes menos agradável que a de um rei.

Na Gnose e na Kabbala, a gematria foi desenvolvida em excesso, arte combinatória que jogava ao mesmo tempo com os números e com as palavras. Os gregos utilizavam as letras de seu alfabeto como números, assim, também parecia natural aos gnósticos considerar um nome em função de seu valor numérico, e até fazer desse valor o verdadeiro sentido do nome. Cristo se tornou para eles 801, pois era o alfa e o ômega, e em seu sistema alfabético-numérico o 1 era também alfa, e 800, ômega, o que resultava no valor 801. A gematria não se contentava em traduzir uma palavra em número, ela instituía comparações linguísticas a partir de critérios aritméticos: uma palavra não podia ser substituída por outra se não tivessem exatamente o mesmo valor. Conclusões dogmáticas seriam tiradas desse tipo de analogia. Marcos, ao contar que *peristera* (pomba), o Espírito Santo, também resultava em 801, viu nisso a prova da identificação de Cristo com o Espírito Santo, o que ele erigiu em dogma. Nos papiros dos gnósticos, encontra-se com frequência a sigla 99: era o modo como escreviam *Amen*, resultado da adição de A = 1, M = 40, E = 8, N = 50, conforme o alfabeto numérico grego. Sua joia mágica, o abraxas (pedra ou placa metálica com inscrições em torno de uma figura com cabeça de galo ou de leão), equivalia a 365, sendo dedicado ao Arconte Abraxas (ou Abrasax), que reinava sobre 365 céus. Surgiram polêmicas entre gnósticos que usavam diferentemente a gematria, uns somavam letras de um nome, outros, os números aos quais elas correspondiam, outros ainda trabalhavam em grupos de palavras. Nenhum desses procedimentos era ingênuo, todos eram refinados; as sete vogais do grego não representavam apenas os números, mas também os sete planetas, os sete tons do heptacordo (lira de sete cordas), em relação às vinte e oito luzes da lua. Um talismã gnóstico de alto poder oculto era uma gema sobre a qual se gravavam as sete vogais dentro de um quadrado ou triângulo mágico.

A mística judaica realizou, na mesma época, explorações de gematria ainda mais amplas. O alfabeto hebraico, de vinte e duas letras, também fazia as vezes de números: as dez primeiras letras em gradação de um a dez; a 11ª letra, *caph*, "a mão que se fecha", segundo Esdras, equivale ao vinte; a 12ª, *lamed*, "o braço que se estica" ao trinta etc. A Kabbala associou cada uma dessas letras a um nome divino e a um símbolo; desde *aleph*, a vontade, até a 22ª, a recompensa; a escrita se tornou uma operação sagrada, assim como a numeração em razão das Sefirot, os números essenciais, comparados a lâmpadas que iluminam os mundos visíveis e invisíveis, forças que fornecem as condições de existência e de inteligibilidade da realidade. Já se disse sobre as Sefirot: "Elas são as ideias através das quais o Pensamento divino se torna princípio de uma Criação possível"[179]. Não era por brincadeira que um talmudista ou um cabalista calculava as letras de uma palavra, e sim para compreender a Causa inefável do universo. Um tal saber permitia, além disso, se dizer misteriosamente os nomes de Deus, cuja pronúncia e grafia deviam permanecer secretos, o nome de quatro letras inscrito sob a forma do *tetragrammaton*, o nome de doze letras que se recitava em voz baixa durante a bênção ao povo, o nome de 42 letras transmitido aos iniciados, e o Grande Nome de 72 letras, terminando por *Kadosh* [santo] repetido três vezes. Uma parte dessas combinações de escrita cifrada e figuração geométrica era altamente especulativa, destinada a comentários cosmogônicos, mas uma outra pertencia à magia prática e terminava em fórmulas como *Shebribri*, contra o mau-olhado, ou no hexagrama dentro de um triplo círculo traçado em um filactério (faixa de pergaminho presa em volta do braço ou a testa como um amuleto).

Enfim, a teologia aritmética foi um elemento constante do cristianismo primitivo, que Santo Agostinho justificou assim: "Desconhecer o sentido dos números, é se expor a não compreender uma multidão de coisas consignadas figurativamente nas Escrituras. Um espírito elevado não aceitará facilmente ignorar o motivo dos quarenta dias de jejum de Moisés, de Elias e até de Nosso Senhor. A solução reclamada por esse mistério só será obtida refletindo-se sobre o número expresso"[180]. Santo Isidoro de Sevilha escreveu um tratado sobre os números sagrados, *Liber numerorum qui in Sanctis Scripturis occurrunt* [O livro dos números que aparecem nas sagradas escrituras], e numerosos Pais da Igreja, como Santo Ambrósio e São Jerônimo, consagraram a isso páginas importantes. Poderíamos nos sentir tentados a crer que, entre os exegetas cristãos, alguns números são sagrados apenas porque caracterizam episódios da Bíblia. Ao contrário, Hugues de Saint-Victor disse que não foi a criação do mundo em seis dias que fez do 6 o número perfeito, mas que este já tinha antes sua perfeição e por isso serviu de medida do tempo da Gênese. Essa aritmologia cristã conheceu ainda uma grande representante no século XIX, o abade Lacuria, apelidado de "o Pitágoras francês", que dizia: "A vida em seu maior desenvolvimento manifesta o número 6. A ideia do ser se expande no número 3. A ideia de não-ser é caracterizada pelo número 2, a santidade pelo número 9, a luz ou a harmonia pelo número 7, e nós chamamos a eternidade de a unidade das unidades"[181].

A ciência esotérica dos números não é uma disciplina excêntrica ou ultrapassada, pois todo mundo na vida cotidiana usa, de modo mais ou menos consciente, a aritmosofia: desde o jogador que escolhe um número a partir de cifras benéficas, passando pelo angustiado que crê em datas fatídicas, até o homem que atribui um valor patético ao aniversário de seus quarenta ou cinquenta anos, como se isso tivesse mais importância do que seus 39 ou 49 anos. O inconsciente é tão repleto de números que os psicanalistas procuraram elucidar o porquê. Ludwig Paneth, diante de preocupações de seus pacientes, um que sonhava dar cinco gritos, outro que tinha três dentes arrancados, estudou "a extraordinária faculdade que têm os números de expressar as nuances mais sutis do pensamento e do sentimento"[182]. Ele concluiu assim que o zero traduzia a mania de grandeza, o 2, o problema resultante de uma sensação de desdobramento, o 4, o casamento nos sonhos femininos e o 5, o complexo de Édipo. Mas não são apenas, como ele supõe, o som ou o desenho dos números que fazem deles símbolos: são reminiscências, no inconsciente coletivo, do simbolismo aritmético estabelecido pelos filósofos e deformado em seguida pelas superstições populares. Portanto, para avaliar os fenômenos psíquicos e sociais, é útil possuir ao menos rudimentos da *matese*, que passo a expor sucintamente.

A MATESE E AS LEIS DO CÁLCULO METAFÍSICO

Os teólogos cristãos e os ocultistas chamaram de matese (do grego *mathesis*, ensinamento) a utilização conjugada da metafísica e da matemática para definir a vida universal. Os especialistas da matese foram, até o século XVII, padres, quando o bispo de Vigevano, Juan Caramuel, consagrou a ela diversas obras importantes, còmo *Mathesis audax* [Matemática ousada] (1660). "Há diversas questões na filosofia divina que não podem ser compreendidas sem a matese", disse ele[183]. Essa *scientia Dei* incluía a lógica matemática, a metafísica matemática e a teologia matemática: "A teologia matemática difere da escolástica não por seu objeto, mas por seu modo de raciocínio", agregaria Caramuel, fazendo os logaritmos e as figuras geométricas servirem para demonstrar verdades teologais. Depois disso, a matese foi abandonada nos meios cristãos, censurados pelos filósofos de nem mesmo saberem do que se tratava. Entre 1841 e 1844, o médico alemão Malfatti von Monteregio, tentando "pesquisar a fundo na reunião viva da metafísica e da matemática a substância da ciência hieroglífica e simbólica"[184], ressuscitou a matese e a ampliou por meio de doutrinas da Índia. Um tratado de aritmosofia deveria ser dividido em duas partes: a parte teórica (ou matese) e a parte prática (ou aritmologia).

Há algumas regras fundamentais que se deve conhecer para compreender os cálculos, muitas vezes extraordinários, da matese. Primeiro, os dez primeiros números são os mais importantes, pelas razões dadas por um teólogo: "São Tomás de Aquino ensina que a unidade é um todo indivisível e o princípio do número, e que o número é a unidade repetida. Ele adiciona que o número 10 é o primeiro e intransponível limite dos números. Depois do 10, os números não continuam, mas recomeçam. São, portanto, séries novas que se reproduzem ao infinito sobre o modelo da primeira"[185]. Papus, em nomes dos ocultistas, confirma essa noção: "Todos os números emanam do número Um. O ponto de partida dessa emanação é na Luz espiritual. Quanto mais um número se afasta do número Um, mais se afunda na Matéria; quanto mais ele se aproxima do número Um, mais sobe em direção ao Espírito e à Luz"[186]. Segundo ele, a descida do Espírito em direção à Matéria se exprime pela soma (descida lenta), pela multiplicação (descida rápida), pelo quadrado do número (descida no plano astral) e pelo cubo do número (descida no plano material). A subida da Matéria em direção ao Espírito é operada pela subtração (subida lenta), pela divisão (subida rápida), pela extração da raiz quadrada (subida do astral ao divino) e pela extração da raiz cúbica (subida do plano material a um plano superior).

Não se pode confundir os números com as cifras, que são signos convencionais, romanos, chineses, sânscritos, árabes, sem valor especial. Um número composto por várias cifras não é mais poderoso que um número simples, pelo contrário; devemos reduzir o número a uma única cifra para apreciarmos seu significado, realizando a sua *redução teosófica*. Esta consiste em adicionar os elementos constituintes: por exemplo, 534, quando somamos 5 + 3 + 4 obtemos 12, e, por sua vez, 1 + 2 resulta em 3. Diremos, portanto, que 3 é a redução teosófica de 534, seu equivalente místico na "dezena divina" formada pela série dos dez primeiros números. Basta nos referirmos ao sentido do 3 na teologia judaico-cristã ou no ocultismo para saber o valor de 534. Inversamente, procuramos a *raiz essencial* de um número somando todos aqueles que vão da unidade até ele. Assim, 7 tem como raiz essencial 28, porque se decompõe da seguinte forma: 1 + 2 + 3 + 4 + 5 + 6 + 7 = 28. Os amadores se entregam então a outras manipulações, como a soma de um número a seu *número simétrico*: 34 tem como simétrico 43, a soma resulta no 77, cuja redução é 14 e depois 5 — tira-se daí um ensinamento metafísico sobre o 34.

O interesse dos filósofos pelos números não é assimilável a um culto idólatra. Nenhum autor os considera seres vivos que desempenham no céu o papel de intercessores. Os pitagóricos os associavam aos deuses, mas não faziam deles deuses; os cabalistas viam nas Sefirot "raios do infinito". Louis-Claude de Saint-Martin dizia que nenhum ser pode sobreviver sem seu número: "Mas jamais um número pode passar por um ser. Assim, em qualquer ser espiritual que seja, nós podemos reconhecer: 1. o ser; 2. seu número; 3. sua ação; 4. sua operação"[187]. Ele pensava, aliás, que cada ser era caracterizado por dois números: "Todos os seres temporais têm dois números, um para a existência, outro para a ação. É através do segundo número que eles operam essa reação universal que observamos em toda parte e que é inferior à existência, o que se pode demonstrar do particular ao universal"[188]. A valoração das qualidades metafísicas dos números evoluiu ao longo das eras. Saint-Martin fixou o seguinte:

"Os dois números do mal são 2 e 5. Os cinco números do espírito verdadeiro são 1, 10, 8, 7 e 4. E os três números da matéria são 3, 6 e 9". Mas seguindo essa nomenclatura veremos que ela é sujeita a variações.

O 1 é o número divino por excelência. "Só Deus é perfeitamente um", disse Lacuria. Na Kabbala, a primeira *sefirah*, *Kether* (a coroa), representa o Pensamento supremo. Associado ao círculo, ao sol, mesmo nas religiões politeístas, o 1 tem o valor do princípio absoluto de todas as coisas: Heráclito o identificava com Zeus, Plotino com a inteligência universal, o *Yajur-Veda* com o Ser que se move e que não se move, presente em tudo e fora de tudo.

O 2, par e feminino, foi considerado imperfeito, fator de divisão e de discórdia: ele caracterizava as duas forças antagônicas do Bem e do Mal, do Amor e do Ódio. Os cristãos chamavam o 2 de *immundus numerus* (número impuro) porque era aquele que começava a se afastar da unidade. Evocava, além disso, a cópula e, por consequência, o pecado. Santo Agostinho combateu esse preconceito dizendo que o 2 expressava a consolação e a graça, uma vez que Cristo descansou por *dois* dias entre os samaritanos e porque enviou seus apóstolos em grupos de *dois* para converter as cidades da Judeia. Não obstante, o 2 continuou incomodando os teólogos e os filósofos até o século XIX, quando lhe deram o significado de não-ser. Apenas os cabalistas adotaram um ponto de vista totalmente diferente, a segunda *sefirah*, *Chochmah* (a sabedoria), foi apelidada por eles de "o Pai".

O 3, o primeiro dos números masculinos segundo Pitágoras, parecia a todos extremamente benéfico: "O número 3 é o retorno à unidade que parecia rompida pelo número 2", disse Lacuria[189]. Os psicanalistas estabeleceram que ele representa para o inconsciente os órgãos genitais masculinos ou a tríade pai--mãe-filho. É também o número do Tempo, evocando o passado, o presente e o futuro. A Trimúrti hindu e a Trindade cristã não são as únicas expressões religiosas do 3: a Antiguidade conheceu as três Graças, as três Parcas, as três Fúrias etc., a Pítia devia jejuar por três dias antes de se sentar em seu tripé e um autor destacou outros costumes: "Os atletas só eram proclamados vencedores depois de terem derrubado o adversário *três vezes*. Uma lei de Sólon prescrevia às mulheres levar apenas *três* vestidos após o casamento"[190]. Os três filhos de Adão, os três conveses da Arca de Noé e os três anjos que visitam Abraão, anunciam o tempo todo que o número 3 expressa aquilo que é necessário para agir e para organizar, a força de eficácia imediata. Repetimos três vezes o ato e a palavra das quais esperamos um efeito extraordinário. A apaixonada da Bucólica VIII (vv. 73-75) de Virgílio envolve com três fios coloridos o retrato do infiel Dáfnis e circunda três vezes com esses fios o altar. O *trisagion* da liturgia cristã consistia em repetir três vezes *agios* (santo). Em toda parte, tanto na religião como na magia, o 3 tem um papel propiciatório concedido ao seu valor de número da ação vital.

O 4, honrado por Pitágoras, que nele via a chave da "iniciação nos mistérios da Natureza", é o número da estabilidade. Um conjunto de quatro coisas, como as quatro estações ou os quatro lados de um quadrado, está em perfeito equilíbrio. Netuno tinha uma carruagem com quatro cavalos, os infernos, quatro rios; Empédocles distinguia quatro elementos, Hipócrates quatro humores e quatro qualidades. São João descreveu os quatro atributos de Deus (Sabedoria, Potência, Onisciência e Criação) sob a forma de quatro seres cobertos de olhos sobre todo o corpo. Cristãos consideraram, contudo, o 4 nefasto, segundo o testemunho de Santo Ambrósio em seu *Hexameron* (elogio do 6). Os filósofos corrigiram esse erro, ao aprofundar seu significado: para Saint-Martin, o 4 é o número das potências da alma e Éliphas Lévi ponderou: "O homem é quatro em um: espírito e alma, luz e corpo". Malfatti fez do 4 o símbolo da bissexualidade e de sua "quádrupla antítese" homem-mulher, esquerda-direita: de fato, o médico pensa que o corpo humano, dividido por uma linha "interior em si e vertical", é mulher do lado esquerdo e homem do lado direito, seja o indivíduo masculino ou feminino, e que há assim um duplo jogo de oposições cruzadas em todo casal.

O 5, que assustava Saint-Martin e, muito antes dele, Hesíodo — que julgava nefasto o quinto dia de cada mês — era, pelo contrário, amado por Pitágoras uma vez que 5 era a hipotenusa do triângulo retângulo, cujos outros lados valiam 3 e 4. Aliás, o pentagrama ou pentágono estrelado, muito utilizado no ocultismo (é a "estrela flamejante" do segundo grau da Franco-Maçonaria, que simboliza a cabeça no comando do corpo), era, originalmente, um sinal de união dos pitagóricos, que, segundo Luciano, fizeram dele o emblema da santidade, que corresponde à harmonia dos cinco sentidos. Essa aceitação prevaleceu: o quinquefólio (*Potentilla reptans*) passou ao Renascimento como remédio para febres por causa de suas cinco folhas. A quintessência, que Pompeu Colona definia como "um quinto ser que resulta das quatro qualidades elementares mescladas em diversas proporções", tinha uma virtude medicamentosa na alquimia. 5 é um número pagão — os Mistérios antigos eram divididos em cinco partes, as Panateneias e os Dionisíacos ocorriam a cada cinco anos — e telúrico — os chineses imaginavam a Terra como um quadrado de nove casas tendo o 5 no centro —, que incomoda alguns místicos porque encontram um excesso de materiais sobre ele; Lacuria o denunciou como "a negação de todas as faculdades do Ser, exceto a inteligibilidade". No entanto, nas sepulturas de cristãos nas Catacumbas, a representação de um dado de cinco pontas significava que haviam tido uma vida feliz[191].

O 6, primeiro número perfeito, isto é, cujas partes componentes são iguais a seu valor absoluto (6: 6 = 1; ou 6: 2 = 3; ou 6: 3 = 2; ou 1 + 2 + 3 = 6), foi celebrado com entusiasmo desde a Antiguidade. Os pitagóricos o chamavam de *teleios* (completo) e *gamos* (nupcial); eles o haviam consagrado a Afrodite porque era o produto de 2 x 3 e essa multiplicação do feminino e do masculino simbolizava o ato sexual. Os gnósticos denominaram o 6 *episemos* (o notável) e o identificaram a Cristo, pois o nome de Iesous em grego é formado por seis letras. Clemente de Alexandria, em seus *Stromates*, deu uma interpretação aritmológica da Transfiguração de Jesus no monte Tabor, apresentando-o como um 6 tornado um 7 e, depois, um 8. Assim, por toda parte, o 6 é o número da obra, quer se trate da obra da redenção, da obra da carne ou da criação do mundo.

O 7 foi o mais sagrado de todos os números, exprimindo a plenitude espiritual e cósmica, a vitória do Espírito sobre a matéria. Pagãos, cristãos, filósofos ocultos concordam em torná-lo magnífico: Varrão fez dele tema de um livro, *Hebdomada*; Fílon disse que o 7, que tem por significado etimológico *o venerável* e caracterizava os sete planetas, as sete vogais do grego, as sete notas da lira, era a imagem do Imutável. A Bíblia se refere com frequência ao 7: das sete tranças da cabeleira de Sansão às sete abluções de Naaman no Jordão. "Por que o menino ressuscitado por Eliseu boceja *sete* vezes?", pergunta Auber[192]. Isso quer dizer, segundo os exegetas, que ele só volta à vida graças aos sete dons do Espírito Santo. Um rito é repetido sete vezes nos casos extremos, solenes, em que uma ação repetida três vezes não poderia ser muito eficaz. Nestes casos, ainda é uma consideração matemática que guia os autores, e não uma analogia com os dias da semana: o 7, que Clemente de Alexandria qualifica de "número virgem e sem mãe", não engendra nem é engendrado. Nenhum número par ou ímpar antes dele pode produzir o sete por multiplicação, e ele mesmo não produz nenhum número na primeira dezena. Saint-Martin dizia: "O Espírito, em seu número radical é o 7, porque opera sobre o 4 e sobre o 3, ou seja, sobre a alma e sobre o corpo"[193]. Os pitagóricos também reverenciavam o 7 por causa do 3 somado ao 4, provando que o 7 continha o triângulo e o quadrado, duas figuras do perfeito equilíbrio.

O 8 exprime o sucesso, a evolução sem obstáculos, o avanço harmonioso rumo à unidade. Macróbio fez dele o número da Justiça porque dividido três vezes por dois se transforma no 1 primordial. Na Mesopotâmia, o emblema da deusa Ishtar, determinativo de todos os nomes divinos, era um ideograma de oito braços; na Grécia, dedicava-se o 8 a Dioniso, nascido no oitavo mês do ano. Cristo ensinava as oito beatitudes, os budistas seguiam a "via óctupla" para se libertar do desejo e da reencarnação, os gnósticos adoravam uma Ogdóade, conjunto de oito divindades. O caduceu de Hermes, com suas duas serpentes formando quatro anéis, desenhava deliberadamente esse algarismo, segundo o dr. Allendy, que via nele o signo da "Materialidade essencial"[194]. Os Pais da Igreja fizeram do 8 símbolo da regeneração e da ressurreição gloriosa. Ele representa "o pequeno número de eleitos" no catecismo da maçonaria oculta, em que se diz: "Qual é o número mais desejado? — O 8, pois aquele que o possui pertence ao número dos eleitos e dos sábios"[195]. Éliphas Lévi via nele o princípio da conciliação dos contrários, e evocava "o mediador universal cujo número completo é 888, como o do Anticristo é 666".

O 9, último número simples, assumiu o sentido de um retorno às origens, uma vez que é próximo do número 10, como enfatizou Allendy: "Do ponto de vista aritmosófico, o 9, em sua qualidade de número ímpar, marca uma *passagem* entre a beatitude octonária que ele prossegue e a unidade reintegrada, denária, para a qual ele tende"[196]. Os franco-maçons fizeram do 9 o número da imortalidade, conforme à Tradição: Vishnu, no bramanismo, encarna em nove avatares para salvar a humanidade e Jesus na cruz morre na 9ª hora (do calendário juliano). O 9 aporta uma ideia de salvação espiritual, de sobrevida assegurada à obra realizada, e de purificação, como é o caso da novena, passada do culto mazdeísta ao culto cristão.

Enfim o 10, desenvolvimento da série, que a Kabbala chama de *Malkhut* (o reino), representa o conhecimento integral. Era tão venerado que Espeusipo lhe consagrou metade de seu livro sobre aritmética pitagórica. Éliphas Lévi pensava que a parábola das dez virgens, cinco sábios e cinco loucos explicava esse número: "O 10 se compõe da unidade luminosa e do zero tenebroso. Há dois pentagramas nesse número, como há dois triângulos no 6; o pentagrama branco e o pentagrama negro; os cinco números puros e os cinco números impuros"[197].

O 11, "o número do mal", segundo Santo Agostinho, suscitou um clamor de desolação entre os filósofos; ele inaugura o abandono da dezena divina por uma dezena inferior. Todos odiavam esse número traidor, sobre o qual Saint-Martin diz: "Quando o Salvador foi entregue aos arqueiros e ao povo armado de paus? Quando seus discípulos o abandonaram? Quando São Pedro o renegou? Foi quando o número de apóstolos se reduziu a onze pela traição de Judas"[198]. Lacuria afirma que das duas unidades em oposição no 11 a segunda representa Lúcifer: "É por isso que esse número do orgulho continua sendo um selo de maldição"[199].

Ao contrário, o 12, "o número mais que perfeito", que reconstitui a ordem desorganizada, foi celebrado por todo mundo: "Ele se agrupa de todas as maneiras, se presta a todas as combinações e se apresenta naturalmente como a harmonia de todos os outros números sagrados; nele se encontram combinados o 2, o 3, o 4 e o 6", avalia Lacuria[200]. Há doze apóstolos, doze patriarcas, doze signos do Zodíaco, doze meses do ano; isso diz com clareza que o 12 é o número da irradiação total ou da aplicação de possibilidades essenciais.

Acima do 12, ainda foram determinados números influentes por analogia com os precedentes ou devido a alguma qualidade própria. Aos iniciados de seu tempo que se recusavam a avaliar os números acima do 30 porque a primeira década correspondia ao mundo divino, a segunda ao mundo espiritual e a terceira ao mundo natural, além de que as outras não teriam nada a nos ensinar, Saint-Martin objetava: "Assim nos reduzimos à necessidade de estrangular o número, em vez de deixá-lo se expandir em seus desenvolvimentos e, por conseguinte, só obteremos uma figura muito falsa do mesmo número, em vez de obtermos seu verdadeiro fruto"[201].

O 13 é o número da transformação, e como uma mudança pode acabar bem ou mal, deram a ele alternativamente um sentido bom e um sentido ruim. Homero, na *Ilíada* (canto v), fez dele um número da liberação de uma prova: Ares, deus da guerra, fica treze meses trancado por inimigos no interior de uma urna de bronze, até que Hermes o liberte. A Kabbala admite sua ambivalência ao reconhecer treze espíritos do mal e treze caminhos da misericórdia. O ponto de partida das superstições que o concernem tem a ver com o antigo calendário romano no qual os idos (tempo da lua cheia) caíam no dia 13 da maioria dos meses (exceto quatro): o tabu vinha dos idos, não do número. Mas, para Cornelius Agrippa, o 13 exprime "o mistério da aparição de Cristo às nações, pois no 13º dia de seu nascimento apareceu a estrela milagrosa que conduziu os magos". Os teólogos cristãos sempre se indignaram com os supersticiosos que nunca queriam ser treze à mesa, por causa da Última Ceia. Pierre Le Brun, da confederação do Oratório, cita com sarcasmo o caso de um presidente do parlamento de Rouen, maníaco a ponto de tiranizar seus próximos, que morreu durante uma refeição em que não havia sequer treze convivas[202]. Em geral, os filósofos acham excelente o 13: Saint-Martin viu nele o "número da natureza"; Auguste Comte o designou o número sagrado do positivismo e Wronski demonstrou que apenas os números ímpares até o 13, inclusive o 13, tinham um valor metafísico.

Os filósofos julgaram igualmente benéficos o 15 ("o símbolo das ascensões espirituais", segundo Agrippa), o 16 (o "número feliz" dos pitagóricos), o 22 (em função das 22 letras do alfabeto hebraico que anunciam a sabedoria), o 28 (que aporta "o favor da lua" e que é também o segundo número perfeito, o terceiro sendo 496), o 30 (idade de Cristo quando foi batizado e de João Batista quando começou a pregar no deserto) e o 36 (porque é a soma dos quatro primeiros números ímpares e dos quatro números pares: Plutarco o considerava a verdadeira tétrade).

A importância do 40 merece ser destacada; a frequência com que esse número reaparece na Bíblia (dias de Dilúvio, caminhada de Elias até o monte Horebe etc.), seja para exprimir a punição, a expiação ou a revelação, incitou Santo Agostinho a falar sobre a cura de um paralítico de *trinta e oito* anos: "Por que afinal se aplica a um homem doente o número 38, mais do que a um homem saudável? Eis o porquê: o número 40 significa a completa realização de todas as obras da Lei... Como se espantar de que estivesse doente esse homem que ao número 40 faltava 2?"[203]. Lacuria explica: "A única coisa constante é que esse número caracteriza um período suficiente e completo para se terminar uma obra"[204]. Os sábios ocidentais foram tão obcecados pelo 40 que veremos até mesmo médicos prescrevendo medicamentos preparados em quarenta dias, alquimistas contando meses de quarenta dias. A quarentena (tempo da Quaresma) servia de prazo ideal no direito feudal assim como no regimento sanitário dos portos.

O 50, que assume o sentido de "remissão dos pecados e da abolição da servidão" (Agrippa), foi ainda um número fasto; os Terapeutas, seita aparentada dos Essênios, festejavam o quinquagésimo dia do ano porque 50 é a soma dos quadrados do triângulo retângulo (9 + 16 + 25). Nicolau de Cusa dizia que o cinquentenário é o jubileu para recompensar o trabalho de sete vezes sete anos (49). Em toda parte, o simbolismo dos números foi estabelecido por matemáticos místicos, não por ignorantes supersticiosos.

Entre os números inquietantes, a unanimidade foi duvidar do 20, o "número da dor", tanto em Homero como na Bíblia (Ulisses teve vinte anos de infelicidade, Jacó trabalhou vinte anos para Labão, José foi vendido por vinte peças de prata), e do 70 (lembrança dos anos de cativeiro da Babilônia), mas nenhum inspirará tanto horror quanto 666, ao qual se consagraram enormes livros para interpretar o que havia dito São João. O apóstolo que chamavam de "filho do trovão" devido à sua violência conta no ano 69 que viu surgir do mar uma Besta de sete cabeças e dez chifres, que devastaria a cristandade durante 42 meses com ajuda de uma outra Besta com chifres de carneiro. Os povos seriam marcados com o signo dela na mão direita ou na testa: "Que aquele que tiver inteligência calcule o número da Besta. Pois é o número de um homem e esse número é 666". Muitos torturaram o espírito em torno desse 666, que Renan revelou, enfim, ser apenas resultado de gematria, representando o resultado obtido quando se somavam as letras de *Nero César* transcritas em hebraico. São João advertia, então, as sete Igrejas da Ásia em que se podia reconhecer o Anticristo por seu nome igual, em número, ao de Nero. Algo que não compreendiam todos aqueles que identificavam o 666 com diversos papas, com Lutero ou com Napoleão (como Zimpel ou Tolstói em *Guerra e paz*).

A GEOMETRIA OCULTA

As figuras geométricas adquiriram um significado mágico, ora inscritas sobre um talismã, no muro de um edifício ou no chão, ora desenhadas no espaço por meio de gestos rituais. De fato, a maioria dos ritos corresponde a uma geometria metafísica vivida: a circunvolução, o sinal da cruz, a prosternação, a genuflexão e todo tipo de atos desse gênero, não por acaso, fazem o corpo humano descrever círculos, cruzes, ângulos retos ou obtusos, uma linha horizontal.

O círculo é a figura primordial tanto na religião quanto na magia, porque exprime a unidade e o número 10, "pois a unidade faz o centro e a circunferência de todas as coisas", segundo Cornelius Agrippa, que agrega: "Dizem que o círculo é uma linha sem fim, onde não há ponto de partida que se possa chamar de começo ou de fim; e cujos começo e fim estão em cada ponto; é por isso que também se diz que o movimento circular é infinito, não em relação ao tempo, mas em relação ao espaço. É isso que faz com que a figura redonda seja considerada a maior e mais perfeita de todas, e mais própria para as ligações e para os exorcismos; motivo pelo qual aqueles que conjuram maus demônios se fechem geralmente dentro de um círculo"[205].

O poder que se atribui a essa figura é evidentemente de origem cósmica. Os antigos viram o sol e a lua, em sua plenitude, sob forma circular; seus estudos astronômicos fizeram eles compreenderem que os planetas realizavam uma revolução orbital. Traçar um círculo é, portanto, chamar para si, por virtude simpática, a influência solar ou lunar; andar em volta de uma coisa, é adotar em relação a ela o movimento de um planeta, portanto colocá-la sob sua dependência. O rito da *circumitio* da religião romana sobreviveu por muito tempo na França (pois as "superstições" não passam de antigas crenças religiosas que se tornaram obsoletas), ao ponto de Jean-Baptiste Thiers escrever sob o reinado de Luís xiv: "A prática de certos camponeses da nossa região é supersticiosa e ilícita, quando um cavalo fica doente, levam o cavalo para um bosque onde há uma pedra em torno da qual fazem o animal dar três voltas, imaginando que isso é capaz de curar o cavalo"[206].

O fato de que o círculo tenha servido para significar o zero não tirou nem um pouco de seu poder. Lacuria mostrou que o zero não tem nada de negativo, não sendo um número, e sim o lugar vazio de um número: "O zero não é a ideia do não-ser... O zero não afirma, nem nega, nem se refere a nada; ele não tem absolutamente nenhum sentido"[207]. Malfatti foi mais longe ao dizer que o zero metafísico-matemático é "a inclusão do ideal no real, a concepção do envoltório espiritual e corporal tanto no homem como em toda a natureza"[208]. Fazendo da elipse o "hieroglifo da criação", ele acreditava até mesmo que a série infinita de números era "uma construção bem combinada do zero elíptico". O símbolo do círculo pode ser modificado por outras figuras no interior: um ponto central evoca a causa primeira; um diâmetro, o movimento geral nos dois mundos; dois diâmetros que formam um ângulo reto, a dispersão da influência pelos quatro pontos cardeais; um triângulo, o ternário no universo; um quadrado, o quaternário material no universo.

A cruz é outra figura primordial, antes mesmo da aparição do cristianismo, como estabeleceu Cornelius Agrippa ao escrever que os egípcios e os árabes viam nela "um fortíssimo receptáculo de todas as forças celestes porque é, de todas as figuras, a mais reta e é a primeira descrição da superfície, tendo a longitude e a latitude". Os astrólogos árabes pensavam, aliás, que "as estrelas possuem um enorme poder quando, na figura celeste, possuem quatro ângulos principais e formam uma cruz"[209]. Agrippa associava a cruz aos números 5, 7 e 9, mas Éliphas Lévi fez da cruz a expressão do 4: "O quaternário é o número da cruz. A cruz, a gloriosa *stauros*, da qual São Paulo expôs assim os quatro mistérios: *altitudo, longitudo, sublimitas* e *profundum*. A cruz não é o ponto de encontro de duas linhas, mas sim o ponto de partida de quatro linhas infinitas, jamais separadas, para sempre unidas por um centro que se torna o centro da imensidão"[210].

O ocultista Pierre Piobb especificou que a cruz, enquanto elemento geométrico, não tem valor especial: "Não se deve ver nessa figura um símbolo muito misterioso, nem reconhecer nela uma anterioridade iniciática qualquer. Não importa quem a traçou, não importa quem pode tê-la imaginado e não importa onde"[211]. É a forma particular dada à cruz que revela a ideia esotérica: assim, a cruz latina "constitui sozinha toda a chave das doutrinas metafísicas do cristianismo", porque é erudita, formada "por um diâmetro da circunferência e um lado do triângulo equilátero que é traçado a partir da extremidade inferior do triângulo em questão"*. A cruz do Templo, com seus quatro braços amplos, que indica a

---

* Ibid. P. V. Piobb, pseudônimo do conde Pierre Vicenti de Piobbetta (1862-1942), foi um jornalista parlamentar que fundou, em 1911, em Paris, a Société des Sciences Anciennes e iniciou diversas personalidades no ocultismo.

disposição das forças em um círculo, é considerada o emblema da iniciação. A cruz de Malta, "exprimindo a direção centrípeta das forças", a cruz triangulada dos cavaleiros teutônicos, a cruz gamada, a cruz lunar e a cruz flechada são outros exemplos em favor da tese de Piobb, segundo a qual a forma da cruz é mais significativa do que a cruz em si.

O pentágono foi utilizado na magia pelo motivo dado por Agrippa: "O pentágono, com a virtude do número 5, possui uma força maravilhosa contra os maus demônios, assim como pelo traço de suas linhas, mediante as quais há, no interior, cinco ângulos obtusos, e, no exterior, cinco ângulos agudos de cinco triângulos que o envolvem. O pentágono interior encerra em si grandes mistérios"[212]. Éliphas Lévi dizia: "O pentagrama é a estrela da Epifania", e via nele o bom 5, aquele que associa 1 e 4, ao passo que 2 com 3 constitui obstáculo e designa ao mesmo tempo o mal e a impotência do mal: "O mau 5 se compõe do dois oposto ao três, ou dominando o três, como no pentagrama invertido que é um signo da guerra... Exprime-se também o mau 5 por um quadrado irregular com uma ponta excêntrica ou através de um pentagrama irregular. Em geral, os signos geométricos do pentáculo, quando malfeitos, são figuras diabólicas porque representam a desordem e a inexatidão". Ele acreditava na virtude do pentagrama contra as influências nocivas: "A ação do pentagrama é uma ação magnética equilibrante que anula, através da expressão sacramental de uma vontade direta, os eflúvios indiretos e fatais da luz imantada"[213]. Entre as outras figuras de múltiplas intersecções, as mais utilizadas foram o hexágono (que fornece o hexalfa ou a estrela de seis pontas e o hexagrama chamado de "selo de Salomão"). E o eneágono, considerado, com seus nove lados, símbolo dos nove coros de anjos.

O triângulo equilátero, já divino para os pitagóricos que o identificavam com o 10, representará a Trindade para os cristãos. Lacuria disse: "Quando se quer representar a majestade divina, mostra-se cercado de glória esse triângulo misterioso proposto aos homens, desde o começo, como o enigma da Divindade"[214]. Assim, na imagem que ilustra a *Arithmologia* (1665) do padre Kircher, Deus é figurado por um triângulo em chamas com um olho no centro. O triângulo tem um sentido religioso com a ponta virada para cima, um sentido mágico com a ponta para baixo: a fórmula *Abracadabra* só tinha virtude medicinal se inscrita triangularmente deste último modo.

136

O quadrado servia sobretudo para realizar quadrados mágicos, dividi-dos em casas: "Essas figuras comportam arranjos de cifras cuja soma por coluna transversal, assim como por coluna vertical, é sempre o mesmo número"[215]. Cha-mam de *solução* a soma das cifras por coluna, e *ordem* a fila de casas que podem ir de três a nove; cada ordem se relaciona a um planeta. Albrecht Dürer, em sua gravura *A Melancolia* (1514), inclui um quadrado mágico de quarta ordem (qua-drado de Júpiter) cuja solução é 34. O número invisível que forma um quadrado mágico tem uma influência particularmente forte porque é obtido em todos os sentidos da soma.

A ESTEGANOGRAFIA

Sob o nome de esteganografia (do grego *steganós*, escondido), a criptografia, arte de escrever em caracteres secretos, foi uma invenção da filosofia oculta. Até então só se conheciam poucos exemplos; as notas tironianas, utilizadas na Antiguidade por Tiron, liberto de Cícero, eram um sistema de traços abreviativos concebidos para transcrever rapidamente discursos públicos; Raban Maur, no século IX, citou um procedimento que consistia unicamente em substituir por pontos as vogais de uma frase. O iniciador da esteganografia foi um mestre do cristianismo esotérico, o abade Johannes Trithemius, a quem essa atividade valeu uma reputação de mágico.

Johann von Heidenberg, vulgo Trithemius, ou Jean Trithème, nasceu em 1462 em Trittenheim, na margem esquerda do Mosela, perto de Trier; perse-guido durante a infância por um padrasto, pode entrar na universidade de Trier graças ao apoio do tio materno. Já apaixonado pela erudição, Trithemius formou com alguns estudantes, em 1480, uma sociedade iniciática, a Sodalitas celtica (Confraria celta). Desejando rever a mãe em um inverno, foi pego por uma tem-pestade de neve que o obrigou a parar, em 25 de janeiro de 1482, no monastério beneditino de Spanheim. Ele decidiu renunciar ao mundo e, depois de cinco dias de teste que lhe foram impostos, deixou o hábito secular em 2 de fevereiro de 1482, aniversário de seus vinte anos; a 21 de março, ele começou seu noviciado e professou em 21 de novembro. Quando o abade que dirigia o monastério foi transferido para outro posto, marcaram a eleição do sucessor para 29 de julho de 1483: Trithemius foi eleito, aos vinte e um anos de idade.

O monastério se encontrava em um estado deplorável; a construção caía aos pedaços, os monges ociosos e sem ideal. Trithemius restaurou o monastério, acertou as dívidas, restabeleceu o equilíbrio entre receitas e despesas, além de obrigar os monges a um trabalho regular. Ele lhes deu por principal ocupação a cópia de manuscritos, que ia da preparação do pergaminho, das tintas e das penas, até a correção de erros e de iluminuras dos títulos. Ele constituiu assim uma biblioteca de dois mil volumes em latim, em grego e em hebraico, famosa em toda Alemanha. Príncipes, teólogos e eruditos, como Johannes Reuchlin, iam incessantemente visitar a biblioteca. Ele deu testemunho de seu saber e de sua piedade ao escrever sobre os milagres da Virgem Maria e sobre os homens ilustres da Ordem de São Bento; suas nove obras históricas, seus opúsculos ascéticos, seus dois livros de homilias e de exortações cenobitas não deram margem à maledicência.

Mas, em 1498, em uma carta a seu amigo Arnold Bostius, Trithemius anunciou que preparava uma *Steganographia* [Esteganografia], em que revelaria "mais de cem maneiras de escrever secretamente", assim como outras maravilhas: "Eu posso lhe garantir que essa obra, através da qual ensino numerosos segredos e mistérios pouco conhecidos, parecerá a todos, ainda mais aos ignorantes, conter coisas sobre-humanas, admiráveis e incríveis, uma vez que até então ninguém jamais escreveu ou falou delas antes de mim"[216]. A carta foi interceptada e dela deduziu-se que ele estaria compondo um grimório de magia, sobretudo porque ele se gabava de poder transmitir sua vontade a distância ou se comunicar sem mensageiro com um prisioneiro isolado e vigiado. O rumor se amplificou, tanto que ele escreveu a Johannes von Westerburg, em 15 de maio de 1503, para implorar que ele o defendesse contra seus acusadores: "Não fiz nada de muito extraordinário e, no entanto, fizeram correr o rumor de que sou mágico. Tenho a maioria dos livros dos mágicos, não para imitá-los, mas com vistas a refutar um dia suas péssimas superstições"[217]. Em 1504, mostrou o manuscrito da *Steganographia* a uma visita, Charles de Bovelles; este acabou divulgando que as páginas eram cobertas de signos diabólicos, o que agravou a suspeita que pesava sobre Trithemius.

No entanto, o imperador Maximiliano o convidou, em 1505, ao castelo de Boppart, perto de Coblence, para submetê-lo a oito questões relativas à fé, às quais responde com seu *Libre octo questionum* [O livro das oito questões] (1511).

Dizem que ele fez aparecer em um quarto escuro, diante do imperador, o fantasma de sua esposa Marie de Bourgogne. Durante a estada de Trithemius em Heidelberg, na residência de Filipe, conde palatino do Reno, em abril de 1515, os monges de Spanheim se revoltaram contra ele, pois não desejavam um abade que os obrigasse a reformar seus costumes. Por consequência, em 3 de outubro de 1506, Trithemius foi nomeado prior da abadia de São Tiago de Würzburg, onde se confinou em seus trabalhos até o final da vida. Ele começou uma *Polygraphia* (deixando crer que não teria terminado sua *Steganographia*) e continuou estudando a Kabbala, assim como a "boa e sã ciência da magia", da qual fez o elogio ao margrave de Brandemburgo, especificando que era preciso distingui-la de suas contrafações. A estas, dedicou seu tratado contra os feitiços malignos, *Antipalus maleficiorum comprehensis* [Contra os feitiços compreendidos] (publicado apenas em 1555), no qual classificava os diversos tipos de bruxos, definindo 44 variedades de adivinhação, fornecendo uma lista de obras sobre a magia e um ritual de exorcismo. Trithemius se mostra, neste livro, um grande conhecedor de práticas proibidas e traça o limite entre a "magia permitida" e a "magia proibida".

Não foi sem motivos, portanto, que se desconfiou dele: sua curiosidade intelectual ia bastante longe. Ele foi o primeiro a falar em Fausto, em uma carta de 20 de outubro de 1507 ao matemático Virdung, descrevendo-o como um antigo regente de escola de Creutznach que percorria o Palatinado se dizendo "príncipe dos necromantes", capaz de milagres. Quando Trithemius encontrou Fausto em uma hospedaria de Gelnhausen (Hesse), este fugiu dele e nada o convenceu a enfrentar o sábio beneditino, mais faustiano que o próprio Fausto.

Seu tratado sobre sete causas secundárias, *De Septem secundeis* (1515), expressa, aliás, uma concepção quase gnóstica das Inteligências que regem o mundo depois de Deus. Trithemius diz que sete anjos foram prepostos aos sete planetas: Orifiel a Saturno, Zachariel a Júpiter, Samael a Marte, Miguel ao Sol, Anael a Vênus, Rafael a Mercúrio e Gabriel à Lua. Cada um desses foi encarregado de governar o universo, depois de sua criação até o fim, durante 354 anos e quatro meses, alternando-se com os outros seis; haveria três ciclos dessas sete influências sucessivas, que dividem a história da humanidade em 21 períodos. Se seguirmos a cronologia mística de Trithemius, em 1880 se iniciou a última fase do terceiro setenário, dominado pelo Sol e pelo anjo Miguel. O Fim dos Tempos se realizará, segundo seus cálculos, em 2235, quando a estrela fixa Algol, beta de Perseu, chamada Cabeça de Medusa, virá em precessão a um certo ponto gama, situado em Gêmeos. Trithemius fez, graças a esse método, algumas previsões certeiras — ele previu dois anos antes do cisma de Lutero, o "estabelecimento de uma nova forma de religião" — e seu tradutor inglês, o astrólogo William Lilly, servindo-se de seus procedimentos anunciou em 1647 o incêndio que devastou Londres em 1666.

Johannes Trithemius morreu em 15 de dezembro de 1516 e foi enterrado na igreja do monastério de São Tiago, em Würzburg. Dois anos depois de sua morte, apareceu sua *Polygraphia*, mas foi preciso esperar até 1606 para que fosse publicada, em Frankfurt, a primeira edição da *Steganographia*, que a Congregação do Santo Ofício pôs no *Index* em 7 de setembro de 1609. No entanto, o monge beneditino Wolfgang E. Heidel, de Worms, obteve o *imprimatur* para a reedição em 1676. Todas as reticências em relação à *Steganographia* se explicam pelo aspecto desconcertante do livro, no qual os códigos de decifração são denominados "conjurações" e os modelos de escrita são orações fazendo intervir os nomes dos 24 anjos das horas do dia e da noite. Trithemius estabeleceu nele as regras de transposição que se tornaram clássicas (a partir de um alfabeto de 24 letras, sem j e v, mas com o sinal &):

A B C D E F G H I K L M N O P Q R S T U W Y Z &
b c d e f g h i k l m n o p q r s t u w y z & a

Nesse código, b vale A, c vale B e assim por diante; pode-se, portanto, escrever *monde* como *npoef* ou LNMCE. Há 24 códigos diferentes; a mônada (ou remetente) avisa ao binário (o destinatário), através de um hieroglifo, o código que empregou. Além disso, Trithemius multiplica suas astúcias: em um certo tipo de mensagem, deve-se eliminar a primeira e a última palavra, isolar as outras de duas em duas e delas tomar as letras, de duas em duas, até o final. No entanto, tem-se a impressão de que esses exercícios cobrem uma intenção profunda, sobre a qual seus biógrafos se interrogam em vão. Mesmo o erudito Chacornac diz: "Nós admitimos, sem nos envergonharmos, não saber com precisão o que o abade Trithemius tinha em mente". P.V. Piobb esmiuçou esse enigma por intermédio da *Polygraphia*, mas o estudo obteve apenas vagas generalidades[218].

Da minha parte, ao colecionar as diversas edições do texto, cheguei às seguintes conclusões: 1º A *Steganographia* e a *Polygraphia* são uma única obra em sequência, a mesma que Trithemius mencionou a Bostius sob o título de *Steganographia*. Elas contêm conjuntamente o método esteganográfico, mas a metafísica está no primeiro volume e a técnica, no segundo; 2º Ele adotou o pretexto de inventar um sistema de escrita para nele ocultar um tratado completo de angelologia de inspiração cabalista. Sua *Steganographia* começa, aliás, por uma parte dividida em 32 capítulos, que ele numerou com as 22 letras do alfabeto hebraico e as 10 Sefirot: ora, essas letras e esses números formam, segundo a Kabbala, os 32 caminhos da Sabedoria. E Trithemius, em suas "conjurações", evoca os doze espíritos aéreos que comandam as legiões angélicas de todo o universo. A *esteganografia* é, portanto, ao mesmo tempo, um monumento da aritmologia ocidental e um ensinamento secreto sobre a hierarquia dos anjos.

Sua esteganografia prática está sobretudo em sua *Polygraphia*, em cinco livros mais uma clavícula. O primeiro livro contém 376 alfabetos (ou "minúcias") de 24 letras (ou "graus"); a cada letra corresponde uma palavra latina (substantivo, verbo, adjetivo etc.), totalizando 9024 palavras diferentes. Assim, pode-se escrever uma carta que contém um sentido aparente, sem despertar a desconfiança, e um sentido oculto. Passo a compor um exemplo com a deliciosa tradução que Gabriel de Collange fez para Carlos IX, em 1561. Envia-se o seguinte texto a alguém: "O fabricante universal manifesta aos esperançosos perpetuamente a clemência verdadeira. Rei do mundo dos espíritos, conduz a vida das justas assembleias dos terrestres". O correspondente encontrará nos alfabetos-glossários que *o fabricante* é "i" (ou "j"), *universal* é "e", *manifesta* é "v" (ou "u"), *aos esperançosos* é "i", *perpetuamente* é "e" etc. Em suma, ali onde o leitor não prevenido imagina ver uma invocação mística, o binário lerá: *"Je viendrai jeudi"* [Chegarei na quinta-feira].

O segundo livro da *Polygraphia* reuniu 1176 alfabetos em três colunas, constituindo 3528 dicções de uma língua universal. Cada letra tem por equivalente um vocábulo: assim, *a* se traduz por farax, basacha, damalo, salec, ganaph, friza, hamal etc. Se quisermos escrever *amour* [amor], usaremos "farax sodomex medor raffur mafarel" ou até "basacha caffraten lorathon esyncronup tobec" ou ainda mil outras combinações. O princípio de utilização é tomar, de cada alfabeto, apenas uma única dicção. Pode-se igualmente exprimir os números nessa linguagem: 1, 2, 3, 4, 5, 6, 7, 8, 9, 10 dizendo abram, abrem, abrim, abrom, abrum, abral, abrel, abril, abrol, abrul. Dyapyramis é 728; rosafix, 1007; gorul, 1023; lemoren, 1049. Todas essas palavras têm consonâncias ao mesmo tempo estranhas e familiares a fim de não parecerem pura fantasia. Se a mensagem cai nas mãos de um inimigo, este terá a ilusão de que está de fato escrita em alguma língua estrangeira e não insistirá.

O terceiro livro expõe, ainda, 132 alfabetos de dicções inventadas, que servirão exclusivamente para escrever mensagens nas quais será preciso tirar a segunda letra de cada palavra para encontrar o sentido oculto. O quarto livro reproduzia duas tabelas canônicas de transposições, uma, à direita, de 80 alfabetos, outra, invertida, de 98 alfabetos, o que permitia permutações infinitas; em seguida, doze "rodas planisféricas" que compreendem, cada uma, seis fileiras de 24 números relacionados às 24 letras, de modo a poder compor todo tipo de escrita em cifras. O quinto livro é uma recolha de alfabetos antigos, etíopes, normandos, mágicos e alquímicos; é aqui que Trithemius interpreta, pela primeira vez, as notas tironianas através das quais os mártires cristãos se comunicavam entre si. Ele termina com os alfabetos de sua própria invenção, como o alfabeto tetragramático, feito de quatro caracteres que se diversificam em 24 letras, e o alfabeto eneagramático, com nove caracteres e 28 letras, dos quais ele dá amostras de escritas que qualquer um julgaria provirem de uma civilização real.

Os êmulos de Trithemius em esteganografia foram dois filósofos ocultos, Giambattista della Porta, em *De Furtivis literarum notis* [Sobre os signos secretos das letras] (1563), no qual se ocupa de uma escrita sem alfabeto, e Blaise de Vigenère que, em seu *Tratado das Cifras* (1586), se gaba de reunir procedimentos "em sua maioria provenientes de nossa própria forja e meditação", mas nenhum dos dois ultrapassou o mestre. O livro de Vigenère, historiador e alquimista — deve-se a ele um *Traicté du Feu et du sel* [Tratado do fogo e do sal] — é, contudo, grandioso, impresso em tinta vermelha e preta, além de ser ilustrado com gravuras insólitas, começa com uma boa exposição da Kabbala. Critica Trithemius por suas obscuridades, ele faz, apesar disso, seu elogio: "Ele foi, na verdade, o primeiro a traçar o caminho para os outros, ao menos publicamente"[219]. Vigenère fala de "grades" (lâminas de prata ou de cobre perfuradas em diversos lugares, que são aplicadas sobre a mensagem para encontrar as palavras) e não lhe faltam achados desconcertantes: ele chega a expressar *tout se peut à un bon esprit* [tudo é possível a um espírito bom] unicamente por meio de mais de duzentos "O" maiúsculos separados por "o" minúsculos.

Como se poderia crer que a esteganografia foi uma brincadeira do espírito sem necessidade, assinalarei que ela logo passou aos costumes. Henrique IV a utilizava em cartas a Maurício, landgrave de Hesse, contendo longas passagens com cifras do tipo: "Mas meu caro primo, como você já 44, 99, 26, 143215... Peço que também se dedique paralelamente a 86, 2753, 19..."[220]. A correspondência do poeta Malherbe com o humanista Gabriel Peiresc comportava um código segundo o qual 66 designava Bassompierre; 51, a Rainha; 65, o marquês d'Ancre; 59, o duque de Guise; e 74, a condessa de Soissons. Quando Malherbe escreveu a Peiresc em 27 de outubro de 1613: "Yn qrsyhahe yn 66 continua visivelmente; a fonte disso é ynyyxnapr de 55 a 56", isso queria dizer: "O desfavor de Bassompierre continua visivelmente; a fonte disso é a aliança de Villeroy e Ancre"[221]. Em 1615, Malherbe conta que a rainha obrigou Montmorency e Retz a lutarem sua batalha explicando: "A verdadeira bpnfxba rfglg que zbaffxrhe qr zhabzbenapl falando delqhq qr ynhblg nccryyrqhp qr erfg", traduzido como "O verdadeiro motivo é que M. Montmorency falando do duque de Retz o havia chamado de duque de Reste"**. Da mesma forma, encontramos exemplos de esteganografia nas cartas de Hugo Grotius e em diversas coleções de poesia, tudo provindo de Johannes Trithemius, a quem os historiadores da criptografia reconhecem a preeminência.

OS "NÚMEROS RÍTMICOS" DA HISTÓRIA

A artimosofia se quer ao mesmo tempo a ciência dos signos (numéricos e alfabéticos) e a ciência dos ritmos que animam o universo; não trata dos números como simples quantidades que medem o tempo e o espaço, mas como qualidades próprias dos fenômenos e dos acontecimentos, e serve para reconhecê-los ou

---

* Idem, tomo III, p. 511. Ludovic Lalande disse: "Para ter a chave da cifra, é preciso dividir o alfabeto (de 22 letras) em duas metades e fazer da primeira a segunda e da segunda a primeira, de maneira que "n" representa a letra "a", "o" é "b" etc., enquanto "a" representa a letra "n", "b" é "o" etc.

defini-los. A ideia de calcular etapas dos ciclos individuais e dos ciclos cósmicos provém da convicção de que existem, na história universal, diversos processos comparáveis às estações, cujos limites se pode calcular com precisão.

No que se refere à humanidade, o cálculo dos ciclos individuais se limitou a estimar os dias críticos e os anos de climatério. Os dias críticos de uma doença eram aqueles em que deviam ocorrer crises, que alguns se gabavam de determinar com certeza. Pensavam que as crises das doenças biliosas se davam nos dias ímpares e as de outras doenças, nos dias pares. André du Laurens, em seu tratado *De Crisibu* [Sobre os eclipses] (1593), resume assim todas as teorias de sua época: em geral, esperava-se que a crise da melhora de uma enfermidade se produzisse no sétimo dia e a liberação, no vigésimo-primeiro. O ano climatérico, quando um indivíduo se transforma fisiologicamente e entra em um novo período, sofre a influência dos números 7 e 9. O médico calvinista Roch Le Baillif descreve "o setenário do homem desde o útero", que vai desde as sete horas, até os sete dias e aos sete anos, a partir do instante da fecundação. Na sétima hora depois do parto, se a criança respira sem dificuldade, pode se ter segurança de que viverá. A partir dos sete anos, começam as idades que são os sete graus da perfeição: "Aos quatro vezes sete, encontra-se a quadratura perfeita. Aos cinco vezes sete, encontra-se a plenitude da força. Aos seis vezes sete, conserva-se essa força e surgem pelos nas orelhas. E aos sete vezes sete anos, estamos no ponto da prudência consumada"[222]. Para Malfatti, as quatro idades do homem começam em função da multiplicação de três vezes sete: 21 anos (juventude), 42 anos (virilidade), 63 anos (velhice) e 84 (decrepitude).

Wilhelm Butte, professor de economia política da Universidade de Landshut e conselheiro do rei da Baviera, estabelece uma "escala de idades" na qual modifica a concepção dos anos climatéricos. Coloca-se um problema original: saber até que ponto os jovens são verdadeiramente jovens e os velhos verdadeiramente velhos. "É razoável perguntar em que idade se encontra um homem de 18, 45 ou 60 anos. No entanto, não existe um único autor que tenha respondido de maneira precisa essa pergunta[223]." Além disso, Butte pensa que as idades do homem e da mulher não são coincidentes, porque os dois sexos têm anos climatéricos distintos: "Qual é a defasagem entre um homem de vinte e sete anos e uma mulher com o mesmo número de anos?"[224].

A isso Butte responde: "Não há nenhuma série de anos que concorde tanto com a observação como a de nove anos tomada pela raiz quadrada da vida". Um homem tem como etapas decisivas os 18 anos, os 27 anos, os 36 anos ("idade da jovialidade"), 45 anos, 54 anos ("idade da dignidade"), e 63 anos; a idade de sua verdadeira maioridade é 22 anos e meio. Por outro lado, as mulheres têm a cada sete anos uma nova época, e a cada três anos e meio uma nova seção; seus anos climatéricos são 14 anos, 35 anos ("ano perfeito") e 49 anos. Esse filósofo, que considera que "a Terra e o homem estão na mesma relação que o espaço e o tempo", determinou com os mesmos princípios os anos climatéricos da Terra. "A linha sexual que vai de um polo ao outro" divide a Terra em um hemisfério masculino e outro feminino, e permite discernir os países jovens e os países velhos.

O cálculo dos ciclos cósmicos era muito mais complexo e provém dos hábitos adotados na origem do cristianismo para calcular a data do fim do mundo. Certos sacerdotes, assim como certos rabinos, estabeleceram a concepção da "semana universal": dado que a criação do mundo demandou de Deus seis dias, e que cada dia divino equivale a mil anos, o sinal era de que o mundo duraria seis mil anos. Fixou-se portanto o fim do mundo ao cabo de seis mil anos de sua criação, e o cálculo foi feito em relação a essa data: oficialmente, baseava-se no nascimento de Cristo, nascido no ano 3760 desde a criação do mundo (o que colocava o fim do mundo no ano 2240 da era cristã); mas Génébrard calculou que Cristo havia nascido no ano 4090 desde o Gênesis, Escalígero em 3948, Pico della Mirandola em 3958, Jansen em 3970, e Belarmino e Boronio em 4022, o que situaria o fim do mundo em 1910, em 2052, em 2042, em 1978 e 2030 da nossa era. Os cristãos que não acreditavam na "semana universal" recorriam aos métodos mais variados; São Vicente Ferrer fala de fiéis que acreditavam que haveria tantos anos até o fim do mundo quantos eram os versículos no saltério de Davi[225].

No século XIX, o cálculo dos ritmos cósmicos deixou de utilizar a hermenêutica judaico-cristã. Mouësan de Villirouet revelou sete leis que teria descoberto nas funções providenciais das datas e dos números, ilustrando-as com quadros cronológicos extraídos dos anais de todos os povos. A primeira lei era: "Há uma relação constante entre o número efetivo de chefes de um Estado qualquer, ou dos príncipes de uma dinastia, e *a soma das cifras*, seja da primeira ou da última data, ou das duas datas juntas"[226]. Ele dava 22 exemplos, começando pela dinastia merovíngia. Deixando de lado Faramundo, cuja existência foi posta em dúvida, o advento de seu primeiro rei, Clódio, ocorreu em 427 (redução teosófica: 13), e de seu último rei, Quilderico II, em 670 (= 13), e houve treze reis merovíngios. Outro princípio é a inversão das datas: "A inversão regular dos signos cronológicos reproduz a duração exata do império ou da dinastia, a época precisa de sua queda, uma grande mudança política, enfim, algum outro acontecimento de primeira grandeza"[227]. Assim, o primeiro ano do reinado capeto, 987, assinala pela ordem inversa das cifras 1789, o ano da queda; pela data original do Dogado de Veneza, 697, obtém-se 1796, ano em que este se encerra.

Na Bélgica, o capitão Rémi Bruck inaugurou um método de cálculo dos ritmos históricos de acordo com o magnetismo terrestre. Esse oficial de gênio pertencia a uma associação científica fundada em Göttingen por Gauss, da qual usava os magnetômetros, e trabalhava em conexão com os Observatórios de Bruxelas, Greenwich e Munique. Dois volumes publicados em Bruxelas, em 1851 e 1855, expõem suas descobertas sobre "a eletrização do globo mediante os raios solares" e "os fatos magnéticos diários". Compara a Terra a um "grande ímã" por razões puramente físicas: "A eletricidade do globo terrestre constitui um sistema. Desde que existe, foram vertidas diariamente quantidades consideráveis de fluido elétrico, e continuarão sendo vertidas diariamente enquanto existir. O ponto de chegada da eletricidade ao globo, ou ponto de expressão, varia de posição a cada instante; as quantidades de eletricidade vertida dão lugar a tensões elétricas mais ou menos fortes e determinam, assim, movimentos desse fluido desde os pontos de chegada até as regiões onde as tensões de fluido são menores"[228]. O solo é percorrido por uma "circulação magnética" permanente. E Rémi Bruck mediu sua "circulação horizontal", sua "intensidade vertical" (pois o fluido excessivo penetra mais ou menos profundamente nas camadas terrestres), sua "flutuação semanal" e seus incidentes diversos: "Nenhum espírito sério admitirá que a corrente magnética existe em cada lugar da terra meramente para mover uma agulha imantada. Por outro lado, o sistema magnético do globo tem funções importantes a exercer".

O capitão Bruck estabeleceu que a Terra tem um sistema magnético fundamental fixo e outro que se desloca com um polo móvel, cuja passagem pelo meridiano de um lugar marca uma época de perturbação física, geológica e meteorológica nas regiões vizinhas a este: "Esse sistema deve fazer a volta completa no globo em quatro períodos de 129 anos, ou em 129 períodos quadrienais, ou seja, em 516 anos... Em cada um desses períodos, a eletrificação alcança profundidades mais ou menos grandes"[229]. Ele descreve, com o apoio de gráficos, a distribuição e o escoamento das correntes magnéticas: "Essas correntes emergem das regiões polares austrais e convergem nas regiões polares boreais. Existem dois pontos ou polos de emergência e dois pontos ou polos de convergência. Nas duas regiões polares, um dos pontos, o polo propriamente dito, que chamei *ponto de concurso*, tem uma importância tripla em relação ao outro"[230]. O polo magnético se encontra por volta do 18º grau e o ponto de concurso, por volta do 23º grau do polo geográfico: "Depois de sua emergência no polo austral, as correntes se dirigem primeiro para leste, depois se curvam e se inclinam na direção noroeste, ultrapassando o meridiano do polo setentrional e se direcionam para esse ponto, de modo a assumir, em geral, a forma de um S"[231].

O capitão Bruck, depois de revelar "as datas *magnéticas fundamentais*" da História, constatou que os apogeus humanitários de uma nação se produziam na passagem do polo móvel sobre sua capital e observa "que a circulação magnética atinge *sua máxima energia anual no 18 de junho* e que ela se mantém assim até 22 de junho, dia em que começa a descarga; ora, foi no 18 de junho, dia em que a máxima energia psíquica e moral do ano é atingida, que ocorreu a batalha de Waterloo e, no *22 de junho*, último dos cinco dias da máxima energia psíquica e moral do ano, que tudo foi consumido pela abdicação". Napoleão foi, portanto, vencido porque o magnetismo do globo favorecia seus adversários, assim como ele se tornou primeiro cônsul no 18 de brumário (9 de novembro) porque "o *9 de novembro* é o dia de *mínima circulação magnética* e de *mínima energia física e moral* do ano", o que fez com que ele não encontrasse resistência.

Bruck faz muitas outras demonstrações desse tipo. A cada 516 anos, o sistema magnético fixo e o sistema magnético móvel coincidem; as datas das últimas coincidências foram 23 a.C., 1009 e 1525 d.C. Bruck viu nisso as grandes etapas do cristianismo e esperava um acontecimento histórico importante para a próxima revolução magnética de 2041. As mensurações do magnetismo terrestre permitiram a Rémi Bruck até mesmo avaliar sua evolução geral, com a qual se solidariza a civilização humana, em 25 868 anos, divididos em cinquenta períodos de 516 anos, que começaram no ano 5574 a.C.

A FILOSOFIA DO ABSOLUTO

A ciência dos números foi renovada por completo, no século XIX, por Hoëné--Wronski, matemático, inventor e filósofo nascido, em 1766, em Wolsztyn (Polônia), cuja obra singular se baseava inteiramente na razão prática e nos métodos científicos mais rigorosos. Wronski teve na filosofia oculta o lugar de Kant na filosofia clássica. Filho do arquiteto do último rei da Polônia Estanislau Augusto, estudou na Escola de Artilharia de Varsóvia. Participou, como oficial da defesa desta cidade, contra o exército do rei da Prússia, e lutou pela independência da Polônia, comandando a bateria da ala direita durante a batalha final de Maciejowice. Feito prisioneiro pelos russos junto a Kosciuszko, em outubro de 1794, foi obrigado a servir nas suas fileiras, chegou à Alemanha em 1797 e ali se aperfeiçoou. Em 1800, vai à França para se alistar na Legião polonesa de Marselha. Compõe o *Bombardier Polonais* e, em 1801, envia ao Instituto da França diversas memórias "sobre a aberração dos astros móveis". Em 15 de outubro de 1801, descobre o Absoluto por meio de uma intuição fulgurante, mas não de ordem mística: "O absoluto, como condição do relativo, é um postulado da razão", repetirá com frequência. Passa sete anos de trabalho ferrenho para extrair todas as consequências dessa descoberta e apresenta, em 1810, à Academia de Ciências de Paris, uma memória sobre a *Lei suprema* da matemática, mas é contrariado pela mais fria das recepções. Esse será o início dos conflitos de Wronski com "os sábios privilegiados" (Lagrange, Arago, Legendre) que, do alto de suas cátedras, cobriram de desdém esse exilado político que possuía apenas o próprio gênio.

Vivendo modestamente de aulas de matemática, Wronski pôde prosseguir seus trabalhos graças ao apoio financeiro de um negociante de Nice, Joseph Arson, que se declarava seu discípulo e lhe garantiu uma quantia de cem mil francos, pagáveis em letras de crédito; mas, com a queda do Império, Arson desfez seu compromisso e o litígio lamentável que Wronski teve com ele, por conta de quarenta mil francos que lhe eram devidos, foi explorado em seu desfavor pela imprensa. Apesar de tudo, essa ajuda lhe permitiu publicar *Introduction à la Philosophie des mathématiques* [Introdução à filosofia da matemática] (1811), *Résolution Générale des équations* [Resolução geral de equações] (1812), *Philosophie de l'infini* [Filosofia do infinito] (1814), obras que reintegravam à matemática a noção de infinito, que a teoria das funções analíticas de Lagrange havia excluído. Em um primeiro momento, seu programa englobava sete realidades fundamentais (a Igreja ou associação ética, o Estado ou associação jurídica, as Ciências e as Artes etc.) e definia 21 problemas (descobrir o princípio absoluto das coisas — desvelar a criação do universo em sua origem, em seus progressos e em seus fins etc.). Depois, Wronski se dedicou à "criação da verdade", que se fundava sobre a "Lei suprema" (que rege as condições teóricas e práticas da matemática) e o "Problema universal" proposto por essa lei, assim como sobre a "Lei da criação" (que compõe o Protótipo do Universo).

Wronski aplicou a ciência dos números a uma ambição grandiosa: estabelecer a fórmula do Absoluto e demonstrar como todas as atividades da humanidade podem se desenvolver matematicamente em função dessa fórmula. Ele distinguia, nas pesquisas filosóficas, uma *via regressiva*, que reconduz as coisas a seus princípios, e uma *via progressiva*, "que, depois da descoberta da essência do absoluto, que se baseia peremptoriamente nessa mesma essência, descende desse princípio imutável para todos os objetos do universo, e desenvolve assim a criação inteira"[232]. Wronski adotou essa via progressiva, partindo de uma "certeza incondicional", obtida por um postulado, e expressando a "virtualidade criadora da razão absoluta, cujo caráter espontâneo é o hiper-logismo, isto é, a independência de toda condição prévia"[233].

"A filosofia deve se preocupar com o próprio saber, e não com os objetos do saber", dizia Wronski. Desejando, porém, "encontrar o desconhecido X que unia o saber ao ser", fundou uma dialética que não tinha três termos, como a de Hegel, mas quatro termos: *ser em saber, saber em ser, concurso final* e *paridade coronal*, sendo que Wronski chamava de concurso final a harmonia entre saber e ser, e de paridade coronal a "identificação, na geração de uma mesma realidade, dos dois elementos universais opostos por intermédio do elemento neutro que é comum a eles". De fato, a "Lei da criação de todo sistema de realidades" compreende em teoria uma parte elementar (elemento neutro, elemento saber, elemento ser) e uma parte sistemática (ser em saber, saber em ser, saber universal, universal ser, transitivo saber, transitivo ser), e, tecnicamente, a Lei suprema (realização da paridade coronal), o Cânone genético (regra universal do estabelecimento das realidades) e o Problema universal (problema cujo objeto é o fim geral de todos os problemas).

Wronski deduziu da "Lei da criação" 190 sistemas de realidades que se encadeiam por meio de prolongamento ou de ramificação; esses sistemas particulares se agrupam em catorze sistemas arquitetônicos, que derivam todos eles de um dos sete sistemas fundamentais do Protótipo do Universo (ou Primeiro Sistema Arquitetônico). Sua filosofia do absoluto, que se pretende infalível, é uma "filosofia acrematística" (fazendo a razão humana ultrapassar toda coisa criada, toda realidade temporal), que dispõe de métodos novos: a historiosofia, a nomotética (exame do desenvolvimento dos princípios metafísicos através das eras), estudando a autotesia do mundo *in concreto* (desenvolvimento da humanidade) e *in abstracto* (desenvolvimento da humanidade), além da autogênese da realidade (desenvolvimento da realidade criadora, da obra criada e do mundo sobrenatural).

Em 1818, Wronski tentou fundar a revista *Le Sphinx*, a fim de expor a necessidade de começar *a era do Absoluto*, que comportaria dois períodos consecutivos: "No primeiro, bastará estabelecer cientificamente a REALIDADE do Absoluto, tornando-a objeto do saber; no segundo, se desejaria conhecer, assim, não simplesmente a simples realidade do Absoluto, mas o próprio Absoluto"[234]. Chegaremos então à "religião seheliana ou sehelianismo", de *sehel* (*razão* em hebraico), uma religião *comprovada* que substituiria a antiga religião *revelada*. Até o presente, não tivemos senão o "pressentimento do Absoluto", servindo a verdades morais, mais do que a verdades especulativas: é preciso fazer do Absoluto o princípio determinativo do qual se deduz metodicamente "a certeza infalível do Verdadeiro e do Bem", o que irá transformar a religião de crença em religião de convicção. "Esse ideal é, em suma, o derradeiro objetivo da humanidade, o termo ao qual a Terra deve chegar para dar o fruto de sua criação[235]."

Sob a Monarquia de Julho, abandonado o nome *sehelianismo*, muito difícil de guardar, Wronski reivindica o messianismo para qualificar sua doutrina, que preparava "a união final da filosofia e da religião", atribuindo à França, à Alemanha e à Rússia, conjuntamente, a missão de propagá-la na Europa. Tendo em vista esse resultado, assim como escreveu, em 1811, uma carta a Napoleão, não cessará de enviar suas "Epístolas" e "Memoriais" aos próximos governantes: a Casimir Perier, a Luís Filipe, ao general Cavaignac, a Luís Napoleão Bonaparte e até ao papa. O messianismo não era um anúncio de um Messias futuro, pois Wronski dizia: "A personificação do messianismo em um Messias só deve ser conside-

150

rada uma expressão alegórica, a única apropriada, na infância da humanidade, para caracterizar *in concreto* a doutrina do messianismo"[236]. Não há recurso à teologia em Wronski: em seu sistema, chama de Arqui-Absoluto ou de Indizível tudo aquilo que, em outros, chamam de Deus. Ele não recusa o cristianismo, mas deseja que ele se torne um paracletismo ou cristianismo-realizado, contendo "os *dois elementos* da essência íntima do Arqui-Absoluto"[237].

Suas altas especulações não o impediam de se dedicar a todo tipo de invenções, experimentadas em público. Primeiro participou de um concurso, organizado pelo Escritório de Longitudes de Londres, no qual apresentou seu "teleômetro marinho", assim como uma teoria das refrações. Em 1828, estudou um modo de ganhar na loteria em função da lei teológica do acaso: "Essa lei se vincula imediata e exclusivamente àquilo que chamam de *causas finais* do universo"[238]. Seu sistema de aposta devia permitir ganhos com a condição de que se jogasse, não uma vez, mas uma série de 42 vezes: "O benefício anual seria de mais de 300% sobre o capital". Sua aplicação, sendo quase impraticável pelos cálculos imensos que exigia, foi simplificada graças a novos algoritmos e disse, em 1833: "A ciência conseguiu dominar completamente todos os jogos de azar"[239]. No entanto, sem recursos financeiros, ele conseguiu custear apenas dez jogos de loteria para verificar a descoberta e parou por aí. Depois disso, inventou uma máquina de calcular, "o anel aritmético", de forma circular, com uma alidada presa a um botão central, uma tabela periódica dividida em dez círculos concêntricos: "O objetivo desse instrumento é servir, no nosso sistema de numeração, para operar as regras de multiplicação e de divisão, e, por consequência, todos os cálculos que disso dependem, com duas casas decimais por vez, enquanto os procedimentos ordinários só efetuam essas regras pelo emprego sucessivo de uma única casa decimal"[240].

Preocupado com a "reforma da locomoção terrestre e marítima", Wronski inventou um carro automóvel, que prefigura o tanque — graças a suas "rodas de trilhos móveis" ou "trilhos circulares" —, o qual experimentou nos arredores de Paris em setembro de 1839 e em janeiro de 1842. Ele foi o inventor da "roda pneumática", da "roda forogênica", do "sistema tricíclico de quatro rodas" (destinado a evitar os solavancos das ferrovias) e de todo tipo de "máquinas pneumofóricas", entre as quais uma nova locomotiva de tração própria, que ele batizou *dromade* [dromedário]. Para substituir as enormes caldeiras das locomotivas da época, concebeu uma de pequenas dimensões, "uma chaleira genética, que chamamos de *pneumogênio*, na qual o vapor se engendra principalmente através do desenvolvimento do calor próprio"[241]. Evidentemente, todos esses achados engenhosos foram apresentados em vão aos poderes públicos.

Apesar dessa atividade prodigiosa, Wronski chegou ao último grau da miséria. Foi salvo pelo encontro com o engenheiro Camille Durutte, que foi seu último mecenas e lhe permitiu escrever *Messianisme ou la Réforme absolue du savoir humain* [Messianismo ou a reforma absoluta do saber humano] (1847), três volumes in-fólio dedicados "aos países eslavos", cujo primeiro descrevia a "reforma da matemática como protótipo da reforma geral das ciências e como garantia prévia da reforma da filosofia". É preciso ser um especialista para se aventurar nessa floresta de equações. Sua obra é de difícil acesso, porque as partes teóricas são entrecortadas de demonstrações algébricas intermináveis, de vastos quadros sinópticos e repletas de polêmicas. Mas, se superarmos os excessos esmagadores, se corrigirmos os exageros de seu idealismo transcendente, restam ali intuições sensacionais que merecem ser conservadas.

Sempre apaixonado pela realização política do messianismo, Wronski trabalhou para "instituir uma nova associação moral dos homens que, sob o nome de União Absoluta ou de qualquer outro, teria exclusivamente como objeto a direção da humanidade a seus destinos finais sobre a terra"[242]. Convidado por Camille Durutte, em 1849, para sua casa em Metz, partindo de lá em excursão pela Alemanha, com a intenção de difundir sua obra em Frankfurt, Mannheim e Heidelberg, escreveu uma carta ao czar a fim de suplicar que preparasse essa "verdadeira Santa Aliança dos homens", na qual a Rússia e a Polônia deviam desempenhar um papel determinante[243]. *Les Cent Pages décisives* [As cem páginas decisivas] (1850), que tratavam "do *fim supremo dos Estados...* problema universal da política moderna", diziam: "A solução desse problema não depende nem da forma do governo, nem da estabilidade dessa forma". Seria preciso proceder à "identificação dos dois princípios heterogêneos da soberania", o direito divino e o direito humano, dito de outro modo, resolver a antinomia entre a soberania das instituições e a soberania do povo.

Após uma breve remissão, esse herói balzaquiano, que conheceu em todo seu horror "os sofrimentos de um inventor", se viu pobre e doente. Ele escreveu ao Almirantado da França seu memorial, *La Véritable science nautique des marées*

[A verdadeira ciência náutica das marés] (1853), na esperança de uma subvenção, mas recebeu uma resposta tão ferina que exclamou: "Não há mais pão para mim sobre a terra"[244]. Ele caiu enfermo, abatido; seu discípulo Edmond Thayer solicitou um auxílio ao Ministério da Instrução pública, que lhe concedeu uma ordem de pagamento de 150 francos. Madame Wronska, indignada com esse auxílio irrisório, escreveu diretamente a Napoleão III, que mandou enviar, uma hora depois, mil francos ao erudito infeliz. Wronski não teve tempo de aproveitar; morreu em Neuilly em 9 de agosto de 1853, suas últimas palavras foram: "Meu Deus! Ainda tenho tantas coisas para dizer!"[245]. Ele deixou setenta manuscritos inéditos, catalogados em 18 de dezembro, antes que sua esposa os doasse à Biblioteca Nacional. Sua filha adotiva Bathilde Conseillant fez deles publicações póstumas: *Propédeutique Messianique* [Propedêutica messiânica] (1875), *Sept Manuscrits inédits* [Sete manuscritos inéditos] (1879), *Nomothétique Messianique* [Nomotética messiânica] (1881), *Caméralistique* [Cameralística] (1884), expondo seus projetos enciclopédicos e seus princípios de economia social.

Wronski foi não apenas uma sumidade do ocultismo, mas também um personagem marcante na história intelectual do século XIX: ele influenciou Balzac, que o chama, em uma carta de 4 de agosto de 1834 a Madame Hanska, de "a cabeça mais forte da Europa", e que dele fez o Balthasar Claës de *Em Busca do Absoluto* (1834)[246], e interessou Baudelaire. Um professor da univeridade de Varsóvia, Z.L. Zaleski, que considera Wronski "o verdadeiro grande pré-romântico polonês", mostrando suas afinidades com Mickiewicz, Slowacki e Krasinski, disse: "O traço comum essencial do sistema de Wronski e do romantismo polonês é essa paixão e, ao mesmo tempo, essa necessidade de viver de algum modo às custas do futuro, ou melhor, pelo futuro e através do futuro"[247]. No século XIX, o wronskismo se desenvolveu conjuntamente na Polônia, no Instituto Messiânico de Varsóvia (animado por Jankowski, Chomicz, Jastrebiec-Kozlowski) e na obra de Zenon Przesmycki, e, na França, graças aos trabalhos de numerosos wronskistas, como Francis Warrain e Ernest Britt.

Entre seus adeptos, o mais importante foi Francis Warrain (1867-1940), que se tornou mestre da aritmosofia moderna. O licenciado em direito abandonou o Tribunal de Contas de Paris por uma carreira de escultor, e tentou traduzir plasticamente a Tetralogia de Wagner por meio de esculturas, como sua

Brunehilde conservada em um museu de Marseille. Ele estreou na matemática com *L'Espace* [O espaço] (1907), um grande tratado de pangeometria, no qual, ao estudar as geometrias não-euclidianas e as geometrias de *n* dimensões, esclareceu de uma maneira nova certos números e suas funções simbólicas, como o 6, o 24 e o 120 (harmonia formal) ou o 1200 (perfeição realizada). Sua obra capital, *L'Armature métaphysique* [A armadura metafísica] (1925), demonstrou que a "Lei da criação" de Wronski permanecia justa mesmo que se substituísse a noção de absoluto pelos três princípios da identidade, da contradição e da razão de ser. Em diversos livros, indo de *Examen Philosophique du transfini* [Exame filosófico do transfinito] (1935) à sua obra póstuma, *La Théodicée de la Kabbale* [A teodiceia da Kabbala] (1949), Francis Warrain enriqueceu a doutrina de Wronski e provou que esta não era uma simples curiosidade, mas uma disciplina geral que permitia a pesquisadores originais construir seu sistema pessoal.

4
A ALQUIMIA TRIUNFANTE

A ideia que se tem da alquimia hoje foi imposta, ao final do século XIX, pelo grande químico Marcellin Berthelot, que descobriu nessa ciência "um lado experimental que não deixou de progredir durante toda a Idade Média, até que a química moderna e positiva saísse de dentro dela", e declarou com toda humildade: "As operações reais que faziam os alquimistas nós todos as conhecemos e as repetimos a cada dia em nossos laboratórios: pois eles são, nesse sentido, nossos ancestrais e nossos precursores práticos"[248]. Eis como um erudito dos mais realistas considerou com fraternidade, e com respeito, esses homens que tantos outros quiseram ver como quase loucos, ainda que sua opinião precise ser um pouco retificada. Podemos pensar, segundo ele, que os primórdios da química se confundem de todo com a alquimia, à medida que havia químicos ligados a experiências banais, assim como havia alquimistas que professavam a filosofia hermética: estes últimos, aliás, desprezavam os primeiros e os tratavam por *sopradores*, uma vez que, segundo eles, bons apenas para manejar o fole e avivar o fogo na fornalha. Além disso, apresentar os alquimistas simplesmente como precursores dá a entender que a alquimia desapareceu, dando lugar à química. Ora, na época em que Berthelot consagrou dois tomos de sua *Histoire des sciences* [História das ciências] (1893) à alquimia árabe, estudando-a da mesma maneira como se estuda uma língua morta, um grupo extraordinário de alquimistas trabalhava na Grande Obra, na França, e um deles, François Jollivet-Castelot, renovando o desdém de seus confrades do Renascimento em relação aos químicos, dizia em 1897: "A química é, para o filósofo hermético, uma ciência de *menino de laboratório*"[249].

A alquimia começou a se manifestar na antiguidade grega, e é por exagero que pretendemos encontrar vestígios anteriores. Como se relacionava tudo ao rei Salomão, não se deixou de fazer dele o inventor da pedra filosofal: a fim de provar isso, calculou-se, a partir dos *Paralipômenos*, que, com as riquezas que gastou na construção do Templo, seria possível construir centenas de templos, e a fortuna herdada de seu pai Davi, com os tributos de seus cortesãos, não teria sido suficiente; ele teria tido, portanto, um meio de fabricar ouro à vontade. Essa tolice, debatida com fúria pelos teólogos, era ainda defendida no século XVIII por Tyssot de Patot, professor de matemática. É mais seguro nos atermos aos gregos e observar como a *Suda* definia a palavra *chemeia*, química: "preparação de prata e de ouro". Primeiramente, os alquimistas gregos queriam apenas criar imitações de ouro e de prata ou pérolas falsas; as receitas conservadas em papiros de Leiden e de Estocolmo falam apenas de cimentação e de coloração de metais; elas mostram como fazer cobre e estanho parecerem prata, usando como reagentes alúmen, vinagre ou urina[250]. Eles tomaram emprestadas as técnicas de ourives egípcios e do pseudo-Demócrito, isto é, de Bolo de Mendes, que escreveu, no século II a.C., sob o nome de Demócrito, quatro livros sobre as tinturas que permitiriam esse tipo de trabalho.

O primeiro alquimista digno desse nome, o gnóstico Zósimo de Panópolis, aparece apenas no final do terceiro século da era cristã. Entre seus fragmentos, encontra-se uma descrição dos aparelhos de destilação e de sublimação — como o *tribicos*, alambique de três balões —, além de um *Livro da Virtude*, modelo de alegorias caras aos alquimistas posteriores: neste, conta um sonho em que todos os minerais são identificados com os homens, o crisantropo (homem de ouro), o argirantropo (homem de prata) etc. Evidentemente, a *alquimia é uma invenção gnóstica*; e se possuíssemos os 28 livros perdidos de Zósimo, em vez de apenas alguns fragmentos impressionantes, sem dúvida veríamos que ele foi seu verdadeiro fundador. Até então, contentavam-se em fazer ligas que imitavam metais preciosos; Zósimo desenvolveu a crisopeia, "arte sagrada de fazer ouro", buscando nela um objetivo tanto místico como material. Seus contemporâneos, Pelágio e Jâmblico, associaram a ele essa arte dos mistérios dos templos egípcios. E seu comentador do século V, Olimpiodoro, citou os filósofos pré-socráticos da Grécia entre os "fazedores de ouro", aos quais um texto grego anônimo acrescenta o imperador Heráclio, Cleópatra (esposa do rei Ptolomeu), o grão-sacerdote do Serapeu de Alexandria, Aristóteles e Platão. Mal havia nascido a alquimia, já se buscou suas origens remotas e cauções ilustres: mas os nomes invocados provam que era concebida como uma a atividade real, sacerdotal e filosófica.

Não é certo que a alquimia chinesa seja anterior à alquimia helenística, embora o primeiro autor alquímico da China, Wei Po-Yang, tenha vivido um século antes de Zósimo; seu livro ambíguo, sem indicações técnicas, poderia ser antes um comentário simbólico do *I Ching*. Será preciso esperar o século VI para encontrar um grande alquimista chinês, Tao Hongjing, comparável ao mestre de Panópolis[251]. Esse tomo é inteiramente consagrado à alquimia chinesa, cuja expansão o autor situa entre 400 e 800. Ele especifica também que não se deve confundir a *aurificção*, imitação do ouro, com a *aurifacção*, fabricação do ouro. De todo modo, os taoístas, que foram os especialistas da alquimia na China, evoluíram rumo à "alquimia interior", de modo a compreender mais exercícios espirituais que experiências químicas. Os gregos, os árabes e os ocidentais da Idade Média permanecem, portanto, os verdadeiros promotores da alquimia tradicional, esse conjunto complexo de noções metafísicas e de processos operatórios.

Dos gregos a alquimia passou aos árabes, como observou Berthelot: "A origem grega da química árabe não está em dúvida; os próprios nomes da alquimia não são outra coisa além de palavras gregas, com a adição do artigo árabe"[252]. Foi Geber (Jabir ibn Hayyan), que viveu no final do século VIII, quem fez a primeira síntese importante, em seu tratado traduzido para o latim, *Summa Perfectionis Magisterii in sua natura* [A mais alta perfeição de domínio em sua natureza]. Nele já descreve as operações que realizarão os alquimistas ocidentais: a sublimação, a volatilização, a enceração (amolecimento dos corpos duros), a calcinação, a solução e a coagulação (que comporta a cristalização e a fixação dos metais).

No Ocidente, os mais antigos testemunhos sobre a alquimia remontam ao século XII. Em 1182, Robert de Chartres traduziu do árabe para o latim a *Entretien du roi Calid et philosophe Morien, rapporté par l'esclave Galip de ce roi* [Entrevista do rei Calid e do filósofo Morien, relatada pelo escravo Galip desse rei]. Dizia-se que Morien era um alquimista romano do século XI que teria vivido como eremita nas montanhas da Síria, antes de ser levado ao Egito pelo sultão

Calid, que desejava aprender seu segredo. A alquimia sendo importada pelos árabes citando os gregos, fabricaram-se todo tipo de falsidades para envolver em exotismo os tratados que a ensinavam. A *Turba Philosophorum* [Assembleia dos filósofos] (900), atribuída a Aristeu, colocavam na boca de Pitágoras ou de Demócrito sentenças sobre alquimia. Inventaram um alquimista grego do século XI, Artéfio, do qual supõe-se que a obra foi traduzida em latim sob o título *Clavis Majoris Sapientiae* [Chave da grande sabedoria], mas quando o manuscrito foi impresso, em 1612, Salmon reconheceu: "Nela se encontram passagens inteiras que estão palavra por palavra na versão latina de Geber, e, necessariamente, um tomou do outro"[253]. Ora, como Artéfio supostamente viveu depois de Geber, a contrafação se denunciava ela mesma.

É deste fundo brumoso que se destacam os primeiros alquimistas ocidentais, entre os quais se conta, no século XIII, o monge franciscano Roger Bacon, por causa de seus trabalhos nos laboratórios de Oxford, que lhe valeram o exílio e a prisão. Mas o *Speculum Alchimiae* [Espelho da alquimia] (1267) que foi incessantemente impresso sob seu nome não reflete nem suas ideias, nem seu método; e um de seus melhores biógrafos, demonstrando que ele era apaixonado pela astrologia e pela aritmologia, e que aprovava as teorias da alquimia, conclui de sua *Opus Majus* [Obra maior] (1268) que não continha nada de prática[254]. Os autores do século XIV são mais críveis, como Hortulano, que viveu em Paris sob o reinado de Filipe de Valois, e redigiu, em 1358, a *Practica alchimica* [Prática alquímica], na qual indicava a preparação da água forte (ácido nítrico), entre outros procedimentos que permitiam realizar a Grande Obra. Jean de Roquetaillade, vulgo Rupescissa, franciscano do convento de Aurillac, visionário e profeta que Inocêncio III mandou encarcerar em Figeac, escreveu na mesma época seu *Liber Lucis* [Livro da luz], que descrevia sua fornalha alquímica, e seu *Liber de consideratione quintessenciae* [Livro sobre a consideração da quintessência] (1520), que expunha sua quintessência, na qual uma parte podia transformar cem partes de mercúrio em ouro ou em prata.

Desde o fim do século XIV, os alquimistas foram perseguidos; na França, o rei Carlos V proibiu, em 1380, as pesquisas alquímicas por toda a extensão de seu reino e encarregou a polícia de identificar e prender os contraventores; outros éditos contra a alquimia foram lançados pelo rei da Inglaterra, em 1404, e o Conselho de Veneza, em 1418. Mas, em 1436, Henrique VI da Inglaterra, para preencher os vazios do tesouro público, recorreu aos alquimistas na esperança de que eles lhe fabricassem ouro; concedeu até mesmo pensões a alguns deles. Foi no século XV que apareceu Bernardo de Treviso, nascido em Pádua, em 1406, considerado uma autoridade pelos alquimistas. Ele é por vezes confundido com Bernard de Trier, que escreveu dois manuscritos alquímicos em 1366 e em 1385. Os escritos de Bernardo de Treviso foram impressos apenas no final do Renascimento, o mais interessante deles — o *Très Grand secret des philosophes* [Grandíssimo segredo dos filósofos] (1567) — contava como ele se arruinou e sofreu durante vinte anos para encontrar a pedra filosofal, além de conter também suas visões sobre os inventores dessa "arte preciosa" e sobre "os princípios e as raízes dos metais". Enfim, a expansão da alquimia se deu nos séculos XVI e XVII, pois soberanos, como os imperadores da Alemanha Rodolfo II e Frederico III, a encorajaram e dela publicaram-se os mais belos textos.

Os alquimistas, que especializavam-se nas transmutações metálicas, estudavam os modos de transformar um metal em outro. Assim, dizia Berthelot, "não havia nada de quimérico, *a priori* ao menos, em suas esperanças". Partiam de uma teoria dos metais que os dividia em metais imperfeitos, porque alteráveis ou oxidáveis (ferro, chumbo, estanho, cobre), e em metais perfeitos, inalteráveis ao fogo e resistentes à maioria dos agentes químicos (ouro, prata). Todos esses metais lhes pareciam formados por dois elementos, enxofre e mercúrio, mas em proporções variáveis: o ouro seria constituído de bastante mercúrio puríssimo e de um pouco de enxofre puríssimo; o estanho, de bastante enxofre mal fixado e de um pouco de mercúrio impuro etc. É, portanto, segundo a lógica das transformações moleculares que os alquimistas pretendiam fazer passar um metal imperfeito ao estado de perfeição. Acreditavam também que os metais eram masculinos e femininos, possuindo uma virtude seminal capaz de engendrar. Essa crença se baseava não em devaneios, mas em experimentos, especialmente sobre a dissecção do ouro recomendada por Basílio Valentim: "Toma o bom ouro, divide em pedaços, e dissolve como ensina a natureza aos amadores da ciência, e reduz aos primeiros princípios, como o médico costuma fazer na dissecção de um corpo humano para conhecer as partes interiores, e encontrarás uma semente que é o começo, o meio e o fim da obra, da qual nosso ouro e sua esposa são produtos"[255]. Há, no ouro, um espírito sutil e um "sal e bálsamo dos astros", que, unidos, formam um licor mercurial.

É surpreendente ver os alquimistas serem atacados pela Inquisição assim como bruxos e hereges, pois, nos laboratórios, sempre começavam pela oração e pela purificação da alma antes de trabalhar. A divisa que eles transmitiram de geração em geração era: *Lege, lege, relege, ora, labora et invenies* [Lê, lê, relê, reza, trabalha e encontrarás]. Devemos admitir que mestre nenhum poderia dar mais nobre conselho a seus discípulos. Mas a Igreja suspeitava de que os alquimistas tinham a pretensão de se igualar a Deus, não apenas criando riquezas em profusão, preparando o elixir da longa vida, mas comparando a fabricação da pedra filosofal à criação de Adão a partir do limo (eles chamavam por vezes sua matéria prima de *terra adâmica*). Alguns deles, os mais excêntricos, ocupavam-se, aliás, da paligenesia (arte de fazer renascer um vegetal de suas cinzas), ou da possibilidade de criar um homem em miniatura, o homúnculo.

Berthelot admirava os alquimistas por não serem mágicos que recorriam a encantamentos, mas pesquisadores obstinados em dominar as causas naturais, sem esperar milagres. "A alquimia era uma filosofia, isto é, uma explicação racionalista das metamorfoses da matéria", disse ele com muita justiça[256]. Contudo, houve filósofos no Renascimento que censuraram aos alquimistas de não reivindicarem a Kabbala e a Alta Magia, e que fundaram a *voarchadumia*. Atribuiu-se essa invenção a um inglês, George Ripley, cônego de Bridlington (condado de Yorkshire), cujo *Liber Duodecim Portarum* [Livro das doze portas] descrevia, em 1471, as doze etapas da Grande Obra. Foi, na verdade, o padre veneziano Giovanni Antonio Panteo, com *Voarchadumia Contra Alchimiam*, quem, em 1530, lançou, em Veneza, essa tendência. Ele explicou que o termo *voarchadumia* derivava do caldeu e do hebraico — originado de *voarch*, que significava *ouro*, e de *mea a adumot*, que quer dizer *de duas coisas vermelhas*—, e que deveria ser considerada como uma "ciência cabalística dos metais" ou uma "arte liberal dotada da virtude da ciência oculta". A *voarchadumia* visava à transmutação dos metais tanto quanto a alquimia, mas com implicações metafísicas, buscando nas operações que conduziam um metal vulgar à dignidade do ouro a razão de ser das coisas criadas, as leis secretas da matéria, e o símbolo das possibilidades de transcendência da alma e do corpo. Os voarchadumistas não substituíram os alquimistas, o livro de Panteo permaneceu sem eco imediato; no entanto, no século seguinte, os rosa-cruzes realizaram essa espiritualização da alquimia que ele reclamava e anunciaram até mesmo o surgimento de um Messias, Elias Artista, que salvaria o mundo por meios puramente alquímicos.

A GRANDE OBRA E A PEDRA FILOSOFAL

Em 1695, William Salmon, em seu *Dictionnaire Hermetique* [Dicionário hermético], definiu da seguinte maneira a palavra *filosofia*: "Nome que se dá à ciência ou arte que ensina a fazer a pedra filosofal"[257]. Com efeito, os alquimistas se consideravam *os filósofos* por excelência, e jamais se intitulavam de outra forma. A verdadeira filosofia, tanto prática quanto especulativa, devia ter por objetivo a Grande Obra, isto é, a preparação da pedra filosofal em suas três etapas (por vezes a Grande Obra designava a pedra em sua terceira etapa, completa e definitiva), e devia ter por método a Grande Arte. Dom Pernety especificou: "A Grande Obra ocupa o primeiro lugar entre as coisas belas; a natureza sem a arte não poderia fazê-la, e a arte sem a natureza a empreenderia em vão. É a obra prima que limita a potência de ambas; seus efeitos são tão miraculosos que a saúde que ela procura e conserva, a perfeição que ela dá a todos os compostos da natureza, e as grandes riquezas que ela produz não são suas mais altas maravilhas. Se ela purifica os corpos, ela esclarece os espíritos; se ela leva as misturas ao mais alto ponto de perfeição, ela eleva o entendimento aos mais altos conhecimentos"[258]. *Filosofia hermética*, expressão utilizada pelos adeptos, não é, de forma alguma, símbolo de *filosofia oculta*: é o conjunto das teorias a respeito da alquimia, colocadas sob proteção de Hermes Trismegisto*. O alquimista é sempre chamado de Filósofo (ou de Artista), e seus alunos ou assistentes são chamados de *filhos da ciência*.

Entremos juntos no laboratório onde trabalha um filósofo, sozinho ou na companhia de um filho da ciência. Vemos ali primeiramente três utensílios essenciais: o atanor (ou forno especial de fogo perpétuo), o ovo filosófico e a tigela. "A palavra atanor é tirada do árabe, e tem por significado a torre em que se coloca carvão para alimentar um fogo contínuo em um forno unido a ela;

---

* Assim, a *Histoire de la philosophie hermétique* em três volumes (1742) do abade Lenglet-Dufresnoy é simplesmente uma compilação sobre alquimia. Nada se encontra aí sobre a filosofia oculta de fato.

vem também da palavra grega *athanatos*, imortal[259]." O presidente do Parlamento de Bordeaux Jean D'Espagnet forneceu, no início do século XVII, um modelo de atanor: "A matéria do forno é constituída de tijolo cozido ou de uma terra gorda como argila, perfeitamente moída e preparada com esterco de cavalo, ao qual se mistura crina, a fim de que não estoure ou se rache sob o efeito de um longo calor"[260]. Cristophe Reibhand, em 1636, em *Filum Ariadnes* [O fio de Ariadne], descreveu todos os instrumentos de um laboratório de alquimia, com esboços de apoio, a começar pela tigela cheia de *cinzas de madeira de carvalho* (e não de outra madeira), na qual se instala o ovo filosófico, recipiente ovoide destinado a conter o composto preparado para a cocção: "Esse recipiente deve ser de vidro duro ou duplo, capaz de suportar o fogo como o vidro de Lorena, uma vez que um ovo de qualquer outra matéria não seria apropriado, porque sendo de vidro, que é um corpo transparente, o Artista pode ver através de pequenas janelas, feitas com esse intuito, do forno as cores que ali aparecerão e as transformações que ali se farão"[261]. O ovo tem um gargalo estreito, com uma abertura pela qual é enchido, antes de ser fechado com o *selo de Hermes*, impenetravelmente vedado com vidro fundido.

Os outros instrumentos desse laboratório são uma lâmpada a óleo, um gancho "para reduzir a fuligem que a fumaça da lâmpada faria subir", dois pares de balanças com seus respectivos pesos, uma para pesar a matéria filosofal de até sete libras, outra para os pequenos pesos de poucas onças de dissolventes. Descobrem-se também matrazes e retortas, aludéis e pelicanos, além de vasos de que fala Glauber em seu tratado *Des Fourneaux Philosophiques* [Os fornos filosóficos] (1610). Ele prescreve vasos sublimatórios "feitos de boa terra de oleiro revestidos por dentro de chumbo" e recipientes de vidro polido com esmeril; é melhor que sejam grandes, diz ele, pois serão necessários mais vasos se forem pequenos[262]. Entre os ingredientes do alquimista se encontram os *lutos*, massas feitas com clara de ovo ou goma de amido, que ele passa nos vasos de barro ou de vidro que serão expostos a um fogo violento ou que ele usa para reparar as fissuras.

O ponto de partida da Grande Obra é fabricar a matéria prima ou composta que será colocada no ovo filosófico. Trata-se de fazer "uma matéria elementar, que contém em si mesma os quatro elementos e que seja a semente dos metais"[263]. É aquilo que se chamava de *azoth* mas também de duzentos outros nomes metafóricos: *branco do negro, árvore metálica, bem comunicativo, cádmio, água viscosa, céu médio, coração de Saturno, pedra não pedra, esperma do todo, cabeça de corvo, visitação do oculto, melancolia* etc. Dom Pernety dizia: "Todos aqueles que escreveram sobre essa arte se dedicaram a ocultar o verdadeiro nome dessa matéria, porque, se ela se tornasse um dia conhecida, ter-se-ia a principal chave da química... É um quinto elemento, uma quintessência, o princípio e o fim materiais de tudo"[264]. Como para fazer o pão, não se usa nem o grão, nem o farelo, mas a farinha, para a matéria prima deve-se usar sementes de minerais: "Ela é a mesma *matéria* que aquela da qual a Natureza se serve para fazer os metais nas minas; mas não se deve imaginar que são os próprios metais ou que ela sai deles; pois todos os filósofos recomendam deixar os extremos e tomar o meio"[265].

O *mercúrio dos filósofos*, elemento feminino, e o *enxofre untuoso*, elemento masculino, são os dois constituintes principais da matéria prima. O mercúrio dos filósofos não é o azougue, pois os alquimistas distinguiam dois tipos de mercúrio, o mercúrio vulgar e o mercúrio-princípio. O vulgar era um verdadeiro metal, morto após sua extração, semelhante a um fluido, existente também sob a forma de cinábrio, de arsênico e de realgar; o mercúrio-princípio era a mãe eternamente viva dos metais, a matriz da qual eles nascem, e era este que o Artista se esforçava para usar. Da mesma forma, o enxofre untuoso não era o enxofre combustível do qual se fazia a pólvora dos canhões, mas um enxofre incombustível, comparado ao "esperma dos metais" porque ele os engendrava conjuntamente com o mercúrio-princípio. O mercúrio dos filósofos, dissolvente composto, capaz de dissolver o ouro e a prata comuns, apresentava-se como um licor esbranquiçado (chamavam-no, então, de *leite da virgem, espuma da lua, banho de rei, mênstruo*) ou como um produto líquido, a água seca, análoga ao mercúrio ordinário. Sua preparação era a maior dificuldade da Grande Obra, embora Salmon afirmasse: "Alguns curiosos se convenceram de que era preciso dezoito meses para prepará-lo e fazê-lo; mas para desenganá-los aviso que pode ser feito e preparado com perfeição em menos de dois meses"[266].

Para continuar sua matéria prima, os alquimistas se dedicavam a experiências fantásticas; escrutinavam o universo físico com métodos que jamais haviam sido empregados antes. Cada operação era chamada por eles de *magistério*: havia o *magistério dos pós* (reduzir um corpo a pó), o *magistério da consistên-*

cia (espessar ou coagular), o *magistério dos pesos* (aumentar o peso natural de um corpo sem aumentar seu volume), o *magistério da qualidade* (tirar uma má qualidade de uma mistura, fazer um bálsamo de um veneno), o *magistério dos princípios* (decompor um corpo para analisar os princípios) etc. Buscavam o mercúrio dos filósofos a partir do arsênico, do antimônio, do salitre, do vitríolo e até de excretos do corpo humano, como a urina. Isaac o Holandês, alquimista do século xv, em seu *Tractatus de Urina* [Tratado da urina] (1481), mostrou como destilar a urina, calcinar o resíduo durante três horas, recuperá-lo com água, evaporar uma parte e deixá-lo esfriar para obter um sal, que, purificado por cristalizações repetidas, se tornará o "sal da urina" (sal de fosfato), do qual se servirão, durante dois séculos, a química e a medicina. Os alquimistas também tentaram captar o *mercúrio universal da natureza* ("o espírito espalhado em todo o Universo para *animá-lo*")[267], experimentando o orvalho, mas apenas o orvalho do mês de março, vulgo *esmeralda dos filósofos*, que é feminino, e o orvalho do mês de setembro, que é masculino.

A Grande Obra não consiste na fabricação do ouro, como em geral se acredita, mas na fabricação da pedra pulverulenta, que converterá os metais imperfeitos em ouro. Essa pedra, ao mesmo tempo, é um remédio absoluto, que garante a saúde e longa vida se absorvido um pouco duas vezes por ano em um eletuário, e um remédio dos três reinos, motivo pelo qual os autores falam de *pedra animal* ou *pedra vegetal*, o que não significa que elas tenham partes animais ou vegetais, mas que purifica também os corpos animais e vegetais. Ela é primeiramente compacta em seu primeiro estado, depois se torna, nos dois estados seguintes, um *elixir*, isto é, um pó (pois elixir, assim como álcool, designava outrora um produto seco, e não uma bebida). Como observou Limojon de Saint-Didier: "O termo pedra é tomado em diversos sentidos e particularmente em relação aos três estados da Obra, o que fez com que Gerber dissesse que existem três pedras, que são os três remédios, correspondentes aos três graus de perfeição da Obra. De modo que a pedra de primeira ordem é a matéria dos filósofos, perfeitamente purificada e reduzida em pura substância mercurial; a de segunda ordem é a mesma matéria cozida, digerida e fixada em enxofre incombustível; a de terceira ordem é essa mesma fermentada, multiplicada e elevada à derradeira perfeição de tintura fixa, permanente e tingente"[268]. Distinguia-se a *pedra dos filósofos*, "estado de sua primeira preparação, no qual ela é verdadeiramente pedra, porque é sólida, dura, quebradiça, pesada, friável", e a *pedra filosofal*, "que atingiu a perfeição de remédio de terceira ordem, transmutando todos os metais imperfeitos em puro Sol ou Lua, segundo a natureza do fermento que lhe tenha sido agregado"[269].

Segundo o adágio dos filósofos, *a obra da pedra é uma brincadeira de criança e uma obra de mulher*. Isso pode ser interpretado de várias maneiras, mas sobretudo da seguinte: seu trabalho deve evoluir como a gestação de uma mulher grávida até o parto. A Grande Obra se realiza em três etapas: a sublimação (que compreende a extração do mercúrio e a putrefação), a dealbação (fixação dos espíritos da matéria em cor branca) e a rubificação. É o que os alquimistas simbolizam por esse emblema: *o galo de cabeça vermelha, penas brancas e pés negros*, que indicam as três cores sucessivamente assumidas pelo composto. Primeiro o preto, depois o branco e, por fim, o vermelho, mas com nuances intermediárias que assinalam a chegada ao branco, "um certo rubor, a cor do limão e uma cor verde, cujo verdor é o signo do começo da vegetação da pedra: depois desse verdor se vê um outro rubor, e em seguida, a verdadeira brancura, na qual o verdadeiro rubor se oculta"[270].

Os filósofos dizem também: *o azoth e o fogo bastam ao Artista*. A matéria prima ou azoth, dito "começo e fim da obra", tem tudo o que lhe é necessário, exceto o fogo ou agente exterior que a Arte fornece à Natureza. A Grande Obra depende de três fogos: o *fogo natural*, o *fogo contra a natureza* e o *fogo não natural*. Denomina-se fogo natural "aquele que é interno e nascido nas coisas", a temperatura própria de um corpo ou, por vezes, a luz do sol; fogo contra a natureza, "as águas fortes compostas de espíritos corrosivos"; e fogo não natural, os diversos meios artificiais para se obter os quatro graus de calor dos magistérios. De fato, esse fogo não natural deve ser perpétuo, mas desigual, ora brando, ora violento, e o alquimista é o único que conhece o *fogo secreto da geração*, isto é, o grau desejado para cada momento. O primeiro grau, morno, provém do *fogo de esterco* ("quando o vaso no qual está a matéria é enterrado no esterco quente de cavalo") e do *fogo vaporoso* (ou vapores de uma água fervida); o segundo grau é o do banho de cinzas, mais ardente que o banho de água morna ou de vapor; o terceiro, o do banho de limalha de ferro, que não se pode suportar sem ser queimado; o quarto grau é o *fogo algir* ("o mais vivo que pode haver"), exigido para a calcinação e para a fusão das matérias duras. Nesse estágio, emprega-se o *fogo de roda* ("quando o vaso é enterrado no carvão de modo que fique coberto por todos os lados, por cima e por baixo"), o *fogo de revérbero* ("no qual a chama circula e retorna de alto a baixo sobre a matéria, como faz a chama em um forno ou sob um domo que se coloque por cima dela")[271].

As águas dos alquimistas não são menos numerosas que seus fogos, a começar pela água de cérebro ("é o óleo de tártaro por degradação"), a água de lírio (água de auripigmento), a água dos microcosmos (espírito nítrico), até a água dos dois irmãos *extraída da irmã* (o sal amoníaco tirado da urina segundo a fórmula de Geber). Estudando os alquimistas, ficamos estupefatos com a inventividade e com a ordem que aportavam a todos os seus procedimentos. Eles diziam, no entanto, que era mais fácil realizar a Grande Obra do que se pensava quando se possuía o segredo da dissolução da matéria requerida. Limojon de Saint-Didier declara: "A matéria só precisa ser dissolvida e coagulada; a mistura, a conjunção, a fixação, a coagulação e outras operações semelhantes se dão praticamente sozinhas: mas a solução é o grande segredo da arte"[272]. Salmon dissera antes dele: "A solução, resolução, e dissolução são a mesma coisa que a sutilização. O modo de fazer segundo as regras da Arte é o grande mistério que os Filósofos não revelam nem aos próprios filhos, se não os julgam capazes"[273]. Mas primeiro é preciso ter alcançado a sublimação: "A sublimação da matéria a purifica de suas partes grosseiras e adúlteras, e a dispõe à solução"[274].

Ao fim de *um mês filosófico* (quarenta dias), o composto deve chegar ao negro da putrefação: "Se ela não aparecer no máximo depois de 42 dias de trabalho, é seguro que sua obra não vale nada"[275]. Não há o que fazer senão recomeçar desde o início. Mas quando se obtém essa primeira operação, a matéria com o negror mais negro é chamada *rebis*, e já figura como Hermafrodita, porque o elemento masculino e o elemento feminino estão indefectivelmente unidos. Limojon de Saint-Didier faz a pedra filosofal dizer: "Apenas eu possuo uma semente masculina e feminina e que seja (ao mesmo tempo) um todo (inteiramente) homogêneo, assim, me chamam de Hermafrodita. Richard Anglois dá testemunho de mim dizendo que a primeira matéria de nossa pedra se chama *rebis* (duas vezes coisa), isto é, uma coisa que recebeu uma dupla propriedade oculta"[276].

166

O composto, depois de ter passado ao negror mais negro, chega ao estado de *pedra citrina* que, reduzida a pó, torna-se o *elixir perfeito em branco*, capaz de transformar o chumbo em prata e de curar todas as doenças das mulheres: "Ele é tão medicinal quanto o vermelho sobre todos os vegetais, minerais e metais, e até mesmo sobre as pedras preciosas: pois faz pérolas mais belas que as naturais: do vidro e do cristal, ele faz diamantes e do mercúrio, uma substância maleável. Ele é o verdadeiro óleo de talco, tão secreto que penetra suavemente"[277]. Mais um esforço e o Artista chega à pedra filosofal, da qual ele faz o *elixir perfeito em vermelho*: "É a obra perfeita da pedra, que Hermes chama de força forte de toda força. Os árabes chamam de *elixir*, que quer dizer fermento ou levedura para fermentar a massa e juntá-la, ligar e multiplicar"[278]. O elixir vermelho, ou *ouro potável*, "que serve para curar e purgar os corpos doentes, e para aperfeiçoar todos os metais imperfeitos... acaba facilmente com as doenças mais desesperadas"[279]. Basta engolir um grão com vinho branco.

Convém multiplicar a pedra obtida, isto é, produzir dela toda a quantidade de que se precisa: "A cada multiplicação a pedra aumenta em dez vezes sua virtude; é nisso que consiste a verdadeira multiplicação"[280]. Ela se faz com o mercúrio hermético cru e o elixir perfeito: "Convém recomeçar o trabalho como se nada tivesse sido feito; e todas as operações se seguem uma à outra como foram vistas na primeira obra, mas não duram tanto tempo; e a cada multiplicação reiterada o tempo será mais curto e a matéria aumentará incessantemente em quantidade e qualidade"[281].

O momento supremo chegou: o alquimista, munido de seu elixir em branco ou em vermelho, vai realizar a *projeção*, que consiste em incorporar esse pó a um metal em fusão: "A projeção feita sobre metais moles, como o chumbo e o estanho, é a mais excelente, mais rápida e mais cômoda"[282]. Coloca-se o chumbo ou o estanho para fundir em um crisol, ao qual se agrega uma pitada de pó da projeção, deixa-se esfriar; a separação das impurezas é tal que se pode recolhê-las à parte, o resto do pedaço de chumbo ou de estanho se transforma em lingote de ouro. Apenas com o mercúrio não há resíduo, tudo se torna ouro ao final de quinze minutos, segundo Dom Pernety: "Para fazer a projeção sobre mercúrio, basta esquentar um pouco; projeta-se o pó antes que solte fumaça"[283].

Afinal alguma vez os alquimistas conseguiram converter um metal qualquer em ouro por meio de seu pó de projeção, tal como pretendiam? Não seria temerário responder categoricamente que não, a exemplo de Marcellin Berthelot, que disse que ele e seus colegas, dispondo de laboratórios mais bem equipados que os do Renascimento e de conhecimentos novos, não conseguiram essa transmutação: "Jamais um operador moderno viu o estanho, o cobre, o chumbo se transformarem em prata ou em ouro pela ação do fogo, com auxílio das misturas mais diversas, como Geber e Zósimo imaginavam realizar"[284]. Em 1924, quando os químicos Adolf Miethe, Hanns Stammreich e Hantaro Nagaoka acreditaram ter feito a Grande Obra, ao encontrar traços de um décimo-milionésimo de ouro em lâmpadas de metal de vapor de mercúrio, experimentadores do mundo inteiro retomaram as tentativas com resultados negativos[285]. Mas alguns alquimistas, por um processo irresistível de autossugestão, acreditaram sinceramente ter encontrado a pedra filosofal; outros, percebendo seu erro, recomeçavam incansavelmente suas operações, convencidos de que obteriam sucesso da próxima vez e de que seus rivais mais hábeis a possuíam; alguns, enfim, usaram a alquimia para obter o favor de grandes entusiastas e fizeram diante de testemunhas transmutações comparáveis a truques de prestidigitação.

Esses truques foram revelados por Otto Tachenius em *Hippocrates Chemicus* [Hipócrates, o químico] (1666), Nicolas Lémery em seu *Cours de Chimie* [Curso de química] (1675), e Geoffroy, o Ancião, em um relatório à Academia de Ciências de Paris, em 1722. Compreendeu-se, a partir disso, por que historiadores sérios haviam falado antes em alquimistas que praticavam com sucesso uma *projeção* em público. Os meios eram tão diversos quanto engenhosos: ora o operador usava um crisol no qual uma película de ouro estava recoberta por uma massa que simulava o fundo confundindo-se a ele; ora embranquecia o ouro com azougue e o fazia passar por um pedaço de estanho que ele converteria em ouro; ora escondia no chumbo grânulos de ouro ou de prata. Outras vezes, ele mexia no metal fundido com um bastão de madeira cuja ponta, oca e vedada com serragem, continha limalha de ouro que era depositada no crisol.

E, no entanto, apesar dos impostores, independentemente do sucesso ou do fracasso, não se pode considerar a alquimia uma mera quimera perseguida por sonhadores ridículos que deve ser relegada à margem da história da ciência. Pois esses homens, trabalhando em seus dois elixires, branco e vermelho, fizeram descobertas científicas das quais tiramos proveito até hoje: foram eles que encontraram a água régia, o auripigmento, o bórax, o álcali volátil [amoníaco], o bismuto, o antimônio metálico, o realgar, o sublimado corrosivo [solimão, cloreto de mercúrio] e a copelação da prata e do ouro (ou seja, sua purificação por meio do chumbo). Littré observou que as palavras *amálgama* e *cosmético* vinham da alquimia. Louis Figuier, que a criticou objetivamente, assinalou tudo o que se devia a seus adeptos, desde Isaac, o Holandês, que criou gemas artificiais, até "o alquimista Brandt, que descobriu o fósforo, enquanto procurava a pedra filosofal, em um produto do corpo humano; Alexandre Séthon e Michaël Sendivogius, seu discípulo, que se dedicaram, cultivando a alquimia, ao estudo de procedimentos químicos aplicáveis à indústria, aperfeiçoando a tintura de tecidos e a confecção de cores minerais e vegetais; enfim, Bötticher, trancafiado como alquimista rebelde em uma fortaleza na Saxônia, descobrindo o segredo da fabricação da porcelana"[286]. A química jamais teria se desenvolvido sem esses sábios que alimentavam uma ambição sobre-humana. A ciência animada por um grande sonho é duas vezes ciência.

OS ALQUIMISTAS APESAR DE SI MESMOS

A verdadeira história da alquimia desapareceu sob uma lenda construída por meio de anedotas falaciosas e obras apócrifas; seus feitos autênticos são deformados por falsificações que devemos distinguir com cuidado. A lenda é ao mesmo tempo voluntária e involuntária, provindo por vezes dos próprios alquimistas desejosos de encontrar crédito para sua arte, que defendiam que personagens ilustres a haviam praticado, e de pessoas do povo que atribuíam as riquezas de alguém não a seu trabalho e sua própria capacidade, mas à posse da pedra filosofal. Se um clérigo se interessava pela química, logo se supunha que era para se envolver em pesquisas proibidas pela Igreja; assim, foram divulgados sob o nome de Raimundo Lúlio tratados de alquimia que não são dele, assim como *De Alchimia* [A alquimia] não é obra de Alberto Magno. Com frequência acusados de serem moedeiros falsos, os alquimistas se inocentaram fazendo crer que Lúlio em pessoa havia fabricado, em 1312, na Torre de Londres, para

Eduardo II, as peças de ouro chamadas de *nobres da rosa** (que aliás só foram cunhados depois da ascensão de Eduardo IV em 1461). Mas, desde então, os biógrafos de Raimundo Lúlio estabeleceram que este nunca passou período algum na Inglaterra e que, na data em que a lenda alquímica o situava em Londres, ele se encontrava, na verdade, no Concílio de Vienne (Dauphiné). A malícia dos alquimistas, a fim de escapar da perseguição religiosa ou científica, era reivindicar reis ou bispos a quem atribuíam uma obra alquímica imaginária. Eles afirmaram que o papa João XXII — que lançou, em 1317, a bula *Spondent pariter* declarando infames e passíveis de sanção os leigos que se dedicassem à alquimia, e destituindo eclesiásticos incorridos no mesmo caso — era também alquimista, que teria transformado seu palácio, em Avignon, em um laboratório para produzir ouro; e foi publicada, em 1557, a *Ars Transformatoria* [Arte da transformação], da qual diziam ele ser o autor.

A maioria desses apócrifos foram compostos no século XVI, e, algumas vezes, com tanta habilidade que os historiadores se deixam enganar até hoje. Chegou-se ao ponto de fazerem de Maria, irmã de Moisés, chamada de profetisa no capítulo XV do Êxodo, uma preceptora da Grande Obra. O *Diálogo de Maria profetisa e Aarão sobre o magistério de Hermes* apareceu duas vezes em latim, no *Theatrum chemicum* [Teatro químico] (1602) e na *Ars aurífera* [Arte do ouro], com variantes. Por exemplo, a primeira versão traz o adágio: *Ars non complebitur praeter in anno* [A obra só pode ser concluída em um ano]; a segunda, o adágio: *Ars non complebitur praeter quam in aura* [A arte só pode se completar em ouro]. Nesse meio tempo, o falsário havia aderido ao princípio de Bernardo de Treviso que decretava ser preciso ouro para encontrar ouro. Salmon, que traduziu para o francês esse *Diálogo* de Maria, duvidava que ela fosse a profetisa que se gaba, em *Números* (capítulo XII), de Deus falar com ela tal qual com Moisés, mas via nela, ainda assim, uma mulher à qual se referiam os alquimistas árabes: "Talvez essa Maria seja aquela que Treviso chama de Madora, a quem, segundo ele, Saturno ensinou a ciência"[287]. Maria profetisa foi tão reverenciada pelos alquimistas que

---

* Essa lenda, difundida por Charles de Bouelles em 1511, se baseava em documentos criados expressamente com esse fim, como o *Testamento* de John Cremer, abade de Westminster, publicado em Frankfurt em 1677, no *Museum hermeticum*, e as cartas de Lúlio a Roberto I, rei da Escócia, reproduzidas na *Bibliotheca chemica curiosa* de Jean-Jacques Manget (Colônia, 1702), médico do eleitor de Brandemburgo. O livro de Manget, compreendendo dois in-fólio com gravuras importantes (entre as quais a série de imagens do *Mutus liber*), é um monumento à glória da alquimia, em que essas falsificações são incluídas para dar da alquimia uma ideia grandiosa.

eles denominaram de *banho-maria* (termo até hoje utilizado) o modo de cozimento que consistia em colocar o recipiente com a substância a ser destilada dentro de um caldeirão de água quente, o que até então chamavam de *bain marin* [banho marinho], "porque o recipiente submerso se banhava como em um mar".

O herói mais popular da lenda da alquimia foi Nicolas Flamel, nascido em meados do século XIV. A fortuna desse burguês de Paris, mestre-calígrafo, copista e livreiro-juramentado de manuscritos, vivendo sob o reinado de Carlos VI, permitiu que se acreditasse que ele teria encontrado a pedra filosofal. Segundo sua suposta autobiografia, Nicolas Flamel, casado com a senhora Pernelle, depois de comprar um livro de Abraão, o Judeu, com capa de cobre, tendo "três vezes sete folhas" de cortiça gravadas com ilustrações, e desesperado por não entender nada dessas figuras, havia feito "uma promessa a Deus e ao senhor Santiago da Galícia, pedindo a interpretação destas". Na volta de uma peregrinação a Santiago de Compostela, encontrou um médico "muito sábio das ciências sublimes", Canches, que lhe explicou tudo antes de morrer. Flamel teria conseguido, em 17 de janeiro de 1382, converter meia-libra de mercúrio em prata pura, e, no 25 de abril seguinte, transmutar mercúrio em ouro*. Ele melhorou sua técnica de projeção: "Aperfeiçoei-a três vezes com ajuda de Pernelle, que a compreendia tão bem quanto eu", dizia ele. Flamel, que ficou imensamente rico, teria mandado construir três capelas e catorze hospitais (mas disso não se tem nenhuma prova), sem falar de duas arcadas do cemitério dos Inocentes (o que é verdade), nas quais os alquimistas acreditavam que as esculturas revelavam seu segredo por causa da divisa: *Je voy merveille dont moult je m'esbahis* [Vejo maravilhas que me causam espanto]. Aí descobriu-se um dragão alado lutando contra um dragão sem asas, uma representação do massacre dos Inocentes ordenado por Herodes, além de figuras de santos ao redor das figuras de Flamel e de sua esposa. Os hermetistas concluíram disso que o *dragão alado* é o mercúrio, o *dragão sem asas*, o enxofre. *O rei Herodes mandou matar as crianças cujo sangue é recolhido pelos soldados* teria um sentido cifrado: "Esse

---

* Flamel supostamente teria feito essa transmutação dois anos depois do édito de Carlos V contra os alquimistas, que continuou em vigor sob Carlos VI, em decorrência do qual Jean Barillon foi condenado, em 3 de agosto de 1380, por terem encontrado em sua casa um forno e alambiques. Além disso, houve grandes tumultos, em Paris, em 1382, durante os quais os arrecadadores de impostos e os revoltosos visitaram uma por uma as casas particulares dos ricos; decapitaram Jean des Mares e doze outros notáveis. É difícil admitir que, em uma época assim, Flamel, um homem público, tenha conseguido possuir um laboratório de alquimia, sem se inquietar com esses fatos.

rei é o Artista; os soldados e suas espadas são os fogos que é preciso empregar para tirar a umidade mercurial e metálica; e aqueles que recolhem o sangue são os recipientes"[288].

Essa biografia foi "desmistificada", a partir de documentos de arquivo, pelo abade Villain, em sua *Vie de Nicolas Flamel* [Vida de Nicolas Flamel] (1784), que suscitou uma polêmica com Dom Pernety. Aparentemente, Flamel enriqueceu, sobretudo, por seus trabalhos de copista, pela venda de livros e por causa de seu espírito poupador e seus investimentos imobiliários. Casou-se com uma mulher de idade, Pernelle, viúva de dois maridos, que lhe aportou bens; o casal não teve filhos e viveu sem luxos, comendo em vasilhas de barro. Pernelle, que morreu em 11 de setembro de 1397, levava longe as minúcias domésticas: "Essa mulher precavida deixaria em testamento os gastos com iluminação de suas exéquias, ordenando que usassem 32 libras de cera. Um outro item define o preço do jantar no dia do enterro... dever-se-ia gastar quatro libras e dezesseis soldos parisienses". Sua sepultura, na entrada do cemitério dos Inocentes de Paris, foi ornamentada com o retrato daquele que ela chamava de "Nicolas, seu caro e bom amigo companheiro marido".

Flamel, uma vez viúvo, dobrou seus ganhos, provenientes dos aluguéis de seus imóveis da rue Saint-Martin e da rue de Montmorency. Sua paixão pelos edifícios, aliada à sua ostentação de piedade, levou-o a financiar a construção da capela do Hôpital Saint-Gervais (mais tarde destruída). Ele tinha, além disso, "casas de caridade", perto da porte Saint-Martin, para abrigar os pobres gratuitamente, e, sobretudo, um albergue conhecido como *Grand Pignon*: a inscrição na entrada obrigava qualquer um que ali habitasse a dizer todos os dias "um Pai--Nosso e uma Ave-Maria". Os últimos três anos de sua vida foram ocupados por um processo contra um devedor insolvente, Robin Violette, que lhe devia cinco soldos parisienses de renda hipotecada sobre sua casa. Morto em Paris em 1418, Nicolas Flamel foi enterrado na igreja Saint-Jacques de la Boucherie, cujo portal ele havia mandado construir e na qual ele havia comprado o direito de sepultura pela quantia de catorze francos.

Alquimista ou não, Nicolas Flamel foi um homem notável, visivelmente iniciado no simbolismo dos números e das cores. Não por acaso foi escolhido como testa de ferro da filosofia hermética. O abade Villain admite: "Sua profissão de copista-livreiro fez passar por suas mãos diversos manuscritos da grande

Arte". Seu testamento oficial foi tão extraordinário que os quatro principais legatários, preocupados, indicaram um aos outros a responsabilidade da execução. Ele prescrevia, por exemplo, que uma vez por mês, durante 52 meses (admitidos de abril de 1427 a julho de 1431), uma procissão de treze cegos iria do Hôpital des Quinze-Vingt até a igreja de Saint-Jacques para rezar em sua sepultura, e que seriam pagos a cada um doze denários em recompensa.

Naturalmente, foram compostas várias falsificações dadas como obras de Flamel, a começar por *Le Désir désiré* [O desejo desejado], que expunha as seis regras a serem seguidas nas operações de transmutação, até *La Musique chymique de Flamel* [A música química de Flamel]. A primeira dessas publicações foi o *Sommaire Philosophique* [Sumário filosófico], em versos, publicado, em 1560, sendo atribuído a ele. Depois, veio, em 1612, *O Livro das Figuras Hieroglíficas*, no qual Flamel relata sua experiência e comenta as esculturas já mencionadas do cemitério dos Inocentes. Esse livro é "traduzido do latim" por um gentil-homem de Poitou, Pierre Arnauld, senhor da Cavalaria, mas nele Flamel confessa que conhece mal a língua e cita Lambsprinck, que viveu dois séculos depois dele.

Um manuscrito em pergaminho em letras góticas, na Biblioteca Nacional da França, mostra até que ponto chegavam os exageros. Ao final do texto, sobre *a verdadeira prática da nobre ciência da alkimia*, menciona-se o seguinte: "O presente livro é de Nicolas Flamel e pertence a ele... Que o escreveu e encadernou com suas próprias mãos". Ora, Vallet de Viriville, paleógrafo, examinando o manuscrito, viu que era possível datá-lo entre 1430 e 1480, ou seja, era posterior à morte de Flamel, e constatou: "Essa inscrição não é autêntica. Um olho treinado reconhece nele a mão de um falsário que viveu no começo do século XVIII; raspou uma inscrição mais antiga que existia nesse lugar; escreveu por cima dessa inscrição e substituiu com o nome de Flamel o nome de outro escriba"[289].

Um herói não menos lendário da alquimia foi Basílio Valentim, retratado como um monge alemão nascido em Mainz, em 1394, que se tornou superior do convento dos Beneditinos de Erfurt. Médico e alquimista, ele se serviu, em suas experiências, do mineral denominado *stibium* pelos latinos, *antimonium* pela escola de Salerno no século XI, e que tinha péssima reputação. Depois da morte de Basílio Valentim, sua obra continuou desconhecida por mais de um século, mas quando um raio atingiu uma coluna da igreja de Erfurt, ali foram encontrados seus manuscritos escondidos. Eles foram editados sucessivamente em Marburg, Frankfurt, Leipzig e Erfurt, e causaram sensação no início do século XVII. Seus tratados *Da Grande Pedra dos Antigos* (1599), *Das Coisas Naturais e Sobrenaturais* (1603), *Da Filosofia Oculta* (1603), *A Carruagem Triunfal do Antimônio* (1604) e *O Microcosmo* (1608), pareciam pertencer a um grande precursor da Idade Média, até Boerhaave provar que jamais houve conventos beneditinos em Erfurt. Além disso, esses livros não poderiam ter sido escritos no século XV, por conta dos anacronismos: Basílio Valentim chamava a sífilis de *le mal français* [o mal francês], quando esta expressão começou a ser empregada apenas depois da expedição francesa a Nápoles sob Carlos VIII, em 1495; ele falava também da imprensa, da descoberta da América, do tabaco introduzido por Nicot em 1560.

Basílio Valentim é, portanto, um mito da alquimia, e até seu nome — reunião de uma palavra grega e de uma palavra latina que significam, respectivamente, *rei* e *saudável* — visa fazer dele um mestre da medicina espagírica (logo veremos do que se trata). *A Carruagem Triunfal do Antimônio*, prefaciada por Joachim Tancky, professor da Universidade de Leipzig, saiu quando a guerra entre defensores e adversários do antimônio foi declarada. Os defensores invocaram a autoridade do pseudo-Basílio Valentim, que demonstrava que "o antimônio é criado para purgar o ouro e os homens"; ensinava como fazer o óleo de antimônio, a fim de curar as úlceras; ou como preparar a "pedra de fogo" (em outras palavras, "a tintura do antimônio, fixo e sólido"), da qual ele dizia: "Essa pedra cura não apenas os homens, mas também os metais"[290]. Os adversários alegaram que Basílio Valentim havia envenenado os monges de seu monastério desejando fortalecê-los com *stibium*, que passou a ser chamado de *antimonium*, "anti-monge", por causa disso.

O Último Testamento de Basílio Valentim contém traços de uma falsificação póstuma. Apareceu em 1626 e continha dois tratados, sendo que o primeiro parafraseava o *Bergwerckshatz*, de Elias Montanus; em 1645, sua reedição aumentada continha cinco tratados, dos quais o quarto retomava passagens da *Holografia* de Johan Thölde[291]. Isto dito, *O Último Testamento* é uma obra espantosa sobre os metais, sua "nutrição", suas exalações e suas "virtudes celestes e infernais", que trata do metal vivo e do metal morto, do metal fino e do metal impuro, do metal realizado e do metal não aperfeiçoado, mas também das minas, do saneamento e da ventilação de suas galerias, da lavagem do minério, das escórias etc. Penso haver não apenas um, mas vários autores sob o pseudônimo de Basílio Valentim. É visível que foram discípulos alemães de Paracelso que inventaram esse personagem para fazer crer que as ideias de seu mestre sobre o antimônio e as propriedades ocultas dos metais já eram defendidas por um beneditino; mas os detratores de Paracelso concluíram, afinal, que ele havia plagiado Basílio Valentim.

Assim, da mesma forma que um grupo de matemáticos editou, sob o nome de Bourbaki, manuais sobre a teoria dos conjuntos, um grupo de alquimistas utilizou o de Basílio Valentim como assinatura coletiva. Esses exageros não poderiam diminuir nossa admiração pela alquimia, cujos adeptos constituíram uma *Lenda Dourada*, com episódios por vezes menos inverossímeis que os *Acta Sanctorum* dos bolandistas. Foi bom que nos fizessem sonhar com Nicolas Flamel, com Basílio Valentim, pois se mostrou da forma mais desejável a busca filosófica a que eles se dedicaram. A alquimia foi a arte de se servir das mentiras mais sedutoras para alcançar a verdade. Isso explica, sem dúvida, por que tantos poetas nela buscaram seus símbolos e seus fermentos criativos.

OS CLÁSSICOS DA LITERATURA ALQUÍMICA

A literatura alquímica é de tal beleza poética que teria valido a pena inventar a alquimia mesmo que apenas pelo esplendor de suas metáforas e pelos achados de sua escrita mitológica. Mas essa beleza se deve aos segredos da filosofia que os adeptos transmitiam entre eles sob a forma de enigmas e alegorias, a fim de evitar a perseguição ou sob o pretexto de não prostituir sua arte ao vulgo incapaz de fazer bom uso dela. Aquilo que o leitor desavisado lerá como uma ficção fantástica, o alquimista interrogava para saber em que ordem operar suas manipulações e quais produtos empregar.

A história que expõe a preparação da Grande Obra é tradicional, colocando geralmente em cena *o Rei e a Rainha*, que não têm nada de humano: "São o fixo e o volátil, o masculino e o feminino, o enxofre e o mercúrio que é preciso cozinhar até que fiquem negros"[292]. Se é dito no relato que *o Rei nasceu*, isso significa "o composto está animado e vegeta". Todo tipo de animais intervém na ação, sobretudo um leão, que tem sentidos diferentes conforme seu comportamento e sua cor: *o leão que devora uma águia*, é a fixação do volátil; *o leão verde*, é o mercúrio filosofal, a tintura de vitríolo ou o ovo hermético; *o leão vermelho*, é a tintura do ouro, o elixir que atingiu o vermelho perfeito. O inaudito dessa retórica é que ela não tem nada de arbitrário. Tal livro que parece barroco ou maneirista, foi frase a frase estudado por sábios em seus laboratórios, atentos à mensagem codificada que um confrade havia inscrito ali. Nenhuma palavra inútil. A alquimia é uma ciência que tem o aparato de um jogo.

Todos esses textos são impregnados de simbolismo erótico, pois evocam diversas formas do *casamento filosofal*, seja "a união que se dá entre o sol e a lua no Mercúrio hermético", seja "a união da terra e da água feita no forno por meio do fogo"[293]. A própria Grande Obra é comparada às núpcias para a qual se prepara a cerimônia: "Pode-se celebrar em qualquer época essas núpcias aprazíveis, mas a mais apropriada é a primavera, por ser a mais conveniente para a vegetação e por ser aquela em que a natureza se renova"[294]. Esse erotismo é incestuoso e implica "o incesto do irmão e da irmã, do pai e da filha, da mãe e do filho", visando a engendrar um hermafrodita. Jean d'Espagnet, presidente do parlamento de Bordeaux a partir de 1600, em seu *Enchiridion Physicae Restitutae* [Manual de física restaurada] (1623), falou longamente sobre a cópula alquímica incestuosa, que foi ilustrada com uma gravura bastante realista: "Que o adepto una, em casamento legítimo, Gabritius a Beja, o irmão e a irmã, segundo a fórmula de costume, a fim de que daí nasça um filho glorioso do sol"[295].

Os autores usam todo tipo de expressões figuradas: *o lobo cinzento*, é o antimônio; *o sangue do dragão*, a tintura do antimônio; *a moça do grande segredo*, a pedra em branco perfeita; *os irmãos estropiados*, os metais imperfeitos; *as sombras cimerianas*, os vapores que se elevam da putrefação. *Vestir a camisa azulada* se diz para "fazer a projeção do elixir perfeito em branco ou em vermelho sobre um metal fundido"[296]. Há, além disso, expressões simples com duplo sentido: *a água do mar* representa o *azoth* que embranquece o latão. *O sol* é o ouro, mas *o sol dos filósofos* é o fogo. Palavras bizarras abrilhantam o estilo, como *adrop* (matéria de grande arte), *adraragi* (açafrão comum), *ebimezeth* (matéria filosofal que chegou ao negror mais negro), *affragar*, sobre a qual os léxicos não concordam (zarcão ou azinhavre). Conselhos são dados à maneira de provérbios estranhos: *Não comas o filho cuja mãe abunda em mênstruo* (cuida que não haja mais água que fogo natural) ou *É preciso sete águias para combater o leão* (é preciso que o mercúrio seja sublimado e exaltado sete vezes). Encontram-se também recomendações falsas — como *Ponha água viscosa para lavar e embranquecer o latão* —, ao que Salmon especifica: "Quando os filósofos dizem *Ponha isso, agregue aquilo*, fazem isso para confundir e provocar o fracasso dos ignorantes; não é preciso pôr, nem agregar nada"[297].

As alusões à mitologia antiga são numerosas, pois os alquimistas acreditavam que os antigos haviam ocultado sob suas fábulas, especialmente as do Minotauro e dos trabalhos de Hércules, seus próprios conhecimentos alquímicos. Libois escreveu uma enciclopédia na qual pretendia provar que os mitos greco-latinos revelavam as operações da Grande Obra. Assim, quando Vulcano envolve numa rede de bronze Marte e Vênus deitados no mesmo leito: "Todo esse relato é simplesmente uma passagem do branco ao citrino, e deste à ferrugem do ferro, atribuído ao deus Marte que cobre Vênus"[298]. *Vulcano lunático* designa o fogo natural; *os véus negros com que Teseu voltou a Atenas*, as películas pretas que aparecem após o congelamento do elixir.

Uma das particularidades da literatura alquímica é associar a imagem gráfica ao texto, a ponto de o texto não passar às vezes de um comentário sobre uma sequência de gravuras. *As Doze Chaves da Filosofia* (1599), de Basílio Valentim, foram, assim, doze gravuras às quais se agregou mais tarde uma glosa, e da qual Clovis Hesteau de Nuisement tirou o tema de um poema filosófico. O *Mutus Liber* [Livro mudo] (1677) será, do mesmo modo, uma reunião de ilustrações sem legendas. O primeiro a compor uma espécie de obra prima com a associação de texto e imagem foi Heinrich Khunrath (1560-1605), médico, químico e filósofo alemão, natural de Leipzig, que, depois de se doutorar em medicina na Basileia, em 1588, praticou seu ofício em Hamburgo e em Dresden. Ele escreveu tratados sobre a assinatura das coisas, a astrologia judiciária, a arte de transmutar os metais (este último sob o pseudônimo de Ricemus Thrasibulus). Deve-se a ele ainda uma "explicação filosófica do fogo secreto, exterior e visível, dos antigos magos". Sua obra mais espantosa é seu *Anfiteatro da Eterna Sabedoria*, que ele deixou inacabado, mas que seu amigo Erasmus Wolfart completou e publicou em 1609. Nele, trata da "Sapiência divina, humana, macro e microcósmico, divina mágica, cristiano-cabalística e psico-química", por intermédio de seu "método tri-uno", que combina as revelações da Escritura sagrada, do Livro universal da Natureza e da Consciência humana. O texto compreende um Prólogo, "escala mística dos sete grandes ortodoxos", e 365 versículos (conforme os dias do ano), seguidos de explicações. Faz nele uma correlação entre Cristo e a pedra filosofal. As gravuras pentagramáticas que acompanham suas explicações são esplêndidos testemunhos da arte fantástica de sua época.

Um outro médico alemão, nascido em Rendsburg, Michaël Maïer (1568-1622), depois de obter, aos 28 anos, o título de doutor em medicina na Basileia, e, aos 29, o de doutor em filosofia em Rostock, orientou suas pesquisas para o hermetismo. Sua reputação se tornou tamanha que o imperador Rodolfo II, em 1608, trazendo-o para sua corte em Praga, fez dele seu médico e secretário, além de o nomear conde palatino e membro de seu Conselho privado. Em 1612, com a morte do imperador, sem esperar ser atingido pelas medidas contra os protestantes, Maïer se refugiou na Inglaterra, onde se ligou a Robert Fludd. Nessa época, aparece sua primeira obra, *Arcana Arcanissimum* [Segredo dos segredos] (1614), interpretação de mistérios egípcios e gregos, que Dom Pernety adaptou em francês, um século mais tarde, sob o título de *Fables Égyptiennes et grecques dévoilées* [Fábulas egípcias e gregas reveladas] (1758). Maïer se fixou, em 1619, em Magdeburgo, para ser médico do landegrave Maurício de Hesse.

Até a morte, em Magdeburgo, Michael Maïer publicou dezessete livros (dentre esses, dezesseis nos seis últimos anos de sua vida). O mais célebre é *Atalanta Fugiens* [Fuga de Atalanta] (1618), que revela as manipulações da alquimia por intermédio de cinquenta gravuras, cinquenta fugas para três vozes, poemas e discursos explicativos. No prefácio, diz que no mito de Atalanta, vencida em uma corrida pelo apaixonado Hipomene que atira três maçãs de ouro, uma em seguida à outra, que ela demorou para recolher, seria preciso entender a coagulação da água mercurial: "Essa mesma virgem é puramente química; ela é o mercúrio filosófico fixado e retido pelo enxofre de ouro"[299]. Mas o resto do livro não fala mais de Atalanta, são comentários sobre gravuras maravilhosas, com divisas singulares: "Aquele que tenta penetrar sem a chave no roseiral dos filósofos é comparável a um homem que deseja andar sem os pés", "Se dos quatro fizeres perecer um, logo todos serão mortos" etc. Esse tipo de obra se tornou tão clássica que foi reeditada, em 1625, uma série de poemas alquímicos publicados em 1599 por Lambsprinck, nobre alemão, *De Lapide philosophico* [A pedra filosofal], acrescentando quinze gravuras que ilustram "a salamandra se lavando no fogo", "o Pai coberto de suor de onde escorre a verdadeira tintura" etc.

Maïer tomou o partido dos rosa-cruzes, ainda que não pertencesse à Fraternidade deles, em *Silentium post clamorem* [O silêncio depois do clamor], de 1617, elogiando-os por não responderem às críticas que lhes haviam sido dirigidas. Podemos também conservar sua bizarra alegoria *Symbola aurae mensae duodecim nationum* [Símbolos da tábua de ouro das doze nações] (1617), que mostra doze heróis reunidos, ao longo de festas de Hermes, para desarmar Pirgopolinices, adversário de Química.

Um religioso protestante, Valentin Andreae (1586-1654), conferiu um aspecto decisivo à simbólica alquímica. Ele recebeu sua primeira educação no convento de Königsbronn, no ducado de Wurtemberg, no qual seu pai era abade. Depois da morte deste, sua mãe fez com que ele ingressasse na Universidade de Tubingen. Aos dezessete anos, ele era bacharel, e aos dezenove, *magister*; mais do que ensinar, ele preferiu levar uma vida errante pela França, pela Suíça, pela Alemanha e pela Itália. Aprendeu teologia, mas também aprendeu a tocar alaúde e violão; ele adorava frequentar artesãos, sobretudo relojoeiros. Suas viagens o puseram em contato com aqueles que constituíram a Fraternidade da Rosa-Cruz, da qual ele foi, provavelmente, o primeiro Imperator. De volta a Wurtemberg, instalado como diácono em Vaihingen, casado, Valentin Andreae publicou em 1614 dois manifestos com alguns dias de intervalo: *Fama Fraternitatis et Confessio Fratrum Rosae-Crucis* [Glória da fraternidade e confissão dos irmãos da Rosa--Cruz], no qual expõe a reforma geral da Humanidade preconizada pela Ordem; e *Reformation des ganzen weiten Welt* [Reforma total do vasto mundo], no qual revela aos sábios da Europa os aspectos políticos, científicos e religiosos dessa reforma. Tudo indica que ele foi apenas o testa de ferro para esses dois textos redigidos coletivamente por seus amigos.

Sua melhor obra é de 1616 e trata-se de um romance alegórico, *Chymische Hochzeit: Christiani Rosencreutz anno 1459* [Casamento alquímico de Christian Rosencreutz], que conta como o fundador lendário da Rosa-Cruz encontrou a pedra filosofal; as indicações técnicas são dissimuladas em cada episódio. O narrador, Rosencreutz, convidado para o casamento de Sponsus e Sponsa, percorre uma floresta na qual pode escolher entre quatro caminhos, sendo um deles mortal e os outros três perigosos, nenhum deles permitindo retroceder nos próprios passos. Ao tentar salvar uma pomba que foi atacada por um corvo, acaba avançando por um caminho que não escolheu, e chega com dificuldade ao palácio real. Ali, os convidados, nobres e plebeus, devem ser pesados na Balança dos Artistas, para saber se são dignos de serem apresentados ao rei. Cento e vinte e seis convidados, que não pesam o equivalente a sete pesos de ouro, serão eliminados. Rosencreutz, tendo passado nessa prova, assiste a uma cerimônia durante a qual são realizados os funerais de seis pessoas reais, e um gigante negro é decapitado para que sua cabeça seja usada para aquecer um forno destinado a incubar um ovo. Desse ovo, sai um pássaro preto que é mergulhado em um líquido branco como leite; ali, ele perde todas as penas e o líquido torna-se azul. Todos os números desse relato prescrevem dosagens a serem utilizadas na Grande Obra; as iniciais nas medalhas, as inscrições nas paredes e as adivinhações propostas pelos assistentes são outras formas veladas de assinalar a ordem e o resultado das operações. No sétimo dia, Rosencreutz, nomeado pelo rei Cavaleiro da Pedra de Ouro, faz juramento de respeitar os cinco mandamentos dessa dignidade e escreve em um registro: *Summa scientia nihil scire* [A suprema ciência é nada saber] (1620)[300]. O que não quer dizer que o conhecimento é vão, mas que o verdadeiro sábio deve agir como se ignorasse tudo e continuar sempre buscando.

Valentin Andreae ainda publicaria diversas obras, dentre as quais uma reunião de cem diálogos satíricos, *Menippus, centuria inanitatem nostratium speculum* (1617) [Menipo, espelho das nossas vaidades contemporâneas], e *Christianopolis* (1619), plano de uma república cristã que ele opõe à *Utopia* (1516) de Thomas More. Ele foi, de fato, um místico caridoso, que queria livrar o cristianismo das controvérsias entre católicos e protestantes, para permitir a ele garantir plenamente sua vocação fraternal.

Em 1620, Valentin Andreae foi nomeado superintendente em Kalw (Wurtemberg), onde, separado da Rosa-Cruz, fundou uma sociedade de auxílio mútuo para socorrer operários, estudantes, pobres e doentes. Mas a cidade foi incendiada e pilhada durante a Guerra dos Trinta Anos, e Valentin Andreae precisou abandonar sua casa destruída. Ele se tornou, em 1638, em Stuttgart, conselheiro consistorial e pregador titular do duque Eberhard III. Durante dez anos lutou contra a simonia e a devassidão, atraindo tantos adversários que, desencorajado, acabou por se demitir de suas funções. Em 1650, foi abade de Babenhausen (Baviera), sustentado pelo duque Auguste de Brunswick, que fez ele construir uma casa; no ano da morte de Valentin Andreae, ele havia acabado de ser promovido ao posto de abade mitrado do monastério de Adelsberg, na Suábia.

No fim do século XVII, recorreu-se aos mesmos símbolos sem envolvê--los em uma ficção. O *Introitus apertus ad occlusum regis palatium* [A entrada aberta no palácio fechado do rei], de Eyrenée Philalète, publicado em 1667 por John Langius, cujo autor é um alquimista inglês não identificado (que se dizia *natu Anglicum, habitatione Cosmopolitam*: nascido inglês, habitante do Universo), é um ensaio didático no qual ainda se encontram metáforas como as pombas de Diana (as partes voláteis da matéria) que curam um cão raivoso, além de conselhos formulados assim: "Quando a lua brilhar em sua plenitude, dê asas à Águia, que voará deixando mortas para trás as pombas de Diana"[301].

Limojon de Saint-Didier, escritor do reinado de Luís XIV (deve-se a ele uma história da República de Veneza e considerações sobre a paz de Nimega), em sua *Carta de um Filósofo sobre o Segredo da Grande Obra* (1686), declarou que já não era mais conveniente se exprimir através de enigmas. Mas, em *O Triunfo Hermético* (1699), não deixou de publicar um emblema insculpido que continha "um resumo de toda a filosofia secreta", de contar um apólogo que tinha por tema "uma disputa que Ouro e Mercúrio tiveram com a Pedra dos filósofos". A Pedra estoura de rir com os argumentos de Ouro e de Mercúrio, que, furiosos, se atiram sobre ela: "O combate se deu. Nossa pedra empregou suas forças e seu valor, combateu os dois, derrotou-os, dissipou-os e os engoliu um após o outro, de modo que deles não restou nenhum vestígio para saber que fim levaram"[302]. Para comentar essa alegoria, em seguida vem uma conversa entre Eudoxe e Pyrophile.

A HIPERQUÍMICA E O HILOZOÍSMO

O século XIX retomou a tradição da alquimia, que havia se interrompido na Revolução Francesa, e foi em pleno período romântico que um químico, Cyliani, publicou *Hermes Desvelado* (1832), no qual relatava como havia feito a pedra filosofal, "depois de passar 37 anos pesquisando, ao menos mil e quinhentas noites sem dormir, suportando inúmeras infelicidades e perdas irreparáveis". Em seguida, um outro alquimista romântico, Louis Cambriel, publicou, aos 79 anos, o *Curso de Filosofia Hermética ou de Alquimia* (1843), no qual expunha em dezenove lições suas teorias bastante heteróclitas, que iam de comentários sobre o simbolismo alquímico de um portal de Notre-Dame de Paris, ou sobre os cinco primeiros capítulos do livro do *Gênesis*, à preparação dos magistérios.

Foi apenas no final do século que apareceu o homem do "Renascimento alquímico", François Jollivet-Castelot, nascido em 1868 em Douai, e instalado nessa cidade como químico. Ele declinou modestamente o título de "renovador da alquimia", atribuindo-o a seu amigo Albert Poisson, autor de *Teorias e Símbolos da Alquimia* (1891), morto em 1894 aos 29 anos, sem conseguir começar a enciclopédia que esperava fazer sobre o tema. No entanto, foi Jollivet-Castelot, mais do que ninguém, quem puxou a fila dessa renovação, sendo não apenas "hiper químico", mas também "hermetista e especulador", como foi qualificado por seu discípulo Porte du Trait des Âges, em uma biografia que o elogiava como "o hermetista douto e sábio, o cientista que percorreu com seu olhar leonino os mistérios cósmicos, e os caminhos inexplorados da Natureza, do Grande Todo universal"[303].

Jollivet-Castelot quis aplicar à alquimia os métodos do positivismo científico e o espírito do ocultismo, no qual foi iniciado pelos melhores mestres. Seu primeiro livro, *A Alma e a Vida da Matéria* (1893), era um ensaio de fisiologia química ou de dinamoquímica, que descrevia a vitalidade da matéria e sua unidade. Na obra, demonstrava que tudo no universo se transforma, se reduz racionalmente ao dinamismo puro, e, por consequência, o antagonismo entre Força e Matéria desaparece. Ele esboçou uma teoria da formação etérica dos átomos numa época em que, apesar dos trabalhos de Lodge, esse tipo de visão era considerado fantasioso. Ocupando-se também da astronomia, estudou, em 1894, a influência da luz zodiacal sobre as estações e sobre a variação do brilho das estrelas. Sua disciplina era a hiper química, "a ciência intermediária entre a metafísica e a química", e sua doutrina, o hilozoísmo (das duas palavras gregas que significam *matéria* e *vida*), exprimindo que tudo vive na natureza, tudo evolui e se transforma. Essa doutrina era monista e postulava que a matéria, a alma, a vida, a energia constituíam uma única *Unidade*.

Para Jollivet-Castelot, a alquimia era uma Gnose que buscava estabelecer "uma prova da unidade da matéria e da transmutação dos elementos". Em 1896, criou a Sociedade Alquímica da França, da qual foi presidente, e fundou a revista *L'Hyperchimie*, que, até 1901, apresentou os trabalhos mais originais deste círculo. Sobretudo, escreveu a Bíblia da alquimia moderna, *Comment on devient alchimiste* [Como se tornar alquimista] (1897), em que evocava a alquimia cabalística, o Tarot alquímico (já que pensava que os 22 arcanos maiores do Tarot revelavam a Grande Obra), mas também dava conselhos práticos adaptados aos novos tempos. O capítulo "A jornada do alquimista" regula todos os detalhes da vida cotidiana do adepto, a começar pelas abluções matinais. Ele recomenda não hesitar no uso do forno elétrico, quando se dispõe dos meios para tanto, ou, na falta deste, um forno de barro refratário; um forno de ferro para os ensaios com litargírio; um bico de Bunsen; um maçarico de cobre; almofarizes etc. Ensina o adepto a montar sua biblioteca, a escolher seus produtos, e lhe expõe a filosofia do *adeptat*: "O alquimista deve ser hilozoísta, isto é, considerar a matéria como vivente e, por consequência, respeitá-la, manipulá-la com consciência de sua potencialidade intelectual, ver nela o Ser multiplicado, fragmentado, dividido, sofredor, mas que tende a se reconstituir pela incessante evolução na Unidade da substância"[304].

Vimos que até o século XVII a alquimia foi a *vanguarda da química*. Jollivet-Castelot nos dá a prova disso mais uma vez, pois, longe de ser um erudito retrógrado, ele moderniza um ideal medieval ao ressuscitá-lo e associá-lo à estereoquímica, que examina o equilíbrio dos átomos, suas ligações e suas combinações no espaço, conforme as três dimensões. Ele discute os fenômenos da isomeria, da alotropia, da polimeria, sobre as famílias dos elementos químicos, se informa de todas as experiências dos pesquisadores e prevê: "Um dia veremos uma química dita 'mineral' oferecer sínteses, séries análogas às da química 'orgânica' atual. A formação, a derivação, em suma, a evolução dos metaloides e dos metais serão estudadas, com base nos turbilhões etéricos, nas condensações poliméricas do hidrogênio, talvez"[305].

O discípulo mais célebre de Jollivet-Castelot foi August Strindberg. O dramaturgo sueco, que decidiu renunciar ao teatro para se consagrar à alquimia, escreveu, em 22 de julho de 1894, uma carta para o hiper químico depois de ler *A Vida e a Alma da Matéria* e fez seu elogio em um artigo. Eles se encontraram em 1895, em Paris, onde Strindberg — de quem haviam acabado de encenar *Senhorita Julia*, *Pai* e *Credor* — ocupava um quarto de pensão na rue d'Orfila. Jollivet-Castelot conta: "Sentado à mesa de madeira clara coberta de manuscritos e vidros de relógio que lhe serviam de cápsulas, Strindberg me mostrou seus últimos ensaios alquímicos. Ele possuía uma ingenuidade rara além de uma fé de vidente"[306]. Strindberg buscava produzir ouro tomando como ponto de partida o sulfato de ferro, e tinha um *Livro de Ouro*, em que registrava, em duzentas folhas, anotações nas quais colava suas amostras. Sua correspondência com Jollivet-Castelot (que o nomeou membro honorário da Sociedade Alquímica da França) testemunha uma determinação frenética em relação à Grande Obra, com hipóteses audaciosas sobre o enxofre e sobre o iodo, além de cálculos complicados. Strindberg admirava tanto Jollivet-Castelot que tentou fazer com que recebesse, em 1897, o prêmio Nobel de química, que seria outorgado pela primeira vez, intervindo junto aos jurados[307]. Por sua vez, Jollivet-Castelot encontrou um editor para o romance *Inferno* (1897), de Strindberg, e publicou em *L'Hyperchimie*, de 1896 a 1899, seus escritos alquímicos, como *Hortus Merlini*, *Sylva sylvarum* etc.

Strindberg deixou a alquimia, em 1902, para voltar ao teatro, mas Jollivet-Castelot continuou até depois da Primeira Guerra Mundial a carreira de hiper químico, fundou outra revista, *Les Nouveaux Horizons de la science et de la pensée* (1904-1912); desenvolveu, em *La Science alchimique* [A ciência alquímica] (1904), sua ideia de química transcendente, "arte de quintessencializar os corpos, de transmutá-los, de fabricá-los através da síntese"; fez-se teórico de uma "teodiceia naturalista", em *Le Livre du Trépas et de la renaissance* [O livro da morte e do renascimento] (1905); e reuniu seus artigos em *Croquis Scientifiques et philosophiques* [Esboços científicos e filosóficos] (1912). Em 1920, François Jollivet-Castelot publicou um romance autobiográfico, *Le Destin ou les Fils d'Hermès* [O destino ou os filhos de Hermes] (1920), cujo herói, que buscava a pedra filosofal às custas de uma "ascese hermética" frequenta ocultistas como Saint-Yves d'Alveydre, Stanislas de Guaita, que se encontram misturados à ação. Enfim, para completar o retrato desse humanista, agreguemos que tratou das plantas medicinais em *Natura mystica ou le Jardin de la Fée Viviane* [Natura mystica ou o jardim da fada Viviane]

(1920), e que, membro do Partido Socialista, introduziu neste a tendência de um comunismo não-materialista que o levou a criar a União comunista espiritualista e a escrever *La Loi de l'Histoire* [A lei da história] (1933).

A ALQUIMIA NO SÉCULO XX

O alquimista mais espantoso do século XX continua sendo Fulcanelli, que se manteve a vida inteira incógnito e cuja identidade foi por muito tempo um enigma para seus admiradores. Graças às pesquisas de Robert Ambelain, sabe-se hoje que Fulcanelli foi um aluno da Escola de Belas Artes de Paris, Jean-Julien Champagne, nascido em 1877, em Villiers-le-Bel, desenhista, que fazia cópias de manuscritos arcaicos que confundiam os especialistas: "Ele conseguiu reconstituir uma tinta que possuía as nuances das tintas dos séculos XVII e XVIII depois da pátina dos anos"[308]. Ele teve seu primeiro laboratório de alquimia, em 1893, na casa de sua mãe, em Villiers-le-Bel; além de dois outros, um, em 1907, na rue Vernier, em Paris, e o outro, em 1921, no castelo de Leroi. Era um homem pequeno de cabelos longos, bigodes gauleses e cheio de manias estranhas. Usava apenas iluminação de lâmpadas a petróleo, pois detestava a eletricidade. Ele estimulava o espírito respirando gálbano, longa e profundamente. "Champagne garantia que essa goma resinosa, por relações analógicas e mágicas com a *Terra*, lhe dava acesso, por vias intuitivas, à informação procurada", diz Ambelain. Fabricou um *incenso dos magos*, de efeitos ocultos, com o qual se devia fazer uma defumação por dia. Ele se gabava de saber fabricar ouro em seis meses, e usava, no anular, um anel grosso criado a partir de uma de suas tentativas; contudo, morreu pobre em 1932, em Paris, em um beco da rue de Rochechouart, sem terminar o livro que coroaria sua obra, o *Finis Gloriae Mundi* [Fim da glória do mundo].

Fulcanelli publicou *O Mistério das Catedrais* (1926), que julgava imperfeito, e *As Mansões Filosofais* (1932), monumento do hermetismo, que ele mesmo ilustrou em 36 pranchas. Redigiu os prefácios, os quais pediu a seu discípulo Eugène Canseliet que assinasse para se esconder totalmente por trás de sua obra. Essas duas obras notáveis, dedicadas "Aos Irmãos de Heliópolis" (sociedade secreta imaginária), contêm reflexões inauditas sobre o simbolismo e sobre a "linguagem dos pássaros", própria aos iniciados, feita de calembures e de rébus. Seu pseudônimo, Fulcanelli, que significa "forjador do sol", havia, aliás, sido inventado contraindo as palavras Vulcano e Cam, filho de Noé. Lembrando que um autor antigo fazia derivar a alquimia de Cam, filho de Noé, e escrevia, portanto, *alchamie,* ele, por sua vez, via nesta uma derivação do grego *chumeia, cheuma,* "o que escorre, escoa, flui" e dizia: "O nome e a coisa são baseados na *permutação de forma através da luz,* fogo ou espírito"[309].

Fulcanelli é um escritor erudito, filólogo, que empreende um inventário de edifícios e objetos que ocultam símbolos da Grande Obra. O estudo dos motivos da fachada da "Mansão da Salamandra", no número 19 da rue aux Fèves, em Lisieux, revela que seu proprietário foi "um adepto possuidor da pedra filosofal"; a casa do "Homem de Madeira", em Thiers, Puy-de-Dôme, está no mesmo caso. Ele decifrou "o maravilhoso grimório do castelo de Dampierre", o mausoléu de Francisco II, duque da Bretanha, na catedral Saint-Pierre de Nantes, o relógio solar do palácio Holyrood de Edimburgo, executado em 1633, do qual afirmou: "Podemos, racionalmente, ver esse relógio solar como um monumento erguido ao *Vitríolo filosófico,* tema inicial e primeiro ser da pedra filosofal"[310]. Mas soube também evocar *o Mito alquímico de Adão e Eva,* e discernir, através de letreiros e de cartazes, aquilo que dos emblemas da alquimia subsiste no inconsciente coletivo.

Entre os sucessores de Fulcanelli, Eugène Canseliet, o mais próximo do mestre, fez, como ele, observações memoráveis sobre *O simbolismo alquímico do bolo de Reis* ("A fava não é outra coisa senão o símbolo de nosso enxofre aprisionado na matéria"[311]) ou sobre as três flechas da insígnia da Seção Francesa da Internacional Operária ("três flechas dispostas de modo semelhante eram vistas sobre um vitral do século XIII na capela de Saint-Thomas-d'Aquin, na igreja do convento dos Jacobinos, em Paris"[312]). Armand Barbault, entre 1948 e 1960, buscou fabricar ouro potável com "cinzas regeneradas" de plantas, de rosa e pó de ouro, servindo-se de um atanor semelhante àqueles da Idade Média; obteve um "ouro vegetal" que batizou de exoefilina (a partir de um nome que seus "Guias espirituais" ditaram à sua esposa), que preparou a partir de então na Alsácia, por meio de um forno circular com ar quente, equipado de um termostato[313]. René Alleau, sutil comentador que estabelece uma correlação entre a alquimia ocidental e o pensamento chinês[314], fundou, em 1970, em Paris, a *Bibliotheca Hermetica,* coleção que reeditaria os clássicos inencontráveis.

A reviravolta mais espetacular da alquimia no século xx se deve a C. G. Jung, o grande cismático da psicanálise. Foi em 1928, quinze anos depois de sua separação de Freud, que Jung começou a estudar sistematicamente os antigos textos herméticos, o que o levou, em 1944, em *Psicologia e Alquimia*, a mostrar quais recursos o simbolismo da alquimia oferecia a um psicoterapeuta, em função da "hipótese de que existia, na psique, um objetivo final, e, por assim dizer, independente das condições exteriores". Ao analisar uma série de sonhos de um estudante de Zurique, descobriu uma proliferação de símbolos circulares que explicou por meio de imagens de tratados alquímicos, relacionando-as à mandala, círculo ritual usado no lamaísmo. Por outro lado, ao expor as concepções de salvação da alquimia, Jung as apresentou como projeções da "psique objetiva", da qual ele buscou as concordâncias em todas as mitologias.

Toda a obra de Jung até sua morte, em 1961, será uma identificação constante entre a psicanálise e a alquimia. *Die Psychologie der Übertragung* [Psicologia da transferência] (1946) é um comentário alquímico sobre a libido que visa a "aprofundar a sexualidade para além de seu significado pessoal e seu aspecto de função biológica, afora explicar seu lado espiritual"[315]; *A Vida Simbólica* (1957) compara a pedra filosofal a uma representação de Cristo, como havia feito Khunrath. Mas foi em *Mysterium Coniunctionis* (1955), publicado aos oitenta anos, que se esforçou para "descrever a alquimia em toda a sua amplidão, como uma espécie de psicologia da alquimia ou como um fundamento alquímico da psicologia das profundezas"[316], que somou a esse assunto.

É melhor não tomar Jung como guia através da alquimia, pois este não via diferença nenhuma entre apócrifos e textos autênticos. Chega até mesmo a embaralhar a história com sua teoria confusa dos arquétipos (que Mircea Eliade felizmente corrigiu). Ele imaginou que a alquimia lhe permitiria esclarecer o problema do incesto, da bissexualidade, mas Salmon dava a seguinte definição de incesto: "É a união de todos os elementos e princípios da natureza, sal, enxofre, mercúrio, no mercúrio filosofal"[317]. É, portanto, um exagero considerar que o incesto fosse uma obsessão sexual dos alquimistas. Dom Pernety explicou por que se representava a pedra filosofal como andrógina: "Eles a denominaram assim porque diziam que sua matéria se bastava a si mesma para engendrar e trazer ao mundo uma criança real, mais perfeita que os pais"[318]. Isso não correspondia a um desejo de fusão com a alma irmã, como acreditava Jung, mas à lenda do Hermafrodita, que conferia um duplo sexo a todos aqueles que se banhavam depois dele na mesma fonte: atribuía-se essa propriedade à água mercurial, que dissolvia e reduzia a um só corpo os metais. Feitas essas reservas, Jung é admirável quando confronta com a alquimia a *individuação*, processo pelo qual um indivíduo tende a ser uma unidade autônoma e indivisível. Ele tem razão ao nos apresentar o homem em busca do *Si*, a partir da *sombra* (inconsciente), como um alquimista que trabalha na pedra filosofal a partir do *azoth*.

Assim, através da obra de um dos grandes psicoterapeutas do século xx, constatamos que a alquimia, longe de perder sua atualidade, adquiriu uma importância nova de *referente* privilegiado do psiquismo e da criação. Depois disso, que importa que os alquimistas do Renascimento tenham ou não encontrado ouro no crisol de seu atanor! Que importa se, entre suas fileiras, aventureiros equívocos tenham se acotovelado com sábios autênticos! Que importa até mesmo que apócrifos tenham substituído com uma lenda a história verdadeira de pesquisadores inspirados! Restam ainda, para o presente e para o futuro, os representantes simbólicos da aventura intelectual, tal como esta pode se realizar na arte, na literatura, na ciência, da busca de um objetivo extraordinário por meios extraordinários, colocando a suprema dignidade do homem na perspectiva do impossível ou do desconhecido.

5
A CONQUISTA DO PORVIR
PELAS ARTES DIVINATÓRIAS

As artes divinatórias são tão antigas quanto as primeiras civilizações. O homem sempre teve a angústia do porvir e muito rapidamente inventou uma multitude de meios para buscar saber o que lhe aconteceria mais tarde. Na Mesopotâmia, já existiam métodos como a hemerologia (cálculo de dias fastos e nefastos) ou o estudo de presságios tirados de árvores e de plantas, de rios, de fontes, e até da fechadura de uma porta. Entre os assírios e os babilônicos, o adivinho oficial praticava a hepatoscopia, procedimento reservado aos assuntos do reino e aos grandes dignitários; ele arrancava o fígado de um carneiro, colocava-o em posição ritual sobre a mão esquerda, examinava-o segundo um código aprendido na escola de sacerdotes e redigia um relatório, como especialista, a partir dos sinais constatados[*]. O povo recorria com mais frequência à lecanomancia, que consistia em verter gotas de óleo em um vaso cheio de água e interpretar as figuras que se formavam na superfície.

Na Antiguidade greco-romana, a adivinhação conheceu um desenvolvimento considerável, tanto pela diversidade de suas técnicas como pela frequência de seu emprego. A litobolia interrogava a sorte atirando no chão pedras de diversas cores e deduzindo de sua combinação uma consequência futura. A palmomancia tirava seus prognósticos dos tremores involuntários do corpo, das convulsões, das palpitações e dos zumbidos nos ouvidos: um simples estremecimento no supercílio ou na pálpebra, uma contração muscular da coxa, anunciavam um acontecimento feliz ou infeliz. A alectrionomancia se

---

[*] Fígados de argila sobre os quais os aprendizes de adivinhos da Assíria praticavam estão conservados no Museu Britânico. Georges Conteneau, a partir dos tabletes da biblioteca de Assurbanípal, descreveu a hepatoscopia em detalhes em *La Divination chez les Assyriens et les Babyloniens* (Paris: Payot, 1940).

fazia com um galo previamente treinado, que era introduzido em um círculo ao longo do qual haviam sido dispostas as letras do alfabeto, e sobre cada letra era depositado um grão de trigo; o galo, solto, ia bicar aqui e ali, e indicava assim as letras que compunham a resposta à questão colocada. Em resumo, entre os gregos e os romanos, a adivinhação era uma crença religiosa e uma instituição de Estado; criticava-se por vezes seu exagero, mas não seu princípio. Sócrates dela se servia, Plutarco era sacerdote de Apolo em Delfos e comentava esses oráculos. Aristóteles consagrava um de seus *Problemas* a saber se o espirro é um bom ou um mau presságio. Alguns filósofos, como Epicuro, que negava a ideia de *heimarmenê* (destino), ou Carnéades, que duvidava de tudo, a contestaram, mas seus discípulos do baixo império tomaram sua defesa contra os cristãos. Cícero, em seus diálogos *Da Adivinhação*, opôs um interlocutor que fazia o elogio da adivinhação em nome dos estoicos e outro que a combatia com argumentos acadêmicos; eram disputas de escolas que não visavam revogar sua legitimidade.

Pelo contrário, desde seu advento em Roma no século IV, o cristianismo atacou as artes divinatórias como sobrevivências intoleráveis de cultos pagãos e chegou a empregar a repressão e a perseguição para obter ganho de causa. Isso é explicado pelo estado em que se encontravam os romanos da decadência, dos quais um historiador contemporâneo, Ammien Marcellin, insuspeito de parcialidade porque pertencia à antiga religião, deplorava o excesso de superstição. Diversos concílios — especialmente o primeiro concílio de Roma, de 721, presidido pelo papa Gregório II — estipularam que toda prática supersticiosa levaria à excomunhão e, por consequência, à privação dos sacramentos. Os livros de astrologia e de magia deveriam ser queimados, conforme recomendavam os *Atos dos Apóstolos*, e os imperadores Honório e Teodósio ordenaram que isso fosse feito em presença dos bispos. Carlos Magno, em seu Capitulário da paz, prescrevia enviar os adivinhos e os mágicos para a prisão e deixá-los ali até que prometessem se corrigir. As ordenanças do rei Carlos VIII exigiram que se aprisionassem não apenas os adivinhos, mas também aqueles que os consultassem e até mesmo aqueles que não os denunciassem à justiça. Beda, o Venerável e o papa Gregório III impuseram uma pena de seis meses a três anos a qualquer um que se fiasse em adivinhações e outros augúrios.

As autoridades não se mostraram menos severas em relação às suposições sobre o futuro adornadas das formas cristãs. Proibiu-se, sob pena de excomunhão, a partir do concílio de Agde, em 506, as *sortes sanctorum* (sortes dos santos), que consistiam em abrir ao acaso os Evangelhos, as epístolas de São Paulo ou o Livro dos Profetas, e tomar por uma predição a primeira frase lida. Os teólogos aceitavam a sorte de partilha, a sorte de consulta (ou julgamento de Deus), mas não a sorte da adivinhação. Aos padres tentados a interrogar os astros, como Santo Agostinho, que, antes de combater a astrologia judiciária, a praticou na juventude, o trigésimo-sexto cânone do concílio de Laodiceia especificou: "Os padres e os clérigos não devem ser nem encantadores, nem matemáticos ou astrólogos". O quarto concílio de Toledo, em 663, condenou os monges que pedissem conselhos a adivinhos a expiar esse pecado toda a vida em um monastério; e, no Renascimento, o papa Leão x lançou a bula *Supernae dispositionis arbitrio* que avisava aos membros do clero de que seriam privados de seus benefícios e de seus ofícios caso se dedicassem às artes divinatórias. Assim, anátemas, excomunhões, penitências públicas, jejuns, banimentos e prisões foram os castigos em que incorreram, a partir do século v, aqueles que buscavam adivinhar o futuro; e o fato de ter sido necessário, de geração em geração, renovar essas interdições prova a paixão irresistível com que a população as infringia.

De fato, era impossível desenraizar hábitos adquiridos há três mil anos, desde a Suméria e a bacia do Indo, e correspondentes, aliás, à estrutura do inconsciente humano, que inevitavelmente comporta o pensamento mágico. O Ocidente se viu colocado em uma situação embaraçosa e sem precedentes: por um lado, parecia injusto rebaixar milhões de indivíduos caldeus, assírios, egípcios, persas, gregos e romanos, que haviam praticado a adivinhação, com a caução de admiráveis filósofos; e, por outro lado, não se podia ignorar os argumentos contrários, da mais alta espiritualidade, de pensadores tão prodigiosos como os Pais da Igreja. Os humanistas tentaram, então, encontrar uma justificativa razoável, sem comprometer a fé cristã, do uso das artes divinatórias. Nesse sentido, a primeira obra capital foi publicada em Wittenberg, em 1553, por Caspar Peucer, médico e matemático, genro de Melanchton: *Commentarius de praecipius generibus divinationum* [Comentário sobre os principais tipos de adivinhação]; a obra teve cinco reedições com acréscimos, de tanto que esse assunto inquietava o público. Peucer passou em revisão todos os tipos de adivinhação para "separar as santas profecias e as predições naturais das imposturas de espíritos malignos e do fardo das superstições". Foi lido com avidez porque se preocupavam com saber o que era permitido e o que era proibido a um bom cristão.

Caspar Peucer rejeitou com horror uma parte da adivinhação greco-romana, que refletia "a superstição filha da ignorância de Deus e da desconfiança", como a cleromancia, adivinhação a partir de pequenos ossos ou favas pretas e brancas jogados sobre o chão; a piromancia, que conjecturava sobre o futuro a partir dos sobressaltos das chamas de uma oferenda queimada; a capnomancia, "que considerava e examinava a fumaça dos sacrifícios, seus torneados e suas dobras, seu movimento reto, oblíquo, tortuoso ou envolvente, seu odor estranho ou próprio das carnes sacrificadas" etc[319]. Por outro lado, Peucer faz o maior elogio da fisiognomonia, da quiromancia (que ele coloca dentro da *semiologia médica*, parte da medicina que trata de signos como o pulso e as dores, que indicam a disposição dos corpos) e sobretudo da astrologia (da qual o próprio Melanchton era adepto). Ele considera lícitas as previsões populares: "É algo comum, entre os lavradores, fazer previsões tanto de que haverá tempestades no verão como de que haverá dias nebulosos em março... Eles têm um preceito, segundo o qual, se houver vermes entre os excrementos das galinhas, isso é promessa de fertilidade; se houver moscas, é sinal de guerra; se houver aranhas, presságio de peste"[320].

Peucer acreditava firmemente na teratoscopia, prognósticos tirados de nascimentos monstruosos e de prodígios. Todo monstro anuncia grandes acontecimentos, pois "no ano da fundação de Roma nasceu, em Rimini, uma criança sem olhos e sem nariz"[321]. Ele nos conta que apareceram também, em Freiburg, um veado sem pelos com duas cabeças; perto da cidade de Bitterfels, um veado com cabeça de homem careca; nos Países Baixos, em 1543, uma criança hedionda com "o dorso peludo como de um cão, duas cabeças de macaco no lugar das mamas, olhos de gato na altura do umbigo, cabeças de cão nos dois cotovelos e nos dois tornozelos... Dizem que viveu por quatro horas e que, depois de pronunciar as palavras *Despertai, o Senhor vosso Deus está vindo*, expirou"[322]. Em 1550, no Báltico, perto de Copenhague, foi pescado "um peixe de forma humana, cuja cabeça era tonsurada como a dos monges e o corpo coberto de escamas em forma de batina"[323]. Os prodígios são sobretudo "visões maravilhosas em pleno ar"; assim, avistou-se no céu de Jena, antes da morte do Eleitor da Saxônia, uma cena alegórica de um homem a cavalo que carregava uma árvore. Peucer relata casos de outras imagens celestes avistadas, aqui e ali, seguidas de efeitos trágicos, e diz: "Deus quer que o gênero humano seja advertido dos males que o esperam e que pendem sobre sua cabeça, a fim de que alguns homens se arrependam"[324]. Esse grande humanista protestante não é menos crédulo que os pagãos que ele critica. Ele nos garante serem verdadeiras as histórias de lobisomens, como a de um camponês da Livônia transformado em lobo, que corria atrás de uma bruxa disfarçada de borboleta de fogo, "pois os lobisomens se gabam de serem usados para afugentar bruxas"[325].

Peucer afirma que um bom cristão pode conjecturar sobre o futuro a partir da meteorologia, com a condição de distinguir bem os fenômenos: "A chuva, a neve, o orvalho, a garoa, a trovoada e outros meteoros semelhantes nada pressagiam: pois não propõem nada além dos efeitos de suas causas"[326]. Mas se mais de um sol era avistado ao mesmo tempo — como ele mesmo viu, no parélio de 21 de março de 1551, antes da confederação do rei da França e dos príncipes da Alemanha —, nada podia ser mais significativo: "Sabe-se que vários sóis foram vistos quase ordinariamente quando se tratava de novas alianças ou quando os grandes poderosos conspiraram contra seus companheiros ou para se apoderarem de seus domínios... Esses sóis múltiplos foram como testemunhos dos sóis secretos e das ligas preparadas para arruinar as leis"[327]. As inundações têm um sentido profético, pois as Escrituras dizem que as águas representam os povos: "As histórias mostram que tais abalos anunciam sempre grandes guerras e perniciosas sedições"[328]. Um cometa anuncia, infalivelmente, uma calamidade: "Todos estão de acordo, como coisa certa, que os cometas são não apenas causas de mortes e ruínas ao estragar o ar com suas pestíferas exalações... mas também porque depois que aparecem se seguem guerras, sedições, muita violência, crueldade, morticínio e confusão." A posição deles no céu, a coloração e a duração da aparição são outros prognósticos a serem considerados. Era preciso também temer os círculos em torno do sol e da lua, pois "demonstram combates que se travarão pela primazia nos cargos eclesiásticos e políticos"[329].

A enciclopédia de Peucer reforçou o gosto do público pelas adivinhações, de modo que a Igreja precisou reiterar energicamente que não permitia nenhuma delas. O Concílio de Milão, em 1565, engajou os bispos na repressão impiedosa desse gênero de delito: "Que punam severamente aqueles que consultam sobre o que quer que seja os adivinhos, os que dizem bem-aventuranças, e todo tipo de bruxos e mágicos, ou os que tenham aconselhado outras pessoas a consultá-los, ou os que neles creem"[330]. Tais proibições foram reiteradas ao longo do século XVIII; os padres tinham como missão afastar seus fiéis da adivinhação, nos sermões das missas paroquiais, e de proibir a entrada de adivinhos nas igrejas. E apesar de tudo isso, não conseguiram extirpar dos costumes a prática das artes divinatórias. O exemplo vinha de cima: como o povo poderia abandonar esse costume quando sabia que Catarina de Médici não cessava de interrogar seus adivinhos Cosme Ruggieri e Gabriel Simeoni; quando via os próprios padres, que zombavam das sanções, percorrerem os campos com uma vareta divinatória, comentarem Nostradamus ou criarem reputação de mágico, como Jean Belot, cura de Milmonts, que proferia oráculos em versos? A religião dizia aos angustiados: basta rezar a Deus e se abandonar à Providência. Mas uma oração não nos dá a certeza de sermos ouvidos, ao passo que uma boa disposição das cartas, mesmo que acreditemos nelas apenas em parte, fornece horas de quietude. O pensamento mágico só será suprimido quando for suprimida a angústia, e a angústia subsistirá enquanto o homem houver diante de si a perspectiva da dor e da morte.

A história das artes divinatórias, da Idade Média aos nossos dias, não é, de forma alguma, continuação daquela da Antiguidade; é, na verdade, muito pouco parecida com ela. Duas práticas foram abandonadas por completo: o aruspício, adivinhação a partir de entranhas de animais sacrificados, e o augúrio, adivinhação a partir do voo dos pássaros. Por outro lado, apareceram outras que os antigos ignoravam, como a rabdomancia e a cartomancia. Desenvolvimentos importantes serão dados à fisiognomonia e à quiromancia, cujo estudo havia sido apenas esboçado pelos gregos. A astrologia, embora se apoie em Ptolomeu, evolui conforme o progresso da astronomia; e a geomancia sofre influência dos árabes. Em suma, é feito um trabalho de remodelagem e, por assim dizer, de modernização da adivinhação antiga, dos quais os filósofos ocultos nem chegam a se darem conta: eles acreditam proteger a Tradição anterior ao cristianismo, mas, apesar deles, as condições da religião nova os levam a fazer uma triagem e uma adaptação dos dados do paganismo.

Como meu objetivo é avaliar as formas permanentes do pensamento mágico, e não as curiosidades ultrapassadas, não tratarei aqui da teratoscopia e da meteoroscopia, pois ninguém mais pretende augurar nada a partir do nascimento de uma criança monstruosa ou do transbordamento de um rio; eliminarei também as atividades menores, como a onicomancia, prática na qual uma mistura de óleo de noz e fuligem era colocada sobre a unha do polegar da mão direita e se tentava ver o futuro nesse pequeno espelho negro. Sob Luís XIV, no faubourg Saint-Germain-des-Près, o senhor Colinet, que encontrava por este meio os objetos perdidos, adquiriu grande reputação[*]. Examinaremos apenas as adivinhações maiores, que encontram ainda hoje numerosos adeptos e das quais é bom conhecer as características.

O PROGNÓSTICO E A PROFECIA

O prognóstico, arte de prognosticar os acontecimentos por vir de um futuro limitado (era feita, em geral, para o ano seguinte ou para o período de uma década), e a profecia, anúncio de felicidades e catástrofes que esperam a humanidade até o fim dos tempos, foram, na Antiguidade, especialidade das sibilas, sacerdotisas que respondiam na forma de enigmas em verso ou em prosa, os oráculos, às interrogações de seus consulentes. Em Roma, era conservado com veneração, no Capitólio, o livro dos oráculos sibilinos, mas o imperador cristão Teodósio mandou queimá-lo no ano 400. O cristianismo tinha seus grandes profetas, Isaías, Jeremias, Ezequiel, e não suportava comparações com os pagãos. Caspar Peucer demonstrou que os oráculos das sibilas eram inspirados pelo Diabo e que a teomancia, ou o delírio profético comunicado por um deus a um indivíduo em particular (Apolo que confere o furor divino; Baco, o furor místico, as Musas, o furor poético e Vênus, o furor erótico), era coisa de possessos ou de doentes. Os teólogos cristãos distinguiam a *predição* (faculdade que os santos têm de predizer de antemão o dia e a hora da própria morte, e por extensão, um acontecimento preciso, a paz, uma invasão etc.), a *profecia* (faculdade de predizer uma sequência de acontecimentos) e a *visão*

---

[*] Isso é Jean Belot quem nos ensina. Cf. *Les Oeuvres de Mᵉ Jean Belot, curé de Milmonts*, última edição corrigida e aumentada com diversos tratados, p. 213 (Rouen: Amiot, 1688). Esse padre cabalista fez o elogio da "ciência da unha", mas recomenda que seja praticada invocando primeiro o anjo Uriel e recitando salmos de Davi.

espiritual (quadro alucinatório de uma ação passada ou futura, como foram as visões de Santa Hildegarda de Bingen): elas se tratavam de *revelações interiores*, transmitidas intimamente de Deus à alma (as revelações exteriores sendo as *palavras* e *vozes celestes*). Mas, evidentemente, tendo sido esses dons atribuídos, em geral, aos santos durante seus martírios, parecia escandaloso que qualquer um, sem sofrer por sua fé, se considerasse favorecido de tal graça.

Não se pode negar totalmente o espírito profético, pois os pressentimentos existem e são amplificados pela hiperestesia entre os extáticos. No entanto, é preciso admitir que três quartos das profecias são imposturas, ora redigidas depois dos acontecimentos que supostamente anunciariam, ora clamadas por fanáticos megalomaníacos cujos vaticínios não se realizaram. As pretensas profecias de Merlin datadas de 465, que previam acontecimentos do reinado de Henrique II da Inglaterra, foram publicadas em 1175 por Geoffroi de Monmouth, contemporâneo do rei: o autor tinha todas as condições para manipulá-las. Esses textos eram difundidos na opinião pública com fins políticos, como os desejos que se apresentam cumpridos, a fim de levar as massas a realizarem-nos de fato ou ameaças contra adversários para intimidá-los. Os profetas são os intérpretes do inconsciente coletivo: eles predizem aquilo que se espera ou aquilo que se teme em suas épocas, e a transformação do regime ou a guerra que anunciam já se tornavam temas de conversas pelas ruas.

O mito comum a todas essas profecias foi a vinda do Grande Monarca, isto é, do rei que reinaria sobre o conjunto das nações cristãs ao lado do papa. Esse mito nasceu em meados do século X, no tratado *De Antichristo* de Abdon, capelão da rainha Gerberga, esposa de Luís IV do Ultramar, no intuito de exortar os reis da França a retomarem o sacro império; e, durante séculos, os vaticinadores, de Guillaume Postel a Eugène Vintras, evocaram o surgimento desse "rei do mundo". Uma outra constante foi prever quanto tempo duraria a Igreja apostólica e romana; todos os heréticos, que ela contrariava, com suas pretensões, especularam sobre seu fim. Joachim de Flore, comentando o Apocalipse, prognosticou os perigos que ela corria e, um século depois, o irmão menor Liberatus, em 1303, em *Vaticina Joachimi* [Profecias de Joaquim], tratou-o como um profeta do declínio do papado.

196

Atribuiu-se a São Malaquias — nascido em 1097 em Armagh, Irlanda, e morto em 1148 na abadia de Clairvaux, onde visitava São Bernardo — uma profecia sobre os papas que seriam nomeados até o Juízo Final. Ela continha toda uma lista de 111 papas, partindo de Celestino II (eleito em 1143), sendo cada um designado por uma divisa em latim; um curto comentário evocava o 112º e último papa. O texto da profecia foi publicado pela primeira vez em 1595 em *Lignum vitae* [Árvore da vida], de Arnold Wion, e Moréri revelou, em seguida, que ela havia sido forjada durante o conclave de 1590 por defensores do cardeal Sinoncelli, que alegavam que este se tornaria o papa dito *De antiquitate urbis* [Sobre a antiguidade das cidades] uma vez que vinha de Orvieto (que em latim se dizia *urbs vetus*). Deste modo, a profecia de Malaquias foi brandida em todos os conclaves e o papa Alexandre VIII mandou gravar em suas moedas a divisa que a referia. Se acreditarmos no pseudo-Malaquias, o papa Pio XII foi *pastor angelicus* (pastor angélico); João XXIII, *pastor et nauta* (pastor e marinheiro); Paulo VI, *flors florum* (flor das flores); e João Paulo I, *de mediate lunae* (o papa da meia-lua). João Paulo II, o papa *de labore solis* (do eclipse do sol ou da obra solar, segundo os comentadores) é o antepenúltimo dessa lista. Depois virão o papa *de gloria olivae* (da glória das oliveiras)* e o último, *Petrus romanus*, sob o pontificado do qual se realizará a aniquilação de Roma e o julgamento do povo pelo *Judex tremendus* (juiz terrível). Um teólogo de Namur[331], que se dedicou a uma demonstração espantosa de aritmologia, calculou que o fim da era comum estaria previsto para o ano de 2012.

Entre os profetas da Idade Média e do Renascimento, Johann Lichtenberger, em sua *Prognosticação* de 1488, em Estrasburgo, sequência de imagens gravadas e comentadas, expôs suas previsões relativas a um período de 83 anos: "Ele viu tudo o que deve acontecer entre 1484 e 1567, pestes, guerras, fomes, mortandades; tudo, exceto a realidade, exceto o grande acontecimento da época: o nascimento do protestantismo"[332]. Mas o *Liber miraculis* [Livro dos milagres], reunião de previsões publicada em Paris em 1486, continha uma previsão de um monge florentino, Savonarola (que será executado dois anos mais tarde), na qual quiseram ver uma alusão a Lutero e à Reforma. Em 1553, em *Odeoporicon*, Gerard Brusch revelou a profecia de Regiomontanus (professor de astronomia e bispo de Ratisbona,

---

* Segundo a profecia, Bento XVI foi *gloria olivaei* (glória das oliveiras), e seria seguido, então, do último papa, Pedro II. O sucessor de Bento XVI, entretanto, quebrou a sequência escolhendo o nome Francisco.

morto em 1476), segundo a qual o fim do mundo ocorreria em 1558: segundo os cronistas, foi grande o medo na Europa naquele ano. O astrônomo Johann Stöffel já havia previsto o dilúvio para 1524, tanto que Blaise d'Auriol, um ilustre professor de direito em Toulouse, chegou a trazer para perto de sua casa um barco equipado, a fim de ali se refugiar com a família quando as águas subissem.

O único profeta verdadeiramente interessante foi Michel de Nostredame, vulgo Nostradamus. Nascido em Saint-Rémy-de-Provence em 1503 foi médico da universidade de Montpellier e praticou a medicina em Toulouse antes de ser convocado pelo Parlamento de Aix, no tempo da peste de 1546, para exercê-la custeado pela cidade durante três anos. Em seguida, instalado em Salon-de-Craux, onde casou-se pela segunda vez, estudou astrologia judiciária em livros que ele queimou, e começou suas Centúrias, quartetos proféticos divididos em séries de cem. Ele hesitou por muito tempo em publicá-las. A primeira edição, intitulada *As Profecias do Senhor Michel Nostradamus* (1555), foi publicada por Macé Bonhomme em Lyon; continha as três primeiras Centúrias na íntegra e 53 quartetos da quarta, sendo o conjunto dedicado a seu filho recém-nascido, César. O sucesso de Nostradamus foi tão grande que o rei Henrique II o chamou à sua corte em 1556 e o cobriu de presentes. Catarina de Médici e Francisco II, duque e duquesa de Saboia, foram se consultar com ele em Salon; Carlos IX nomeou-o conselheiro íntimo e médico particular. A primeira edição completa das dez Centúrias foi feita por Pierre Rigaud em dois volumes (1558 e 1566); depois da morte de Nostradamus, em 1566, Benoist Rigaud a reeditou, em 1568, com variantes tiradas dos manuscritos.

Em mil quartetos, Nostradamus predisse os acontecimentos que deveriam ocorrer até o ano 3797. Para torná-los ininteligíveis aos profanos, redigiu seus oráculos segundo os torneios da sintaxe latina, com inversões, antíteses, anagramas (*Rapis* em vez de Paris, *Nersaf* em vez de França, *Norlaris* em vez de Lorrains, *Mendousus* em vez de Vendosme etc.), calembures (*Dort-léans* em vez de Orléans), metáforas, além de palavras celtas, romanas, espanholas, latinas, gregas e hebraicas. O próprio Nostradamus nos advertiu de que sua obra não é anfibológica, isto é, não tem vários sentidos, mas sim um único sentido cuidadosamente escondido. Assim, o fato de o interpretarem de tantas maneiras diferentes prova que todos os seus comentadores se enganam: eles deveriam concordar em uma única interpretação, apenas com pequenas nuances. Essa obra que ele dizia provir "de uma inspiração sobrenatural", esses versos sibilinos que chamava de "minhas noturnas e proféticas hipóteses, compostas mais por um instinto natural acompanhado de um furor poético do que pelas regras da poesia", testemunham um sistema crono-cosmográfico tão sábio que levam em conta, em seus cálculos, os planetas Netuno e Urano, quando estes ainda não haviam sido descobertos.

Uma multidão de glosadores tentou penetrar nos enigmas das Centúrias, que são a base ideal para o método paranoico-crítico. Cada um deles as abordou conforme seus próprios preconceitos: já se serviram delas contra Mazarin nas mazarinadas, e, nelas, dois autores que viveram durante o reinado de Luís XIV — Guynaud, chefe dos pajens de Versalhes, e Jean de Roux, cura de Louvicamp — encontraram nelas menções a esse rei. No século XIX, Torné-Chavigny, cura de La Clotte (perto de La Rochelle) e autor de *L'Histoire predite et jugée par Nostredamus* [História predita e julgada por Nostradamus, em três volumes, 1860-1862], passou a anunciar acontecimentos futuros a partir das Centúrias: viu que Napoleão III seria derrubado e que Henrique V restauraria a realeza na França. Mas, sob a Terceira República, esse fervoroso cura disse que Nostradamus predissera o surgimento próximo de Napoleão IV, e escreveu ao *National*, em 8 de abril de 1878, uma carta propondo mil francos de recompensa a quem provasse que ele estava errado.

O dr. Fontbrune, em 1938, descobriu que Nostradamus falava de Hitler nos seguintes versos:

Nove anos o magro a paz manterá
Depois se expandirá com sede sanguinária
Por ele um povo sem fé nem lei morrerá
Morto por um muito mais bem-humorado

"O terceiro verso desse quarteto bastava para designar Hitler", disse Fontbrune. Mas por que ele é chamado de "magro"? Simplesmente porque Hitler era vegetariano, bebia apenas água e não fumava: Nostradamus teria previsto até mesmo isso. Em outro trecho, escreveu:

O aventureiro seiscentos e seis ou nove
Será surpreendido por fel dentro de um ovo

Fontbrune traduziu: "O aventureiro, de 1936 a 1939, será surpreendido pelo amargor oculto em sua obra"[333]. Na realidade, "seiscentos e seis ou nove" não tem nada a ver com 1936-1939: Nostradamus evoca, aqui, a Besta 666 do Apocalipse (que tem como resultado nove na redução teosófica), pela qual ele era obcecado, como outros profetas de sua época. O dr. Fontbrune, depois de decifrar nas Centúrias o fim da Terceira República e a derrota final de Hitler e Mussolini (isto é, tudo aquilo que se temia e se esperava em 1938), voltaria a insistir, depois da Segunda Guerra Mundial, em demonstrar que Nostradamus havia previsto que a guerra começaria em 1939 ao escrever: "Ao fogo, à água está sujeito o trinta e nove"; ali onde dizia "o velho" ou "Philip", tratava-se do marechal Pétain; "a ave de rapina voando na janela" significava o Reich etc.

Convencido dessa demonstração, o dr. Fontbrune tirou de outros quartetos as seguintes previsões: a Quarta República seria abolida ao final de setembro de 1951; o conde de Paris seria proclamado rei (pois ele seria "o grande Chiren" de quem Nostradamus disse: "Um chefe do mundo o grande Chiren será") e faria de Avignon a capital da França, mas precisaria enfrentar uma Terceira Guerra Mundial, durante a qual se daria a invasão da Suíça. Depois disso, o século se encerraria com um cataclisma:

No ano mil e novecentos e noventa e nove sete meses
Do céu virá um grande Rei do pavor
Ressuscitar o grande Rei de Angoumois
Antes, depois, Marte reinar por sorte

Tradução do dr. Fontbrune: "Em julho de 1999, virá pelo ar um grande Rei de terror para ressuscitar o chefe dos Hunos. Antes e depois disso, o deus da guerra causará danos ao mundo como nunca"[334]. Ocorreria talvez um golpe militar ou um atentado terrorista em julho de 1999, como os que acontecem continuamente hoje em dia. Um magistrado de Gâtinais, em 1560, que lutava contra "o exagero dos prognosticadores", observou: "Se em um mesmo ano quatro filósofos prognosticarem coisas contrárias, e um predisser a paz, ela ocorrerá, sem dúvida, em vários lugares. Outro predirá a guerra que virá também em outros lugares... Porque verdade e mentira estarão sempre juntas e de acordo"[335].

Assim, diversos autores se contentam em pôr na boca desse homem extraordinário aquilo que gostariam de ouvir, mais que tomar conhecimento do que ele de fato pensava. Nostradamus teve uma série de visões do futuro em auto-hipnose, mas ele as concebeu *segundo as ideias de seu tempo*, e não segundo as ideias do nosso tempo. Sua obra tem de genial o fato de conter um excesso de generalidades, de cifras e de nomes ambíguos para dar a cada século a ilusão de que se refere a ele. Mas um letrado ou um historiador sério percebe que ele fala de tudo o que interessava a seus contemporâneos: as guerras religiosas, o Anticristo, o Grande Monarca, o próximo dilúvio, todos esses acontecimentos sendo precedidos de cometas, eclipses, recém-nascidos monstruosos — sinais aos quais não atribuímos mais o mesmo sentido. É estranho pensar que um homem em pleno século XVI tenha conseguido prever transformações políticas precisas nos séculos seguintes, e características de chefes de estado. Para os teólogos, a presciência, conhecimento infalível do destino, pertence apenas a Deus (e até os anabatistas e os socinianos a contestavam, em razão do livre-arbítrio que torna imprevisíveis as ações humanas). Admiremos em Nostradamus uma engenhosidade espantosa, lampejos de extraordinária lucidez que se prestam a algumas coincidências, mas não dons que homem nenhum é capaz de ter; do contrário, a humanidade não seria o que é.

Depois de Nostradamus, não encontramos mais nenhum profeta tão sutil quanto ele; é por isso que é comentado até hoje, ao passo que outros foram esquecidos. Aliás, não se pode associar à filosofia oculta aquilo que se deve ao fanatismo religioso, como quando Pierre de Jurieu, em *L'Accomplissement des prophéties* [A realização das profecias] (1686), previu para 1690 o estabelecimento universal do protestantismo sobre as ruínas do catolicismo. Duas profetisas, contudo, merecem ser conhecidas: Suzette Labrousse (1747-1821), religiosa de Périgord que, durante a Revolução, foi a Paris, onde seus enigmas proféticos obtiveram certo sucesso, após o que se transferiu para Roma em 1792 e foi aprisionada no castelo de Santo Ângelo, do qual ela não aceitou sair até 1800, já que esperava nessa data "um acontecimento que deve enfim esclarecer todo o universo"[336]; e Marie-Anne Lenormand (1772-1843), nascida em Alençon, que foi a vidente de Joséphine de Beauharnais, a quem ela predisse que seria imperatriz, e que contava em sua clientela com Barras, Tallien, o pintor David, Talleyrand, Talma e o general Moreau. Lenormand aumentou sua reputação sob a Restauração e sob Luís Filipe. Em seu gabinete de consulta, na rue de Tournon, essa mulher grande, com turbante, praticava a adivinhação através das cartas, da borra de café e de ovos; ela quebrava os ovos que o consulente devia ter levado consigo por três dias, despejando o conteúdo em um copo de água e interpretando o que via ali. Marie-Anne Lenormand publicou diversos livros, dentre os quais *Oráculos Sibilinos* (1817), e foi tão amada que ao seu enterro em Paris compareceram membros do governo, à frente dos quais Guizot.

A ASTROLOGIA

As crenças relativas à influência dos astros sobre o destino humano eram muito contraditórias até que Ptolomeu, no século II da era cristã, tratou de unificá--las. Em seu *Tetrabiblos*, ensinou como calcular a duração da vida, os vícios e as doenças do corpo, as qualidades da alma, as riquezas e as honras, ao medir os *aspectos* dos planetas, isto é, as distâncias que os separam uns dos outros, ou seu afastamento relativo à cúspide de uma casa do horóscopo. Ptolomeu determinou seis aspectos ou configurações: a *conjunção* (quando dois ou mais planetas se encontram no mesmo grau de um signo), o *sextil* (quando dois planetas estão afastados em 60 graus), a *quadratura* (de 90 graus), o *trino* ou *trígono* (de 120 graus), a *oposição* (de 180 graus) e a *antíscia* (paralelo de declinação: quando dois ou mais planetas se situam à mesma distância do Equador). O sextil e o trígono eram aspectos benéficos; a quadratura e a oposição, aspectos negativos; a conjunção era boa ou má conforme os planetas eram considerados "amigos" ou "inimigos" entre eles. A cosmografia de Ptolomeu tinha o inconveniente de postular que o sol girava em torno da terra arrastando o céu consigo; a eclíptica, para o autor, não era como é para nós a órbita da terra descrita em um ano em torno do sol, mas precisamente o inverso. Os astrólogos europeus se basearam em Ptolomeu até meados do século XVII; Girolamo Cardano baseou nele toda a sua doutrina astrológica, e *L'Uranie* [A urania], de Nicolas Bourdin, publicado em 1640, não passava de uma tradução do *Tetrabiblos* de Ptolomeu. Apesar das correções necessárias, as teorias desses precursores abundam em indicações fundamentais. Fala-se hoje em dia de "nódulos da lua" e não de Cabeça ou de Cauda do Dragão;

de "doador de vida" e não de "afeto" (o *hyleg* dos árabes), isto é, da presença do sol ou da lua sobre os cinco lugares aféticos (a xiª, a xª, a ixª, a viiª e a iª Casas), mas os princípios continuam sendo aqueles da Tradição.

Os primeiros astrólogos conheciam apenas 1022 estrelas fixas e 7 planetas (dentre os quais o sol e a lua); podemos, portanto, criticá-los por terem acreditado em um sistema que perdeu valor quando foram descobertos os planetas Urano, Netuno e Plutão. Mas não é certo que esses astrólogos fossem acrescentá-los à lista que devia conter apenas os sete astros mais próximos, correspondentes aos sete dias da semana. Aliás, as doze constelações do Zodíaco, em relação com os doze meses do ano, foram escolhidas por eles em uma época em que haviam sido identificadas outras quinze constelações. Não é simplista pensar que os planetas influem sobre a agressividade ou a sexualidade por se chamarem Marte e Vênus, já que receberam esses nomes após deduções sobre seus respectivos efeitos. O mais rápido dos planetas, que realiza sua revolução sideral em 48 dias, foi batizado consequentemente de Mercúrio, o deus de pés alados. Os antigos definiram os planetas por sua *natureza*, sua *condição* e seu *sexo*. Distinguiam dois planetas femininos (Lua e Vênus), quatro masculinos (Marte, Sol, Júpiter e Saturno) e um andrógino (Mercúrio); suas virtudes e propriedades se deviam à sua posição no céu, bem como as qualidades físicas que pareciam ter (calor, frio, umidade ou secura).

O Zodíaco, zona celeste ao redor da terra, que corta o equador nos dois pontos equinociais, foi dividido em doze partes iguais ou signos, que receberam os nomes das doze constelações que os planetas percorrem continuamente: Áries, Aquário, Gêmeos etc. Cada signo representava trinta graus do círculo que circunscrevia essa zona e se subdividia em três decanatos. Independentemente dos doze signos do Zodíaco, foram consideradas doze casas astrológicas, que dão conta do movimento diurno dos planetas. Um planeta tem em um signo sua *casa* (ou domicílio favorito); em outra casa, tem sua *exaltação* (pois sua influência aí cresce para o bem ou para o mal); em duas outras casas, seu *exílio* (quando ele ocupa o signo oposto ao seu domicílio) e sua *queda* (o signo oposto ao seu lugar de exaltação). Assim, o Sol tem por casa o Leão, por exaltação Áries, por exílio Aquário, por queda Libra. A *profecção* é uma progressão (astrológica, e não astronômica) de trinta graus por ano do Zodíaco: "A cada ano, o Zodíaco *inteiro* avança um signo, o que implica que se reencontra a cada doze anos na situação que ocupava no momento do nascimento"[337]. As doze casas são elementos da adivinhação astrológica: a Casa I (chamada de "Ascendente") informa sobre a longevidade, a Casa II sobre os bens materiais, a Casa III sobre as viagens, a Casa IV sobre a família etc. A Casa VI é o "Purgatório", a Casa X é o "Meio do Céu" conforme a chamava Ptolomeu, e a Casa XII é o "Inferno do Zodíaco".

A arte da astrologia é estabelecer um horóscopo, ou seja, o cálculo de aspectos planetários relativos a um indivíduo por meio de um *mapa natal* (ou *genetlíaco*, quando é feito para um recém-nascido), que prediz o que será sua vida em função de seu "céu do nascimento", ou de um *mapa de revolução*, que limita a previsão a um ano, um mês, um dia ou mesmo uma hora precisa (a astrologia horária já era conhecida entre os assírios). O mapa astral é estudado traçando-se um círculo zodiacal onde as posições dos planetas, que indicam sua *dignidade* ou sua *debilidade*, formam ângulos: "Todos os *aspectos* concordam com os ângulos de polígonos regulares que podem ser inscritos em um círculo"[338]. A data de nascimento e a latitude do local de nascença fornecem a base do cálculo. O dia astrológico começa ao meio-dia, portanto aquele que nasce entre meia-noite e meio-dia é dito *noturno*; o que nasce entre meio-dia e meia-noite, *diurno*. O ano astrológico se inicia em 21 de março, o que exige uma correção: "Assim como é preciso recuar um dia para os nascimentos noturnos, é preciso recuar *um ano* para as pessoas nascidas de 1º de janeiro até 20 de março, de modo que o milésimo só muda no dia 21 desse mês"[339]. O astrólogo trabalha com todo tipo de efemérides e tabelas: o Calendário tebano (que mostra a concordância dos dias do ano com os graus do Zodíaco e os presságios a eles associados), a Tabela cíclica dos anos (que permite saber qual é o planeta que rege cada um), a Tabela dos 36 decanatos etc.

A adivinhação astrológica é feita calculando as *direções* e os *trânsitos*. A direção é a medida em graus sobre o equador do espaço que separa um *promissor* (planeta que deve produzir um acontecimento) de um *significador* (Sol, Lua, Mercúrio, Ascendente ou Meio do Céu): o resultado indica o tempo do cumprimento da previsão. O trânsito é a passagem de certos planetas sobre os lugares do mapa ocupados pelo Sol, pelo Ascendente, pelo Meio do Céu, pela Casa VII e pela Casa IV. A astrologia não é uma ciência exata, mas mereceria sê-lo pelo refinamento do raciocínio de seus especialistas sobre noções geográficas, astronômicas e fisiológicas. Os valores dos planetas foram fixados a partir do estudo de mapas astrais de homens célebres feitos após a morte deles: assim, os astrólogos árabes anotaram cuidadosamente as coordenadas natais de Tamerlão (2 de abril de 1336 à meia-noite, polo 39), a fim de saber a quais conjunções planetárias correspondiam suas conquistas. Comparações minuciosas foram estabelecidas entre múltiplos casos, e disso se tiraram leis gerais.

Na Idade Média, foram os médicos que impuseram a astrologia a partir do século xx; apenas eles ousavam desafiar as interdições da Igreja, com o pretexto de que era preciso conhecer as propriedades dos astros assim como dos planetas. No Renascimento, Marsílio Ficino, padre na catedral de Florença, foi um dos mais ardorosos defensores da astrologia na corte de Lourenço de Médici, mas Pico della Mirandola a combateu em 1495, em uma refutação em doze livros, *Disputationes adversus astrologiam divinatricem* [Polêmica contra a astrologia judiciária]. Em seguida, três astrólogos, dentre eles o sienense Lucius Bellantius, fizeram o mapa de Pico e descobriram que ele morreria aos 31 anos — o que foi fácil de estabelecer, já que essa obra apareceu um ano depois da morte do autor. Tal anedota foi relatada por todos os defensores da astrologia no século xvi. Houve muitos deles, a maioria na Itália, que é considerada a pátria dessa arte divinatória. O mais célebre dos astrólogos foi Luca Gaurico (1476-1558), professor de matemática em Ferrara, condenado ao suplício da estrapada por ter previsto para Bentivoglio, tirano de Bolonha, que ele seria expulso de seus estados. Gaurico se mostrou mais prudente quando do o papa Paulo iii lhe pediu um mapa astral, e quando Catarina de Médici pediu o mapa de seu marido, Henrique ii — tanto que este obteve, em 1545, o bispado da Civita Ducale. Suas *Obras Completas*, publicadas na Basileia, em 1575, continham um elogio da astronomia, estudos sobre a esfera celeste e o movimento dos planetas.

A França rivalizou com a Itália sob o reinado de Catarina de Médici, a quem Auger Ferrier, médico de Toulouse, dedicou *Julgamentos Astronômicos Sobre as Natividades* (1550), obra muito bem concebida. Sua influência preponderante foi, primeiramente, a de Francesco Giuntini, vulgo Junctinis (1522-1590), padre carmelita nascido em Florença, que renunciou à sua religião após ir para a França. Instalado em Lyon, trabalhou como revisor de tipografia e depois como bancário. Lá publicou *Speculum astrologiae* [Espelho da astrologia], dois in-fólio monumentais que se esgotaram imediatamente (a segunda edição, com seu retrato, é de 1583). Também escreveu várias dissertações, por exemplo sobre a reforma do Calendário gregoriano ou o cometa aparecido em Lyon em 12 de novembro de 1577.

Os astrônomos eram muitas vezes astrólogos convictos, como Tycho Brahe e Kepler; este último, na época em que postulou as três leis que levam seu nome, nas quais corrige as descrições dos movimentos planetários, introduziu na astrologia os seis aspectos menores e publicou, em 1610, um panfleto contra aqueles que maldiziam os horóscopos. No entanto, o melhor astrólogo do século XVII foi Jean-Baptiste Morin (1583-1656), doutor em medicina na Universidade de Avignon nascido em Villefranche e radicado em Paris, onde ocupou por muito tempo a cátedra de matemática no Colégio Real. Ele inventou um sistema de cálculo de longitudes no mar e travou violentas polêmicas com os sábios de seu tempo. O cardeal Richelieu o consultou antes de decidir sua viagem a Perpignan, e as pessoas na corte tinham nele plena confiança: "O conde de Chavigni, secretário de estado, regulava pelos conselhos de Morin todos os seus passos e, o que ele considerava o mais importante, as horas das visitas que faria ao cardeal Richelieu"[340]. Morin foi posteriormente astrólogo do cardeal Mazarin, que lhe concedeu em 1645 uma pensão de duas mil libras. Sua enorme obra, *Astrologia gallica* [Astrologia gaulesa], cuja publicação foi custeada pela rainha da Polônia, só obteve autoridade pelo que afirmava sobre as *dignidades acidentais* dos planetas, as *direções* e o modo de interpretar os mapas (livros XV a XXVI).

A escola francesa conheceu outros representantes brilhantes, como Antoine de Villon, professor de filosofia na universidade de Paris, autor de uma clara exposição doutrinal, *Do Uso das Efemérides* (1634). Nesse livro, acreditando conforme Ptolomeu que se deveria fazer o mapa astral a partir do momento da concepção do indivíduo, e não de seu nascimento, propôs um método para encontrar o dia e a hora da fecundação, e "o tempo que a criança ficou no ventre da mãe". Blaise de Pagan, engenheiro que fez os trabalhos de fortificação durante as guerras de Luís XIII, compôs Tabelas astronômicas; uma teoria dos planetas; e *Astrologia Natural* (1659)[341], na qual mostrou como construir um mapa astral quadrado (segundo o hábito da época). A escola inglesa começou a se firmar com William Lilly, astrólogo de Carlos I; sua *Astrologia Cristã* (1647) adquiriu reputação internacional.

No século XVIII, a astrologia foi tão desacreditada pelos filósofos da *Enciclopédia* que se supôs que jamais seria reerguida. Legendre, em seu *Tratado da Opinião*, observou que em sua época se contavam 48 constelações — e não 35, como nos séculos precedentes — e que a descoberta da precessão dos equinócios arruinara a adivinhação astrológica: "Os doze signos do Zodíaco não estão mais sob as mesmas estrelas, porque o espaço que chamamos de Áries, e que se expande desde a seção equinocial da primavera até trinta graus além, não está mais sob as estrelas de Áries, mas de Peixes; pois as constelações passaram mais de um signo ou trinta graus do Ocidente para o Oriente. Há de algum modo dois Áries no céu, segundo a linguagem astronômica: um Áries do firmamento e um Áries do zodíaco"[342]. Assim, ironizou ele, atribui-se a virtude da constelação de Touro à constelação que, há dois mil anos, era de Áries, ocupando então o lugar desta. Voltaire retomou os mesmos argumentos no verbete "Astrologia" de seu *Dicionário Filosófico* (1764), no qual a definiu como "essa extravagância universal, que há tanto tempo infectou o espírito humano". Ignorava que os próprios astrólogos já haviam identificado a diferença entre "o verdadeiro Zodíaco" e "o imaginário do firmamento", explicando que Áries não era uma constelação, mas sim os trinta graus da eclíptica a partir do ponto do equinócio de primavera e que sua influência não vinha das 21 estrelas com esse nome: "Os signos do verdadeiro Zodíaco não têm nenhuma virtude ou propriedade além daquelas que recebem, em primeiro lugar, do Sol, em seguida, da Lua, e enfim (mas não muito) de outros planetas"[343].

A astrologia se recuperou do choque causado pelos Enciclopedistas e conheceu uma renovação no século XIX, já sob o Segundo Império, na figura de Paul Christian, mas sobretudo sob a Terceira República, com um de seus grandes teóricos, Jules Eveno, vulgo Julevno (1845-1915), professor de latim e de grego no colégio de Montrouge, depois bibliotecário na subprefeitura do quarto distrito de Paris, que se dedicou à astrologia a partir de 1875. Seu *Nouveau Traité d'astrologie pratique* [Novo tratado de astrologia prática] (1912), incessantemente reeditado com correções, e sua *Clef des directions* [Chave das direções] (1927) tornaram-se clássicos. Outros ocultistas contribuíram para esse florescimento, como Ély Star em *Les Mystères de l'horoscope* [Mistérios do horóscopo] (1888); Albert Haatan em seu *Traité d'astrologie judiciaire* [Tratado de astrologia judiciária] (1895); e Selva em seu *Traité Théorique et Pratique d'astrologie généthliaque* [Tratado teórico e prático da astrologia genetlíaca] (1900) e em sua revista *Le Déterminisme astral*.

Esses ocultistas pensavam como Fomalhaut: "O astrólogo é antes de tudo um astrônomo. É impossível separar essas duas qualidades"[344]. Depois que Leverrier descreveu Netuno, em 1846, percorrendo os signos do Zodíaco em 160 anos, isso foi levado em conta de maneiras diferentes. Burgoyne disse que Netuno era benéfico e da natureza de Vênus; John Story, Charles Hartfield e o dr. Broughton julgaram esse planeta maléfico e atribuíram a Guerra da Crimeia à conjunção de Netuno com Saturno no signo de Aquário, e a revolução da Irlanda, a seu trânsito em Touro. Mas Papus defendia que os planetas depois de Saturno não deviam ser considerados, assim como os asteroides entre Marte e Júpiter: "É um erro lamentável que os astrólogos contemporâneos tenham introduzido em seus cálculos a influência de Netuno e de Urano, dois planetas situados além de Saturno... A meu ver, esses dois planetas e outros que serão descobertos mais tarde são intermediários entre o nosso sistema solar e o sistema solar mais próximo. O sentido de sua rotação, aliás, indica isso para quem sabe enxergar"[345]. No entanto, conservou-se o costume de calculá-los no mapa astral, como era da opinião de Julevno: "Saturno com Urano são os dois planetas cujos efeitos são mais fatais para a humanidade"[346].

Uma tendência extraordinária da astrologia moderna é incluir no mapa até mesmo a "lua negra", Lilith, segundo satélite da Terra. Não se trata inteiramente de um mito científico. Riccioli descobriu esse astro errante em 21 de dezembro de 1618, e Cassini o avistou em Montpellier em 7 de novembro de 1700. Nos dois séculos seguintes, cem outras observações foram feitas sobre Lilith, que o dr. Alisher captou em seu telescópio em 15 de março de 1721. Estabeleceu-se que sua revolução sinódica (o tempo necessário para ocupar um mesmo ponto do céu em relação ao sol) é de 177 dias. Sepharial, astrólogo inglês que previu a guerra de 1914 e suas consequências, deu a Lilith um símbolo comparável aos outros hieroglifos planetários. Para os ocultistas, Lilith tem sua exaltação no signo de Gêmeos e corresponde à lâmina xv do Tarot (o Diabo): "Sua ação é ao mesmo tempo sexual e intelectual"[347]. Robert Ambelain dedica um dos três volumes de seu *Traité d'astrologie ésotérique* [Tratado de astrologia esotérica] (1937-1942) à astrologia lunar*; também estudou as direções e os trânsitos de Lilith para mostrar como tirar partido desse satélite desconhecido que percorre cerca de três graus do céu todo dia.

Mais do que isso: foram medidos os efeitos astrológicos sobre o destino humano de Prosérpina e Vulcano, dois planetas "que falta descobrir". Jean Carteret, encontrando em Julevno indicações sobre Prosérpina e Vulcano e constatando em um Codex que os astecas os pressentiam, considerou a primeira uma transcendência de Vênus, que presidiria a emancipação sexual, e o segundo uma transcendência de Mercúrio, que governaria a transformação do mundo, e calculou aproximativamente a posição e a velocidade média deles. Ele constituiu, assim, uma "cruz de planetas", com dois braços, que opôs ao círculo do Zodíaco: "Tenho uma cruz de planetas na qual todos os planetas *extrovertidos* ficam *acima* do horizonte, e na qual todos os planetas *introvertidos* ficam *abaixo* do horizonte, todos os planetas duros à esquerda, todos os planetas delicados à direita: portanto, trata-se de um plano *completo*"[348]. Astrônomos do Lawrence Laboratory de Livermore (Califórnia) admitiram, em 1972, a existência de Prosérpina a partir das perturbações do cometa Halley, o que demonstra que Carteret começa a ser levado a sério. Mas esse astrólogo, cujo método é puramente dialético, não forneceu exemplos de mapas construídos com esses dois planetas hipotéticos, alegando: "Eu me situo, em astrologia, do lado dos compositores, não dos intérpretes"[349].

A GEOMANCIA

A geomancia ou adivinhação pela terra (porque os signos eram traçados primitivamente no chão) era um cálculo de probabilidades que se desenvolvia em equações da sorte, de modo que essa arte divinatória encantou também os matemáticos. O Ocidente começou a se interessar por ela quando Gerardo de Cremona, em 1160, traduziu um tratado de geomancia árabe. Foi elevada à altura de uma ciência e, cúmulo da honra, tornou-se um tema da poesia didática. No início do século XIV, dois poemas em provençal antigo, um do mestre Guilhem,

---

* Alexandre Volguine, fundador dos *Cahiers astrologiques* (1937-1971), também escreveu uma *Astrologie lunaire* (1947).

outro anônimo, descreveram sua técnica e sua interpretação[350]. Essa adivinhação vinha dos árabes, que a trouxeram da Índia, país que ocuparam no ano 664. Um manuscrito árabe do século XVI, conservado na Biblioteca Nacional da França, se intitula: *Tratado de geomancia que se diz ter sido transmitido pelo patriarca Idris a Tomtom, Indiano, e por este a Abou Mohammed al Zanati, e por este último a outro magrebino e assim até chegar ao conhecimento de Ibrahim ibn Nafi al Sahili.*

A prática da geomancia não variou durante séculos: ela é tradicional por excelência e basta ler um tratado para conhecê-la. A obra mais importante ainda é *La Géomance* [A geomancia] (1558) de Cristoforo Cattaneo, que deu ensejo a todo tipo de imitações e que os geomantes modernos continuam a seguir. Esse autor normalizou a geomancia ao recomendar que não fosse mais inscrita no chão: "Por ora, a melhor maneira de praticá-la é com tinta, pena e papel. Pois fazê-la com os dedos ou com as favas ou outros grãos, à maneira das cortesãs bolonhesas quando querem saber notícias de amigos ausentes e como ainda se faz em toda a Itália, não me agrada nem um pouco"[351]. A geomancia só responde a uma questão por vez. Se o consulente deseja uma resposta para duas questões, deve fazê-las separadamente, e a operação recomeça para a segunda apenas quando a primeira for resolvida. Jean de la Taille elaborou uma lista das perguntas mais frequentes: "se o requerente ou consulente viverá muito tempo e quantos anos", "se o estado do requerente vai melhorar ou piorar", "se uma viagem será boa e sem percalços", "se algum animal que fugiu poderá ser encontrado", "se um remédio será benéfico ou maléfico", "quem ganhará em um processo ou em uma disputa", "se um casamento se realizará", "se uma mulher é casta ou não", "se a mulher dará à luz um menino ou uma menina" e até "como saber o que outro pensava"[352].

O procedimento é o seguinte: traçam-se dezesseis linhas irregulares pontilhadas, sem contar os pontos (embora sejam necessários ao menos catorze pontos por linha), com um único movimento contínuo, formulando mentalmente a questão, até terminar. Agrupam-se essas linhas em grupos de quatro, separam-se a partir da direita quatro figuras feitas de pontos chamadas de *mães*; delas se extraem pontos para formar quatro figuras de *filhas*; com pontos tirados das mães e das filhas são feitas quatro *sobrinhas*; com as mães e as sobrinhas, duas *testemunhas*, das quais se tira para constituir o *Juiz*, que decide sobre o significado bom ou ruim do conjunto. Com isso se produzem quinze figuras, que podem apresentar dezesseis combinações de pontos, cada uma delas com um nome: Caminho (quatro pontos um em cima do outro), Povoado (quatro vezes dois pontos superpostos), Cabeça de Dragão (cinco pontos formando um Y), Cauda de Dragão, Menino, Menina, Prisão, Conjunção, Fortuna menor, Fortuna maior, Vermelho, Branco, Tristeza, Alegria, Perda e Aquisição.

Essas figuras são ambíguas, pois Conjunção pode significar ligação amorosa ou aliança profissional; Perda anuncia às vezes a solução de um problema etc. Além disso, para se ter maior precisão, as figuras se alojam nas Casas, como na astrologia, e são distinguidos cinco *aspectos* (ou número de Casas que separam as figuras entre elas): companhia, oposição, trígono, quadrante, sextil. A companhia (associação de uma figura e aquela que vem imediatamente a seguir) dá o sentido elementar; se Caminho está acompanhado de Alegria, compreende-se o que isso quer dizer. A oposição (comparação de uma figura com aquela da sétima Casa) e a quadratura (com aquela da quarta Casa e sua companhia) indicam obstáculos. O trígono (que associa duas figuras separadas por três Casas) e o sextil (três figuras separadas cada uma por uma Casa) revelam sortes. Dizem que há "transferência" quando a mesma figura reaparece em uma ou mais Casas[*].

Como já dito, a geomancia não evoluiu desde o Renascimento, com mínimas exceções. Em sua *Opus geomantiae* [Obra de geomancia] (1638), Robert Fludd quis se prender à Tradição ainda mais do que seus predecessores; o *Dictionnaire de géomancie et des Rosecroix* [Dicionário de geomancia e Rosa-Cruz] do século XVIII mudou as denominações das figuras, chamando o Menino de Desmiolado, a Conjunção de Inconstante etc. Isso não modificou muito as regras do jogo divinatório — não mais do que as diferenças de escrita observadas pelos etnógrafos na África, em que travessões substituem às vezes os pontos e onde o adivinho escreve seus dezesseis "signos-mães" sobre o pó vegetal que cobre uma bandeja circular[353]. Hoje, na Europa, os matemáticos se deliciam com a geomancia, que um deles propôs rebatizar como *duomancia*, por ser "um sistema divinatório formado por dezesseis vetores binários de dimensão quatro". Francis Warrain, discípulo de Wronski, estudou como criar "quadrados

---

[*] O coronel Caslant descreveu casos de "'transferência' simples, dupla ou paralela" em seu *Traité élémentaire de géomancie* (Paris: Vega, 1935).

mágicos geomânticos" e até mesmo "rosários geomânticos" feitos de pérolas de vidro para facilitar a adivinhação utilizando "o número 16, considerado a solução única em número inteiro da equação $x^y = y^{x}$"[354].

A FISIOGNOMONIA

A fisiognomonia é a arte de adivinhar o caráter e o destino de um indivíduo a partir dos diferentes detalhes de sua constituição anatômica. Os médicos a utilizaram correntemente, pois consideravam que Hipócrates era seu inventor, e Aristóteles já havia codificado princípios que consistiam em julgar inclinações, hábitos e paixões de um ser humano ao examinar o movimento (o andar, os gestos, a postura), a beleza ou a feiura, a cor, a expressão do rosto, a qualidade da pele, a voz, o peso, a forma e as dimensões das partes. Segundo todos os autores da Antiguidade, havia quatro regras de fisiognomonia: a atitude aparente (um ar triste indica um temperamento triste, um ar alegre um temperamento alegre etc.), a analogia entre o homem e o animal (aquele que tem rosto de raposa, por exemplo, é astuto como uma), a diferenciação dos sexos (o homem que parece uma mulher não tem qualidades viris, a mulher com aparência de homem é privada de qualidades femininas) e a influência do clima (que impõe tipos étnicos distintos de um país para outro). Aristóteles agregou uma quinta regra, a regra silogística, que permitia raciocinar logicamente a partir desses indícios. Os filósofos da Idade Média que se interessaram pela fisiognomonia, como Alberto Magno ou Roger Bacon, não aportaram nada de muito novo a esses dados iniciais.

O primeiro tratado sintético sobre esse assunto foi *De Humana physiognomonia* [Sobre a fisiognomonia humana] (1586), de Giambattista della Porta (1550-1615), que o traduziu em seguida para o italiano. Esse médico napolitano foi um menino prodígio, que aos dez anos já impressionava os professores com suas composições em latim. Depois de viagens de estudos pela Europa, fundou em Nápoles a Academia dos Secretos, onde os sábios eram admitidos apenas se houvessem descoberto algum segredo da medicina ou da física. Quando o papa Paulo III o mandou fechar a academia, devido a rumores de que ali se ocupavam de artes mágicas, ele a converteu em um gabinete de curiosidades, visitado com admiração por Gabriel Peiresc. Autor de obras variadas sobre agricultura, astrologia, escritas secretas e especialista em óptica (deve-se a ele justamente uma teoria da visão, lentes, e até um projeto de telescópio anterior a Galileu), Della Porta publicaria em 1589 uma *Magiae naturalis* [Magia natural] em vinte livros (dizem que começou a redigi-la aos quinze anos), verdadeiro monumento da magia ocidental. Esse homem de ciência, que era igualmente um literato, escreveu também dezessete peças de teatro, algumas encenadas com sucesso.

Della Porta definiu assim a fisiognomonia: "É um método que revela quais são os costumes e a natureza dos homens através dos sinais que são fixos e permanentes no corpo, e dos acidentes que transformam esses sinais". Sua obra se divide em quatro livros: o primeiro expõe considerações gerais, a fim de discernir o que é útil e o que é inútil no exame fisiognomônico. Há em cada indivíduo sinais próprios e sinais comuns; os principais são os sinais próprios, "aqueles que condizem com as afeições que denotam e que têm com elas uma correspondência"[355]. O segundo livro, em 55 capítulos, estuda sucessivamente a cabeça, os cabelos, a fronte, as sobrancelhas, as têmporas, as orelhas, o nariz, as faces, os lábios, os dentes, a língua, a respiração, o riso, a voz, a mandíbula e o queixo, o pescoço, as clavículas, o dorso, o tronco, o ventre, o umbigo, os braços, as mãos, os dedos, as unhas, as coxas, as nádegas, os joelhos, as panturrilhas, os calcanhares, os pés, o andar etc. O terceiro livro é todo dedicado aos olhos, à sua cor, sua forma, piscadelas, olheiras, pálpebras, expressões diversas, anomalias. O quarto livro descreve os tipos humanos, isto é, qual é a figura do homem justo e do injusto, do fiel e do infiel, do prudente e do imprudente, do mau, do louco, do ingênuo, do liberal, do orgulhoso, do ímpio, do pusilânime, do dissimulado etc. O último capítulo é um estudo sobre as marcas e as manchas naturais.

Giambattista della Porta insistiu na comparação entre a morfologia humana e a animal. Acreditava, como Aristóteles, que o homem ideal deve se parecer com um leão, mas acrescenta que a pantera "se aproxima muito da forma do corpo, do espírito e dos costumes da mulher", já que esta, quando é bem-feita, tem "o pescoço muito longo e esguio, o peito com pequenas costelas, o tronco comprido, as nádegas e as coxas carnudas, as partes em volta dos flancos e do ventre mais planas, isto é, nem excessivas, nem côncavas"[356]. Ele compara uma cabeça esculpida de Platão com a de um cachorro, uma cabeça do imperador Vitélio com a de um mocho, mostrando como essas analogias morfológicas influem sobre o caráter humano. Os inconstantes se parecem com pássaros, os invejosos parecem feitos para morder: "Seus lábios inferiores são finos, inchados na altura dos dentes caninos". Todas as suas observações dão a impressão de uma comédia universal, em que cada ator é feito sob medida para um papel passional a ser desempenhado. Eis o que ele diz sobre os gulosos: "Eles têm o espaço do umbigo até a base do peito mais longo que da base do peito até a garganta." Os impudicos: "Eles têm o corpo penso para o lado direito e caminham com pés e pernas tortos, são um pouco hirsutos." Os avaros: "Eles têm o pescoço curvado para a frente e os ombros apertados junto ao peito, o corpo parece torto, os olhos obscuros, úmidos." Naturalmente, não se deve julgar um homem por um detalhe isolado: "É conveniente saber que não se obtém facilmente a verdade e o conhecimento sobre o caráter, a complexão e a natureza de alguém com base em um único sinal considerado isoladamente, ou de acordo com sua força, nem mesmo com base em dois; mas sim com vários, especialmente os mais importantes, e em todos aqueles que têm coerência entre si"[357].

A obra de Della Porta dispensa a leitura de seus predecessores, pois ele cita todos, até os árabes como Rasis; ele só emite sua opinião sobre um signo depois de relatar tudo o que já foi dito antes dele. Por exemplo, lembra que Aristóteles afirmou que os amantes dos jogos de azar "têm cabelos grossos, pretos e lisos, a barba espessa e as têmporas cobertas de cabelos eriçados" e especifica por sua vez: "Acrescentamos que tendem a ter os olhos voltados para o alto, grandes e um pouco avermelhados"[358]. Mas Della Porta tem a audácia inusitada de falar das partes genitais, afirmando que a ciência não deve ter falsos pudores. De resto, o próprio semblante anuncia a forma do sexo: "As partes do corpo têm entre elas mútua correspondência; por exemplo, a abertura e a fenda da boca e a grossura dos lábios ou sua pequenez denotam qual é a abertura e a fenda das partes pudendas das mulheres e a grossura ou a pequenez de seus lábios; assim como o nariz mostra como é o membro viril"[359]. Della Porta julga um indivíduo a partir de seu púbis ("Se o pelo é claro, fino e liso, o homem não é nem luxurioso, nem fértil"), seus genitais grandes ou pequenos, mas critica as interpretações exageradas: "Dizem que o membro viril torto para a esquerda engendra meninos, porque lança o sêmen para o lado direito do útero da mulher; se é torto para a direita, engendra meninas; é a opinião comum dos médicos, que observei ser falsa"[360].

214

Foram muitos os especialistas da fisiognomonia até o século XVIII: Chiaramonte, Huart, Peuschel, Marbitius, Parson, Helvetius, Pernetti. No entanto, apenas um deles pode ser lido hoje em comum acordo, o médico Marin Cureau de la Chambre, cuja *L'art de connoistre les hommes* [Arte de conhecer os homens] (1659), de espírito cartesiano, é um método para adivinhar os temperamentos através das marcas deixadas nos corpos. Chambre associou a fisiognomonia à sua teoria das paixões, que dividia em oito paixões simples — quatro do apetite concupiscente (amor, ódio, dor e prazer), quatro do apetite irascível (constância, consternação, ousadia e medo) — e onze paixões mistas (da esperança à agonia, que é um combate entre a dor, o medo e a ousadia). Provou que, não sendo a "perfeição natural" a mesma na mulher e no homem, o que em um era defeito no outro era qualidade: "Do mesmo modo que, em uma lebre, a timidez não é defeito, nem em um tigre, a crueldade, na medida em que suas naturezas exigem essas qualidades, também não se pode dizer que a timidez, a desconfiança, a inconstância etc. sejam defeitos da mulher, pois são naturais em seu sexo, que seria defeituoso sem elas"[361].

Aquele que é considerado o renovador da fisiognomonia é Caspar Lavater (1741-1800), nascido em Zurique, onde foi pastor e membro do consistório supremo. Autor de canções helvéticas e de visões sobre a eternidade, Lavater publicou em Leipzig *Da Fisiognomonia* (1772), que ampliou nos anos seguintes e da qual supervisionou pessoalmente a edição francesa intitulada *La Physiognomonie ou l'art de connaître les hommes et de les faire aimer* [A fisiognomonia ou a arte de conhecer os homens e de fazer com que eles sejam amados] (1783). O objetivo de Lavater é, na verdade, religioso: quer dar ao público os meios de fugir das pessoas más e escolher bons amigos. "Esta ciência julga o interior através do exterior", disse ele. Seu livro é "uma sequência de fragmentos", sem ordem rigorosa e com um estilo às vezes místico. Assim, ao falar sobre a boca, ele se extasia: "Ah! se o homem conhecesse e sentisse a dignidade da própria boca, só proferiria palavras divinas". Ele recomenda examinar os dois lábios separadamente, a linha que resulta de sua junção, o centro do lábio superior, o do lábio inferior e seus cantos: "Notamos uma perfeita relação entre os lábios e o caráter. Se são firmes, se são moles e móveis, o caráter é sempre de temperamento análogo"[362]. Em Zurique, recebia consulentes vindos de toda parte: um homem que levava a noiva, uma mãe que levava a filha, para saber qual destino prometiam suas fisionomias.

Levado às nuvens pelos médicos franceses do Primeiro Império, que deram cursos sobre ele na Escola de Medicina de Paris, Lavater teve o mérito de distinguir claramente a patofisiognomonia ("a ciência que trata dos sinais das paixões"), a fisiognomonia comparada, o estudo das fisionomias em repouso, as fisionomias orgânicas, as fisionomias nacionais e as fisionomias alteradas por tendências perversas ou maus hábitos. Ele ensinava os eruditos a observar o homem, dizendo: "O talento da observação parece a coisa mais comum — e, no entanto, nada é mais raro". Pedia ao fisionomista que avaliasse primeiro a estatura, depois as proporções do sujeito e enfim determinasse cada ponto do rosto: "Percorro separadamente a testa, as sobrancelhas, a região entre os olhos, a passagem da testa ao nariz e o próprio nariz. Presto atenção particular ao ângulo característico que a ponta do nariz e o lábio superior formam, se é reto, obtuso ou agudo... Detenho-me, ainda, na curva do osso da mandíbula, que tem com frequência grande significado. Quanto ao olho, meço primeiro a distância da base do nariz; depois observo o tamanho, a cor e enfim o contorno das duas pálpebras"[363].

Apesar de suas boas indicações sobre a cabeça e sobre as atitudes, pode-se criticar Lavater por insuficiências. Ele teve a ideia da grafologia, em seu estudo dos caráteres fisionômicos tirados da escrita, mas não chegou a inventá--la*. Seus aforismos eram por vezes excessivamente categóricos: "Se na face que sorri vemos se formarem três linhas paralelas e circulares, podemos contar com um fundo de loucura nesse caráter", — "Dentes compridos são índice certo de fraqueza e timidez",— "Toda boca que tiver duas vezes a largura do olho é a boca de um tolo", —"Uma forte incisão no meio do queixo parece indicar sem dúvida um homem judicioso, duro e decidido" etc.

Depois de Lavater, prevaleceu a fisiognomonia médica, que teve início com K.H. Baumgartner, professor na Faculdade de Medicina de Freiburg e sua *Kranken-Physiognomik* [Fisiognomonia dos doentes] (1842), que descreve como discernir as febres, as caquexias, as doenças nervosas a partir das fisiognomias. Essa tendência foi se afirmando até o século XX, quando ela se especializou com Nicolas Pende, que fundou em 1925 a biotipologia ou classificação dos tipos vivos, infelizmente acompanhada de denominações bastante monstruosas. Os mo-

---

* *A grafologia, tal como a praticaram o abade Flandrin e Adolph Henze, não foi uma arte divinatória, mas um procedimento caracteriológico. Não preciso portanto evocá-la aqui.

dernos chamam de *biotipo pró-hipértrope, biotipo meta-hipértrope, biotipo hiperme-sótrope* aquilo que os antigos autores denominavam indivíduos *colérico primário, nervoso primário, sentimental secundário*. Um biotipólogo apresentará o escultor Rodin como a encarnação do *mesoblastismo*, especificando que o *biotipo mesoblástico* se caracteriza por suas "força e resistência musculares sem grande rapidez nem destreza de movimentos"[364]. É lamentável ouvir qualificar como mesoblástico um criador genial, e só isso bastaria para desqualificar uma ciência. Ao menos Cureau de la Chambre, esse médico humanista, exprimia suas teorias científicas na linguagem do grande século, sem galimatias. Em 1948, a morfofisiologia humana, "estudo das correlações que podem existir entre as formas humanas e as funções tanto fisiológicas quanto psicológicas"[365], carregou ainda mais a terminologia e as pretensões da biotipologia. Voltemos, portanto, a aprender a simplicidade com os clássicos da fisiognomonia que queriam, como Lavater, "inspirar o respeito pela humanidade", e não repugnar o leitor com nomenclaturas bárbaras.

A QUIROMANCIA

A quiromancia, leitura divinatória da mão, desenvolveu-se a ponto de um historiador da magia negar-se a falar dela sob o seguinte pretexto: "A quiroscopia ou quiromancia conta com não menos de 433 sistemas diferentes, dos quais cada um se considera o mais autorizado"[366]. Na realidade, os autores se afastam em detalhes, mas não modificaram os princípios de fundo. Conforme o partido adotado neste capítulo — isto é, tratar sucintamente das artes divinatórias através de seus melhores praticantes —, apreciaremos a evolução da quiromancia ao nos determos em algumas obras fundamentais. O ponto de partida se situa no início do século XVI, com *De Chyromantia principis* [A quiromancia do príncipe] (1504), de Bartolommeo Cocles, in-fólio em caracteres góticos em duas colunas publicado em Bolonha e *Tratta de la Chiromantia* [Tratado de quiromancia] (1519), de Andrea Corvo, ilustrado com gravuras em madeira e publicado em Veneza; mas a obra essencial foi a *Chyromantia* [Quiromancia] (1524), de Patricio Tricasso, tão renomada que Francisco I possuía um exemplar da reedição. Na França, soma-se a essas obras a *Chiromantia* [Quiromancia] (1534) do padre Jean de Hayn, cartuxo que assinava Joannis de Indagine, e *Opus mathematicus*

[Obra matemática] (1559), de Jean Taisner, oito livros dedicados principalmente ao estudo da mão. Com esses mestres, que relatavam tudo o que foi feito antes deles e como eles mesmos procediam, tem-se um panorama completo da quiromancia na Idade Média e no Renascimento.

Para os primeiros especialistas, a quiromancia era "uma ciência ocupada do conhecimento das linhas e dos alinhamentos que estão traçados nas nossas mãos". Queriam decifrar essa escrita do destino considerando sucessivamente: a *rascette*, que compreende as linhas transversais do punho; a palma em toda a sua extensão; e os cinco dedos a partir da base até a extremidade das unhas. Eles discerniam na palma sete partes, cada uma sob a denominação de um dos sete planetas. Vênus governa o volume carnudo (ou monte) situado abaixo do polegar. Júpiter, o monte do indicador, Saturno o monte do dedo médio, o Sol o monte do anelar, Mercúrio o monte do mínimo; Marte preside a concavidade da mão, chamada de Planície de Marte; e, enfim, a Lua reside na eminência hipotênar. Chamavam de *percussão* a borda exterior da mão, "assim denominada porque, quando se bate com o punho, é a parte que toca a superfície"[367].

Tricasso distinguia quatro linhas principais: a linha da vida (que começa entre o polegar e o índice, e faz o circuito do monte de Vênus, terminando na *rascette*), a linha natural (perto da linha da vida), a linha mensal ou da cabeça (que vai do monte de Mercúrio ao de Júpiter), e a linha do fígado (que começa na extremidade da linha da vida e termina na extremidade da linha natural). A linha da vida informa sobre a duração da vida, e Tricasso tem um método para medi-la de dez em dez anos. A linha do fígado revela a constituição, o temperamento: "Quando decomposta em linhas menores, ela significa a dor e a debilidade do estômago". A linha natural está relacionada aos costumes, nela vemos se alguém é medroso, desleal, avaro etc. A linha mensal indica o caráter: "Quando ela segue em frente e corta o monte do indicador, significa homem cruel, invejoso, detrator, traidor e orgulhoso"[368]. As linhas principais têm quatro irmãs (chamadas "irmã da natural", "irmã da mensal" etc.) e podem ser acompanhadas de "linhas extravagantes", como o cinto de Vênus, que designa a propensão à licenciosidade.

Os antigos quiromantes atribuíam grande importância às unhas e às suas marcas e atentavam para sete "letras divinas" (A, B, C, D, E, F, G), que podiam estar contidas na palma e que mudavam de sentido conforme a posição:

218

um A sobre o monte de Júpiter significava riqueza, sobre o monte de Marte cólera ou maldade, sobre o monte de Vênus infidelidade; um B sobre o monte de Mercúrio aptidão para os negócios, sobre o monte da Lua sentimento religioso etc. Discordando sobre o número de linhas principais e sua denominação, os autores concordavam quanto à leitura: "Toda linha reta, perfeita, clara, inteira, contínua e profunda ao longo de qualquer monte supõe uma influência favorável do planeta predominante, exceto na percussão ou monte de Vênus... A figura circular é sempre ruim, exceto nos montes do Sol e de Júpiter. É comum que as figuras triangulares ou quadradas suponham um bom efeito, por vezes mesclado com trabalhos, exceto na Planície de Marte onde significa litígios com pessoas próximas e homicídios... A linha cortada e separada supõe diminuição do efeito que esta significa, mesmo que ainda inteira"[369]. As observações do quiromante, segundo Tricasso, devem ser transcritas em um livreto, com as medidas obtidas com um compasso; e, segundo Jean Taisnier, a mão deve ser examinada sem espírito de ódio, amor ou interesse: "Que seja ao menos três horas depois de haver cessado todo tipo de trabalho e que ela seja lavada com cuidado, pois deve estar mais úmida que seca. Que sejam observadas as linhas no momento do dia com mais claridade, embora não sob os raios diretos do sol ao ar livre. Que seja em jejum ou ao menos após uma refeição sóbria e moderada... Que a pessoa não esteja acometida de nenhuma doença e que tenha atingido pelo menos os sete anos de idade"[370].

Os desacordos dos especialistas se referiam a detalhes. Por exemplo, qual mão devia, preferencialmente, ser examinada? Jean Belot defendia que era a esquerda: "O quiromante deve basear suas predições na esquerda, aquela que tende ao coração e é regida por Júpiter"[371]. Mas Jean Taisnier defendia: "É preciso considerar exatamente as duas mãos, sendo a esquerda mais favorável para aqueles que vieram ao mundo durante a noite, e a direita àqueles que vieram ao mundo durante o dia; os homens, principalmente a mão direita, e as mulheres a esquerda, no entender de alguns"[372]. O cura de Milmonts via nas linhas da mão o gênio que governava cada indivíduo, e caso fossem vermelhas, longas e não profundas, dizia: "Aqueles que têm mãos assim possuem algo da natureza do fogo, seu gênio é da hierarquia de Gargatel, imperador da região ígnea, ou depende dos príncipes abaixo dele, Tariel, Tubiel, Gaviel"[373].

No século XVII, duas tendências se separaram: uma representada por Ronphile e sua *La Chyromantie naturelle* [A quiromancia natural] (1653), outra por Philip May, autor da Francônia, e sua *La Chiromancie médicinale* [A quiromancia medicinal] (1665). A quiromancia natural era usada pelas pessoas comuns, que começavam a se apaixonar abertamente por essa arte divinatória; a quiromancia medicinal, que se apoiava nas indicações de Galeno e Avicena, ensinava como identificar as doenças ou as predisposições para elas por meio da leitura das mãos. Adrien Sicler fez uma síntese interessante das duas tendências em *La Chiromance Royale et novvelle* [A quiromancia real e nova] (1666). O autor, que era médico, quis tornar sua obra útil para todas as pessoas. A partir daí, a quiromancia clássica prosseguirá até o século XVIII sem transformações: as linhas principais, acidentais e acessórias foram repertoriadas; os sinais modificadores de seu sentido (estrelas, quadrados, correntes, ramos, cruzes, grades etc.) são conhecidos.

A primeira inovação do século XIX se deve ao capitão Stanislas d'Arpentigny, que inventou em 1843 a quirognomonia, que não julgava as linhas, e sim a morfologia da mão. Fez considerações profundas sobre o polegar ("o homem está no polegar", ele dizia), sobre as mãos moles e as mãos duras, as mãos elementares; dedicou vários capítulos à mão em espátula, "uma mão cuja terceira falange de cada dedo oferece a forma de uma espátula mais ou menos larga", que tinha sua preferência: "Glória às mãos em espátula! Sem elas, não poderia existir sociedade sólida e potente", afirmou ele[374]. D'Arpentigny descreveu também a mão artística (que compreende três tipos diferentes), a mão útil, a mão filosófica, a mão psíquica ("de todas a mais bela e a mais rara") e a mão mista, que reúne elementos de duas ou três outras. Sua obra, tão engenhosa quanto divertida de ler, influenciou os quiromantes dessa época, a começar pelo maior de todos eles: Adolphe Desbarrolles (1801-1886).

Discípulo de Éliphas Lévi, que ele chamava de "uma biblioteca viva", Desbarrolles havia estudado na Alemanha — ele escreveu também um livro sobre o caráter do povo alemão explicado pela fisiologia — e, antes de se dedicar à quiromancia profissionalmente, começou uma carreira artística como pintor. Aliás, precisou deixar essa atividade no dia em que descobriu, lendo na mão de Lamartine, em vez das características que esperava encontrar de um poeta, as de um negociante: sobre o monte de Mercúrio desenvolvido havia um *alef*, sinal do Mago do Tarot. Desbarrolles voltou para casa persuadido de que a adivinhação quiromântica era mentirosa. Voltou atrás nessa opinião apenas quando Lamartine, na segunda entrevista, revelou: "Acabei fazendo versos porque tinha facilidade para escrever... Mas essa nunca foi minha verdadeira vocação e todas as minhas ideias sempre foram voltadas para os negócios, para a política e, sobretudo, para a administração"[375]. Adolphe Desbarrolles publicou em 1859 sua *Chiromancie nouvelle* [Nova quiromancia], que expunha teorias inspiradas na Kabbala, e uma prática ilustrada de seus exames quiroscópicos de homens célebres: Alexandre Dumas, Proudhon, Corot etc. Essa obra teve onze edições sucessivas até 1878, data em que publicou *Les Mystères de la main* [Os mistérios da mão], que continha suas "revelações completas", com exemplos de predições e capítulos que demonstravam a utilidade da quiromancia na orientação profissional, "para evitar dar às crianças profissões contrárias às suas aptidões".

Adolphe Desbarrolles é um ocultista que construiu seu sistema em função da teoria dos três mundos e da luz astral, esse fluido universal que respira a alma. Os dedos são instrumentos receptivos: "É sobretudo pelo polegar que se faz a absorção do fluido vital". A primeira falange pertence ao mundo divino, a segunda ao mundo abstrato, a terceira ao mundo material; o primeiro nó é o nó filosófico, o segundo o nó material. Eles fazem a transição entre os três mundos e interceptam a passagem do fluido. Certas audácias de Desbarrolles foram contestadas: na Inglaterra, os quiromantes Beamish e Craig eliminaram, ao traduzi--lo, tudo o que ele dizia sobre "assinaturas astrais" — marcas que indicavam que o sujeito estava submetido à influência de um planeta (no entanto, as "assinaturas" pertencem à Tradição e Tricasso já as havia descrito). De todo modo, Desbarrolles teve achados decisivos, especialmente ao localizar, nos quatro dedos opostos ao polegar, as quatro idades da vida, as quatro estações e os doze meses. O dedo médio representa, em suas três falanges, dezembro, janeiro, fevereiro; o indicador, março, abril, maio; o anular, junho, julho, agosto; o mínimo, setembro, outubro, novembro.

No final do século XIX, nasceu a quiroscopia, que se esforçou para responder à questão "Por que existem linhas na mão?" e para entender as relações da quiromancia com as outras artes divinatórias. O primeiro a falar em quiroscopia foi Papus, que aplicou a ela a seguinte fórmula: "A mão é o rosto do corpo astral"[376]. Mais precisamente, ela informa sobre o estado do duplo psíquico composto pelo nosso inconsciente e nossos órgãos. A quiroscopia estabeleceu que os sinais quirománticos não constituem um prognóstico definitivo do destino, pois estes se alteram ao longo da vida: "A experiência mostra que, à medida que a vontade prepondera sobre os impulsos inconscientes, as linhas se modificam"[377].

No segundo Congresso das Ciências Psíquicas Experimentais de Paris, em maio de 1913, atribuiu-se à quiromancia a qualidade de ciência natural, subordinada à psicologia, e a rebatizaram como quirologia. Os quirólogos do século XX, embora alegassem descartar as ideias ocultistas dos quiromantes precedentes, permaneceram sob sua influência. Fundador do instituto superior de quirologia de Buenos Aires e do museu de Quirografia agregado a este, Eugenio Soriani — cujos trabalhos foram publicados na revista mensal *Ananké* — professou o quirognóstico, a quirometria e a quiropatia, referindo-se, assim como Desbarrolles, à teoria dos três mundos[378].

Uma outra tendência do século XX foi a quiroscopia medicinal, explicitada por Henri Mangin, autor de *La main, miroir du destin* [A mão, espelho do destino] (1939), que não se assemelha à quiromancia medicinal; ela associa-se, antes, à biotipologia e tem por objetivo determinar as "coordenadas humanas" de um indivíduo, isto é, sua constituição, seu temperamento (digestivo, respiratório, sanguíneo ou muscular) e seu tipo (lunar, venusiano, jupiteriano etc.), a fim de permitir que ele realize um "plano de evolução individual". A quiroscopia medicinal abrange a quiromorfia (estudo do relevo palmar da mão), a quirografia (leitura das linhas e dos sinais) e a eidoquiroscopia (exame das unhas, do colorido da pele, dos pelos, das veias e da umidade). Mangin introduziu noções suplementares na topografia da palma, revelando a base da palma como um *lugar de genitalidade* (que indica problemas sexuais ou uma sensibilidade paranormal). Definiu todo tipo de linhas secundárias com as *linhas samaritanas* (traços finos sob o dedo mínimo, que significavam altruísmo ou predisposição ao desequilíbrio nervoso). Ele estudou não somente o polegar para avaliar o estado geral e o psiquismo de um sujeito, mas também o *souris* [camundongo]: "No exterior da mão, onde o polegar se aproxima do indicador, os músculos da eminência tênar formam um volume mais ou menos espesso e fechado que se chama camundongo"[379]. Isso tudo não contradiz a Tradição, além disso, Georges Muchery, um bom quiromante tradicional, também descobriu uma nova linha, a *linha do despudor*, distinta do cinturão de Vênus[380].

A METOPOSCOPIA

A metoposcopia é a arte de predizer o porvir de um homem a partir da inspeção das linhas de sua testa. Embora autores da Antiguidade (como Aristóteles, Pôlemon, Adamantius e Melampo) já tivessem praticado a metoposcopia, chamando-a por esse nome, foi preciso esperar o Renascimento e o volumoso tratado de Girolamo Cardano dedicado a ela, para que esta entrasse em voga separada da fisiognomonia.

Cardano disse: "São consideradas as linhas da testa em geral ou em particular. Por linhas não se entende apenas as *incisões* no comprimento, mas também todo tipo de marcas e *caracteres* como são *as cruzes, pequenos círculos, pequenos montes, cercas pintadas, estrelinhas, quadrados, triângulos, linhas capilares* e outros dessa natureza"[381]. Caso essas linhas sejam retas ou sinuosas, curtas ou longas, os prognósticos variam: "As linhas *contínuas* são afortunadas; as *rompidas* e entrecortadas são marcadas por adversidade e fraudes"[382]. É preciso saber que existem, na testa, sete linhas, de baixo para cima, que correspondem aos sete planetas: junto às sobrancelhas, se estende a linha da Lua; acima dela, a linha de Mercúrio; em sequência, as linhas de Vênus, do Sol, de Marte e de Júpiter; a linha mais alta, junto à raiz dos cabelos, é a de Saturno. "As outras linhas que não são atribuídas aos planetas e que são desordenadas como, por exemplo, as *transversais, ascendentes* ou *descendentes, errantes sem ordem* e *não-naturais* representam ameaças de efeito sinistro e maligno[383]." Tudo isso serve de base às interpretações. Deste modo, quando a linha de Júpiter é entrecortada por uma linha descendente em direção à linha do Sol, o homem será sujeito a envenenamentos; em direção à linha de Mercúrio, ele será azarado; em direção à linha de Vênus, "ele incorrerá em risco de morte por causa de mulheres" etc. Se a linha de Júpiter acompanha a linha do Sol, ambas retas, grandes e profundas: "Significam um homem que mudará de condição; caso seja pobre, enriquecerá"[384].

Parece sutil demais dizer: "Cuidado para que as *rugas* não te enganem e se passem por linhas"[385]. As linhas na pele da testa se parecem muito com as rugas; Cardano simplesmente quer especificar que uma ruga, se não estiver situada sobre um dos *"lugares naturais* dos planetas na testa de alguém", não tem significado algum. Além disso, é preciso que o exame seja feito de perto para notá-las, de tanto que são, por vezes, apagadas ou imperceptíveis: "Há testas em que as linhas são percebidas com mais facilidade; em outras, com mais dificuldade... no entanto, é raro que se encontrem menos de três". A medição das linhas se efetua após uma divisão lateral da testa em três partes: a primeira, do lado esquerdo, diz respeito aos acontecimentos da primeira idade (até os trinta anos); a segunda, no meio, à idade adulta (até os sessenta anos); e a terceira, à velhice (até os noventa anos). Deve-se levar em conta o número de linhas, seu comprimento, sua largura e profundidade, sua coloração vermelha ou pálida, seu traçado contínuo ou interrompido etc. "O *comprimento* prediz uma duração dos efeitos. A *largura*, uma grandiosidade dos acontecimentos. A *profundidade*, uma estabilidade. Do mesmo modo que linhas *pequenas* ou *curtas*, e *superficiais ou não-profundas* denotam o inverso"[386].

Deve-se igualmente interpretar os sinais que há na testa. Há maus sinais (os caracteres de Saturno, a letra x, pequenas cruzílias e qualquer sinal irregular, malformado ou confuso) e bons sinais (círculos, estrelas, cruzes, linhas paralelas, triângulos e quadrados). Os maus sinais são piores caso estejam na parte esquerda do que se estivessem na parte direita; e os bons sinais "perdem algo de sua bondade" caso estejam na parte esquerda. As marcas naturais (verrugas, pintas e manchas de nascença) não são menos significativas. "O homem ou a mulher marcados na parte direita da sobrancelha direita serão felizes em todos os seus negócios... A marca que estiver localizada no meio desta mesma sobrancelha prevê um casamento feliz para ambos os sexos[387]." Quando essas marcas são combinadas com linhas da testa, pode-se extrair mais especificações: "Aquele que tiver entre os olhos uma linha em forma de cruz e sobre o olho esquerdo uma marca enriquecerá através do casamento"[388].

Muitos humanistas escreveram sobre a metoposcopia, desde o matemático Goclenius (pseudônimo de Rudolph Göckel) até o médico Ludovico Settala; os melhores tratados sobre o assunto foram *Aphorismorum metoposcopirum* [Aforismos de metoposcopia] (1584), de Tadeas Hajek; *Metoposcopia & ophthalmoscopia* [Metoposcopia e oftalmoscopia] (1615), de Samuel Fuchs; *Exercitationes physionomicae* [Exercícios de fisiognomonia] (1616), de Christian Moldenarius;

e *La Metoposcopia* [A metoposcopia] (1629), do veneziano Ciro Spontone. Mas o essencial foi dito por Cardano em sua saborosa obra ilustrada com oitocentas figuras da face humana*.

A ONIROMANCIA

A oniromancia, adivinhação através dos sonhos, e a onirocrítica, método para sua interpretação, foram empregadas com um protocolo quase científico. Mas assim como Champollion arruinou as especulações incertas formuladas durante séculos sobre os textos sagrados do Egito ao descobrir o segredo dos hieroglifos, também Freud tornou caducas as certezas dos oniromantes ao publicar *A Interpretação dos Sonhos* (1899). A onirocrítica está hoje devidamente nas mãos dos psicanalistas, a quem cabe controlar sua evolução. No entanto, como o próprio Freud reconheceu uma qualidade de precursor em Artemidoro, pode ainda ser proveitoso ler algumas obras de oniromancia.

A primeira das obras, no início da era cristã, é o tratado *De insomniis* [Dos sonhos] de Sinésio, grego nascido em 370 em Cirene e que estudou em Alexandria, onde foi o aluno preferido de Hipátia — mulher superior que se destacou por ensinar a filosofia com tanto sucesso que era consultada por magistrados e que seus conselhos eram seguidos por Orestes, governador do Egito romano. Em 397, Sinésio foi embaixador na Constantinopla e, em 410, foi consagrado bispo de Ptolomeu; nesse ínterim, escreveu *De insomniis* em uma única noite, "obedecendo a uma inspiração divina", e enviou, em 404, a obra para Hipátia com uma carta que especificava: "Estas são as pesquisas sobre a alma e sobre as imagens que a alma recebe, e, ainda, sobre alguns pontos que nunca foram tratados por nenhum filósofo grego... Há duas ou três passagens em que me pareceu que, estranho a mim mesmo, eu era um dos meus ouvintes"[389].

Essa obra escrita em transe começa por um elogio magnífico da imaginação, "o sentido dos sentidos, necessário a todos os outros", e justifica a oniromancia como o mais natural dos procedimentos divinatórios: "Graças à sua facilidade, a adivinhação através dos sonhos está ao alcance de todos: simples e

---

* Esses diversos livros estão na Biblioteca Nacional de Paris, onde comparei-os entre si. Não cito aqui nenhuma obra, mesmo entre as mais raras, que não possa ser estudada ao menos no setor reservado de um estabelecimento cultural.

sem artifícios, é racional por excelência; sagrada, pois não usa meios violentos, e pode ser praticada em qualquer lugar"[390]. A originalidade de Sinésio está no fato de convidar cada um a forjar uma chave dos sonhos segundo a própria experiência em vez de fornecer uma chave definida: homens e mulheres, jovens e velhos, ricos e pobres, todos devem adquirir o hábito de anotar de manhã os sonhos da noite, e à noite as impressões do dia, assim saberão quais símbolos são presságios certeiros: "O sono se oferece a todos; é um oráculo sempre pronto, um conselheiro infalível e silencioso; nesses mistérios de novo tipo cada um é sacerdote e iniciado ao mesmo tempo"[391]. Sonhador que enfrentou Andrônico e os bárbaros, literato sofisticado que escreveu um *Encomium calvitii* [Elogio da calvície] para consolar os calvos como ele, Sinésio colocou a observação individual cotidiana na base da oniromancia.

Entre seus sucessores, pouquíssimos merecem ser conservados. De São Nicéforo, patriarca de Constantinopla do século XI, o *Oneirocriticon* [Interpretação dos sonhos] enumera uma série de símbolos e seus significados: sonhar que se caminha sobre conchas quebradas anuncia o triunfo sobre os inimigos, sonhar com o encontro com uma pessoa amada pressagia um sucesso etc. No Renascimento, Girolamo Cardano é o único autor que predomina, pois o livro que dedica aos sonhos é, ao mesmo tempo, a visão de um médico e de um obcecado crente de que o sono lhe enviava ordens sobrenaturais: foi para obedecer a um sonho que compôs *De subtilitate* [Da sutileza] (1550). No século XVII, Jean Belot, cura que se dizia "mestre das coisas divinas e celestes", interpretou os sonhos em função dos 28 dias da lua: "O primeiro dia da lua ou a primeira noite em que ela foi criada pelo Eterno para servir à noite foi a quarta noite da criação... Todos os sonhos que a pessoa terá serão grandemente verdadeiros"[392]. Na segunda noite, os sonhos serão ilusórios, por outro motivo tirado das Escrituras sagradas e assim sucessivamente. Belot dizia que os avisos dos sonhos variam conforme os temperamentos: "Sonhar em ter uma grande quantidade de dinheiro, contar dinheiro, é enganoso para o sanguíneo, bom para o melancólico e indiferente para o colérico ou para o fleugmático"[393]. Enfim, Belot ensinava como se preservar dos maus presságios de um sonho: "Aquele que sonha em ir para a cama com a mãe ou com alguma parente que conhece sem dúvida sofrerá grande infortúnio e desgosto"[394]. Mas é possível se proteger contra isso pronunciando, no sonho, o nome sagrado Mebahel e recitando o Salmo: *Et factus est Dominus refugium pauperi* [O senhor é também um refúgio para o oprimido] etc.

Um magistrado de Luís xiv, Célestin de Mirbel, escreveu um precioso opúsculo de oniromancia: *Le Palais du prince du sommeil* [O palácio do príncipe do sono] (1670), em que declara: "É leviandade acreditar muito facilmente nos sonhos e temeridade ignorar seus avisos". Para ter os melhores sonhos, "a hora da noite mais propícia é perto do amanhecer"[395]. Antes de dormir, pode aspirar um perfume composto de grãos de linho e raízes de violeta ou cingir a fronte com uma faixa de verbena: "O cérebro de gato com sangue de morcego guardado em cobre vermelho ou o coral batido com sangue de pomba posto dentro de um figo são remédios maravilhosos para estimular os sonhos"[396]. Um acontecimento sonhado pode acontecer, mas não depois de um certo intervalo: "Os rabinos defendiam que os efeitos dos sonhos se produzem dentro de no máximo 22 anos". O que ocorre não é necessariamente o contrário daquilo que se sonha: "Em geral, o vulgo usa essa regra para explicar os sonhos, que é preciso adotar o sentido contrário... Mas isso não é infalível, sendo os sonhos frequentemente seguidos por um efeito conforme o sonhado". Com frequência, tal efeito é um ato falho: "Uma vez sonhei que comia um guisado de dentes de pente; no dia seguinte, quando estava acompanhado, quebrei meu pente"[397]. Mirbel dedica um capítulo aos pesadelos e indica diversas formas de evitá-los, primeiro prevenindo a imaginação: "Se a pessoa não tem muita força de espírito, pode queimar juncos, colocar as cinzas em um pequeno saco pintado da cor que mais lhe agrade e juntar ali incensos, depois, basta colocar esse saquinho atrás da cabeceira da cama"[398].

Foram obras assim que até o século xix, antes dos precursores da psicanálise e do surrealismo, acostumaram os homens a tirar proveito dos enigmas da noite[399].

A ADIVINHAÇÃO ATRAVÉS DOS ESPELHOS

A captromancia, adivinhação através dos espelhos e suas derivadas — como a cristalomancia, que a pratica com um pedaço de cristal, e a hidromancia, que utiliza as partes reflexivas da água na superfície de um recipiente ou através de um recipiente transparente — foram utilizadas desde a Idade Média de um modo diferente da Antiguidade. Os amadores de fato percebiam visões de acontecimentos e de personagens históricos nos espelhos, mas não como em uma tela de televisão: a contemplação fixa de um plano espelhado provocava neles uma sugestão hipnótica que conduzia à alucinação. De resto, essa produção de imagens visuais era muitas vezes favorecida por procedimentos alucinógenos: por exemplo, o operador se servia do espelho apenas depois de um jejum de três dias e se envolvia em fumigações. Enfim, quando surgiam aparições espetaculares, se deviam a um mago da corte que executava um gesto secreto de ilusionismo diante dos poderosos que o solicitavam.

Giambattista della Porta, em sua *Magia Natural* (1558), descreveu diversas formas de criar ilusões de óptica maravilhosas. Dava todas as instruções necessárias para cortar, estanhar, polir, dispor os espelhos de modo que uma pessoa é refletida de cabeça para baixo; que uma pessoa possa se ver entrar e sair no mesmo instante; que a mínima coisa seja multiplicada vinte vezes; ou que um espetáculo que ocorre do lado de fora, ao longe, se encontre subitamente refletido. Della Porta indica o espelho côncavo, que engorda, que "mostrará um dedo grande como um braço", ou que desdobra, no qual a pessoa terá "dois rostos e quatro olhos"; e o espelho esférico ou cilíndrico do qual o reflexo parece se destacar e avançar: "Se alguém ergue o punho enquanto o espectador observa, este temerá ser atingido, de sorte que virará o rosto"[400]. O autor ensinava como compor um espelho "de tal modo que um homem que se mira não veja nada da própria imagem, mas sim a figura de uma outra coisa ou de um outro homem"[401]; não havia nada de diabólico nisso, bastava um quadro em *trompe l'oeil* escondido e um segundo espelho inclinado. Assim, o mágico do Renascimento usava esse tipo de técnica para fazer aparecer fantasmagorias diante dos olhos de clientes supersticiosos, que acreditavam ser produzidas graças às fórmulas incompreensíveis que murmurava.

Isso explica os muitos relatos de espelhos mágicos registrados pelos memorialistas. Não há nada de imaginário no que nos conta o cirurgião Jean Fernel sobre o espelho onde viu personagens que faziam tudo o que ele ordenava[402]. Catarina de Médici pediu a um de seus mágicos (provavelmente Cosme Ruggieri) que lhe mostrasse no espelho o que aconteceria com seus descendentes e com o trono da França. A cena aconteceu no castelo de Chaumont-sur-Loire: o mágico disse à rainha-mãe que cada um de seus filhos daria tantas voltas no trono quantos seriam os anos em que reinariam. Segundo os cronistas, Francisco II deu apenas uma volta, Carlos IX catorze voltas, Henrique III quinze voltas (o duque de Guise atravessou a imagem do espelho nesse momento) e, por fim, o príncipe de Navarra se apresentou e deu 21 voltas[403]. Se na captromancia o interessado contemplava diretamente o espelho, na hidromancia confiava-se a uma pessoa receptiva, fosse esta uma mulher grávida ou uma criança, o cuidado de interpretar os reflexos na água.

Donneau de Visé, em *La Devineresse* [A adivinha], comédia representada diante de Luís XIV em primeiro de fevereiro de 1680, zombou do entusiasmo de seus contemporâneos pela hidromancia, "a maioria das adivinhas se serviam de bacias cheias de água, espelhos e outras coisas dessa natureza para iludir o público"[404]. A criada da adivinha Mme. Jobin disse à cliente, que era uma condessa: "Ela se trancou lá em cima em seu quarto negro. Pegou seu grande livro, mandou trazer um copo cheio de água e acho que é para a senhora que ela está trabalhando"[405]. Saint-Simon relata que o duque de Orleans, ainda não regente, se encontrava na casa de La Séry, sua amante, quando um adivinho "alegou ver em um copo cheio de água tudo aquilo que quisesse saber". Uma menina olhou para o copo e o duque de Orleans lhe perguntou o que aconteceria após a morte de Luís XIV, ela descreveu o quarto do rei em Versalhes e as reações de seu séquito. Quando ele se informou sobre a própria sorte, o adivinho fez uma manobra misteriosa e "a figura do senhor duque de Orleans, vestido como estava na ocasião, com sua grandiosidade natural, apareceu imediatamente na parede, como uma pintura, com uma coroa na cabeça"[406]. Saint-Simon não considerava falaciosos esses truques, mas "justas ilusões do diabo permitidas por Deus". Encontraremos histórias de espelhos mágicos ao longo de todo o século XVIII, nas *Cartas* da madame duquesa de Orleans, nas *Memórias* do abade de Choisy e nas peças dos *Archives de la Bastille* [Arquivos da bastilha], que permitem compreender a credulidade com que Cagliostro foi acolhido quando previu o futuro comentando o que as crianças — suas *pombas* — viam em uma garrafa d'água.

No século XIX, o desenvolvimento do hipnotismo deu um sentido novo à adivinhação através dos espelhos. O magnetizador Louis-Alphonse Cabagnet a associou, para evocar almas defuntas, com o espiritismo e expôs nos *Arcanes de la vie future dévoilés* [Arcanos da vida futura revelada] (1848) suas experiências com oito sonâmbulos extáticos "que tiveram oitenta percepções de 36 pessoas de diversas condições". Sua médium Adèle, que apresentava similitudes com Swedenborg, ensinou-lhe a composição do espelho mágico de que ele supostamente se serviu. Cahagnet aprofundou a "óptica espiritual" e descreveu oito tipos de espelhos divinatórios: 1. *O espelho teúrgico*: garrafa d'água posta entre três velas acesas sobre uma mesa coberta por uma toalha branca; 2. *O espelho de Cagliostro*: garrafa do mesmo tipo que era usada com crianças; 3. *O espelho de Jules du Potet*: círculo negro traçado no chão com carvão cujo centro deve ser fixado pelo sujeito; 4. *O espelho Swedenborguiano*: vidro comum na superfície do qual se espalha uma pasta especial feita de uma "quantidade qualquer de grafite moído bem fino, que se dilui (em um recipiente que possa ir ao fogo) com uma quantidade suficiente de azeite de oliva"; 5. *O espelho magnético*: globo de cristal fixo em um tripé e cheio de água magnetizada; 6. *O espelho narcótico*: o mesmo globo contendo uma infusão de plantas narcóticas (beladona, meimendro, flor de cânhamo etc.); 7. *O espelho galvânico*: dois discos de zinco e cobre vermelho sobrepostos e colocados em uma moldura de madeira; e 8. *O espelho cabalístico*: globo de metal correspondente a um planeta e a um dia da semana (do globo da Lua, de prata, que serve, na segunda-feira, para conhecer os mistérios da criação; ao globo de Saturno, de chumbo, para procurar, no sábado, um objeto perdido). Cahagnet dizia: "Eu uso esses espelhos ficando atrás do consulente e fixando magneticamente o olhar na altura de seu cerebelo (no alto da nuca), com intenção de que o fluido que projeto sobre ele com meu olhar se alie ao seu para iluminá-lo"[407].

Na mesma época, os franco-maçons praticavam a adivinhação através dos discos mágicos, "discos de cartão, cobertos de papéis coloridos"; eram nove deles, sete representavam as cores primárias, o oitavo branco, e o nono preto significavam o começo e o fim. Era recomendado aspirar um fluido vegetal, cuja composição variava conforme a cor do disco a ser contemplado. J.-M. Ragon, que indica as plantas a serem utilizadas, diz que a alucinação ia às vezes ao paroxismo: "A morte aparente, ou *letárgica*, pode ser provocada em qualquer indivíduo de modo artificial por meio de discos mágicos"[408]. Sédir, fundador das Amizades Espirituais, descreveu assim o material captromântico de seu grupo: "Os espelhos podem ser classificados da seguinte maneira: discos e instrumentos de cor negra: *espelhos saturnianos*. Recipientes e cristais cheios d'água: *espelhos lunares*. Porções de esferas metálicas: *espelhos solares*"[409].

Desde o fim do século XIX, os psicólogos se interessaram pela adivinhação através dos espelhos. Myers, em Londres, fez deles objeto de seu trabalho sobre "o automatismo sensorial e as alucinações provocadas". Pierre Janet, em Paris, estudou a bola de cristal e garantiu que ela permitia efetivamente a ocorrência de visões: "Postamo-nos à luz do dia, posicionamos a bola, cercada de biombos, de corta-ventos ou de um tecido preto, instalamo-nos comodamente e observamos fixamente. Percebemos primeiro apenas coisas insignificantes... Ao cabo de um certo tempo, as coisas mudam, isto é, a bola escurece cada vez mais... Nesse momento aparecem desenhos, figuras, personagens"[410]. Essas imagens, disse Pierre Janet, parecem desconhecidas ao sujeito, involuntárias, espantosas ou assustadoras, mas, no entanto, se explicam: "As pessoas que miraram esses espelhos dirão com segurança: 'Eu não sabia nada daquilo tudo'. Ora, bem, sou obrigado a lhe dizer que no mais das vezes — 99% dos casos, para dar alguma ilusão — sua declaração é inexata. Você sabia muito bem isso que viu lhe aparecer. São lembranças adquiridas em datas fixas, conhecimentos registrados, devaneios ou raciocínios já feitos"[411].

Os psicanalistas que trataram dos espelhos mágicos, como Géza Roheim, são da mesma opinião de Janet. Essas observações não destroem esse tipo de adivinhação, mas determinam sua verdadeira contribuição: em vez de um sobrenatural de truques baratos, aprecia-se aí o poder excitante das superfícies espelhadas, que faz eclodir, sob a forma de visões, as intuições e os pressentimentos que o inconsciente esconde.

A CARTOMANCIA

As cartas de baralho apareceram na Europa no início do século XIV. Não se encontra nenhuma menção antes disso nem no Egito faraônico, nem na Antiguidade greco-romana, nem mesmo na Alta Idade Média. A razão disso é fácil de compreender: seu nascimento e sua expansão dependiam do papel e da gravura em madeira ou, para as cartas com iluminuras em folhas de pergaminho, da técnica do desenho em relevo, da estampa e da douração com ferros. Não se sabe em que país, França, Itália, Alemanha ou Espanha, foram inventadas e se os tarots precederam as cartas com números. Aparentemente, as cartas numeradas nasceram na Alemanha, com quatro cores e com as seguintes insígnias: coração, folha, bolota e guizo. Já a França adotou coração, trevo, losango e ponta de lança; e a Espanha suprimiu as rainhas das figuras, mas acrescentou cavaleiros aos reis e valetes. Nessa época, a Itália fabricava baralhos de cinquenta cartas, ou *naibis*, para a instrução das crianças, cujas imagens representavam estados da vida (Papa, Imperador, Artesão, Mendigo etc.), as nove Musas, as seis virtudes teologais e os sete planetas. Um dos melhores especialistas nesta questão afirma: "O jogo do *tarot* é formado por uma aliança do jogo de *naibi* com o jogo de cartas numeradas"[412].

De fato, o tarot tem sua origem na Itália do final do século XIV, e o tarot de Veneza, o mais antigo deles, é o jogo tradicional de 78 lâminas, das quais 22 servem de trunfos (naipes que cortam até mesmo os reis): 1. O Mago; 2. A Papisa; 3. A Imperatriz; 4. O Imperador; 5. O Papa; 6. Os Enamorados; 7. O Carro; 8. A Justiça; 9. O Eremita; 10. A Roda da Fortuna; 11. A Força; 12. O Enforcado; 13. A Morte; 14. A Temperança; 15. O Diabo; 16. A Torre; 17. A Estrela; 18. A Lua; 19. O Sol; 20. O Julgamento; e 21. O Mundo. O Louco ou *le Mat*, que equivale ao 22, não é numerado. Esses são os arcanos maiores, que são acompanhados de quatro séries de catorze cartas cujos emblemas são paus, copas, espadas e ouros, que compreendem rei, rainha, cavaleiro, valete e ás, 2, 3 até 10 de cartas numéricas. Em um inventário francês de 1408, o tarot é chamado de "cartas lombardas" e as cartas numéricas espanholas de "cartas sarracenas" (não por virem dos sarracenos, como se supôs, mas porque o rei de ouros ali tinha o nome de Corsuble, herói sarraceno de um romance de cavalaria).

No início do século XV, foram criadas duas outras variedades de tarot: o *tarocchino* de Bolonha com 62 lâminas (os números 2, 3, 4 e 5 foram excluídos) e o *minchiate* de Florença de 87 lâminas (que tem quarenta arcanos maiores, mais o Louco). Essas três versões do tarot, resultantes de uma competição entre três escolas de fabricantes de cartas, incitaram os ocultistas a acreditar que fossem cópias de um modelo anterior que, supostamente, foi reencontrado por eles. Esses baralhos ilustrados por artistas como Marziano da Tortona ou Cicognara, sofrendo influência bizantina, pareciam impregnados de sabedoria oriental. O fato de que o tarot não vem do fundo das eras não o torna menos interessante. Foram os humanistas que fixaram nos pintores do *Trecento* os temas de seus afrescos e de suas miniaturas, e aquele que desenhou os arcanos do tarot tinha uma filosofia esotérica que o igualava aos maiores.

Os primeiros baralhos de cartas numéricas — o *piquet* na França, o *Landsknecht* [lansquenete] na Alemanha e o *hombre* na Espanha — parodiavam a guerra ou o torneio feudal. Bullet disse que o losango era o símbolo do escudo em losango, o pique o da arma ofensiva, o trevo o do alimento necessário aos cavalos[413]. O tarot representava, em primeiro lugar, o destino humano com suas proteções e seus perigos, mas só servia ainda para jogar em três pessoas, segundo as regras descritas em *La Maison des jeux académiques* [A casa dos jogos acadêmicos] (1668), de La Marinière. As pessoas se contentaram com algumas manipulações — truques de prestidigitação foram assinalados sob o reino de Francisco i — antes de se preocuparem com a adivinhação através das cartas. Esta só se manifestou em meados do século xviii, e, logo se tornando popular, foi agregada às outras artes divinatórias.

O inventor da cartomancia (chamada primeiro de cartonomancia) foi Jean-Baptiste Alliette, vulgo Etteilla (1738-1791), considerado erroneamente por seus adversários como um antigo fabricante de perucas, visto que ele morou, por algum tempo, no 3º andar de uma casa da rue du Chantre, em Paris, chamada "Maison du Perruquier"; na verdade, foi professor de aritmética, e isso é evidente, aliás, em seus livros que abundam de operações de aritmologia[414]. Gabava-se de ter estudado magia desde os catorze anos de idade e citava constantemente os hermetistas. Sua estreia se dá com a publicação de *Etteilla, ou maniere de se récréer avec un jeu de cartes* [Etteilla ou formas de recreação com baralho de cartas] (1770), em que ensina que a cartomancia já era praticada por amadores nessa época, mas que ele era considerado o único teórico dessa arte: "Ouso afirmar que há dezesseis anos tenho sido o mestre daqueles e daquelas que fizeram mais barulho nesse gênero"[415].

Revelou, nesta obra, as regras que empregava ao usar as 32 cartas do baralho de *piquet*, mais a Etteilla — carta branca que representava o consulente e que sempre era colocada à parte, do lado esquerdo. Os significados dependem do nome da carta, de sua alcunha, de seu número, do *golpe* (a explicação inteira da fileira disposta na mesa), do *contragolpe* (comparação de uma nova fileira com a precedente), do *conjunto* (interpretação geral de todas as figuras), do *levantamento* (pegar uma carta da direita e a colocar sobre a carta da esquerda) e do *nada* (algo que não está ou que saiu do jogo). Uma carta não tem o mesmo sentido se está "em sua posição" ou "invertida", isto é, se seu número está em cima ou embaixo quando é tirada. Ao comentar *o golpe de doze*, adivinhação através de uma série de doze cartas, Etteilla se dizia capaz de praticar a cartomancia à distância: "Tirei cartas para pessoas muito distantes, por correspondência epistolar, que me enviaram o golpe por escrito"[416]. Depois, em *Le Zodiaque mystérieux, ou les oracles d'Etteilla* [O zodíaco misterioso ou os oráculos de Etteilla] (1773) mostrou-se preocupado com um calendário perpétuo, que permitiria discernir os meses benéficos e os gênios protetores.

Quando o pastor protestante do Languedoque Court de Gébelin alegou, no tomo VII de seu ensaio histórico *Le Monde primitif* [O mundo primitivo] (1782), que os tarots eram fragmentos do *Livro de Thot* dos egípcios, Etteilla se apropriou dessa asserção errônea e fez pesquisas e cálculos para demonstrar sua veracidade. Escreveu, então, *A cartomancia egípcia ou os Tarots*, mas os censores reais impuseram ao editor um outro título, *Manière de se récréer avec le jeu de cartes nommés tarots* [Maneira de se recrear com o jogo de cartas chamado tarô] (1783). Foi esse livro que alçou Etteilla uma vez que afirmava dar ali "a chave dos 78 hieroglifos que estão no *Livro de Thot*... obra composta no ano 1828 da Criação, 171 anos depois do Dilúvio". As lâminas do tarot seriam os capítulos desse livro escrito por dezessete magos, e Etteilla, iniciado "nas *altas ciências* ditas *ocultas*, que ele professa há trinta anos, *sem interrupção*", teria conseguido reconstituir "o baralho do Tharoth ou jogo real da vida humana", que servia aos sacerdotes egípcios para a adivinhação. A partir daí, Etteilla se afirmava "um verdadeiro mágico-cartonomante", declarando: "Acima da ciência, está a magia, pois esta é uma continuação daquela, não como efeito, mas como *aperfeiçoamento* da ciência"[417]. Sua celebridade se tornou tamanha que um romance de Madame Leblanc, aluna de Rameau, intitulou-se *Etteilla ou o adivinho do século*.

Etteilla foi o primeiro a fazer da cartomancia um ofício — e até que bastante lucrativo. Publicou suas tarifas: "Quando alguém quiser me escrever ou falar comigo pessoalmente sobre altas ciências, preciso receber pelo tempo que levarei para responder: 3 libras. Se alguém quiser ter aulas da sábia magia prática: 3 libras. Mapa astral: 50 libras. Para consulta após a feitura do mapa astral ou depois de tirar cartas: 3 libras"[418]. Ele cobrava entre oito e dez luíses "para fazer um talismã e ter por escrito suas propriedades, assim como seu gênio", e trinta libras por mês "para ser o médico espiritual de uma pessoa", isto é, sem remédios morais ou físicos, conduzi-la a um pleno repouso, ou, o que dá no mesmo, ser seu adivinho perpétuo". Ele também vendia cartas divinatórias inventadas por ele mesmo, como o jogo de 42 quadros, cujos diversos modos de usar são expostos em *Le Petit oracle des dames*. Enfim, ensinava "os três graus da cartonomancia" em aulas particulares em domicílio ou no "Curso teórico e prático do *Livro de Thot*" que oferecia em sua Escola de Magia, fundada em 1º de julho de 1790, cujas sessões públicas e gratuitas ocorriam três vezes por semana.

Apesar de seu aspecto mercantil e de seus erros de interpretação, Etteilla associou a cartomancia à "sublime filosofia oculta" de que se dizia imbuído. Foi ele quem codificou a arte de tirar o tarot (sem exemplos precedentes) e de jogar paciências. Tinha métodos variados, como a *Roda da Fortuna*, que dispunha as cartas em círculo, ou o *golpe de quinze*, que reservava as *cartas de surpresa* para dispô-las em três montes. Ele teve vários discípulos como Hisler em Berlim e Jajalel (pseudônimo de Hugrand) em Lyon, que mandou gravar um "relógio planetário", tabela que indicava a relação dos planetas com as lâminas do tarot. Também teve rivais, pois as pessoas consultavam cartomantes e pitonisas até mesmo durante o Terror. Martin, que tinha uma perna amputada e recebia as pessoas sentado em uma poltrona semelhante a uma carruagem antiga, adquiriu em Paris a maior reputação. Foi a Martin que o ator Fleury e La Racourt, em 1794, perguntaram qual seria o destino da Comédie Française, e Boiteau d'Ambly, que relata esse encontro, agregou: "Nessa época, as pequeno-burguesas, as amantes dos subtenentes do exército do Reno, iam à casa de Moreau ou da senhorita Acker"[419]. Mas foi preciso esperar Marie-Anne Lenormand para encontrar um autor comparável a Etteilla, crente em sua missão (ela tirava cartas para si mesma toda sexta-feira) e criadora de procedimentos: utilizando uma série de 36 cartas, ou um "tarot astro-mítico-hermético" que ela mesma havia concebido, inaugurou "o grande jogo" retomado hoje por todas as cartomantes.

Os ocultistas do século XIX continuaram a atribuir o tarot à Tradição. Éliphas Lévi, julgando severamente Etteilla, afirmou que os tarots são as figuras de um texto sagrado "atribuído a Enoque, o sétimo mestre do mundo depois de Adão", e que os 22 arcanos maiores, correspondentes às 22 letras do alfabeto hebraico, "representam a princípio os treze dogmas, depois as nove crenças autorizadas da religião hebraica". Ele alegava revelar o segredo de sua leitura: "A maneira de ler os hieroglifos do tarot, é dispô-los ora em quadrado, ora em triângulo, colocando os números pares em antagonismo e os conciliando com os ímpares"[420]. Jean-Alexandre Vaillant, professor em Bucareste, defendia que o tarot exprimia "a Bíblia da ciência cigana", havendo precedido o Antigo Testamento; como única prova disso, ele contava que, em 1839, havia salvado a vida de Narad, um velho cigano nos Bálcãs, que lhe revelou os segredos dessa Bíblia, cujos arcanos maiores seriam "os sinais dedálicos"[421]. Essa afirmação é fabulosa, pois os documentos da Inquisição do século XVI contra os ciganos, no qual são censurados por praticar a adivinhação, não mencionam cartas; e Cervantes também não fala de cartas quando expõe suas diversas formas de prever a bem-aventurança.

No entanto, Papus crê na palavra de Vaillant quando diz: "O Jogo do Tarot transmitido pelos ciganos de geração em geração é o livro primitivo da antiga iniciação"[422]. Mas Papus teve ao menos a aptidão para melhorar a técnica até então usada em cartomancia, ao utilizar os arcanos menores para um procedimento de *adivinhação rápida*, dos quais ele isolava a cor relativa à questão proposta. Ele embaralhava, cortava, colocava as primeiras quatro cartas em cruz e completava com três arcanos maiores em triângulo, que o consulente escolhia ao acaso.

Hoje, os amantes do ocultismo devem ser os primeiros a corrigir os erros cometidos por Etteilla — em uma época em que a egiptologia dava os primeiros passos — ou por Éliphas Lévi — levado por seu amor pela Kabbala. O esoterista Gérard Van Rijnberk já demonstrou, a partir de pesquisas feitas entre tribos ciganas da Europa central, que eles jamais se serviram do tarot e que seus ancestrais sequer o conheciam[423]. A cartomancia é uma arte divinatória pós-cristã e propriamente ocidental. Nós nos enganaríamos menos se afirmássemos que o tarot foi inventado por Dante (pois os arcanos foram concebidos em sua época e refletem preocupações próximas às suas) do que atribuindo o tarot ao Egito ou à Kabbala. Seu autor foi um humanista italiano impregnado de ideias da Gnose,

236

como o prova a Papisa, arcano tão escandaloso que será substituído pela Fé no tarot de Visconti e por Juno no tarot da Revolução Francesa: nunca um cabalista judeu, que recusava o papel sacerdotal à mulher, teria imaginado uma Papisa, e nunca teria admitido que o Mundo fosse simbolizado por uma mulher nua cercada por uma guirlanda de flores em forma amendoada, e a Força por uma moça segurando a boca de um leão.

Diversos arcanos maiores permitem, aliás, datar com precisão os baralhos de tarot. Primeiro, a Papisa é uma alusão à Papisa Joana, que dizem ter sucedido ao papa Leão IV sob o nome de João VIII em 854. Sua lenda só começou a ser explorada no século XIII, e a Papisa do tarot usa justamente a tiara dupla, *biregnum* (com duas coroas), que substituiu no século XIII o camelauco dos primeiros papas (barretes frígios cobertos por uma faixa de ouro, com uma pedra preciosa no topo), antes da tiara tripla, *triregnum*, inaugurada por Bonifácio VIII. Outro arcano significativo: O Imperador. Ele não está representado como majestade, mas *de pernas cruzadas*, o que simbolizava, na arte medieval, o poder judiciário: ora, apenas sob São Luís se começou a representar deste modo os monarcas que exerciam a função de juiz supremo. O Enforcado está *pendurado pelo pé, de cabeça para baixo*, suplício infligido aos mártires cristãos depois de Eusébio: mais um detalhe que prova que a invenção dos tarots não poderia ser anterior ao cristianismo. Esse homem pendurado pelo pé não é um malfeitor castigado, mas um homem punido por sua fé. Em suma, os símbolos do tarot mostram que se enganam todos aqueles que atribuem a ele uma origem oriental — como se o Ocidente fosse incapaz de tal concepção —, associando-se antes aos Fedeli d'Amore da Lombardia. Esse admirável jogo esotérico, incontestavelmente filosófico, não perde seu valor por ser mais jovem do que se supunha: pelo contrário, podemos considerá-lo o mais moderno de todos.

Oswald Wirth, esforçando-se para definir "o programa iniciático, tal como se depreende do tarot", mostrou o modo como era utilizado por seu mestre Stanislas de Guaita, que conservava apenas os 22 arcanos maiores: "Uma vez colocada a questão, a resposta é fornecida por quatro arcanos sucessivamente extraídos do tarot... O primeiro arcano tirado é visto como afirmativo; ele depõe a favor da causa e indica de modo geral o que é *pró*. Por oposição, o arcano tirado em segundo é negativo e representa aquilo que é *contra*. O arcano tirado em terceiro configura o juiz, que discute a causa e determina a sentença. Esta é pronunciada pelo arcano tirado por último"[424]. A interpretação é esclarecida com um quinto arcano escolhido pelo número designado teosoficamente, adicionando e reduzindo os números dos arcanos precedentes. Esse, sem dúvida, era o método empregado pelo romancista Paul Adam, que tirava cartas para os heróis de seus romances, a fim de conhecer seus destinos: "A vida de seus personagens e suas peripécias correspondem às combinações ilimitadas de 78 lâminas do tarot"[425].

A filosofia oculta tem seus mitos, e o mito do tarot não é o menos enganoso. Tratava-se originalmente de um derivado dos *naibis* italianos, jogo de imagens educativas usado com crianças, que tornou-se para os adultos em uma sequência de figuras alegóricas próprias para jogar paciência. Algumas cabeças exaltadas viram nele os fragmentos de um livro sagrado composto pelos egípcios ou pelos hebreus e recolhido pelos sarracenos ou pelos ciganos. A partir daí se seguiu, no século XVIII, um trabalho fantástico de interpretação, ao final do qual o tarot adquiriu o valor divinatório que não tinha em seus primórdios.

A RABDOMANCIA OU A VARA DIVINATÓRIA

A rabdomancia (ancestral da radiestesia) é a arte de adivinhar a posição de fontes, tesouros escondidos e pessoas desaparecidas com a ajuda de uma varinha de nogueira (isto é, a árvore de noz) que se movia conforme se aproximava destas. Seus adeptos mais entusiastas foram os padres, que definiram essa prática sob o nome de vara divinatória, com o pretexto de que rabdomancia se aplicava apenas ao tipo de adivinhação que se usava entre os germanos, segundo Tácito: eles cortavam um galho de árvore em pedaços, marcavam com sinais hieráticos e os jogavam sobre um pano branco para interpretar suas combinações. A distinção é especiosa porque *rabdos* quer dizer de todo modo vareta; o termo rabdomancia, portanto, foi mantido, mas devemos especificar que esse procedimento usado no Ocidente cristão não se parece em nada com o que se fazia na Antiguidade pagã. Os feiticeiros antigos procuravam fontes a partir de indícios naturais, segundo o testemunho de seus próprios contemporâneos Vitrúvio, Plínio, o Velho e Cassiodoro: nuvens de pequenos insetos que voavam rente ao chão em certos lugares ou vapores observados antes do nascer do sol, deitando-se de bruços e apoiando o queixo na terra, indicavam os lugares onde se devia vasculhar. Em seguida, faziam a "prova", como por exemplo cavar, à noite, um buraco no ponto designado e nele colocar um recipiente de estanho virado para baixo, untado de azeite por dentro; se encontrassem, pela manhã, gotas de água no recipiente, isso significava que havia uma fonte por perto. Não havia nenhuma rabdomancia entre esses pagãos, mas um naturalismo que contrastava com o sobrenaturalismo da era cristã[*].

A vara divinatória fez sua aparição apenas no final do século XV na Alemanha e, depois, em todas as regiões de mineração da Europa central, sendo utilizada primeiro por mineralogistas para descobrir minas de ouro, prata ou outros metais. Por isso era chamada de *Ruthe eines Bergmans*, vara de metalúrgico ou ainda *virgula Mercurialis*, vara de Mercúrio. Georgius Agricola, em seu *De Re metallica* (1550), denunciou essa vara como instrumento diabólico, dizendo que ela só se movia por causa de palavras mágicas pronunciadas anteriormente sobre ela; mas o pseudo-Basílio Valentim consagrou nada menos que sete capítulos de seu Último *Testamento* (1651) a explicar suas propriedades. Apesar das reservas manifestadas aqui e ali, o uso da vara divinatória persistiu e se tornou moda na Suécia em 1630, sob o reinado de Gustavo Adolfo.

Mais tarde, um século depois de servir aos engenheiros de minas, passou para as mãos dos responsáveis pelas fontes, que se utilizaram delas para procurar água. Essa tradição começou na França sob o reinado de Luís XIII com a chegada do casal de aventureiros vindo da Hungria, o barão de Beau-Soleil e a dama de Bertereau, que ofereceu ao superintendente de finanças marquês d'Effiat revelar, através de seus instrumentos, em quais regiões do reino havia minas de ouro e de prata. Durante anos, prospectaram o país usando objetos bizarros, compassos grandes, bússolas de sete ângulos, astrolábios minerais, rastelos metálicos e sete varas preparadas segundo conjunções astrológicas favoráveis. A primeira fonte que descobriram foi a de Château-Thierry, não com uma vara, mas "posicionando o compasso mineral na charneira astronômica"[426]; eles deduziram a partir disso que as águas continham ferro e prata e eram dotadas de virtudes medicinais. Sua atividade tornou-os suspeitos de magia e a dama de

---

[*] Muitos autores dizem que a vara divinatória existia "desde a mais alta Antiguidade". Isto é inexato. Eles confundem com o cajado de Moisés e de Aarão e os diversos bastões de comandantes ou bastões mágicos dos quais eu poderia elaborar uma longa lista: o *barsun* dos iranianos, a bengala *ames* dos egípcios, o *lituus* dos romanos etc. Não se vê aí nenhuma vara de efeito oscilatório.

Bertereau tentou até um processo contra o preboste da Bretanha que, acusando-a de sortilégio, havia ordenado o confisco de suas varetas estreladas. O casal se obstinou em seus trabalhos, e essa mulher de caráter, defendendo sua boa fé, dedicou ao cardeal Richelieu seu livro *La Restitution de Pluton* [A restituição de Plutão] (1640), em que explicava seu projeto e sua técnica. Assim foi lançada a ideia de que era possível encontrar fontes com os meios usados para procurar veios auríferos ou argentíferos e, desde então, seus defensores e seus adversários têm se enfrentado.

O primeiro teórico da rabdomancia foi Le Royer, advogado de Rouen e juiz de impostos, que publicou um *Traité du bâton universel* [Tratado do bastão universal] (1674). Fez, diante dos jesuítas, experiências na Normandia e seu método consistia em levar a vara ao dorso da mão, transversalmente: "Deve colocá-la sobre uma das mãos equilibrada, e com o melhor equilíbrio possível, então caminhar com suavidade; quando passar sobre um curso d'água, ela se moverá". Ele atribuía à vara o poder de descobrir água, metais escondidos e ladrões. Os médicos também falaram disso, como Matthias Willenus, em seu *De Vera virgula Mercurialis relatione* [A verdadeira relação da vara de Mercúrio] (1672), em Jena, ou Sylvester Rattray, em seu *Theatrum sympatheticum* [Tratado da simpatia] (1662), no qual dizia que a vara de pinho selvagem indicava as minas de chumbo, a de oliveira e palmeira minas de ouro e de prata. O padre Athanasius Kircher contava que se usavam na Alemanha dois bastões retos, sendo inserida a extremidade pontiaguda de um na extremidade oca do outro; eram segurados diante do corpo, entre os dedos indicadores e se inclinavam quando se passava por cima de uma fonte ou de um veio metálico.

Logo diversos curas do interior se puseram a empregar a vara divinatória. As autoridades eclesiásticas ficaram alarmadas; o cardeal Le Camus proibiu seu uso sob pena de excomunhão no sínodo de 12 de abril de 1690. Mas, quando em 5 de julho de 1692 um vendedor de vinho e sua esposa foram assassinados, em Lyon, a fim de roubarem suas economias, o procurador do rei recorreu a Jacques Aymar, morador do Dauphiné, que diziam ser hábil em rabdomancia. Levaram Aymar até a caverna onde haviam encontrado os cadáveres e, no local, sua vara em forquilha se virou para os dois lados. Guiado por seu instrumento, ele saiu e seguiu um itinerário pelas ruas de Lyon e pela margem do Reno, até chegar à casa de um jardineiro, onde se apurou que três homens que deviam ser os assassinos pararam para beber água. Nos dias seguintes, explorou os arredores com sua vara que o levou até Beaucaire, e de lá, diretamente até a prisão. Apresentaram-lhe os prisioneiros, sua vara se virou para um corcunda de dezenove anos, preso havia uma hora por furto. O corcunda foi transferido para Lyon, sob protestos de inocência, e acabou por admitir que havia servido de valete para dois provençais responsáveis pelo crime. O caso provocou um barulho considerável em toda a França. Trinta juízes se envolveram no caso, e depois de experimentar, vendando os olhos de Aymar, se seu poder era real, decidiram acreditar nele e condenaram o corcunda a ser "esquartejado vivo na Place des Terreaux" (isto é, o carrasco o matou quebrando seus ossos com golpes de uma barra de ferro). Tudo isso sem nenhuma outra prova além do tremor de uma vara nas mãos de um médium tomado por convulsões a cada vez que encontrava "um vestígio".

Magistrados, padres e médicos discutiram o caso de Aymar. Malebranche atribuiu seu poder a um pacto com o Diabo; Chirac, professor de medicina em Montpellier, negou o fenômeno; pediram arbitragem a Bourdelot, primeiro médico de Luís XIV, e o padre Ménétrier escreveu um livro a respeito. Eis a rabdomancia causando mais uma vez furor entre os padres, aos quais um mandamento de 24 de fevereiro de 1700 reiterou a necessidade de se ocupar dela. Foi então que o abade Le Lorrain de Vallemont publicou *La physique occulte, ou Traité de la baguette divinatoire* [A física oculta ou tratado da vara divinatória] (1696), em que empreendia um elogio da dita vara, defendendo que ela se baseava em princípios naturais conformes à "filosofia dos corpúsculos". Sua obra, condenada por um decreto de 26 de outubro de 1701 da Inquisição, foi logo esgotada e reeditada; tornou-se o clássico da rabdomancia.

Vallemont descrevia diversas maneiras de utilizar a vara divinatória. A mais comum é tomar nas mãos, com as palmas para cima, as duas partes afastadas de um galho de nogueira em forquilha, com a parte central virada para frente, paralela ao horizonte; então, basta caminhar pelos lugares que deseja prospectar, e será advertido — quando a vara se inclinar, se erguer ou se virar sozinha — quando estiver diante da presença de água ou de metais. Outros feiticeiros, dizia ele, seguravam um bastão reto em arco e, quando passavam sobre uma fonte, a curvatura horizontal do arco deveria se abaixar até ficar vertical.

O autor especifica que a vara não se virava nas mãos de qualquer um; era preciso um dom, "mas mesmo com esse dom, por assim dizer, ocorriam síncopes". Associa o movimento da vara a um fenômeno da física, do qual o homem é o principal agente: "Esse efeito vem absolutamente da pessoa". Vallemont pensava que havia corpúsculos que se separavam dos vapores da água, das exalações das minas, e que afetavam o operador, tornando-o metade responsável pelo movimento convulsivo da vara: "Explico a simpatia da vara de nogueira com os metais e as coisas sobre as quais ela se inclina através do escoamento e do fluxo da matéria sutil que transpira em todos os corpos e que se espalha pelo ar"[427]. Ele certifica que é possível, como no caso de Aymar, descobrir criminosos: "Exalam-se pela transpiração insensível dos ladrões e assassinos muitos corpúsculos que permanecem em seus rastros e que fazem a vara divinatória se inclinar". No entanto, no mesmo ano em que Vallemont publicou esse livro, Aymar admitiu que era um impostor[**].

Depois de conhecer uma fama constante no século XVIII, a rabdomancia foi atacada pelo abade Paramelle em 1827. Esse localizador de fontes combateu os "bacilogiros" (como eram denominados aqueles que faziam mover a vara divinatória) e procurou fontes no Lot seguindo seu método da *geognosia*, baseado no estudo científico do terreno. Descobriu a fonte de Rocamadour e as águas nos platôs calcários onde ninguém acreditava que pudesse haver água; Paramelle percorreu todos os departamentos da França, dando 10275 indicações de fontes em 25 anos. Na terceira edição de *A arte de descobrir fontes*, seu "testamento hidroscópico", conta como zombava das pessoas que viam ele como um "mágico" que teria um "dom": era exclusivamente através do exame geológico que discernia onde se encontrava a fonte, assim como sua profundidade e seu volume.

Contudo, a rabdomancia sobreviveu e se desenvolveu; a ela se agregou o emprego do pêndulo (já descrito em 1798 por Gerboin, professor em Estrasburgo), objeto metálico suspenso na ponta de uma corrente segura entre o polegar e o indicador. Desde então, o pêndulo se tornou mais frequentemente uma esfera de madeira escura presa a um pequeno bastão por um fio de cânhamo preto. Ele oscila ou gira em torno de si mesmo, sendo *positivo* quando o giro é no sentido

---

* Isaac de Larrey conta: "As pessoas ficaram muito espantadas ao saber que o homem da vara divinatória não passava de um charlatão e de um impostor. Essa descoberta, que desiludiu todo mundo, deveu-se ao príncipe de Condé, que mandou enterrar ouro e prata em diversos lugares de seu jardim, e esse falso adivinho não encontrou nada". (Isaac de Larrey, *Histoire de la France sous le régne de Louis XIV*, tomo VI, p. 75. Rotterdam: Michel Bohm, 1722).

horário, *negativo* no anti-horário (como a vara é positiva quando se inclina para a terra e negativa quando erguida para cima). Diversos autores falaram dessa dupla adivinhação através da vara e do pêndulo, sendo o melhor deles Benoît Padey, que estudou as reações positivas e negativas desses instrumentos segundo sua matéria e as condições de receptividade do operador: "O homem *nu* é particularmente sensível às radiações. O homem *vestido*, mas *descalço*, já não sente nada. Com as mãos *enluvadas*, também não sente nada. Com *o rosto coberto*, também nada; uma simples venda nos olhos basta para impedir a passagem do fluido"[428].

Depois da Primeira Guerra Mundial, a rabdomancia passou a se chamar de radiestesia; o pêndulo foi utilizado com mais frequência do que a vara, e a filosofia das radiações substituiu a filosofia dos corpúsculos cara a Vallemont. Utilizou-se radiestesia para descobrir o autor de uma carta anônima, o responsável por um acidente etc. Foram feitas prospecções à distância, ou teleradiestesias, sem sair de casa, suspendendo o pêndulo sobre um mapa geográfico, uma fotografia ou outros documentos. Um especialista da teleradiestesia foi o abade Mermet que, em julho de 1928, quando do desastre da expedição Nobile ao Polo Norte, calculou onde o dirigível havia caído e onde se encontravam os passageiros. Os padres também foram fanáticos por essa arte divinatória, tanto que a Congregação do Santo Ofício, por um decreto de 26 de março de 1942, proibiu "as práticas de radiestesia".

Mais tarde, a radiestesia medicinal agregaria à antiga rabdomancia uma nova pretensão: descobrir as doenças e os remédios apropriados para curá-las. O dr. Albert Leprince, em seus livros, definiu os princípios do diagnóstico com o pêndulo: o paciente deve se encontrar na contraluz diante do observador, ambos vestidos de preto, sem portar objetos metálicos, devendo ser feito o exame entre às nove da manhã e às cinco da tarde "porque a luz solar *reforça* as ondas curtas, na medida em que diminui as ondas hertzianas superiores a cem metros"[429]. O médico segura o pêndulo na mão direita, aproxima o indicador da mão esquerda progressivamente de diversos órgãos sem tocar no paciente e distingue, por meio dos giros de seu instrumento, os órgãos que estão saudáveis daquele que está doente. Para buscar o remédio, o procedimento mais comum consiste em colocar o pêndulo entre a região afetada e vários medicamentos alinhados, as oscilações e os giros indicam quais são bons, neutros ou maus. Alguns praticavam o telediagnóstico a partir de fotografias, de cartas, de pegadas ou de emanações. Os avatares recentes da radiestesia são a radiônica e a radar-cosmia, mas é preciso esperar elas se desenvolverem para poder falar delas; tudo isso mostra que o pensamento mágico, longe de ter sido apagado pelas descobertas científicas, subverte-as a seu proveito em nome da parte incognoscível que sempre subsistirá no universo.

6
A MEDICINA HERMÉTICA E A TAUMATURGIA

No início da Idade Média, a medicina se dobrou aos preceitos de Galeno — médico nascido em Pérgamo, no ano 131 de nossa era —, que, ao combinar a patologia de Hipócrates com a teoria de Aristóteles sobre a geração e a corrupção dos corpos, criou um sistema aparentemente racional, mas completamente falso. Segundo Galeno, o homem era composto por quatro humores, o sangue, a bile, a atrabile (humor negro que supunha vir de cápsulas suprarrenais) e a fleugma (ou pituíta), e por quatro qualidades, quente, frio, seco e úmido. A secura do cérebro produzia a inteligência, sua súbita umidade a loucura; o catarro, que Galeno considerava origem de muitas doenças, proviria de vapores hepáticos que subiam até a base do encéfalo, onde esfriavam e tornavam a cair como chuva interna, causando, conforme o local em que estagnava, as afecções pulmonares ou gastrointestinais. Em uma mulher grávida, o menino se formaria na parte direita do útero, a menina na parte esquerda, porque o menino, quente e seco, ficava do lado mais quente do corpo da mãe, perto do fígado, e a menina, fria e úmida, do outro lado*. Galeno estudava a anatomia humana a partir de dissecções de macacos, o que o levava a cometer vários erros, nos quais se acreditou cegamente. Durante séculos, a medicina oficial se limitou a resolver as contradições surgidas entre ele e seus predecessores: por exemplo, dever-se-ia pensar como Aristóteles, para quem as veias partiam do coração,

---

* É por isso que Girolamo Cardano aconselhava ao marido que desejava um menino essa posição durante o ato sexual: "Que a mulher se deite sobre o lado direito, e que depois de conhecer o marido, repouse sobre o mesmo costado". (*De la Subtilité*, p. 248, tradução francesa de Richard le Blanc. Paris: 1556). Assim, conforme a teoria hipocrática, o sêmen escorreria até o lado do corpo feminino onde se formaria o embrião masculino.

ou como Galeno, para quem elas saíam do fígado, sede da "sanguinificação"? Mais do que perseguirem a experimentação médica, forçavam uma leitura dos textos que concordasse com suas opiniões.

Os reis merovíngios e carolíngios eram arquiatros (os primeiros médicos) e já se conformavam com a tradição hipocrática e galênica ensinada em Ravena ou transcrita nos manuscritos de São Gall. No século IX, a escola de Salerno tentou algumas inovações: nela, eram oferecidas aulas de anatomia (nas quais dissecavam porcos, é verdade); ali publicaram poemas didáticos e mulheres foram diplomadas médicas; mas também foi professado, com Archimathaeus, o humorismo de Galeno. No final do século XII, a influência dos médicos árabes praticantes na Espanha (Abulcasis em Córdoba, Averróis e Avenzohar em Sevilha etc.) se espalhou por todo o Ocidente. Baseavam-se também em autores gregos, incorporando a eles seu próprio conhecimento de botânica e de novos remédios (entre os quais o bezoar, concreção calculosa do estômago de algumas cabras, que serviam de antídoto), além de darem definições justas de doenças como a varíola e o sarampo e não menos indicações errôneas em anatomia e em cirurgia. A escolástica não soube fazer uma triagem e disso resultou um dogmatismo aumentado. Todos os diagnósticos eram demonstrados por silogismos. O praticante se intitulava *medicus logicus* e redigia em latim sua *receita* (ordem que começava sempre pela palavra *recipe*, "tome"). As universidades baniram dos estudos médicos a *química*, chamada de "ciência dos envenenamentos" e a dissecção de cadáveres humanos, considerada sacrilégio. No século XIV, a partir de Mundinus em Bolonha em 1315, passaram a dissecar humanos, mas se contentando apenas com três pontos — a cabeça, o peito e o abdômen —, que inventariavam segundo Galeno. Uma massa de preconceitos se constituiu, e em nome disso trataram Vesalius de *vesanus* (insensato) quando fundou sua anatomia descritiva, e Harvey de *circulator* (charlatão) quando descobriu a circulação do sangue. A cirurgia, desdenhada como atividade subalterna até o reinado de Filipe, o Belo, era na maioria das vezes deixada ao encargo dos barbeiros.

A essa medicina dogmática correspondia a farmácia galênica dos apotecários, que se reduzia a três operações: a eleição (escolha das plantas), a preparação (lavagem, secagem, infusões, maceração, cocção etc.) e a mescla (reunião dos diversos componentes do remédio). Fabricavam quatro tipos de purgativos:

o fleugmagogo, que purgava o cérebro; o colagogo, que limpava a bile (como a cássia e o ruibarbo); o melanogogo, que dissipava o "humor tartário e melancólico" (como a escamoneia, o sene e o heléboro); e o hidragogo, que abria os vasos linfáticos. As plantas eram muito utilizadas nos apozemas (decocções de vários tipos de ervas), nos errinos (licores introduzidos pelo nariz), nos *looches* (emulsões expectorantes), nos *trochisques* (tabletes triangulares), nas coifas (toucas com pós cefálicos que eram aplicadas na cabeça para fortalecer o cérebro), e nos escudos (emplastros fechados em bolsinhas de couro). Os apotecários também utilizavam como ingredientes vísceras de animais (como o fígado e as entranhas do lobo), esponjas, peles de lebre e pedras preciosas moídas. O pó de coral vermelho servia contra cólicas, hemorragias e gonorreias. O *diamargaritum* era um cordial à base de pérolas; o *spodium*, de marfim reduzido por calcinação a uma matéria esbranquiçada. Para expulsar os cálculos renais, fazia-se o doente engolir um cristal finamente pulverizado; contra acidez estomacal, dava-se pó de chifre de cervo ralado. Os excessos eram tais que Ambroise Paré, em seu *Discurso Sobre o Unicórnio* (1585), criticou o uso medicinal do chifre de unicórnio contra lepra, objetando que se tratava de um animal imaginário, e suscitou tanta indignação que precisou se justificar em um segundo discurso.

Em tal ambiente, a medicina hermética foi uma ciência conjectural em oposição à medicina oficial, dominada pela escolástica e controlada pela Igreja, uma filosofia medicinal e uma prática terapêutica de ordem totalmente distinta. A medicina oficial se baseava na lógica de Aristóteles; a medicina hermética invocava a metafísica do cristianismo esotérico ou da Kabbala. A primeira proibia o estudo da química, a segunda a recomendava como disciplina fundamental e se associou às manipulações dos alquimistas. Os médicos herméticos, selecionando e tratando as plantas medicinais segundo princípios experimentais, desenvolveram a farmácia química contra a farmácia galênica. Fabricavam em seus laboratórios, a partir de preparações vegetais ou minerais, medicamentos bizarros: o *diaceltatetson* (ou arcano coralino), o ouro horizontal, o elixir da propriedade, a panaceia do antimônio, o óleo de Vênus etc. Seus trabalhos deram origem especialmente à quimioterapia, à homeopatia e à fisioterapia. Pretendiam preservar seus segredos e os comunicavam apenas entre eles mesmos sob linguagem figurada, mais uma particularidade que permite associá-los à doutrina hermética.

O primeiro médico hermético foi Arnau de Vilanova, nascido em Valência ou Aragão por volta de 1240, que, depois de se tornar mestre em artes em Paris, viajou pela Espanha e pela Itália, onde, em Roma em 1286, adquiriu reputação de alquimista ao operar uma transmutação diante de testemunhas. A partir de 1289, foi professor de medicina na Universidade de Montpellier, que transformou com seus cursos — frequentados até por Raimundo Lúlio — na mais célebre universidade ocidental. Arnau de Vilanova admitia os quatro humores e agregava um quinto princípio, mediador entre a alma e o corpo: o espírito animal, *spiritus animalis*, que se originava no coração e produzia os fenômenos vitais, as imagens mentais e as pulsões instintivas. Esse *spiritus animalis*, que difunde-se no ser humano como a luz solar no espaço, podia ser alterado por agentes exteriores ou por paixões. Além disso, cada homem nascia com um temperamento particular, que constituía, devido suas exigências, um tipo de doença crônica compensada apenas pelo regime e pela higiene. Arnau de Vilanova atribuía muita importância ao tratamento conservador da saúde; seu *De Regimen sanitatis* [Sobre o regime de saúde] (1308) contém uma descrição, única na Idade Média, dos benefícios da hidroterapia.

Contudo, Arnau de Vilanova mesclava à medicina preocupações teológicas e astrológicas. Em seu *Tractatus visionum* [Tratados das visões], dizia que era preciso saber interpretar os sonhos de um doente; e fazer seu mapa astral era útil tanto para o diagnóstico como para o prognóstico de sua doença. Na terapêutica, as fases da lua regravam as contraindicações dos remédios: na verdade, durante sete dias de uma lunação, o sangue predominava entre os humores, durante sete outros, a bile que predominava etc. Em 1299, Arnau foi preso por causa de um livro no qual previa para 1355 a vinda do Anticristo e, para 1464, o fim do mundo. Libertado mediante intervenção de amigos, ele se refugiou na Itália, onde, em Palermo, tornou-se médico do rei Frederico da Sicília. Os teólogos de Paris condenaram quinze de suas proposições em 1309; mas o papa Clemente v suspendeu a condenação e o chamou para uma consulta diante dele em Avignon em 1313; Arnau morreu no trajeto. Em 1319, a Inquisição de novo condenou, em Tarascon, suas quinze proposições previamente incriminadas e ainda proibiu treze de seus livros. Arnau de Vilanova foi a partir de então catalogado como feiticeiro, e atribuíram a ele a cura de um leproso ao fazê-lo beber "vinho de ouro" alquímico e até mesmo a criação de um homem artificial em um alambique de vidro.

A publicação de sua *Opera omnia* [Obras completas] (1504), que reuniu 65 tratados, mostrou enfim o grande humanista que foi Arnau de Vilanova, que inventou o verdadeiro método da destilação do espírito do vinho, deu o nome à aguardente de bagaço (*aqua vitae*), e usou os vinhos aromáticos como fortificantes, nos quais os monges depois seriam especialistas. Apesar de seu interesse pela astrologia, declarava aos alunos que eles poderiam ser bons médicos sem conhecê-la, além disso, estabeleceu o modo científico de interrogar o doente e multiplicou as objurgações sobre a consciência profissional. Extremamente prudente nas medicações, ele as adaptava conforme o sexo e a idade do paciente, e as deixava agir de modo gradual. Ministrava alguns medicamentos através da absorção cutânea; utilizou narcóticos contra a dor, leites e séruns de animais que recebiam alimentação especial; inovou a massagem da bexiga e diversos toques exploratórios[430]. Com ele, já se teve a prova de que o médico hermético não era um sonhador que perseguia quimeras, mas sim um médico que buscava penetrar os segredos da natureza.

Toda vez que o pensamento pragmático se sente impotente, o pensamento mágico surge em seu socorro e supre essa carência com seu melhor. Assim, em razão de lacunas da ciência, os livros de "prática médica" no século xiv expuseram receitas tão estranhas quanto as dos grimórios. Bernard de Gordon, outro professor de medicina da Universidade de Montpellier, dizia em seu *Lilium Medicinae* [Lírio da medicina] (1305) que as doenças crônicas eram governadas pelos caminhos do sol, as doenças agudas pelos caminhos da lua e indicava amuletos curativos e fórmulas a serem recitadas ao ouvido dos epiléticos. John de Gaddesden, membro do Merton College e médico do rei da Inglaterra, curou da varíola um filho de Edward I envolvendo-o em uma capa vermelha e colocando-o em um recinto onde tudo era dessa cor; sua *Rosa Anglica* [Rosa inglesa] (1315) abunda de prescrições desse gênero. Petrus de Abano, para quem criaram a cátedra de medicina de Pádua, ocupada por ele até sua morte em 1316, mandou pendurar no teto da sala em que dava aulas mais de quatrocentas figuras astrológicas; seu *Conciliator Differentiarium* [Conciliador das diferenças] (impresso apenas em 1472), escrito em tentativa de conciliar a filosofia e a medicina, examinava problemas como descobrir se o fogo era quente ou não, ou se existia um membro principal.

Guy de Chauliac, cirurgião dos papas de Avignon e fundador da cirurgia ocidental, combateu os procedimentos empíricos dizendo: "É melhor nos atermos ao certo e deixarmos de lado o incerto". No entanto, explicou através da influência dos astros a peste de 1348 e, em sua *Grande Chirurgie* [Grande cirurgia], admitiu que não se devia fazer flebotomias nos "dias egípcios". De fato, o povo pensava que havia em todo mês dois dias ditos "egípcios" em que nada do que se tentava fazer dava certo. Mais tarde, Laurent Joubert, comentando Chauliac, elaborou um quadro que permitia determinar quais eram os "dias egípcios" dos doze meses do ano.

A REVOLTA MÉDICA DO RENASCIMENTO

Na época em que Cornelius Agrippa — médico niilista que criticou a medicina por não ser uma ciência exata —, compilou como um etnógrafo todas as superstições médicas populares do Renascimento em *Três Livros de Filosofia Oculta* (1533), como se quisesse demonstrar que estas valiam mais do que as receitas de seus companheiros, outros eruditos exprimiram essa mesma revolta de maneira bem diferente. Um deles superou todos os outros por causa de sua singularidade e pela variedade de suas pesquisas: Girolamo Cardano, nascido em 1501 em Pavia, considerado por alguns como um gênio incomparável e por outros como um louco, foi qualificado por Alciat como "homem das invenções" — o que, ao menos, é incontestável. A solução da equação de terceiro grau, como a feita por Cardano, e a invenção do tipo de suspensão conhecido com seu nome foram proezas de seu século.

Dizia-se que era filho natural de Fazio Cardano, geômetra e procurador fiscal; na verdade, seus pais viviam separados e sua mãe era uma jovem viúva que já tinha três filhos de um primeiro casamento. Cardano, após uma infância doentia e contrariada, teve permissão do pai para entrar na Universidade de Pavia e, depois, na de Pádua. Posteriormente, levaria uma vida de médico rural, pobre, e visitava a pé ou em dorso de mula os doentes nas aldeias. Conseguindo se curar de uma impotência sexual que o atormentou por dez anos, ele se casou, em 1532, em Piove di Sacco. Como a faculdade de medicina de Milão se recusou a recebê-lo, com o pretexto de seu nascimento ilegítimo, voltou em 1536 a Pavia, onde ocupou por cinco anos a cátedra de matemática. Enfim, permitiram que ele se tornasse professor de medicina em Milão, sem poder se beneficiar dos mesmos direitos dos outros médicos; mal pago, quase não conseguia sustentar a família. Além disso, jogador inveterado, dedicava todos os dias horas aos dados e ao xadrez; aliás, escreveu um livro sobre jogos a partir de sua própria experiência.

Suas obras atraíram vivas polêmicas. Seu tratado de álgebra, *Artis magnae* [Da grande arte] (1545), que continha descobertas pessoais, foi atacado por Niccolò Tartaglia, matemático de Bréscia. Seu livro *De Subtilitate* [A sutileza] (1550) lhe valeu, da parte do pedante Júlio César Escalígero, uma refutação mais longa do que a própria obra incriminada (mas essa refutação foi contestada por Goclenius). Cardano adquiriu tanta celebridade que era criticado por professores que queriam ganhar fama; houve disputas públicas, como aquela diante do Senado de Milão que o opôs a Camuzio durante três dias. Por algum tempo, com medo de ser envenenado, viveu acompanhado por duas jovens domésticas que provavam antes dele seus alimentos. John Hamilton, arcebispo de Saint-Andrews e primaz da Escócia, mandou chamá-lo por causa de suas crises de asma; Cardano passou por Lyon e por Paris, chegou em 29 de junho de 1552 em Londres e curou com sucesso o prelado.

Cardano completou com *De Rerum varietate* [A variedade das coisas] (1557) sua *De Subtilitate*, que influenciou muitos poetas e eruditos (Ronsard tinha um exemplar em sua biblioteca e Ambroise Paré a cita em sua *Chirurgia*); seus comentários sobre Ptolomeu, nos quais expôs suas doutrinas astrológicas com exemplos tirados de sua prática, aumentaram sua reputação. Cada vez mais ilustre, ele voltou a Pavia, mas lá enfrentou dissabores; seu filho mais velho, que envenenou a esposa, foi condenado à morte e executado em 10 de abril de 1560; seu filho caçula, libertino, o aterrorizava com suas ameaças; e seus colegas se aliaram contra ele. Ele pediu ao cardeal Carlos Borromeu para apoiá-lo na Universidade de Bolonha; Cardano ali deu aulas por alguns anos, até a Inquisição mandar detê-lo e aprisioná-lo devido às suas opiniões. Condenado a nunca mais ensinar, nem publicar, foi a Roma onde recebeu pensão do papa e acabou sendo admitido no Colégio dos Médicos.

Esse homem extraordinário por seu espírito e por suas manias se gabava de ter adquirido, ao preço de quinze anos de esforço, "a arte de nada esperar". Seu guarda-roupa era composto por quatro peças soberbas, das quais obtinha catorze combinações diferentes. Levava no pescoço uma esmeralda que punha na boca quando lhe anunciavam uma grande infelicidade (pois sugar a esmeralda dissipa a tristeza). Ele utilizava quinze modos de preparar os alimentos e, para combater a insônia que o afetava a cada mudança de estação, esfregava dezessete lugares do corpo com unguento de álamo, gordura de urso ou óleo de ninfeia.

Cardano dizia que sua ciência consistia em uma doutrina sólida e no *esplendor*; ele chamava de esplendor (e até de *splendor singularis*) uma inspiração súbita, magnífica, feita de intuição e de inspiração. Um sábio não estava completo sem esplendor: "É o que me protege contra meus adversários e nas necessidades que me pressionam. Resulta de uma meditação engenhosa e de uma luz exterior... É o que me torna apto para tudo; e é de grande auxílio na composição dos livros... E se não for de origem divina, é a mais perfeita das obras humanas"[431]. Ao seu *splendor*, dom intelectual, agrega-se o dom profético de seu *spiritus* ou gênio familiar: "Meu gênio familiar prevê o que deve ocorrer comigo em breve". ("*Praevidat spiritus quod mihi imminet*", escreveu ele). Isso não quer dizer que Cardano ouvia vozes: seu *spiritus* o advertia através de todo tipo de sinais — uma palpitação do coração que lhe dava a impressão de que o quarto tremia, um barulho do lado de fora, as palavras *Te sin casa* saindo da boca de um camponês etc. Cardano viveu assim em meio a uma série de presságios enigmáticos que interpretava sem trégua.

Girolamo Cardano não tinha pretensão de ser um sábio universal. Ele distinguia 36 disciplinas importantes e afirmava ignorar 26; não sabia anatomia, nem botânica, nem química, mas a patologia era o seu forte. "Dom Hieronymus não tem paralelo no diagnóstico", dizia-se em sua época. O duque de Suessa e o cardeal Morone o chamaram a fim de resolver dificuldades de seus médicos; Cardano era o homem que diagnosticava à primeira vista uma doença de fígado negada por seus colegas através do exame de urina; ou que encontrava opistótonos em uma criança que acreditavam ser epilética. Atribuindo seu sucesso ao *esplendor*, era tão seguro de si que se dedicou publicamente a curar em Bolonha todo doente entre sete e setenta anos que fossem apresentados a ele a tempo; e se os julgasse incuráveis, ao menos definia exatamente a doença, oferecendo-se a pagar, em caso de erro de diagnóstico, uma compensação equivalente a cem vezes seus honorários.

O próprio Cardano recapitulou suas curas felizes, seus fracassos e suas descobertas: "Na arte médica, estabeleci a verdadeira regra dos dias críticos; indiquei o tratamento da gota e da febre pestilenta; as transformações múltiplas em óleo; o método para fazer purgantes a partir de medicamentos não purgantes; as propriedades das águas especiais; a arte tão variada quanto útil do cozimento dos alimentos; a transformação de medicamentos perigosos ou repugnantes em medicamentos úteis ou de emprego fácil e agradável; os remédios que curam um hidrópico, fortalecendo-o a ponto de ele caminhar pela cidade no mesmo dia; mostrei também como o tratamento de um membro doente permite conhecer e curar uma outra parte do corpo... Pus em prática o verdadeiro método de operar as hérnias, do qual tínhamos apenas vestígios e sombras de conhecimentos... Além disso tratei muito tempo do mal francês, fiz várias experiências com as doenças mais difíceis, epilepsia, loucura, cegueira, além de outras que possuíam um número pequeno de doentes, como o uso da crina de cavalo na hidropisia"[432]. Embora se gabasse de ter resolvido quarenta mil problemas da medicina, seus tratados não contêm tantos problemas assim.

Girolamo Cardano critica Agrippa por ter recenseado todas as receitas mágicas sem fazer uma triagem de quais eram interessantes e quais era preciso rejeitar; ele, por sua vez, critica as receitas em detalhes e não recomenda senão aquelas que experimentou. Por exemplo, a medicina e a teologia atribuíam virtudes ocultas às pedras preciosas: Galeno havia dito que o jaspe posto sobre uma ferida detinha a hemorragia e Alberto Magno que a safira, ao simples toque, curava do antraz. Cardano reconhecia, como seus colegas, que algumas pedras favoreciam ora a sexualidade, ora a longevidade da vida ou a sorte, mas especificava que a pedra não tinha os mesmos efeitos se pendurada no pescoço, levada em um anel ou posta embaixo da língua. Assim, a esmeralda só permitia adivinhar as coisas futuras se colocada na boca: "As pedras preciosas postas sob a língua podem provocar adivinhação ao aumentar o julgamento e a prudência". O coral vermelho "conforta o coração e o cérebro, recria o entendimento e dá auxílio contra a epilepsia". É também um indicador da saúde: "O próprio coral vermelho, puro e fúlgido como o carbúnculo, se pendurado ao pescoço, de modo a tocar o coração quando o homem está doente, ou que estará doente em breve, ou se bebeu algum veneno que ainda não sente, fica pálido e perde seu esplendor, de modo que tu ficarás maravilhado, tendo isso sido observado muitas vezes"[433].

Cardano dizia que tudo tem uma propriedade secreta — sua *sutileza* — que a torna útil à vida humana. Para descobrir essa sutileza, é preciso aprofundar as analogias da Natureza. É por isso que Cardano estabeleceu correspondências entre as cores, os sabores e os planetas: o vermelho corresponde ao sabor ácido e a Mercúrio; o azul ao salgado e a Marte; o preto ao amargo e a Saturno etc. Ele examina se a dor ciática é curável pela música. Pode-se curar certas doenças soprando sobre elas? Ele admite que sim e conta a respeito disso uma anedota reveladora dos costumes médicos do Renascimento: "O irmão mais novo do rei da França estava doente com uma úlcera muito maligna e muito feia: foi curado pelo sopro perpétuo de um menino de doze anos. E isso não foi sem motivo, pois o sopro do menino em idade firme procede puro do coração e pode corrigir os humores corrompidos"[434]. Mas Cardano declara com frequência em relação a uma crença: "É uma coisa incrível".

Seu conhecimento sobre as plantas não se origina da botânica, mas do estudo de suas simpatias e de suas antipatias: "Sabe-se muito bem que as plantas têm ódios entre si e que elas se amam mutuamente, assim como têm membros próprios para fazer sua operação. Dizem que a oliveira e a vinha odeiam o repolho; o pepino foge da oliveira e a vinha ama o olmo. Assim, o mirto plantado perto da romãzeira a torna mais frutífera, e o mirto fica mais aromático"[435]. As árvores têm grande influência sobre a saúde e devemos classificá-las segundo suas sombras, que podem ser benéficas ou maléficas: "A virtude das sombras das árvores é admirável: a sombra mortífera, como eu disse, é do realgar, considerado tóxico, da nogueira, da alface do mar, da figueira velha e da sorveira da Índia; a sombra salutar é da sorveira-brava ou lótus, da faia e o mangostão da Índia"[436]. Esse médico filósofo é pródigo nesse tipo de observação, o que torna sua leitura estimulante. É preciso amar Girolamo Cardano por conta de seus defeitos, lembrando que ele demonstrou que a rosa cheira bem *porque tem espinhos*[437].

A partir da lista que ele mesmo estabeleceu, Cardano compôs 54 livros impressos e quarenta e quatro manuscritos que tratam de medicina, ciências naturais, astronomia, moral, adivinhação. Além disso, ele nos conta que em 1538 queimou nove de seus livros, que julgou sem valor; e que em 1573 destruiu 120 outros, dos quais havia previamente extraído as melhores passagens.

Antes de morrer em 1576, consagrou os dois últimos anos de sua vida a redigir sua autobiografia, *De Vita propria liber* [A vida privada], que só seria publicada em 1643, em Paris, aos cuidados de Gabriel Naudé, então bibliotecário de Mazarin.

Girolamo Cardano, assim como Cornelius Agrippa, não tinha um sistema médico definido; apenas Paracelso, que se autointitulava "o Cristo da medicina", foi o iniciador de uma corrente de reformas que ultrapassou o Renascimento e contou com adeptos até o século xx, como os Amigos de Paracelso (entre os quais C. G. Jung e René Allendy), que garantiram sua posteridade.

A MEDICINA ESPAGÍRICA

Em um dia de maio de 1527, os estudantes de medicina da Universidade da Basileia foram escutar a aula inaugural do novo professor, Paracelso, que acabara de ser nomeado médico municipal da cidade por recomendação de seu amigo Erasmo. Para surpresa de todos, não viram chegar, conforme o costume, um doutor pomposo vestido de toga de seda, com bengala vermelha e anéis de ouro, mas um homem com simples aparência de cidadão, barrete preto, vestuário de damasco cinza manchado pelos produtos usados em suas experiências. Assim que o mestre abriu a boca, a surpresa alcançou seu ápice; falava em alemão, e não em latim (Paracelso foi assim o primeiro professor de medicina a dar aulas em língua vernácula). As coisas que dizia eram extraordinárias; ele se opunha aos tratados médicos de Aristóteles e dos árabes, rejeitava as prescrições da escola galênica e afirmava que havia mais sabedoria nos remédios caseiros do que nas drogas dos apotecários. Ensinava a medicina espagírica (de *spao*, eu separo, e *ageiro*, eu reúno), que reunia os princípios químicos próprios para separar o puro do impuro e a saúde da doença. Ele explicava que os quatro pilares dessa medicina eram a filosofia, a astronomia, a alquimia (que batizou de espagíria) e a virtude. Suas fórmulas provocantes não demoraram para suscitar escândalo. Quando os estudantes, em 24 de junho, acenderam uma fogueira de São João, viram Paracelso avançar e atirar simbolicamente o *Cânone de Medicina* (1025) de Avicena no fogo. "Os cadarços dos meus sapatos sabem mais medicina do que Galeno e Avicena", diria ele em seu *Paragranum* (1530)[*]. O anticonformismo de Paracelso suscitou contra ele os colegas e os edis, tanto que, após vivas desavenças, precisou deixar Basileia no início de 1528 e fugir de cidade em cidade.

Orgulhoso e arrogante, crivando de sarcasmos brutais os médicos de sua época, que acusava de venalidade, Paracelso foi menos um iluminado que um humanista típico da Reforma. Theophrastus Bombast von Hohenheim, vulgo Paracelso, nasceu em 1493 em Etzel, perto de Zurique, aluno de seu pai, o médico Wilhelm von Hohenheim, estudou a Kabbala em Wurtzburg com o abade Trithemius, trabalhou como químico nos laboratórios e nas minas de Schwartz, adquiriu experiência como cirurgião militar nos campos de batalha dos Países Baixos e da Itália, e, antes de abandonar o posto de médico municipal da Basileia, ficou conhecido por diversas curas, como a do impressor Frobenius, de quem salvou uma perna que seria amputada. Ao longo de suas errâncias pela Suíça e pela Alemanha, perseguido por seus adversários como o javali o é por uma multidão, ele escreverá uma quantidade de obras e ditará uma série de outras a seu secretário, Oporinus (que, depois, o trairá e se arrependerá de tê-lo difamado), mas só publicará em vida as dissertações sobre a madeira do guaiaco e os banhos de Pfäfers, o tratado sobre a impostura dos médicos, o *Prognosticatio* (1536) e a *Practica* (1529) e sua *Opus Chirurgicum* [Obra cirúrgica]. Todo o resto, de seu *Paramirum* (1562) ao seu *Paragranum* (1565), só foi revelado após a sua morte em Salzburgo em 1541. Escrevia em alemão rude mesclado ao latim, admitindo, no início de sua *Archidoxe magique* [Arquidoxis mágica] (1591), se exprimir com enigmas e obscuridades deliberadas, de forma a ser compreendido apenas por seus discípulos; trata-se de um vocabulário tão particular que diversos dicionários fizeram sua recensão (o *Dictionnarum Paracelsi* de Gérard Dorn, as *Onomastica* de Michael Toxites etc.). Paracelso desconcerta ainda hoje os comentadores graças à sua doutrina transcendente.

Toda a sua obra parte de uma distinção entre o microcosmo e o macrocosmo mais aprofundada que a de outros pensadores do Renascimento. O

---

[*] Avicena, médico persa nascido em 980 perto de Bucara e morto em 1037 em Hamadã, foi uma das mais altas autoridades invocadas pelas escolas de medicina da Idade Média. Ele dividia os órgãos entre ativos e passivos; o coração, segundo ele, era passivo e tinha três ventrículos (como dizia Aristóteles). Ele classificou quinze espécies de dores. Acreditava que uma variedade de cefalgia se devia a um verme engendrado no cérebro. Vem de sua época o uso de dourar ou pratear as pílulas, em razão das propriedades medicamentosas que atribuía ao ouro e à prata.

homem é um *pequeno mundo* com um céu estrelado, uma terra, um ar e uma água, comparável em todos os aspectos ao *grande mundo* que é o universo; um explica o outro e se desenvolve como o outro. Mas eles são independentes e têm como princípio comum apenas a força indefinida M, cujo nome é, sem dúvida, a inicial de *magneticus*, de *mercurius* (alusão ao "mercúrio universal" que os alquimistas buscavam no orvalho), e a letra *mem* dos cabalistas, que em sua forma fechada (como em l'*marbé*, "para a realização") indicava um grande segredo: "Saibam que há ainda uma certa coisa que sustenta o corpo, e que ele conserva em vida. A insuficiência ou a morte dessa coisa é insuportável como a perda do ar. Pois é nela, e através dela, que o ar é conservado e aquecido. Se ela não existisse, o ar seria dissolvido. Através dela o firmamento vive. Se ela não estivesse no firmamento, ele pereceria. Nós a chamamos de M. Pois nada se constituiu no universo acima dessa coisa. Nada é preferível a ela e nada é mais digno da contemplação do médico. Observem com atenção, portanto, que indicamos M não como aquilo que nasce do firmamento, nem aquilo que emana do firmamento, nem o que é transmitido pelo firmamento. Mas tenham certeza de que M conserva todas as criaturas tanto do céu como da terra, e que, além disso, todos os Elementos vivem em M e de M"[438].

Há cinco causas possíveis para cada doença, cinco entidades mórbidas das quais ao menos uma lhe serve de origem: a causa astral, a causa venenosa, a causa natural, a causa espiritual e a causa divina. Cada uma das causas pode produzir qualquer uma de todas as doenças, de modo que há cinco pestes ou cinco icterícias; o médico deve escolher entre cinco modos de tratamento diante de uma doença, peste ou icterícia conforme ela lhe pareça ser determinada pelos astros, por veneno, pela natureza, pelo espírito ou por Deus.

Para definir a causa astral das doenças, Paracelso combate a medicina astrológica da Idade Média. Ele nega que os astros tenham qualquer poder sobre o destino e o caráter do homem. Se o planeta Marte nunca tivesse existido, disse ele, Nero teria sido igualmente cruel; o movimento de Saturno no céu é incapaz de prolongar ou abreviar uma vida humana: "Os astros, sejam planetas, sejam estrelas, qualquer astro do firmamento, não formam nada no nosso corpo, nem provocam nada nele em termos de cor, beleza, costumes ou forças". No entanto, a composição dos astros que evolui para melhor ou para pior, tornando-se mais doce ou mais ácida, quando é muito nociva infecta com seu contágio a força M, que perturba em consequência nosso ambiente químico com excessos de sal, de arsênico ou de mercúrio: "Os astros em si não podem exercer nenhuma influência, mas suas exalações podem somente corromper e contaminar M, por meio do qual somos em seguida envenenados e ficamos aflitos. Se um homem é dotado de um temperamento, segundo o sangue natural, que se opõe a essa exalação, então ele adoece. Aquele que não tem natureza contrária à exalação não é minimamente incomodado"[439].

A segunda causa de doença, a causa venenosa, depende de nossa alimentação, ainda que ela seja saudável. "Nosso corpo nos foi dado isento de veneno. E aquilo que damos ao corpo à guisa de alimento contém veneno agregado em si... Uma coisa que por si só não contém veneno nenhum se torna veneno para nós"[440]. É necessário comer e beber para viver, mas a ingestão de qualquer produto é um risco de doença que a nossa alquimia fisiológica combate: "Temos dentro de nós um alquimista, colocado em nosso corpo por Deus, o Criador, com a finalidade de separar o veneno do nutriente salutar, a fim de não nos causar nenhum dano"[441]. Esse alquimista habita nosso estômago: este é o laboratório onde opera as transmutações. "Em todas as coisas, quaisquer que sejam, existe ao mesmo tempo a essência e o veneno. A essência é aquilo que sustenta o homem. O veneno, ao contrário, aquilo que o destrói e o abate com doenças[442]." Se o alquimista interno é muito fraco ou se equivoca, a putrefação ocorre e com ela a ruptura do estado de saúde. Paracelso mostrará também, em seu *Tratado das doenças tartáricas*, o modo como diversos tipos de tártaros suscitam desordens, desde o tártaro que se fixa nos dentes até aquele que engendra os cálculos.

A causa natural das doenças, ou terceira entidade mórbida, é tudo aquilo que afeta e perturba o curso normal dos "astros corporais". Com efeito, o corpo humano possui sete órgãos comparáveis aos sete planetas principais: o cérebro é a Lua, o coração é o Sol, o baço Saturno, os pulmões Mercúrio, o estômago Marte, o fígado Júpiter e Vênus os rins. Os astros do microcosmo se conduzem uns em direção aos outros como os astros do macrocosmo: assim, igual a Lua reflete a luz do Sol, o cérebro (centro intelectual) reflete a luz do coração (centro emocional). Cada órgão tem seu destino bem estabelecido, sua revolução própria; caso se afaste e penetre um caminho que não lhe é reservado, resulta em doença. Ao contrário, o Sol é o coração do macrocosmo, a Lua seu cérebro e os minerais governados por cada planeta são benéficos ao órgão correspondente: "Aquilo que provém do coração do macrocosmo reconforta o coração do homem, como o ouro, a esmeralda, o coral; aquilo que provém do fígado do macrocosmo reconforta o fígado do homem"[443].

A causa espiritual é uma potência vinda do espírito e que maltrata o físico como um todo: "Ali onde o espírito sofre, o corpo sofre também". Paracelso entende por espírito não a alma, nem a inteligência, mas o homem invisível que é encerrado pela aparência humana visível, que é tão unido a ela a ponto de agir sobre a alma, seja para o bem ou para o mal. Os espíritos se comunicam entre eles, a despeito dos corpos; infligem-se mutuamente feridas impalpáveis capazes de adoecer os corpos. Os enfeitiçamentos, aliás, originam-se dessa propriedade do ser interior. Enfim, a quinta causa de doenças vem de Deus e tem características de um castigo; nessa categoria, "toda doença é um purgatório", um procedimento de purificação, e o médico só pode esperar curá-la se a provação prescrita por Deus acabar.

Além das cinco causas de doenças, há três essências primordiais que compõem todo ser engendrado: o sal, o enxofre e o mercúrio. Paracelso dá a esses três elementos um sentido ilimitado: o sal de que fala não é o sal gema, mas o princípio conservador do micro-macrocosmo; o enxofre é o princípio calórico, veiculador do movimento, base das substâncias orgânicas; o mercúrio, o princípio aumentativo, que reconstitui e organiza. O sal é um álcali, o enxofre um óleo, o mercúrio um licor. Diz Paracelso: "É preciso ministrar mercúrio às doenças provenientes do mercúrio, sal às doenças provenientes do sal e enxofre às provenientes do enxofre, isto é, a cada doença convém um tratamento apropriado"[444].

Por exemplo, o sal que fica viciado dentro do organismo provoca doenças de relaxamento (disenteria, diarreia, lienteria etc.); a cura se obtém introduzindo sais capazes de retificar o sal corrompido ou de separá-lo do sal intacto.

É preciso saber que tipo de mercúrio, de sal ou de enxofre convém empregar; há o mercúrio extraído da persicária [erva-de-bicho], o mercúrio do arsênico, o mercúrio da madeira do guaiaco; existe o sal misto (antimônio), os álcalis obtidos por extração ou por coagulação etc. Toda doença pode existir dupla ou triplamente, o que exige por vezes uma medicação combinada. O princípio é sempre que o semelhante cura o semelhante. Samuel Hahnemann, o médico de

Viena que fundou a homeopatia, não citou Paracelso entre seus precursores para evitar admitir o que devia a ele[445]: toda a homeopatia se encontra em Paracelso, inclusive a recomendação de doses mínimas de medicamentos. Aquilo que hoje chamamos de medicina homeopática foi praticada sob o nome de medicina espagírica durante três séculos: Hahnemann apenas despojou da escatologia uma terapêutica inventada antes dele.

Além das cinco causas de doenças e das três essências dos corpos, Paracelso concebia duas medicinas, a medicina masculina e a medicina feminina, porque as mulheres têm uma anatomia particular e não devem ser curadas como os homens: "Todas as doenças da mulher são formadas, engendradas e dadas pelo útero". Em seu *Traité de la matrice* [Tratado do útero] (1566), Parcelso argumenta sobre a diferença dos sexos como médico e como teólogo. Enquanto o homem, por si só, é um microcosmo médio, a mulher encerra em si um microcosmo, o menor de todos, sua matriz, refletindo esse microcosmo médio assim como este reflete o macrocosmo. O útero, ou a matriz, é a raiz do ser da mulher e sua influência faz com que exista um cérebro feminino, um coração feminino, em nada idênticos aos dos homens. No entanto, existem doenças de mulheres que advêm dos homens e que devem ser tratadas com remédios viris: "As moças são, através do sêmen, herdeiras de seus pais em termos de doenças".

Enfim, sem nada negligenciar na patologia, Paracelso escreveu um *Tratado das doenças invisíveis*, causadas pela imaginação ou pela fé, no qual se mostra completamente livre de convenções ordinárias. Ele se ergue contra a opinião popular que atribui aos santos o poder de causar ou curar doenças; é um erro fazer de São Denis o padroeiro dos sifilíticos ou chamar algumas afecções de penitência de São Quirino, fogo de Santo Antônio, dança de São Vito; nenhum santo poderia ser causa de doença, nem servir de remédio. Paracelso tem uma fórmula espantosa: "Nada pode ser curado pela fé, a não ser uma doença causada por um mau uso da fé".

A cirurgia de Paracelso se baseia na "anatomia essencial" (*anatomia essata*) que ele opõe à anatomia vulgar. Ele dizia aos anatomistas que dissecavam os enforcados que estes faziam a anatomia da morte, e que não era com o estudo da disposição dos órgãos de um cadáver que aprenderão o segredo de seu funcionamento. Deve-se observar o homem vivo e compreender suas reações, pois a base da ciência médica é a anatomia da vida. Ora, descobrimos assim que o corpo humano contém um bálsamo radical, a *múmia*, que se encontra na carne, mas também nos ossos, nos nervos e nos tecidos internos; a múmia dos ossos liga os ossos quebrados, a da carne cura as feridas etc. "Assim, cada parte do corpo contém em si a causa eficiente de sua cura, isto é, seu remédio natural, que congrega e reúne as partes que estavam separadas. Por isso o cirurgião deve se lembrar de que não é ele quem cura as feridas, mas o próprio bálsamo natural que existe naquela parte[446]." Muito já se dissertou sobre a *múmia* de Paracelso, ora vendo nela o *humor radical* de Galeno, ora a linfa plástica, ora o espírito do sangue: em todo caso, a múmia consiste, para ele, no agente onipresente da cicatrização.

Em sua *Opus Chirurgicum*, Paracelso examina todos os casos que podiam se apresentar ao cirurgião, a quem recomenda, antes de qualquer coisa, ser médico e evitar fazer o paciente sofrer — afinal, os métodos ainda eram bárbaros. Aliás, foi Paracelso quem inventou o éter como anestésico e as pílulas de láudano (que seus inimigos chamavam de "cocô de rato") como calmantes. Ele disse quais eram as chagas mais mortais e quais não eram; os acidentes que as originam em razão do tempo ou de influências celestes; as doenças internas que as agravavam. Distinguiu as diferentes feridas, conforme os instrumentos que as causam e as partes do corpo que elas afetam; os signos das chagas e sua interpretação. "Todos os acidentes que devem sobrevir às chagas são conhecidos através de alguns sinais que os precedem." Não queria que suturassem as chagas, por causa da corruptibilidade das linhas: "Se você costurar uma ferida seca, saiba que a sutura não adianta nada, porque ela logo apodrece e cai"[447]. Ele presenciou barbeiros usarem linha de sapateiro e cerdas de porco para evitar esse inconveniente. Ele defendia deixar a ferida se fechar sozinha, graças à virtude da *múmia*, depois de estancar o sangramento, e fazia um curativo com um unguento à base de resina de lárice ou de abeto e seivas de plantas, ou com um bálsamo (óleo destilado por alquimia). Paracelso esquadrinha todos os tipos de mordidas, fraturas e queimaduras, e termina seu *Opus Chirurgicum* tratando das úlceras, mostra como curar aquelas que mudam de forma ou que provêm de bruxarias, e propõe remédios higienizadores (como o bálsamo de tártaro) e banhos.

Paracelso tinha todas as superstições médicas de sua época, mas alegava fazer uma triagem delas com discernimento. Para deter o fluxo de sangue das feridas, se ele emprega procedimentos químicos, como "o açafrão de ferro muito sutil e reverberado", também aconselha cinzas de rã, pelos de lebre (especialmente os que ficam embaixo da cauda), musgo que cresce na cabeça dos mortos (pressentimento obscuro da penicilina) e cornalina pendurada no pescoço ou levada na mão. Ele não proibia os "pós vulnerários", feitos da pele de serpentes que acabava de trocar de pele, mas especifica sobre aqueles que são colocados nas feridas: "É preciso, contudo, evitar usá-los quando a chaga for acompanhada de algum grande acidente como fleugma, febre, inchaço, endurecimento, fluxo de sangue e outros". Admitia a existência de "palavras consteladas", que permitiam arrancar com apenas dois dedos uma lâmina ou uma bala cravada na carne; mas indica três modos cirúrgicos de extraí-las. Elogia bastante o cão que lambe a ferida, o camponês que a lava com a própria urina, mas manda beber suco de tanchagem ou de quelidônia com sal. Se conta os aloés entre os medicamentos refrigerantes contra queimaduras de pólvora de canhão, prefere a mistura de vinagre rosado e suco de lagostins.

Paracelso distinguia a cura universal das doenças, que tendia a curá-las radicalmente graças aos *arcana majora* (grandes remédios secretos), e a cura particular, que as sanava com auxílio de expedientes que buscavam apenas impedir sua entrada no corpo. A farmacologia de Paracelso foi inovadora porque, numa época em que as pessoas se contentavam com composições que mesclavam tudo, baseou-a na separação dos princípios ativos e das substâncias inertes. Uma planta boa em um aspecto podia ser nociva em outro. Além disso, os apotecários faziam *correções* de seus produtos; eles carregavam de açúcar os aloés hepáticos, pensando que deste modo os aloés não poderiam causar dano; agregavam marmelo à escamônea para fazer a *diagreda*, não menos indigesta. "Corrigir não é tirar", dizia Paracelso. É preciso extrair por alquimia o *ens primum* da planta, sua virtude medicamentosa pura, livre de tudo aquilo que é inútil. Paracelso coloca essa grande ideia científica em uma terminologia oculta, ao afirmar que a matéria e a alma são ligadas uma à outra por um intermediário chamado *corpo astral* no homem, *evestrum* no animal, *leffas* na planta e *stannar* no mineral. É do *leffas* da planta que a operação alquímica deve extrair um bálsamo ou uma tintura, não de sua matéria.

A escolha das plantas próprias para os remédios será efetuada segundo a teoria das *assinaturas*. Os vegetais e os minerais do macrocosmo contêm todas as marcas — as assinaturas — que indicam a parte do microcosmo a que eles são respectivamente reservados. A raiz de *satyrion* (orquídea) lembra o órgão genital masculino: ela servia, portanto, para curar suas irritações. A acolejo era boa para doenças dos olhos, pois apresenta a assinatura do olho. A fava, tendo forma de rim, cura as dores renais etc. Esse sistema de correspondências também coloca em relação os órgãos e os planetas por intermédio dos minerais investidos de assinaturas planetárias. Nesse sentido, Paracelso é menos completo que Agrippa, que reproduziu, como um alfabeto hieroglífico, todos os sinais abstratos que caracterizam os planetas.

Além de suas pesquisas eruditas, Paracelso tinha uma farmacopeia repugnante e macabra. Ele se inspirava no modo como as velhas camponesas e os loucos da aldeia se curavam, alegando que os instintos deles era o melhor dos remédios. O óleo em que se cozinhavam sapos vivos lhe parecia eficaz contra as doenças da pele. As pessoas aplicarão também sapos vivos, de ponta cabeça, envolvidos em linho, sobre uma dermatose infectada: trata-se de um remédio "atrativo e corrosivo". A língua de cobra, contanto que arrancada de um animal vivo, protegia contra armas. Paracelso também acreditava que o olhar de uma mulher má envenenava as feridas e que era possível curar uma ferida à distância, tratando medicinalmente a lâmina da espada que a produziu. Esses empréstimos da bruxaria camponesa não devem apagar seus trabalhos químicos — as primeiras observações justas sobre as águas minerais e a balneoterapia, neutralização de substâncias tóxicas, fabricação de tártaro de antimônio, de cloreto de etila, de narcóticos eteroides — dos quais Pagel disse: "Suas preparações estão entre os mais antigos documentos científicos a respeito da formação de um éster através da ação do álcool etílico sobre um ácido orgânico"[448].

A doutrina de Paracelso, esclarecida por seus primeiros discípulos, como Adam von Bodenstein e Gerhard Dorn, encontrou defensores antes mesmo de ser publicada a edição Huser em dez volumes de suas obras, de 1589 a 1591, que revela seus *Consilia medica* [Conselhos médicos], seu *Herbarius* [Herbário], sua *Philosophia oculta* [Filosofia oculta], seus tratados inéditos sobre a gota, os cálculos renais e biliares, a psiquiatria, a ginecologia etc.

Na Alemanha, os melhores espagiristas foram Oswald Crollius (1550-1609), médico do príncipe Christian von Anhalt, que publicou em 1609 sua *Basilica Chimica* [Templo de química]; e Johan-Pharamond Rhumelius (1597-1661), médico de Nuremberg, autor de doze opúsculos reunidos sob o título *Opuscula chymico-medica* [Opúsculos de química e medicina] (1634) e de uma monumental *Medicina spagyrica* [Medicina espagírica][449] lançada em Frankfurt em 1648. Esses dois sábios autênticos combateram em seus prefácios aqueles que referenciavam Paracelso sem serem químicos. Crollius agregou a seu livro um tratado das assinaturas, no qual traçava todas as correspondências entre o macrocosmo e o microcosmo, e comparava o pulso ao movimento celeste, os frissons febris aos tremores da terra, a dificuldade de urinar dos nefríticos com os relâmpagos no verão, a epilepsia à tempestade etc. Rhumelius, por sua vez, aperfeiçoou a "medicina *phalaia*" (sinônimo de panaceia), que curava doenças com um número reduzido de remédios universais, como as sete tinturas apropriadas aos sete órgãos principais, as três pedras medicinais (animal, vegetal, mineral) e o ouro potável.

O introdutor de Paracelso na França foi Roch le Baillif (1535-1605), calvinista natural de Falaise, a quem foi proibido exercer a profissão na capital pelo decano da faculdade de medicina de Paris. Le Baillif se refugiou em Rennes, tornou-se médico do parlamento da Bretanha e do duque de Nemours, e publicou *Le Demosterion* [O demosterion] (1578), no qual resumiu a medicina espagírica em trezentos aforismos e dissertou sobre o modo de diagnosticar as doenças através da quiromancia. Ele examinou também, referindo-se à Bíblia e a Platão, se era possível obter curas através de palavras mágicas. Os ataques sofridos por ele, aos quais respondeu em *Sommaire défense* [Defesa sumária] (1579), não impediram Roch le Baillif de ser nomeado, em 1594, primeiro médico do rei Henrique IV, e de escrever outros livros, um deles tratando da "anatomia essencial".

O melhor espagirista francês, nessa época em que explodiu a "Querela dos Dogmáticos e dos Heréticos", foi Joseph Duchesne (*circa* 1554-1609): huguenote gascão que se exilou na Suíça, foi doutor em medicina da Universidade de Basileia e membro do Conselho dos Duzentos em Genebra antes de voltar à França, onde também foi, em 1593, médico de Henrique IV. Praticando sempre a medicina hermética, Joseph Duchesne não renegou a medicina dogmática e até mesmo quis ser o conciliador das duas tendências. Seu *Tratado da Cura Geral e Particular dos Arcabuzados* (1576) retoma o tratamento das feridas preconizado por Ambroise Paré, agregando a este um *antidotário espagírico*, que defende contra os dogmáticos: "Eles nos criticam por manipularmos o enxofre, o antimônio, o vitríolo, o mercúrio, a matrona [sedum] e coisas semelhantes, que consideram infectas". Mas eles, diz, usam em muitos casos o ruibarbo, desconhecido de Hipócrates e dos antigos.

Esse autor curioso, que publicou também um poema filosófico, *O Grande Espelho do Mundo* (1587), é quem devemos consultar para comparar esses dois gêneros de medicina. Em *O Retrato da Saúde* (1606), Joseph Duchesne traça um quadro admirável das condições a serem observadas para quem quiser se portar bem e exprime seu ideal do verdadeiro médico, que deve "ter acompanhado os exércitos e praticado nos hospitais", ter viajado "por muitos países diferentes", comparado os métodos de todos os seus colegas, desconfiado de todo o conhecido — desde a influência dos astros até os efeitos das *ervas frias* (azedas, endívias, alfaces) e das *ervas quentes* (sálvia, erva-doce, menta, salsa, serpilho) —, e inclusive ensinar aos doentes sem apetite como fazer "o biscoito da rainha", que "derrete na boca e se engole facilmente ao mesmo tempo em que sustenta". Com *A Farmácia dos Dogmáticos Reformada e Enriquecida* (1607), Joseph Duchesne nos ensina sobre os medicamentos empregados por seus adversários e sobre aqueles que ele mesmo inventou: o electuário histérico (contra vertigens), as pílulas de euforbiácea (contra a peste), dráageas antiepilépticas e xarope de coral, "para curar todas as doenças que nascem da corrupção e da imbecilidade do fígado", que receitou com sucesso à duquesa de Sully. Ele tem a peculiaridade de prescrever, a cada doença, um remédio para os pobres diferente do remédio para os ricos.

Depois dele, David de Planis-Campy (1554-1643), cirurgião de Luís XIII, redigiu um livro tão espantoso quanto seu título, *A Hidra Morbífica Exterminada pelo Hércules Químico* (1629), no qual dizia: "Espanta-me muito que odeiem e desprezem tanto os paracelsianos, e também que assim os chamem, porque eles são simplesmente verdadeiros médicos da Natureza". Esse cirurgião, que chama seu público de "doentes, meus caros amigos" ou "meus bem-amados", e que comparava a química a uma princesa de quem ele seria um cavaleiro servidor, ao qualificar seus medicamentos de "flechas hercúleas lançadas contra as sete cabeças da hidra" (isto é, as sete doenças consideradas incuráveis), demonstrou que Paracelso representava um avanço em relação a Hipócrates, sem, no entanto, estarem em desacordo. Apenas o vocabulário se alterava, os paracelsianos falavam em *sal de calebina arsênica de Marte*, enquanto os hipocráticos diriam *bile aguda*.

Temos um exemplo da minúcia de um espagirista no modo como Planis-Campy trata o *noli-me-tangere*, doença muito difundida desde a Idade Média (todos os tratados médicos a citam), definido como "uma úlcera cancerosa no rosto, serpiginosa e horrível, acompanhada de corrosão mordicante, ardor e pontadas, com virulência fétida e má putrefação". Planis-Campy distingue três causas do *noli-me-tangere*: as primitivas, as antecedentes e as conjuntas. As causas primitivas são de quatro tipos: a influência dos astros, a raspagem da coceira ou da ferida, o uso de carnes quentes e o clima da região. Há também quatro diferentes *noli-me-tangere*, conforme a matéria, as partes afetadas, os acidentes e o tempo. Não contente de curar o *noli-me-tangere* com aguardente de Saturno e *clissus* de girassol (clissus quer dizer: medicamento perfeito), Planis-Campy se gaba de apagar as cicatrizes com óleo da Lua (vulgo óleo de talco, graças à sua brancura).

O maior espagirista inglês foi Robert Fludd (1574-1637), escudeiro, filósofo e médico originário do condado de Kent, que viajou por seis anos pela Europa antes de se doutorar em Oxford em 1605 e de tornar-se parte do Colégio de Médicos de Londres. Para defender a Rosa-Cruz, atacada por Andreas Libavius, Fludd publicou três livros sucessivos (de 1616 a 1617) em que explicava aquilo que acreditava que ela era, dentre os quais seu *Tractatus-theologo-philosophicus* [Tratado teológico-filosófico] sob o pseudônimo Rudolfus Otreb; com isso, foi tomado por um tamanho entusiasmo por essa Fraternidade misteriosa, que passou a se comportar como um de seus representantes. Sua primeira obra monumental, *Utriusque cosmi, majoris scilicet et minoris, metaphysica, physica atque technica historia* [História metafísica, física e técnica de um e outro cosmo, o maior e o menor] (1617-1619), tratado do macrocosmo e do microcosmo e da medicina astrológica, mesclava as teorias da Kabbala à experimentação prática; a parte relativa à técnica científica se intitulava *De Naturae simia* [O símio da natureza].

"Robert Fludd, vulgo de Fluctibus" (como ele assinava) tornou-se autor de uma cosmogonia médica prodigiosa, expressa nos in-fólio ilustrados com gravuras de Johan-Theodor de Bry a partir de seus desenhos. Ele pensava que todas as doenças, derivadas da doença universal (ou pecado original), eram causadas por demônios e combatidas por anjos. Assim, nos quatro pontos cardeais, que reinam sobre os quatro ventos e os quatro elementos, dividem-se os demônios

Samael, Azael, Azazel e Mahazael, aos quais se opõem os anjos Miguel, Rafael, Gabriel e Uriel, que formam "a fortaleza mística da saúde" ao redor do homem. Quando Samael, o demônio das febres, chega do Oriente com o vento Euro carregado de germes maléficos, o anjo Miguel, encarregado do lado Leste, o repele. O anjo do lado Oeste, Rafael, só entra em ação se o demônio do Oeste, Azael, atacar trazendo catarro, epilepsia, hidropisia ou apoplexia; o anjo do Norte, Gabriel, é encarregado de lutar contra o demônio do Norte, Mahazael, responsável pelas dermatoses; o anjo do Sul, Uriel, intervém apenas se o demônio do Sul, Azazel, se mostrar à frente de seu exército semeando a peste, o sarampo e a varíola. Isso é apenas um tênue esboço da "patologia demoníaca" de Fludd, pois ainda há, sobre os planetas vizinhos, demônios que suscitam outras doenças. Os remédios, portanto, não bastam para curar os doentes, é preciso que estes façam orações e encantamentos que exortem os bons gênios a vencerem os maus; e Robert Fludd indica com precisão as fórmulas que devem ser empregadas em cada caso e de que maneira as dizer.

Esse teórico da medicina cósmica e sagrada era também um experimentador infatigável, que compunha medicamentos com as plantas de seu jardim, reconstituía em seu laboratório os fenômenos meteorológicos, como ventos, trovões e relâmpagos. Suas experiências sobre as propriedades do vapor (das quais se serviu para construir máquinas acústicas, como os órgãos a vapor) fizeram com que ele fosse considerado precursor de Papin[450]. Inventor de um unguento magnético, praticou com seus doentes a uromancia, ou adivinhação pela urina. Após a publicação de sua *Medicina catholica* (1621) e de seu *Anatomiae amphitheatrum* [Anfiteatro de anatomia] (1623), em que dividia a anatomia em mística e vulgar, Fludd enfrentou polêmicas com diversos detratores, de Foster a Mersenne. Gassendi escreveu contra ele um livro no qual admitia, contudo, que o considerava o sábio mais extraordinário de sua época[451]. Fludd respondeu aos críticos com a publicação de *Clavis philosophiae et alchymiae fluddanae* (1633) [Chave da filosofia e da alquimia fluddiana], em que resumia sua concepção da "Natureza naturante, infinita e gloriosa". Em um livro póstumo, *Philosophica mosaica* [Filosofia mosaica] (1638), reconheceu três príncipes da Criação: as Trevas (matéria primeira), a Água (matéria segunda) e a Luz divina (essência e fonte da vida). Esse médico foi tão genial que até seus adversários não podiam evitar de admirá-lo:

assim, o professor Sprengel, ao atacá-lo, elogiava-o por ter inventado o barômetro antes de Torricelli[452]: mas esse instrumento, que ele chamava de *calendarium vitreum*, era antes uma espécie de termômetro.

Também na Inglaterra, Kenelm Digby (1603-1665), chanceler da rainha Ana, que se associava apenas ao aspecto maravilhoso de Paracelso, tornou-se célebre por seu "pó de simpatia", destinado a curar as feridas à distância, aplicando o remédio sobre um pedaço de pano com sangue do doente. Ele conta como, para curar um secretário do duque de Buckingham de quem os cirurgiões desistiram de salvar a mão cortada, ele mergulhou o pano ensanguentado em uma bacia de água com o pó[453]. Sua explicação pseudocientífica é menos interessante do que suas alusões à medicina simpática dessa época, quando era aplicado sobre o corpo de um doente animais vivos (pombos, cães), a fim de que estes contraíssem sua doença e a tirassem dele.

No final do século XVII, os paracelsianos, sem jamais destronar os galenistas, foram consultados com tanta frequência que receberam o benefício de pensões reais. Sob Luís XIV, um ilustre médico de Paris, Nicolas Lémery, publicou sua *Pharmacopée universelle* [Farmacopeia universal] (1698), na qual ele havia reunido tanto os remédios espagíricos, ou empíricos, como as composições de apotecários. Nela, afirmava que o crânio humano triturado podia curar paralisia ou apoplexia: "O crânio de uma pessoa morta por morte violenta é melhor para os remédios do que aquele de um morto por doença demorada ou removido do cemitério"[454]. Mas quando madame de Sévigné, em suas cartas à filha, diz que toma "essência de urina" contra gases ou que madame de Lafayette se fortifica com "caldo de víboras", trata-se de remédios galênicos. Não devemos colocar todas as excentricidades na conta de Paracelso, que viveu em um período tateante da medicina, e do qual o abade Francesco Maria Pompeo Colonna, no século XVIII, fez sobretudo ressurgir a filosofia.

O MÉDICO DOS TRÊS S CONTRA O MÉDICO DA *ARKHÉ*

Para compreender a diferença entre a medicina hermética e a medicina acadêmica, nada melhor do que confrontar os dois representantes mais típicos do século XVII: de um lado o flamengo Van Helmont, que restabelecia em seus pacientes o funcionamento da *arkhé* ou espírito vital; de outro o parisiense Gui Patin, chamado de "médico dos três s" porque prescrevia invariavelmente a Sangria, o *Son* [farelo] e o Sene como remédios*. Veremos portanto, sem nenhuma ambiguidade, em que campo floresceram os piores erros, e se o suposto louco não seria um precursor – de maior envergadura – do autoproclamado sábio.

Jean-Baptiste Van Helmont, nascido em Bruxelas em 1577 de uma ilustre família, fez seus estudos na Universidade de Louvain e adquiriu uma cultura enciclopédica, que era aprofundada na física, nas matemáticas, na astronomia e até na demonologia com o inquisidor Martin del Rio. Nomeado diretor aos 22 anos, sabia de cor os aforismos de Hipócrates e de Galeno, depois de anotar mais de seiscentos autores, dentre os quais Avicena, hesitou em exercer a profissão médica, que julgava pouco evoluída desde a Antiguidade. Em 1602, contraiu sarna ao apertar a mão de uma moça e pediu conselhos aos dois melhores médicos de Bruxelas: ambos lhe disseram que a sarna provinha de um calor intempestivo do fígado (na época ainda não se conhecia o ácaro) e lhe aconselharam purgações e sangrias que o esgotaram sem curá-lo. Ele só conseguiu se curar com seus próprios remédios, considerando a sarna uma doença localizada. Decidido a praticar outro tipo de medicina, primeiro viajou pela Europa, antes de voltar a Bruxelas, onde se casou com a filha do senhor de Merode, depois se retirou em Vilvorde. Ele preferia curar os pobres e os prisioneiros, e se dedicava a trabalhos de laboratório enquanto *philosophus per ignem* (isto é, químico; na época, a química era chamada de pirotecnia).

Com sua primeira obra publicada em Leyden, em flamengo, o *Dagheraad* [Aurora] (1615), atraiu o ódio dos médicos galenistas cujas teorias atacava. Sua crítica era sucinta, áspera e justa, como se dirá mais tarde sobre ele: "Jamais alguém demonstrou com mais talento e felicidade a irrelevância dessas doutrinas humorais que reinaram por muito tempo nas escolas de medicina"[455]. Van Helmont negava que a doença fosse uma intempérie dos quatro humores que pecavam em quantidade e em qualidade; ele se opunha ao tratamento antiflogístico desses "humores pecadores" através de sangrias, lavagens e vesicatórios, que acusava de enfraquecer o doente quando ele precisava de apoio. Pelo contrário, ele

---

* Sainte-Beuve objetou que ele usava ainda um outro medicamento: "Agregue a isso o *Sirop* [xarope] de rosas pálidas; com o que fazem quatro S". ("Guy Patin, em *Causeries du Lundi*, tomo VIII. Paris: Michel Levy, 1855).

se interessava pelos fenômenos desconhecidos, como em seu *De Magnetica vulnerum naturali et legitima curatione* [A cura magnética de feridas de forma natural e legítima] (1621), no qual examina as possiblidades curativas do magnetismo, que via como uma propriedade inerente aos corpos, comparável à atração exercida pelo polo sobre a agulha imantada. Relata todo tipo de remissões devidas ao magnetismo: deste modo, uma mulher reumática sentia sua dor desaparecer quando sentava na cadeira da qual o irmão acabara de levantar. Van Helmont atribui ao magnetismo as curas miraculosas produzidas pelas relíquias e os poderes das bruxas. Em *Supplementum de Spadanibus fontibus* [Suplemento sobre as fontes de spa] (1624), dissertação sobre as águas ferruginosas de Spa, ele oferece sua composição química e revela suas verdadeiras indicações terapêuticas, refutando todas as tolices escritas sobre o assunto.

Seus adversários, que ele criticava com observações pertinentes — colocando-os em contradição com Hipócrates, que conhecia melhor do que eles, uma vez que tinha escrito dois livros sobre ele —, submeteram ao tribunal de Mechelen 34 proposições heréticas tiradas de seus escritos. O caso foi até a Inquisição da Espanha, que proferiu uma sentença contra ele em 23 de fevereiro de 1626; depois, a Faculdade de Teologia de Louvain condenou suas opiniões e seu processo começou em outubro de 1630. Como ele protestou sua boa fé, a justiça eclesiástica ainda o deixou tranquilo por algum tempo; mas seus inimigos o atacaram mais uma vez em uma brochura que enviaram ao clero e ao corpo médico. Em consequência, Van Helmont foi detido em 4 de março de 1634; conseguiu, por meio de uma caução de 6000 florins, ser enclausurado no convento dos Irmãos Menores de Bruxelas, com a condição de não dirigir a palavra à esposa, ao sogro e aos empregados. Em seguida, foi confinado em sua própria casa, não podendo sair sem autorização especial. Tendo dois de seus filhos sido atingidos pela peste, não teve permissão para tratá-los e eles morreram longe do pai. Liberado em 1638, dedicou-se aos pestíferos durante uma nova epidemia, e publicou seu *Febrium doctrina inaudita* [Doutrina inaudita das febres] (1644), no qual contrariava a teoria oficial das febres: acreditava-se que elas consistiam em um fogo elementar que partia do coração e se espalhava pelo corpo, e que, além disso, provocavam putrefação do sangue nos vasos sanguíneos (daí o excesso de sangrias). Van Helmont demonstrou que não existia fogo elementar ao analisar o frio, e descreveu a fisiologia da circulação sanguínea, descoberta em 1628 por Harvey, sendo um dos primeiros a tomar partido na controvérsia entre os *anti-circulatórios* e os *circulatórios*.

Van Helmont não era um seguidor de Paracelso, de quem se afasta em diversos pontos. Daremberg, que estudou a ambos, prefere Van Helmont a seu predecessor: "Era, como Paracelso, um místico, porém mais sábio; um inimigo da tradição, porém mais erudito; um empírico, porém mais clínico, mais observador; um polemista violento, porém mais cavalheiro"[456]. Esse homem perseguido por fanáticos impregnava seus livros de efusões religiosas, em uma tentativa de evitar a fogueira com testemunhos de sua piedade. Como Galeno e Cardano, antes dele, dizia que sonhos proféticos lhe ditaram algumas de suas opiniões. Devemos nos lembrar de que ele vivia no tempo de Descartes, que fazia da medicina, junto à mecânica e à moral, um dos três ramos da filosofia; se Descartes localizava a sede da alma na "glândula chamada *conarium*" (também chamada de epífise) por meio da "razão natural totalmente pura", e discutia em 1640 com Lazare Meyssonier, médico de Lyon, "sobre a efígie de pequenos cães que dizia aparecer na urina daqueles que foram mordidos por cães raivosos", não devemos nos espantar com as bizarrices de Van Helmont, que se mesclam às suas opiniões geniais.

Van Helmont professa que todas as manifestações do organismo humano são determinadas por duas causas: a alma e a vida. A alma, que rege as funções intelectuais, situa-se no *duumvirat*, isto é, a aliança entre o estômago e o baço, que exercem juntos uma "ação de governo" sobre o corpo; a vida, que preside as funções animais, é uma força produtiva que começa no momento da fecundação e que atua por intermédio da *arkhé*[*]. Existe uma *arkhé* central, localizada no epigastro junto à alma de que é o complemento (pois todos temos duas almas: uma imortal, a alma intelectiva, e outra perecível, a alma sensitiva); e existem as *arkhai* locais em todas as partes do corpo; a *arkhé* do cérebro, a de cada membro, a dos intestinos etc. A *arkhé* central envia constantemente ordens às *arkhai* locais através dos fermentos; as *arkhai* locais então reagem através dos *blas*, que são de dois tipos: o *blas motilum* provoca os movimentos musculares (voluntários ou involuntários) e o *blas alternativum* transforma tecidos. A *arkhé* não possui uma

---

* Van Helmont toma emprestada a noção de *arkhé* de Basílio Valentim e a transfere para a fisiologia. O alquimista via nela apenas o princípio oculto das transformações na alquimia.

figura própria, é uma espécie de luz sem calor (pensamos em Descartes explicando ao contrário a propulsão sanguínea através de "uma espécie de fogo sem luz" que se encontra no coração).

Enquanto reina uma perfeita harmonia entre a *arkhé* central e as *arkhai* locais, o homem está com boa saúde; a doença começa quando uma causa ocasional ataca uma *arkhé* local "como um espinho que fura um dedo" e ela reage a isso secretando uma "imagem seminal mórbida" que se imprime, à maneira de um carimbo, sobre a parte atingida. Isso equivaleria a dizer que cada doença depende de toxinas e de anticorpos fabricados pelo próprio doente e que o somático sofre influência do psíquico. As Escolas definiam a doença como uma diátese (disposição mórbida) resultante da lesão de um órgão; elas só admitiam causas ocasionais, estranhas à economia; elas ensinavam a medicina dos sintomas, e esforçava-se para suprimi-los um por um com finalidade de obter a cura. Van Helmont objetou que um epiléptico ou um gotoso não estavam curados depois do acesso passar. Distinguia o *sintoma*, acidente passageiro que é a assinatura da doença, e o *produto*, modificação material sofrida pelo corpo em que se desenvolve um processo mórbido. Ele afirmava que a doença não vinha de um órgão lesado, mas das duas causas dessa lesão. As Escolas deveriam observar, dizia ele, que a lesão persiste após a morte, quando a doença termina efetivamente. Afinal, o que falta ao cadáver, apesar da lesão, para continuar doente? A vida. Apenas os seres vivos conhecem a doença, pois ela provém justamente do espírito vital perturbado. Portanto, em cada doença, é preciso considerar duas causas: a causa ocasional externa, puramente acidental, e a causa eficiente interna. É sempre porque a *arkhé* central se entrega, irritada ou perturbada, a uma luta desordenada contra os ataques locais danosos, que adoecemos. "O inimigo está no centro e é aí que devemos atacá-lo para expulsá-lo", eis a chave de sua patologia.

Van Helmont estabeleceu uma nova classificação das doenças a partir de suas causas, que distribui em dois grupos: as recepções (*recepta*), causas exteriores à *arkhé*, e as retenções (*retenta*), causas próprias à *arkhé*. As recepções são divididas em quatro subgrupos: as injeções (*injecta*), que compreendem todos os feitiços malignos das bruxas; as concepções (*concepta*) ou desregramentos da imaginação e das paixões, cujos efeitos são as doenças mentais, a histeria feminina, mas também a asma, a arritmia cardíaca, o soluço etc.; as inspirações (*inspirata*), isto é, as exalações pútridas, as emanações a que são expostos os mineradores e os químicos, os miasmas atmosféricos; as sucessões (*suscepta*) ou traumatismos diversos, as feridas, as contusões, as queimaduras, as mordidas venenosas etc.

As retenções, que resultam em doenças arqueais, englobam as causas mórbidas congênitas (*inata*), associadas a um defeito hereditário; as causas de perturbações intermitentes com surtos espaçados, como a epilepsia; as causas astrais, são sentidas sobretudo nas doenças venéreas (Van Helmont não acreditava na influência dos astros sobre o homem com boa saúde); as causas digestivas, que compreendem as intoxicações alimentares ou medicamentosas, e, de modo mais geral, as alterações do processo da digestão.

Van Helmont zomba dos galenistas que atribuíam a digestão ao calor do fígado, como se este fosse "uma panela fervente", e opõe sua teoria das seis digestões, que identifica com as transmutações químicas. A primeira digestão se faz no estômago, onde os alimentos se transformam em quimo graças ao fermento estomacal (o suco gástrico, ignorado na época); a segunda no duodeno, onde o quimo se divide em produto salino assimilável e produto opaco eliminável; a terceira nos vasos mesentéricos sob influência do fermento hepático; a quarta no coração e na aorta; a quinta no sangue arterial onde o espírito vital encontra sua subsistência; a sexta nos diversos tecidos do corpo humano. A precipitação ou o retrocesso dessas seis digestões, assim como os dejetos retidos por muito tempo, suscitam diversas doenças. Se a segunda digestão for obrigada a fazer a transmutação falha da primeira ou se a terceira reflui para as duas precedentes e assim por diante, isso resulta, conforme o caso, em náuseas, icterícia, disenteria, caquexia etc. "A digestão é a própria obra da vida", dizia Van Helmont.

À sua patologia, Van Helmont agregou uma terapêutica não menos pessoal. Entrou em guerra contra a polifarmácia de sua época, na qual se empregava um número excessivo de medicamentos para curar uma única doença, além de "confecções", misturas múltiplas como a Áurea Alexandrina Nicolai, que continha sessenta e cinco ingredientes. Van Helmont dizia ser preciso eliminar as substâncias inertes da matéria médica com a ajuda da química, e se contentar, em cada caso, com um ou dois remédios específicos. Acreditava que não existiam doenças incuráveis: as plantas curavam todas, com a condição de saber escolhê-las e prepará-las. Era inútil empregar plantas exóticas: Deus dispôs em toda parte uma flora medicinal completa. Ele critica também os dogmáticos que prescreviam folha de ouro ou pó de pedras preciosas, dizendo que era o mesmo que engolir pedra. Ele ministrava essências e sais voláteis de ervas e minerais a seus pacientes. Seus medicamentos de predileção eram o *aroph* (muriato de ferro e de amoníaco), o mercúrio diaforético (à base de calomelanos), a tintura de lírio e o bálsamo de Samech cor de rubis (espírito de vinho e sal de tártaro). Ele inventou uma panaceia, o licor alkaëst, sobre o qual disse: "O *alkaëst* consome todas as doenças da mesma maneira que o fogo destrói, por onde passa, os insetos". Seus discípulos tardios, como Georges Starkey em Londres e Jean Le Pelletier em Rouen, pesquisaram o segredo do *alkaëst*, dissolvente universal para volatizar os álcalis[457].

Quando Van Helmont morreu em 1644, deixando inacabado seu *Ortus medicinae* [A origem da medicina] dedicado a Jeová*, Guy Patin escreveu em Paris: "Era um maldito malandro flamengo, que morreu de raiva depois de alguns meses. Nunca fez nada que valesse a pena... Ele simplesmente pensou uma medicina repleta de segredos químicos e empíricos"[458]. Inimigo das novidades, Guy Patin não era um pedante ridículo; pelo contrário, erudito e bibliófilo orgulhoso de sua imensa biblioteca — da qual era capaz de citar de memória cada volume, fornecendo o número da página em que se encontrava cada citação —, estava sempre do lado dos gozadores. Esse médico gaulês, célebre durante a Fronda e sob Luís XIII, antes de se tornar, sob Luís XIV, decano da Faculdade de Medicina de Paris e professor real, não poupava ninguém: "Ele chamava os químicos de *símios da medicina*, os apotecários de *cozinheiros arabescos*, e os cirurgiões de *gente de preto com meias vermelhas*, que era a maneira como eles se vestiam na época", disse sobre ele Bordelon[459].

Admirador de Montaigne e amigo de Gabriel Naudé, deixou cartas de uma acidez incomparável. Vemos o estado da medicina de seu tempo na descrição dos seis dias de agonia do cardeal Richelieu: "No quarto dia de sua doença, *desesperantibus medicis*, trouxeram uma mulher que lhe fez comer fezes de cavalo com vinho branco e, três horas depois, um charlatão que lhe deu uma pílula de

---

* O *Ortus medicinae*, in-quarto de 800 páginas, foi publicado em 1648 na editora de Louis Elzevier por seu filho François-Mercure Van Helmont. Dele fizeram diversas reedições.

láudano"[460]. Guy Patin explica seu método a seu amigo Spon, médico de Lyon: "Não há remédio no mundo que faça tantos milagres quanto a sangria. (...) Os idiotas que não entendem nosso ofício imaginam que basta purgar, mas se enganam; pois se não é precedida de uma copiosa sangria, para reprimir a impetuosidade do humor vagabundo, para esvaziar os grandes vasos, e castigar a intempérie do fígado que produz essa serosidade, a purgação não terá utilidade"[461]. Assim, dizia ele, sangrou treze vezes em quinze dias um menino com pleurisia, e o curou. Ele mesmo, para um "resfriado cruel", sangrou-se sete vezes, espantando-se, em seguida, de sentir fraqueza nos joelhos.

Guy Patin indignou-se quando Harvey descobriu a circulação sanguínea, julgando-a "paradoxal, inútil para a medicina, falsa, impossível, ininteligível, absurda e danosa à vida do homem". Ao elaborar para um estudante um plano de leitura — no qual figura a refutação de Paracelso por Erastus — ele insiste: "Fuja sobretudo dos livros de química". Era tão retrógrado que combateu até mesmo o chá, "impertinente novidade do século". Seu tratado *Traité de la Conservation de santé* [Tratado sobre a conservação da saúde](1632) poderia ter sido assinado pelo bom e velho Chrysale. Nele dissertava apenas sobre o bom vinho, as frutas, sobretudo "o limão, que tomo mais do que qualquer remédio cardíaco das boticas de hoje em dia"[462], e consagrou o capítulo mais importante à "ação venérea e a evacuação de sêmen".

Guy Patin, com todo seu bom senso, não fez a ciência avançar nem mesmo um passo. Pelo contrário, o excêntrico Van Helmont não demorou a ser reabilitado: em 1670, suas obras traduzidas em francês receberam a aprovação da Faculdade de Medicina de Paris, que nelas reconheceu "bons preceitos para servir à saúde do corpo humano"[463]. Viram ele como um precursor em razão de seus tratados sobre a litíase e sobre as febres. Bordeu se inspirou na teoria das *arkhai* quando falou de "centros da vida" e Broussais, retomando a opinião de Van Helmont de que não conhecia a peste ou a epilepsia, mas os pestíferos e os epilépticos, declarou depois dele: "Não existem doenças, existem apenas doentes". Em 1866, a Academia de Medicina de Bruxelas divulgou um elogio a Van Helmont, tornado glória nacional da Bélgica, assim como a memória de Paracelso seria honrada pela Suíça na mesma época. Os dois pensadores solitários, bestas negras de Guy Patin, triunfaram sobre este detrator, que entrou na história apenas como exemplo de intolerância.

TEORIA E APLICAÇÃO DO MAGNETISMO ANIMAL

Franz Anton Mesmer, nascido em 1734 em Iznang às margens do lago Constance, saiu do seminário dos jesuítas de Dettingen em 1750 para estudar teologia na Universidade de Ingolstadt, antes de seu ingresso na escola de medicina de Viena. Lá defendeu, em 1766, sua tese *De inflexu planetarium in corpus humanum* [Sobre a influência dos planetas no corpo humano] (da qual só resta um exemplar, conservado na Österreichische Nationalbibliothek de Viena), que descreve a influência dos planetas sobre o corpo humano a partir das leis da atração universal[*]. Ele dizia que o sol e a lua, especialmente, exerciam uma ação direta e contínua sobre o sistema nervoso por intermédio de um fluido que se insinuava na substância dos nervos. O indivíduo submetido a essa ação sofria efeitos alternados de *intensão* (tensão interna ou momento de intensidade) e de *remissão*, comparáveis ao fluxo e ao refluxo das marés. Mesmer atribuía ao magnetismo planetário o ciclo menstrual das mulheres e a periodicidade de certas doenças crônicas. Sua tese suscitou reservas entre a banca, mas o rapaz foi, apesar disso, recebido com elogios do decano Van Swieten.

     Pouco depois, Mesmer se casou com a rica viúva de um conselheiro imperial, e dispondo a partir daí de uma imensa fortuna, instalou-se em uma casa na Landstrasse — perto do Prater e junto à margem do Danúbio —, onde oferecia recepções suntuosas. Melômano, cravista e violoncelista, Mesmer foi amigo do jovem Mozart em Viena; possuindo, em sua propriedade, um anfiteatro ao ar livre, convidou Haydn e Gluck para se apresentarem. No entanto, não abandonou a medicina e curou, em 1774, a senhorita Österline de uma "doença convulsiva" que produzia delírios, vômitos e síncopes. Ele a tratou utilizando um ímã, usado, na época, pelos médicos para acalmar dor de dente e de estômago, e por um jesuíta de Viena, o padre Hell, para curar doenças nervosas. Em 28 de julho de 1774, ao aplicar três ímãs de um modo especial nas pernas da senhorita Österline, Mesmer constatou uma nítida melhora em seu estado; mas observou também que isso se devia menos aos ímãs que a uma força mais poderosa da qual ele mesmo era o agente. A partir da data de sua descoberta do magnetismo animal, superior ao magnetismo mineral, que expos em sua *Carta a um médico estrangeiro* de 5 de

---

[*] O doutor Jean Vinchon, em *Mesmer et son secret* (Paris: Amédée Legrand, 1936), pensava que a tese de Mesmer havia se perdido. Existe, contudo, um microfilme na Biblioteca Nacional de Paris.

janeiro de 1775. Sua teoria era a seguinte: "Manifestam-se no corpo humano, particularmente, propriedades análogas às do ímã; distinguem-se polos diversos e opostos na mesma medida, os quais podem ser comunicados, mudados, destruídos e reforçados; o próprio fenômeno da inclinação é aí observado'".

Mesmer se chocou com a incredulidade geral; pediu, sem sucesso, ao barão de Störck, diretor da Faculdade de Medicina de Viena, que convocasse uma comissão de médicos para examinar seus trabalhos; dirigiu-se à Academia de Berlim, que lhe respondeu que ele divagava; percorreu, além disso, a Baviera, a Suábia e a Suíça, em busca de sábios que pudesse convencer. E então Mesmer decidiu fazer algumas curas públicas. A senhorita Paradis, uma protegida da imperatriz que tinha dezoito anos de idade, era cega desde a infância: "Tinha olhos salientes, saltados das órbitas, convulsivos. Sofria, ademais, de uma melancolia acompanhada de obstrução do baço e do fígado, que, com frequência, a atirava em acessos de delírio e de fúria próprios a fazer crer que se tratava de uma loucura consumada"[464]. Mesmer, empregando exclusivamente seu magnetismo pessoal, devolveu a visão a essa moça, que um oculista havia declarado incurável e que Störck havia tratado durante dez anos sem sucesso. Meus leitores médicos e psicanalistas já entenderam que se tratava de uma *histeria de conversão*. Quando eu era estudante de psicopatologia, levaram ao Hospital Saint-Anne um homem de olhos virados que tateava o chão com uma bengala branca, que havia ficado completamente cego fazia pouco tempo; ao cabo de três dias de tratamentos, ele saiu com a visão normal. Mesmer teria curado esse caso, que não era responsabilidade do oftalmologista, tão bem quanto o interno de plantão. Um século mais tarde, Freud e Josef Breuer tratariam a senhorita Paradis pelo método catártico, entendendo que ela era cega *porque não queria ver* o casal tempestuoso formado por seus pais.

Nessa época em que se ignorava a histeria de conversão, as curas de Mesmer atraíram mais inimigos que admiradores. O oculista Barth, que operava cataratas, negou violentamente essa cura. O pai da senhorita Paradis foi instado a retirar a filha e ela, assim que voltou a ficar aos cuidados dos pais, tornou a ficar cega. Todos os médicos de Viena e arredores se juntaram contra ele, de modo que,

---

* A medicina magnética já existia e William Maxwell havia comentado seus princípios em *De Medicina magnetica* (1679). Mas Mesmer trouxe uma modificação que lhe deu um sentido inteiramente novo.

em fevereiro de 1778, Mesmer foi a Paris para apresentar sua teoria à Academia de Ciências; ela foi friamente recebida, assim como na Sociedade Real de Medicina. Passou quatro meses em Créteil com doentes que submeteu a tratamentos, e propôs aos sábios que viessem constatar seus resultados: ninguém se deu ao trabalho. Instalou-se, então, em um hotel na Place Vendôme, onde ofereceu consultas, e em 1779 publicou, na gráfica de Didot filho, sua *Memória Sobre a Descoberta do Magnetismo Animal.* Seu único apoiador foi o médico do conde de Artois, Eslon, mas quando este defendeu as ideias de Mesmer, em setembro de 1780, diante dos colegas da Faculdade de Medicina, seu nome foi logo riscado do quadro de médicos.

No entanto, Mesmer não era um charlatão; esse homem muito rico não agia por venalidade, mas para demonstrar sua teoria que identificava o homem a um ímã vivo. Criticaram-no também por curar a gente do povo, o que fez com que ele dissesse amargamente: "Na França, a cura de uma pessoa pobre não vale nada; quatro curas burguesas não valem uma cura de um marquês ou de um conde; quatro curas de marquês mal equivalem à de um duque"[465]. Mesmer errou apenas ao não se dar conta da real amplitude de sua descoberta: considerava-se o aplicador de um remédio natural, bom para tudo, ao passo que foi o inventor da psicoterapia. Sua autoridade e seu porte ajudaram-no a curar doenças que Babinski agrupou sob o nome de *pitiatismo* para indicar que dependiam da ação do estado de espírito sobre o físico. Mesmer obteve assim resultados positivos nas paralisias de origem histérica, nas afecções cutâneas, hoje chamadas de dermatites nervosas, a asma e diversas perturbações psicossomáticas; mas seus pacientes tinham recaídas que eram atribuídas a ele.

O sistema de Mesmer era extremamente simples. Sua concepção da patogenia se resumia assim: "Existe apenas uma doença e um remédio. A perfeita harmonia de todos os nossos órgãos e de suas funções constitui a saúde. A doença não é senão a aberração dessa harmonia"[466]. A terapêutica magnética, destinada a restaurar a harmonia perturbada, visa a desencadear uma crise no doente: "Uma doença não pode ser curada sem uma crise; a crise é um esforço da natureza contra a doença... Quando a natureza é insuficiente para estabelecer crises, lhe prestamos ajuda com o magnetismo que, sendo posto em ação pelos meios indicados, opera a revolução desejada conjuntamente a ela. Ela é salutar quando, depois de tê-la sentido, o doente sente um bem e um alívio sensíveis, e sobretudo quando é seguida de evacuações vantajosas"[467]. Enfim, é preciso saber que todos os corpos são mergulhados em um fluido universal que, alternadamente, absorvem e rejeitam sob a forma de correntes que *entram* e que *saem*. Mesmer chamou de *polos* os pontos de escoamento ou de entrada das correntes tônicas, e de *condutores* os objetos em ângulo ou em ponta aptos a propagar essas correntes.

Eis como Mesmer agia em uma consulta. Posicionava-se diante do doente, punha as mãos em seus ombros, descia pelos braços até a extremidade dos dedos e segurava cada polegar por um momento; recomeçava esse processo duas ou três vezes; em seguida fazia os "passes longitudinais" da cabeça aos pés. Tudo isso tinha por objetivo harmonizar o conjunto das correntes que entravam e as correntes que saíam do curador e do paciente. Depois, Mesmer buscava o local e a causa da doença tocando a região abdominal, pois pensava: "A sede de quase todas as doenças geralmente é nas vísceras do baixo ventre: estômago, baço, fígado, omento, mesentério, rins e, nas mulheres, o útero e suas dependências"[468]. Mesmer tocava o corpo com o polegar e o indicador, ou com a palma da mão, ou com dois dedos unidos, ou com os cinco dedos dobrados, descrevia uma linha na parte a ser tocada e seguia a direção dos nervos. Sondava os plexos a fim de conduzir uma reação que indicasse o local preciso do mal. Para os "passes longitudinais", ele se servia de uma vara de vidro ou de aço, que terminava em uma ponta truncada.

Assim que o diagnóstico era formado, Mesmer tocava constantemente a área que havia sido identificada e mantinha a dor sintomática até que ela se tornasse crítica. Seu toque não era como uma massagem, pelo contrário, ele afirmava que o toque a curta distância, isto é, a alguns centímetros do corpo, era o mais forte. Para "opor um polo ao outro", quando tocava a cabeça, o peito ou o ventre do paciente com a mão direita, também tocava o dorso com a mão esquerda. Ele multiplicava as correntes conforme a afecção a ser curada: epilepsia, apoplexia, asma, enxaqueca, úlcera etc. A "magnetização com grande corrente" era efetuada com os cinco dedos unidos em pirâmide. O creme de tártaro e os eméticos leves eram seus únicos outros medicamentos.

"O magnetismo animal deve ser considerado nas minhas mãos como um sexto sentido *artificial*", dizia Mesmer. Jamais pretendeu ser privilegiado por causa de um dom especial; ele punha em jogo uma propriedade da matéria organizada, afirmando que qualquer um possuía um magnetismo curativo. Em virtude desse princípio, dirigia sessões de curas coletivas, nas quais os doentes magnetizavam uns aos outros, sentados em volta de uma cuba cheia d'água que continha limalha de ferro, e aplicavam na parte doente uma das cordas ou hastes que saíam desse enorme recipiente. Ao mesmo tempo, formavam "a cadeia" tocando-se pelos polegares, pelos joelhos e pelos pés. As cortinas ficavam fechadas, a temperatura se mantinha constante. Quando um paciente desfalecia nessa atmosfera propícia à autossugestão, era transportado para o "quarto das crises". Havia ali quatro cubas, uma delas reservada aos pobres. Mesmer magnetizava a água e os vegetais, que, pelo contato, permitia aos doentes recarregarem sua eletricidade natural; chegou a fazer seu procedimento para magnetizar uma árvore que provocaria "crises" salutares naqueles que a tocassem.

Combatido e escarnecido, Mesmer precisou trocar Paris por Londres em 1784, mas deixou discípulos na França; o mais importante deles foi o marquês de Puységur, que, em suas experiências de magnetismo realizadas no castelo de Busancy, descobriu a hipnose e o sonambulismo artificial. Em Genebra, Mesmer conheceu também o advogado Nicolas Bergasse, que integrou o mesmerismo à franco-maçonaria, ao fundar a Loja da Harmonia, e que fez um sistema filosófico em sua *Théorie du monde et des êtres organisés* [Teoria do mundo e dos seres organizados] (1784), livro gravado como partitura de ópera, com palavras em escrita hieroglífica. Na Revolução Francesa, e mesmo durante o Terror, Mesmer voltou a viver na França sem ser incomodado; foi no retorno a Viena que acabou sendo preso, em novembro de 1794, sob suspeita de espionagem jacobina. Solto, mas proibido de ficar na cidade, foi para a Suíça, onde instalou-se por algum tempo em Frauenfeld. Seu livro *Memória do ano VII* (publicado em Jena e originalmente em alemão) despertou interesse na Alemanha, tanto que em 1812 foi chamado para ensinar o magnetismo em Berlim; ele recusou, julgando-se velho demais para isso.

Depois da morte de seu criador, em 1815, junto ao lago Constance em Meersburg, o mesmerismo continuou a prosperar durante todo o século XIX. Na França, Joseph Deleuze, naturalista do Jardin des Plantes, tentou melhorar a técnica dos passes e inaugurou as "fricções magnéticas": seus dois livros *Précis historique des faits relatifs au magnétisme animal* [Resumo histórico dos fatos relativos ao magnetismo animal] (1813) e *Instruction pratique sur le magnétisme animal* [Instrução prática sobre o magnetismo animal] (1835) se tornaram referências de autoridade. Em 1820, o barão Jules du Potet, de vinte anos de idade, praticou uma série de experiências de magnetismo diante de um auditório de médicos no Hôtel-Dieu de Paris; ele continuaria a professar essa disciplina, fundando o *Journal du magnétisme* e publicando diversos livros, dentre os quais o *Manuel de l'étudiant magnétiseur* [Manual do estudante magnetizador] (1846). Charles Lafontaine, autor de *L'art de magnétiser* [A arte de magnetizar] (1847), percorreu a França e a Inglaterra, acompanhado de uma prostituta sonâmbula que lhe servia de médium, e se instalou em Genebra em 1851; suas *Mémoires d'un magnétiseur* [Memórias de um magnetizador] (1866) revelam como era exercido esse ofício paramédico. Henri Durville, que animou, em Paris, a Escola de Magnetismo e de Massagem, redigiu um *Traité expérimental de magnétisme* [Tratado experimental de magnetismo] (1896), que continha uma "física magnética". Todos esses homens não pretendiam substituir a medicina por sua atividade, substituir os medicamentos pelo tratamento magnético, mas sim auxiliar os médicos na luta contra a dor.

A TAUMATURGIA E SUAS TÉCNICAS

A taumaturgia, arte de realizar curas miraculosas, apareceu no Ocidente com o cristianismo. Na Antiguidade, existiam apenas os filastres (médicos amadores), como eram considerados os filósofos, de Demócrito a Aristóteles, que queriam provar que sua filosofia englobava toda a ciência. Asclépio, ou Esculápio, o semideus da medicina, havia sido fulminado por Zeus por tomar para si a tarefa de ressuscitar os mortos. Os gregos que consultavam os asclepíades, que faziam o culto de Asclépio em Epidauro, ou os egípcios que se dirigiam aos sacerdotes da deusa-leoa Sekhmet, não acreditavam — assim como alguém que hoje vai a uma estação termal para uma cura—, fazer nada de incomum. Mas, assim que os milagres de Cristo e de seus apóstolos foram difundidos, o mundo pagão alegou ter seus próprios taumaturgos. Contaram que Vespasiano, depois de sua vitória militar contra os judeus, devolveu a visão a um cego esfregando sua saliva nas pálpebras dele e o movimento a um enfermo tocando-o com o pé[469]. Celebrou-se o pitagórico Apolônio de Tiana, que viveu no primeiro século da era cristã, cuja *Vida* foi encomendada a Filóstrato por Julia Domna, "a imperatriz filósofa", mãe de Caracala: nessa biografia, Apolônio de Tiana conhece todas as línguas e tem o dom da profecia, além disso, foi à Babilônia, expulsou a peste de Éfeso, exorcizou um possesso, ressuscitou uma moça em Roma, e, quando foi levado a um tribunal por Domiciano, tornou-se invisível diante dos olhos de seus juízes.

O epíteto de taumaturgo (fazedor de milagres) começou a ser empregado para São Gregório de Neocesareia, que curou diversos doentes; aplicou-se também a São Dâmaso, mártir da Capadócia, e a São Cuteberto, bispo de Lindisfarne na Inglaterra. A Igreja Católica estabeleceu uma longa lista de santos que salvaram moribundos por imposição de mãos ou por suas orações, especificando que apenas a santidade permite a taumaturgia. Um vulgar megalomaníaco não conseguiria chegar a tanto. A Igreja Protestante, negando os milagres dos santos, admitia os de indivíduos comuns, de modo que membros de todos os tipos de seitas — valdenses, irmãos morávios, camisardos das Cevenas, *covenanters* da Escócia, mórmons da América etc. — acreditavam estar imbuídos de dons sobrenaturais sem merecê-los por virtudes ascéticas.

Depois dos santos, os únicos taumaturgos reconhecidos pelo cristianismo da Idade Média foram os reis da França e da Inglaterra, aos quais era atribuído o poder de curar pelo contato os escrofulosos. Foi Roberto o Piedoso, o segundo rei dos Capetos, quem instaurou em 987 o rito francês de tocar as escrófulas; em 1100, Henrique I Beauclerc inaugurou o rito inglês que se tornou apanágio dos plantagenetas. Era a cerimônia da coroação que habilitava esses reis à taumaturgia, nesta, recebiam, na cabeça e nas diferentes partes do corpo, a unção com a crisma, óleo especial mesclado de bálsamo; ao passo que, na cerimônia de ordenação dos padres, estes recebiam, nas mãos, a unção com óleo bento comum, o chamado óleo dos catecúmenos. Além disso, a crisma que untava os reis da França supostamente provinha da Santa Ampola trazida do céu por uma pomba a São Remígio, quando este coroou Clóvis; a dos reis da Inglaterra foi posta sob a invocação de Santo Eduardo Confessor. Tal cerimônia parecia, portanto, própria para conferir um dom divino a quem passava por ela.

A prática taumatúrgica era exercida com variantes nos dois países. Na França, o rei primeiro rezava, comungava sob duas espécies (outro privilégio sacerdotal) e depois atendia os doentes que o aguardavam. Ele tocava as chagas com mão nua e fazia um sinal da cruz enquanto pronunciava sobre elas as palavras piedosas que se tornariam, no século XVI, a fórmula imutável: "*Le Roi te touche, Dieu te guérit"* [O rei te toca, Deus te cura]. Em seguida, uma moeda era dada a cada doente (sob os Valois, eram dois soldos de libra francesa por cabeça) e o rei lavava as mãos. A água dessa lavagem era recolhida por aqueles que queriam bebê-la em jejum durante nove dias, maneira de curar "sem outra medicina" recomendada por Étienne de Conty, monge do reino de Carlos VI. O rei curador agia sem periodicidade regular; São Luís tocava os doentes todos os dias, Luís XI fazia com que viessem diante dele em grupo uma vez por semana. A Igreja dava autoridade ao poder real de cura, chegando a ponto de Francisco I, em dezembro de 1515, hóspede do papa Leão X em Bolonha, tocar escrofulosos — entre eles um arcebispo polonês — na capela do palácio pontifical[470].

Na Inglaterra, o cerimonial do toque era um verdadeiro serviço litúrgico, no qual o monarca inglês, assistido por seu capelão, fazia um sinal da cruz sobre a chaga tendo na mão uma moeda de ouro (um *angel*) perfurada no centro, através do qual havia uma fita passada; em seguida, pendurava-a no pescoço do paciente que havia acabado de tocar. A moeda tinha a virtude de uma medalha sagrada, e Maria Tudor aconselhava seus doentes a não se separarem dela. Além disso, os reis da Inglaterra tinham a faculdade de fabricar anéis medicinais toda Sexta-feira Santa. Nesse dia, adoravam a "Cruz de Gnyeth", relíquia milagrosa que Eduardo I havia conquistado aos gauleses, e na qual estava inserido um pedaço da cruz de Cristo. Depois de se prostrar de bruços diante dela, o rei depunha em oferenda as moedas de ouro e de prata sobre o altar, "resgatava" (isto é, pegava-as de volta, colocando uma quantia equivalente no lugar) e mandava fabricar, com os metais recuperados, anéis que supostamente curariam câimbras musculares e epilepsia: daí o nome de *cramp-rings*. Houve também, por toda a Europa, comércio de *cramp-rings* vindos da Inglaterra.

O dom das curas miraculosas não podia pertencer a seres ordinários. Além disso, quando se pensava que havia outros taumaturgos além de santos e reis, era exigida deles uma qualidade excepcional: serem *septenários*. Devido ao caráter sagrado do número 7, pensava-se que o sétimo filho de uma família seria dotado do poder espontâneo de curar: mas era preciso que fosse o sétimo filho de uma série de sete filhos homens, sem nenhuma filha entre eles. Essa crença se difundiu na Alemanha, em Biscaia, na Catalunha, nos Países Baixos, na Grã-Bretanha, assim como na França. Os septenários franceses eram chamados de *marcous*, derivado do nome de São Marculfo; peregrinavam em direção ao priorado de São Marculfo em Corbeny, cujo prior Odouard Bourgois, em 1632, deu certificados de curadores a dois setenários, no qual especificava que a atividade deveria ser efetuada "caridosamente e sem salário". De modo geral, o clero se irritava com essa superstição e Bossuet escreveu à abadessa de Faremoutiers, que se interessava por um *marcou*: "Só me envolvi no caso desses sétimos filhos para impedi-los de enganar o mundo exercendo sua suposta prerrogativa, que não tem nenhum fundamento"[471].

Houve poucos taumaturgos entre os ocultistas, se compararmos aos santos católicos e às seitas protestantes. A medicina hermética foi praticada por verdadeiros médicos, que possuíam toda a ciência de seu tempo e agregaram a ela teorias para suprir suas lacunas. Sem dúvida, os rosa-cruzes tinham a taumaturgia como objetivo declarado; mas alguns de seus afiliados, como Robert Fludd, tinham conhecimentos sólidos.

No século XVIII, o conde Claude-Louis de Saint-Germain foi a contragosto taumaturgo. Esse aventureiro extraordinário, de origem desconhecida, fez sua primeira aparição por volta de 1743 em Londres; apresentava-se como um cavalheiro siciliano, frequentava a nobreza inglesa e tocava violino para o príncipe de Gales. Ninguém sabia de onde vinha sua fortuna. Deixou a Inglaterra em 1746, passou um período em suas terras na Alemanha, indo mais tarde, em fevereiro de 1758, para Paris. Foi acolhido por madame de Pompadour, encantada com seus diamantes e relatos de sua vida anterior na corte de Francisco I, e atraiu o ciúme do duque de Choiseul, então ministro de Relações Exteriores. Em 1760, o marechal de Belle-Isle encarregou Saint-Germain de uma missão secreta em Haia; Choiseul ordenou sua prisão e sua extradição, mas Saint-Germain fugiu. Comprou o domínio de Ubbergen, perto de Nimega, na Holanda. Ele será visto novamente em Tournai, em 1763, dizendo se chamar M. de Surmont, industrial.

Em 1776, fixou-se em Leipzig sob o nome de conde de Welldone. Ele foi festejado pelos poderosos. O arquiduque da Áustria, Maximiliano-José I, escreveu à irmã dizendo que ele tinha duzentos anos de idade, mas que não os aparentava. Foi precisamente porque alguns o pressionaram para obter o segredo desta longevidade que ele lhes ofereceu seu *elixir vital*, de efeito purgativo, um pó com sabor de anis que era bebido em solução sob forma de *chá da longa vida*.

Muitos químicos procuraram a composição desse elixir vital, que diziam ser feito de plantas aromáticas e de ouro, e que parece, na verdade, ser uma mistura de madeira de sândalo, folhas de sene e sementes de erva-doce[472]. Saint-Germain enviou ao embaixador de Frederico II, antes de ir a Berlim em 1777, uma lista dos 29 procedimentos que constituíam sua "nova física". São sobretudo procedimentos industriais (para lavar seda, melhorar vinhos, preparar papel etc.), dentre os quais apenas dois dizem respeito à saúde: um "modo preventivo contra doenças e desregramentos de todo tipo" e "verdadeiros modos purgativos que removem do corpo apenas os elementos danosos".

Depois, em 1778, instalou-se em Altona junto ao landgrave Carlos de Hesse, que tinha com ele três horas de aulas por dia, e lhe deu imóveis em Eckernfoerde, porto do Báltico, para ali conduzir suas experiências. Foi ali que ele morreu e foi enterrado. Embora as exéquias do conde de Saint-Germain tenham ocorrido em 2 de março de 1784, no final desse ano seu discípulo Etteila, em Paris, alegou que ele continuava vivo, com 325 anos de idade, e que eles haviam feito juntos o desjejum de 22 de julho. As anedotas alimentaram essa lenda de imortalidade, que se tornou artigo de fé para os teósofos. Foi publicado sob autoria do conde de Saint-Germain um livro em que ele provavelmente não participou: *La Très Sainte Trinosophie* [A santíssima trinosofia], cujo manuscrito, conservado na Biblioteca de Troyes, havia supostamente pertencido a Cagliostro. É um tratado de alquimia, com simbolismo egípcio, caracteres cuneiformes fantasiosos e palavras que imitam o árabe e o sânscrito.

O taumaturgo predominante no século XVIII é sem dúvida Joseph Balsamo, autoproclamado conde de Cagliostro (1743-1795), a quem alguns panfletos acusaram de escroque, mas que foi reabilitado pelos franceses dos meios ocultistas da Terceira República. Antes de tudo, Cagliostro foi um agente da Franco-Maçonaria que percorreu as lojas da Europa e que possuía todos os segredos divinatórios e medicinais dessa organização rival da Rosa-Cruz: "Um maçom que precisa de um médico não é um verdadeiro maçom", dizia. Em 1776, durante sua primeira temporada em Londres, Cagliostro era apenas um mágico que previa os números vencedores da loteria da Inglaterra; a partir de fevereiro de 1779, quando reside em Mitau, na Curlândia, especializa-se sobretudo em sessões de espiritismo, com alucinações provocadas sobre sujeitos receptivos; em seguida, em São Petersburgo, tenta algumas curas, mas em Varsóvia dedica-se apenas à alquimia. É só em Estrasburgo, onde se instala em setembro de 1780, que Cagliostro passará a se dedicar exclusivamente à *iatria* (medicina maçônica ou do ponto de vista etimológico: arte de curar).

Ele não era um médico como os outros: das seis horas da manhã às nove ou dez da noite, andava por toda parte tratar pobres sem cobrar deles e se privava de jantares na cidade ou de idas ao teatro para melhor exercer seu apostolado. Ele dava aos doentes medicamentos que deviam ser tomados com caldos e lhes dava esmolas conforme a necessidade. Uma vez que morava perto da Place d'Armes, tratava também os soldados da guarnição. Curou um oficial dos dragões declarado incurável, e diversos outros casos, como o da senhora Sarrasin, que sofria com uma icterícia persistente. Seus êxitos chamaram atenção; ele foi convidado a ir a Paris em nome do príncipe de Soubise, que os médicos tratavam com escarlatina: Cagliostro resolve o caso em cinco dias. A partir de então, seu hotel em Estrasburgo será procurado por pacientes vindos até mesmo da capital; ele os recebia das cinco às sete em particular ou, durante suas "audiências", em grupo. Em 1781, manda imprimir cartazes para avisar o público sobre seus dias de recepção coletiva.

Cagliostro era um homem de vitalidade potente, autoritário, naturalmente enfático e costumava erguer os olhos negros para o céu como se procurasse inspiração. Só falava de si na terceira pessoa, dizendo a um doente: "Senhor, o senhor está péssimo: mas eu lhe digo que o conde de Cagliostro vai curá-lo"[473]. Ou a uma mulher: "Existe um Deus no céu que, da erva mais insignificante, ele pode tirar um sumo que lhe dará saúde; o conde de Cagliostro se prostrará diante dele para lhe solicitar"[474]. Identificava-se como um intercessor entre o mundo humano e o mundo celeste. Ao mesmo tempo, dava a entender que possuía uma ciência secreta das plantas, que se refletia em seus remédios; tanto que acreditavam que ele detinha o saber médico do Egito faraônico, prestígio imenso em uma época em que ninguém conseguia decifrar os hieroglifos.

Conservaram-se prescrições de Cagliostro e fórmulas que um farmacêutico de Estrasburgo preparou para ele[475]. Observei que suas pílulas estomacais continham o aloé hepático, caro aos galenistas, e seu pó purgativo, o creme de tártaro, advindo dos espagiristas. Sua pomada para o rosto, seu electuário peitoral com maná, suas pílulas de terebentina, suas pílulas com bálsamo do Canadá, também não foram inovações na farmácia da época. O remédio de Cagliostro que enlouqueceu as francesas foi o óleo-*sacchari*, ou óleo de açúcar, que era preparado assim: cortava-se um ovo duro em dois, tirava-se a gema e substituía-se por açúcar-cande; o ovo era, em seguida, reconstituído e posto em um recipiente coberto até que o açúcar dissolvesse. Ora, esse procedimento era o do *oleum myrrhae* inscrito no *Dispensarium Wurtembergicum* [Farmacopeia de Württemberg], Codex de 1771. Cagliostro seria, portanto, um *filastre*, que, antes de ser um taumaturgo, tinha conhecimentos de medicina; ministrava medicamentos sem mistério aos quais agregava sua força de persuasão. A uma dama que quis saber por que os mesmos medicamentos não agiam tão bem quando eram dados por outra pessoa, ele respondeu: "Essa é a *jogada de mestre*, o segredo que guardo no coração".

Depois de fundar, no inverno de 1784 em Lyon, a Loja da Sabedoria Triunfante, onde instaurou o ritual da Maçonaria egípcia — da qual se proclamava Grão Copta —, Cagliostro se instalou em Paris, no início de 1785, que havia acabado de perder Mesmer, e lá foi o novo objeto de fascínio e escândalo. As pessoas vinham de toda parte até sua casa na rue Sainte-Claude, no Marais. As pessoas disputavam seu pó rosa consolidante, e repetia-se: "O vinho do Egito ou bálsamo do conde Cagliostro cura tudo" (ele recomendava tomá-lo em gotas). Lavater foi da Basileia a Paris especialmente lhe perguntar no que consistia sua ciência. "*In herbis et in verbis*", lhe disse Cagliostro. Ele diferia de um charlatão também porque, longe de ser insinuante e bajulador, tratava com altivez os poderosos, tendo até mesmo recusado um convite do conde de Artois, irmão do rei.

O fim de Cagliostro não se deve a um desvio de sua função de taumaturgo. Implicado no caso do Colar da Rainha, preso na Bastilha, perdoado, exilou-se, primeiro na Inglaterra, depois, na Suíça e, por fim, em Roma em 1789, onde suas articulações para implantar a Franco-Maçonaria egípcia o levaram a ser detido pela Inquisição e aprisionado no castelo de Santo Ângelo. Ao final de seu processo, em 7 de abril de 1791, compareceu diante da Congregação em presença do papa Pio VII e teve que escutar, ajoelhado e com a cabeça coberta por um pano preto, a sentença que o condenou à prisão perpétua pelo crime de heresia. Morreu em uma cela da Inquisição e o Santo Ofício publicou uma *Vie de Joseph Balsamo* [Vida de Joseph Balsamo] (1791) a fim de justificar o procedimento empregado contra ele.

No século XIX, a taumaturgia protestante conheceu um desenvolvimento intenso com a *mind-cure* [cura da mente] inventada em 1866 por Mary Baker Eddy em Boston. Na *mind-cure*, postulava-se que a doença não tinha realidade objetiva e que o sofrimento se devia apenas ao medo que a doença inspirava. O curador se sentava, portanto, diante do paciente, e o olhava fixamente durante uns vinte minutos para livrá-lo de seu mal pela ação do pensamento. Mary Baker Eddy não se dava ao trabalho nem de olhar, e tratou à distância, estando em sua residência de Pleasant View em Boston, um morador de Cincinatti que tinha uma perna fraturada. O único auxílio nesse tratamento mental era a leitura da Bíblia e do livro de Mary Baker Eddy, cujas ideias originariam o movimento religioso *Christian Science* [Ciência cristã]. Uma floração de métodos de "curas pela fé" assim passou a concorrer na América, na Inglaterra e na Suíça.

Diante dessas práticas que não se originavam do ocultismo, o único taumaturgo da Tradição foi o Mestre Philippe, de Lyon (1849-1905). Chamado Philippe Vachot, já espantava as pessoas próximas desde a infância por dormir de olhos abertos e por demonstrar o dom de curar. Ele começou a estudar na Faculdade de Medicina de Lyon; mas, no quarto ano, disseram que ele teria ressuscitado uma criança morta. Em consequência, Philippe foi afastado do Hôtel-Dieu e teve sua inscrição recusada pela quinta vez por ser "praticante da medicina oculta e por ser um verdadeiro charlatão". Continuou dando consultas beneficentes, sem diploma, e, em 1877, casou-se com a filha de um industrial rico que possuía um castelo, o Clos Landau.

Livre, portanto, de preocupações financeiras, o Mestre Philippe se dedicou de modo total à taumaturgia e, em 1885, instalou-se em um hotel particular, na rue de la Tête d'Or, para tratar gratuitamente os doentes. Jamais cobrou honorários, uma vez que acreditava ter uma missão a cumprir. Seus doentes deviam pagar com "a moeda de Cristo", que consistia em fazer um juramento em troca da cura: por exemplo, nunca maldizer o próximo. Parrudo e jovial, tinha a aparência, segundo um testemunho, de um "pequeno rentista bonachão", mas seus olhos azuis sabiam se tornar fascinantes. Joanny Bricaud contou como eram essas sessões que ocorriam duas vezes por dia, e que reuniam às vezes duzentas pessoas: "Os assistentes eram dispostos em fileiras de cadeiras como na igreja, e era recomendado que se recolhessem enquanto ele mesmo se retirava em um cômodo contíguo. Quando fazia sua entrada definitiva, ele costumava dizer: 'De pé!'. Depois, prescrevia o recolhimento por alguns minutos e fazia uma invocação de Deus. Nesse ínterim, ele observava um por um, e fixamente, todos os presentes. Ele os fazia sentar e, com as mãos nas costas, concentrado em ver tudo, percorria o corredor central. Então, bruscamente, detinha-se diante de um doente, tocava-o e, com um olhar firme, ordenava que se curasse"[476].

Foi publicada uma literatura abundante sobre seus resultados. Ele tinha um poder de sugestão imediata sobre os astênicos e os hipocondríacos[477]. Seus quatro anos de medicina não eram estranhos à competência de seus diagnósticos. O Mestre Philippe agia por ação mental, utilizando o mínimo possível os passes magnéticos e os remédios. Seu método era "a oração atenta", pois alegava que a maioria dos fiéis praticavam a oração desatenta e, portanto, sem eficácia. Mestre Philippe mal dormia (apenas três ou quatro horas por noite), por causa das "orações atentas" que fazia por todos os seus pacientes. Ele assegura que um homem não poderia ser curado sem a cumplicidade de seu duplo: "O duplo pode estar são e o corpo doente". Esse duplo permanece na terra até a próxima reencarnação: "Quando reencarnamos, voltamos com as paixões que não conseguimos combater". O Mestre Philippe, em suas sentenças recolhidas tão piedosamente quanto os *acusmata* de Pitágoras, dizia que o sol e a lua eram habitados e a humanidade era cercada por presenças invisíveis: "a vida é um contato universal. Tudo no ar está repleto de espíritos".

Naturalmente, os médicos de Lyon o levaram diversas vezes diante do tribunal pelo exercício ilegal da medicina. Em 1890, ele foi multado 46 vezes; mas tinha como defensores um procurador da República, um velho deputado e a população de Lyon, que o chamava de "o pai dos pobres". Foi submetido a um controle médico sob a presidência do professor Brouardel: transformou, diante dos olhos deste, uma mulher hidrópica robusta em uma mulher esbelta, mas Brouardel se recusou a assinar a ata do processo alegando "que não havia compreendido o que havia acontecido". A dúvida era permitida, pois mesmo os médiuns mais confiantes se acreditam autorizados a cometer fraudes na presença de céticos.

A reputação do Mestre Philippe ultrapassou as fronteiras, de modo que o czar Nicolau II e a czarina Alexandra, durante uma visita à França em 1901, o convocaram para ir à Compiègne. Ele adquiriu tamanha ascendência sobre eles, em um único encontro, que Nicolau II quis tê-lo por perto, em São Petersburgo, e mandou prepararem um alojamento no palácio de Tsarkoye Selo para ele. Quando chegou, o Mestre Philippe foi logo nomeado médico do exército russo, conselheiro de Estado com o título de general e inspetor de serviços sanitários portuários. O czar e a czarina não tomavam nenhuma decisão sem consultá-lo. A corte se inquietou com esse poder crescente, ao qual se opunha o chefe de polícia Ratchovski; foi para combater a influência do Mestre Philippe que a Igreja Ortodoxa introduziu Raspútin no convívio do casal imperial[478]. O Mestre Philippe voltou a Lyon, mas continuou a se corresponder com a corte russa; oficiais lhe enviavam relatórios dos pacientes junto a uma mecha de cabelos. Por conta de suas relações com o estrangeiro — até mesmo o Kaiser Wilhelm se consultou com ele uma vez —, o Mestre Philippe foi objeto de uma vigilância constante da contraespionagem, o que, segundo dizem, o entristeceu a ponto de apressar seu fim.

Sua personalidade de taumaturgo era tão impressionante que depois de sua morte, em 1905, continuou a assombrar seus amigos. Papus afirmou que ele o havia aparecido dezesseis vezes seguidas, anotando a hora e o dia dessas aparições, uma das quais, em 18 de setembro de 1906, foi acompanhada de uma longa conversa. Em 1924, o dr. Philippe Encausse, que sofria com uma ferida que o ameaçava de septicemia, foi aconselhado a colocar, durante a noite, uma fotografia do Mestre Philippe sobre a chaga; e, pela manhã, um escoamento de pus começou a livrá-lo de seu mal, que desapareceria em poucos dias. Até mesmo o corpo médico de Lyon conservou a lembrança de Philippe, a quem o dr. Louis Maniguet dedicou sua tese.

MEDICINA OCULTA MISTA E MEDIATRIA

O renovador da medicina oculta ao final do século XIX foi o dr. Gérard Encausse, vulgo Papus, nascido em 1865 em La Coruña, na Espanha. Ele era filho do médico que inventou o gerador Encausse, utilizado nos estabelecimentos de Paris e de Madri para favorecer "a absorção cutânea dos medicamentos"; tratava-se de uma cuba na qual o paciente, que tinha apenas a cabeça para fora, era envolvido por vapores de terebentina (usada no tratamento de reumatismo, artrite e dor ciática) ou vapores de iodeto de potássio (contra afecções ósseas e do sistema linfático). De início, Papus tinha o temperamento de um organizador nato: ainda estudante em Paris, no Collège Rollin, fundou seu primeiro jornal; na Faculdade de Medicina, foi membro fundador da Associação dos Estudantes.

Em 1882, médico-residente em hospitais, descontente com o ensino evolucionista que recebia, ia à Biblioteca Nacional para ler obras de medicina hermética. Deparou-se com *La Médecine nouvelle* [Medicina nova] (1862) de Louis Lucas, químico normando que partindo de uma reflexão sobre "o princípio da vida" e ilustrando sua demonstração com experiências físico-químicas, demonstrava como esse princípio era regido pelo énormon, condensação vital do movimento, que definia como um "espectro orgânico", análogo aos espectros luminosos e calóricos, que tendia do centro à periferia. A sede do énormon (noção hipocrática à qual Lucas dava um sentido pessoal) variava conforme os indivíduos, em geral encontrava-se perto da cabeça na criança, mas descia para o peito e para o ventre à medida que a pessoa envelhecia. A terapêutica consistia em fornecer *extensores* ou *distensores* ao énormon, dos quais dependiam as reações de contração e de dilatação, do eretismo e do relaxamento, em todo o organismo[479]. Papus gostou dessas opiniões curiosas e se declarou "discípulo direto" de Louis Lucas, morto em 1863 sem ter terminado seus trabalhos.

Após estudar muitos outros livros mais antigos, Papus explicou a Camille Flammarion: "Aprendi a manejar esse maravilhoso *método analógico*, tão pouco conhecido dos filósofos modernos, que permite agrupar todas as ciências em uma síntese comum". A alquimia lhe parecia diferir da ciência contemporânea apenas pela linguagem; e ele acrescentaria: "Onde nós escrevemos HCl, os alquimistas desenhavam um leão verde e onde nós escrevemos: $2HCl + Fe = FCl_2 + 2H$, os alquimistas desenhavam um guerreiro (Marte, o Ferro) devorado pelo leão verde (o ácido)". Fazendo-se iniciar no martinismo por Henri Delaage, escolheu seu pseudônimo Papus no *Nuctemeron* [Noite e dia] de Apolônio de Tiana (onde Papus é o gênio da medicina, entre os sete gênios da primeira hora), o rapaz se associou a Stanislas de Guaita e entrou em seu Conselho Supremo da Rosa-Cruz Cabalista.

De 1888 a 1891, inclusive durante o serviço militar, Papus começou uma atividade intensa de ocultista. Ele criou, em 1889, o Grupo Independente de Estudos Esotéricos, que teve mais de 350 membros, e as Lojas Martinistas de Paris, chamadas Sphinx, Hermanubis, Velléda e Sphinge. A revista mensal *L'Initiation*, fundada em outubro de 1888, e o jornal hebdomadário *Le Voile d'Isis* em 1890, serão os órgãos desse grupo, assim como a publicação mensal *L'Union occulte française* de Lyon. Papus teve seu primeiro sucesso como autor com *O Tarot dos Boêmios* (1889), no qual tratava não apenas de tarots, mas também da Kabbala, de artes divinatórias e de simbolismo. Anatole France lhe pediu uma entrevista, publicada em 15 de fevereiro de 1890, na *Revue illustrée*: "Eu o vi; ele é bastante jovem, olhos vivos, tez fresca, rosto redondo, barba fina. Ele parece mais um *carabin* [estudante de medicina] do que um Mago". E no próximo primeiro de junho, em *Le Temps*, ao falar do Collège de France, esse admirador inesperado acrescenta: "Eu gostaria que fosse criada uma cátedra de magia para o senhor Papus". No ano seguinte, Papus lançou seu *Essai de physiologie synthétique* [Ensaio de fisiologia sintética] (1891) e sua obra capital, *Traité méthodique de science occulte* [Tratado metódico de ciência oculta] (1891), um volumoso in-octavo de 1092 páginas, que completou com seu *Tratado Elementar de Magia Prática* (1893), de 560 páginas, no mesmo formato.

Quando Papus defendeu, em 1894, sua tese de doutorado *L'Anatomie philosophique et ses divisions* [Anatomia filosófica e suas divisões], o professor Mathias Duval lhe disse: "Senhor Encausse, o senhor não é um estudante comum... Tenho orgulho de ser o diretor de sua tese". A anatomia filosófica, cara a Goethe e aos ocultistas, consiste em comparar os diversos órgãos de um mesmo indivíduo para determinar quais têm analogias entre si; ela estabeleceu, por exemplo, que há pontos de semelhança histológicos entre a traqueia e a bexiga, a laringe e o útero (ou a próstata), além de uma homologia entre os pulmões e os rins. A tese de Papus, que retomava os trabalhos recentes de Camille Bertrand e do dr. Adrien Péladan Filho, propunha uma classificação dessa ciência. Nomeado chefe de laboratório do dr. Luys no Hôpital de la Charité, fizeram juntos experiências de hipnose diferentes daquelas da Salpêtrière; eles transferiam à distância os estados neuropáticos de um sujeito acordado para um sujeito hipnotizado em um quarto vizinho com ajuda de uma coroa imantada posta de modo alternado na cabeça de um e de outro.

Apesar de sua admiração pelo Mestre Philippe, Papus não se passava por taumaturgo. Era um pesquisador dos mais sérios, que recebeu a medalha de bronze da Assistência Pública por seu trabalho nos hospitais, e cujo consultório, no número 60 do Boulevard de Clichy, estava sempre cheio de pacientes que formavam filas até a escada. Seu filho nos diz: "Ele ensinava que esotericamente o corpo humano é composto de milhares de células vivas que, todas elas, possuem uma consciência individual, um espírito... O papel do espírito do medicamento ou do fluido magnético é "falar" com esses pequenos seres, despertar sua energia, indicar-lhes o lugar da natureza onde poderão encontrar eles mesmos sua cura. Portanto, quanto mais potente for o espírito de uma substância introduzida no corpo, mais depressa a cura será obtida. Essa lei é, a partir de Papus, a chave das curas homeopáticas, magnéticas ou até teúrgicas"[480].

Em *A Ciência dos Magos* (1892), que considerava seu melhor livro, Papus explica que o ser humano é composto por três princípios: o corpo físico, o corpo astral (ou mediador plástico) e o espírito consciente. O corpo físico (esqueleto, músculos e órgãos digestivos) *sustenta* todos os elementos que formam o homem encarnado e tem seu centro de ação no abdômen; o corpo astral *anima* os elementos, é seu princípio de coesão, age através dos órgãos da respiração e da circulação e tem seu centro de ação no peito; enfim, o espírito *move* esses dois corpos, a partir de seu centro de ação situado na parte póstero-inferior da cabeça. Podemos falar em dois corpos, pois "o corpo astral é o duplo exato do corpo físico. Ele constitui uma realidade orgânica"[481]. Em outro lugar, Papus dirá que o ser humano, no que diz respeito à fisiologia, é uma fábrica de força nervosa, a qual resulta do trabalho de duas fábricas inferiores, a fábrica abdominal e a fábrica torácica. A força nervosa, que deriva diretamente da ação do sangue sobre o cerebelo, é uma ferramenta a serviço do espírito.

Papus se interessava em particular pelo corpo astral, ao qual devemos a conservação e a manutenção das formas do organismo, e praticava três tipos de medicina em conjunto: a alopatia, a homeopatia e a medicina mental. De fato, ele distinguia as doenças puramente físicas, que eram tratadas com seus contrários (alopatia); as doenças do astral, que eram tratadas com seus semelhantes (homeopatia); e as doenças do espírito, que só podiam ser curadas pela teurgia e pela oração. Papus tentava sempre decifrar se o estado de seu paciente não provinha de uma perturbação no sistema de suas vibrações astrais: "Às vezes, para estabelecer um diagnóstico, ele escrutava primeiro o astral do doente, depois o curava misteriosamente recorrendo à força vital-mãe, ao potencial secreto, fonte do equilíbrio"[482]. Entre seus casos de "cura mista" (através da oração e de um medicamento alquímico), citamos o de uma criança com uma lesão na perna.

Papus utilizava remédios próprios, desconhecidos do Codex. Fabricou um "licor anticolérico" e preparou com o farmacêutico Deboudaud um elixir, de que seu filho revelaria a fórmula (tinturas de hamamélis, *capsicum*, hidraste, *viburnum*, extrato fluido de cáscara sagrada etc.) e de que deveriam ser ingeridas duas colheres de sopa por dia. Papus empregou todo tipo de procedimento para tratar as doenças nervosas, através de ímãs e correntes magnéticas, tratamento dietético, hipnotismo, sugestão e transferência[483]. Inventou um sabão orgânico, o "sabão verde do almirante", à base de bile, para eliminar do corpo humano os lipomas (massas de gordura), a papada dupla e as dobras das nádegas, provocando a regressão das células adiposas, sem formar marcas ou rugas como resultado[484]. Em 1898, fez experiências no Hôpital Saint-Jacques com cobaias em que havia inoculado uma cultura pura de tuberculose para testar um soro antituberculose composto de derivados ectodérmicos[485].

Tendo aberto no número 4 da rue de Savoie, em 1897, a Escola de Ciências Herméticas — cujos alunos diplomados eram destinados a entrar nas lojas martinistas —, Papus ministrou regularmente seus cursos que, em 1898, receberam o título *Primeiros elementos de quiromancia* e *Primeiros elementos da leitura da língua sânscrita (caracteres devanagari)*. Os outros professores dessa escola eram ocultistas que ele considerava dos mais competentes como Jollivet-Castelot, encarregado das aulas de alquimia, ou Sédir (anagrama de Désir [Desejo] e pseudônimo de Yvon Leloup), que ensinava história do martinismo.

Em 1901, Papus foi a São Petersburgo para se encontrar com Nicolau II e combater a influência de Raspútin na corte russa. Em outubro de 1905, o czar o convocou a Tsarkoye Selo para uma sessão de necromancia, sobre a qual comentou Maurice Paleologue, embaixador da França: "Através de uma condensação intensa de sua vontade, através de uma exaltação prodigiosa de seu dinamismo fluídico, o 'Mestre espiritual' conseguiu evocar o fantasma do piedosíssimo czar Alexandre III; sinais indubitáveis atestaram a presença do espectro invisível". Nicolau II fez uma pergunta ao fantasma de seu pai, que o exortou a manter a firmeza. Dois discípulos de Papus desmentiram essa anedota, contrária à sua doutrina anti-espiritista; mas seu filho, o dr. Philippe Encausse, admitiu a autenticidade dela. É evidente que o antigo assistente do dr. Luys, especialista em hipnose, possuía os recursos técnicos para sugestionar uma personalidade esquizoide como a de Nicolau II.

Incansavelmente, Papus fazia conferências esotéricas e publicava livros como *Premiers éléments d'astrosophie* [Primeiros elementos de astrosofia] (1910). Durante a Primeira Guerra Mundial, em novembro de 1915, anunciou o triunfo da França sobre a Alemanha para 1918 (também previu para 1894 o assassinato de Sadi Carnot, o que aconteceu um ano antes da data prevista). Sua erudição era acompanhada de tamanhos dons de clarividência que Jollivet-Castelot o definiu como "o Mago mais considerável e o mais profundo de nossa época". Voluntário para o *front* como médico-chefe do 3º Exército, Papus adoeceu no interior e foi evacuado para Paris, onde morreu em serviço em 1916. Ele escreveu diversos manuscritos, dos quais foram tiradas suas duas publicações póstumas: *ABC illustré d'occultisme* [ABC ilustrado do ocultismo] (1922) e *La Science des nombres* [A ciência dos números] (1932).

Depois da fundação, em 1922, do Instituto de Metapsíquica pelo professor Charles Richet, a medicina oculta evoluiu sob o nome de *metiatria*. O dr. Paul-Thomas Bret se converteu no teórico dessa evolução e a justificou inventando todo tipo de termos derivados do prefixo *meta*, a fim de adaptar o irracional a uma nomenclatura científica. Ele protestou, primeiramente, que não havia antagonismo nenhum entre a prática oficial e sua própria disciplina: "Uma melhor compreensão da metiatria será um complemento indispensável da medicina. Pois a metiatria se ocupa unicamente dos incuráveis, dos abandonados da medicina"[486]. Ele foi otimista a ponto de propor estatutos para um "metiatra diplomado pelo Estado", tendo por artigo primeiro: "Será reconhecido oficialmente metiatra aquele que, sem nenhum recurso físico, remédio ou aparelho, tenha operado três curas de incuráveis atestadas por médicos diferentes"[487]. Ele afirmava que tais curas eram possíveis utilizando-se o metapsiquismo ou elemento supranormal do indivíduo, uma força nova e desconhecida, distinta da fé que cura, da sugestão e da influência do espírito sobre a psique. A metargia era a manifestação do metapsiquismo em um ato; a metarquia, a arte de organizá-lo a seu critério para obter um efeito interno ou externo. Bret não achava que o curador era um homem de quem emanava um fluido magnético; segundo ele, o curador agia sobre o monoideísmo (ou "ideia-força absolutamente inconsciente") de seus pacientes e o transformava em monoideísmo curativo.

O metapsiquismo obedecia a três leis: 1º a lei do antagonismo: o eu consciente e o metapsiquismo são inversamente proporcionais, ou, em outras palavras, o metapsiquismo é mais potente entre os primitivos do que entre os civilizados, entre doentes incultos do que entre aqueles com personalidade reflexiva; 2º a lei da atração e da repulsão: o doente pode permanecer refratário ao poder de um metiatra e se curar com outro, em razão de afinidades pessoais; 3º a lei da irredutibilidade: o metapsiquismo de um sujeito pode ser mais forte do que o do metiatra, cujas "metagestões" permanecem sem efeito sobre um monoideísmo que representa uma tendência inata.

Bret distingue duas classes de fenômenos: a metabiose, produção supranormal de reações biológicas e orgânicas, e a metacinesia, produção supranormal de deslocamentos de objetos, de pessoas e do próprio médium ou alterações psíquicas e químicas nas moléculas dos objetos (metapoiesis). Ele explica as curas pelo nosomimetismo, imitação inconsciente de uma doença e realização orgânica desta pelo metapsiquismo. Os metiatras, para tratar, têm duas variedades de gestos: gestos ordinários (passes, imposições de mãos, fricções, golpes) e gestos específicos, pertencentes a cada um deles. Enfim, o dr. Bret analisa uma quantidade incrível de efeitos metabióticos, indo do afanismo dos excretos (interrupção temporária das funções de secreção e de excreção), da atoxinia (resistência ao veneno) e da metatermia (aumento da temperatura interna), até a diapausa (suspensão momentânea da vida), passando pela ação metapsíquica da mãe sobre o feto. Ele estudou até a icnognosia, que obedecia ao seguinte princípio: "Todo ser humano deixa seu traço metapsíquico (icnismo) sobre todo objeto que seu corpo toca"[488].

Seria inútil sobrecarregar esse estudo com o exame das "medicinas paralelas" da nossa época, pois, entre aquelas que se baseiam no hermetismo, algumas tomam deste apenas certas noções, outras se esforçam para permanecer escrupulosamente fiéis a ele, e todas nos levariam a repetições. A medicina antroposófica de Rudolph Steiner distingue quatro elementos constitutivos do homem — que correspondem à Terra, à Água, ao Ar e ao Fogo —, considera os órgãos "planetas interiorizados" e utiliza medicamentos como o coleodoron, que é tirado da quelidônia, ou as preparações feitas a partir dos sete metais maiores: tudo isso deriva da medicina espagírica[489]. Alexander von Bernus, aristocrata alemão que foi, em Munique, amigo dos maiores escritores de seu tempo (Thomas Mann, Hermann Hesse etc.), fundou em 1921, depois de estudar medicina, o laboratório Soluna no castelo de Neuburg, perto de Heidelberg. Lá, fabricou dois remédios universais: o azinat, à base de antimônio, para as afecções agudas com hipertermia, e o diakrasin, destinado às alterações crônicas dos tecidos e dos humores. Inventou também remédios particulares denominados conforme os órgãos que tratavam, Cordiak, Pulmonik, Stomachik, Cerebretik etc. Em *Alchymie und Heilkunst* [Alquimia e medicina] (1948), dizia que continuava a iatroquímica de Paracelso e que se inspirava na *Farmacopéia espagírica* de Glauber: muito embora fosse um personagem notável, Bernus não aportava nada de novo.

Poderíamos crer que um Jean Solomidès, com sua fisiatria, mereceria figurar aqui ao lado de um Van Helmont, uma vez que tinha todo o fascínio de um pesquisador maldito, perseguido pelo exercício ilegal da farmácia ainda que fosse doutor em medicina pela faculdade de Paris em 1938, bacteriologista e licenciado em ciências físicas e naturais, era, é inegável, competente. A leitura de seu livro *La Physiatrie et les phisiatrons synthétiques* [A fisiatria e os fisiatrons sintéticos] (1970) o revela como um técnico da doença, autor de uma terapêutica cujo futuro confirmaria seus pressentimentos, mas não autor de uma filosofia médica, isso que caracteriza, antes de qualquer coisa, a medicina hermética e faz dela uma arte de pensar.

Quanto aos diversos taumaturgos, eles ainda utilizam métodos emprestados de Cagliostro e do Mestre Philippe. Um rosa-cruz moderno, H. Spencer Lewis, Imperator da Ordem Rosacruciana A.M.O.R.C. (isto é, da categoria dos "irmãos brancos"), fala das propriedades espirituais da nutrição, da influência mística das cores e do "poder psíquico" que permite a cura remota. Seu "tratamento cósmico" acontece durante a noite, entre 2h e 3h da manhã, enquanto o paciente dorme, e é agregado ao tratamento da medicina alopática;

como, além disso, é gratuito, segundo a regra estrita da taumaturgia, não há nada que possa ser contestado[490]. Depois disso, existem também todo tipo de práticas paramédicas, de "curas psi", que, no entanto, não se enquadram no meu assunto, já que não fazem intervir um sistema de mundo ou métodos originais, como na Tradição oculta.

Entendemos, eu espero, que em nenhum instante pretendi elogiar curadores delirantes em detrimento dos verdadeiros médicos. Meu objetivo era mostrar como a história da medicina é complexa e que algumas de suas descobertas se devem a esses indivíduos irregulares revoltados contra as ideias comumente admitidas de Hipócrates e de Galeno. O homem de ciência tem razão de se irritar com o taumaturgo que usurpa indevidamente sua função, mas está errado ao não tirar dele lições para si mesmo. É preciso errar (e talvez até errar muito) para encontrar a verdade. Os mais vivos clarões de conhecimento brotam do choque entre opiniões contrárias. Não podemos descartar nenhuma doutrina sob pretexto de que ela é insana: ela contém às vezes achados justos, mas antecipados, ou ela permite, ao ser combinada com sua refutação, que cheguemos a um meio-termo aceitável.

7
AS COMUNICAÇÕES COM O INVISÍVEL

A filosofia oculta sempre afirmou que existia um mundo invisível e que os homens possuem diversos meios de se comunicar em vida com ele; ela constituiu, para provar isso, uma coleção impressionante de experiências, observações e descrições racionais, das quais se podem deduzir leis precisas. Naturalmente, segundo um princípio de pura metodologia, é preciso descartar as aberrações psicóticas e as fantasias romanescas que se baseiam em um simples jogo com o pensamento mágico para nos atermos apenas às crenças fixas e *compartilhadas**. Devemos também pôr fim ao erro comumente alastrado que consiste em confundir ocultismo e espiritismo, visto que os mestres da Tradição combateram vigorosamente os espíritas, que acusaram de se dedicar a uma necromancia ridícula e de acreditar em noções grosseiras sobre o além. O iniciado Pierre Leroux, exilado na Ilha de Jersey, desaprovou as sessões de "mesas girantes" de seu amigo Victor Hugo e nunca quis participar delas. Por algum tempo, Papus tentou conciliar o ocultismo com o espiritismo, que definiu como "uma tradução abreviada da magia prática"[491]. Ele estava persuadido de que o *perispírito* de Allan Kardec, mediador entre o corpo e a alma, não era outra coisa senão o *corpo astral* dos ocultistas. Em 1887, Papus chegou a se associar à Sociedade Teosófica criada por Helena Blavatsky e foi cofundador em 1888 de sua revista *Hermès*; mas ele se desassociou dois anos mais tarde, rejeitando seu sistema como uma falsificação do esoterismo.

---

* Não existe magia individual, como disseram Hubert e Mauss: "Os ritos mágicos e toda a magia são, em primeiro lugar, fatos da tradição. Atos que não se repetem não são mágicos. Atos em cuja eficácia um grupo inteiro não crê não são mágicos". (*Esquisse d'une théorie de la magie*, op. cit.)

Em que consiste o mundo invisível e o que podemos esperar descobrir a seu respeito? A resposta a essa questão foi modificada, com sutis nuances, desde a Idade Média até nossos dias. Podemos falar de uma evolução, ou até de um progresso, na concepção do invisível e da possibilidade de prospectá-lo. Há dois milênios que a humanidade no Ocidente acredita estar circundada por espíritos invisíveis e, em um primeiro momento, estes foram divididos em três classes: anjos, demônios e almas errantes. Podiam aparecer aos homens em certas ocasiões, de maneira espontânea ou sob efeito de conjurações. Como seria muito absurdo supor que bons e maus espíritos convivessem, foram discernidas duas zonas do invisível: o mundo *preternatural* (do prefixo *praeter*, isto é, além), superior ao humano e inferior ao divino, e o mundo *sobrenatural*, acima de tudo, lugar de Deus e dos anjos. Apenas os espíritos do mundo preternatural podem ser chamados a fazer aparições deliberadamente, por intermédio de ritos especiais; aqueles do mundo sobrenatural continuam para sempre inacessíveis. Se anjos e almas bem-aventuradas consentem excepcionalmente a se manifestar para um indivíduo como recompensa por seu estado de pureza ou em compensação por seu estado de sofrimento, essa aparição é sempre inesperada, incontrolável; tais seres não obedecem a nada de terrestre, nem mesmo a orações.

Debateu-se longamente sobre as aparências assumidas pelos espíritos invisíveis para se tornarem visíveis. Por exemplo, os anjos teriam ou não um corpo? Santo Agostinho dizia que eles tinham um corpo elementar composto de ar e fogo (opinião compartilhada por São Hilário, Orígenes, São João Damasceno e o segundo Concílio de Niceia); São Tomás de Aquino defendia que eram substâncias incorpóreas (o que foi confirmado pelo Concílio de Latrona). Por fim, acreditava-se que os anjos não tinham corpos, mas assumiam um para ajudar a humanidade e o deixavam logo em seguida. Era proibido aos cristãos fazer essas perguntas indiscretas sobre anjos, como querer saber como se chamavam seus chefes e quais eram suas atribuições. Os tratados neoplatônicos do século v atribuídos a Dioniso Areopagita, *Da Hierarquia Celeste* e *Da Teologia Divina*, que descreviam a organização dos anjos em cortes, foram combatidos desde os Pais da Igreja até Bossuet. A Escritura Sagrada diz que existem sete anjos que ficam diante da face de Deus e nomeia apenas três deles: Miguel, Gabriel e Rafael; os outros serão conhecidos pelos homens apenas no Juízo Final. Sob o papa Zacarias, no século VIII, Aldebert Alleman foi condenado como herege por ter invocado em suas orações "nomes de anjos desconhecidos, isto é, além de Miguel, Gabriel e Rafael". Foi criticado até mesmo por falar de Uriel, citado no quarto livro de Esdras, que não é canônico.

Eis um paradoxo que precisamos ter em mente para apreciar as audácias do ocultismo: um homem que invoca anjos é considerado pelos teólogos um infiel tão repreensível quanto um invocador de demônios. Toda vez que um autor cristão se atreve a fazer uma nomenclatura dos anjos, como o irmão J.B. Hepburn em sua *Virga aurea* [Cetro de ouro] (1615), podemos ter a certeza de que foi advertido por seus superiores e, em geral, punido. Isso explica por que alguns se voltaram para a Kabbala, na qual a angelologia descritiva era lícita: nela encontramos Anael, anjo da castidade; Samael, anjo da justiça; Raziel, anjo dos mistérios etc. Isso justifica também a curiosidade dos filósofos ocultos que, ao associar-se a uma religião que lhes fazia admitir a existência de anjos sem, no entanto, lhes dar todos os detalhes desejáveis sobre seus costumes, quiseram penetrar esse enigma através de pesquisas teóricas ou procedimentos alucinatórios.

Os demônios eram igualmente habitantes deste invisível que parecia nos rodear a todo instante. De fato, no início da era cristã, entrou em cena um protagonista formidável que a Antiguidade não chegou a conhecer: o Diabo. Toda a concepção do mundo preternatural foi dramatizada ao extremo com esse novo personagem. Assistido por legiões de demônios, foi definido por Johan Wier, médico do duque de Clèves e discípulo de Cornelius Agrippa, deste modo: "*Daemon, Daemonium*, que significam sábio, cauteloso, e que entende várias coisas... *Cacodaemon* é o mesmo que dizer sábio em maldade"[492]. Ele disse que existem nove ordens: os pseudoteos ou falsos deuses, os espíritos da mentira e os tentadores, entre outros, que obedecem aos chefes indicados, na Bíblia, por nomes que fazem alusão às suas aptidões: Behemot (animal bruto), Leviatã (abandonado a si mesmo), Abadon (destruidor), Mamon (ávido por riqueza) e Asmodeus (espírito da cegueira). Os teólogos se debruçavam de bom grado sobre os demônios, que distinguiam de acordo com o lugar e a hora de suas aparições: a Empusa era um demônio em forma de mulher que só aparecia ao meio-dia (o famoso "demônio do meio-dia"); as Lâmias, demônios do deserto (e sobretudo do deserto da Líbia), também pareciam mulheres cujos pés tinham cabeças de dragões etc. Essas figuras eram, aliás, tomadas do paganismo antigo, pois os demonólogos cristãos pensavam que este havia sido iludido por criaturas infernais e consideravam, nesse aspecto, verdadeira a mitologia pagã.

A terceira classe de criaturas do invisível é constituída pela alma dos defuntos. Essa era uma crença oficial testemunhada em 1587 pelo um monge franciscano Noël Taillepied, professor de teologia em Rouen: "Por vezes um espírito aparece na casa, ao que os cães, quando se apercebem disso, correm para ficar entre as pernas do dono e não querem mais sair, pois têm muito medo dos espíritos"[493]. Ele conta histórias de fantasmas que batem nos vivos a ponto de "alguns ficarem estropiados e impotentes" ou que fazem uma algazarra de pratos quebrados nas cozinhas sem que se veja ninguém: "Muitas vezes se ouvem espíritos à noite, que arrastam os pés, tossem e suspiram; quando estes são interrogados, dizem ser o espírito desse ou daquele morto. Quando lhes perguntam como podem ser ajudados, pedem que se façam missas e peregrinações por eles, desta forma seriam libertados. Pouco depois eles apareciam com grande magnificência e inenarrável claridade, dizendo que estavam livres e agradeciam muito a seus benfeitores"[494]. Os espíritos aparecem "mais frequentemente por volta da meia-noite, quando se desperta do primeiro sono, quando os sentidos estão livres e repousados. Da mesma forma, mostram-se, de hábito, às sextas-feiras e aos sábados e outros dias de jejum... Quanto aos lugares onde aparecem, não há nenhum específico, eles são vistos e ouvidos em todos os lugares, mas principalmente onde houve, no passado, escaramuças"[495].

Há quatro sinais pelos quais é possível discernir um bom espírito de um mau. Primeiro, "se for um bom espírito, traz consigo um espanto comparável ao que o anjo Gabriel causou na Virgem Maria quando a saudou"[496]. Um espírito mau não causa espanto ao aparecer, mas dá um sentimento de orgulho àquele que o percebe. O som de sua voz, seus gestos e o sentido de suas palavras permitem também reconhecer um espírito, assim como sua aparência: "O bom se mostra na forma de pomba, de homem, de cordeiro ou circundado de claridade ou da cor branca"[497]. Os espíritos dos mortos não assumem necessariamente formas de seres animados: "Algumas vezes aparecem na forma de um pedaço de palha incandescente: outras vezes se ouve uma voz comparável à de uma pessoa que fala dentro de uma vasilha rachada"[498]. Qual deve ser o comportamento adotado diante de uma aparição? Sobretudo, não se deve jurar ou blasfemar, nem sacar a espada, mas fazer o sinal da cruz *sobre a testa*, e dizer ao espírito: "Se for de Deus, fale. Se não for, vá embora". As manifestações do invisível podem ser unicamente sonoras; Taillepied cita o sino da igreja de Ávila, que tocava sozinho quando chegava o dia de algum acontecimento da cristandade, ou o brusco estrondo que nos adverte de que algum de nossos amigos corre risco de morte: "Com frequência, acontece de um dos nossos, que está em um país estrangeiro, ficar gravemente doente e ouvirmos, em casa, caírem coisas que parecem pesadas e fazem um barulho retumbante; depois, descobrimos que isso ocorreu na mesma hora que esses parentes faleceram".

Na época da Reforma, os protestantes e os católicos se dividiram em relação à questão das aparições, o que acarretou uma polêmica entre Ludwig Lavater, pastor calvinista em Zurique, e Pierre Le Loyer, conselheiro do tribunal de Tours. Lavater negou que as almas dos mortos pudessem aparecer aos vivos, pois se encontram em lugares, seja o paraíso ou o inferno, fora do mundo humano e sem modo de retornar para cá. Admitia as aparições de bons e maus anjos, mas sublinhava que as dos maus eram mais frequentes: "Os espíritos que aparecem devem ser considerados com desconfiança"[499]. Le Loyer respondeu com um discurso de mil páginas, com citações em grego e hebraico, no qual pretendia criar uma "ciência dos espectros".

Esse *Discours et Histoires des Spectres* [Discurso e histórias de espectros] (1586) de Pierre Le Loyer é, com segurança, a obra mais importante na França sobre o assunto. Ele estabeleceu a diferença entre a visão (que pode ser de diversas espécies, visão divina, fantasia de sonhador etc.), o espectro e o fantasma: "O espectro é uma imaginação verdadeira, o fantasma uma imaginação falsa, vã e proveniente de sentidos corrompidos... Propriamente falando, o fantasma é uma coisa inanimada e pura ilusão, e, como tal, não possui nenhuma vontade, já o espectro é totalmente distinto; se ele quiser, aparece para nós, se não quiser, não aparece, e, como dizia Santo Ambrósio, sua natureza é não ser visto e sua vontade é ser visto"[500]. O fantasma, portanto, depende apenas de uma alucinação e somente o espectro é uma manifestação de um espírito (anjo, demônio ou alma). Para provar que o "retorno das almas" era possível, e que elas apareciam aos vivos, Le Loyer se refere não apenas aos textos sagrados, mas também aos casos jurídicos que ele mesmo defendeu. É interessante lembrar que a crença nos espectros era protegida pela lei, de modo que, caso se queixassem de morar em uma casa assombrada, o Parlamento de Granada dispensava os inquilinos de pagarem ao proprietário.

Le Loyer disserta à maneira de um homem seguro do que diz sobre as aparências adotadas pelos seres invisíveis. Os anjos assumem a forma de homem jovem: "Essa forma humana lhes agrada mais do que as outras, pois é a mais perfeita e a mais familiar àqueles com quem desejam conversar... E os anjos se mostram jovens, como sinal de sua juventude perpétua e de sua perpétua primavera que floresce no céu... E, ainda, os anjos estão, em suas aparições, vestidos com roupas brancas ou de linho fino e seu semblante reluz como raios. É para mostrar que são espíritos puros e limpos de toda mácula e sujeira"[501]. Os anjos são intocáveis, enquanto os demônios se deixam apalpar, mas estes possuem corpos compostos "de vapores grosseiros e terrestres suspensos no ar", corpos frios como a neve, ou se incorporam nos cadáveres que animam, "dos quais darão fé os odores fétidos e sulfúreos sentidos quando entram e saem"[502].

Ora, se compararmos o livro desse magistrado erudito do reinado de Henrique IV com os tratados de filosofia oculta de seu século, constataremos que nestes a crença no invisível — partindo dos mesmos princípios cristãos, mas enriquecidos de aportes gnósticos e cabalistas —, é ao mesmo tempo mais ousada e mais razoável. Seus autores não se estendem com tanta complacência em histórias de espectros e de demônios. Não é entre os ocultistas que se encontra a mais insensata credulidade na magia negra ou branca, mas sim entre seus adversários. Jacques d'Autun, predicador capuchinho sob Luís XIV, afirma, em um enorme relatório ao Parlamento de Dijon sobre aquilo em que se devia acreditar ou não em matéria de bruxaria, que os bruxos são transportados ao sabá montado em um demônio denominado *Martinet*. Ele não se espanta: "Andar sem pés, voar sem asas e carregar pesados fardos sem ombros, é uma maravilha que nos surpreende, no entanto, é algo corriqueiro para o Demônio"[503]. O padre Costaday, professor de teologia da Ordem dos Irmãos Predicadores, tinha certeza de que os feiticeiros entravam à noite nas casas brandindo uma *mão da glória* que tinha uma virtude soporífica sobre os moradores: "Eles levam a mão de um enforcado e colocam em cada um dos dedos uma vela acesa; tendo colocado os homens em um sono profundo, eles têm facilmente a oportunidade de envenenar, roubar, matar e cometer impurezas"[504].

Por mais bizarras que sejam as opiniões de certos filósofos ocultos, elas se justificam todas pelo contexto religioso de sua época, quando prevaleciam bizarrices ainda maiores. Não há nada em suas experiências que não possa ser comparado com as da mística clássica; nas vidas dos santos, vemos exemplos frequentes de *bilocação*, "presença real de uma mesma pessoa extática em dois lugares diferentes ao mesmo tempo" (assim, Santa Liduína fez a bilocação durante 24 anos, e a tradição dos sulpicianos diz que a mãe Agnès, enquanto estava em seu convento de Langeac, ao mesmo tempo esteve com Olier em Paris, em sua casa de Saint-Lazare); de *elevação extática* (levitação de um ser em oração, que fica leve como uma pluma: "Então basta soprar, mesmo a uma certa distância, para colocar o corpo, que plana acima da terra, em movimento", disse um padre citando "Dominique de Jésus-Marie, que o rei Filipe II fazia mover apenas pelo sopro, enquanto, em seu êxtase, ele se mexia em pleno ar")[505]. de êxtase volante (o de Santa Cristina, que foi vista "subindo em árvores e saltando de um galho para o outro como um pássaro"); de *voo do espírito*, de *visão mística* (leitura do pensamento de outrem), relatados pelos biógrafos sem que houvesse dúvida alguma. Quando situamos os ocultistas diante dos teólogos e dos místicos cristãos *de quem eles são rivais* (em vez de estudá-los à parte, como sempre foi feito), percebemos que eles são muito menos excessivos e que seguem um itinerário verdadeiramente filosófico.

Essas preliminares são necessárias para melhor compreendermos os sistemas que virão a seguir, sem o que poderiam ser considerados excentricidades, uma vez que eles configuram etapas na exploração do invisível ao longo dos séculos. Evidentemente, não se pode ignorar que alguns desses autores tiveram visões sob o efeito voluntário ou involuntário de alucinógenos. O alquimista que respirou vapores de seu laboratório o dia todo, o mágico que fez suas conjurações em meio a defumações inebriantes e o asceta que se preparou para o êxtase por meio de jejum e abstinência são incitados a ver coisas fantásticas que um homem comum não veria. Isso não diminui, de modo algum, o valor de suas experiências, pois aquilo que acontece no interior de um homem é tão real quanto o que acontece no exterior. O *porquê* das crenças é menos interessante do que seu *o quê* e seu *como*, e, de todo modo, nosso estudo nos levará ao coração do desconhecido.

A GOÉTIA

A primeira tentativa sistemática de forçar os habitantes do invisível a sair de sua invisibilidade foi a goétia (do grego *goe*, isto é, grito, por causa dos gritos do invocador), operação que consistia em fazer aparecer demônios. Essa obra das trevas obcecou a Idade Média e o Renascimento, e o fato de ser suspeito de praticá-la bastava para um homem se tornar passível de prisão. Não era jamais por alegria no coração, e com boa intenção, que as pessoas praticaram a goétia, último recurso dos desesperados, que se entregavam ao Diabo porque lhes faltava tudo, ou dos ávidos ambiciosos, que se impacientavam com a lentidão dos acontecimentos.

A goétia foi uma atividade de mágicos, e não de bruxos, como observou Jacques d'Autun: "Os mágicos alegam ter uma profissão incomparavelmente mais nobre que a dos bruxos, pois se gabam de ter império absoluto sobre os demônios, de comandá-los como senhores a seus pajens"[506]. Mas acrescento que apenas os mágicos menores se ocuparam dela, pois os grandes filósofos ocultos jamais foram goetas, pela simples razão de que não acreditavam no Diabo — ou, ao menos, não dessa forma. Eles eram, aliás, criticados por essa descrença. A Faculdade de Teologia de Paris, em setembro de 1398, enumerou 28 erros ou "superstições" que deviam ser punidas, dentre elas, a negação da bruxaria: não acreditar em conjurações era visto como heresia. Um predicador da diocese de Évreux, Guillaume Edelin, que afirmava em seus sermões que os bruxos não tinham nenhum poder, foi preso e torturado até admitir que o Diabo o havia inspirado essa opinião, e, em 1453, foi condenado a prisão perpétua. No Ocidente cristão, o Diabo era tido em alta estima. Ele era necessário para governar, amedrontar o povo ou para encontrar uma justificativa para o mal. Era um mito político, tanto quanto religioso. Cornelius Agrippa, Paracelso, Girolamo Cardano e outros esotéricos, que defenderam que as bruxas não mereciam ser condenadas à morte e que a magia não vinha do Diabo e sim da Telesma (ou Alma do Mundo, segundo Timeu de Locres), foram insultados por esse motivo pelos representantes da Lei. Quando o pastor holandês Baltasar Bekker publicou em Amsterdam *De Betoverde Weereld* [O mundo encantado] (1694), em que demonstrava que o Diabo era apenas uma alegoria, foi refutado por livros raivosos e um sínodo se reuniu para destituí-lo. A crença na goétia não foi, portanto, exclusiva a um pequeno número de extravagantes, mas, pelo contrário, uma crença generalizada, *imposta* juridicamente, cujos praticantes se atreviam a fazer ações que os próprios magistrados e os curas lhes havia ensinado a considerar eficazes.

A cerimônia devia ser efetuada à noite em um lugar sinistro e deserto: um cemitério, uma casa em ruínas, lugares onde houvesse sido cometido um assassinato etc. O operador, vestido de uma túnica preta sem costura e sem mangas e de um barrete de chumbo cravejado com os signos da Lua, de Vênus e de Saturno, levava na mão uma vara de nogueira — cortada entre onze horas e meia-noite de uma quarta-feira —, que ele havia consagrado com ritos e que sobre a extremidade mais fina desta estavam escritas as letras do nome *Iavhe* em hebraico (ou seja, o tetragramaton) e sobre a extremidade mais grossa AGLA, acróstico das palavras *Aieth Gadol Leolam Adonai* [Adonai será grande na eternidade]. Com um carvão benzido, traçava no chão uma circunferência, mais frequentemente duplicada ou triplicada por um ou dois círculos concêntricos, e marcava em cruz os diâmetros, de modo a indicar os quatro pontos cardeais: esse era o "círculo mágico", no centro do qual ele ficará protegido dos espíritos que faria aparecer. Se ele saísse do círculo, ficaria à mercê deles. Mas se o operador tocasse um demônio com a vara, este seria obrigado a entrar no círculo e a obedecer e não ganharia a liberdade de volta sem que esta lhe fosse permitida.

O operador utilizava diversos chamarizes para atrair os demônios. Primeiro, inscrevia suas "assinaturas" por fora do círculo, no perímetro, isto é, hierogramas (letras sagradas) ou pentáculos (figuras geométricas), que representam os nomes deles. Fazia também as "defumações fétidas de Saturno" — pois eles amam os odores mefíticos — com escamônia, alúmen, enxofre ou assa-fétida. Como os demônios também são atraídos pelo sangue, ele sacrificava um animal que lhe pertencia, cão, gato ou galo, que deixava sangrar em um vaso de cobre até enchê-lo. Algumas vezes, o mágico passava previamente na pele um linimento que favorecia a visão de coisas espirituais, composto de acônito, beladona, aipo-

-silvestre, folhas de álamo, erva-moura etc. Nyauld, ao descrever os unguentos mágicos que provocavam "o rapto da alma para fora do corpo", cita "o *synochitides*, que faz ver as sombras dos infernos, isto é, os maus espíritos, assim como, ao contrário, o *anachitides* fazia aparecer as imagens dos santos anjos"[507]. Ele conta como mágicos e bruxos o utilizavam: "Eles untam todas as partes do corpo, depois de havê-las esfregado até a pele avermelhar"[508]. Por fim, o operador pronunciava em voz alta a invocação, segundo uma fórmula que lia em um grimório. Muitas vezes, a sessão não aportava nenhum resultado e o mágico, convencido de ter cometido algum erro, dispunha-se a recomeçar em outra noite; mas, por vezes, os incidentes lhe faziam crer que havia obtido sucesso.

Quando o mágico admitia companheiros em seu círculo, estes deviam se calar não importa o que acontecesse, de modo que apenas ele agia e falava. Sendo o objetivo da operação concluir um pacto, devia redigir previamente em pergaminho virgem (já que um pacto sobre papel não possuía nenhuma virtude) e assinar com o sangue do anular da mão esquerda (pois se pensava que desse dedo partia um nervo que ia diretamente ao coração, razão pela qual se usava o anel nesse dedo). Esse pergaminho era "preso por um fio de três cordões, fiado pelas mãos de uma moça"[509]. Éliphas Lévi menciona um ritual que prescrevia usar "quatro pregos arrancados do ataúde de um supliciado; a cabeça de um gato preto alimentado durante cinco dias com carne humana; um morcego afogado no próprio sangue; os chifres de um bode *cum quo puella concubuerit* [com o qual uma donzela houvesse copulado] e o crânio de um parricida"; mas ele admite que esses objetos horríveis eram "muito difíceis de obter"[510].

Nada disso é literatura: os culpados de tais atos foram queimados vivos e seus juízes não duvidaram em momento algum dos poderes mágicos obtidos assim. Os magistrados mais "esclarecidos" eram os que avaliavam, junto a Jacques d'Autun, que o Diabo aparecia por vontade própria, e não mediante ordens: "Todas as cerimônias dos mágicos, seus círculos e suas palavras, não são capazes de obrigar o Demônio a aparecer, contra sua vontade, caso ele seja invocado... Se aparece na hora em que é invocado, é a seu bel-prazer e sem ser obrigado, e por receio de perdê-los"[511]. Mas a literatura seria a responsável pelas ideias falsas sobre a goétia e pelo fato de ela ser tão associada à bruxaria camponesa, quando na verdade era um assunto para especialistas que sabiam latim. Alguns camponeses possam talvez ter se associado a ela no século XVI, em um espírito de imitação e para se destacarem entre seus pares; mas, enquanto bruxos ou servidores do Diabo, eram reconhecidos por terem outros meios de se associar a ele. Os inquisidores distinguiam oito tipos de *pactions tacites* e três tipos de *pactions expresses* com os demônios: escrever sinais bizarros ou recitar uma fórmula de grimório, por exemplo, era um pacto tácito; fazer uma cerimônia de invocação era um pacto expresso.

Uma outra convenção literária é apresentar todos esses evocadores do Diabo como rebeldes orgulhosos; na realidade, eles morriam de medo e se cercavam de precauções extraordinárias. O caso do cruel Gilles de Rais é significativo: durante catorze anos, de 1426 a 1440, ele se dedicou à goétia nos castelos de Tiffauges e de Mâchecoul, auxiliado pelo padre Eustache Blanchet e pelo alquimista Prelati; mas toda vez que ele entrava no círculo mágico, tremia da cabeça aos pés e fazia o sinal da cruz ao menor ruído. Segurava na mão uma cédula assinada com o próprio sangue na qual dizia ao Diabo: *"Veni ad voluntem meum, et faciam tibi quidquid volueris, excepta anima mea et diminuitione vita mea"* [Vem conforme a minha vontade, e farei tudo o que quiseres, exceto me privar da minha alma e da minha vida]. Uma vez, durante uma dessas tentativas, seu sobrinho Gilles de Sillé, aterrorizado, ficou em um canto da sala com uma estátua da Virgem Santa entre os braços, e pulou pela janela assim que acreditou que o Diabo havia aparecido. Se esses homens de guerra, feudalistas ferrenhos, assassinos implacáveis, eram tão covardes quando se tratava de evocar os demônios, como imaginar que camponeses do século XV ousassem fazer isso e tivessem os recursos para obter o aparato exigido, até mesmo sacrificar um galo tão necessário às suas galinhas?

A goétia tornou-se tão comum que Henrique III se dedicou com seus favoritos a ela, e foi suspeito de contratar os serviços de um demônio chamado Terragon. Panfletos descreveram suas operações diabólicas no Louvre ou nos bosques de Vincennes e todo esse burburinho incitou Jacques Clément, um fanático religioso, a assassiná-lo. Quando Widman publicou em Frankfurt, em 1587, a história de Fausto, e quando Palma Cayet, o historiador de Henrique IV, a traduziu em 1598 em Paris, acreditava-se que esses episódios fantásticos eram verdadeiros. Neles, se via Fausto, doutor em teologia e apotecário (amálgama que indica a atribuição da goétia aos padres desviantes e aos medicastros), traçar três círculos concêntricos em um descampado da floresta de Mangeall, perto de Wittemberg, e fazer três conjurações. Assim que as árvores se curvavam para o chão, monstros uivantes o cercaram, em seguida chegaram "seis globos de fogo como luminárias, e se elevaram, um por cima e outro por baixo, sucessivamente, até formarem a figura de um homem todo de fogo que foi e veio em volta do círculo por quinze minutos"[512]. Os amadores levaram a sério as *Conjurationes Fausti*, e provavelmente tentaram repeti-las, antes de Adelung, ao final do século XVIII, as reproduzir em sua história da loucura humana.

Os grimórios que explicavam as regras da goétia foram todos anônimos ou apócrifos. O mais antigo é *A Clavícula de Salomão*, que não é do rei Salomão, cuja fabricação podia ser bizantina (existiu, além disso, uma versão grega sob o reinado de Manuel I Comemno); ela circulou desde o século XII em cópias latinas manuscritas e, ao que tudo indica, sua primeira edição impressa, em 1515, foi traduzida do hebraico para o latim, mas o original jamais foi encontrado. Nela, Salomão expõe a seu filho Roboão os meios que "uma luz em forma de estrela ardente" lhe revelaram para obter "o gozo de todos os tesouros terrestres e o conhecimento de todas as coisas naturais". Guaita, que nisso via "com toda evidência, a obra de um rabino iniciado", possuía um manuscrito em hebraico d'*A Clavícula de Salomão*, proveniente da biblioteca de Éliphas Lévi: era uma transcrição tardia. Um outro grimório foi atribuído a Salomão, o *Viniculum spirituum* [Vínculos dos espíritos], que continha exorcismos aos quais nenhum demônio podia resistir. Neste, conta-se como ele "encontrou o segredo de fechar em uma garrafa de vidro preto um milhão de legiões de espíritos infernais, com 72 de seus reis, dos quais Bileth era o primeiro, Belial o segundo e Asmodeus o terceiro"[513].

O *Enchiridion du pape Léon III* [Enquirídio do papa Leão III] (1525), cheio de cruzes impressas em vermelho, monogramas e palavras em hebraico, publicado em Roma, era utilizado pelo mágico dentro dos círculos para se proteger de ataques demoníacos. Tratava-se de um conjunto de orações, supostamente um presente do papa Leão III a Carlos Magno quando este foi sagrado imperador, que, ao ser recitado por inteiro, permitia escapar são e salvo dos piores perigos. *Le Dragon rouge* [O dragão vermelho], datado de 1521, que ensinava "a arte de comandar os espíritos celestes, terrestres e infernais", é uma falsificação feita na França na época de sua publicação, em Nancy, em 1811. É também uma especu-

310

lação livresca o quarto livro póstumo *Três Livros de Filosofia Oculta* de Cornelius Agrippa, editado em 1550 em Lyon pelos irmãos Béringos, que colocava sob o nome do "príncipe dos mágicos" um tratado de goétia que Johann Wier afirma não ser dele. O melhor grimório, segundo Guaita, foi *La Sexte essence dialectique et potentielle* [A sexta essência dialética e potencial] (1591), que ele considerava "altamente curioso" e que recomendava "aos amantes do misticismo ambíguo".

Os adeptos da magia negra não eram os únicos a crer que esses grimórios davam acesso a poderes diabólicos; os membros racionais do judiciário e do clero não estavam menos convencidos. Em 1623, Jean Michel, carpinteiro em Moulins, foi queimado porque o acusaram de guardar um diabo em uma garrafa e de tê-lo feito com auxílio do *Quarto Livro de Filosofia Oculta* de Agrippa; o apotecário Philippe Sanglant, que lhe havia emprestado esse livro, também foi condenado. No mesmo ano, Philibert Delneau, cura de Brazey na Borgonha, foi enforcado e queimado sob acusação de goétia, pelo fato de ter sido convencido a assombrar o castelo de Brandon por "um Espírito que passava como o vento" e perturbava seus habitantes de diversas maneiras[514]. Nenhuma voz se ergueu para questionar a realidade de acusações tão inverossímeis.

Um outro preconceito identifica os goetas como adoradores do Diabo. Pelo contrário, eles demonstram sentimentos piedosos e ordenam aos demônios que obedeçam em nome de Deus, de Cristo, da Virgem Santa e dos anjos. Um exemplo de conjuração foi revelado por Collin de Plancy: "Eu (acrescente seu nome) te conjuro, espírito (acrescente o nome do espírito que deseja evocar), em nome do grande Deus vivo, que me apareça em tal forma (indique a forma); do contrário, São Miguel Arcanjo, invisível, te fulminará no mais profundo dos infernos; vem, portanto (acrescente o nome do espírito), vem, vem, vem fazer minha vontade"[515]. O pseudo-Agrippa aconselha a fazer a bênção do círculo e dos perfumes, fazer o exorcismo do fogo sobre o qual se colocam esses perfumes, recitar uma oração ao vestir o hábito etc. Ele lista os nomes dos anjos a serem inscritos nos círculos: o anjo da hora (há, na verdade, doze anjos do dia e doze da noite), os anjos da estação (os da primavera, por exemplo, são Caracasa, Coré, Amatiel, Comissores, e o chefe do signo da primavera, Spugliguel). O *Grimoire du Pape Honorius* [Grimório do papa Honório] (1670), que usa um compilado de exorcismos feito pelo papa Honório III (aquele que retomou a cruzada contra os Albigenses), mostra como dirigir as potências infernais ameaçando-as com potências celestes. O operador se gaba de conservar as boas graças de Deus sem deixar de tirar vantagens do Diabo: esse cálculo covarde comprova a miséria do homem e a candura com que ele justifica seus atos perversos.

"Tudo o que usamos deve ser benzido sem reservas", explica Jacob Derson. Ele fabricou um livro de dez cadernos com pergaminho virgem e o perfumou com verbena e olíbano ao longo três dias. No quarto dia, foi ao local escolhido: "É preciso que ninguém tenha estado no local por pelo menos nove dias antes e que ninguém vá até lá por mais nove dias depois e que não seja possível ouvir o barulho que ali será feito". Ele traça três círculos concêntricos, e se retira para o terceiro com um leitão, sobre o qual pronuncia três vezes uma maldição em latim. Quando os guinchos do leitão lhe indicam que este está possuído pelos espíritos, Derson o mata com sua espada. É então que um demônio aparece: "Ele me disse que se chamava Maldeschas, príncipe de 5000 espíritos dos arredores". Derson lhe pede que assine em seu livro a promessa de ajudá-lo, em troca do leitão. "Meu desejo era contratá-lo por 300 anos a fim de que meus descendentes usufruíssem dele, mas depois que ele assinou reparei que estava escrito apenas trinta anos[516]." O demônio (ou melhor, o larápio que se aproveitava da pechincha) desaparecia levando seu leitão e não restava mais nada a Derson para obrigá-lo a cumprir sua palavra, senão mandar batizar o livro depois de uma missa. Estamos longe, com esses sentimentos devotos, do revoltado satanista dos historiadores romanescos.

Um grimório que foi atribuído ao conde de Saint-Germain, *La Magie Sainte révélée à Moïse* [A sagrada magia revelada a Moisés], não é menos edificante. Supostamente seria uma tradução de um livro em hebraico datado de 1458, cujo autor, aos 96 anos de idade, revela os segredos aprendidos com o mago Abramelin. Existem 38 condições para se praticar a goétia: ter entre 25 e cinquenta anos, não comer carne, jamais fazer a sesta, não se servir de palavras que não compreende e, sobretudo, ser isento de sujeira, a ponto de não ser permitido aproximar-se da esposa menstruada: "Você pode dormir na cama com sua esposa quando ela está pura, mas quando ela estiver menstruada você não permitirá que ela vá para a cama, nem que entre no quarto"[517]. Há, para o mágico, uma grande vantagem em ser virtuoso, pois os demônios que ele invoca para obter o que deseja ficariam tão incomodados diante de sua virtude, que se apressariam para terminar logo: "Não é necessária muita cerimônia para mandar os espíritos embora, pois eles mesmos desejam ficar longe de você"[518]. Depois de uma operação de goétia, será preciso louvar a Deus por uma semana e abster-se "de qualquer obra servil". Portanto, não foram libertinos e ateus que convocaram Lúcifer em um círculo mágico, ou seu primeiro-ministro Lucifugé Rofocale, mas adoradores das trevas que desviaram a fé em proveito de uma vontade de prazer e de poder.

OS DUOS MEDIÚNICOS

Alguns desejaram, em seguida, ter visões diretas do mundo sobrenatural, como os místicos em êxtase, sem ter, no entanto, o precedente da vida reclusa e das macerações. Empregaram procedimentos de auto-hipnose para tal, e caso o sujeito não tivesse sozinho a capacidade de ser um vidente, associava-se a um indivíduo que tinha esse dom especial, a fim de explorar o invisível por meio de um intermediário. O homem que descobriu, assim, o papel do médium nas sessões de invocação de espíritos e que estabeleceu pela primeira vez um protocolo detalhado de experiências mediúnicas foi John Dee, matemático e geógrafo inglês, o tipo perfeito do mago elizabetano, cuja vida espantosa inspirou um romance de Gustav Meyrink: mas nenhuma ficção poderia igualar seu próprio diário íntimo, *The Private Diary of Dr. John Dee* [O diário privado do dr. John Dee], revelado em 1842 pela Camden Society de Londres junto ao catálogo de sua biblioteca de manuscritos.

Nascido em 1527, em Londres, John Dee se destacou ainda estudante, no St. John's College de Cambridge, ao inventar um escaravelho mecânico gigante para a encenação de *A Paz* de Aristófanes. Depois de passar uma temporada nos Países Baixos, onde se aproximou de Mercator, e de dois anos na Universidade de Louvain, até a obtenção do doutorado, Dee foi a Paris, em julho de 1550, onde deu conferências sobre Pitágoras e Euclides que chamaram atenção dos eruditos. Ao voltar para a Inglaterra, ele obteve em dezembro de 1551 uma pensão de Eduardo VI por conta de suas competências em astronomia. Quando Mary Tudor se tornou rainha em 1553, ela convidou Dee para fazer seu mapa astral, e ficou tão contente que lhe encomendou o de diversos personagens de sua corte. Mas ele acabaria sendo preso sob acusações de George Ferrys, que declarou que a magia de Dee havia matado um de seus filhos e cegado outro e que ele atentava contra a vida da rainha. Interrogado pela Câmara Estrelada, Dee foi finalmente reconhecido como inocente. Em 15 de janeiro de 1556, apresentou a Mary Tudor o projeto de uma Biblioteca Nacional, primeira ideia do que seria o British Museum dois séculos antes de sua fundação, e doou como aporte inicial quatro mil volumes que lhe pertenciam.

Quando a princesa Elizabeth sucedeu sua irmã, ela ordenou a John Dee que calculasse pela astrologia qual seria o melhor dia para sua coroação; assim, Elizabeth I foi coroada rainha da Inglaterra em 14 de janeiro de 1559, na Catedral de Westminster, porque Dee havia determinado que essa data seria a mais feliz. Ela teve com ele lições de astrologia e lhe confiou a reforma do calendário. Embora tenha escrito sobre diversos assuntos, como a navegação, a perspectiva e os espelhos côncavos incandescentes, John Dee adquiriu reputação sobretudo por causa de sua busca da pedra filosofal e suas explorações do mundo invisível. Maximiliano II, rei da Boêmia e da Hungria, demonstrou interesse por Dee, que dedicou a ele *Monas hieroglyphica* [A mônada hieroglífica] (1564), tratado alquímico que demonstrava "como o hieroglifo mercurial deriva do ponto central ou *iod* gerador". É nessa obra que usa como epígrafe sua divisa: *Qui non intelligit aut discat aut taceat* [Aquele que não entende, que aprenda ou se cale]. No entanto, segundo Albert Poisson, Dee jamais foi alquimista, e utilizava para suas transmutações apenas um pó de projeção que era fabricado para ele[519].

A grande aventura de John Dee começou quando ele conheceu, em 1581, Edward Kelley, um ex-condenado que teve as orelhas cortadas como as de um falsário e que tinha dons de gastromante (era um gastrimita ou ventríloquo e praticava a cristalomancia). Entre esses dois homens tão diferentes, o primeiro de 54 anos, tão piedoso que se confessava e comungava antes de cada sessão de evocação de espíritos e o segundo de 26 anos, libertino, ébrio e iracundo, produziu-se um fascínio homossexual evidente, que serviu de excitador para seus duos mediúnicos. Em 21 de novembro de 1582, Dee recebeu a visita de um anjo em forma de criança, que apareceu na janela oeste de sua biblioteca para lhe trazer uma pedra redonda convexa e transparente, semelhante a um cristal negro (hoje conservada no British Museum). Seria uma criança enviada por Kelley, tentando iludir seu parceiro? Ou uma alucinação de Dee, que atribuía origem angélica a um objeto enviado por um entregador de antiquário? Essa pedra, que ele chamou de *shew stone* ou *sky stone* [pedra de visão ou pedra celeste], tinha a propriedade de revelar coisas invisíveis e de emitir vozes. A partir daí, Edward Kelley começou a descrever cenas que via nesse espelho, enquanto John Dee tomava nota; o anjo Uriel foi o primeiro a aparecer, mandando Dee se associar a Kelley e lhe pagar uma pensão anual de cinquenta libras.

Para evocar as criaturas do invisível, o cristal era colocado sobre uma Mesa da Aliança (*League Table* ou *Table of Convenant*), da qual Dee comentou o modo de construção e os símbolos. No centro, estava posicionado um selo de cera, o *Sigillum Dei Aemeth* [Selo do Deus da verdade], coberto de heptágonos, cruzes, números e letras. Os anjos que apareciam no espelho — especialmente Uriel, Rafael e Gabriel — lhe ensinaram a "linguagem de Enoque", falada por Adão antes do pecado. Durante cinquenta dias, sob a responsabilidade de um dos dois, Dee trabalhou na reconstituição do *Livro de Enoque*, repleto de signos extraordinários, que definia o verdadeiro objetivo da humanidade. O perverso Kelley via os demônios que Dee expulsava aos berros do espelho, como um cão do inferno ou um personagem que se dizia pai do Anticristo. Os dois homens se completavam fantasticamente, Kelley fornecia, em seus estados de transe, o conteúdo das visões, as vozes que saíam do cristal, e Dee, com sua cultura, agregava a elas uma interpretação metafísica que influenciava seu médium.

Em 21 de setembro de 1583, John Dee, advertido pelos anjos do espelho de que acabaria morrendo na Inglaterra e que, por isso, deveria se refugiar na Polônia, na casa do príncipe palatino Lasky, partiu clandestinamente de sua casa de Mortlake com Jane Fromond, sua segunda esposa, seu filho Arthur e as crianças de seu primeiro casamento, além de Edward Kelley e sua jovem esposa (ele havia se casado naquele ano). Os dois casais, após uma viagem épica, chegaram ao castelo de Lasky em 3 de fevereiro de 1584, mas puderam ficar ali por apenas cinco semanas, pois o príncipe estava cheio de dívidas. Entregaram-se juntos a uma errância louca, tendo ido primeiro a Praga, onde o imperador alemão Rodolfo II concedeu audiência a Dee, que lhe mostrou seu cristal e seus manuscritos sem conseguir ganhar sua confiança[520].

Na Cracóvia, o rei Estêvão, que aceitou assistir a uma sessão mediúnica, fugiu assustado assim que viu John Dee realizar os ritos preliminares. Dee encontrou refúgio com o senhor de Rosenberg, burgrave da Boêmia, que o recebeu no castelo de Trebon; as evocações dos anjos foram retomadas diante de Rosenberg, que consultou o espelho a respeito da mulher com quem deveria se casar e sobre sua carreira política. John Dee contou sobre todas essas experiências em um manuscrito em cinco livros que conservava em um cofre secreto e que foi editado por Meric Casaubon, em 1859, em Londres, com o título *A true and faithful relation of what passed for many years between Dr. John Dee and some spirits* [Relato verídico e fiel do que se passou por muitos anos entre o dr. John Dee e alguns espíritos]. Ao final de cada sessão, Dee guardava seu cristal em um estojo reforçado com um dispositivo protetor feito em ouro maciço e envolto em um lenço branco para protegê-lo de más influências.

John Dee, empregando seu médium como um instrumento musical, superexcitando-o e superexcitando-se através dele, não cessava de interrogar os anjos sobre a constituição do mundo invisível. Os anjos lhe ensinaram que havia trinta firmamentos no céu, governados por 91 anjos, que, por sua vez, eram submetidos aos doze arcanjos, que dirigiam os signos do Zodíaco. Esses visitantes ditaram a Dee o *Liber Logaeth* [Livro de Logaeth], que permitia formar conjurações que obrigariam os anjos a obedecer; as *48 Chaves Angelicais*; a *Heptarquia* Mística; as *Tábuas Enoquianas*; a *Tábua de Nalvage* (do nome do anjo que a comunicou): todas obras que exprimiam com palavras misteriosas os segredos da Criação. Esses duos mediúnicos eram atravessados por múltiplos incidentes passionais. Os dois casais viviam sob a dependência de revelações do espelho. Um dia, quase sem recursos, Jane Fromond dirigiu duas súplicas ao cristal para perguntar o que devia fazer; os anjos aconselharam-lhe vender a louça e penhorar os hábitos. Em uma outra ocasião, no dia 10 de abril de 1586, em Praga, os anjos ordenaram que Dee queimasse os manuscritos do *Livro de Enoque*, o das 48 chaves angélicas e o dos Trinta firmamentos etc. Ele obedeceu aos prantos, mas nove dias depois, os mesmos manuscritos foram encontrados intactos em um vinhedo próximo da casa deles. Em 24 de abril de 1587, no castelo de Rosenberg, durante uma sessão de evocação, o espelho mágico levitou no ar e desapareceu. No mês seguinte, Dee foi advertido pela voz de um espectro de que o cristal se encontrava com a esposa indisposta, que não tinha saído do quarto, e descobriu-o embaixo do travesseiro dela.

Nesse espelho, apareceram um dia as imagens de Dee, de Kelley e das esposas, cujos corpos estavam fechados no interior de um pilar, em cujo capitel as cabeças dos quatro se reuniam sob uma mesma coroa. Dee interpretou essa visão como um sinal de que Deus desejava que a união espiritual deles fosse igualmente carnal, a fim de ser completa. Jane Fromond se pôs a soluçar, dizendo que jamais consentiria em tal pecado, mas o anjo Rafael e até mesmo Cristo lhe disseram, no espelho, que essa ordem devia ser cumprida com alegria. Em 3 de maio de 1587, Dee e Kelley, portanto, trocaram solenemente de esposa, protestando a Deus que não o faziam por libertinagem, mas para obedecer, assim como Abraão quando Deus pediu que sacrificasse o filho. Esse espelho era um instrumento cômodo para realizar os desejos inconfessáveis do inconsciente, fornecendo-lhes álibis religiosos.

Kelley não liderava seu parceiro; pelo contrário, era bastante relutante e acusava os anjos de estarem enganados ao fazer profecias, e Dee usava sua eloquência para convencê-lo. Em setembro de 1587, Kelley decidiu não participar mais das evocações, e Dee tentou substituí-lo com o filho, Arthur, de apenas oito anos; mas Kelley voltou três dias depois, antes do menino ver qualquer aparição. A separação de Dee e Kelley se efetivou em 1589; Kelley foi a Praga, onde se passou por alquimista junto a Rodolfo ii, que o contratou e nomeou barão. Mas suas fraudes acabaram por condená-lo à prisão perpétua em uma fortaleza, da qual tentou fugir em 1595, e morreu na tentativa de descer a alta muralha.

John Dee voltou à Inglaterra no final de 1589, retomou sua casa de Mortlake, desvalorizada durante sua ausência, e conheceu a miséria. Todo mundo o evitava, e a rainha Elizabeth continuaria indiferente a suas solicitações; apenas em 20 de maio de 1595 ela aceitou nomeá-lo diretor do colégio de Manchester, em Lancaster. Ali viveu sete anos felizes, embora sempre tendo de evitar os camponeses que vinham consultá-lo como exorcista. Na ascensão ao trono de Jaime i, John Dee lhe escreveu uma carta, em 5 de junho de 1604, para se justificar das suspeitas de magia. Contudo, precisou deixar Manchester e, com o retorno a Mortlake, doente, pobre e angustiado, retomou em março de 1606 as cerimônias de evocação de anjos com um novo médium, Bartholomew Hickman. Mas este não tinha a eficácia de um Kelley, e apenas o anjo Rafael apareceu no espelho mágico. Durante sete meses, até setembro, Dee interrogou o anjo Rafael sobre a louça de prata que lhe haviam roubado, um tesouro a ser encontrado, a conduta a seguir em relação a seus inimigos; o anjo o aconselhou a se exilar na Alemanha. Esse exílio não foi necessário: no fim de 1606, John Dee morreu aos 81 anos, e foi pessoalmente verificar se o mundo invisível, que havia explorado com tanta paixão, de fato correspondia às suas visões.

O ILUMINISMO

Muito diferente dos estados mediúnicos é o estado de iluminação, no qual um indivíduo sente descerem sobre ele os raios da graça divina, que ilumina tudo de modo que ele consiga ver o que outros não veem. O exemplo perfeito dessa diferença é Jakob Böhme, filósofo místico que não foi um visionário, mas um iluminado; seu caso nos mostra até que ponto essas coisas são distintas. Nascido em 1575, perto de Görlitz na Alta Lusácia, de uma família de camponeses remediados, Böhme estudou na escola de Seidenberg, e, mais tarde, começou a trabalhar como aprendiz de sapateiro. Durante uma viagem como acompanhante, segundo seu biógrafo Frankenberg, teve uma iluminação que durou uma semana e o envolveu em uma claridade sobrenatural, através da qual ele contemplou a face de Deus. No entanto, Böhme jamais falou a respeito disso, embora tenha dito que, na sapataria do patrão, um desconhecido que veio comprar sapatos chamou-o pelo nome e previu seu destino, como se fosse um enviado do Altíssimo. Em 1599, casado, em Görtlitz, com a filha de um açougueiro, Böhme se estabeleceu como mestre sapateiro na porta de Neisse, atrás das muralhas; cheio de inquietude religiosa, nem católico de uma vez por todas (pois abjurava o papismo), nem protestante (recusava-se a crer na predestinação), o jovem artesão buscaria ardentemente uma justificativa de sua fé.

A primeira iluminação que ele menciona data de 1600. Observando um vaso de estanho onde a luz do sol se movia, ele sentiu uma vertigem seguida de um arrebatamento de seu ser. Ele sentiu que o homem, apesar de sua matéria opaca, podia brilhar com o mesmo brilho sob a luz divina. Saiu da cidade, caminhou pelos campos para dissipar essa impressão e descobriu que compreendia a natureza melhor do que antes: um galho de árvore, uma marca na pedra, revelavam agora os segredos da Criação. Essa iluminação foi passageira, como ele mesmo declarou: "O primeiro fogo foi apenas uma semente, mas não uma luz permanente"[521]. Precisou esperar mais doze anos para ter sua iluminação decisiva: "Nessa luz, meu espírito logo viu através de todas as coisas, e reconheceu em todas as criaturas, nas plantas e nas ervas, o que é Deus, como ele é, e qual é a sua vontade"[522]. Seu comércio de sapatos foi próspero o suficiente para que conseguisse, em 1610, comprar uma casa; contudo, inclinado para a metafísica com seu iluminismo, publicou *Aurora Nascente* (1612), que indignou o pastor Gregorius Richter, levando-o a proferir um sermão contra ele e a tratá-lo publicamente como herético e insurgente; Böhme vendeu o estabelecimento em 1613 e se consagrou inteiramente à sua obra de autodidata genial: "Não li senão em um único livro, em meu próprio livro, em mim mesmo", dirá ele mais tarde em suas *Epistolae theologicae* [Cartas teológicas].

Os teólogos que o examinaram em Görtlitz não encontraram nenhum defeito em sua fé, assim como os de Dresden, para onde foi convocado após a publicação de seu *Os Três Princípios da Essência Divina* (1619). No entanto, Jakob Böhme viveu como um pária por causa de sua obra, acusado de ser *Phantast* e *Enthusiast* por seus contemporâneos. Um círculo de discípulos se formou em torno dele para defendê-lo, compreendia médicos como Tobias Kober e juristas; mas ele nunca constituiu uma seita. Seu sistema está expresso em obras caóticas, repletas de intuições transcendentes: *De Triplicita vita* [Sobre a triplicidade da vida] (1620), *Psychologia vera* [Psicologia verdadeira] (1620) — "que contêm quase tudo o que um homem deve saber", segundo ele —, *De Signatura rerum* [A assinatura das coisas] (1621), *A Revelação do Grande Mistério* (1623), *De Vita mentali* [A vida mental] (1624) e *Theoscopia* [Teoscopia] (1624). Os valores ocultos que encontramos nelas aparentam suas obras às de Paracelso, que conhecia apenas de ouvir dizer; ele tinha mais lirismo e considerava o homem não apenas como um microcosmo (pequeno mundo) mas também como um *microtheos* (pequeno deus).

Para Jakob Böhme, "o mundo visível é um símbolo do mundo invisível"[523]. Esse filósofo não tem alucinações em que lhe aparecem anjos, coisas futuras (é por isso que não se deve qualificá-lo como visionário); via com tanta intensidade os objetos cotidianos, as paisagens, que neles descobre o *Mysterium magnum*, "o grande Mistério do qual provêm todos os seres". Ele não pretendia penetrar, em vida, nos trinta firmamentos exteriores, pois acreditava que o céu fica no interior do homem e que o percebemos através da introspecção ("A porta do céu se abre no meu espírito", dizia ele). Sua teoria da iluminação é pura e austera. A divindade só pode ser contemplada à luz de um raio que parte do centro do Eu, raio inapreensível, que rapidamente se extingue, sufocado na carne pecadora. Esse raio só pode ser obtido ao preço de uma ascese, eliminando de si a *turba magna*, alimento das paixões e das tempestades da natureza. Em seguida, é preciso se pôr em estado de *vida suprasensual* (übersinnlichen *Leben*) durante uma hora, suspender a ação da vontade e dos sentidos por completo. Mas muitas vezes isso não basta: as verdadeiras iluminações são raras, difíceis de atingir; aqueles que se gabam de ter muitas não sabem nada sobre a mística.

Assim, Jakob Böhme teve apenas algumas iluminações, mas elas foram tão vivas que inspiraram toda a sua doutrina, apresentando os seres como assinaturas de Deus, palavras da fala divina. O universo temporal é percorrido pelo *Tinctur*, imensa corrente de vida saída do *Centrum* da Divindade que volta para ela depois de vivificar tudo o que existe. O *Tinctur*, elemento puro e divino, corresponde ao número 9. Sua interpretação pessoal da Bíblia, suas ideias sobre "os sete espíritos de Deus ou forças da natureza", sobre a androginia de Cristo e sobre a Sofia, ou Sabedoria divina — esposa celeste de Adão antes da criação de Eva —, fizeram Nicolas Berdiaeff considerar Böhme um "dos maiores gnósticos cristãos". Sua concepção do invisível não é a dos médiuns, que se limita aos lugares de sede das almas; ela visa a discernir o que há por trás das criaturas existentes, a perceber os movimentos cósmicos secretos; ela se estende até o *Ungrund* [Indeterminado], o "Nada divino" que precede o nascimento da Santa Trindade.

Apesar de todos os esforços empregados para expulsá-lo de sua cidade escolhida, Böhme conseguiu continuar ali. Mas foi apenas no leito de morte que o representante do pastor Nicolaus Thomas lhe deu absolvição após submetê-lo a uma lista de questões dogmáticas. Böhme faleceu em 1624, e em seus últimos instantes, ao ouvir uma música celestial, pediu ao filho mais velho, que não a ouvia, para abrir a janela a fim de escutá-la melhor. Ele teve um funeral irrisório, o pastor se recusou a pregar; o burgomestre convocou o Senado, a pedido da viúva, que decidiu enterrá-lo com um sermão. O pregador que foi encarregado do ofício o proferiu se desculpando por fazê-lo. Dois séculos mais tarde, a cidade de Görlitz ergueu um monumento à glória do sapateiro filósofo. Jakob Böhme teve uma grande influência na Inglaterra, especialmente sobre George Fox, o fundador do quakerismo, Milton e Newton; e, na Alemanha, sobre Franz Baader e os românticos. Foi revelado na França por Louis-Claude de Saint-Martin, que queria fazer uma tradução completa de suas obras em cinquenta volumes, mas não conseguiu traduzir mais do que cinco.

AS VIAGENS EXTÁTICAS

A iluminação e o êxtase implicam uma atitude receptiva, até mesmo passiva; o ser sofre com prazer as fulgurações que lhe chegam do alto, sem que necessariamente as tenha solicitado. Pelo contrário, o *raptus* ou arrebatamento, transporte, supõe uma ação espiritual; nele, sentimo-nos arrancados de nós mesmos, levados para fora do mundo terrestre nos turbilhões etéricos. Isso pode levar à viagem extática, da qual existem exemplos na vida de todos os místicos, mas que foi levada tão longe por Swedenborg que não seria possível encontrar viajante do oculto mais intrépido e mais bem organizado do que ele.

Chamado de "príncipe dos videntes e dos teósofos" por um de seus biógrafos[524], Emmanuel de Swedenborg, nascido em Estocolmo em 1688, foi, ao contrário de Jakob Böhme, mais um visionário do que um iluminado. Filho de um pastor que, após pregar na corte de Carlos xi da Suécia, foi professor de teologia em Uppsala e depois bispo de Skara em Västergötland, Swedenborg pertencia a uma família de três filhos e quatro filhas "todos nascidos em um domingo, assim como o pai, com uma única exceção". Desde a infância teve preocupações religiosas, ele mesmo admitiu: "Desde os seis até os doze anos, meu maior prazer era conversar sobre a fé com eclesiásticos". Ele estudou, de 1707 a 1715, na Universidade de Uppsala e, doutor em filosofia, viajou durante quatro anos pela Inglaterra, pela Holanda e pela França. De volta à pátria, publicou *Ludus Heliconus* [Os jogos de Hélicon] (1714), relatos de suas viagens, e *Camena Borea* [Musa boreal] (1715), imitação de fábulas de Ovídio. Destacando-se pela competência em álgebra e em mecânica, tornou-se assessor do Colégio Real de Minas, membro da Ordem Equestre e conselheiro do reino nos trabalhos da Dieta. Em 1720 e 1721, visitou as minas da Suécia para fazer observações utilitárias. Em 1729, foi eleito para a Academia Real de Uppsala por conta de seus conhecimentos em metalurgia e em ciências naturais. Sua *Opera philosophica et mineralia* [Obras filosóficas e minerais] (1734), em três volumes ilustrados com 155 gravuras, era um sistema completo da natureza. Ele foi reconhecido como sábio, e não como místico. No capítulo intitulado *Imaginatio fantastica* [Imaginação fantástica] de sua *Oeconomia regni animalis* [Economia do reino animal] (1740-1741), que contém sua fisiologia, estudou as alucinações de modo puramente científico.

De 1743 a 1744, Swedenborg atravessou uma crise moral que revelou seu *Drömboken* [Livro dos sonhos], no qual acusa a si mesmo de ter sido durante toda a vida *porterad för sexen* [levado pelo sexo]. Nele, anota cruamente sonhos eróticos muito livres, que exprimem seus conflitos entre suas obsessões e seus remorsos: ora se via deitado com uma mulher com vagina dentada ou com uma virgem que dizia que ele cheirava mal por causa de sua impureza, ora sai de um abismo cheio de criaturas sedutoras por uma escada, e se encontra em um talude com uma moça e uma velha que ele abraça igualmente, sem saber qual delas escolher etc[525]. É claro que o quinquagenário solteiro tinha uma sexualidade transbordante e que ele se culpava por causa dela até mesmo em sono. Ele acreditava estar *enfermo pela carne* e que era hora de se redimir. Em 27 de outubro de 1743, teve um desvanecimento em consequência dessas angústias; na noite de 6 de abril de 1744, depois da Páscoa, ficou acamado com calafrios "que começavam na cabeça e se estendiam por todo o corpo" e ouviu a voz de Cristo no meio de uma algazarra. Então, em abril de 1745, ao jantar sozinho em um albergue em Londres, teve sua primeira visão, que durou quinze minutos. Ao final da refeição, a parede se cobriu diante de seus olhos com répteis, um homem com uma aura de luz lhe apareceu no centro de um nevoeiro e disse: "Não coma tanto". Na noite seguinte, o mesmo personagem, encarnação do Senhor, se manifestou mais uma vez, declarando-lhe: "Eu te escolhi para interpretar para os homens o sentido interior e espiritual das Sagradas Escrituras; eu te ditarei aquilo que deverás escrever".

A partir daí, Swedenborg se sentiu apto a ver o invisível. Ele voltou para a Suécia, estudou a Bíblia a fim de extrair dela suas *Adversaria* [Anotações] (1745-1747), aprendeu hebraico, demitiu-se de suas funções públicas e começou, em 1747, sua série de viagens mentais pelo sistema solar: de 23 de janeiro a 11 de novembro, explorou seis vezes Mercúrio, 23 vezes Júpiter, seis vezes

Marte, três vezes Saturno, duas vezes Vênus e uma vez a Lua. Swedenborg não se relacionou com habitantes vivos desses planetas, o que considerava impossível, mas sim com os espíritos dos habitantes mortos. Esses espíritos vinham até ele e o informavam de tudo o que se passava no planeta: no fundo, Swedenborg não visitava esses planetas, eram os planetas que o visitavam. Os espíritos de Mercúrio chegaram em enxame, precedidos por uma chama branca, e se comunicaram com ele por meio da telepatia, uma vez que tinham horror da linguagem humana; como falavam todos ao mesmo tempo, isso gerava um marulho em sua cabeça. Os espíritos de Marte se aproximaram de sua têmpora esquerda e lhe sopraram suas palavras semelhantes a uma corrente de ar. Os espíritos da Lua, de dois em dois, um levando o outro, instalaram-se embaixo de sua axila esquerda. Swedenborg era, portanto, habitado, e até mesmo parasitado, por almas de marcianos e selenitas, que lhe mostraram, através de suas memórias, imagens de Marte e da Lua.

Essas viagens interplanetárias imóveis são extraordinárias mais por sua técnica de transporte do que por suas descobertas. Em Júpiter, os habitantes têm um rosto grande e redondo, que escondem com um véu, mas vivem nus; eles andam de quatro e com frequência olhando para trás, prontos para se virar caso alguém os observe pelas costas, pois querem ser vistos apenas de frente. O interior de suas casas é semeado de estrelas sobre um fundo azul. Os marcianos têm a parte inferior do rosto negro até as orelhas, e na parte superior amarelo; eles se iluminam com *fogos fluidos* que parecem sair de suas mãos. Os selenitas são anões medrosos, que falam pelo ventre com uma voz de trovão a fim de intimidar seus interlocutores: "A voz deles estrondeava saindo do abdômen como um vento saído das entranhas"[526]. Swedenborg não é um romancista de ficção científica que inventa seres bizarros; ele acredita que toda vida superior se refere ao modelo humano. Até mesmo o Cosmos é um Homem Muito Grande, do qual os três céus formam a cabeça, o corpo e os pés.

Suas experiências visionárias foram descritas em seu diário espiritual, *Diarium spirituale* [Diário espiritual] (1745-1765); elas inspiraram seus comentários sobre a Bíblia, *Arcana coelestia* [Mistérios celestiais], dos quais oito volumes se seguiram de 1749 a 1756. Em seguida, Swedenborg explorou o céu e o inferno, e contou essa odisseia em *De Caelo et de inferno ex auditis et visis* [O céu e inferno a partir do que foi ouvido e visto] (1758). Ele não parou mais de fazer revelações sobre o outro mundo. Em dezessete tratados místicos, depois de cada capítulo sobre o dogma, inseriu uma visão (ou *memorabilia*) que o justificava.

O método de Swedenborg para obter visões era bastante particular. Ele só conheceu três ou quatro vezes o *raptus*, a impressão de sair de si. Experimentou com maior frequência o *deliquium*, estado cataléptico que lhe fazia cair para frente com o rosto no chão e, por vezes, perder a consciência. Entregava-se todos os dias às "visões representativas", de olhos abertos (*in aperti oculi statu*). Não aceitava ser considerado um alucinado: segundo seus princípios anatômicos, o próprio nervo óptico dependia da visão interior (*visus spiritus*), sem a qual os olhos não conseguiriam ver nada do exterior. Quando essa visão interior é desenvolvida misticamente, penetra-se no invisível. A fim de aumentar esse poder, Swedenborg praticava a suspensão respiratória em função de sua teoria das relações entre cérebro e pulmões. Ele acreditava que o espírito possuía uma "respiração interna" que continuava depois da morte, e da qual eram sentidos os efeitos quando se suspendia a respiração externa. Os pensamentos "voam no interior do corpo" no momento da inspiração, e são expulsos na expiração. Se inspiramos e expiramos de modo apropriado, a potência espiritual é aumentada[527]. Quando conversava com os anjos, Swedenborg se esforçava para permanecer o maior tempo possível sem nenhum movimento respiratório. Seus desfalecimentos — seus *deliquia*, como dizia — provinham justamente do fato de às vezes prender a respiração em excesso.

Swedenborg não é o único que fez viagens extáticas: antes dele, Chuang Tzu e Lie Tzu citaram muitas "viagens transcendentes" do taoísmo. Mas foi o primeiro a efetuar excursões pelo outro mundo durante 27 anos, como se fosse um circuito turístico normal. Ele relatou as *visa* e as *audita*, coisas vistas e ouvidas ao longo de seus passeios entre anjos e almas mortas, explicando-as racionalmente. O homem possui um mental interno e um mental externo: o interno foi formado segundo a imagem do céu, o externo segundo a imagem do mundo. É o interno que tem a percepção do além: "É preciso saber que o homem não pode ver os anjos com os olhos do corpo, mas que os anjos podem ser vistos pelos olhos do espírito que está no homem... O semelhante vê o semelhante, pois sua origem é a mesma"[528].

A doutrina de Swedenborg é a de um homem que envelhece e se prepara para a morte, que quer se persuadir, por meio de suas visões, de que o além é um lugar delicioso. E, como esse místico permanecia carnalmente ligado à terra, ele se convence de que reencontrará no céu tudo aquilo de que desfrutava aqui embaixo, até melhor. Existem três céus, um seguido do outro, sendo o terceiro o mais próximo, o céu íntimo, e o primeiro o mais alto. Os anjos de um céu não têm relação com os anjos de outro, e, no próprio céu, são divididos em sociedades distintas. Eles não possuem corpo material, mas têm forma humana, e até vestimentas correspondentes à sua inteligência. Eles têm casas soberbas e jardins paradisíacos. Falam uma língua universal não aprendida, consubstancial: "É impossível para os anjos enunciar uma única palavra de língua humana". Para conversar com Swedenborg, unem-se a ele, se servem de suas faculdades intelectuais; aquilo que eles dizem entra em seu ouvido interno e faz vibrar sua língua: "A língua dos anjos ou do espírito para com o homem é entendida de maneira tão sonora quanto a língua do homem para com o homem; mas é entendida apenas por ele e não pelos demais presentes"[529].

Swedenborg percorre espaços sem fim não iluminados pelos astros, pois o sol do mundo é invisível para os anjos e as almas, e seus raios lhes parecem apenas uma densa escuridão. No além, a única luz é Deus, que aparece ao olho direito como um sol, e ao olho esquerdo, uma lua cercada de várias luas menores. Swedenborg encontra milhares de almas, as que estão no "mundo dos espíritos" antes do céu e do inferno, e as que partilham das ocupações dos anjos; visita também os infernos, presídios de três andares. O general Tuxen um dia surpreendeu Swedenborg em sua casa quando este viajava pelo céu: sentado, com os cotovelos sobre uma mesa, cabeça entre as mãos, olhos abertos e virados para cima, ele demorou muito tempo para perceber a presença da visita.

Em suas viagens extáticas fora do sistema solar, através das galáxias, Swedenborg ia acompanhado de um cortejo de anjos; sentia então em si "transformações de estado contínuas" ao longo de dez ou doze horas. "O espírito só é conduzido de um lugar para outro através de transformações do estado interior; e essas transformações lhe parecem exatamente como os transportes de um lugar para outro, ou como caminhadas[530]." As viagens extáticas de Swedenborg não se davam *em sua cabeça*, mas *através da sua cabeça*, convertida em verdadeiro órgão de locomoção. Em seus deslocamentos extraterrestres, em suas conversas do além-túmulo, ele experimenta sensações na região occipital, nas têmporas esquerda ou direita, na língua, em um dos olhos. Quando os espíritos de Mercúrio falam com ele, ele os *ouve* com o olho esquerdo.

Morando em Estocolmo, em uma casa afastada, na qual mandou construir em 1767 um anexo com duas alas para visitas, contestado pelo clero sueco, Swedenborg ocupou sua velhice com a reforma do cristianismo em função de suas visões, especialmente em *Vera christiana religio, continens universam theologiam Novae Ecclesiae* [A verdadeira religião cristã, contendo a teologia universal da nova igreja] (1771). As pessoas iam, incessantemente, lhe pedir informações sobre parentes mortos, durante suas viagens pelo além. Os céticos ficavam desarmados ao verem a candura, a naturalidade desse asceta tão pouco ostentador, que comia pão e leite no jantar, usava um manto velho de pele de rena. Ele partiu para outra temporada na Inglaterra, mas foi acometido de apoplexia, em Londres, em 24 de dezembro de 1771, conseguiu se reerguer, no entanto teve uma recaída em fevereiro de 1772, morreu ali no 29 de março seguinte; ele foi enterrado na igreja sueca de Londres, perto de Radcliff-Highway. A partir de 1783, o swedenborguismo se desenvolveu na Inglaterra e havia capelas em Londres, Bristol, Birmingham, Manchester, que tinham sobre a porta a inscrição: *Nunc permissum est* [Agora é permitido]. William Blake, inspirado em Swedenborg, embora o criticasse pelo fato de nunca ter conversado com demônios, comentou em suas próprias *memorabilia* "a Bíblia do inferno". Houve também swedenborguianos na Alemanha, na Polônia, nos Estados Unidos e na África do Sul.

O introdutor de Swedenborg na França foi dom Antoine-Joseph Pernety (1716-1796), já citado aqui como alquimista; esse beneditino da Congregação de Saint-Maur, ligado à abadia de Saint-Germain-des-Près, teve uma vida estranha. Após ter sido capelão de Bougainville, na fragata *Le Sphinx*, na expedição em que este descobriu em 1764 as Ilhas Malvinas (Falkland), Pernety abandonou a batina e se filiou à Franco-Maçonaria. Viveu em Berlim de 1779 a 1783, e agrupou adeptos com quem questionou a Sagrada Palavra, registrando atas com perguntas e respostas. Foi essa Santa Palavra que o levou, em 1782, a traduzir para o francês um livro de Swedenborg. Seguindo o exemplo do vidente sueco,

Pernety se instalou, em 1783, perto de Avignon, na casa que denominou Templo de Thabor, e se tornou o pontífice de uma comunidade que visava o aperfeiçoamento através da exaltação mística.

Os iluminados de Avignon, que compreendiam uma centena de membros — entre os quais o conde polonês Grabianka, o abade Brumore, o ator Bauld de Sens, o financista Morinval, o marquês de Thomé (criador do rito maçônico swedenborguiano), Esprit Calvet, professor da Faculdade de Medicina de Avignon e fundador do Museu Calvet etc. — não realizaram viagens extáticas, mas conversaram com os anjos, tendo cada um o seu[531]. O próprio Pernety era assistido na Grande Obra pelo anjo Assadaï, que o ajudava com conselhos. Esse grupo quis conciliar as ideias de Swedenborg com um culto da Virgem tão ardoroso que Pernety, agregando-a à Trindade, falava em uma Quaternidade; motivo pelo qual os demais swedenborguianos o desaprovaram. Sua tendência permanece uma aliança entre o iluminismo de Böhme e o swedenborguismo.

A BUSCA DA "COISA"

Jamais houve experiência coletiva do invisível comparável à de Martinès de Pasqually e seus discípulos no momento que uniram esforços para pesquisar em comum "a Coisa". Jacques Delivon Joacin Latour de Lacase, don Martinez de Pasqually, o personagem mais enigmático do século XVIII, nasceu em 1727 em Grenoble, supostamente de uma família de judeus espanhóis convertidos ao catolicismo, e se manifestou primeiramente como franco-maçom, que fundou em 1754, em Montpellier, o capítulo dos Juízos Escoceses. Nessa época, a Franco-Maçonaria na França, que compreendia a maçonaria simbólica e a maçonaria escocesa, era apenas uma atividade mundana que servia para desentediar aristocratas, como disse um especialista: "A suntuosidade do cerimonial era igualada apenas à indigência intelectual das instruções e dos catecismos"[532]. Martinès de Pasqually logo se destacou, criou sua própria organização iniciática, a Ordem dos Élus Coens, e percorreu o sul da França para recrutar adeptos. Depois de viver em Bordeaux por cinco anos, foi a Paris em 1766, onde iniciou diversos jovens em sua doutrina, como Bacon de la Chevalerie, Jean-Baptiste Willermoz, Bonnichon du Guers, o conde de Lusignan. Com alguns deles, em

1767, constituiu seu Tribunal Soberano. De volta a Bordeaux, casou-se, em setembro, com Marguerite-Angélique de Colas de Saint-Michel, com quem teve dois filhos; o mais velho, que ele consagrou como Élu Coen para torná-lo seu sucessor, morreu durante a Revolução Francesa.

A Ordem dos Élus Coens comportava uma hierarquia de três *graus azuis* (aprendiz, companheiro e mestre simbólico) que representava a "classe do pórtico", e de quatro *altos graus*. Mestre Élu Coen, Grão-Mestre Coen, Zorobabel e *Réau-Croix*. A recepção era feita em um local com quatro ambientes denominados Parvis, Pórtico, Templo do Tribunal e Câmara de Retiro. O aprendiz devia ter 21 anos (ou dezesseis se fosse filho de mestre) e, depois de satisfazer um interrogatório, era submetido a um ritual cujos costumes, defumações e o maquinário que imitava trovões e raios lhe ofereciam "o espetáculo daquilo que se passou no começo dos tempos no centro do universo". No final, o candidato subia de costas uma escada em caracol dividida em três lances, com três, cinco e sete degraus cada lance, fazendo um juramento de discrição no primeiro patamar, de castidade no segundo, de fidelidade à Ordem no terceiro. No alto dessa escada, um alçapão se abria sob seus pés, e ele caía no meio das chamas: símbolo do castigo que levaria se faltasse com a palavra.

A promoção a um grau superior não era menos dramática: assim, o Mestre Élu Coen, em sua ordenação, recebia seis "marcas" no corpo e fingia infligir contra si três socos, um no pescoço, um no coração, e um no baixo ventre. A Ordem professava uma mística da reintegração: os Élus Coens buscavam retornar à condição anterior ao pecado de Adão, quando este possuía os privilégios de ser um homem-deus e comandava as criaturas espirituais dos quatro mundos (divino, supraceleste, celeste e terrestre). No grau supremo, *Réau-Croix*, Réau significava Ruivo, uma vez que o nome de Adão derivava de *adama* (terra vermelha) com a qual ele havia sido formado.

Até então, aqueles que prospectavam o invisível já tinham uma expectativa do que iriam ver. Chamavam de anjos ou demônios, cujas aparências eram imaginadas segundo as convenções da iconografia cristã. A inovação de Martinès de Pasqually foi afirmar que não era possível saber de antemão qual ser apareceria no momento da evocação: aquilo que surgisse seria *a Coisa*, uma "forma gloriosa" emanada do mundo celeste ou do mundo supraceleste, que poderia ser um som ou um hieroglifo luminoso. Sua outra originalidade foi dirigir operações sem nenhum interesse. A goétia tinha um objetivo grosseiramente utilitário: fazer fortuna ou causar dano a adversários. A teurgia pedia aos anjos graças, profecias ou explicações da vida eterna. Ao contrário, os Élus Coens consideravam as aparições como *signos de reconciliação*; não desejavam nada além de vê-los, essa possibilidade de entrar em contato com as entidades invisíveis lhes provava que eram dignos de ser reintegrados ao Éden.

Havia três operações para evocar a Coisa, entre os Élus Coens. A mais simples, a *Invocação Diária* ou *Trabalho Diário do Réau-Croix*, era efetuada todos os dias: o adepto traçava um círculo de giz, marcava no centro a letra W, se colocava ali com uma vela e recitava uma conjuração que começava assim: "Ó Kadoz [Santo], ó Kadoz, ó Kadoz, quem me propiciará ser como eu era no meu primeiro princípio de criação divina?". Uma vez por mês, ocorria a *Invocação de Três Dias*, que durava três noites seguidas entre a lua nova e o quarto crescente. O operador — que vestia uma longa túnica branca com bordados cor de fogo e levava no peito o cordão azul celeste, o cordão negro e o cordão vermelho da Ordem, uma faixa verde cruzada e uma faixa vermelha na cintura — desenhava, no canto leste do cômodo, um quarto de círculo e dentro deste um círculo inteiro cortado em cruz. Traçava em seguida, no canto oeste, um círculo inteiro, chamado "círculo do retiro", no qual marcava signos e letras, abreviações de nomes sagrados. O cenário era iluminado por oito "estrelas" (velas), das quais uma, no quarto de círculo, simbolizava Martinès que supervisionava a operação. À meia-noite, o adepto tirava os chinelos de sola de cortiça, se deitava de bruços no círculo do retiro, com a testa apoiada nos dois punhos. Ao cabo de seis minutos, prosternava-se no quarto de círculo, voltava ao grande círculo para se ajoelhar e repetir três vezes os nomes inscritos em volta de si, fazendo ainda sete prosternações no lugar das letras IAB, MR, MG, RAP, OZ, IA e IW. Ele também precisava fazer "28 movimentos com o incensário", com um fogareiro de brasas, com perfume à base de olíbano, açafrão e semente de papoula.

O *Trabalho do Equinócio*, realizado duas vezes por ano nos equinócios, era uma cerimônia da qual participavam todos os membros da Ordem: se estivessem dispersos, faziam cada um onde estivesse, por comunicação telepática uns com os outros. Seu rito foi desenvolvido ao longo de dois anos, de 1770 a 1772. Na primeira versão, utilizava-se um quarto de círculo, um círculo de retiro e sete pequenos círculos. Na versão definitiva, havia três círculos concêntricos em que dois raios delimitavam "a parte do Sul", quatro "círculos de correspondência" e uma iluminação de dezessete velas. O trabalho, que começava com "a Exconjuração do Sul" para afastar os demônios, era acompanhado de quatro prosternações e da invocação de doze nomes sagrados.

Depois de terminadas essas formalidades, o Élu Coen esperava os *passes*, isto é, os vestígios luminosos da passagem da Coisa. Martinès de Pasqually chamava de *passes* os clarões brancos, ou azulados, ou avermelhados, que apareciam rapidamente diante dos olhos. Sua iminência era anunciada pela sensação de "arrepios pelo corpo todo". Obter um *passe* provava que havia sido estabelecido contato com o mundo supraceleste, e certos adeptos não esperavam nada melhor do que isso. Ao longo do trabalho, cada um levava consigo seu "escudo" (talismã triangular), pois corria o risco de ser atacado por demônios. Podiam também sofrer uma *tração* penosa da Coisa. O abade Fournié, por muito tempo secretário de Martinès de Pasqually, durante uma invocação em que estava sozinho, sentiu essa *tração* "como uma mão que lhe golpeou através de seu corpo", e confessou 25 anos mais tarde: "Daria de bom grado o universo inteiro, todos os prazeres e toda a glória, com a certeza de gozar de uma vida de mil anos, para evitar ser assim golpeado de novo uma única vez"[533].

Os trabalhos dos Élus Coens não eram arbitrários nem ingênuos. Martinès controlava as experiências de seus discípulos, comunicava-lhes as suas próprias, e se valia de seus resultados comparados para erigir metodicamente seu sistema. Conhecia bem o cristianismo esotérico. Se ele recomendava não usar no corpo nenhum objeto de metal, nem mesmo um alfinete, era porque, segundo os teólogos, o aço repelia espectros. A Coisa, portanto, não poderia se aproximar de um elemento metálico. Como Martinès de Pasqually se baseava em noções reconhecidas, um de seus biógrafos alegaria que ele teria sido iniciado em Londres por Swedenborg: isso é inverossímil, primeiro porque não se tem nenhuma prova sequer dessa viagem, depois, porque ele tinha uma compreensão mais sutil que Swedenborg da fauna do invisível, sem nenhum antropomorfismo.

De acordo com Papus, que possuía documentos secretos da Ordem, os Élus Coens se submetiam a um "triplo treinamento: alimentar, para o corpo físico; respiratório, para o corpo astral; musical e psíquico, para o Espírito"[534]. Era preciso se abster pelo resto da vida de comer pombo, assim como rins, gordura ou sangue de qualquer animal. Era preciso jejuar por onze horas antes de começar a *Invocação de Três Dias*, sendo autorizado apenas a ingestão de água (mas não do café, nem do álcool). As experiências tinham resultados melhores quando Martinès de Pasqually estava presente, de tanto que sua ascendência iniciática influenciava seus próximos: "Nas primeiras sessões, os novos discípulos admitidos a tomar parte dos trabalhos do mestre verão a Coisa realizar ações misteriosas. Sairão da experiência entusiasmados e aterrorizados, como Saint-Martin, ou embriagados de orgulho e de ambição, como os discípulos de Paris. Aparições são produzidas, seres estranhos, de essência diferente da natureza humana terrestre, tomam a palavra"[535]. Mas os adeptos sozinhos não obtêm esse tipo de maravilha: Willemoz penou por dez anos até ver a Coisa. Martinès escreveu-lhe em 7 de abril de 1770: "A Coisa é por vezes dura para aqueles que a desejam muito ardentemente antes da hora. Seja constante, você será recompensado". Outros se desanimavam e se voltavam contra seu iniciador.

No entanto, como especifica Rijnberk, "os discípulos íntimos de Martinès estavam todos persuadidos de que ele era um iniciado de ordem superior"[536]. Ele jamais dava impressão de ser um charlatão, embora vivesse, enquanto Grão-Mestre da Ordem, de encargos pagos pelos Élus Coens. O barão de Gleichen conta que ele ganhou dinheiro no jogo, mas doou, em seguida, ao primeiro transeunte que encontrou na rua, dizendo: "Ajo conforme a Providência, não me pergunte mais nada". Até mesmo aqueles que se desentenderam com ele testemunharam seus poderes psíquicos. O coronel Bacon de la Chevalerie confessou a Gleichen que uma noite, durante uma invocação solitária, sentiu, dentro do quarto de círculo, que congelava da cabeça aos pés; teve um ímpeto de passar para o círculo de retiro, onde encontrou um calor revitalizante. E Martinès pouco depois lhe contaria por carta que havia adivinhado de longe seu desfalecimento, e que tinha ido em seu socorro[537].

Em 1771, substituindo o abade Fournié, Louis-Claude de Saint-Martin se tornou seu secretário em Bordeaux e o ajudou a fazer o ritual da Ordem. Nesse ano, Martinès de Pasqually começou seu *Traité sur la réintégration des êtres dans leur première propriété, vertu et puissance spirituelle divine* [Tratado da reintegração dos seres em suas primeiras propriedades, virtudes e potências espirituais e divinas], cuja leitura era reservada exclusivamente aos *Réau-Croix*. Dele, só existiam cópias manuscritas, vendidas a um preço caríssimo nos antiquários. Esse livro só seria impresso em 1899. Escrito em um francês ruim, como suas cartas, contém, no entanto, um ensinamento interessante, meio gnóstico, meio cabalístico. Trata-se de uma interpretação pessoal do Antigo Testamento, pois sabemos que os esotéricos pretendiam completar as lacunas da Bíblia com informações secretas que lhes eram reveladas. "Antes do Tempo" só existiam "seres espirituais divinos", primeiras emanações de Deus; como alguns desses seres quiseram se emancipar, ele criou o mundo material para lhes servir de prisão e lhes deu Adão como senhor absoluto. Adão vinha diretamente de Deus; ele era imortal e sua potência se estendia por todo o universo; comandava também os Espíritos supracelestes, os Espíritos celestes e os Espíritos decaídos relegados à terra. Mas estes últimos o tentaram e o levaram a produzir suas próprias emanações espirituais; Adão fez uma tentativa, que se tornou *Houwa* (Eva), isto é, a *"Homa"*. O pecado original, o *crime positivo* foi a criação de Eva por Adão. Deus o puniu dando a ele a mesma forma "passiva, material e sujeita à corrupção"[538], em vez da "forma gloriosa" que tinha antes, e o condenou a se unir a ela. Martinès de Pasqually expõe, então, a história da posteridade do primeiro casal, mostra como a raça de seu primogênito, Caim, perpetua as más intervenções dos Espíritos perversos que engendraram a queda de Adão, enquanto a raça de Seth aspira à reconciliação com Deus e à reintegração no estado do homem primordial.

Em 5 de maio de 1772, Martinès de Pasqually embarcou rumo à ilha de Santo Domingo, para receber uma herança. Ele fundou as lojas de Léogane e de Port-au-Prince, assim como um Tribunal Soberano, e fez prosperar na ilha a Ordem, cuja constituição foi completada por ele com instruções detalhadas para todos os graus. Em 1774, terminou o estatuto geral dos Élus Coens e compôs um ritual para a iniciação de mulheres.

Martinès de Pasqually, morreu em Port-au-Prince, em 20 de setembro de 1774; dizem que, no momento de sua morte, ele apareceu para a esposa, que tinha ficado em Bordeaux, e lhe fez sinal de adeus ao atravessar o quarto: mas os Chevaliers Grands Profès de Estrasburgo qualificaram essa história de *Ordenslegende*, lenda de loja maçônica. A Ordem dos Élus Coens se desorganizou pouco depois, e a busca da Coisa foi abandonada em benefício de novas experiências.

O "CAMINHO INTERNO" DO MARTINISMO

Um homem conseguiu contemplar as profundezas do invisível ao praticar em seu ser a "abertura do centro espiritual": Louis-Claude de Saint-Martin. Esse pensador delicado, que chamava a si mesmo de *Filósofo desconhecido*, construiu um sistema *divinista* (termo que preferia a *espiritualista*) cujo charme poético fez dele, por assim dizer, o Novalis francês. Nascido em Amboise em 1743, desde os tempos de estudante no colégio de Pontlevoi, gostava de leituras místicas. Para obedecer ao pai, ele entrou na Faculdade de Direito e se tornou advogado do rei na sede do tribunal de Tours; mas, ao cabo de seis meses, abandonou a profissão por uma carreira militar. Aos 23 anos, alçado a oficial do regimento de Foix, ele se juntou à tropa da guarnição de Bordeaux. Nessa cidade, começou a frequentar Martinès de Pasqually, seu iniciador que ele venerou para sempre, com quem preparou o ritual dos Élus Coens (especialmente dos três graus azuis e o cerimonial do Grande Arquiteto do Universo). Saint-Martin tentou ver a Coisa no *trabalho de Réau-Croix*, mas com menos sucesso que seu colega Duroi d'Hauterive; admitiu que não era talhado para o *caminho externo*, que leva a aparições que se produzem fora, e preferia o *caminho interno*, que permitia encontrar manifestações divinas dentro de si. No entanto, jamais renegou seu pertencimento primeiro aos Élus Coens, dizendo: "Havia em nós todo um fogo de vida e de desejo que nos preservava e até mesmo nos fazia caminhar graciosamente"; ele não contestou tampouco as revelações obtidas por "esse caminho fecundo e exterior", contentando-se em especificar: "Apesar disso, eu me senti sempre com um pendor muito maior para o caminho íntimo e secreto do que para esse caminho exterior que nunca me seduziu, aliás, mesmo no auge da minha juventude"[539].

Em 1771, ele se demitiu do exército para se dedicar inteiramente à sua aventura mística. Em Paris, sua distinção, sua melancolia fascinante (arrastava consigo "um *spleen* cor de rosa", segundo ele mesmo) e a beleza de seus olhos, que uma mulher disse serem "duplicados de alma", abriram-lhe todos os salões aristocráticos; o marechal-duque de Richelieu tomou-o sob sua proteção; as grandes damas se encantaram com ele, como a marechala de Noailles, as marquesas de Lusignan, de Coislin, de Clermont-Tonnerre, e a duquesa de Bouillon, que, para melhor aproveitar sua companhia, abrigou-o em seu palácio e em sua casa de campo do Petit-Bourg. Apesar do sucesso, ele permaneceu sempre solteiro, pois dizia: "Sinto no fundo do meu ser uma voz que me diz que sou de um país onde não existem mulheres". O barão de Gleichen, que o conheceu jovem, belo e amável, escreveu: "Ele não se parecia em nada com um filósofo, mas um pequeno santo; pois sua devoção, sua extrema reserva e a pureza de seus costumes pareciam por vezes extraordinárias em um homem de sua idade". O mesmo autor, querendo tomá-lo como mestre, acabou por desistir: "Ele tinha reticências insuportáveis, detendo-se a todo momento em que se esperava tirar dele um de seus segredos; pois acreditava em uma voz interior que o impedia ou lhe permitia falar"[540].

Saint-Martin viajou a Londres, onde se associou ao príncipe Galitzin. Foi em Edimburgo que publicou seu primeiro livro, escrito em quatro meses "por cólera contra os filósofos", *Des erreurs et de la vérité* [Dos erros e da verdade] (1775). Nele, denunciava a diversidade de religiões, que faziam predominar "os dogmas misteriosos", e a incerteza dos políticos, onde prevalecia "o zelo sem luz"; expunha sua metafísica e sua moral que reconheciam "dois seres no homem" (o ser sensível e o ser intelectual), e como princípio universal "a Causa inteligente e ativa" (isto é, o Verbo), que animava a matéria. Em Lyon, fez uma nova tentativa com seu *Tableau naturel des rapports qui unissent Dieu, l'Homme et l'Univers* [Quadro natural das relações existentes entre Deus, o homem e o universo] (1782). Saint-Martin rejeitava o materialismo ateu, mas repelia também o cristianismo tradicional, que acusava de se basear em falsos princípios, pois tinha precisado se dividir entre o catolicismo e o protestantismo. Ele preconizava o *culto interior*, sem clero, sem liturgia, sem igrejas e sem fórmulas sacramentais de oração, através de uma experiência religiosa individual. Por outro lado, não se devia abusar do nome de Deus, como faziam os fanáticos: "Meu conselho, sobre o uso do grande Nome, é que não devemos jamais empregá-lo voluntariamente, e esperar sempre que ele se engendre, se forme e se pronuncie sozinho em nós. Penso que é o único método para não o pronunciarmos em vão"[541].

Em 1788, residindo em Estrasburgo, conheceu Charlotte de Boecklin, uma mulher de 48 anos, separada do marido, que se tornou para ele "uma amiga como nenhuma outra"; sua "caríssima B." fez com que ele descobrisse Jakob Böhme e o ajudou a traduzi-lo. A influência de Böhme sobre Saint-Martin, cuja filosofia já estava constituída, não teve outra consequência senão a de fortalecer sua própria abordagem. Saint-Martin se sentia levado à iluminação tanto quanto Böhme, mas de um modo mais suave, como ele mesmo disse jocosamente: "Sou um iluminado de uma espécie rara, pois posso, quando me apraz, ser como uma lamparina capaz de ficar trinta anos junto de alguém sem que essa pessoa perceba minha iluminação"[542].

Em *L'Homme de Désir* [O homem de desejo] (1790), Saint-Martin falou do desejo que tem o homem, tanto tempo depois da queda, de ser regenerado. A regeneração só era possível mediante uma intensificação da espiritualidade: "A partir do momento em que a vida espiritual começa para o homem, toda a sua existência se torna uma sequência de ações vivas, que se tocam e se sucedem sem interrupção"[543]. Para tanto, necessita do auxílio divino, pois está sujeito às piores solicitações: "O homem é um universo inteiro no qual todos os agentes de todos os mundos trabalham para o cumprimento de sua lei... É preciso que o espírito desça e entre no homem como uma torrente; é preciso que essa torrente aja com violência para purificá-lo de toda obstrução"[544]. Esse livro é o breviário do *culto interior*, que faz da oração não a recitação de uma fórmula aprendida, mas o elemento vital do pensamento: "Nada continuamente na oração como se nadasse em um vasto oceano do qual não encontras nem o fundo, nem as margens, onde a imensidão das águas te forneça a cada instante um avanço livre e sem inquietudes"[545].

O invisível, para o filósofo desconhecido, está no interior do homem, não no exterior. Saint-Martin se incomoda com os maníacos que queriam a todo custo conversar com anjos, observar espectros; ele combate o maravilhoso inspirado pelo "princípio das trevas", os pseudo-milagres que nos incitam "a procurar fora de nós apoios que só podemos encontrar dentro de nós". Ele escreveu um livro inteiro contra "esses caminhos extraordinários nos quais o erro se confunde tão facilmente com a verdade"*, contra os profetas e as pitonisas, que, sem saber "operar senão obras ilusórias e inferiores", cometem o crime "de persuadir o homem de que ele ainda goza de todos os seus direitos e de lhe roubar a visão desse desnudamento espiritual... cujo conhecimento íntimo e perfeito é a primeira condição indispensável para começar a reconciliação"[546].

---

* *Ecce homo.*

Saint-Martin não é um místico que se coloca em um estado excepcional, como Böhme e Swedenborg; ele permanece em estado normal, não tem pretensões ao sobre-humano. Ele diz: "Aprendo a cada dia a ler nas maravilhas que me são comuns a todos os homens"[547].

Mas ele quer ser um homem autêntico, um *homem-espírito*, e não um homem em que se manifesta "o Ser ativo da Besta". Em vez de falar, diz "*verbar*, fazer uso do Verbo que só busca se unir a nós e nos encher de si mesmo para aplainar diante de nós todos os obstáculos"[548]. É no centro do homem-espírito que se produzem revelações naturais: "A única iniciação que prego e busco com todo ardor da minha alma é aquela em que podemos entrar no coração de Deus e fazer o coração de Deus entrar em nós... Não existe outro mistério para chegar a essa santa iniciação senão mergulharmos cada vez mais nas profundezas do nosso ser, e não soltar até que consigamos arrancar a viva e vivificante raiz"[549].

Saint-Martin se esforçava, portanto, para contemplar dentro de si, através das "aberturas centrais", signos da presença divina. Mas esses signos não eram imagens visuais, e à pergunta de um de seus correspondentes: "Existem comunicações físicas emanadas ou produzidas pelo centro?", ele respondeu: "Esse centro profundo não produz ele mesmo nenhuma forma física; o que me fez dizer em *L'Homme de Désir* que o amor íntimo não tem uma forma e que, do mesmo modo, nenhum homem jamais viu Deus"[550]. Não percebemos o Verbo quando ele se desenvolve em nós, mas ele aciona nossas faculdades de modo a nos fazer perceber melhor nosso ser e o mundo: "Aquilo que considero esse centro, e sobre o qual você me pergunta, se limita a movimentos interiores deliciosos, e suavíssimas inteligências que estão disseminadas nos meus escritos"[551]. Suas metáforas indicam que ele via em seu centro humano a divindade como um elemento fluido, entre o fogo e a água, no qual seu espírito tomava um banho de transcendência.

Durante a Revolução Francesa, que ele definiu como "uma imagem em miniatura do Juízo Final" — foi dele que Joseph de Maistre tomou emprestada a ideia de considerar essa época um cataclisma sobrenatural, desejado pela Providência —, a Assembleia Constituinte pensou em fazer de Saint-Martin o preceptor do delfim prisioneiro no Templo. Em vez disso, foi nomeado comissário para a elaboração de um catálogo de livros nacionais. Em seguida, tornado suspeito por sua correspondência teosófica com seu discípulo, o coronel Kirchberger do Conselho Soberano de Berna, ele foi objeto de um mandado de prisão; a queda de Robespierre o salvou.

Retirado em sua casa de Chaudon, perto de Amboise, membro da Assembleia Eleitoral de seu departamento, ele continuou a servir, segundo sua expressão, "os altos conhecimentos e a bela lógica espiritual". Depois de *Le Nouvel Homme* [O novo homem] (1795), um "código da regeneração", *Ecce homo* (1796), "tendo por objetivo prevenir contra as maravilhas e profecias de hoje em dia", ele publicou *Éclair sur l'association humaine* [Raio sobre a associação humana] (1797), que revela sua concepção de um regime teocrático; *Le Crocodile, ou la guerre du Bien et du Mal* [O crocodilo ou a guerra do bem contra o mal] (1799), poema épico-mágico em 102 cantos, metade em prosa, metade em verso; *De l'esprit des choses* [Do espírito das coisas] (1801); e *Le Ministère de l'Homme-Esprit* [O ministério do homem-espírito] (1802). Esta última obra, dividida em três partes, que trata da natureza, do homem e da palavra, fez de Saint-Martin um existencialista místico, precursor de Kierkegaard. Suas páginas sobre a relação da linguagem e a angústia têm uma ênfase moderna: "A verdadeira palavra está universalmente na angústia, também só podemos receber e operar através da angústia; assim como tudo o que existe de visível não cessa de demonstrar fisicamente a palavra na angústia, também não deveríamos fugir da angústia interna; assim como só as palavras de angústia servem, semeiam e engendram, pois só elas são expressão da vida e do amor"[552]. Esse sentimento é ontológico: "O coração do homem foi escolhido para ser o depositário da angústia de Deus". E é criador: "As palavras de angústia são sempre novas, pois é nela que se encontra o princípio das línguas"[553].

Saint-Martin se queixava de ser "um verdadeiro reprovado" na literatura francesa, e dizia sobre sua obra, pouco notada durante sua vida: "Ela se fará livremente, deliciosamente e completamente apenas quando eu estiver separado do meu invólucro terrestre"[554]. Depois de sua morte em 1803, em Aulnay, perto de Sceaux, começaram a lê-lo com seriedade. Foram publicadas, em Tours, suas *Obras póstumas* (1807), que contêm seus pensamentos. Sua filosofia influenciou alguns românticos franceses (Sainte-Beuve, Balzac) e quase todo o ocultismo do século XIX. O martinismo se tornou uma Ordem iniciática, com seu quartel-general em Lyon, dirigido por um "Filósofo desconhecido", e na qual os Irmãos dos três graus usavam, nas sessões, uma máscara de seda negra, uma túnica (escarlate, negra ou branca) e insígnias variadas[555]. Diziam que os czares Alexandre I e Nicolau II permaneceram fiéis à aliança franco-russa, apesar das pressões de seu séquito, por serem filiados ao martinismo introduzido por Joseph de Maistre em São Petersburgo[556]. Em 1889, o Congresso Espiritualista de Paris reuniu entre seus congressistas os delegados de 313 grupos de martinistas do mundo inteiro. Vingança tardia, como sempre, de um autor que se julgava "o varredor do templo da verdade" e que declarou: "Nossas obras são a moeda das nossas luzes"[557].

A TEODOXIA UNIVERSAL

Fazer do invisível objeto de um culto revolucionário, este foi o projeto que animou Antoine Fabre d'Olivet, o primeiro dos grandes ocultistas do século XIX. Nascido em 1767 em Ganges, de uma família de protestantes de Cévennes, que haviam sofrido as perseguições contra os huguenotes, era o mais velho de seis filhos de um negociante de meias-de-seda. Discípulo do filósofo panteísta Delisle de Sales, ele compôs, a princípio, poemas e peças de teatro. Em Paris, durante a Revolução, fez parte do Clube dos Jacobinos, muito embora fosse amigo de Thierry Ducloseau, que chefiou uma conjuração para libertar Luís XVI. Durante o Diretório, ele fundou a 1ª de Prairal do ano V (20 de maio de 1797) e *L'Invisible*, "jornal político, literário e moral", no qual se apresentava como "um descendente de Giges, que pretendia possuir como ele o poder de ficar invisível". Em 107 números, sustentou diariamente a ficção de ser um observador munido de um anel que lhe permitia ver, sem ser visto, os trabalhos do Corpo Legislativo ou as cenas de costumes do Palácio Real. Publicou um romance trovadoresco, *Azalaïs et le gentil Aymar* [Azalaïs e o gentil Aymar] (1799), e uma correspondência com a irmã, *Lettres à Sophie sur l'histoire* [Cartas a Sophie sobre história] (1801), que ele mesmo definiu como "um romance cosmogônico, mitológico e até mesmo histórico, que contém opiniões bastante extensas e detalhes bastante felizes". A parte mais volumosa era uma descrição de Atlântida e do modo de vida dos atlantes. Ele escreveu também, sob pseudônimo de Madame B., *Le Savant de societé* [O sábio da sociedade] (1801), que contém regras de diversos jogos de salão, divididos em jogos de ação, jogos de memória, jogos de espírito e jogos de enganar.

Tendo traçado um plano de recuperação financeira que agradou aos republicanos que conspiravam contra Bonaparte, estes o puseram na lista de membros para um futuro governo. Condenado à deportação por esse motivo pelo primeiro-cônsul, Fabre d'Olivet só foi salvo por intervenção do senador Lenoir-Laroche. Conservou, a partir daí, a obsessão de sempre estar sendo perseguido pela animosidade do senhor da França: "Napoleão me odiava pessoalmente", diria ele. Ao tentar parecer para ele um "homem de letras aprazível", mergulhou em trabalhos de erudição e se dedicou a uma mistificação literária, em *Le Troubadour, poésies occitaniennes du XIIIe siècle* [O trovador, poesias occitanas do século XIII] (1803), que atribuía a um poeta medieval obras que ele mesmo escreveu em dialeto do Languedoque. Ele era, com efeito, filólogo e linguista, conhecia a fundo o grego, o latim, o inglês, o italiano, o espanhol e o português. Aprendeu hebraico com rabinos e possuía rudimentos do sânscrito e do celta.

Em 1800, Fabre d'Olivet se apaixonou por uma moça de 24 anos, Julie Marcel, cunhada de um deputado da Convenção; mas ela morreu em 19 de outubro de 1802 e ele ficou tão triste que se preparou para se juntar a ela na sepultura. Foi então que ela se manifestou: "Depois de me aparecer várias vezes em sonho e de me garantir sobre seu estado, ela teve a engenhosidade de me anunciar sua visita positiva, a fim de que meus sentidos não ficassem perturbados por uma aparição muito brusca e muito forte para se executar. Ela chegou na hora que havia combinado comigo de antemão; e eu a vi, enquanto estava com os olhos perfeitamente abertos e bem acordado"[558]. Esse espectro lhe causou um choque que o levou a edificar sua doutrina oculta, a ponto de ele dizer: "As consequências desse acontecimento foram imensas para mim. Talvez o sejam para a humanidade inteira"[559]. Infelizmente, alguma mão anônima arrancou, do manuscrito de suas *Souvenirs* [Lembranças] (1977), todas as passagens relativas a seu amor com Julie Marcel[560].

Depois de se casar em 1805 com Marie Warin, que se tornaria diretora de uma instituição de moças, ele ocupou um cargo de funcionário do ministério da Guerra, onde sentiu que suspeitavam dele: "Por mais insignificante que fosse esse emprego, eu via claramente que aquilo inquietava Napoleão, pelos rumores infundados que a posição suscitava... Eu não podia escrever uma linha sem que a censura mais minuciosa começasse a expurgar as expressões"[561]. Em 1811, tentou curar um surdo-mudo de nascença, Rodolphe Grivel, a partir de um método que consistia em fazer o paciente ouvir, por sugestão hipnótica, sons de flauta ou de violino que eram produzidos atrás dele; o delegado de polícia o intimou cinco vezes para interrogá-lo sobre esse tratamento. Sem se deixar deter por essas peripécias, Fabre d'Olivet começou o melhor de sua produção, que compreende: *Les Vers dorés de Pythagore* [Versos dourados de Pitágoras] (1813), em que ele traduziu em versos eumólpicos (sua denominação para os alexandrinos não rimados) um texto que atribuía a Lísias, do qual ele mesmo faz um comentário pessoal; *La Langue hébraïque restituée* [Língua hebraica restituída] (1815-1816), que desenvolve sua teoria sobre a origem da linguagem; *Notions sur le sens de l'ouïe en général* [Noções sobre o sentido da audição em geral] (1819), edição revista e complementada de uma brochura de 1811, que contém o balanço de seus tratamentos de surdos-mudos; *Caïn, mystère dramatique en trois actes* [Caim, mistério dramático em três atos] (1823); e sobretudo *Histoire philosophique du genre humain* [História filosófica do gênero humano] (1824), que expõe como se constituiu o quarto reino, ou reino *hominal*, e sua evolução desde as primeiras civilizações. Toda essa atividade de Fabre d'Olivet foi mal avaliada durante a Restauração e ocasionou uma desavença com sua esposa, que se separou dele em 22 de março de 1823 e levou consigo as três crianças.

Sua filosofia punha em funcionamento "o princípio da psicurgia", que representava uma "ciência desconhecida, inspirada na ordem mais elevada que possa alcançar a inteligência humana"[562]. Seu objeto era "o homem universal, o homem concebido abstratamente, o Ser que compreende em sua essência universal todos os homens que existem, que existiram e que existirão"[563]. O homem universal é o arquétipo vivo da espécie humana (ou, para falar como Fabre d'Olivet, do reino hominal): "Ele é todos os homens juntos, mas todos os homens juntos não são ele. Ele sabe tudo o que esses homens sabem e tudo aquilo que já souberam"[564]. Mesmo que, um dia, um cataclisma aniquilasse toda a humanidade sobre a terra, o homem universal não morreria e criaria novas formas, uma vez que foi feito para governar o mundo das realidades, assim como o Destino governa o mundo das essências intelectuais e a Providência o dos princípios eternos: "O universo do qual fazemos parte, em nossa qualidade de homens e como pertencentes ao reino hominal, é dividido em três mundos: o mundo das

Realidades Psíquicas, no qual vivemos; o mundo das Essências Intelectuais ao qual nós tendemos, e o mundo dos Princípios Eternos, que é o objetivo da nossa existência"[565]. Esses três mundos se fundem em um único que engloba a esfera divina, e nenhum deles pode subsistir sem o homem universal: "Embaixo dele fica o Destino, natureza necessitada e naturada; acima dele fica a Providência, natureza livre e naturante. Ele é, como o reino hominal, a Vontade mediadora, a força eficiente, colocada entre essas duas naturezas, para servir de vínculo entre elas, de meio de comunicação, e reunir duas ações, dois movimentos, que seriam incompatíveis sem ele"[566].

A vontade do homem universal, que age no mundo das realidades, é o que resta da "faculdade volitiva principiadora de Adão". Ao traduzir a *Sepher Bereshit* e reconstituir a cosmogonia de Moisés, Fabre d'Olivet identificou a Vontade com Aisha, "a mulher intelectual do homem universal", que precedeu H'eva, "a existência elementar", e mostrou que ela tornava tudo possível: "Essa verdade deve sair da sombra dos santuários: a vontade era criadora no homem universal. Tudo aquilo que esse homem queria existia quando e como ele quisesse"[567]. A psicurgia, arte de utilizar a energia mental, depende diretamente, portanto, de um fluido magnético que não era, como diziam os mesmeristas, excitado pelos influxos astrais: "Esse fluido não é outra coisa senão o homem universal, comovido e posto em movimento por uma de suas emanações"[568]. Fabre d'Olivet fez de sua história do reino hominal uma epopeia inacreditável, que tendia a provar a preponderância dos Celtas sobre todos os outros povos e a excelência do império teocrático fundado pelo druida Ram, seis mil anos antes de Jesus Cristo; esse mesmo Ram, que, obrigado a emigrar para fora da Europa, tornou-se Rama na Índia, Osíris no Egito, Dioniso na Grécia etc. Esse mito, de leitura aprazível, caracteriza menos sua filosofia que seu estudo das relações entre indivíduos, nações, com o homem universal, e conflitos entre a Providência e o Destino nos governos das três ordens (teocrática, monárquica e republicana).

Em 1824, inspirado pelo espírito de Julie Marcel, que apelidou de Egérie Théophanie, Fabre d'Olivet fundou o "culto teodóxico universal" de um simbolismo agrário, que evoca a "celeste cultura". Ele era o grande Pontífice desse culto, ou em outras palavras, o Venerável Cultivador. Seus fiéis se dividiam segundo os graus de Amigos da Verdade, Celícolas e Cultivadores Uranitas da Imortal.

Seu santuário ficava em seu domicílio parisiense, número 35 da rue des Vieilles-Tuileries. Reuniam-se para quatro festas anuais: no equinócio da Primavera, na Páscoa; no aniversário de Egérie Théophanie, em 19 de outubro; na solenização das almas, em 2 de novembro; e no solstício de inverno, em 25 de dezembro.

Fabre d'Olivet concebeu as vestimentas, os ritos, os hinos e o alfabeto secreto dessa religião, que explicou em um livro inacabado, *Théodoxie universelle* [Teodoxia universal].

Na festa do 19 de outubro de 1824, Fabre d'Olivet revelou, em seu discurso, as vicissitudes de suas relações com Julie Marcel. O espectro da morta apaixonada voltava para visitá-lo regularmente, mas havia encontrado uma hostilidade no grupo: "Um espírito demoníaco, do qual ainda não me foi permitido divulgar o verdadeiro nome, declarou-se inimigo dela. Um combate terrível se travou entre esse espírito e minha fidelíssima Egérie". Disso, se compreende que a esposa de Fabre d'Olivet provavelmente se cansou desse comércio passional: "Minha Julie foi vencida nessa luta fatal; e essa adorável Egérie, forçada a retroceder e sofrer as leis do Destino que havia desafiado para me provar seu amor, caiu do mundo das Essências neste das Realidades, e foi obrigada a retomar um corpo e a renascer nele para seguir com os grilhões da vida mortal mais uma vez. Esse funesto acontecimento ocorreu no começo do ano de 1810". Fabre d'Olivet, persuadido de que Julie Marcel havia reencarnado, procurou-a incansavelmente, sempre a adorá-la, sob o nome de Egérie Théophanie, em sua qualidade de inspiradora da teodoxia: "Apesar dos esforços que fiz, ainda não consegui saber exatamente em que lugar da terra caiu Julie, nem qual é a pátria agraciada com uma alma tão pura. Sei apenas que ela é na Europa o orgulho de uma família distinta que a estima e zela por sua educação. Tem, neste momento, entre treze e catorze anos..."[569].

Com isso, observamos que Fabre d'Olivet não tinha nada do necromante ou do espírita que imagina ter o poder de obrigar uma alma a vir ao seu comando. A de Julie permanecerá misteriosa para ele, inacessível, desconcertante, e isso estava em conformidade com o verdadeiro patético da morte. Da mesma forma, em sua festa de solenização (palavra que ele tira de *solme nisi, solemnisus est*, "levar com esforço até o sol, ilustrar, celebrar"), na qual ele evoca "todas as almas heroicas que receberam o buquê de imortal", não tem a pretensão de atrair espectros para interrogá-los. Reunido com seus discípulos para um ágape, no momento de consumir o mel e o leite dos vasos sagrados, ele pronuncia os nomes de defuntos que convida e diz: "Eu lhes peço que provem esse mel e esse leite conosco, e ao mesmo tempo que nós, em sinal de união fraterna e de invisível concórdia"[570]. Não se trata de necromancia, mas sim de um rito comparável às cerimônias druídicas que ele admirava.

Fabre d'Olivet morreu subitamente em 1825, em Paris, e Saint-Yves d'Alveydre reconhecia a lenda de que ele havia se suicidado com um punhal, em um ritual obrigatório, para realizar um sacrifício cósmico. Mas Pierre Leroux, que o conheceu, contentou-se em dizer, em *La Grève de Samarez* [A greve de Samarez] (1863): "Ele sofreu um ataque de apoplexia, aos 58 anos, nos degraus de seu altar, no momento, creio, em que celebrava sua missa".

O OCULTISMO CONTRA O ESPIRITISMO

A descoberta do sonambulismo lúcido pelos mesmeristas, em 1784, levou Jean-Baptiste Willermoz (1730-1826), um negociante de seda em Lyon que, após a morte de seu mestre Martinès de Pasqually, havia fundado, em 1778, a Ordem dos *Grandes Professos, Cavaleiros da Cidade Santa* (sendo um deles, em Chambéry, Joseph de Maistre), a constituir uma sociedade de magnetizadores para obter "oráculos soníloquos" através de sujeitos sob hipnose, isto é, obter revelações do além. Em 1785, magnetizou a senhorita Rochette, uma doente de 25 anos, que sofria crises convulsivas, e ela, em seus sonos hipnóticos, teve visões de regiões do outro mundo, com seus lugares de expiação, seus lugares de purificação e de paz, percorridos por "seres bem-aventurados"[571]. Em seguida, Willermoz entrou em contato com um príncipe alemão, Carlos de Hesse, que o convidou, em 1790, para ir a Hamburgo e o informou de seus próprios "oráculos luminosos", que consistiam em fazer uma pergunta às trevas, sendo a resposta afirmativa um clarão súbito: "Os exercícios mais elementares consistiam em fixar o olhar sobre um objeto, na expectativa de que resplandecesse ou que aparecesse cercado de nuvens luminosas. Um outro exercício era fixar, à noite, um ponto escuro do firmamento, com o objetivo de ver aparecer, neste ponto, uma estrela"[572]. Carlos de Hesse possuía um retrato de Cristo, que acreditava ver se iluminar quando lhe pedia um conselho; em dezembro de 1701, esse retrato lhe deu "a ordem de escrever", e a partir de então passou a lhe ditar diversas mensagens, assim como explicações do Apocalipse de São João e do calendário egípcio.

Logo, ao final do século XVIII, a escrita automática sob ditado de espíritos invisíveis e o interrogatório de um médium em transe já haviam sido inventados; foi em 1848 que a família Fox, que vivia em uma casa em Hydesville, na Arcadia, descobriu o *table-moving* e o *rapping*, isto é, a arte de fazer girar as mesas e obter, a partir de batidas na mesa, respostas do além-túmulo às questões colocadas. As três irmãs Fox e a mãe exploraram comercialmente esse procedimento ao abrir, em Rochester, um consultório onde se podia, por alguns dólares, conversar com parentes mortos. Elas fizeram uma demonstração pública na Universidade de Saint Louis em 1852, tão bem-sucedida que a epidemia do espiritismo estourou, neste mesmo ano, nos Estados Unidos e ganhou a Europa no ano seguinte. Na França, seus teóricos mais ferrenhos foram primeiro Jules-Eudes de Mirville, que publicou em seis volumes *Des esprits et de leurs manifestations fluidiques* [Os espíritos e suas manifestações fluídicas] (1863-1864), e o barão de Guldenstubbé, autor de uma *Pneumatologie* [Pneumatologia] (1864), que fundou um círculo de espiritismo composto por "doze pessoas, das quais seis representam os *elementos positivos*, e as outras seis os elementos *negativos ou sensitivos*". O médium ficava na cabeceira da mesa, completamente isolado, e tinha à sua direita as seis naturezas negativas e à sua esquerda as seis naturezas positivas: "Para formar a *corrente*, é preciso que as doze pessoas coloquem a *mão direita* sobre a mesa, e que coloquem a *mão esquerda do vizinho em cima*"[573]. Seguiam-se certos fenômenos que eram atribuídos às almas dos mortos: solavancos, batidas misteriosas, visões simultâneas entre os participantes, escrita automática e vibrações das cordas de um piano.

Os ocultistas, alimentados por textos cristãos que anatematizavam a necromancia, logo se insurgiram contra o espiritismo. Eles o julgavam mórbido enquanto divertimento mundano, pretensioso e ineficaz como procedimento de exploração do invisível. Éliphas Lévi o atacou em *A Ciência dos Espíritos* (1853), opondo os ensinamentos da Kabbala às inépcias proferidas sobre o além nas sessões espíritas. Ele disse um dia ter feito aparecer mediante uma conjuração o espectro de Apolônio de Tiana, mas não tinha dúvida de que isso foi uma ilusão devida a "uma verdadeira embriaguez da imaginação". Ele zombou de Guldenstubbé, que espalhava folhas de papel branco em diversos lugares e encontrava nelas palavras escritas por supostos espíritos: "As escrituras que você obtém não vêm de outro mundo, e é você mesmo quem as traça deliberadamente"[574]. Éliphas Lévi explicou todos os fatos que os espíritas consideravam intervenções sobrenaturais como efeitos do magnetismo universal.

Em 1890, Papus, então chefe do laboratório de hipnoterapia do Hôpital de la Charité, tentou combater o espiritismo substituindo-o por verdadeiras experiências mediúnicas com o coronel Albert de Rochas, administrador da Escola Politécnica, e o dr. Luys. Não se preocuparam em girar mesas, evocar mortos, mas em estudar a exteriorização da sensibilidade nos estados profundos da hipnose. Papus queria aprofundar a noção de *astral*, que é a base do ocultismo. Segundo a "doutrina da Tri-Unidade", o homem tem um corpo astral que é como um duplo de seu corpo físico: "Os três princípios designados pela ciência oculta como formadores do homem são: 1º) o corpo; 2º) o mediador plástico ou corpo astral; 3º) a alma. O ocultismo se diferencia, portanto, dos teólogos ao admitir um novo princípio intermediário entre o corpo e a alma. Ele se diferencia dos materialistas ao ensinar a existência de dois princípios que escapam, no homem, às leis da matéria"[575]. O corpo astral (que os ocultistas chamam também de *aerossoma, forma fluídica, corpo vital fluídico*) une o corpo físico ao espírito; ele é "o operário oculto" que realiza as funções da vida vegetativa; ele se irradia, às vezes, em volta do indivíduo, formando uma espécie de atmosfera invisível chamada de *aura astral*. É até mesmo possível, graças a um treinamento e através do regime alimentar e da respiração, "obter a saída consciente e progressiva do *duplo astral* fora do corpo físico"[576]. Essas diversas propriedades do corpo astral motivam os sonhos, a loucura, o êxtase profético, as visões e as ações remotas.

O mundo além da realidade física é o *plano astral*, "o plano de forças invisíveis que circulam entre os astros". Ele é banhado pela "*luz astral* e age na natureza como o corpo astral age no homem"[577]. Aí se encontra uma população complexa, pois se os espíritos são para os espíritas as almas dos mortos, os ocultistas veem neles "seres que animam as diferentes porções do universo" e distinguem uma hierarquia entre os espíritos — sendo uns conscientes e imortais, outros inconscientes e efêmeros — indicada pela escola de Alexandria, Agrippa e Paracelso. O plano astral contêm, portanto, *elementares* (espíritos de defuntos), elementais (espíritos de elementos), espíritos planetários e até entidades vivas: "Uma ideia deixa vestígios de suas atividades boas ou más no plano astral e esses vestígios podem ser reencontrados muito tempo depois. O mesmo ocorre com o indivíduo que deixa, no plano astral, uma imagem de sua passagem terrestre"[578]. Papus definiu os elementais como "seres instintivos e mortais, intermediários entre o mundo físico e o mundo material", e disse que o *magisto* pode domesticá-los, já que "seu papel é análogo ao dos animais no mundo visível"[579]. Seu discípulo Marius Decrespe, que qualificou os elementais como "micróbios do astral", os apresentou como embriões de almas submetidos à fatalidade de forças físicas, privados de razão e de afetividade, que não tinham forma: "A visibilidade dos elementais é negativa, pois seus movimentos moleculares são menos rápidos do que o movimento ambiente. Eles se tornam visíveis por incandescência, como os raios globulares"[580].

A nova atitude adotada por Papus e seu Círculo de Estudos esotéricos se atém à seguinte fórmula: "O sobrenatural não existe... Tudo na natureza é perfeitamente natural"[581]. Eles organizaram "sessões escuras", assim intituladas porque eram realizadas na penumbra a fim de ajudar o médium a enxergar a luz astral: "Essa força vital só pode se liberar convenientemente ao abrigo dos raios amarelos, e sobretudo vermelhos, do espectro solar, que agem sobre ela como a água sobre o açúcar. Eis o motivo por que sempre será preciso que o médium fique na sombra ou, depois de muita prática, que seja iluminado apenas por uma luz na qual dominem os raios *violetas*"[582]. Primeiro, era verificado se o médium era receptivo através de diferentes testes, como a *atração para trás*: "Coloque o sujeito de pé, com os pés juntos. Ponha, em seguida, as duas mãos abertas sobre as omoplatas do sujeito, mantendo-se atrás dele, e retire lentamente as mãos após alguns instantes. Se for uma pessoa muito sensível, as omoplatas seguirão o movimento das suas mãos e a pessoa será involuntariamente atraída para trás"[583].

Para adormecer o sujeito através do olhar, Papus sentava-se diante dele, de costas para a luz. Tomava as duas mãos da pessoa, segurava os polegares, e olhava fixamente para a pupila de seu olho direito. Depois, juntando os dois polegares do sujeito em sua mão esquerda, Papus fazia, com a outra mão, passes na cabeça dele, de cima para baixo, descendo até o estômago. Ele soltava os polegares e continuava os passes com as duas mãos. O sujeito adormecido passava por três fases, a letargia, a catalepsia e, quando lhe esfregavam ligeiramente a testa, o sonambulismo lúcido, no qual ele falava e, às vezes, mudava de personalidade. O despertar era feito segundo diversos procedimentos, sendo o mais usual soprar fortemente entre os olhos e, junto a isso, passes com as duas mãos, primeiro na altura do estômago, depois na altura da cabeça. Em outras "sessões escuras", o médium, sentado em uma poltrona, cabeça apoiada, adormecia olhando fixamente para um espelho rotativo por meia-hora. Essas experiências mediúnicas permitiram a Papus concluir: "Os fatos atribuídos pelos espíritas aos *Espíritos* são, para os ocultistas, resultados exclusivos de forças emanadas do médium e, algumas vezes, aumentadas pela ajuda dos elementais"[584].

No início, as "sessões escuras" do Círculo de Estudos esotéricos se pareciam até demais com as "pesquisas psíquicas" de William Crookes, que, em Londres, se deixava enganar por médiuns fraudulentos como Dunglas Home. O sujeito preferido de Papus, a senhora Hannecart, era especialista em *aportes* e *materializações*: quando ela entrava em transe, instrumentos musicais planavam sobre as cabeças daqueles que estavam presentes, objetos se moviam sozinhos sobre uma mesa e mãos luminosas apareciam na sombra. Um outro sujeito, Corcol, era um "médium da encarnação", que assumia sob hipnose a personalidade de um insurgente fuzilado durante a Comuna. Mas essas experiências duvidosas foram abandonadas e substituídas pelo estudo da aura astral do médium, o que acarretou a uma prática curiosa: a fotografia do invisível. O dr. Hyppolyte Baraduc, que queria encontrar "um método que demonstrasse o *invisível fluídico*, assim como o microscópio demonstra os materiais infinitamente pequenos"[585], foi o mais espantoso especialista deste método. Sua "iconografia do invisível" compreendia os *psiquícones* (imagens fluido-psíquicas que saíam da testa ou da ponta dos dedos de um sujeito em estado de tensão criativa) e numerosas gravuras em que o corpo astral se separava do corpo físico sob a forma de nimbo, de vórtice ou de linhas radiantes. Para fotografar as "emanações passionais", pôs uma placa sensível entre os corações de dois amantes enlaçados: isso resultou em "bolinhas fluídicas" sobre um fundo negro. Ele fotografou também "as vibrações do cosmos, em uníssono com as nossas" a fim de verificar como o plano astral reagia às emoções humanas. Essa atividade experimental do grupo de Papus foi violentamente contestada por René Guenon em nome do esoterismo, que é um saber tirado da iniciação e não do cientificismo.

Isso não impediu que no final do século XIX a concepção do invisível se modificasse sob o impulso dos ocultistas franceses que combatiam os espíritas anglo-saxões. A teoria dos espectros se enriqueceu com uma nova noção: o fantasma dos vivos, ou forma fluídica, que saía momentaneamente para o astral. O mundo preternatural passa a ser, de agora em diante, o plano astral, no qual evoluem larvas e todo tipo de espíritos que não são apenas almas, como disse Papus: "Eis o que se encontra no mundo invisível aos olhos naturais e visível em estado mediúnico: 1) as *correntes fluídicas* de luz astral que carregam consigo: 2) *elementais*, forças inconscientes dos elementos; 3) *elementares*, restos de defuntos (*espíritos*, para os espíritas); 4) *Ideias convertidas em Seres*, seres coletivos; 5) *Corpos fluídicos* de médiuns e de adeptos"[586]. Os espectros, segundo Stanislas de Guaita, não passam de "coagulações aromáticas, mortos ou moribundos resíduos de cascas astrais em via de se desintegrar no oceano fluídico" e eles ficam preferencialmente "no entorno das sepulturas, dos matadouros, dos anfiteatros de anatomia ou ainda em esgotos e sulfataras"[587]. Enfim, admitiu-se que o corpo astral é capaz, por ascese, de deixar o corpo físico e de retornar depois de ter viajado pelo plano astral: "Apenas estreantes e ignorantes podem crer que o desdobramento é outra coisa senão uma prática de ginástica psíquica"[588].

AS EXPERIÊNCIAS DE DESDOBRAMENTO

A reputação de Saint-Yves d'Alveydre está associada à sinarquia, um sistema de governo, cujas ideias foram desvirtuadas pelos próprios partidários; mas sua personalidade tem um aspecto desconhecido, e muito mais estranho, de explorador de Agartha, o que lhe assegura um lugar eminente entre os pioneiros do invisível. Alexandre Saint-Yves, nascido em Paris em 1842 e filho de um médico alienista, manifestou desde a infância o caráter de um revoltado indomável. "No colégio, eu tinha a triste honra de estar entre os insubordinados mais insuportáveis", admitiria ele[589]. Fartos de suas infrações — ele chegou a atirar um tinteiro no rosto de um professor —, seus pais o mandaram, em 1858, para a colônia de Mettray, uma escola correcional em Indre-et-Loire. O diretor, Frédéric-Auguste de Metz, que visava a melhora de jovens delinquentes através da agricultura na propriedade com um parque e um castelo, soube educar tão bem Saint-Yves que este o considerou seu pai espiritual. Depois de receber o bacharelado em ciências em Rennes, o rapaz começou o curso de medicina, que interrompeu, no entanto, no terceiro ano. Aos 22 anos, foi viver em Jersey, entre os exilados políticos do Segundo Império; em seguida, levou uma vida de professor de cursos livres na Inglaterra. De volta a Paris, ele conseguiu, em 1872, um emprego no ministério do Interior. Pobre, solitário, autor de alguns opúsculos pouco lidos, cogitava entrar para a ordem dos trapistas quando foi apresentado, no salão do diretor da biblioteca do Arsenal, à condessa de Keller, que ele chamaria de Anjo da sua vida.

Uma vez casado com essa rica aristocrata das cortes do Norte, Saint-Yves passou a morar em um luxuoso hotel particular na rue Vernet e começou seu apostolado. Primeiro quis mostrar às populações bretãs que o mar seria "uma fonte de riquezas agrícolas, industriais, comerciais", desenvolvendo a indústria das algas marinhas: "Extraí mais de trinta aplicações exclusivamente de plantas marinhas, que só me valeram medalhas de ouro e de prata, grandes perdas e o escárnio dos preguiçosos e dos tolos"[590]. Tendo obtido, em 1880, o título de marquês d'Alveydre, ocupou-se da concepção da sinarquia, governo geral científico, composto por um Conselho Europeu de Comunas Nacionais, por um Conselho Europeu de Estados Nacionais e por um Conselho Internacional de Igrejas Nacionais. "A sinarquia, isto é, o oposto da anarquia", exigia que diversas classes sociais assumissem uma "missão" de renovar a sociedade, concedendo a cada uma três poderes sociais e específicos. Saint-Yves d'Alveydre quis estabelecer um estatuto dos governados conforme a um "cânone orgânico da humanidade".

Com *Mission des Souverains* [Missão dos soberanos] (1882), em doze capítulos correspondentes aos signos do Zodíaco, ele se apresentava como um Maquiavel que escreveu "um novo livro sobre o Estado: o do maquiavelismo da luz". Dizem que este era o livro de cabeceira de Bismarck. A soberania de que falava era sacerdotal, pois ele mesmo se considerava um soberano, como dizia: "Embora não tenha sangue judaico em minhas veias, posiciono-me ao lado dos judeus, recorro a seus sábios talmudistas, a seus cabalistas"[591]. *Mission des Ouvriers* [Missão dos operários] (1882), *Mission des Juifs* [Missão dos judeus] (1884) e *La France vraie* [A França verdadeira] (1887) — que continha 22 capítulos baseados nos arcanos maiores do tarot — completaram sua teoria, exposta durante uma excursão de conferências pela Europa, nas quais proclamava a "necessidade de uma Anfictionia sinárquica europeia". Sua política oculta separava a Autoridade do Poder, e o Poder (o *Imperium* dos romanos) da Vontade Popular, para fazer dela a expressão de uma síntese de conhecimentos através da "reconciliação da ciência e da religião judaico-cristã, reaproximando corpos docentes religiosos e civis". Seu sistema, longe de preconizar o despotismo esclarecido, limitava os poderes pessoais e os subordinava à fórmula: "Reinar é servir".

Saint-Yves d'Alveydre é um continuador de Fabre d'Olivet, e, como ele, reescreve a história humana a partir de mitos e de etimologias: ele conta "o Ciclo do Carneiro e do Cordeiro" (o Carneiro sendo Ram, o Cordeiro designando Cristo), isto é, a dupla influência celta e judaico-cristã na civilização europeia, com afirmações do gênero: "O nome da Europa ocidental era Varaha, o da Europa oriental Kourou". E isso ele prova com toda sorte de nomes de regiões e cidades, Var, Varsóvia, Warszawa, e pela palavra *war*, guerra ou "sublevação de Varaha". Suas evocações do "Estado social de Gian-ben-Gian", do imperador da raça negra Kowhan e do modo como os celtas fundaram a Pérsia (Irã viria de I-Ram) são puro escapismo visionário; mas suas ideias diretrizes são muito sérias.

Tendo conhecido, em 1887, o príncipe Haji Sharif de Bombaim, que se dizia "brâmane-guru-pandita", ele recebeu informações que o levaram a *escrever Mission de l'Inde en Europe* [Missão da Índia na Europa] (1887), que destruiu assim que foi impresso, temendo subitamente que dissessem sobre ele: "Este homem é louco, mistificado ou mistificador". A reedição de 1910 foi feita, a partir do único exemplar impresso que Saint-Yves guardou, por seus amigos, que fizeram uma nota: "Esta é a primeira obra de Saint-Yves em que as experiências práticas de desdobramento permitiram ao autor penetrar os santuários mais secretos da Terra para verificar ensinamentos orais"[592].

De fato, Saint-Yves d'Alveydre nos diz que teve oportunidade de visitar a Agartha, a cidade universitária escondida onde, desde tempos imemoriais, os iniciados da Padesa detêm e perpetuam conhecimentos extraordinários: "Esse nome, a Agartha, significa indevassável pela violência, inacessível à anarquia". Por razões de segurança, o autor não quer dizer onde se situa esse lugar: "Que baste aos meus leitores saber que, em certas regiões do Himalaia, entre 22 templos que representam os 22 arcanos de Hermes e as 22 letras de certos alfabetos secretos, Agartha forma o Zero místico, inencontrável". Em compensação, faz uma descrição detalhada dela: "O território sagrado de Agartha é independente, sinarquicamente organizado e composto de uma população que se eleva a um número próximo de vinte milhões de almas". Ali reina tamanha justiça que a criança do mais baixo pária pode ser admitida na Universidade Sagrada; os delitos são reparados sem prisão ou polícia. Ali se fala a língua universal, o *vattan*. A organização de Agartha é circular: os bairros são dispostos em círculos concêntricos. Em um desses círculos, habitam cinco mil panditas ou sábios: "O número de cinco mil corresponde ao número de raízes herméticas da língua védica". Em seguida, encontra-se uma circunscrição solar de 365 *bagwandas*, depois outra de 21 *Archis* negros e brancos. O círculo mais próximo do "centro misterioso" é composto por doze gurus, que portam, cada um, "sete nomes, hierogramas ou *mentrams*, de sete poderes celestes, terrestres e infernais". Enfim, no centro, fica o pontífice soberano, o *Brahatmah*, e seus dois assessores, o *Mahatma* e o *Mahanga*.

Nas células subterrâneas, inúmeros *djiwas* estudam: "O aluno sente já a invasão do Invisível. Pouco a pouco, as visões santas iluminam seu sono ou seus olhos abertos". Uma biblioteca de vários milhares de quilômetros se estende sobre toda a Ásia, e esta contém apenas livros "gravados em pedra em caracteres indecifráveis pelo vulgo". Impossível deslocá-los: "Apenas a memória deve conservar a imagem deles". Ao final da iniciação, todo iniciado tem a capacidade de ver uma pirâmide de fogo se movendo no espaço etéreo, formada pela "chama espiritual das almas" de Agartha, pirâmide circundada por "um anel de luz cósmica".

Saint-Yves d'Alveydre espera que lhe perguntem: "Como fazer isso? Através de quais meios psíquicos ou fisiológicos obter esse benefício inestimável?" Ele não quis dizer mais nada enquanto as Igrejas e as universidades não estivessem reconciliadas. É uma pena, pois adoraríamos saber detalhes técnicos sobre suas experiências de desdobramento. Uma alusão à maneira como "a força psíquica se libera", e como "o epopta recebe o segredo de despertar enquanto seu corpo dorme", parece ser uma confidência sobre seu método de auto-hipnose: "Envolvido em um sudário que lhe cobre a cabeça, com as orelhas, olhos e narinas vedados hermeticamente e deixando vazio apenas o espaço para a boca, de braços cruzados sobre o peito, ele se oferece em vida ao Anjo da Morte e se abandona totalmente a Deus"[593]. Talvez tenha sido através de um procedimento similar, que acarretava um estado propício às alucinações hipnagógicas do semi-sonho, que Saint-Yves tenha tido todas as suas visões de Agartha; em todo caso, seu livro não é uma invenção literária, mas é produto da concentração mental sobre um tema de meditação[*].

Em 1893, pouco depois de ter se mudado para Versalhes, Saint-Yves d'Alveydre perdeu a esposa, e transformou o quarto da morta em capela ardente, onde ia constantemente pedir conselho à sua alma. Um de seus discípulos, Barlet, especifica: "Esse tipo de comunicação não tinha nada em comum com o espiritismo; veremos, a propósito de suas doutrinas, que ele sempre condenou energicamente essas práticas. Ele não tinha nenhuma faculdade mediúnica, e não se servia de nenhum médium. Suas cerimônias, muito mais sagradas, eram de ordem totalmente distinta"[594]. Esses atos, assim como suas experiências de desdobramento, faziam parte desse saber secreto que Saint-Yves d'Alveydre nunca quis divulgar, alegando: "Se eu publicasse tudo que sei, integralmente, a metade de Paris enlouqueceria, a outra metade ficaria histérica"[595].

Foi a alma da esposa, durante um de seus contatos com ela, que lhe inspirou a ideia do arqueômetro, "instrumento de precisão de altas ciências e artes correspondentes, seu relator cosmométrico, seu padrão cosmológico, seu regulador e seu revelador homológico". O arqueômetro deveria garantir a arquitecnia, síntese de possibilidades religiosas, científicas e estéticas do homem. O instrumento era um círculo dividido em zonas concêntricas e triângulos, no qual as letras do hebraico, do sânscrito e do *vattan* (língua falada por Adão), os números, as notas musicais, as cores e os signos astrológicos formavam combinações que permitiam aos músicos, aos pintores e aos arquitetos fazerem criações que exprimissem o ideal perfeito da humanidade. Até mesmo os poetas poderiam utilizá-lo: "As relações entre as letras e as cores, vislumbradas intuitivamente por Rimbaud e seus imitadores, são determinadas cientificamente pelo arqueômetro"[596]. Saint-Yves d'Alveydre registrou a patente do arqueômetro em 26 de junho de 1903 e explicou como realizar, com ele, a "carpintaria musical" de uma catedral ou a "arquitetura falante" de um cântico. A obra que dedicou a isso era precedida de uma "androgonia", história da formação do homem.

---

[*] Esse tema não foi fornecido a ele apenas por seu guru. A Agartha (que, efetivamente, significa *inapreensível* em sânscrito) já havia sido mencionada por Louis Jacolliot, a partir de uma tradição popular indiana, em *Histoire des Vierges* (1875), livro sobre regiões ainda inexploradas.

Depois de sua morte em 1909, Saint-Yves d'Alveydre foi, em Versalhes, inumado ao lado da esposa, em um jazigo construído por intermédio do arqueômetro. Barlet, então Grão-Mestre da Rosa-Cruz cabalista, diria: "Saint-Yves estará sempre conosco, para nos inspirar e nos orientar", e agregou se dirigindo aos amantes das mesas girantes: "Não se trata, aqui, de uma alusão aos processos espíritas de comunicação com a alma dos mortos, mas de uma presença mental. Tenho os motivos mais sérios e, por consequência, o dever de afirmar que a alma de Saint-Yves repousa em paz em uma região que é inacessível para nós, e que qualquer evocação dessa alma, profanação verdadeira segundo suas próprias teorias, teria sobretudo como efeito perturbar perigosamente a alma de seu evocador"[597].

A SÍNTESE DO VISÍVEL E DO INVISÍVEL

As relações modernas do homem com o invisível, levando em conta as aquisições constituídas há séculos e as submetendo a uma crítica rigorosa, foram estabelecidas por René Guénon, incontestavelmente o maior iniciado da primeira metade do século XX. Depois de estudar no colégio Augustin-Thierry de Blois, onde nasceu em 1886, foi a Paris em 1904 para preparar uma tese de matemática. Ele desistiu, em 1906, de se tornar engenheiro, e preferiu seguir o curso da Escola de Ciências Herméticas dirigida por Papus; este o admitiu na Ordem Martinista, e fez com que participasse, como secretário, do Congresso Espiritualista e Maçônico de 1909. No entanto, ele se separou de Papus e entrou para a Igreja Gnóstica, onde foi consagrado bispo sob o nome de Palingenius, fundou a revista *La Gnose* (1909-1912) e criou a Ordem do Templo. Ele se informou com especialistas sobre a Índia védica, a China taoísta e budista, com o mesmo ardor com que se aprofundou no cristianismo esotérico.

Em 1912, Guénon se casou e se aproximou do sufismo, sob direção do pintor sueco Gustaf Agueli, convertido ao Islã e rebatizado Abdul-Hadi. De 1915 a 1919, será suplente do colégio de Saint-Germain-en-Laye e professor de filosofia em Setif na Argélia; depois, de volta a Paris, estreará em 1921 com dois livros, um orientalista, *Introdução ao Estudo de Doutrinas Hindus*, outro polêmico, *Le Théosophisme, histoire d'une pseudo-religion* [O teosofismo, história de uma pseudo-religião]. Este último já é representativo de seu rigor intelectual: considerando a proliferação de seitas teosóficas "um erro perigoso para a mentalidade contemporânea", fez disso um objeto não de um vago panfleto, mas de um ensaio robusto como uma tese: "O melhor meio de combater o teosofismo é, na nossa opinião, expor sua história tal como ela foi". Ele conta sobre a atuação dos chefes da escola, Helena Blavatsky, Annie Besant, a duquesa de Pomar, e Krishnamurti, e denuncia a pobreza de suas crenças baseadas em uma "tradição imaginária", com muitas citações persuasivas. Seu tom, contudo, não é o de um positivista: "Não somos desses que adoram falar 'em nome da Ciência', e que colocam a 'razão' acima de tudo", disse ele[598]. É o amor da verdade que ele invoca para motivar o vigor dessa crítica arrasadora.

Em seguida, sua preocupação de separar o verdadeiro do falso o leva, em *O Erro Espírita* (1923), a dar um golpe decisivo contra o espiritismo, que acusa de "irremediavelmente desequilibrar e perturbar uma multidão de infelizes"[599]. Essa vasta obra de "metafísica verdadeira" é a primeira em que não se faz simplesmente uma crítica negativa do espiritismo, opondo-lhe o bom senso, mas em que o espiritismo é desqualificado em relação a dados metafísicos de religiões orientais. Guénon diz sobre os espíritas: "A comunicação com os mortos, tal como eles a entendem, é uma impossibilidade pura e simples". De fato, eles acreditam que é possível se comunicar voluntariamente com os mortos, e não de maneira mental, intuitiva, como algo excepcional, mas de modo material e corrente: eles supõem que as almas são capazes de dar batidas numa mesa, deslocar objetos, ditar mensagens, o que é um absurdo não apenas para um materialista ateu, mas também para um bom crente hinduísta, budista, muçulmano, israelita ou cristão. Guénon revela toda uma face oculta do espiritismo, cujo propagandista na França, Allan Kardec (pseudônimo de Hippolyte Rivail, ex-professor de instituto de Lyon que se tornou, em Paris, diretor do teatro Folies-Marigny), contratava um grupo de colaboradores para escrever seus livros. Os espíritas se gabam de sábios que frequentaram suas sessões, como Marie Curie, mas René Guénon recusa essa caução científica lembrando que muitos sábios deram provas de uma "extravagante credulidade" em relação a falsários: "Ninguém é mais ingênuo e mais desprovido de qualquer forma de defesa do que certos sábios quando saem de sua esfera habitual"[600].

354

Nesse livro, Guénon toma posição diante do ocultismo, ao qual ele reconhece "uma multidão de teorias sem qualquer correspondência com o espiritismo" a ponto de ser impossível comparar uma coisa com a outra: "Seria um grande erro confundir ocultismo e espiritismo... Há, sobretudo, entre os dois movimentos, uma espécie de antagonismo, que se afirma mais violentamente do lado dos espíritas, e mais discretamente da parte dos ocultistas"[601]. Contudo, ele critica, em Papus, as experiências ambíguas, sentindo-se mais próximo de Éliphas Lévi do que do "ocultismo papusiano", mas ainda assim faz questão de especificar: "Os filósofos universitários criticam o ocultismo por querer ultrapassar os limites estreitos nos quais eles mesmos fecharam suas próprias concepções, sendo que, para nós, erro maior seria não ultrapassar efetivamente esses limites, exceto em alguns casos particulares... Para outros, o ocultismo vai ou aspira a ir muito longe, para nós, pelo contrário, ele não vai longe o suficiente"[602].

Ao mesmo tempo que dava aulas de filosofia no curso Saint-Louis, conferências na sede da *Nouvelles littéraire* ou na Sorbonne, Guénon desenvolveu sua doutrina, da qual lançou os fundamentos em *Oriente e Ocidente* (1924); *O Homem e Seu Devir Segundo o Vedanta* (1925); *O Esoterismo de Dante* (1925); *O Rei do Mundo* (1927); e *A Crise do Mundo Moderno* (1929). Neste último livro, diz que o mundo chegou à quarta era, "a era sombria", a *Kali-Yuga* dos hindus, em que as verdades se tornam cada vez mais escondidas e difíceis de alcançar; apenas o recurso à Tradição permitiria impedir o caos social produzido pela oposição entre Oriente e Ocidente, da contemplação e da ação, e pelo "saber ignorante" da ciência profana, tendo abdicado de "qualquer princípio que lhe pudesse garantir um lugar legítimo, por humilde que seja, entre as diversas ordens do conhecimento integral"[603].

A morte da esposa, em 1928, fez com que ele atravessasse uma fase depressiva; contudo, ele anima a revista *Le Voile d'Isis* e escreve *Autoridade Espiritual e Poder Temporal* (1929). Gonzague Truc, evocando-o nesse período, com sua longa silhueta, dizia: "Raramente encontrei uma fisionomia tão pura quanto a sua... Quando falo assim de pureza, refiro-me à perfeita integridade do espírito e à ausência de qualquer concessão". Ao partir para o Cairo em 5 de março de 1930, a fim de pesquisar textos sufis, René Guénon se fixará ali e solicitará sua islamização; mais tarde, obterá nacionalidade egípcia. Daí em diante, ele será o xeique Abdel Wahed Yahia, pertencente ao ramo shadilita do sufismo. Essa conversão de Guénon já fez correr muita tinta, ainda mais porque ele não se considerava um convertido; por sua consciência da unidade das tradições, julgava-se "inconversível". Havia simplesmente operado sua "conexão iniciática" com a religião que melhor correspondia ao seu ideal de esoterismo: "Não há nada nisso que implique a atribuição de uma superioridade em si de uma forma tradicional sobre uma outra, mas unicamente aquilo que poderia ser chamado de uma questão de conveniência espiritual"[604].

Com essa iluminação, ele irá compor *O Simbolismo da Cruz* (1931) e *Os Estados Múltiplos do Ser* (1932). A filosofia de Guénon parte de sua "teoria dos estados múltiplos", ela mesma baseada em sua concepção da "Possibilidade universal", que compreende o Ser e o Não-Ser, o manifestado e o não-manifestado. O homem representa ao mesmo tempo aquilo que ele é e aquilo que ele não é: "Se imaginarmos um ser qualquer em sua totalidade, ele deverá comportar, ao menos virtualmente, estados de manifestação e estados de não-manifestação"[605]. O Não-Ser, longe de ser o nada, será, sobretudo, seu contrário, se o nada pudesse ter um contrário: "São essencialmente os estados de não-manifestação que garantem ao ser a permanência e a identidade"[606]. O espírito humano inclui o *intelecto puro* (que existe em todos os seres e em todos os estados) e o *mental* ("aquilo que existe de especial no homem, aquilo que não é comum com os seres não-humanos"). Não existe unidade do Eu, e a consciência individual é ilusória; o homem, dividido entre o intelecto puro (de ordem universal) e o mental (sua "diferença específica"), que passa por uma sucessão de estados, não chega a captar o que realmente é. Daí a necessidade de uma empreitada de "totalização do ser", que o faz chegar à "Identidade suprema" por meio de uma Gnose: "O conhecimento verdadeiro desses estados implica sua possessão efetiva, e, inversamente, é através desse próprio conhecimento que o ser se apossa deles"[607].

Em julho de 1934, casou-se novamente com a filha mais velha de um negociante, o xeique Mohannad Ibrahim, e se instalou com ela na Villa Fatma, rue Nawal, no bairro de Doki. Ele terá então duas filhas, Khadija e Leila, e dois filhos, Ahmed e Abdel Wahed (este último nascerá depois da morte de Guénon). Seu último período será marcado por *O Reino da Quantidade e os Sinais dos Tempos* (1945); *Considerações Sobre a Iniciação* (1946); *Princípios do Cálculo Infinitesimal* (1946); e, como uma conclusão do desenvolvimento de seu pensamento, *A Grande Tríade* (1946).

Esse filósofo que tão bem falou sobre a iniciação não quis ter discípulos, nem se propôs como modelo aos leitores. Ele perseguiu a ambição superior de ser a encarnação da Tradição, com uma autoridade inflexível. Apresentava-se como uma obra, não como um homem, e não admitia que ninguém se interessasse por sua vida privada, nem por seu pensamento. A um crítico italiano que, em maio de 1950, referiu-se a ele como o mestre do "esoterismo moderno", mas que lhe censurava o fato de se fechar exclusivamente na dialética, respondeu: "Nunca pretendemos explicar nada sobre 'nossa experiência interior', que não diz respeito e não pode interessar a ninguém, nem tampouco da 'experiência interior' de qualquer um, pois isso é estritamente incomunicável pela própria natureza"[608]. A inegável grandeza dessa atitude também não impede que a exposição dele feita por Georges Bataille (que essa frase parece visar) seja admirável, que desvela inteiramente sua subjetividade a fim de revelar sua "mística sem Deus".

Com René Guénon, chegamos ao limite extremo do invisível; ele o percebe como tal, em vez de procurar nele anjos ou micróbios do astral. Ele o identifica com o incomunicável, aquilo que, tornando invisível a relação com o invisível, confere ao mistério do Ser uma dupla invisibilidade. Disso vemos que o invisível está presente em Guénon nas especulações sobre o Não-Ser, sobre o "estado sutil" (*taijasa* dos hindus, que produz criações alucinatórias) e sobre os "confins do indefinido" (partes desconhecidas da Possibilidade universal), mas não no seio de uma busca individual claramente expressa. Sabemos que ele se encaminhou para "a Libertação através da qual o ser se livra dos vínculos de toda condição especial de existência", e ignoramos se ele encontra, no caminho, iluminações ou êxtases. Um de seus amigos falou de sua "vida simples", um outro de sua personalidade "diáfana"; seu apagamento por trás da Tradição fez dele o filósofo invisível, como antes existiu o filósofo desconhecido.

Embora alegasse não se interessar por abstrações, Guénon pesou os mais finos conceitos ocultos nas balanças de sua mente. Aprendemos com ele a diferença entre misticismo e esoterismo, entre "realização mística" e "realização iniciática ou esotérica"; ele nos mostra o que é a "realização ascendente", que segue rumo a um objetivo, e a "realização descendente", na qual atraímos para nós a verdade buscada. Resolveu problemas desse gênero: "O espírito está no corpo ou o corpo está no espírito?". Ele foi o grande teórico da vida contemplativa, mas se proibiu de designar aquilo que pode ser contemplado: a cada um cabe ver com a própria mente. Sua filosofia indica, ao menos, que não há nenhuma passividade no contemplador: "A contemplação é... a mais alta forma de atividade, e é muito mais ativa na realidade do que tudo aquilo que resulta da ação exterior"[609]. Ele distingue a "contemplação direta" da "contemplação através de reflexo", uma mais mística, outra mais iniciática: "Assim como, na verdade, podemos olhar diretamente para o sol ou olhar seu reflexo na água, também podemos contemplar ora realidades espirituais tais como elas realmente são em si mesmas, ora seu reflexo no domínio individual"[610].

Quando Abdel Wahed Yahia, ex-René Guénon, morreu no Cairo em 1951, proferindo o nome de Alá, foi enterrado no cemitério de Darassa com o corpo envolto em linho e o rosto voltado para Meca. Três importantes reuniões póstumas de seus artigos completaram sua bibliografia; um deles reúne uma centena de estudos sobre os símbolos da maioria das religiões[611]. Em textos de 1945 intitulados *L'illusion des statistiques* [A ilusão das estatísticas]; *La Confusion du psychique et du spirituel* [A confusão entre o psíquico e o espiritual]; *La Pseudo-initiation* [A pseudo-iniciação]; *La Duperie des "prophéties"* [A enganação das profecias] etc.[612], ele combateu, antes mesmo que fossem desencadeados, os males do pós-Segunda Guerra Mundial. Ele não teve tempo de ver se desenvolverem certos excessos da parapsicologia, mas basta ler *Des prétendus "pouvoirs" psychiques* [Dos pretensos "poderes" psíquicos] (1946)[613], para saber que os teria criticado severamente.

8
A MAGIA SEXUAL

O erro a ser evitado quando se aborda o estudo da magia sexual é identificá-la a uma devassidão especial, complexificada por uma liturgia. Na verdade, trata-se de uma ascese que alguns se impõem com vistas a obter êxtases sobre-humanos ou poderes cósmicos, e se essa ascese é realizada, por vezes, através de práticas orgiásticas, mais frequentemente ela obedece a regras estritas de continência. Encontramos em diversos filósofos ocultos recomendações de castidade tão severas quanto as dos Pais da Igreja. Abramelin, o Mago tolera em seus discípulos "a obrigação matrimonial", com o intuito de engendrar filhos, mas fora do dever de procriação, ele lhes diz: "Fujam do coito como da peste"[614]. O médico ocultista Adrien Péladan Filho (que era irmão e foi o iniciador do romancista Joséphin Péladan)* dizia que o polo cerebral e o polo genital dependem da mesma energia vital, e, por consequência, se a desviamos do sexo, é em benefício do cérebro. A retenção de secreções sexuais é um estimulante criador, que está na origem de obras primas da literatura mística: "Nada é tão potente quanto a reabsorção do fluido seminal para levar a força intelectual ao seu estado mais sublime... Se quiserem fazer grandes coisas, vivam sobretudo na continência e na castidade mais absolutas. A virgindade real desenvolve ao mais alto grau as potências da alma e dá, aos que se dedicam a ela, faculdades desconhecidas do restante dos humanos"[615].

---

* Ambos eram filhos do dr. Adrien Péladan, militante católico apelidado de "o zuavo do Bom Deus", que fundou, em 1856, em Lyon, *La France littéraire*, revista de divulgação intelectual.

Podemos, aliás, considerar a castidade como uma exigência da teurgia ou da magia branca. Ela obriga a sacrificar a sexualidade para merecer a salvação espiritual; assim, aportamos a esta uma importância capital da qual nem desconfiam aqueles que a empregam vulgarmente. Postula-se então que a sexualidade dirigida — e reprimi-la é um modo elementar de dirigi-la — se torna um meio de ação a serviço do espírito, em vez de permanecer um impulso cego do instinto. Na Grécia, a *encrateia* (continência) foi um valor raramente honrado, a não ser entre os Órficos, ou no caso das pitonisas, que deveriam ser virgens para fazerem oráculos. Pelo contrário, o Ocidente cristão fará da continência uma virtude moral, e até descobrirá que ela não é suficiente (uma vez que pode dever-se a uma enfermidade): apenas o *voto de continência* será considerado por São Tomás de Aquino uma perfeição. São Cipriano, tratando do celibato eclesiástico, exortará os padres à castidade sacerdotal, pois ela os tornará semelhantes aos anjos e convencerá o público da santidade de sua missão.

A castidade dos místicos cristãos e de alguns gnósticos se baseava no horror da carne. O corpo humano, concebido na cloaca do ventre materno, *inter urinam et faeces nascimur* [entre urina e fezes nascemos], segundo a expressão de Santo Agostinho, era um vaso de impurezas. A mulher parecia particularmente impura por causa do ciclo menstrual, esse misterioso afluxo de sangue que era comparado à periodicidade do movimento da Lua, e que os médicos então chamavam de "purgações lunares" ou "flores vermelhas" do sexo feminino. Apesar dessas metáforas, esse sangue era considerado uma sujeira infecta, consequência do pecado original. Cornelius Agrippa recolheu diversas superstições a respeito desse escorrimento sanguíneo mensal, veneno tão virulento "que a cinza dos panos que contiveram esse sangue alterava a cor púrpura e tirava a cor das flores"[616]. Podia-se, a rigor, esfregar esse sangue na planta do pé de um doente com febre quartã, ou, com precaução, se servir dele como antídoto: "É bom saber que a virtude desse veneno é maior no período da Lua minguante e ainda maior quando a Lua não aparece, e que ele não tem remédio na Lua minguante ou no Sol; e que ele tem uma enorme força ou virtude quando essa purgação vem dos primeiros anos ou na primeira virgindade, e que ela tem o poder de anular todo sortilégio quando a passamos nos umbrais das portas"[617]. O sangue da menstruação é, portanto, um "veneno" tão assustador que causa medo até nos demônios.

O homem é igualmente submetido a um ciclo espermático que o torna impuro, o obriga a evacuar seu próprio "veneno" em poluções. A teoria das poluções, estabelecida por casuístas como Liguori, as dividia em noturnas e diurnas, involuntárias ou voluntárias; mas também se distinguia a *destilação* (emissão uretral das glândulas de Cowper e de Bartholin em consequência de uma excitação) e os *movimentos desregrados* (semiereção do pênis ou do clitóris e dos seios durante uma leitura ou diante de um espetáculo). Comprazer-se com a destilação e com os movimentos desregrados era um pecado tão mortal quanto o onanismo. O cristianismo elaborou um catálogo sem precedentes de prazeres culpáveis, segundo o qual era tão difícil ser puro que os monges precisariam de dez formas de submeter a carne: praticar a oração, o jejum, a autoflagelação, o uso do cilício, o afastamento dos maus pensamentos, a leitura das vidas dos santos, a meditação sobre as penas infernais, a abstenção do vinho e das carnes quentes, o afastamento da companhia de mulheres.

Existe um erotismo cristão esotérico. Toda a magia sexual ocidental parte dele. Os ocultistas aderiram às suas crenças muito embora tenham corrigido certos dados em relação aos mistérios pagãos. O erotismo cristão anima uma dialética da continência e da incontinência, e vai de um extremo ao outro. Ele levou os Encratitas, seita fundada em 172 por Taciano, a se separarem da matéria a ponto de decretar que o casamento era uma invenção diabólica. Mas incitou também os Messalianos do século IV, e seus chefes Adelfo e Lampécio, a se permitirem todos os desregramentos sexuais, com a condição de terem atingido, depois de três anos de ascese, a *apatheia* (insensibilidade). O messaliano passava o tempo em oração, e não acreditava pecar quando fazia o amor *apathos*, sem nada sentir, como Adão e Eva antes da Queda[618]. Essa incontinência não era menos ligada à submissão da carne do que a continência; ela estimulou estranhas licenciosidades provenientes da superestimação do sexo como bem ou como mal, e da vontade de empregar soberanamente provas religiosas.

Já existe uma magia natural no amor: o desejo inclui todos os fenômenos do magnetismo animal; o olhar e as carícias provocam encantamentos, possessões; o orgasmo é uma forma de êxtase; a separação põe em jogo a telepatia e exalta nos amantes possibilidades mediúnicas. Em consequência, a magia sexual ocidental é o resultado de duas tendências: a mística erótica — própria dos apaixonados —, que idolatra a criatura, sacraliza as supostas impurezas corporais e continua a tradição das religiões primitivas que comportavam o culto do falo e os ritos escatológicos; e a mística cristã, que glorifica a alma em detrimento da carne e reprime os impulsos sensuais através de uma preocupação legítima de apagar a bestialidade dos seres humanos. Acompanharemos o conflito dramático dessas duas tendências e as tentativas da filosofia oculta de conciliar uma e outra utilizando a sexualidade para finalidades transcendentes e agregando-lhe procedimentos mágicos.

ONTOLOGIA DO ATO SEXUAL

Os teólogos e os médiuns formaram, entre a Idade Média e o século XVII, uma concepção do ato sexual que serviu de base para a filosofia oculta. Não é nas superstições populares que encontramos mais bem expressas as relações entre amor e magia, mas sim nos livros de ilustres doutores da Igreja e da Faculdade de Medicina, dos quais citarei alguns aspectos característicos.

Todos concordam em dizer, em primeiro lugar, que o objetivo do ato sexual é a procriação. O orgasmo é apenas um chamariz sem o qual os seres não seriam incitados a perpetuar sua espécie, como especifica Ambroise Paré em seu tratado *De la Génération de l'homme* [Da geração do homem] (1573): "Existe um grande deleite na cópula do macho e da fêmea, pois se trata de um ato tão abjeto e tão imundo que se não fosse acompanhado de tal prazer delicioso todos os animais naturalmente dele fugiriam"[619]. O casamento servia para satisfazer esse prazer com decência: "Deus permitiu aos que não conseguem moderar sua cobiça, e que são desprovidos do dom da continência, o leito matrimonial, a fim de que possam se conter dentro desses limites, e que não se contaminem por uma devassidão aqui e uma vadiagem ali"[620]. Paré quer, na verdade, que o casal o faça bem--feito: "O homem, deitado com sua companheira e esposa, deve mimá-la, fazer-lhe cócegas, acariciá-la e comovê-la, caso ela pareça rígida; e o cultivador não entrará no campo da Natureza humana sem cuidado, sem primeiro fazer suas aproximações, que são feitas beijando-a, falando-lhe de gamão; e também manipulando suas partes genitais e seus seios, a fim de que ela se sinta instigada e provocada, até que ela aceite os desejos do macho (momento que seu útero lateja)"[621].

Esse grande cirurgião dizia que a mulher, sendo mais lenta para se excitar que o homem, pode se preparar para o amor com abluções vaginais: "E para avançar ainda mais os trabalhos, a mulher fará um preparado de ervas quentes, cozidas em bom vinho ou malvasia, para suas partes genitais, e, paralelamente, colocará no colo do útero um pouco de almíscar e de algália; e quando ela se sentir instigada e excitada, dirá ao marido; então eles se unirão, e realizarão o jogo suavemente, esperando um ao outro, dando prazer ao companheiro. Quando ambos emitirem sua semente, o homem não deve se afastar de pronto, a fim de que o ar não entre no útero e não altere as sementes e que elas se misturem melhor uma com a outra"[622]. De fato, não se deve esquecer que se trata de "fazer uma pequena criatura de Deus"; Paré aconselha que a esposa, após o coito, fique com as coxas e as pernas fechadas, sem falar, tossir ou espirrar. Por um sinal, a mulher é advertida de que a fecundação foi realizada: "Ela sente, quando as sementes se unem, um pequeno frisson e um arrepio, ou um eriçamento dos pelos por todo o corpo".

Como a procriação era um fim capital, foram imaginadas formas de torná-la perfeita. Pietro Pomponazzi, professor de medicina em Pádua, em 1488, dizia: "No coito, aquele que imagina produz, na realidade mesma, um feto semelhante ao que imaginou"[623]. O casal, segundo ele, podia predeterminar o sexo da criança: se desejassem um menino, os cônjuges deviam pensar em um menino ao fazer amor, ou em uma menina se preferissem uma filha. Jean Liébault aconselhava aos esposos copular apenas no dia e na hora indicados por um astrólogo, a fim de terem a certeza de conceber uma criança sob um astro favorável. De todo modo, acrescentava, "a conjunção do marido com a esposa é sempre infausta e infeliz na Lua minguante ou na Lua nova"[624]. De fato, crianças concebidas ao final de uma lunação "não só nascem disformes, mutiladas, doentias, tortas, corcundas, contrafeitas e enfermiças, mas também são estúpidas, tolas, lentas, desprovidas de todos os dotes naturais"[625]. Laurent Joubert defendia que a única maneira de fazer uma criança saudável era copular pela manhã, depois de um bom sono. Ele criticava seus contemporâneos por não observarem essa regra de higiene sexual: "Agora que todos são mais dados ao prazer e à volúpia carnais, fazem isso a qualquer hora do dia e da noite: mais amiúde após as refeições e de modo muito inapropriado"[626].

Antes da descoberta da ovulação, acreditava-se que a fecundação vinha da mistura da semente feminina (elaborada em testículos internos) e do sêmen masculino. Germain Courtin, professor de cirurgia na Faculdade de Medicina de Paris, de 1578 a 1587, em seu curso "Dos testículos da mulher", descreveu a ejaculação feminina e argumentou que a masturbação a desviava de seu trajeto: "As mulheres, visando seu prazer assim como os homens, sem ter companhia masculina, lançam seu esperma através dos chifres de dentro do útero, esperma este que, quando corrompido, é causa de graves doenças"[627]. Era indispensável que a mulher gozasse no ato sexual, do contrário a criança não seria concebida. A frigidez era, portanto, objeto de particular preocupação dos médicos. Lazare Rivière, decano da Faculdade de Medicina de Montpellier, a uma paciente que lhe pediu que "acendesse as instigações venéreas que ela dizia estarem totalmente extintas", respondeu: "Nada é mais eficaz que untar a região do útero com óleo de formigas-aladas, feito da seguinte maneira: pegue dois dracmas de formigas-aladas e faça com elas uma infusão em óleo durante quarenta dias"[628].

Ele também mandou a dama engolir, com um pouco de vinho, um opiato que continha âmbar cinza, formigas-aladas, casca de laranja confitada com mel e raiz de erva-de-santiago: "Ela confessou que teve um prazer maravilhoso".

Jean Liébault era um médico que fornecia aos impotentes "uma infinidade de remédios para aumentar o esperma, a flatulência, adensar o sangue e tornar o espírito espermático grosso e espesso". Ele prescrevia a ingestão do leite materno ou de ovelha; da língua de ganso; dos testículos de raposa; do pênis de touro ressecado, pulverizado e misturado com ovo; e do lagarto, "principalmente a ponta da cauda"; ou, ainda, temperar as refeições com *sal de lagarto*, obtido da seguinte maneira: "Arranque a cabeça de um lagarto no verão, retire todas as vísceras, encha-o de sal; deixe na sombra até secar; então, retire o sal e jogue fora o corpo do lagarto"[629]. Na falta de apetite sexual: "Misture com vinho sementes de rúcula ou sumo dessa erva: isso estimula a concupiscência carnal". Se, pelo contrário, há um excesso de apetite sexual: "Quando se quer certo descanso do embate venéreo, deve-se lavar o dedo maior do pé direito com água, e, de súbito, o desejo carnal cessará"[630]. Quando se sofre de ejaculação precoce: "Pegue quatro onças de leite de ovelha, dois dracmas de pelos de lebre queimados e sutilmente pulverizados: misture e beba à noite e pela manhã duas horas antes de comer. Esse remédio previne inteiramente qualquer tipo de fluxo de esperma". Liébault tinha até medicamentos para reviver o desejo nos cônjuges que se odeiam, mascando "sementes de cubeba, com meio grão de almíscar ou âmbar", e para garantir a fidelidade conjugal: "Diversos autores dignos de confiança defendem que, se o marido deseja que a esposa não se relacione com outro homem além dele, deve recolher os cabelos que caem quando ela se penteia, queimá-los e fazer um pó, misturá-lo com gordura de bode e fel de galinha, e untar-se com essa pasta"[631]. Muitas receitas atribuídas ao ocultismo e ao folclore provêm desses receituários médicos.

Foi formada toda uma mitologia em torno da mulher grávida, cujos "desejos" foram investigados com inquietação, devido à tese de que deixariam vestígios no corpo da criança. Laurent Joubert, médico da rainha Margarida de Navarra, fala disso com um estilo ousado: "Chegamos agora ao motivo de se aconselhar à mulher grávida que ponha a mão no traseiro, se não puder saciar subitamente o desejo. A opinião do vulgo é a de que, caso ela leve a mão ao rosto, ao nariz, ao olho, à boca, ao pescoço, à garganta ou a qualquer outra parte do corpo durante essa vontade e fantasia, aparecerá na criança, em local análogo, a marca daquilo que a mãe desejou. E por isso, a fim de que essa marca fique oculta, é melhor que seja impressa nas nádegas ou em outro local que as roupas cubram"[632]. Um marido que recusasse algum desejo de uma parturiente sofreria de terçol na pálpebra: "Quando se percebia alguém com terçol, costumava-se dizer: você recusou alguma coisa a uma grávida? Ou, se alguém recusava algum desejo de grávida, dizia-se: nascerá um terçol no seu olho"[633].

Os cuidados prestados durante o parto incluíam procedimentos mágicos bem como médicos. Laurent Joubert conta: "As parteiras das vilas ao redor de Montpellier comprovaram que uma mulher em trabalho de parto que se sentar sobre a base de um caldeirão recém-tirado do fogo irá parir com mais facilidade. Menos fundamento há no costume dessas mesmas parteiras de colocar sobre o ventre da grávida a touca ou o chapéu do marido... como se dissessem: do homem veio esse inchaço do ventre e sua touca serve de antídoto"[634]. Ambroise Paré, a fim de evitar que o ar entrasse no útero, prescrevia: "No verão, deve se retirar a pele de um carneiro negro, esfolado vivo, e logo degolado, e aplicá-la, ainda quente, sobre o ventre e os rins"[635]. Ele recomendava, para impedir que o ventre ficasse "enrugado e amassado", um unguento feito com uma libra de caracóis vermelhos, picados pequenos com alecrim, em uma panela que tenha ficado enterrada em esterco de cavalo por quarenta dias. Quando o aleitamento era confiado a uma ama de leite, Paré aconselhava: "De modo semelhante, a mãe dará de mamar a um adulto ou a filhotes de cachorro, até esgotar seu leite; e é preciso fazer isso com frequência. E quando ela não puder encontrar ninguém para dar de mamar, ela mesma poderá fazê-lo com um instrumento de vidro, no qual colocará o bico do seio, e, na outra extremidade, sugará com a própria boca; assim ela tirará o próprio leite tanto quanto quiser"[636]. Ele ilustrava esse conselho com o esboço de uma mamadeira de sua invenção.

O aborto não era aceito pelos médicos: "Abortar, ato desumano e condenável", dirá Ambroise Paré. No entanto, observou-se que, embora Hipócrates fizesse seus discípulos jurarem que nunca praticariam o aborto, Aristóteles o permitia com a condição de que a alma ainda não estivesse presente no feto. A medicina se preocupou, portanto, em especificar esse ponto, que Paré definiu assim: "A alma é um espírito divino, invisível e imortal, disperso por todas as partes do corpo, e infundido pela potência de Deus, o criador, sem nenhuma virtude do sêmen genital, quando os membros já estão formados e configurados no ventre da mãe, o que acontece, no caso de meninos, no 40º dia (uma vez que seu calor é maior e sua matéria mais vigorosa) e, no de meninas, no 50º dia, às vezes mais cedo, às vezes mais tarde"[637]. Germain Courtin, depois dele, afirmou que a aparição da alma no embrião se dava 45 dias depois da fecundação, e por conseguinte, que um aborto não causa nenhum dano à vida de um ser até essa data-limite.

Entre as doenças das mulheres, temia-se o "sufocamento do útero" (o que mais tarde chamariam de histeria), atribuído ao inchaço do útero empurrado para cima "por um movimento forçado e como que convulsivo", sob efeito da retenção de mênstruo ou corrupção da semente. Durante a crise, deitava-se a paciente de costas, afrouxava-se sua roupa, e, gritando-lhe seu nome, tiravam-se os pelos de seu púbis no intuito de fazer o órgão sufocado descer de novo.

A liberdade sexual da mulher era reprovada pela medicina como uma causa de esterilidade. Laurent Joubert confirma: "Nem todas são estéreis por frigidez ou por umidade excessiva do útero... muito amiúde é justamente o contrário, seu útero é quente demais e, por isso, queima ou assa a semente...

Essa disposição é muito comum nas que têm inclinação devassa e lasciva, insaciáveis, voragens de esperma, nas que se dizem quentes como cadelas, e que, não fosse o pouco de respeito que lhes resta, correriam e agarrariam os homens à força, tamanho o calor em suas virilhas... Essas bagaceiras acaloradas (como se diz no Languedoque) não se preocupam com a possibilidade de engravidar. Elas só precisam de um pingo de sêmen para apagar e moderar esse fogo e matar a sede de seu útero"[638].

A sensualidade ardente demais era atribuída ao furor uterino que Lazare Rivière definiu como "uma espécie de mania, causada por um extremo e desregrado desejo de coito" e que tratava mandando a mulher "levar continuamente sobre os rins uma lâmina de chumbo furada" e "injetar na vulva soro de leite ou uma decocção de cevada e sumo de erva-moura, saião ou cicuta". Se fosse uma virgem, dizia para escolher um marido vigoroso, e, enquanto isso, aliviar-se com massagens íntimas: "Alguns aconselham que uma parteira experiente esfregue e manipule suas partes pudendas, para que ela possa descarregar uma grande quantidade dessa semente. Mas, uma vez que isso é interdito por ser pecado, basta que a paciente, quando estiver no banho, esfregue suavemente, sem tocar nas partes pudendas, as partes do útero a fim de que ele seja temperado pela tepidez da água"[639]. O mesmo Rivière possuía tratamentos da dismenorreia baseados na magia sexual: em caso da interrupção da menstruação, recomendava defumações internas de perfumes feitas com auxílio de "um tubo longo que alcance o colo do útero"; para "o fluxo excessivo de mênstruos", aplicação sobre o baixo ventre de cataplasmas de urtigas cozidas em uma frigideira etc.

Quem se ocupava dos desvios da sexualidade eram os teólogos, já que os médicos relegavam o assunto para eles. Um ramo da literatura cristã, a "moequiologia", era reservado à discussão dos pecados contra o sexto e o nono mandamentos. O padre Benedicti, ao se referir aos seus predecessores, descreveu os dez tipos de luxúria: a fornicação, o adultério, o incesto, o estupro (depravação de uma virgem), o arrebatamento (sedução através de rapto), o sacrilégio, a poluição voluntária, a sodomia, a bestialidade e o excesso entre cônjuges. Analisou também os sete graus de luxúria, que vão desde a intenção até o próprio ato, sendo o primeiro grau "deixar a sensualidade agir sem repeli-la", e o sétimo "a consumação da obra carnal, que é a morte"[640]. A luxúria podia ser de vários tipos ao mesmo tempo: "Aquela associada ao padre ou ao religioso é incesto e sacrilégio, e a quem é religiosa configura incesto, adultério e sacrilégio, pois a religiosa é a esposa espiritual de Deus"[641]. Entre os excessos dos cônjuges, cinco destes eram pecados veniais (fazer amor em dia santo ou de comunhão, mais por prazer do que com o fim de procriar etc.), e os outros eram pecados mortais (pensar em outra pessoa durante o ato conjugal, ir contra a natureza etc.). Era preciso controlar em si as menores veleidades da luxúria e se arrepender, como especifica o casuísta: "Não é pouca coisa profanar tão despudoradamente seu corpo, que deve ser o templo do Espírito Santo".

Eis, então, sobre qual concepção se edifica a magia sexual ocidental da era cristã. Nela é conferida à sexualidade uma função duplamente utilitária: no casamento, ela tem por fim a propagação da espécie; fora do casamento, ela permite se tornar santo ou santa, quando o sujeito possui a arte de reprimi-la. De todo modo, o sexo é o mal: basta um desvio e essa máquina infernal, erguida no centro do corpo humano, anula qualquer chance de salvação eterna. A filosofia oculta assimilou esse dado patético, e, combinando-o com reminiscências do paganismo, deduziu dois sistemas que iremos estudar: de um lado, o erotismo diabólico, que assume desenfreadamente a luxúria a fim de combater o mal com o mal, ou de adquirir uma potência tenebrosa; de outro, a santificação do sexo, que tira dos prazeres carnais a noção de pecado e busca neles as condições de um novo sagrado.

O EROTISMO DIABÓLICO

Os primeiros grandes teóricos do erotismo diabólico foram os inquisidores alemães, espanhóis, italianos e franceses que trataram de demonologia — Jacob Sprenger, Paulo Grillando, Giovanni Anania, Henry Bouguet, Martin Del Rio, Pierre de Lancre e muitos outros —; seus discípulos ativos foram os bruxos e as bruxas que eles julgavam. Isso parece um paradoxo, mas é uma verdade facilmente demonstrável. Os bruxos eram, em sua maioria, camponeses que não sabiam ler ou escrever; as bruxas mulheres, não menos iletradas, eram, às vezes, muito jovens. De onde teriam tirado seu saber em conformidade com escritos canônicos sobre íncubos e súcubos, sobre os costumes dos demônios, senão dos processos de bruxaria em que eram implicados como testemunhas, cúmplices ou acusados? O próprio Lancre diria: "Antigamente só se reconhecia como bruxos os homens vulgares e idiotas, criados entre brejos e matagais das Landes"[642]. Com a Inquisição, eles receberam uma instrução que os refinou: mas era uma instrução judiciária.

A grande perseguição de bruxos e bruxas, surgida na Alta Alemanha após a bula *Summis desiderantes affectibus* [Desejo com ardor supremo] de Inocêncio VIII em 1484, desencadeou-se sobretudo na segunda metade do século XVI, quando a Reforma e as guerras da Liga provocaram nas autoridades o medo da descristianização dos camponeses. Até então, queimavam-se nobres e intelectuais acusados de serem heréticos, e não pastores, mendigos e lavradores; a sentença de Paris de 1282, que fez jurisprudência, condenou três mulheres acusadas de bruxaria simplesmente a serem enviadas ao bispo de Paris para ouvirem uma exortação*. Assim que se passou a temer que o cisma huguenote levaria as populações rurais à irreligião, a repressão se concentrou nas pessoas do povo, sobretudo camponeses, partindo do princípio de que "os bruxos são quase sempre suspeitos de heresia". O Terror instituído pela Inquisição foi defensivo, mais do que ofensivo: os inquisidores da fé sinceramente acreditavam lutar contra o Mal, e achavam que todos os fenômenos mórbidos ainda inexplicados — das doenças nervosas à sífilis —, todas as delinquências, eram resultados de um culto demoníaco.

A massa era cúmplice dessa perseguição, pois o procedimento dos inquisidores partia da denúncia, e esta era incessante, tanto que Martin Del Rio, em seu manual de inquisição, estipulou: "É requisito prévio que o denunciador não tenha nenhum ódio ou rancor contra aquele que ele denuncia; algo que o juiz deve diligentemente levar em conta... Da mesma forma, é preciso que as denúncias feitas por mulheres sejam em número maior que as denúncias feitas por homens, devido à fraqueza do sexo; por exemplo, as denúncias feitas por três ou quatro mulheres equivalem a uma denúncia feita por um homem"[643]. A partir

---

* Nos séculos XIV e XV, encontram-se diversos casos em que bruxas foram condenadas à fogueira, como em 1315 La Boiteuse [A Claudicante], companheira de Jacques Delor, acusada com ele de ter enfeitiçado Carlos de Valois a pedido de Enguerrand de Marigny. Mas eram mulheres decididas a praticar atentados ou envolvidas com atividade herética e, portanto, eram tratadas como criminosas ou sacrílegas. A Idade Média praticou, sobretudo, a caça aos maniqueístas; foi o século XVI que inventou a caça às bruxas e que as julgou segundo o *Directorium inquisitorum* que Nicolas Eymeric, em 1374, dedicara ao castigo das heresias.

de uma informação particular e de "indícios suficientes e legítimos", o acusado de bruxaria comparecia diante do juiz. Se ele negasse obstinadamente os fatos, apesar dos testemunhos, decretava-se que ele sofria de "sortilégio de silêncio" (isto é, um feitiço o obrigava a se calar), e raspavam-lhe a cabeça e o púbis para constrangê-lo a falar. Se ele insistia em não falar, era levado para uma sala de interrogatório e aplicavam-lhe torturas como o suplício do ferro em brasa, o estiramento dos membros com três puxões usando cordas e roldanas. Enquanto isso, o inquisidor submetia o acusado a um interrogatório minucioso: qual era a natureza de seu pacto demoníaco, qual recompensa esperava receber dele, como elaborava seus feitiços malignos etc. Uma vez extorquida a confissão, os castigos, proporcionais aos delitos, compreendiam o chicote, a canga, o banimento, a prisão perpétua e a fogueira.

"Interrogava-se por último sobre a cópula carnal com o demônio", dizia Del Rio. Este era o ponto capital: uma bruxa ainda podia se salvar caso fosse acusada de adoecer um vizinho por ter olhado fixamente para ele, mas quando a faziam confessar ter praticado um ato sexual diabólico, era queimada viva sem remissão. E quando, mediante tortura, arrancava-se dela essa confissão, o inquisidor perguntava se o demônio a havia possuído "contra a ordem prescrita pela natureza nessas volúpias", pois em caso de sodomia "ocorria aí um duplo pecado mortal, um contra o gênero, outro por ser fora do vaso natural"[644]. Apenas as bruxas da Itália, segundo Anania e Silvestro Prierio, admitiram ter sido sodomizadas por demônios; as bruxas da França, da Espanha e da Alemanha negaram até o fim. Assim, a Inquisição, sem querer, fazia a educação sexual do povo, inculcando princípios do erotismo diabólico, e esse ensinamento, levado de vila em vila pelos rumores, aumentado e simplificado, penetrou nos cérebros mais ingênuos.

Del Rio explica que os demônios não têm sexo, nem corpo, não se multiplicam entre eles, e devem portanto se servir de subterfúgios com humanos: "Os demônios podem tomar corpos de defuntos ou forjar um corpo novamente a partir do ar e outros elementos e torná-los tão espessos que ficam palpáveis como a carne: podem movê-los e encantá-los à vontade, até configurar artificialmente um sexo que por natureza não têm, e abusar dos homens sob a forma de mulheres, assim como das mulheres sob a forma de homens. E quanto ao sêmen, encontram bastante em outros lugares e sabem bem imitar sua natural emissão"[645]. Se os teólogos condenavam as poluções noturnas, é porque os íncubos (demônios disfarçados de homens) delas se alimentavam: "Satã se serve assim do sêmen que o homem perde no sono, ou de alguma outra forma, o qual depois ele ejacula com destreza no útero e que, no encontro com a semente da mulher, é impossível que gere coisa alguma"[646]. Quando a bruxa não sabe se tratar de um demônio e pensa estar fazendo amor com um homem, o íncubo injeta o sêmen quente "que ele conserva e lança com rapidez tão grande que os espíritos vitais não evaporam"; mas quando ela sabe, "ele lança mais amiúde um sêmen imaginário e frio", a menos que a bruxa, a quem ele pergunta se quer engravidar dele, aceite — caso em que ele emprega o sêmen verdadeiro.

Camponesas histéricas confessaram que durante o ato sexual sentiam uma refrigeração das vias genitais, perturbação neurovegetativa sintomática de uma psiconeurose defensiva. Os demonólogos fizeram disso o princípio do erotismo diabólico: "Todas as bruxas concordam que o sêmen que recebem do Diabo é frio como gelo, e que não produz nenhum prazer, mas sobretudo horror, e consequentemente, nenhuma geração"[647]. Diante da insistência implacável dos juízes, essas mulheres tinham acessos de confusão mental e acabavam por acreditar que seus amantes, ou que seus animais domésticos, eram demônios disfarçados; aquelas que não tiveram a tal sensação de frio mais tarde se convenciam de a terem sentido. Jeanne Hervillier, bruxa de cinquenta anos da região de Compiègne, que Jean Bodin mandou queimar em abril de 1579 por ter lançado sortilégios sobre o gado e sobre um homem, que em decorrência disso apresentou lumbago crônico, confessou: "Aos doze anos, sua mãe a apresentou ao diabo, que chegou à sua porta na forma de um grande homem negro, de botas com esporas e uma espada nas costas, montado sobre um cavalo negro, ao qual a mãe disse: Eis aqui a filha que te prometi; e à filha, disse: Eis teu amigo que te fará muito feliz. E, desde então, ela renunciou a Deus e à religião, eles se uniram carnalmente da mesma maneira como fazem os homens com as mulheres, exceto pelo fato de o sêmen dele estar frio. Isso, segundo ela, continuou a cada oito ou quinze dias, mesmo quando ela estava deitada junto ao marido e sem que este percebesse. E, um dia, o diabo lhe perguntou se ela queria engravidar dele, o que ela não quis"[648]. Uma história triste de cafetinagem materna foi interpretada, pelo juiz e pela vítima, como um feito de bruxaria.

Por mais odiosos que nos pareçam os inquisidores, não podemos tratá-los como imbecis. Jean Bodin é autor de uma obra de economia política, *Le Six Livres de la République* [Os seis livros da república] (1576), extremamente ousada para a época; Martin Del Rio deixou uma considerável obra de historiador. Seus livros são monumentos de erudição, mas em se tratando de magia sexual sua credulidade é sem limites. Del Rio, depois de ter feito uma crítica racional das superstições, de negar a alquimia e a mística dos números, afirma, com apoio em anedotas, que os bruxos provocavam abortos simplesmente soprando sobre mulheres grávidas; que as bruxas, para irem ao sabá, "têm o costume de sentar em uma forquilha, uma vara ou cabo de vassoura, até mesmo sobre um touro, um bode, ou um cão, e depois, pondo o pé na lareira, sobem voando pela chaminé", e que, uma vez na presença de seu Mestre, "como maior homenagem lhe oferecem velas negras, ou cordões umbilicais de recém-nascidos, e beijam suas partes pudendas traseiras"[649]. Como as pessoas do povo poderiam não acreditar em bruxaria se seus dirigentes acreditavam nela tão cegamente? Seria possível exigir de um artesão de aldeia que fosse mais evoluído do que um sábio jesuíta que dizia que as bruxas faziam talhar o leite das vacas e das amas, e, segundo Del Rio: "Na época em que eu estava em Mainz, na Alemanha, queimaram, em Trier, uma bruxa muito famosa que havia fincado uma cânula na parede de sua casa, através da qual tirava o leite das vacas de suas vizinhas"[650]?

Eis um exemplo desse tipo de atividades. Em junho de 1598, uma menina de oito anos originária de uma vila da Borgonha teve uma indigestão e declarou que se sentia possuída por cinco demônios. Na igreja, fizeram um exorcismo de urgência, a menina vomitou, se disse curada e revelou que a velha Françoise Secrétain lhe dera para comer uma casca de pão. Os pais da menina a denunciaram por bruxaria ao juiz de Saint-Claude, Henry Boguet. A camponesa interrogada tem na mão um rosário e resmunga pais-nossos; mas notam que a cruz desse rosário está um pouco gasta. Indício conclusivo de sua descrença: o juiz manda rasparem-lhe os cabelos e colocarem-na em uma camisa de força, enviando-a para a tortura. "Tão logo seus cabelos foram cortados, ela se comoveu e seu corpo inteiro começou a tremer, ao mesmo tempo, ela confessou, acrescentando, de um dia para o outro, outras coisas às primeiras confissões[651]." Não foi preciso torturar Françoise: ela confessou, batendo os dentes de medo, que ia ao sabá montada em um bastão branco, que causara a morte de diversas vacas ao tocá-las com sua mão, e "que o Diabo a havia conhecido carnalmente quatro ou cinco vezes, ora sob a forma de cão, ora sob a forma de gato, ora sob a forma de um galo"[652]. O juiz não teve tempo de proferir a sentença: a infeliz se suicidou em sua cela antes.

Henry Boguet, que era astuto, observou: "É uma coisa estranha que Satã tenha copulado sob a forma de galinha: eu me pergunto se, em vez de galinha, ela não quis dizer ganso; na medida em que o Diabo se transforma amiúde em ganso, de onde vem o provérbio *Satã tem pés de ganso*"[653]. As pessoas se admiraram desse juiz que intuiu que uma camponesa tinha feito amor com um ganso, em vez de com uma galinha, e seu *Discours exécrable des Sorciers* [Discurso execrável dos bruxos] (1602) serviu de guia aos magistrados. Nele, aprenderam que se reconhecia um bruxo pelo modo como ele abaixa os olhos ao falar, dobra o corpo ao andar, e se inclina às vezes para recolher uma palha; e que uma bruxa, quando renegava o Diabo, cuspia três vezes no chão. Uma mulher que oferecesse uma mecha de cabelos a um homem era suspeita, assim como o companheiro: "Os demônios íncubos se ligam sobretudo às mulheres que têm os cabelos mais bonitos"[654]. Eles dão as mechas ao Diabo, a fim de que ele "as picote e depois as misture entre as exalações com as quais ele compõe o granizo"[655].

Os juízes civis eram ainda piores do que os juízes eclesiásticos. Jean Bodin, procurador do rei em Laon, avalia que a morte das bruxas na fogueira é rápida demais (mal dura a uma hora); ele aconselha então que lhes façam falsas promessas para arrancar confissões ou que "enfiem pregos embaixo das unhas dos pés e das mãos"[656]. Ao menos, o padre Del Rio exige uma investigação minuciosa sobre a acusada, um julgamento "moderado com prudência e equidade"; recomenda poupar da tortura os menores de catorze anos, aplicá-la o mais suavemente possível aos jovens e aos velhos, não repeti-la mais de duas vezes e jamais dentro de um intervalo de 24 horas, e nela "manter uma certa medida e uma certa continuidade de modo que o corpo do criminoso não fique mutilado, nem fraturado"[657]. Enfim, que não se pronuncie uma condenação à morte exceto se "a confissão for clara, certeira, verossímil, constante e legítima". Ao lado dos laicos, Del Rio parece quase humanitário: mas aquilo que ele considerava "verossímil" se baseava em um delírio interpretativo.

Segundo Bodin, as bruxas eram todas "feias e fedorentas", e ele explicava esse fedor pela copulação com os demônios, que tomavam os corpos dos enforcados para se aproximarem delas. Lancre, o especialista em bruxas bascas, traça um retrato pavoroso de Necato, virago morena, "olhos miúdos, fundos, furiosos e ferozes, como de gata selvagem"; ele admira, contudo, a vivacidade de outras, "leves e ágeis de corpo e de espírito, dispostas e alertas em todas as suas ações, nunca param quietas"[658]. Se nota nelas mau cheiro, é por causa desse vício que ele denuncia com indignação: elas fumam tabaco ou usam rapé de angico, plantas que elas cultivam em seus jardins. Qualquer que seja sua nacionalidade, distingue-se uma bruxa pelo fato de ela nunca chorar: "As bruxas não são capazes de verter uma lágrima dos olhos, qualquer que seja a dor que sinta: e todos os juízes da Alemanha consideram essa marca um indício muito forte de que a mulher é bruxa, pois todos sabem que as mulheres choram quando bem querem"[659]. Um dos motivos alegados para mandar Leonora Galigai, marechala de Ancre, para a fogueira, em 8 de julho de 1617, foi o fato de não ter chorado ao saber do assassinato do marido.

Os inquisidores não se cansavam de interrogar as acusadas sobre sua vida sexual, e elas chegavam a dar descrições do pênis dos demônios, "longo e grosso como um de seus dedos", segundo as camponesas do Franco-Condado que Boguet condenou à morte: "Jaquema Paget afirmou que segurou na mão várias vezes o membro do demônio que a conheceu, e que o membro era frio como gelo, comprido como um dedo grande, e menos grosso do que o de um homem"[660]. As bruxas bascas indicaram a Lancre detalhes contraditórios: segundo Jeannette Abadie, de dezesseis anos, "o membro do Diabo, quando está esticado, é do tamanho do de um asno, mas o dele é torto e sinuoso em forma de serpente"; Marie d'Aspicuette, de dezenove anos, viu um "membro com escamas" parecido com um peixe; Marguerite de Sare, de dezessete anos, "declarou que o Diabo, seja sob a forma de homem, seja sob a forma de bode, tem sempre um membro de burro, tendo escolhido imitar o membro desse animal por ser o mais bem provido; pois é longo e grosso como um braço... e que só comparece ao sabá com o membro à mostra"[661]. Todas concordam em dizer que tal instrumento fere as mulheres, que voltam ensanguentadas do sabá. Eram certamente fantasias de virgens que temiam a defloração e imaginavam o membro viril como um objeto monstruoso. O terrível é que um magistrado levasse em conta essas fantasias a ponto de fazer delas um crime punível com a fogueira.

A *amarração da agulheta* (alusão ao fecho das calças da época) era o malefício mais temido dos casais. Del Rio diz que em alguns lugares não se ousava celebrar bodas em pleno dia, de tanto que o noivo temia que uma bruxa lançasse em seu caminho palavras que o tornassem inapto para consumar o casamento. Ambroise Paré, ao examinar as causas fisiológicas da impotência, admite: "Não se deve duvidar da existência de bruxos que amarram a agulheta", mas adicionava ao lado: "Isso ultrapassa o espírito do autor". Os teólogos distinguiam o *sortilégio respectivo*, que provocava a impotência de um homem com uma única mulher, do sortilégio que o paralisava diante de todas; e o *impedimento perpétuo*, que durava até a morte, do *impedimento temporário*, mais ou menos longo. A Igreja consentia no desenlace da agulheta por meio do exorcismo "após experiências em vão ao longo de três anos, e o juramento de sete testemunhas que assinassem de próprio punho". Enquanto isso, o marido impotente por sortilégio recorria a remédios mágicos, como os que Roch le Baillif recolheu na Bretanha: "Muitos alegam ter desenlaçado a agulheta, e devolvido aos casados sua vitalidade, fazendo com que o homem urinasse através da aliança na sexta-feira de manhã assim que o sol tivesse nascido, e dissesse três vezes a palavra *yemon*"[662].

Também eram preocupantes os filtros e feitiços que tinham por objetivo tornar alguém "furiosamente apaixonado", o que perturbava os lares. Os feitiços malignos desse gênero eram de dois tipos, aqueles que eram realizados no corpo e aqueles realizados fora do corpo. Os primeiros consistiam em carnes e bebidas em que os bruxos haviam misturado "hóstias consagradas ou ainda não consagradas, mas marcadas com certas notas e letras em sangue, sobre as quais eles às vezes mandavam dizer e celebrar uma ou várias missas", segundo Del Rio, que especificava: "Esses bruxos são tão maus que fazem as mulheres darem seus mênstruos para os homens beberem e os homens darem seu sêmen para as mulheres comerem e engolirem: e até fezes de ave e outros excrementos, como diversos deles declararam em suas confissões"[663].

Os feitiços amorosos que se realizavam fora do corpo eram compostos de cabelos, pedaços de unha da pessoa a ser enfeitiçada, raízes, ervas, ossos de verdilhão ou de rã, cérebro de gato e genitais de lobo, todos envoltos e amarrados, depois escondidos em uma roupa ou embaixo da cama daquele que seria enfeitiçado. Andrea Cesalpino, médico de Arezzo que estudou esse tipo de fenômeno e acreditava neles, conta que um morador de San Geminiani abandonou esposa e filhos para viver com uma jovem bruxa, perdendo até mesmo a memória dos seus. A esposa abandonada visitou secretamente o quarto onde ele dormia, e ali descobriu um sapo dentro de uma panela com os olhos costurados; desfez a costura dos olhos e queimou o sapo. Logo, o marido, desenfeitiçado, voltou para a família[664]. Os bruxos também operavam o enfeitiçamento por meio de uma figura de cera, que batizavam, em uma paródia do batismo, com o nome daquele a quem queriam enfeitiçar. Em seguida, abrasavam o coração da figura, ou a mantinham perto do fogo até que esta derretesse.

O aborto era uma especialidade das bruxas, entre as quais havia muitas parteiras e comadres a quem era solicitado esse serviço. O interrogatório da Inquisição lhes obrigava especificar "se fizeram o aborto antes ou depois da infusão da alma"[665]. Algumas eliminavam o recém-nascido no momento do parto, e Boguet as acusa de "fazê-los morrer, antes de serem batizados, por meio de uma agulha grossa que enfiam no cérebro deles"[666]. Ele acrescentava ainda: "Elas sugam, às vezes, o sangue das criancinhas até que estas expirem"[667]. Uma parteira de Berna, condenada à morte por Sprenger, sendo acusada de ter cometido quarenta infanticídios, foi também culpada por ter cozinhado e comido os corpos de suas vítimas. Incessantemente, bruxos e bruxas foram apresentados como comedores de criancinhas, com o fim de aumentar o horror que inspiravam.

O fascínio das bruxas era extremamente temido: dizia-se que elas eram capazes de adoecer qualquer pessoa pelo olhar, pelo sopro e pela palavra. "Essa fascinação se estende também sobre o gado, o trigo e as árvores", declara Del Rio, que explica que o olhar das bruxas é danoso pelo mesmo motivo que o olhar dos papa-figos é curativo: "Com frequência, experimentamos o alívio, sob o olhar do papa-figos, das pessoas com icterícia, pois se elas podem vê-lo são curadas; esse pássaro tem tal natureza e temperatura que atrai para si e recebe a doença que sai do paciente como um fluxo através do duto dos olhos. É por isso que os papa-figos nunca querem olhar para alguém com icterícia"[668]. A fascinação também pode se exercer através de elogios, de modo que é preciso felicitar rápido quem nos elogia, a fim de conjurá-la; e se alguém nos observa fixamente, devemos logo lhe oferecer algo para comer. Del Rio relata que para proteger as crianças contra a fascinação "deve-se pendurar no pescoço delas a figura do membro que deve ficar escondido" ou, como os espanhóis colocam a *figa*, "uma outra figura feita de uma certa pedra, de âmbar, marfim ou prata, que consiste em um punho cerrado, cujo polegar se insere entre os dois primeiros dedos, em forma de um Priapo"[669]. Outros juízes lamentam também que esses amuletos fálicos sejam usados.

Assim nasceu o Terror erótico do século XVI, em que todo mundo tinha medo de todo mundo. Os bruxos e as bruxas temiam a Inquisição a ponto de se suicidarem em massa quando eram detidos, de modo que Del Rio exige que os juízes não os deixem muito tempo na prisão, "pois o Diabo deseja mais do que tudo, e com máxima diligência, induzi-los a se matarem eles mesmos"[670]. Mas os próprios juízes se sentiam incomodados. Sprenger advertia de que evitassem, a fim de não se deixarem fascinar, que o bruxo olhasse diretamente para o juiz e não tocasse sua mão. Quanto ao povo, enlouqueciam assim que desconfiavam de que alguém praticava bruxaria. Uma velha mendiga, Fribotte, assoprou sobre uma mulher que lhe havia recusado uma esmola: a mulher caiu de costas, tomada por um espasmo, e foi levada para casa, queixando-se de ter sido enfeitiçada. Fribotte foi queimada, para satisfação geral[671]. É evidente que nem todas as vítimas eram dignas de compaixão; havia, nas aldeias, meretrizes e sacripantas mal-intencionados, que se gabavam de suas relações com os demônios para se tornarem temidos. No entanto, todos esses miseráveis somados não eram tão temíveis quanto aqueles que os *fabricavam*, fosse recorrendo a seus serviços, mesmo que isso signifique denunciá-los mais tarde, fosse os obrigando a confessar insanidades.

Refiro-me a um terror erótico porque este se concentrava na mulher, e porque atribuía aos produtos do corpo humano – o sangue menstrual, o esperma, a urina – virtudes atrativas ou maléficas. Os autores incessantemente observam que havia cem vezes mais bruxas do que bruxos, e tiram disso conclusões misóginas. Thomas Erastus, médico em Heidelberg, dizia que era preciso ter medo das bruxas, mais do que dos bruxos, uma vez que elas adquiriam seu saber ao copular com o Diabo, e não com o estudo: "As bruxas são ainda mais execráveis porque aprendem diretamente da boca do próprio Satã aquilo que os mágicos aprendem nos livros. Da mesma forma, pelo fato de sempre seu preceptor verem e aprenderem com ele alguma lição todos os dias ... Ainda piores, elas cometem maldades tão horríveis que nem os próprios mágicos desejariam pensar"[672]. Erastus opina que se deve "executá-las como homicidas", pois são *pharmaides* (de *pharmakia*, encantamento, envenenamento, de onde se formou a palavra "farmácia"), que inventam drogas abomináveis: "Elas têm a imaginação corrompida, e são loucas em tudo e para tudo". Nyauld, médico parisiense, defendia que, quando elas dormiam, seu espírito, com a aparência de uma mosca de fogo, escapava pelos lábios e ia assistir o sabá, depois, voltava "fazendo um barulhinho na entrada (uma vez que entrava pela boca, sempre entreaberta), e tão logo entrava, a bruxa acordava de repente"[673]. Esse observador acrescenta: "Se fecharmos sua boca e se a virarmos de bruços, de modo que não haja nenhuma entrada, o corpo permanecerá morto sem nenhum movimento"[674]. Outra prova da celeridade das mulheres, segundo esses senhores, era o fato de resistirem à tortura, pois o medo as levava a uma letargia em que a garganta se fechava tanto que não saía nenhum som. Nyauld diria: "Assim, diversas vezes, vi interrogarem bruxas com pedras de cem libras presas aos pés, e elas não sentiam nenhuma dor, não se moviam mais que um cepo, pois o Diabo (como diversas delas confessaram) havia entrado nelas, e lhes tirava o sentimento e o movimento da língua"[675].

Terror erótico também porque a fim de reprimir esses bruxos e bruxas tratados como terroristas sexuais, recorreu-se ao pior do sadismo legal. Tendo a crença de que o Diabo lhes fazia marcas com o dedo, e que estas se tornavam "partes mortas do corpo" insensíveis ao toque, espetava-se todo o corpo do acusado em busca delas. Quando se colocou, na Universidade de Aix-en-Provence, o problema de "saber se o diabo pode gravar as marcas dos bruxos sobre o corpo de um homem que não é bruxo, sem seu consentimento", Jacques Fontaine, professor de medicina, respondeu com uma negativa e disse: "As marcas são, em si, uma prova necessária de bruxaria e suficiente para punição"[676]. Todos os bruxos são marcados, segundo ele, sem que isto seja visível: "O Diabo pode marcar no interior do corpo tanto como no exterior"[677]. O inefável Boguet afirmou que essa marca tinha a forma de uma pata de lebre, mas assentiu: "Ela é difícil de encontrar". Mas não importava! Ela será longamente procurada, e Jacques Fontaine dirá: "Já foram encontradas marcas embaixo da língua, por dentro dos lábios, por dentro das partes pudendas, embaixo das pálpebras, dentro do nariz, embaixo do cabelo da cabeça, entre o dedo e a unha"[678]. Vemos que não se omitia nenhuma parte do corpo e que a vítima nua, perfurada por uma agulha ou por um bisturi, sofria mil mortes antes da fogueira.

Levou-se o sadismo ao ponto de colocar mais uma vez em vigor a prova da água fria, abandonada desde o século XIII, oriunda da crença de que os "criminosos não afundavam na água". Os acusados eram, portanto, mergulhados em um rio, diante de um público numeroso: "A prova da água fria se fazia da seguinte maneira. Despia-se um homem inteiramente, amarrava-se o pé direito à mão esquerda e o pé esquerdo à mão direita, para que ele não conseguisse se mexer; e, suspenso por uma corda, jogava-se o homem na água. Se ele afundasse, como é natural para um homem amarrado desta maneira, já que não consegue fazer nenhum movimento, era considerado inocente, mas se conseguisse flutuar sem afundar, era culpado"[679]. Em 1560, essa prova foi ressuscitada na Westphalia, e serviu nos processos de bruxaria na Alemanha e na França por cinquenta anos. "Diversos juízes condenaram à fogueira um grande número de mulheres que, atiradas na água, não afundaram", disse Le Brun. Supõe-se que o instinto de sobrevivência as fizeram flutuar. Scribonius escreveu um livro para justificar esse suplício e explicar esse fenômeno: ele diz que o demônio, cuja substância é espiritual e volátil, penetrava em todas as partes do corpo da bruxa e lhe transferia sua leveza[680].

O SABÁ

Os sabás, *se é que existiram*, foram festas campestres em que se dançava ao som do oboé e da flauta, e que eram acompanhadas de banquetes e da priapeia. Eram realizados em lugares afastados e à noite, a fim de não serem incomodados pelas autoridades. Neles, se encontravam pessoas mascaradas — chamadas na Lombardia de *mascas* — que iam se divertir sem compromissos. É certo que não foi um camponês quem teve a ideia de comparar esse tipo de assembleia ao *sabbat* judaico, mas um inquisidor imbuído do antissemitismo reinante, e que desconfiava de heresia em uma reunião rústica. Jean Bodin provou até mesmo que em Longny-en-Potez fazia-se o sabá na noite de segunda para terça-feira porque esse momento era indicado como o mais saturniano por Abraham Aben Esra em seu comentário em hebraico sobre o 4º artigo do Decálogo*. O sabá pelo qual seis bruxas de Longny foram queimadas consistiu, para elas, em encontrar em um prado seis camponeses com os quais elas dançaram e fizeram amor: "Pela confissão das bruxas de Longny, elas diziam enquanto dançavam: har, har, Diabo, Diabo, peca aqui, peca lá, brinca aqui, brinca lá. E as outras diziam: sabá, sabá, isto é, a festa e o dia de descanso, erguendo as mãos e as vassouras no alto, para mostrar e dar um certo testemunho de alegria"[681]. Talvez essas camponesas tivessem lido Aben Esra em hebraico; talvez também se divertissem, para apimentar um encontro galante, com a paródia desse famoso sabá sobre o qual todo mundo tanto falava.

Estou convencido de que os "sabbats" foram, originalmente, bailes populares clandestinos, aos quais fanáticos atribuíram motivações espúrias. Na verdade, o único ponto concordante de todos os relatos é que se dançava bastante e, ainda por cima, "danças novas", para indignação dos inquisidores. Bodin escreveu: "As danças das bruxas deixam os homens furiosos e fazem as mulheres abortarem". Ele incrimina uma dança italiana – a volta –, na qual o homem ajuda a companheira a rodopiar várias vezes: "A volta, que os bruxos trouxeram da Itália para a França, contém tanto mal que uma infinidade de homicídios e abortos decorrem dela"[682]. Lancre critica as bruxas bascas por dançarem a chacona ou a sarabanda, "a dança mais afrontosa e mais lúbrica que se possa ver... pois o homem e a mulher passam e repassam com certos passos medidos um perto do outro, dir-se-ia que cada membro e cada pequena parte do corpo procura e toma a medida para se juntar e se associar, em tempo

---

* Jean Bodin, op. cit., p. 275. Só no século xv se começou a empregar os temos "sabbats", "sinagogas de Satã", para designar essas supostas assembleias de bruxos e bruxas. Até então, eram chamadas em francês de *bonesozes* ("bonnes choses", boas coisas), em italiano *bensozia* (de *bona socia*, boa companhia, pois eram assimiladas aos ritos noturnos de Diana ou da deusa germânica Trollkona). O inquisidor dominicano Étienne de Bourbon, no século xiii, descrevia ainda sob o nome de *bone res* as reuniões em que as bruxas se transportavam pelos ares. (Cf. Étienne de Bourbon, *Anedoctes historiques*, p. 323. Paris: Renouard, 1877.) Depois disso, a heresia dos valdenses fez prevalecer a palavra *vaudoisie*; Enguerran de Monstrelet evoca em Artois "um terrível caso e lamentável, que se chamava de *vaudosie* não se sabe por quê". (*Chroniques*, tomo iii, p. 84. Paris: Pierre Mettayer, 1454), em que os acusados confessaram sob tortura que tinham sido raptados de suas casas para irem beijar o traseiro do Diabo em uma clareira. Quando os inquisidores foram encarregados de julgar os judeus, e quando o franciscano espanhol Alfonso Spina escreveu, em Valladolid, o *Fortalitium fidei* (1458), que fornecia os argumentos para o antissemitismo, não se ouviu mais falar em *bonesozes* e de *vaudoisies*, mas de sabás.

e lugar, um com o outro"[683]. Ele adiciona, um tanto consternado: "Elas dizem que vão ao sabá apenas para dançar". Lambert Daneau, que publicou um requisitório contra as bruxas, escreveu também contra as novas danças e os jogos de cartas. O que se queria erradicar era o prazer, a revolta pagã da carne oprimida por dogmas puritanos.

Johann Wier, que desejava salvar as bruxas da fogueira, disse que elas apenas auxiliavam no sabá "através da ilusão e da fantasia do espírito": os inquisidores protestaram veementemente. O padre Maldonat afirma que, para se entregarem de verdade ao sabá, as bruxas esfregam no corpo um unguento composto de gordura de criança; para irem em imaginação, elas se deitam, durante o sono, sobre o lado esquerdo do corpo; e para serem espectadoras sem sair de casa ou dormir, "elas vomitam um certo vapor espesso, no qual, como em um espelho, elas contemplam todas as ações e diabruras da assembleia"[684]. Del Rio distingue quatro tipos de transportes de bruxas até o sabá: o transporte em espírito, o transporte normal (em geral a pé), o transporte pelos ares e o transporte ambíguo (quando elas não sabem se foram até lá transportadas corporalmente ou em pensamento). Lancre alega que as bruxas francesas voam até o sabá montadas em um cabo de vassoura, apenas ao pronunciar palavras cabalísticas, mas que as bruxas italianas vão por terra montadas em um carneiro negro.

Naturalmente, depois que se inculcou na cabeça do povo que existiam essas orgias demoníacas, todos os mitômanos começaram a inflar o tema. Era, no fundo, a mesma história, com variantes: os bruxos e as bruxas iam adorar o Diabo sob a forma de um bode com voz humana, beijavam seu traseiro, contavam as maldades que haviam feito e prometiam fazer outras mais, fabricavam um pó nocivo. Boguet afirma: "Convém a existência de água onde acontecem essas assembleias... de modo verossímil, os bruxos procuravam água no sabá porque Satã os mandava bater na água com uma vara para agitá-la. Mesmo que esses miseráveis, na falta de água, urinassem em um buraco feito na terra, depois batiam na própria urina para agitá-la"[685]. Sentavam-se à mesa para um banquete, no qual as carnes não tinham sabor, e do qual saíam mais famintos do que antes: "Nunca há sal nessas refeições, pois o sal é um símbolo da imortalidade, pelo que o Diabo tem um ódio extremo"[686]. Dançam juntos em roda, virados de costas, com o rosto voltado para fora do círculo, de modo que não se veem de frente, pois as bruxas copulam com os íncubos, e os bruxos com os súcubos (demônios em forma de mulher), de maneira dolorosa. Ao primeiro canto do galo, todas as figuras se dissipam subitamente, como em sonho.

Os sabás mais espantosos foram aqueles do País Basco, dos quais Lancre pintou um quadro digno de Hieronymus Bosch: na verdade, admiraríamos essas páginas fantásticas se não soubéssemos que o autor as escreveu a partir do ditado de uma centena de vítimas de Bayonne que ele mesmo executou em julho de 1609. Provavelmente, não havia sabás nessa região antes da chegada de Lancre, conselheiro do Parlamento de Bordeaux, no máximo, havia as quatro festas sazonais às quais uma moça lhe confessou ter ido. Depois que começou seu ofício de inquisidor, passou a ocorrer um sabá por segunda-feira e, depois, todas as noites; talvez alguns tenham sido realmente organizados em desafio. Pierre de Lancre receberia inúmeras denúncias furiosas: os bascos passaram a denunciar as próprias mães, as vizinhas e os padres que viviam em concubinato. Não dispondo de prïsões suficientes, ele teve que requisitar o castelo de Ha para ali prender os acusados. Não houve sequer necessidade de questionar as mulheres sobre sua sexualidade: "As meninas de treze e catorze anos exprimem voluntariamente mais coisas do que lhes perguntamos", disse ele[687]. Elas lhe mostram, levantando as saias, as danças que dançaram no sabá, elas o inebriam com propostas obscenas, e quando são submetidas à tortura entram em êxtase e riem.

Elas lhe contam que o sabá geralmente acontece em um lugar chamado Lanne-du-Bouc [Charneca do Bode], por volta da meia-noite. Ali se ouve uma balbúrdia incessante, a todo instante chegam mulheres que descem do ar montadas em uma vassoura, ou montadas em duplas e trios sobre um carneiro. À luz de velas de piche, as pessoas parecem "de estatura e porte monstruosos ou de uma baixeza extraordinária e defeituosas". Crianças, com uma vara branca, pastoreiam tropas de sapos. Há grandes caldeirões onde cozinham víboras, carne de enforcados e corações de recém-nascidos não batizados, que serão servidos no banquete. Demônios sem braços acendem fogueiras que atravessam sem se queimar. O Príncipe do Mal, que elas chamam de Barrabam, preside sentado em um trono flamejante, e tem ao seu lado uma camponesa coroada, "a rainha do sabá". Barrabam aparece ora como bode barbudo, ora como tronco de árvore, ora como "um homem negro e hediondo, com seis chifres na cabeça, às vezes oito,

382

um rabo comprido, um rosto na frente e outro atrás da cabeça"[688]. As pessoas vêm adorá-lo uma por vez; ele ordena que renunciem à religião, e marca os neófitos com um sinal. As bruxas famosas – Gratiane, Galanta, Marissans, Oylarchahar – têm um sapo de dois chifres sobre o ombro esquerdo; outras têm um aspecto enganador: "No sabá, vemos bruxas insignes, que assumem a forma de todo tipo de animais, como os que vemos em uma feira ou mercado de qualquer cidade, que passam uma e outra vez pelo campo do sabá na forma de bichos, vão e vêm diante das pessoas e, em certo momento, desaparecem diante de todos, como um relâmpago"[689]. No meio dessa agitação, algumas mulheres permanecem fixas como estátuas: são as espectadoras imobilizadas por sortilégio, obrigadas a assistir o sabá contra sua vontade.

Uma missa é celebrada por um padre da região, que vira as costas para o altar, apoiado nas mãos, com os pés voltados para o céu, e que segura uma hóstia negra triangular voltada para o céu. E, em seguida, toda a assembleia começa a dançar irresistivelmente: "Os coxos, estropiados, velhos decrépitos e caducos são os que dançam com mais leveza"[690]. Em seguida, era organizado um concurso de saltos, e, por fim, a fornicação se tornava geral: "Jeannette d'Abadie, de dezesseis anos, disse que viu homens e mulheres se misturarem no sabá de modo promíscuo. Que o Diabo os mandava copular e se unir, dava a cada um tudo o que mais aborrecia a natureza, a saber, a filha ao pai, o filho à mãe, a irmã ao irmão, a afilhada ao padrinho, a penitente ao confessor, sem distinção de idade, qualidade ou parentesco: de sorte que ela confessou livremente ter sido penetrada uma infinidade de vezes no sabá por um primo-irmão de sua mãe e mais uma infinidade de outros"[691]. Barrabam caminhava no meio da orgia, o sexo para fora da roupa, e lançava por vezes um olhar cobiçoso a uma moça: logo uma nuvem os envolvia e escondia a cópula, mas eram ouvidos gritos assustadores da escolhida. O sabá terminava com uma procissão até os cemitérios de Saint-Jean-de-Luz e de Ciboure, onde os bruxos e as bruxas batizavam os sapos que estavam trajados de veludo vermelho e usavam uma sineta no pescoço.

Aqui encontramos um mito coletivo, ao qual cada um traz sua fantasia ou sua alucinação ao juiz que, por sua vez, também delira friamente. Não é impune o desencadear do pensamento mágico sepultado no fundo do inconsciente humano: trata-se de matéria explosiva. Nessa atmosfera, os moradores da paróquia de Amou foram acometidos pelo "mal de Layra", que os fazia latir, juntos ou isoladamente, sempre que se sentiam ameaçados por algum sortilégio. Seis crianças acusaram Marissans, que estava presa fazia muito tempo, de havê-los levado ao sabá na noite anterior; uma bruxa que fosse capaz de ir ao sabá mesmo sendo vigiada, prisioneira trancafiada, era o mais grave e, por isso, Marissans seria queimada. Uma moça conta que Domingina Malatena saltou da montanha de La Rhune até a praia entre Hendaye e Hondarribia, a duas léguas de distância. Uma mulher capaz de tamanho salto era um perigo público, avaliava Lancre, e ele condenou Domingina à morte. Disseram a ele que Pierre Bocal, padre da paróquia de Ciboure, celebrou uma missa no sabá: Bocal será detido e torturado até confessar "ter comido o coração de uma criança não batizada" além de ter feito "cem mil cópulas impudicas, sodomitas e endiabradas", o que lhe valeu a fogueira. Lancre condenará, a partir de denúncias desse tipo, sete outros padres, dentre os quais o septuagenário Migalena; aqueles que se recusam a falar mesmo sob tortura, o juiz crê ser porque o Diabo lhes furou o pé esquerdo com uma punção para lhes sugar o sangue e assim lhes fazer perder a memória.

Nem um lampejo de compreensão se acende no espírito desse demonólogo cheio de si. Ele mandou crivar de agulhas centenas de crianças, mulheres e velhos a fim de verificar se tinham "a marca insensível". Ele se irrita com a impenitência de uma mulher orgulhosa de lhe terem denunciado como rainha do sabá: "Essa Detsail de Urrugne, ao ser executada, morreu tão desdenhosamente, que quando o carrasco de Bayonne, jovem e belo, quis extrair dela, como de costume, o beijo do perdão, ela recusou-se a profanar sua bela boca, que tinha o hábito de estar colada ao traseiro do Diabo"[692]. Ele não percebe nem por um instante que as virgens loucas que tortura lhe descrevem o sabá misturando lembranças de feiras, bailes, obsessões sexuais e noções de catecismo. Ele acredita em tudo o que dizem: crê que a filha da dama de Martibelfarena dançou no sabá com dois sapos nos ombros, e dois outros pousados nos punhos como falcões. Ele crê que Galanta é uma bruxa porque obriga, pela manhã, a filha a lavar as mãos (e o *lava-mãos* seria uma prática que permitia que uma mulher se transformasse em bicho). Ele superexcita a população basca a ponto de fazê-la sonhar noite e dia com orgias deliciosas: "Jeanne Dibasson, 29 anos, nos disse que o sabá era o verdadeiro Paraíso, nele, há muito mais prazer do que é possível expressar; que aqueles que o frequentam creem que o tempo foi curto demais mediante o prazer e o contentamento, só conseguem sair dele com um maravilhoso arrependimento"[693]. Uma bruxa chegou a confessar "que sempre achou que a bruxaria era a melhor das religiões"[694]. Lancre, esse sábio ingênuo, é a prova irrecusável de que o erotismo diabólico foi fruto da colaboração apaixonada da Inquisição e suas vítimas*.

O ENFEITIÇAMENTO E A POSSESSÃO

Há uma diferença que se deve estabelecer entre a bruxa, a enfeitiçada e a possuída, os três tipos femininos do erotismo cristão esotérico. A bruxa se convencia por si só ou sob pressão dos inquisidores de que havia tido relações amorosas com um demônio íncubo. A enfeitiçada tinha a sensação de ser obrigada a entregar-se a um homem de verdade que, devido a um pacto demoníaco, a submetia a todos os seus desejos sem que ela pudesse resistir. A possuída se queixava de ter sido invadida, no interior de seu corpo, por diversos demônios que a forçavam a agir e a falar de modo contrário a todo decoro. Em geral, era a possuída quem cometia os atos mais obscenos e proferia as maiores indecências em estado de crise, em uma explosão libertadora de sua sexualidade fortissimamente reprimida.

Os teólogos e os jurisconsultos eram atentos a essas distinções, pois entregavam a bruxa ao carrasco, a enfeitiçada e a possuída ao exorcista. É por isso que Henry Boguet enumera 22 sinais para identificação de um possesso: ele não suporta o odor de rosas, é agitado com uma inquietação contínua, põe-se a falar uma língua que nunca aprendeu etc. No entanto, os casos de possessão foram mais frequentes entre as mulheres do que entre os homens, porque a natureza as destina a serem possuídas: a apaixonada é possuída pelo amante que a penetra, a gestante é ainda mais possuída pelo feto que habita seu ventre etc. A mística possuída por um demônio satisfaz, portanto, as exigências do erotismo feminino

---

* No século XIX, padres que se referiam ao concílio de Ancyre reconheceram que os sabás eram "devaneios e ilusões", mas os autores anticlericais acreditaram em sua realidade. Michelet imaginou até que nos sabás se assavam bolos no sexo das mulheres, como no forno de um padeiro: o que ele chamava de "confarreatio sabática". Michelet cometeu espantosos erros de interpretação em *La Sorcière*, que constatei a partir dos próprios documentos de que ele se serviu. Ele deformou fatos precisos, sem ambiguidade, sob a influência das fortes obsessões reveladas por seu *Journal* apesar das censuras de sua esposa Athénaïs.

e nos revela aspectos obscuros deste. Além disso, os homens propensos a serem possuídos possuem uma bissexualidade em que a feminilidade predomina, e frequentemente até mesmo uma tendência reprimida à homossexualidade. Tanto isso é verdade que certos xamãs siberianos, quando sofrem a possessão de seus demônios protetores, vestem-se e portam-se como mulheres.

Para compreender o enfeitiçamento, o melhor documento é a confissão do abade Louis Gaufridi, feita por dois capuchinhos do convento de Aix, na véspera da Páscoa de 1611. Depois de ler um livro de magia, esse padre viu Lúcifer aparecer "vestido de bom senhor", e lhe pediu o dom de seduzir: "O Diabo me diz que por virtude do meu sopro eu inflamaria o meu amor a todas as moças e mulheres que eu desejasse ter, contanto que esse sopro lhes chegasse às narinas: e, desde então, passei a soprar em todas aquelas que me aprouvessem"[695]. Ele confessou haver soprado sobre muitas mulheres com sucesso, antes de frequentar a casa de um cavalheiro de Marselha, o senhor de la Palud, que tinha três filhas: "Fiquei com vontade de ter prazer com uma delas, chamada Magdeleine: mas a mãe a mantinha tão perto de si que não havia meio de vê-la, o que fez com que eu soprasse sua mãe, a fim de que me levasse ao meu quarto, de modo que ela confiasse em mim quando eu estivesse na casa, o que consegui facilmente; de sorte que, me encontrando com frequência com a tal Magdeleine, eu a beijei bastante"[696]. Imaginamos o espanto de uma garotinha (o processo diz que ela tinha entre "nove e dez anos" na época dessa sedução) diante de um homem soprando seu rosto para paralisá-la: "Quanto mais eu assoprava, mais ela se desesperava para gozar comigo. Eu queria que nossa concupiscência viesse de sua parte: eu a infectei tanto com meu sopro, que ela morria de impaciência quando eu não estava com ela, e vinha me procurar... de modo que pude conhecê-la como eu queria"[697].

Gaufridi completou seu enfeitiçamento dizendo a Magdeleine de la Palud que lhe daria como guardião um demônio chamado Emodes, e fazendo ela assinar com o próprio sangue um pacto com Belzebu. Quando entrou para a ordem das ursulinas de Aix-en-Provence, a adolescente revelou sua aventura a uma companheira, Louise Capeau, que logo se sentiu enfeitiçada por Gaufridi, e possuída por causa dele pelo demônio Verrine. Durante um ano e meio, a superiora Romillon as exorcizou secretamente na capela, temendo o escândalo. Sem sucesso, ela as confiou a um inquisidor da fé, Sébastien Michaëlis, que as levou à Sainte-Baume (local consagrado a Santa Madalena), onde os exorcismos se repetiram, de 6 de dezembro de 1610 a 24 de abril de 1611, todos os dias. Foi um combate épico: a cada sessão de exorcismo, Magdeleine, com "o rosto vermelho e caretas diabólicas, os olhos brilhantes, os lábios muito abertos, o pescoço inflado como um sapo"[698], sentia-se presa pelo pescoço, ria, gritava e caía em convulsões. Ela se queixou de ser "perpetuamente atormentada por íncubos que cometiam mil impurezas nela"[699], de ser obrigada a se masturbar por três mágicos que haviam enfeitiçado suas mãos, e lhe haviam enviado um feitiço "feito de pelos e urina de um certo personagem com o qual eles a tentaram"[700].

Essa enfeitiçada, que foi tratada como se fosse possuída por Belzebu e outros demônios, havia sido perfeitamente instruída no erotismo diabólico. Enquanto um exorcista lhe dizia o exorcismo *Luciferiana*, ao levantar o tom em uma passagem que devia ser murmurada em seu ouvido, ela gritou: "Você deve dizer isso ao pé do ouvido e não a plenos pulmões". Ela afirmou que espirrava e tossia para cuspir os feitiços que lhe punham na boca. Um dia, quando ela babou "uma matéria viscosa como mel com piche", os padres decidiram defendê-la dos sortilégios com o uso de armas brancas e, durante os exorcismos, a fim de afastar os demônios, encarregaram "um cavalheiro chamado senhor Gombert de ficar diante da lareira com uma espada, batendo na chaminé continuamente, e outros de baterem com alabardas por todo o recinto"[701]. O caso terminou com a libertação de Magdeleine de la Palud e a condenação de Louis Gaufridi – que provaram, além disso, ter seduzido Victoire de Corbier, sua anfitriã, ao soprar sobre ela duas vezes–, e ele foi queimado após ser conduzido descalço pelas ruas de Aix, com uma corda no pescoço e uma tocha acesa na mão.

Um caso de enfeitiçamento puro, sem possessão interna, foi o de Magdeleine Bavent, órfã de Rouen, que o tio colocou para trabalhar aos doze anos para uma costureira, e aos dezesseis no monastério das ursulinas de Louviers, onde lhe deram como diretor de consciência o velho padre Pierre David, que ela acusou de ser adamita: "Ele dizia que era preciso matar o pecado com o pecado para ganhar a inocência, e parecer nossos pais primordiais, sem nenhuma vergonha da própria nudez antes da primeira culpa. E, sob essa linguagem de piedade aparente, que imundícies e sujeiras não nos fazia cometer! As religiosas consideradas mais santas, perfeitas e virtuosas eram as que se despiam e dançavam totalmente nuas: assim apareciam no coro e iam ao jardim. Isso não é tudo: nos acostumaram a nos tocar umas às outras impudicamente; e, mal ouso dizer, a cometer os pecados mais horríveis e infames contra a natureza"[702]. Ela era obrigada a comungar nua até a cintura, apesar de sua resistência, segundo sua própria confissão feita aos quarenta anos. Como ela não revelou esses detalhes durante o interrogatório, não devemos nos apressar em concluir que todo o convento se entregasse ao tribadismo; o que se segue mostra o quanto ela era fabuladora.

Com a morte de David, seu sucessor foi Mathurin Picard, cura de Mesnil-Jourdain, que os impotentes de toda parte vinham consultar para "desamarrar a agulheta". Ele lia fórmulas de um livro latino ou lhes dava receitas benignas: "O próprio Picard, querendo desamarrar a agulheta de duas pessoas casadas, aconselhou à mulher dizer ao marido as seguintes palavras: meu querido marido, eu te beijo com todo o meu coração em nome do Pai, do Filho e do Espírito Santo, ou ainda que, se o marido e a esposa quisessem subir juntos até o alto da torre do sino, eles seriam imediatamente curados"[703]. Boatos acusavam-no de devassidão e magia. Um padre que servira como seu vigário por dez meses declarou "que ele abusava de uma mulher e de suas duas filhas que vinham amiúde encontrá-lo no presbitério"[704], seu pajem alegou tê-lo visto conversar com o Diabo etc. Magdeleine Bavent sentiu-se imediatamente enfeitiçada por Mathurin Picard, que precisou apenas pôr um dedo sobre ela para dominar sua vontade: "Ela afirma que, quando Picard simplesmente a tocava, fazia tudo o que queria com ela, sem que ela pudesse se libertar"[705].

Ela declarou que ele fazia amor associando o ato a impiedades, que ele fabricava sortilégios com seu sangue menstrual, que punha "pelos das vergonhas" no cálice usado na consagração etc. O sacristão de Louviers depôs que havia "visto com seus próprios olhos o mágico Mathurin Picard conhecer carnalmente a mágica Magdeleine Bavent sobre o altar da capela que fica no hospital, e encontrou diversas vezes tapetes e lenços manchados de suas sujeiras e imundícies"[706]. Ela consentia a tudo, alegando: "Ele me prendia com laços infernais". Ela vivia em uma alucinação erótica permanente. Um dia Picard, depois de dar a ela a comunhão, tocou seu seio com a ponta do dedo e disse: "Verás o que vai te acontecer". Ao se retirar para o jardim, ela encontrou ali um gato preto "com uma longa cauda que tinha forma de membro viril"[707], e ficou petrificada durante uma hora, com a boca aberta e sem poder gritar. Ela pensou que fosse um demônio, tornou a ver esse gato em sua cela, onde acreditava ter fornicado com ele, disse até mesmo que esse gato havia sodomizado Picard enquanto este a possuía.

Atacada por fora, não por dentro, a enfeitiçada não se parecia em nada com uma possuída; suas companheiras foram enfeitiçadas por contato com ela. Mathurin Picard morreu, e as religiosas de Louviers se sentiram habitadas por demônios chamados Encitif, Leviatã, Behemond, Accaron, Dagon etc. Cada uma tinha o seu, que as levava a falar em línguas desconhecidas, a blasfemar, subir pelas paredes e convulsionar. O estado em que estavam foi verificado na presença do bispo de Évreux em 2 de março de 1643. Todos esses demônios acusaram, pela boca dessas religiosas, Magdeleine Bavent de havê-los atraído para o convento: Leviatã, em maio de 1644, que possuía a irmã Anne de la Nativité, foi o mais avassalador. Magdeleine Bavent, interrogada pelo tenente da polícia criminal de Pont--de-l'Arche, Antoine Routier, confessou tudo aquilo que dela suspeitavam: que ela ia ao sabá com Picard, tendo engravidado várias vezes, abortou sozinha e comeu os fetos etc. Ela admitiu ter escondido feitiços "para alimentar a carnalidade dentro do monastério de Louviers", e corromper as religiosas. Estas alegaram que ela não havia entrado virgem no convento, mas já deflorada por um certo Bontemps: ela deu detalhes sobre essa calúnia, disse que havia sido levada à impudência ao usar uma camisa suja que pertencia a esse homem etc. O decreto de junho de 1645 condenou Magdeleine Bavent, "culpada de apostasia, sacrilégio e magia", à prisão perpétua em um calabouço da Oficialidade, e a "passar a pão e água três dias por semana pelo resto da vida". O cadáver de Mathurin Picard, sepultado diante do coro onde as religiosas comungavam, foi desenterrado, arrastado em uma treliça pelas ruas da cidade e atirado na fossa comum. A pobre ninfomaníaca, depois de tentar se suicidar duas vezes, dirá: "Não sou uma grande mágica. Não passo de uma grande pecadora."

Diante dessa enfeitiçada, a possessa mais extraordinária foi Jeanne de Belciel, conhecida como irmã Jeanne des Anges, superiora das ursulinas de Loudun. Sua autobiografia, publicada pelos médicos da escola de Charcot, esclarece toda a psicologia da possessão. Bela de rosto, mas corcunda, e insuportável desde menina, a irmã Jeanne des Anges acusou-se a si mesma de "grande libertinagem" e admitiu o próprio orgulho: "Eu possuía tal estima por mim mesma que acreditava que a maioria dos outros era muito inferior a mim"[708]. No convento, do qual era protetora graças à sua fortuna, ela ouviu falar de Urbain Grandier, cura de Saint-Pierre-du-Marché, por quem muitas mulheres de Loudun eram apaixonadas, e que tinha amantes, autor de um tratado contrário ao celibato dos padres. Sem jamais tê-lo encontrado, ela lhe escreveu, em 1631, para lhe propor o posto de prior de seu estabelecimento. Ele respondeu com uma carta de recusa. A irmã Jeanne des Anges caiu, então, em depressão nervosa e logo passou a ter alucinações à noite, nas quais via Grandier sentado à sua cabeceira tentando acariciá-la. Ela se sentiu possuída por sete demônios, entre os quais Leviatã, que a incitou ao orgulho; Balaam, que lhe deu vontade de rir sem parar; Isacaron, que a levou à impudência, ajudado por Asmodeus. A possessão é, deste modo, apenas a divisão dos maus instintos de um ser entre diversos personagens pelos quais a pessoa acredita estar habitada. Ela foi exorcizada, e à questão do ritual: *quis te magus immist?* [qual mágico te enviou?], um dos demônios respondeu pela boca dela: *Urbanus Grandier.* Os exorcismos tiveram tão pouco efeito que Barré, um exorcista, em outubro de 1632, incapaz de expulsar Asmodeus alojado no ventre da irmã Jeanne des Anges, fez com que ela recebesse uma lavagem de água benta.

As religiosas, apesar dos jejuns e das orações, sofreram o contágio de sua superiora, e quase todas se viram perseguidas por Grandier e atormentadas por diabos. Ao saber do caso, e que seus inimigos se serviam disso contra ele, Grandier contra-atacou; o bailio de Loudun ordenou que cessassem os exorcismos e o médico da cidade constatou que a possessão era "mais ilusória do que real". A chegada do comissário real Laubardemont, que acabara de fazer uma hecatombe entre os bruxos do Béarn, foi fatal para o suposto culpado. Por razões políticas, ele passou a perseguir Grandier, suspeito de se opor ao cardeal Richelieu. Em 14 de abril de 1634, Laubardemont confrontou Grandier com as religiosas, que nele reconheceram de modo unânime o homem que aparecia à noite em suas celas. O infeliz protestou em vão que jamais pusera os pés naquele convento: os seis exorcistas, dentre os quais os padres Lactance e Tranquille, preferiram acreditar nas possessas agitadas por contorções assustadoras a crer em um padre que argumentava calmamente. Em 21 de abril, a superiora, interrogada sobre o local onde Grandier tinha as marcas insensíveis do Diabo, disse que elas se encontravam no ânus e nos testículos. Grandier foi despido, rasparam seus cabelos, e o cirurgião Mannoury picou-o tão cruelmente com o bisturi que o fez gemer; apesar disso, a ata conclui que ele não sentiu nada. Tudo foi manipulado para condená-lo, com a cumplicidade involuntária de uma ninfomaníaca enfurecida.

Em 19 de maio, na igreja Sainte-Croix, os exorcismos se tornaram públicos; na presença de uma multidão, Lactance fez saírem três demônios do corpo da irmã Jeanne des Anges: Asmodeus, Gressil e Amom, que a feriram três vezes no peito. Uma testemunha ocular disse em voz alta "que tinha visto o instrumento de ferro com o qual ela foi ferida"[*]. Essa testemunha teve que fugir, assim como dois médicos que puseram em dúvida a possessão. A histeria enquanto doença teatral, uma possessa pode simular, sob auto hipnose, um estado sobrenatural e exibir pseudo-estigmas criados por ela mesma, sem que isso diminua a autenticidade do caso. Em 23 de junho, Grandier foi confrontado mais uma vez com a irmã Jeanne e oito outras possessas, nessa igreja, e lhe foram apresentados os pactos demoníacos que supostamente ele teria feito. Diante de suas negativas e de sua calma, as nove mulheres em fúria rasgaram as roupas, mostraram os seios, assumiram poses obscenas, atiraram os sapatos na cabeça dele e quiseram despedaçá-lo[709].

Mas Laubardemont era um juiz que dizia: "Apresentem duas linhas escritas por um homem e eu o levarei à forca". Ele presidiu, em 8 de julho, o tribunal ao qual compareceu Grandier, e este, condenado à morte em 18 de agosto de 1634, foi executado no mesmo dia. Grandier não confessou nada sob tortura, embora tenham lhe quebrado as pernas; o cruel Laubardemont quis também que lhe arrancassem as unhas, mas o assistente do carrasco se recusou. Esse padre de quarenta anos sofreu seu martírio com uma impressionante dignidade, dizendo às ursulinas, antes que o levassem de maca até a charrete: "Jamais as ofendi, mas peço a Deus que as perdoe". Os exorcistas, primeiro o padre Lactance, acenderam o fogo de sua fogueira. Um mês após a execução, Lactance morreu em uma crise de loucura na qual gritava que não era responsável pelo destino de Grandier. No ano seguinte, o padre Tranquille enlouqueceu e morreu igualmente evocando

---

* Cf. Doutor Gabriel Legué, *Urbain Grandier, documents inédits* (Paris: Ludovic Baschet, 1880). Esta obra magistral, histórica e clínica, definitivamente varreu a interpretação de Michelet, que, levado por seu delírio anticlerical, avaliava que Grandier "merecia prisão perpétua".

Grandier. Depois, uma noite, o cirurgião Mannoury se ajoelhou na rua balbuciando: "Grandier, o que você quer de mim?", e foi levado para casa delirando e agonizando de uma congestão cerebral.

A irmã Jeanne des Anges, cinco meses depois da morte de Grandier, declarou-se grávida: um médico constatou um estado de gestação avançada, com supressão da menstruação, náuseas, inchaço do ventre e até secreção mamária de leite. Era uma gravidez nervosa, por autossugestão, que provocava uma timpanite abdominal (paralisia das fibras musculares do intestino): a gravidez passou após um exorcismo, ao vomitar sangue. Os agostinianos recoletos e os franciscanos capuchinhos encarregados de exorcizá-la, com isso, perderam a razão. Em 20 de dezembro de 1634, chegou de Bordeaux outro exorcista, o padre Jean-Joseph Surin, homem de 34 anos, franzino e angustiado, que sofria de enxaquecas. Entre esses dois neuróticos começou uma relação que, se comparada ao amor sadomasoquista mais perverso, este pareceria insípido. A irmã Jeanne mostrou uma aversão violenta ao padre Surin, por causa das "tentações infames" que sentia quando ele se aproximava. Primeiro ele tentou expulsar Isacaron — o demônio que lhe dava obsessões sexuais —, amarrando-a sobre uma mesa ou sobre um banco (a fim de evitar seus golpes) e colocando o Santo Sacramento sobre seu coração. Uma vez, ele rezou por três horas enquanto ela não parava de gritar com todas as forças. Em vez de ir embora, Isacaron atacou o padre Surin que, na noite de 19 de janeiro, sentiu se enrolar em volta de seu corpo uma serpente invisível que o cobriu de mordidas: "Era como uma carícia com um fogo que, de fora, penetra na medula e nas entranhas"[710].

Depois disso, ele passou um ano lutando contra suas próprias obsessões sexuais, náuseas, opressões e reações psicossomáticas. Na hora de exorcizar a irmã Jeanne, ele rolava no chão aos gritos ou ficava paralisado, incapaz de proferir uma palavra. Ela, por sua vez, recebia visitas fantásticas à noite na cela: "Sentia a toda hora como se um animal tivesse corrido para o meu leito, e me tivesse tocado em diversas partes do corpo"[711]. Ela assistia, sem conseguir se mover ou falar, aos acasalamentos em seu redor. Durante um exorcismo público na presença do duque de Orléans, irmão do rei, Isacaron saiu do corpo da irmã Jeanne, que subitamente se apaziguou, e entrou no padre Surin, que foi lançado ao chão e se debateu: os outros exorcistas fizeram conjurações sobre ele, e o demônio voltou para a irmã Jeanne, cujo semblante assumiu uma expressão horrível. Quem ousaria negar a magia sexual diante da violência desses fenômenos, mesmo que devidos à força do inconsciente? Existe no ser humano, emanando do sexo, uma energia psico-elétrica que age por transmissão direta e que justifica as experiências feitas para utilizá-la conscientemente.

Em uma carta ao padre de Attichy, a quem pede o auxílio de suas orações, o padre Surin diz que, nessas crises, ele sente como se tivesse "duas almas, uma das quais despossui meu corpo e o uso de seus órgãos, e se mantém à parte, observando a que se introduziu em meu corpo"[712]. Ele se sente mais *obcecado* do que *possuído*, pois, em vez de ser um energúmeno que não sabe mais o que faz, ele permanece lúcido em suas convulsões, dividido entre a alegria e o furor. Desesperado por não conseguir exorcizar a irmã Jeanne, Surin impõe a ela mortificações: ele a fez ser espancada pelos pobres, obrigou-a a implorar de joelhos à cozinheira para que ela a chicoteasse, a ficar nua diante dele e aplicar disciplina a si mesma. Quando os superiores de Surin, que desaprovavam esses métodos, quiseram que ele saísse de Loudun, a irmã Jeanne des Anges, para retê-lo no convento, declarou que Balaam a havia advertido de que deixaria seu corpo no dia 5 de novembro de 1635. Em seguida, foi Leviatã quem deixou uma cruz sangrenta na testa da irmã, que logo foi apagada. Isacaron saiu, em janeiro de 1636, cuspindo blasfêmias; o padre Surin mandou que ela se prostrasse e lambesse o chão da capela, o que a irmã Jeanne des Anges fez furiosa, depois o demônio escapou dela pela mão esquerda, deixando ali a palavra *Maria* estampada em caracteres romanos.

O maior teórico da possessão na França foi o padre Surin, e não sem motivos: ele viveu seus problemas até a aniquilação. Depois de libertar, em 15 de outubro de 1637, a irmã Jeanne des Anges do último demônio que a possuía, Behemoth, ele foi a Bordeaux, ainda obcecado por Isacaron, e durante oito anos teve caprichos suicidas: "Eu só pensava, nessa época, em maneiras de me matar... Não podia ver um poço que dava quatro ou cinco passos pensando em me atirar ali... Fui mais de cem vezes à sacristia pensando em me enforcar atrás do tabernáculo onde ficava o Santo Sacramento, e minha maior alegria seria que me vissem ali enforcado", ele revelou. Transferido a Saint-Macaire, um dia ele se atirou da janela do terceiro andar e fraturou o colo do fêmur. Teve visões, tal como quando viu escritas no céu as palavras *Amour pur* [Amor puro]. Foi acometido de afasia, de paralisia histérica, e ficou muitos anos acamado sem se mexer, sem conseguir sequer levar a comida à boca. Recolhido em Saintes pelo padre Claude Bastide, um de seus confrades exorcistas, o padre Surin ditou, a partir de 1651, seu *Catéchisme spirituel* [Catecismo espiritual] (1654), seus *Dialogues spirituels* [Diálogos espirituais] (1655), e o relato de seus sofrimentos que expõe seus casos como "o combate da natureza e da graça".

Quanto à irmã Jeanne des Anges, ela terminou sua vida em odor de santidade. Depois de uma doença em que chegaram a lhe ministrar a extrema-unção, dada como morta, e da qual se curou no dia seguinte, passaram a considerar que sua camisola fazia milagres para as mulheres grávidas. Ana da Áustria, no nono mês de gravidez, pediu sua camisola emprestada e a vestiu em Saint-Germain: algumas horas mais tarde, deu à luz Luís XIV. É curioso pensar que o rei sob cujo reinado foram inventadas as missas negras tenha nascido de uma mãe que vestia a camisola dessa possessa aterrorizante, tenha também enviado um inocente à fogueira e enlouquecido diversos exorcistas. A irmã Jeanne des Anges morreu em 1665 e sua cabeça foi conservada em um relicário pelas ursulinas de Loudun, para ser exposta à veneração dos fiéis[*].

A MISSA NEGRA

A missa negra era, a princípio, um episódio do sabá, ao qual ela servia de conclusão, depois, ela se separou dele para se tornar uma cerimônia à parte, bastante diferente. O sabá era uma cena de encruzilhada, camponesa, mítica, mais sonhada do que vivida; a missa negra será uma ação real, aristocrática, entre quatro paredes. Senhores e grandes damas que queriam obter alguma coisa do Diabo acreditavam conquistar seu favor oferecendo-lhe, em troca, esse espetáculo destinado a agradá-lo: uma paródia blasfematória da missa, agravada pelo sacrifício humano e pelo uso ritual da nudez feminina.

Se a missa negra existisse em março de 1310, durante o processo dos Templários, não teriam deixado de interrogar os réus a respeito dela, pois fizeram o grão-mestre da ordem Jacques de Molay confessar que sua cerimônia

---

[*] Houve outras possessas famosas: Marthe Brossier em Paris em 1599 (que foi posta na prisão ao admitir que era uma simuladora), Denise de la Caille, Elizabeth de Rampaing, as senhoritas de Léopartie, a Cadière, as possessas de Morzine etc. Mas não é necessário falar delas aqui, o caso de Loudun continua sendo o mais importante, e o mais característico do erotismo cristão esotérico.

de iniciação compreendia negar Jesus e cuspir na cruz. Assim, o procedimento dos comissários do papa mostra que, entre os 132 artigos contra os Templários, não figurava que fossem bruxos e frequentadores de sabás, acusações que se tornariam clássicas mais tarde. E, no entanto, os Templários foram culpados de idolatria, de adorarem uma cabeça chamada Baphomet e de se cingirem com um cordão que consagravam a esse ídolo, de fazerem da sodomia um "ponto de ordem" (isto é, uma obrigação de praticar a sodomia a fim de se tornar cavaleiro do Templo), e de organizarem recepções secretas e noturnas, de forçar os iniciados a darem "beijos impuros", no baixo ventre e no dorso nu de seu superior[*]. Eles não deixariam de perguntar aos muitos Templários que torturaram, e que debilitaram fazendo-os passar a pão e água durante semanas, se haviam ou não celebrado missas negras: a ausência dessa pergunta prova que esse tipo de magia criminal era ignorado na época.

Também não a encontramos mencionada ao longo do processo de Gilles de Rais, em Nantes, em 1440, em que o acusador o denuncia como "herético, relapso, bruxo, sodomita, invocador de espíritos malignos, assassino de crianças, praticante de artes mágicas, apóstata, idólatra, desviado e maledicente da fé católica". Gilles de Rais, companheiro de Joana d'Arc, nomeado marechal da França na coroação de Carlos VII, era um paranoico homossexual que vivia faustosamente, tinha sua própria guarda armada, seu clero, e organizava representações teatrais em suas propriedades. Para refazer sua fortuna, que gastou em prodigalidades, ele recorreu à alquimia e, sem conseguir fabricar ouro, invocou o Diabo e lhe pediu a ciência, a potência e riquezas. Com seu assistente, o mágico Prelati, ele traçava círculos mágicos, nos quais entrava, recitava fórmulas e sacrificava um galo ou uma rola. Como o Diabo não apareceu, pensou em atraí-lo oferecendo, envolvidos em um lenço branco, "a mão, o coração, os olhos e o sangue" de uma criança que ele mesmo havia matado. Durante oito anos, segundo a ata da acusação, mais de duzentas crianças teriam sido massacradas nos castelos de Tiffauges e Machecoul; antes, ele se aproveitava de suas vítimas em orgias sádicas, em seu quarto. Esse homem, que distribuía esmolas em nome do Diabo e que mandou cantar o ofício no

---

[*] Philippe Grouvelle, em *Mémoires historiques sur les Templiers* (Paris: F. Buisson, 1804), provou que a sodomia não era, entre eles, um "ponto de ordem", mas uma falta perdoada sem confissão. Eles faziam voto de castidade, e usavam o cordão por cima da roupa, como os monges, e não por baixo da roupa como os outros cavaleiros.

dia de Todos os Santos "em honra dos espíritos malditos e dos condenados"[713], não teria hesitado nem mesmo por um instante em praticar a missa negra. A missa negra era ignorada em sua época, e é sobretudo a lembrança de seus crimes, assim como as fantasias acumuladas em torno do sabá, que incitaram alguns a começarem a utilizá-la.

Pode-se afirmar que o ritual das missas negras foi inventado sob o reinado de Luís XIV, com a Voisin, pois, nos papéis de seu processo, o conselheiro do rei, Gabriel de la Reynie, fala "dessas práticas infelizes ainda desconhecidas": e ele era um especialista em assuntos criminais[714]. Catherine Montvoisin, conhecida como a Voisin, quiromante e astróloga, esposa de um chapeleiro da Pont Marie, especializou-se na magia sexual: as mulheres a consultavam para abortar, livrar-se de um marido ou conquistar um amante inacessível. Ela tinha em casa um livro onde registrava suas receitas. Morava na rua Beauregard, em uma casa com jardim, e recebia tanto as grandes damas, tal a duquesa de Bouillon, desejosa da morte do cônjuge a fim de se casar com o duque de Vendôme, como a esposa de um açougueiro que queria ficar viúva. Amiga íntima da atriz Du Parc, e até mesmo de um jansenista, o abade de Saint-Amour, a Voisin dirigia uma rede de cúmplices entre os quais o carrasco de Paris, que lhe fornecia gordura de enforcados, capangas mulheres (a Filastre, a Trianon, a Pelletier), e executantes diversos. Por trás da fachada suntuosa do século de Luís XIV, descobrimos aqui um enxame de vícios, com todas as classes envolvidas: o povo, a burguesia, o clero e a nobreza testemunham as mesmas crenças e participam das mesmas ações. O cavaleiro de Hannivel, "que sempre quis falar com o Diabo", e o cavaleiro de Saint-Renant, que ensinava astrologia, tinham como iguais o sapateiro Thuret, mágico; o entalhador de pedras Latour, vulgo "o grande autor" (especialista em sortilégios); e o fabricante de seda Gobert, que amarrou a agulheta de um abade a pedido da ciumenta senhora Baron. A senhorita Lavenant, que trabalhava em encontrar a pedra filosofal, rivaliza com a Joly, a vidraceira, que fazia pós para polvilhar sobre as pessoas a serem enfeitiçadas.

A Voisin usava todo tipo de procedimentos de enfeitiçamento para fazer ou desfazer casamentos. Uma de suas especialidades era "queimar lenha", o que consistia em colocar incenso e álum branco em um feixe de lenha, incendiá-lo em hora ímpar do dia ou da noite, e regá-lo três vezes com uma mistura de vinho e sal, formulando um desejo. Ela empregava também figuras de cera e corações de animais que eram enterrados nos lugares onde a vítima devia passar. Para fazer a presidenta Leféron se apaixonar por Prado, "ela havia feito uma figura de cera com letras escritas nos braços, nas coxas, no coração e no rosto, que ela guardou em uma caixa, e fizeram Leféron passar por cima"[715]. A Philbert, esposa de um músico do rei, que desejava assassinar Brunet, seu primeiro marido, "Voisin lhe pediu ovos que Brunet tivesse comido, sua urina, que ela disse que colocaria em uma toupeira esfolada que enterraria em seu jardim, e que à medida que a toupeira apodrecesse os mesmos efeitos se produziriam no próprio Brunet"[716]. A Voisin usava magia sexual também em sua vida privada: seu amante Hérault, taberneiro do Bonne-Eau, tendo se casado sem seu consentimento, ela lançou "alguma coisa vermelha na soleira da porta, o que fez com que ele se sentisse mal"[717]. Ela provocava abortos dando à mulher grávida infusões de sabina (espécie de zimbro), que causava vômitos; ela confiava os casos de gestação avançada a Lesage, que sabia "fazer abortar através de perfumes", ou a Lepère, que possuía uma seringa especial e "um modo de seringar" incomparável. Os fetos eram incinerados em um forno secreto do gabinete da Voisin: "Embriagada pelo vinho, ela disse um dia ter queimado mais de 2500 fetos abortados"[718]. Ela mesma preparava venenos com sapos que empanturrava de azinhavre ou arsênico; a espuma que saía da boca do sapo lhe servia em seguida para envenenar camisolas, lenços, luvas, lavagens, que ela vendia a clientes como a Poulaillon, que deu ao marido uma camisola envenenada e completou com uma lavagem com pó de sapo.

A Voisin e suas companheiras são as mais autênticas bruxas do reinado de Luís XIV, e, observemos, não se tratava de camponesas, mas de pequeno-burguesas parisienses. Os etnólogos que colocam a bruxaria na conta do campesinato tomam os efeitos pelas causas*. A Trianon, adivinha do Marais em cuja casa foi encontrado um esqueleto de "25 volumes manuscritos sobre a ciência oculta", era viúva de um negociante de Tours. A Filastre, hoteleira, encarregou-se

---

* A Voisin consultou pastores da Normandia, para ver se seus "segredos para matar o gado" eram aplicáveis aos homens. Era a isso que se limitava a bruxaria camponesa. A equipe da Voisin extraía seus procedimentos da *Filosofia oculta* de Agrippa — da qual o açougueiro Monsigot possuía um exemplar — e dos *Trois livres de charmes, sorcelages ou enchantements* de Léonard Vair (1583), um padre que sob pretexto de combater os sortilégios fez um inventário completo deles.

de "passar gonorreia usando osso de morto a Leroy, moleiro, a pedido de sua esposa e de Delaistre, amante dela, para que ele morresse"[719]. A Desponts, uma parteira que foi buscar na Alemanha "todo tipo de coisas para diabruras", e que vivia como uma libertina — "ela lutava com golpes de espada e pistolas, como os homens"[720] — foi acusada de ter matado o marido "queimando lenha" de um modo extraordinário. "Quando ela queimava lenha, ficava toda nua e com os cabelos soltos"[721]. A Chéron, vendedora de frutas, urinou no próprio sapato e o deu como antídoto à Montigny, que havia sido envenenada por um lenço usado para secar o rosto[722]. A Pelletier, a quem Cottard pediu um meio de se fazer amar por Forne, deu-lhe uma água cor de âmbar "para esfregar na palma da mão, a fim de, em seguida, tocar a mão de Forne"[723]. A mais furiosa era a esposa do tesoureiro das esmolas da rainha, a Chappelain, que, após a morte do amante, o abade Charpy, substituiu-o por três padres que sempre levava consigo, e sobre a qual a Filastre dizia: "Não há nada que a Chappelain não tenha experimentado"[724].

Todas essas diabas, observemos também, tinham cúmplices padres, o que prova, mais uma vez, a parte preponderante que o cristianismo desempenha na magia sexual. O abade Dubousquet ensina a Voisin a "fazer corações de ouro" para os feitiços; a Joly trabalha nos seus com o abade Lempérier. Entre os conselheiros desse bando, o capuchinho Gérard possuía "pequenos sigilos azuis, para o jogo, para o amor e para as armas"[725]; o padre Morel, barnabita, fabricava pós afrodisíacos com vísceras, testículos e cristas de galos. Outros, que foram condenados à fogueira ou às galés, usavam seus ministérios a serviço de intenções criminais. De fato, acreditava-se que o malefício que não fosse ligado a um sacrilégio poderia ser desfeito por um padre, e se voltaria contra o solicitador segundo a lei da "ação e reação". O sacrilégio de um padre no exercício de suas funções parecia necessário para tornar o malefício indestrutível. Eis por que a Voisin se associou a vigários que, durante suas missas, faziam passar sob o cálice feitiços fabricados contra as pessoas.

Seu principal acólito foi o abade Antoine Guibourg, conhecido como senhor Prior (já que havia administrado o priorado de Bois-Courty na Normandia), que praticava a magia negra atendendo a pedidos de particulares: assim, para ajudar uma senhorita do Faubourg Saint-Germain a ganhar no jogo, ele fez "a conjuração da pistola volante", durante a qual, vestindo sobrepeliz e estola, batizou uma moeda de trinta *sous* na presença de duas testemunhas que serviam de padrinho e madrinha (a "pistola volante" sendo uma moeda que voltava para o bolso de seu dono depois de entregue a outrem). Um jogador encomendou-lhe três missas na igreja de Minimes para um pedaço de corda de enforcado. Ele consagrou, na igreja de Petits Pères, uma hóstia coberta de palavras escritas com o sangue de uma dama, e mandou que ela "desse de comer ao homem que ela queria obrigar a se casar consigo"[726]. Proferiu também uma missa na igreja Saint-Marcel, em Saint-Denis, colocando sobre o altar "as secundinas de uma parturiente" (isto é, sua placenta recuperada em um lenço), sua cliente lhe pedira isso "por amor e para obter as boas graças do mundo".

Supunha-se que o abade Guiborg fosse um dos amantes da Voisin (que tinha vários amantes, dentre os quais o mágico Lesage, o carrasco Samson, os condes de Cousserans e de Labatie, o arquiteto Fauchet), mas os papéis de La Reynie o apresentam sobretudo como seu subordinado: "Trata-se de um padre que diz ter setenta anos, nascido em Paris, que alega ser filho natural do senhor de Montmoranci. Muito viajado, libertino. Amigo da Voisin, tem relações com ela de longa data... Há mais de vinte anos vive com uma concubina, com quem ele teve muitos filhos, dos quais ele mesmo matou alguns. Homem extraordinário, que parece comovido em alguns momentos e que em outros fala daquilo que fará e do que dirá *quando estiver sendo queimado*"[727]. A concubina do abade Guibourg, Jeanne Chanfrain, dizia a respeito dele: "Esse desgraçado me perverteu com dezesseis anos, tinha mais é que me sustentar, ele é o motivo de eu ter feito esses massacres"[728]. Esse padre de tez rubicunda, olhos totalmente tortos de estrabismo, era um criminoso assustador, que sabia fabricar a *grenouillete* [rãzinha], "uma espécie de veneno que matava de rir", usando uma simples planta chamada *avium risus*; ele havia envenenado sua tia Fleurette para herdar seus móveis e "sempre levava frascos na mão"[729].

A missa negra, tal como o abade Guiborg a utilizou, se celebrava sobre uma mulher nua sobre a qual se colocavam os objetos do culto; uma segunda mulher devia auxiliá-la e lhe passar a bacia que continha o oblato; ele começava o ofício com o cânon, o *Te igitur*; entre duas consagrações, fazia uma conjuração a Asmodeus e a Astaroth, "príncipes da amizade"; depois da oblação, ele lia uma invocação que exprimia o desejo da pessoa em favor da qual o rito era realizado. Guibourg inaugurou suas primeiras missas negras em 1660, no subsolo da casa de um ourives, perto da Porte Saint-Bernard: "Aquelas sobre cujos ventres a missa era dita ficavam todas nuas, sem camisola, sobre uma mesa que servia de altar, e, com os braços estendidos, cada uma segurava uma vela acesa por toda a duração das missas"[730]. Mais tarde, algumas de suas clientes, que se recusavam a tirar a camisola, despiam-se até o pescoço para deixar à mostra apenas a parte necessária. A partir de 1673, o abade Guibourg oficiará no gabinete da Voisin, onde um colchão erguido sobre assentos será ladeado por dois tamboretes que suportavam candelabros: "A dama era despida sobre o colchão, com a cabeça pensa, sustentada por um travesseiro que ficava sobre uma cadeira virada, as pernas suspensas, um lenço sobre o ventre, sobre o lenço uma cruz na altura do estômago, e um cálice sobre o ventre"[731]. Entre as mulheres que se entregavam nuas nas missas negras, estavam a duquesa de Vivonne, que esperava, deste modo, fazer morrer Colbert e voltar a ser Foucquet, a atriz Dupin, para que sua trupe da rue Guénégaud fosse nomeada trupe do rei, a condessa d'Argenton e madame de Saint-Pont; logo o abade Guibourg não conseguiu mais dar conta e seus colegas passaram a se revezar com ele.

O oficiante cedia por vezes à tentação que se lhe oferecia. O abade Gilles Davot, capelão da igreja Bonne-Nouvelle, passando por ébrio, a propósito de uma celebração na casa da Voisin sobre uma mulher nua confessou "que ao dizer sua missa ele beijou as partes pudendas, e não tendo sido o único a fazer coisas semelhantes, e que Gérard, padre de Saint-Sauveur, havia dito uma missa sobre o ventre da filha de um comerciante da rue Saint-Denis que ele mesmo havia pervertido"[732]. No entanto, o motivo de tal ação não era a libertinagem: seus participantes sentiam realizar uma prova terrível, com vistas a um resultado sobrenatural. Se o abade Guibourg celebrou muitas missas negras nos porões das casas, é porque seus habitantes acreditavam que descobririam em seguida tesouros escondidos ali pelo Diabo que queria recompensá-los*. Mesmo as cerimônias destinadas a favorecer as uniões amorosas não eram menos trágicas, como as "missas ao inverso" ditas pelo abade Deshayes na casa da Lemaire, rue Saint-Nicaise, e aquelas em que o abade Lepreux consagrou, à guisa de hóstias,

---

* Vide as missas negras "feitas em locais onde havia tesouros", *Archives de la Bastille*, tomo VI, p. 256.

as "serpentes para o segredo do amor". As mulheres que temiam ser condenadas ao emprestar seus corpos faziam outra assumir seu papel: assim, o abade Mariette utilizou a dama Anne, no quarto dela, diante da condessa de Polignac, que encomendara a missa negra para que morressem o conde de Polignac e a senhorita de la Vallière.

Pouco a pouco, essas práticas se agravaram. Uma missa orgiástica nos arredores de Dreux reuniu, uma noite, a madame de Lusignan, a Chappelain, a Froger, Boucher e um padre anônimo, que "foram juntos ao bosque onde se despiram, e fizeram grandes abominações, tinham, na época, um círio pascal que carregavam consigo"[733]. O pior foi o abade Guibourg ter recorrido ao infanticídio para aumentar a eficácia do ritual. Antes da invocação, procedeu ao assassinato de uma criança, cujo sangue foi recolhido em um cálice e as vísceras foram separadas. Guibourg com frequência empregava recém-nascidos oferecidos pelas mães ao demônio, como fez Méline depois de dar à luz, escrevendo em pergaminho "um tratado pelo qual ela dava sua criança a Astaroth e consentia que este tomasse posse dela quando viesse ao mundo"[734]. A duquesa de Vivonne, grávida de três meses e meio, quando abortou na casa de Voisin, entregou também por escrito seu feto ao Diabo (sempre na esperança da morte de Colbert). Não se tratava mais de delitos imaginários, como nos sabás, mas de fatos devidamente provados: toda Paris se alarmou, em setembro de 1776, com os desaparecimentos inexplicáveis de crianças. Na cave de uma taberna do Invalides, Guibourg e o abade Tournet, "para obrigar os espíritos a aparecerem", disseram durante nove dias missas sobre o ventre de duas mulheres nuas, a Ridelle (esposa de um pajem do rei) e a Napolitaine; a dona da taberna reconheceu que "ali sacrificaram crianças ao diabo e até mesmo levaram o cadáver de um enforcado"[735].

A duquesa de Montespan, que desejava se tornar a favorita de Luís XIV, passou a se relacionar com a Voisin e foi sua cliente por cinco ou seis anos; segundo a filha de Voisin, Marguerite, "toda vez que acontecia algo de novo à senhora de Montespan e que ela temia qualquer diminuição nas graças do rei, ela avisava sua mãe a fim de que ela levasse algum remédio"[736]. A princípio a Voisin lhe vendia "pós para o amor... que eram passados em um cálice" para que o rei bebesse; o abade Guibourg confeccionava esses pós que continham cantárida, e dizia sobre eles missas na capela Saint-Antoine du Buisson, perto de Versalhes. Foram enterrados dois corações de pombo que o abade Mariette, vicário de Saint-Sulpice, levara no bolso ao celebrar sua missa. "Queimavam lenha" em nome da Montespan, dizendo: "Feixe que estou queimando, não é a ti que queimo, mas o corpo, a alma, o espírito, o coração e o entendimento de Louis de Bourbon"[737]. Ao conseguir suplantar a senhorita de Lavallière, Montespan atribuiu seu sucesso aos sortilégios da Voisin, e não parou de solicitá-los. Alguns conjuradores quiseram "matar o rei através da magia", e enganaram a senhora de Montespan, a quem forneceram um malefício em vez de um filtro amoroso. Um "feitiço segundo o método da Voisin" foi composto desta maneira: "Um dia, a senhorita Des Oeillets, junto a um estrangeiro que diziam ser inglês e a quem chamavam de milorde, vieram à casa da Voisin, onde Guibourg, depois de se vestir com a alba, a estola e o manípulo, misturou os mênstruos da senhorita Des Oeillets, com o sêmen do estrangeiro no cálice, sangue de uma criança degolada pela Voisin, pó, sangue de morcego e farinha, para dar corpo à composição"[738]. Guiborg completou essa operação de magia sexual por uma missa, com uma conjuração que levava o nome do rei. Essa preparação, que supostamente transmitiria a Luís XIV uma prostração, devia ser lançada sobre as roupas do rei ou colocada sob seus pés.

Quando o rei se interessou pela senhora de Fontanges, a favorita pressionou Voisin para suprimir sua rival por meios expeditivos. A mágica a persuadiu de que cinco missas ditas sobre seu ventre garantiriam o triunfo. A princípio, Montespan não admitiu se expor, e foi sobre o ventre de uma outra mulher, que a representou, que o abade Guibourg, em uma capela particular perto de Montlhéry, disse a primeira missa em que degolou uma criança comprada de uma mendiga por um escudo. Quinze dias depois, ele repetiu esse tipo de cerimônia com as mesmas duas participantes, em uma casa em Saint-Denis. Ele afirmou não saber quem era a mulher nua que lhe servia de altar, porque ela escondia o rosto embaixo de "grandes toucas que cobriam até a metade do seio"[739].

Em janeiro de 1679, entre dez horas e meia-noite, na casa da Voisin, Montespan consentiu em celebrar sobre seu próprio corpo a terceira missa negra: mascarada, cabelos loiros soltos, a favorita estendeu sua nudez voluptuosa sobre um colchão coberto por um lençol mortuário, no centro de um cômodo revestido de negro, iluminada por círios feitos de gordura de enforcados; Guibourg, que usava um hábito sacerdotal branco bordado de pinhas negras, pôs um lenço aberto sobre o ventre da Montespan para realizar seu ofício habitual, que incluía a degola de uma criança, e leu a invocação que terminava com o seguinte voto: "Que a rainha seja repudiada e eu possa me casar com o rei". Faltavam ainda duas missas a serem organizadas com essa intenção: "A senhora de Montespan disse que ela não teria tempo para isso, que a Voisin deveria fazer sem ela o que faltava ... Isso foi feito, e as missas foram ditas sobre o ventre da Voisin por Guibourg"[740]. Esses criminosos de fato acreditavam, portanto, na dimensão mágica de sua ação, pois, se quisessem apenas iludir os crédulos, não teriam feito nada sem a presença deles. A Voisin fez a mesma coisa por outras clientes, como a senhora de Gamaches, que desejava a morte de seu sogro.

Quando a justiça, constituída na Câmara Ardente mediante cartas patentes do rei, assumiu o caso, decretou-se a detenção de 319 pessoas, das quais oitenta foram presas e processadas. A Voisin foi detida no domingo do 12 de março de 1679, na saída da igreja Notre-Dame-de-Bonne-Nouvelle, onde acabara de assistir à missa[**], e queimada na Place de Grève em 22 de fevereiro de 1680. Foram condenados à morte diversos padres culpados de "impiedades e sacrilégios", como o abade Joseph Cotton da igreja de Saint-Paul; o abade Barthélemy Lameignan, vigário de Saint-Eustache (acusado de ter sacrificado dois meninos em uma missa negra); e o abade Tournet, executado "por ter dito três missas negras sobre o ventre de uma menina que tinha entre catorze e quinze anos, e por, durante uma delas, tê-la conhecido carnalmente"[741]. A novidade era a missa dita sobre uma mulher nua, já que os acusados se justificavam dos infanticídios referindo-se ao Antigo Testamento, e até La Reynie observou nas atas do processo: "Quanto ao sacrifício de crianças, esta prática não é nova. A Escritura Sagrada fala dessa abominação entre os judeus"[***].

O caso das missas negras sob o reinado de Luís XIV é o ápice de vários séculos de especulação sobre o erotismo diabólico. De tanto suspeitar que hereges iam ao sabá, o que nunca existiu na realidade, a Inquisição incitou grandes pervertidos a pôr em prática uma cerimônia equivalente. No século XVIII, encontraremos missas negras sem assassinatos, como, em 1735, as de sir

---

* A Voisin tinha a piedade perturbada dos adeptos da goétia. Ela ia de boa-fé à missa, e recomendava às mulheres que desejavam ficar viúvas que rezassem novenas na igreja Saint-Nicolas du Tolentin, ou queimassem no altar dessa igreja um círio da altura exata dos maridos

** *Papiers de la Chambre ardente*, op. cit. Na realidade, o *Levítico* proíbe formalmente os sacrifícios de crianças a Moloch.

Francis Dashwood em Londres, que louvavam Vênus com os doze membros da confraria de Medmenham. Mas, originalmente, não tinham nada dessas orgias mundanas: eram operações lúgubres, atrozes, sem espectadores, com o intuito de vencer impossibilidades por meio do auxílio de um sacrifício ritual que utilizava as forças magnéticas da sexualidade. As missas negras são a face horripilante da magia sexual – que comporta outras mais benignas –, mas provam que esta existe, que pessoas de todas as condições acreditaram nela no mesmo século de Descartes e Bossuet, e que devemos tirar dela um julgamento melhor. Se os padres chegaram a tais delitos, é porque o pensamento mágico no homem é impossível de erradicar; em vez de pretender suprimi-lo, o que leva o inconsciente frustrado a excessos nefastos, é preciso tentar tratá-lo com ponderação por meio da filosofia oculta.

AS UNIÕES IMATERIAIS

A crença nos íncubos e súcubos foi uma crença erudita, e não uma superstição popular. São Tomás de Aquino dizia que os demônios extraíam o sêmen dos homens sob a forma de súcubos, e usavam esse sêmen sob a forma de íncubos com as mulheres. A mesma criatura diabólica podia fazer assim o vai e vem, trocando de aparência a cada vez, entre um parceiro masculino e uma parceira feminina. "O que parece inacreditável", espanta-se Bodin, que conta, no entanto, com o apoio da seguinte anedota: "No ano de 1545, Magdalena de la Cruz, natural de Córdoba, na Espanha, abadessa de um monastério, vendo-se sob suspeita das religiosas de ser bruxa, e temendo a fogueira caso fosse acusada, quis se prevenir obtendo o perdão do Papa, e confessou que aos doze anos de idade um espírito maligno sob a forma de um Mouro negro solicitara sua honra, ao que ela consentiu e, portanto, já vinha se deitando com ele por mais de trinta anos... Ela obteve o perdão do papa Paulo III pois, segundo ela, estava arrependida"[742]. Um padre octogenário, Benedeto Berna, teve menos sorte: foi condenado à fogueira, após ter confessado que havia copulado durante quarenta anos com um súcubo chamado Hermione, que o acompanhava por toda parte sem que ninguém visse. Os íncubos e súcubos podiam assumir a forma de animais: foi por isso que queimaram duas mulheres, em Toulouse e em Paris, ambas condenadas por terem acasalado com cachorros.

A questão foi debatida diante de Sigismundo da Áustria e as respostas foram registradas por Ulrich Molitor, doutor em direito de Constança, em *De Lamiis et phitonicis mulieribus* [Das bruxas e adivinhas] (1489), para saber se nasciam ou não crianças dessas uniões fantásticas. Isso já era admitido para os íncubos: "Do acasalamento do demônio íncubo com a mulher, pode às vezes nascer alguma coisa; uma vez que o demônio não é o pai verdadeiro, mas sim o homem de quem o demônio extraiu o sêmen"[743]. Se uma mulher gera um filho que parece o vizinho, nem sempre este é o responsável; um demônio pode ter lhe extraído o esperma durante o sono para inseminar artificialmente a vizinha. Os íncubos podem também engravidar uma virgem enquanto ela dorme, lançando em volta do sexo "uma semente fecunda e verdadeira extraída alhures", mas "não poderiam fazer com que sua virgindade se conservasse no acasalamento"[744]. Ao contrário, poderia um súcubo engravidar de um homem? Del Rio defendia que sim e dizia que os súcubos concebiam "as crianças que vulgarmente chamavam de *cambion*, os quais diziam ser capazes beber todo o leite de três ou quatro amas, sempre muito pesados, e sumir e desaparecer depois de alguns anos"[745]. Lutero, em seus *Colóquios*, especificava que o filho de um súcubo vivia no máximo sete anos. Os nascimentos monstruosos — Boguet fala de uma mãe "que, no ano de 1531, pariu do mesmo ventre primeiro uma cabeça de homem envolta em uma fronha, em seguida uma serpente com dois pés, e em terceiro lugar um porco inteiro"[746] — não eram atribuídos à cópula com demônios, mas à "abundância de matéria" e à "potência imaginativa da mulher".

A teoria das relações sexuais do homem com criaturas sobrenaturais começou a se tornar menos dramática no final do século XVII, quando o abade Nicolas Montfaucon de Villars publicou *Le Comte de Gabalis* [O conde de Gabalis] (1670), que relatava as revelações de um rosa-cruz que lhe dissera: "É preciso renunciar a todo comércio carnal com as mulheres", não por castidade, mas a fim de se reservar para as "amantes invisíveis", que pertenciam aos povos do fogo, da água e da terra: "Os elementos são habitados por criaturas muito perfeitas, e o pecado do infeliz Adão privou sua infelicíssima posteridade do conhecimento e do comércio com elas"[747]. Assim, "a terra é cheia, até quase o centro, de gnomos", o ar é repleto de sílfides e o fogo de salamandras, rios e mares abundam de ninfas. Em suma, estamos cercados, sem saber, de uma "multidão de povos de figura humana", cujas moças deslumbrantes justificam seu conselho: "Renunciem aos inúteis e insípidos prazeres que se pode encontrar com as mulheres; a mais bela dentre elas é horrível diante da menor das sílfides". Gabalis especifica "que elas só exigem do homem que se abstenham das mulheres, das quais elas não suportavam os defeitos, e elas nos permitirão amá-las o quanto quisermos". Não se trata de uma fantasia romanesca: no século XI, o monge bizantino Michael Psellos em seu *Peri energeias daimonon* [A energia dos demônios] — que, em 1577, foi traduzido para o latim em Paris — havia descrito esses quatro tipos de espíritos elementares. Montfaucon de Villars tirou disso uma consequência libertina, e seu *Le Comte de Gabalis [O conde de Gabalis]*, reeditado em 1734 pelo padre Androl, que adicionou partes sobre os "gênios assistentes", influenciou muitos ocultistas. Boyer d'Argens se inspirou nele em suas *Lettres Cabalistiques* [Cartas cabalísticas] (1741), correspondências entre espíritos elementares, Astaroth e dois cabalistas, sobre casos do mundo invisível. Jacques Cazotte disso extraiu o tema para seu romance *O Diabo Apaixonado* (1772).

Um novo tipo de união amorosa, com Sofia, mulher imaterial reverenciada mais até que a Virgem Maria pelos filósofos da escola de Jakob Böhme, foi evocado na correspondência de 1793 entre Louis-Claude de Saint-Martin, de Amboise e o coronel Kirchberger, seu discípulo. É curioso observar que esse gênero de preocupação subsistia sob o Terror jacobino. Nela, Kirchberger conta a história de Johann-Georg Gichtel, editor alemão refugiado em Amsterdam, que recusava todas as mulheres que queriam se casar com ele, pois se dedicava à invisível Sofia, cuja aparição enfim lhe foi concedida: "Sofia, sua querida, sua divina Sofia, que ele amava tanto e que nunca tinha visto, veio no dia do Natal de 1673 lhe fazer sua primeira visita; ele viu e ouviu, no terceiro princípio, essa virgem que era deslumbrante e celeste. Nesse encontro, ela o aceitou como esposo e as núpcias foram consumadas com delícias inefáveis". Casado com Sofia, que "lhe fez esperar uma progênie espiritual", coabitando com ela "no fundo luminoso interior", Gichtel teve com ela conversas cotidianas: "Sofia tinha também uma linguagem central, sem palavras exteriores e sem vibração do ar, e que não se parecia com nenhuma língua humana; no entanto, ele a compreendia tão bem quanto sua língua materna"[748]. Ela o orientou, fez revelações sobre a alma e a natureza, e levou-o a editar as obras de Jakob Böhme.

Raadt, um erudito que frequentava Gichtel, apaixonou-se por Sofia e impôs a si mesmo e à esposa uma "circuncisão espiritual" para merecer a visão daquela entidade. "Ela deixou alguns raios de sua imagem incidirem nas qualidades terrestres de suas almas." Logo se formou, em torno de Gichtel, o Grupo dos Trinta, todos apaixonados por Sofia e se beneficiando de seus favores, o que fez com que ele observasse "o quanto o espírito astral é desejoso de gozar das cópulas nupciais de Sofia". Houve algumas discordâncias entre os Trinta, em 1682, mas um jovem negociante de Frankfurt, Überfeld, a quem devemos a publicação das cartas de Gichtel, veio encontrá-lo e decidiu permanecer como discípulo. "À chegada de Überfeld, Sofia se manifestou, no terceiro princípio, aos dois amigos reunidos, da maneira mais gloriosa." Überfeld recebeu Sofia como esposa, "ele foi elevado aos graus mais sublimes".

Constata-se que Sofia, a esposa imaterial, é polígama e divide-se entre todos os seus escolhidos, contanto que sejam iniciados: "As almas, nem mesmo as boas, não possuem Sofia". Ela pode até ser a esposa celeste de uma mulher, pois a primeira visão da mística inglesa Jane Leade foi a de Sofia que se manifestava fisicamente para ela. Saint-Martin disse a respeito das bodas de Gichtel e Sofia: "Tudo nisso porta o selo da verdade. Se nós estivéssemos um perto do outro, eu também teria uma história de casamento para te contar, em que o mesmo passo seria seguido por mim, ainda que sob outras formas"[749].

Assim, o princípio das uniões amorosas com criaturas de outro mundo sofreu uma evolução na qual, sob influência do cristianismo, foram, em um primeiro momento, associadas ao incubato e ao sucubato. Mas, no século XIX, a crença nos íncubos e súcubos foi contestada por teólogos como o padre Debreyne, que, para desculpar as "estranhas ideias" dos Pais da Igreja, disse que haviam sido "menos erros deles próprios do que erros de seu século"[750]. Em um segundo momento, em reminiscências da Gnose, procurou-se a união com Sofia e os meios de materializá-la. Esta segunda noção prevaleceu entre os ocultistas modernos, por exemplo, na escola de Myriam, animada em Roma por Kremmerz, após a Segunda Guerra Mundial, cujos adeptos em estado de *mag* (êxtase ativo) se esforçavam por abraçar uma mulher fluídica, Myriam, produzida pela concentração mental coletiva[*].

---

[*] Os *Fasciolli della Myriam* de Kremmertz, expondo as experiências de seu grupo, apareceram *hors du commerce* em Roma em 1950.

A SANTIFICAÇÃO DO SEXO

Um movimento purificador, que rejeitava a identificação do sexo com o mal, desenhou-se na filosofia oculta a partir do Renascimento. Ele começou por opor ao conceito da mulher como criatura de perdição o de inspiradora que aporta uma luz incomparável. Cornelius Agrippa foi o primeiro a manifestar essa opinião, em seu tratado *De Nobilitate et praecellentia foeminei sexus* [Da nobreza e da proeminência do sexo feminino] (1529); mesmo que quisesse com isso elogiar sua protetora Margarida da Áustria, governante dos Países Baixos, ele adotou de todo modo seu tom incomum. Agrippa utiliza muitos paradoxos para demonstrar que a mulher é superior ao homem: ela descende de Eva, cujo nome significa *vida*, criada a partir de Adão e da carne dele, ao passo que Adão era formado de simples barro; ela suja menos a água em que se banha do que seu companheiro; ela pode usar os cabelos tão longos que encobrem sua nudez, prova de sua disposição ao pudor etc.

Guillaume Postel foi ainda mais longe em *Très merveilleuses victoires des femmes du Nouveau monde* [Vitórias muito maravilhosas das mulheres do novo mundo] (1553), no qual combate os que diziam "que as mulheres perderam e perverteram o mundo" e faz o elogio de todo tipo de heroínas, de Jehanne la Pucelle à marquesa de Pescara, cuja história "mostra que para a mulher nada é impossível", dizia que elas salvaram a humanidade, redimindo o pecado de Eva: "A semente da mulher e não a do homem deve rachar o crânio de Satã"[751]. Vimos como esse erudito ficou perturbado com as revelações da cozinheira Joanna que não sabia ler nem escrever. Assim nasceu o feminismo próprio da filosofia oculta, que honra a mulher não por aquilo que ela faz, mas por aquilo que ela é, dando mais importância à inspirada que tem uma vida interior, do que à mundana que deve seu prestígio apenas à posição e ao ofício. Feminismo que Louis-Claude de Saint-Martin resumirá nesta fórmula sublime: "O homem é o espírito da mulher e a mulher é a alma do homem".

Outro ponto da santificação do sexo foi valorizar o prazer genital sem fins de concepção. Primeiro, a Kabbala ensinou que as relações conjugais têm um poder cósmico, que tem como efeito tornar a colocar as hipóstases divinas face a face quando essas estão de costas (pois tudo no universo obedece à Lei sexual e é transmitido através de uma cópula); e que elas continuam mesmo após a morte. Depois, Swedenborg desenvolveu ideias ainda mais livres sobre a metafísica do erotismo neste mundo e no outro. Com a minúcia de um casuísta, Swedenborg discerne nuances "entre o mais e o menos casto"; não atribui culpa à fornicação (uso da prostituição); admite que um solteiro tenha uma amante, contanto que não cobice uma virgem ou a mulher do próximo. Ele reconhece quatro tipos de adultério repreensíveis por diferentes motivos: adultério por ignorância (quando não nos damos conta de que é um mal), adultério por desejo libidinoso, adultério da razão (por aqueles que decidem não se tratar de pecado) e adultérios da vontade (quando são considerados lícitos e agradáveis). No entanto, ainda que as carícias dos amantes passageiros sejam idênticas às dos esposos, apenas o amor verdadeiramente conjugal eleva a humanidade acima dos animais: "O macho e a fêmea foram criados para ser a própria forma do casamento do bem com o verdadeiro"[752].

De fato, a mulher é "a vontade do bem" e o homem "o entendimento do verdadeiro"; a vontade da esposa se une ao entendimento do esposo para constituir um ser perfeito. A mais alta espiritualidade se realiza nesse esforço de dois que tendem a se tornar um; é por isso que Swedenborg desaconselha o celibato e a poligamia. A morte não separa os casais, pois o amor sexual subsiste no além, tal como foi vivido na terra: os libertinos continuam a ser libertinos, os verdadeiros esposos nele se reencontram para uma fusão ideal: "Lá, os esposos são chamados não de dois anjos, mas de um anjo"[753].

Cada um, depois da morte, é introduzido no mundo dos espíritos, que ocupa o meio entre o Céu e o Inferno; ali se preparam para a residência definitiva, quando será despojado o exterior de sua alma (ou mente) do interior, seu elemento mais puro. Nesse primeiro estágio, "o marido e a esposa, se ambos estiverem mortos, se reencontram, se reconhecem, e caso tenham vivido de acordo no mundo, eles se associam e durante algum tempo vivem juntos"[754]; se constatam que a inclinação entre eles perdura, prosseguirão eternamente em sua união; do contrário, eles a romperão para buscar, cada um, outra união mais ideal, pois "há casamentos no céu". Se um homem se casou muitas vezes na terra, ele reencontra depois da morte suas esposas, une-se a elas sucessivamente e na mesma ordem, escolhe uma ou abandona todas por uma nova; a mulher que teve dois ou três maridos passa também pela mesma prova. Os prazeres amorosos do além-túmulo são intensos, mas infecundos: "Os esposos gozam entre si comunicações semelhantes às que tiveram no mundo, porém mais agradáveis e mais felizes, embora sem proliferação"[755]. Apenas os indivíduos que buscaram na terra "uma conjunção de almas" com o ser amado ganham o céu; os outros vão para o inferno.

No século XIX, a preocupação com a santificação do sexo provocou erotomanias religiosas, que certos ocultistas combateram. Em agosto de 1839, Eugène Vintras, fabricante de papel em Tilly-sur-Seule, recebeu a visita de um velho "brilhante a ponto de ofuscar", que não era outro senão São José que viera lhe anunciar "o reino do Amor"; depois de suas conversas com ele e com o arcanjo Miguel, Vintras fundou a Obra da Misericórdia, destinada a preparar o advento do terceiro reino ou reino do Espírito Santo. Cada membro adotou o nome de um anjo, Vintras virou Sthratanael; seu discípulo, o abade Charvoz, cura de Montlouis, tornou-se Amenorael etc. A condessa de Armaillé pôs sua fortuna à disposição de Vintras, e formou com ele uma união mística para serem "o Adão e a Eva do mundo regenerado". Como ele era casado, a condessa de Armaillé, chamada de Dhocedoel, deitava-se em um leito ao lado do que ele ocupava com a esposa. No seio dessa organização dirigida por uma Setena, que simbolizava os sete dons do Espírito Santo, maravilhas aconteceram: Vintras tinha êxtases, visões e estigmas, ele fazia seus adeptos comungarem com hóstias ensanguentadas, em uma capela chamada *Tente*, de onde perfumes e música se elevavam sem explicação. Detido em abril de 1842, foi condenado a cinco anos de prisão por fraude, porque havia recebido quantias variadas de pessoas que queriam saber o nome de seu anjo da guarda e se estavam no caminho da salvação.

Durante sua prisão, ele foi substituído na direção da comunidade pelo abade Maréchal, conhecido por Ruthmael. Este, em julho de 1845, teve a revelação da "santa liberdade dos filhos de Deus". Os órgãos sexuais eram, segundo ele, santificados pelo Espírito Santo, e era possível se servir deles piedosamente. Quando julgava que os fiéis tinham "chegado ao grau certo", isto é, prontos para a ação requisitada, ele os convidava ao "sacrifício de amor", que consistia em masturbarem-se em grupo na frente uns dos outros. Ele lhes aconselhava a repetir esse sacrifício com um fim religioso, confinando-os em duplas fora das reuniões: "Recomenda-se àqueles que sentirem simpatia um pelo outro que se ofereçam juntos com frequência. Cada vez que assim fazem, sentem-se seguros de estarem criando um espírito no céu", dizia ele[756]. Um panfleto que denunciava, a partir de testemunhas, as cenas de loucura erótica que ele propiciava após sua missa, obrigou o abade Maréchal a fugir. Vintras, que saiu da prisão em 1848 e reencontrou sua esposa mística Dhocedoel, conseguiu expandir sua Obra de Misericórdia, recuperou o abade Maréchal – que havia se escondido em uma casa junto a uma prostituta –, e nomeou-o "Pontífice provictimal" de sua seita. Vintras precisou exilar-se em Londres, de 1852 a 1862, onde publicou *L'Évangile éternel* [O evangelho eterno] (1857); quando voltou, instituiu em Lyon o Carmelo de Elias e foi visto como um santo incompreendido. Mas Éliphas Lévi, que o havia conhecido em sua segunda viagem a Londres, em 1861, atacou-o em nome da Alta Magia, declarou sua seita "anárquica e absurda" e o tratou como falso pontífice, apesar do hábito sacerdotal que havia composto para si, com uma túnica púrpura e "um cetro mágico que terminava em uma mão com os dedos fechados exceto pelo polegar e pelo dedo mínimo, consagrados a Vênus e a Mercúrio"[757].

Na mesma época, o abade Joseph Boullan, que havia se doutorado em teologia em Roma e pertencido à congregação do Precioso Sangue de Albano, conheceu, em 1856, na igreja Notre-Dame-de-la-Salette, uma religiosa milagrosa, a irmã Adèle Chevalier, que alegava ter comunicação constante com a Virgem Maria. Eles fundaram juntos a Obra da Separação das Almas, para redimir os pecados da humanidade e curar as "doenças diabólicas". Instalaram em Bellevue sua comunidade que obedecia às regras ditadas por uma voz interior a Adèle Chevalier. As queixas ao bispo de Versalhes fizeram com que condenassem Boullan, em 1865, a três anos de prisão; sabemos, a partir de seu processo, que, para tratar as possessas, usava remédios escatológicos, como fazer com que elas bebessem sua urina misturada à urina da irmã Chevalier[758]. De fato, ele se baseava no *Liber secretorum* [Livro dos segredos] (1540) atribuído a Alberto Magno, no qual são prescritos diversos usos mágicos dos excrementos. No entanto, ao sair da prisão, depois de peregrinar por Assis e de ter fundado em Paris, em 1870, *Les Annales de la sainteté au XIXᵉ siècle* [As análises da santidade no século XIX], Boullan persistiu em se especializar na luta contra os enfeitiçamentos. Quando Vintras morreu em 1875, ele se colocou como seu sucessor à frente do Carmelo de Elias de Lyon. Ele instituiu o Pontificado feminino, chamado de "Marisíaco do Carmelo", do qual a vidente Julie Thibault, que entrava em transe para advertir sobre as manobras dos íncubos e dos enfeitiçadores, foi a primeira "sacerdotisa de Maria".

Boullan pregava a "lei da regeneração santa", que curava os vícios e as paixões: "Tendo sido a queda edênica efetuada por um ato de amor culpável, é pelos atos de amor religiosamente realizados que se pode e se deve operar a Redenção da Humanidade"[759]. A aproximação sexual com os espíritos superiores que se efetua de modo celeste, com o fim de elevar a si mesmo, é chamada de "união de sabedoria"; a de modo infernal, com inferiores, até mesmo com demônios e animais que podem ser melhorados por meio dela, é a "união de caridade". Quando ele punha em contato dois seres iguais que combinavam seus fluidos, esse ato era um "duo de vida". Graças a essa doutrina de amor purificador, Boullan alegava: "Sobre esta terra, podemos nos formar um corpo edênico que chamaremos de *corpo espiritual glorioso*". As mulheres que ele iniciava nessas "uniões ocultas", que eram por vezes "uniões remotas", pareciam muito as religiosas possessas de outrora. Julie Thibault, de quem Huysmans traçou o retrato em seus *Cadernos* ("rechonchuda camponesa de seios grandes... a máscara napoleônica, escura, curtida"), era atormentada por íncubos a ponto de ter gravidezes psicológicas. Ela revelou isso a um padre de Lyon, que escreveu, em 7 de janeiro de 1887, a Stanislas de Guaita: "A infeliz é obrigada a receber carícias e abraços não apenas de espíritos de luz, mas também daqueles que ela chama de *humanimais*, monstros fedorentos que empesteiam seu quarto e seu leito, e que se unem a ela para se elevar à humanização. Ela me garantiu que eles a engravidaram diversas vezes, e que, durante nove meses dessas gestações, ela sentiu todos os sintomas, *até mesmo os sinais exteriores de gravidez* — chegada a hora do parto, pariu sem dor e escaparam *ventos* do órgão de onde saem as crianças"[760].

Stanislas de Guaita, escandalizado, enviou seu secretário Oswald Wirth para se informar sobre o abade Boullan, e recolheu assim testemunhos sobre o modo como este praticava a "ascensão" ao "se multiplicar por dez", o que queria dizer "inserir o 1 dentro do 0 — o falo no ctéis"[761]. Em 23 de maio de 1887, então, Guaita reuniu em tribunal de honra os iniciados da Rosa-Cruz cabalista, que condenaram Boullan como "bruxo e criador de uma seita imunda", que conduzia "à promiscuidade sem limites, à ubiquidade do despudor, ao adultério, ao incesto, à bestialidade, ao incubismo, e, enfim, ao onanismo"[762]. Vemos que os grandes ocultistas, longe de serem inventores de ideias sobre o incubato, o enfeitiçamento, a possessão e a missa negra (tudo isso vinha do cristianismo esotérico), visavam controlar os abusos.

Essa condenação levou o abade Boullan a crer que Guaita havia tentado matá-lo por meios mágicos, e ele, então, se dedicou a cerimônias de contra enfeitiçamento. Huysmans, que tomou seu partido, se queixou de receber em seu leito todas as noites "socos fluídicos", que atribuiu a Guaita; ele foi, em julho de 1891, a Luon, visitar Boullan, que efetuou o "sacrifício da glória de Melquisedeque" a fim de exorcizá-lo. Quando Boullan morreu em 1893, Huysmans e Jules Bois insinuaram que ele havia sucumbido a uma agressão de Guaita; este os desafiou para um duelo, para combaterem "não através das armas ocultas que vocês fingem temer e que eu não uso nunca". Huysmans se retirou, Jules Bois lutou com uma pistola e não causou danos.

Stanislas de Guaita não era nenhum puritano, mas um purista do oculto. Ele confirmou a importância da magia sexual ao dizer: "A continência é tão pouco uma regra inflexível na alta magia que essas obras teúrgicas de ordem bastante elevada implicam o ato venéreo como condição expressa de sua realização. O amor sexual não sofrido, mas voluntário, se revela como uma das forças mais eficazes com a qual o mágico pode ritualizar seu uso com vistas a certos resultados excepcionais"[763].

A HIEROGAMIA NOS TEMPOS MODERNOS

Desde meados do século XIX, a filosofia oculta recebeu a influência da ioga tântrica e do taoísmo, cujos procedimentos de magia sexual começaram a ser conhecidos e difundidos nos meios iniciáticos. Inspirando-se no hinduísmo e no ascetismo chinês, os ocultistas modernos quiseram revalorizar a hierogamia, união sagrada em que o homem e a mulher se consideram como sacerdote e sacerdotisa de uma religião primordial, e buscam, na cópula, um efeito ainda mais sublime do que o prazer.

A ioga tântrica se baseia no *maithuna*, ato sexual cerimonial usado na Índia desde os tempos védicos, que é ao mesmo tempo uma meditação, um modo de aprender a ritmar a respiração e uma fusão do ser com o Cosmos. Aqui, o casal humano se identifica com o casal divino (e adúltero) Krishna e

Radha. O iogue, copulando, esforça-se para atingir o "estado do inato", "a alegria da aniquilação do eu" e, para isso, deve se retirar do interior da mulher sem ter ejaculado, pois o esperma retido subirá até o cérebro — que simboliza o cume do monte Meru — e desencadeará ali o êxtase (é por isso que o jargão tântrico chama o esperma de *bodhicitta*, "o pensamento da Iluminação"). As técnicas de *maithuna* são variadas, sendo as mais curiosas aquelas da escola Sahajiya de Bengala, reveladas por Manindra Mohan Bose[764]: ao longo de quatro meses, o homem serve a mulher como um empregado doméstico, dormindo no mesmo quarto, mas não na mesma cama; durante quatro outros meses, ele se deita com ela do lado esquerdo, depois mais quatro meses do lado direito; enfim, dormem enlaçados, e só quando houverem separado, deste modo, a voluptuosidade do orgasmo, praticarão o coito. Alguns só se dedicam ao *maithuna* uma vez na vida, por conta da complexidade do protocolo. Em um outro ritual, o homem começa recitando 108 vezes uma fórmula mística, inclina-se dezenove vezes diante da mulher, lhe banha e faz oferendas enquanto ela fica sentada em um tamborete com os braços erguidos, e só a conduz ao leito depois de havê-la transformado em deusa mediante esses atos de adoração. Todos esses métodos de Sahajiya se baseiam no mesmo princípio: "A mulher não deve ser tocada para o prazer corporal, mas para o aperfeiçoamento do espírito". O *maithuna* permite ao iogue tirar partido transcendente de uma obra carnal que os outros homens, segundo ele, não podem realizar sem riscos ou sem máculas.

Os taoístas, na China, também pensam que o ato sexual vulgar prejudica a saúde: "Um único coito diminui a vida em um ano", diz o *Yangxing Yanming Lu* [Feitiço para nutrir o princípio vital e prolongar a vida], atribuído a Tao Hongjing, autor taoísta do século VI. Eles se gabavam de utilizá-lo de modo a se fortalecer, mais do que para se debilitar. Segundo o taoísmo, a continência é contrária à natureza: ela impede o Espírito e o Sopro de se espalharem pelo organismo, o *yin* (princípio terrestre de contração) e o *yang* (princípio celeste de dilatação) de atravessá-lo. O corpo humano é dividido em três campos de cinábrio (o cinábrio sendo um elemento da droga da imortalidade); no campo de cinábrio inferior (o ventre) se encontra a Essência, *jing*; cada um tem a sua. "Toda vez que a Essência está pequena, adoecemos, e quando ela se esgota, morremos", explica Peng Zu. É preciso nutri-la, agitá-la, para que ela cresça e se mantenha alerta: o ato sexual serve para esse efeito, e tomar precauções o torna mais eficaz. Há, em primeiro lugar, interdições: não se deve praticá-lo durante uma tempestade, logo depois de comer ou de lavar os cabelos, nem perto de certos lugares — por exemplo, perto de um poço ou de um forno de cozinha. No momento da união, a regra consiste em "fazer entrar mole e sair duro", isto é, introduzir o pênis flácido na vagina e retirá-lo em ereção, com se a excitação contasse mais do que a satisfação.

Quando o ato sexual era executado em 81 movimentos (número do *yang*), era perfeito. Alguns autores prescreviam também penetrar a mulher nove vezes de modo superficial e uma vez profundamente[765]. Era preciso evitar a ejaculação, a fim de "nutrir o princípio vital", Lieou-king afirmava: "Aquele que é capaz de fazer diversos coitos no mesmo dia sem deixar escapar sua Essência será curado de todas as doenças e sua longevidade aumentará". A ejaculação, para o taoísta que deseja ter um filho, era regulamentada pelo *Sou-niu-king*: "Aos vinte anos, uma emissão a cada quatro dias; aos trinta anos, a cada oito dias; aos quarenta anos, a cada dezesseis dias; aos cinquenta anos, a cada vinte dias; aos sessenta anos, o homem deve manter sua Essência reclusa e não mais emiti-la"[766].

O ato sexual era igualmente praticado pelos monges taoístas a fim "de fazer voltar a Essência para reparar o cérebro" (*houan-tsing pou-nao*) e adquirir assim a imortalidade. O procedimento que os Imortais juravam, bebendo sangue, não transmitir aos profanos, foi revelado por Lieou-king: pegar o pênis e fechá-lo entre dois dedos da mão esquerda, expulsar o Sopro longamente pela boca, depois, ranger os dentes várias dezenas de vezes. *O Escrito Amarelo* — documento taoísta combatido pelos budistas — fala também da "arte de igualar os sopros" em cerimônias coletivas das quais participavam todos os fiéis, exceto as moças solteiras. Souen Ngen, morto em 402, celebrava orgias chamadas de "jogo do dragão e do tigre", que se passavam em um cômodo sob a direção de um Instrutor, após um jejum de três dias.

No entanto, as técnicas sexuais indianas e chinesas não estabeleciam nenhuma igualdade no casal. Mesmo superestimada, a mulher serve de instrumento para o homem. Para a ioga tântrica, a melhor parceira é aquela de casta inferior, como a *dombi* (lavadeira) dos *Cantos Místicos* de Shahidullah. Quanto menor o estrato social e quanto mais ela é viciosa e até mesmo feia, mais sua transformação em deusa é uma proeza meritória. Ela tem tão pouca importância que Sahajiya inventou uma disciplina de *maithuna* com uma mulher imaginária, um súcubo, tão completa quanto seria com uma mulher real. No tantrismo, observa Mircea Eliade, "a feminilidade é indispensável para o aperfeiçoamento, mas a mulher não"[767]. Por sua vez, os monges taoístas só escolhem mulheres de menos de trinta anos, e recomendam trocar de mulher após cada excitação. Lieou-king disse: "Quando se troca de mulher várias vezes, aumenta a vantagem; se em uma noite trocamos dez vezes de mulher, é o grau supremo de excelência". Deve-se evitar mulheres que já conhecem o procedimento; elas o utilizariam apenas em benefício próprio — como Si Wang-mou, mulher que alcançou o Tao pela via sexual — e não teriam nenhuma utilidade para o homem. Trata-se aí, portanto, de uma experiência egoísta, na qual se busca o próprio desenvolvimento em detrimento de outrem. Os ocultistas ocidentais, que retomaram esses dados, quiseram criar um método que satisfizesse o homem e a mulher ao mesmo tempo, tornando-os perfeitamente iguais.

O iniciador moderno da magia vermelha (nome da magia sexual inspirada no tantrismo) foi o médico americano Pascal Beverley Randolph (1825-1875), filho de um nativo da Virgínia com uma mestiça de origem caribenha. Aos 25 anos, Randolph entrou em uma sociedade secreta de Boston, a Hermetic Brotherhood of Luxor, cujo Grão-Mestre era Peter Davidson, oposta ao espiritismo que começava a se difundir nos Estados Unidos. Durante a Guerra da Secessão, Randolph recrutou uma legião de voluntários entre os escravos para combater no campo antiescravagista, e atraiu a estima de Abraham Lincoln e do general A.H. Hitchcock. Depois de diversas viagens, especialmente pela França, onde os doutores Fontaine e Bergevin se interessaram por seus trabalhos, Randolph fundou, em Boston, por volta de 1868, a Eulis Brotherhood, grupo iniciático que pesquisava "a exploração prática da força mágica sexual", segundo seus ensinamentos – estes contidos em um manuscrito copiado em sessenta exemplares para os Irmãos de Eulis. Maria de Naglowska traduziu para o francês e publicou, sob o título *Magia sexualis*, o ritual do segundo grau desse ensinamento, negligenciando o ritual do primeiro grau (astrologia e química oculta) e o do terceiro grau (sobre a pedra filosofal).

Segundo Randolph, a união sexual é uma oração a dois, que só pode ser bem realizada se a mulher for "moralmente superior", se o contato permanecer inocente ("além do prazer carnal, vise a união das almas", dizia ele), se os corpos forem muito apropriados, se conservado o mistério sobre a intimidade do casal e se forem observadas todas as prescrições que ele enumera. É preciso antes adquirir o domínio de si mesmo e a "potência de evocação" através de exercícios de *volancia* (força passiva e fria, que obedece ao intelecto, isenta de toda paixão), de *decretismo* ("capacidade de intimar ordens inelutáveis", "poder de criar entidades"), de *posismo* (estudo diante do espelho, cinco minutos por dia, de uma pose especial do corpo correspondente a um estado mental determinado, cólera pura, bondade abstrata etc.). Randolph indica também as cores, os perfumes astrológicos e as melodias suscetíveis de aumentar a intensidade do psiquismo.

As operações mágicas sexuais são feitas com sete objetivos principais: carregar condensações fluídicas (isto é, talismãs e estatuetas de enfeitiçamento); produzir uma influência magnética que submeta o parceiro; realizar um projeto específico; determinar o sexo da criança a ser concebida; refinar os sentidos; regenerar a energia vital; e provocar visões sobre-humanas. Deve-se levar em conta a posição da lua: em sua fase crescente, ela favorece a mulher; quando mingua, o homem é privilegiado. Randolph aconselha: "Não se unam mais de uma ou duas vezes por semana... Antes, durante e depois do ato de amor, tenham uma imagem clara daquilo que vocês desejam"[768]. Ele desenhou esboços de cinco posições principais da "oração do amor": a posição sentada, frente a frente, "é eficaz para afinar — como dois instrumentos antes de tocar a mesma música — o homem e a mulher que se dedicam à operação mágica do amor"; a posição de quatro, desde que ambos estejam de acordo, "serve para projetar uma influência vigorosa no círculo exterior" etc.

Um casal que utilizar sua sexualidade para obter a realização de um projeto se obrigará a uma ação que se estenda por 48 dias. Nos sete primeiros dias, a mulher não entrará no quarto do homem, em que ele realizará os ritos preliminares; depois disso, o coito será praticado a cada três dias durante 41 dias. É necessário que o espasmo masculino e o orgasmo feminino ocorram ao mesmo tempo, pois disso resultará uma corrente mental que modifica o astral conforme a vontade do casal. Além disso, o prazer compartilhado se submete à lei da polarização inversa do casal: no homem, o sexo é positivo e a cabeça é negativa; na mulher, a cabeça é positiva e o sexo, negativo; é por isso que o homem fecunda fisicamente a mulher e a mulher fecunda espiritualmente o ho-

tinta, ainda mais porque ele não se considerava um convertido; por sua consciência
mem. O dr. Adrien Péladan Filho disse que, segundo ele, a mulher é destinada à
da unidade das tradições, julgava-se "inconversível". Havia simplesmente operado
criação uterina, não à criação cerebral, mas que ela tem um cérebro masculino
sua conexão iniciática com a religião que melhor correspondia ao seu ideal de
que fecunda o cérebro do homem: "Sob a projeção do pensamento da mulher,
esoterismo: "Não há nada nisso que implique à atribuição de uma superioridade em
o cérebro *feminino* do homem se põe a *conceber*"[769]. Maria de Naglowska, que
si de uma forma tradicional sobre uma outra, mas unicamente aquilo que poderia
sistematiza essa noção, fundou em Paris, em 1932, a Confraria da Flecha de
ser chamado de uma questão de conveniência espiritual"[604].
Ouro, cujo objetivo era preparar o reino da Mãe (que sucede o reino do Pai e do
Com essa iluminação, ele irá compor *O Simbolismo da Cruz* (1931) e *Os*
filho estabelecido pela era cristã), formando "sacerdotisas do amor", capazes de
Estados Múltiplos do Ser (1932). A filosofia de Guénon parte de sua "teoria dos
fecundar moralmente os homens. Seu movimento era de um feminismo sober-
estados múltiplos", ela mesma baseada em sua concepção da "Possibilidade uni-
bo, no ritual codificado em seu livro *La Lumière du sexe* [A luz do sexo] (1933),
versal", que compreende o Ser e o Não-Ser, o manifestado e o não-manifestado.
pretendia neutralizar o Mal ao lhe opor atos sexuais religiosos executados sob a
O homem representa ao mesmo tempo aquilo que ele é e aquilo que ele não é:
direção de prostitutas sagradas comparáveis às hierodulas de Biblos[770].
"Se imaginarmos um ser qualquer em sua totalidade, ele deverá comportar, ao
No início do século xx, Aleister Crowley, escritor que tinha o gênio do
menos virtualmente, estados de manifestação e estados de não-manifestação[665].
escândalo, de um dandismo perverso que ultrapassava o de Oscar Wilde, tentou
O Não-Ser, longe de ser o nada, será, sobretudo, seu contrário, se o nada pudes-
combinar a magia negra e a magia vermelha. Tão refinado quanto depravado, re-
se ter um contrário: "São essencialmente os estados de não-manifestação que
ferindo-se a si mesmo como erudito e letrado, em Gnose, ioga tântrica e sufismo,
garantem ao ser a permanência e a identidade"[606]. O espírito humano inclui o
revelou suas experiências em *The Confessions of Aleister Crowley* [As confissões de
intelecto puro (que existe em todos os seres e em todos os estados) e o *mental*
Aleister Crowley] (1930), autobiografia que qualificou de "auto-hagiografia", pois
("aquilo que existe de especial no homem, aquilo que não é comum com os seres
ele se identificava como um "santo de Satã", designando-se até mesmo como *The*
não-humanos"). Não existe unidade do Eu, e a consciência individual é ilusória;
Great Wild Beast [A grande besta selvagem], em alusão à Besta 666 do Apocalipse.
o homem, dividido entre o intelecto puro (de ordem universal) e o mental (sua
Nascido em 1875, em Leamington (Warwickshire), no seio de uma família de fa-
"diferença específica"), que passa por uma sucessão de estados, não chega a captar
náticos religiosos, demonstrou, desde os estudos no Trinity College de Cambrid-
o que realmente é. Daí a necessidade de uma empreitada de "totalização do ser",
ge, seu temperamento excêntrico, ao usar camisas de seda, gravatas extravagantes,
que o faz chegar à "Identidade suprema" por meio de uma Gnose: "O conheci-
folha de parreira na lapela e uma águia de bronze na cartola. Depois de publicar
mento verdadeiro desses estados implica sua possessão efetiva, e, inversamente,
um poema filosófico, *Aceldama* (1898), fez o elogio do erotismo em *White Stains*
é através desse próprio conhecimento que o ser se apossa deles"[607].
[Manchas brancas] (1898); atacado pelos jornais, deu, em Londres, uma conferên-
Em julho de 1934, casou-se novamente com a filha mais velha de um
cia de imprensa sobre "a miséria sexual na Grã-Bretanha", na casa de sua amante
negociante, o xeique Mohannad Ibrahim, e se instalou com ela na Villa Fatma,
Veronica Lind, diante de uma tapeçaria indiana que representava um falo. Ele se
rue Nawal, no bairro de Doki. Ele terá então duas filhas, Khadija e Leila, e dois
filiou à sociedade iniciática Golden Dawn [Aurora dourada], à qual pertenciam os
filhos, Ahmed e Abdel Wahed (este último nascerá depois da morte de Guénon).
romancistas Arthur Machen e Bram Stoker (o autor de *Drácula*). Em sua iniciação
Seu último período será marcado por *O Reino da Quantidade e os Sinais dos Tem-*
feita por McGregor Mathers, o Grão-Mestre da Ordem, Crowley, que se tornou
pos (1945); *Considerações Sobre a Iniciação* (1946); *Princípios do Cálculo Infinite-*
Frater Perdurabo, teve a revelação de suas vidas anteriores: havia sido o sacerdote
simal (1946); e, como uma conclusão do desenvolvimento de seu pensamento,
tebano Ankh-n-Khonsu, durante a 26ª dinastia; o cavaleiro báltico Heinrich von
A Grande Tríade (1946).
Dorne no século xii; o papa Alexandre vi; o padre Ivan, monge dos Bálcãs etc.

Tendo herdado uma grande fortuna, Crowley comprou a mansão
Esse filósofo que tão bem falou sobre a iniciação não quis ter discípulos,
de Boleskine perto do Loch Ness, nas Highlands, para ali fazer magia com
nem se propôs como modelo aos leitores. Ele perseguiu a ambição superior de
Allan Bennett, conhecido como Iehi Aour. Além disso, sob o nome de Vladimir
ser a encarnação da Tradição, com uma autoridade inflexível. Apresentava-se
Svareff, alugou em Chancery Lane um apartamento no qual dois cômodos –
como uma obra, não como um homem, e não admitia que ninguém se interessas-
o "templo branco" e o "templo negro" – serviam para cerimônias orgiásticas.
se por sua vida privada, nem por seu pensamento. A um crítico italiano que, em
Após uma viagem de estudos ao México e à Índia, ele se casou, em Londres,
maio de 1950, referiu-se a ele como o mestre do "esoterismo moderno", mas que
com Rose Edith Kelly, sua primeira "Esposa Escarlate" com dons mediúnicos,
lhe censurava o fato de se fechar exclusivamente na dialética, respondeu: "Nunca
que ele levou ao Cairo. Por intermédio de Rose, Crowley entrou em contato
pretendemos explicar nada sobre 'nossa experiência interior', que não diz respei-
com a entidade Aiwas que, ao falar pela boca da esposa em transe, ditou-lhe
to e não pode interessar a ninguém, nem tampouco da 'experiência interior' de
em três dias O Livro da Lei (1904), que anunciava a nova era, "o Éon de Hórus".
qualquer um, pois isso é estritamente incomunicável pela própria natureza"[608]. A
A partir daí, Crowley se proclamou chefe do Astrum Argentum, movimento
inegável grandeza dessa atitude também não impede que a exposição dele feita
esotérico que acreditava que cada homem era uma estrela.
por Georges Bataille (que essa frase parece visar) seja admirável, que desvela in-
De volta a Londres, Rose, abalada por seus estados de vidência, precisou
teiramente sua subjetividade a fim de revelar sua "mística sem Deus".
ser internada depois de dar a ele uma filha, que ele chamou de Nuit Ma Aha-
Com René Guénon, chegamos ao limite extremo do invisível; ele o
thoor Hécate Sapho Jezebel Lilith. Em 1909, Crowley realizou uma expedição
percebe como tal, em vez de procurar nele anjos ou micróbios do astral. Ele o
à Argélia com Victor Neuburg, encarregado de anotar suas palavras quando ele
identifica com o incomunicável, aquilo que, tornando invisível a relação com o
fizesse aparecer, no deserto, Chorohzon, o Espírito do Mal. Foram encontrados
invisível, confere ao mistério do Ser uma dupla invisibilidade. Disso vemos que
quase mortos de esgotamento no oásis El-Golea. Depois disso, Crowley se uniu
o invisível está presente em Guénon nas especulações sobre o Não-Ser, sobre o
a Leila Waddell, sua segunda "Esposa Escarlate", que tinha visões sob efeito de
"estado sutil" (taijasa dos hindus, que produz criações alucinatórias) e sobre os
anhalonium (um derivado do peiote). Ele fundou The Equinox, revista que saía
"confins do indefinido" (partes desconhecidas da Possibilidade universal), mas
duas vezes por ano, nos equinócios de primavera e de outono; nela, publicou
não no seio de uma busca individual claramente expressa. Sabemos que ele se
seu diário mágico. Nessa época, ele raspou a cabeça, conservando na frente uma
encaminhou para "a Libertação através da qual o ser se livra dos vínculos de toda
"mecha fálica" que simbolizava o falo de Osíris. Crowley se interessava apenas
condição especial de existência", e ignoramos se ele encontra, no caminho, ilu-
pela magia sexual, que ele chamava de Magick (o k significava kteis, nome grego
minações ou êxtases. Um de seus amigos falou de sua "vida simples", um outro
do órgão sexual feminino). O Book Four [Livro quatro], que compôs no outono de
de sua personalidade "diáfana"; seu apagamento por trás da Tradição fez dele o
1911, foi o produto de uma experiência de High Magick Art [Arte da alta magia]
filósofo invisível, como antes existiu o filósofo desconhecido.
com a bailarina Mary Desti, conhecida como irmã Virakam.
Embora alegasse não se interessar por abstrações, Guénon pesou os mais
Em 1914, Alester Crowley foi a Nova York e ali multiplicou provoca-
finos conceitos ocultos nas balanças de sua mente. Aprendemos com ele a dife-
ções, fez um discurso para a Estátua da Liberdade, rasgou seu passaporte e mo-
rença entre misticismo e esoterismo, entre "realização mística" e "realização ini-
rou, na Washington Square, em um apartamento onde dava às visitantes o "beijo
ciática ou esotérica"; ele nos mostra o que é a "realização ascendente", que segue
da serpente" (mordendo-lhes a mão e o pescoço). Ele conquistou uma nova adep-
rumo a um objetivo, e a "realização descendente", na qual atraímos para nós a
ta, Leah Faesi, rebatizada Alostrael. Foi com ela e mais outra concubina, Ninette
verdade buscada. Resolveu problemas desse gênero: "O espírito está no corpo ou
Shumway, conhecida como irmã Cypris, que ele criou a Abadia de Thelema em
o corpo está no espírito?". Ele foi o grande teórico da vida contemplativa, mas se

abril de 1920, em Cefalù, na Sicília. Nessa casa, cujo cômodo central, com um altar hexagonal, servia para sua "missa gnóstica", Crowley, – sob o pseudônimo de Alastor de Kerval, com brincos nas orelhas e unhas pintadas de preto –, se dedicou a todos os excessos da droga, da mística às avessas e do sexo. Seus discípulos deviam punir a si mesmos, com cortes de navalha no braço, cada vez que dissessem "Eu". As cenas da Abadia de Thelema tiveram fim quando Mussolini mandou expulsar Crowley da Sicília, em primeiro de maio de 1923.

Ele passou a viver, a seguir, na França, e foi em Paris que publicou, em, *Magick in theory and practice* [Magia teórica e prática] (1929), sua suma filosófica, onde mostrou que não reservava a *mágika* a uma classe de privilegiados, mas que todo mundo podia ser iniciado nela: "Escrevi este livro para ajudar o banqueiro, o boxeador, o biólogo, o poeta, o marinheiro, o vendedor, o operário, o matemático, a datilógrafa, o jogador de golfe, a esposa, o cônsul — e todo o resto — a se realizarem a si mesmos perfeitamente, cada um e cada uma em sua própria função pessoal"[771]. Seu capítulo 0 explica "a teoria mágica do universo", e os seguintes como operar a evocação dos espíritos, a preparação de talismãs, a adivinhação e todo tipo de obras de fascínio, de amor e de ódio, de destruição, de criação e de dissolução. Ao estimar que a melhor forma de oração coletiva é o "drama ritual", Crowley dá diferentes formas de oração; com isso, constatamos que suas "orgias" não eram divertimentos de lupanar, mas graves cerimônias dionisíacas. Sua "missa gnóstica" era verdadeiramente digna dos gnósticos[772]; ele a celebrava usando túnica branca com sobrepeliz escarlate e dourada, a lança sagrada na mão e uma coroa de eletro ornada por uma serpente erguida. Uma sacerdotisa de branco, azul e dourado; duas crianças, uma de preto, outra de branco; e um diácono eram seus auxiliares. Depois do introito, da adoração dos quatro elementos, das lições e respostas, da consagração de *cakes of light* [hóstias de luz] destinadas à comunhão dos fiéis, o casamento místico que concluía a missa era puramente simbólico, a sacerdotisa tomava a lança do sacerdote em sua mão direita e lhe oferecia um golpe com a mão esquerda, com uma troca de palavras sacramentais.

Tendo esgotado esse tipo de experiências, Aleister Crowley viveu, até a morte em 1947, em uma mansão em Netherwood, The Ridge, em Hastings, que pertencia a um discípulo que havia afixado ali uma regra cheia de humor negro,

420

que dizia: "Pedimos aos hóspedes que não perturbem os fantasmas". Foi lá que o encontrou seu biógrafo John Symonds, sob a forma de um velho de cavanhaque pontudo, vestindo um traje de veludo cujas calças iam até o joelho, luciferiano irredutível; almoçava, como é natural, um ovo com gema mole e uma injeção de heroína[773]. A obra de Aleister Crowley, que conta com reuniões de poemas, relatos e rituais mágicos, foi uma mescla de noções tiradas do *Livro dos Mortos* egípcio, dos ensinamentos de John Dee, da ioga tântrica e do grimório atribuído a Abramelin o Mago. Ele empregou a sexualidade com frenesi, buscava gozar perigosamente, através de um paroxismo que deixava os nervos de suas parceiras em frangalhos; podemos criticá-lo pelo uso de adjuvantes artificiais (álcool, droga), enquanto Randolph se limitava a excitantes naturais (cores, perfumes). Esse personagem prodigioso continua sendo quem melhor realizou a hipnose sexual que permitia a um casal explorar o mundo invisível, o amante servindo de operador e a amada de médium.

George Gurdjieff, mago russo nascido em 1877 em Alexandropol, invocou também "o sexo como meio de libertação", em sua doutrina que se baseava ao mesmo tempo em um romance cosmogônico e em um sistema educativo. Ele declarou que devia muito a seu pai, carpinteiro e bardo iluminado de quem publicou as sentenças, e a seu mestre-escola, o padre Borsh. Em 1905, em um café de Moscou, Gurdjieff encontrou Ouspensky, o discípulo que o glorificaria nos *Fragmentos de Um Ensinamento Desconhecido* (1949); e no ano seguinte, o compositor Thomas de Hartmann, que narraria sua vida junto a Gurdjieff. Foi em Essentonki, ao norte do Cáucaso, que Gurdjieff, conhecido como "o Moreno" ou "o Grego negro", devido à sua aparência, fundou, em 1917, seu "Instituto para o desenvolvimento harmonioso do homem", onde obrigava seus alunos a exercícios ascéticos. No início da guerra civil, ele o transferiu para Tblisi e, depois, para Constantinopla; em 1922, ao chegar na França, ele se instalou em uma mansão chamada "Le Prieuré", em Avon, perto de Fontainebleau. A escritora Katherine Mansfield, que chegara em Paris em 3 de outubro de 1922, ouvindo falar dele, foi se refugiar e morrer ali em 9 de janeiro de 1923, na presença de John Middleton Murry.

O Instituto de Gurdjieff era uma "escola da quarta via", que abria, em vez das três vias tradicionais do faquir, do monge e do iogue, "a via do homem astuto", levando o indivíduo a se libertar de tudo aquilo que fazia dele uma máquina. Seus membros efetuavam o Trabalho, atividade que comportava o trabalho para si mesmo, o trabalho para os outros e o trabalho para a escola, a fim de acederem a um "novo nascimento". A máquina humana, movida através de sete "centros" físicos e psíquicos, que são freados por "tampões" (inibições de todo tipo), funciona com diferentes hidrogênios; a "tabela dos hidrogênios" — ele distingue doze, que formam "degraus que vão da terra ao céu") — é tão importante para Gurdjieff quanto a associação sal-enxofre-mercúrio para Paracelso. A sexualidade consome o hidrogênio Si-12, o mais potente de todos: é por isso que ela dispende uma energia proveitosa que ajuda a emancipar a personalidade.

Segundo Gurdjieff, o abuso do sexo é um mal que tem as piores consequências. "Mas quase nunca compreendemos o que significa o abuso do sexo. Não se trata aqui de excessos sexuais ou de perversões sexuais. Essas são apenas formas inofensivas de abuso do sexo. Não, é indispensável conhecer muito bem a máquina humana para compreender o que é o abuso do sexo no verdadeiro sentido da expressão. Refere-se ao mau trabalho dos centros em relação ao centro sexual, em outros termos, a ação do sexo que se exerce através dos outros centros, e a ação dos outros centros que se exerce através do centro sexual[774]." O sexo tem um duplo caráter de veemência e de inutilidade o qual ele comunica ao centro intelectual, ao centro emocional e ao centro motor, quando estes lhe tomam emprestada sua energia. Além disso, se o centro sexual for saqueado pelos outros centros, não terá mais força para constituir "o fino alimento das impressões" necessário à produção dos hidrogênios superiores. O ideal é manter o centro sexual independente dos outros centros; é preciso, portanto, evitar tanto a abstinência quanto a devassidão, pois uma torna o sexo dependente do espírito e a outra o espírito dependente do sexo.

Os alunos de Gurdjieff fizeram uma apresentação de "danças sagradas", em 1923, em Paris, no Thêatre des Champs-Élysées, e, em 1924, em Nova York. Por volta dessa época, Gurdjieff começou os *Récits de Belzébuth à son petit-fils* [Relatos de Belezebu a seu filhinho] (que aparecerão em 1950), nos quais seus mitos são empregados em uma enxurrada de glossolalias. O universo, composto de vibrações, é submetido a duas leis, a lei de Triamazikamno (lei do três) e a lei do Heptaparaparshinockli (lei do sete). O homem é inacabado, existem vários eus que reinam alternadamente em seu ser. Ele conserva traços do "órgão Kundabuffeer", outrora possuído por ele, que suscita o "espectro dos impulsos naoulonosnianos". O mau gênio Lentrohamsanine perturba o mundo, mas é combatido pelo Santíssimo Ashyata Sheyimash, a quem os iniciados devem se recomendar. Eles formarão a "confraria Hishtvori" que permitirá aos "seres tricerebrais do Tetartocosmos" sair do "círculo da confusão das línguas" e evitar as fantasias dos anjos incautos Alguemathant e Helkguematuis. A iniciação será feita através de "legamonismo", transmissão direta da verdade.

O Trabalho preconizado por Gurdjieff compreendia movimentos rítmicos, mas não práticas licenciosas. "Nunca vi nada de escandaloso nos grupos", dirá um de seus adeptos[775]. Longe de pregar a desmesura erótica de Crowley, Gurdjieff descartava de seus ensinamentos os psicopatas sexuais, que julgava incapazes da transformação do corpo físico em corpo astral: "No trabalho, apenas as pessoas completamente normais em relação ao sexo têm chance. Todo tipo de 'originalidade', todos os gostos estranhos, desejos bizarros, o medo e a ação dos 'tampões', tudo isso deve ser destruído desde o início"[776].

A partir de 1933, depois de vender o Priorado de Avon e renunciar ao seu Instituto, Gurdjieff viajou aos Estados Unidos e terminou sua vida em Paris, onde morreu em 1949, deixando uma autobiografia póstuma, *Encontros com Homens Notáveis* (1960), em que adverte o leitor a "não levar tudo ao pé da letra". Diversos de seus discípulos, como C.S. Nott, Margaret Anderson e Kathryn Hulme contaram suas experiências com ele.

Julius Evola, último, cronologicamente, dos grandes teóricos da magia sexual, inspirou-se tanto no gnosticismo como no tantrismo. Aristocrata de origem siciliana, nascido em Roma em 1898, ele começou escrevendo poemas futuristas e fazendo pinturas abstratas. Depois, a partir de 1922, ele se dedicou exclusivamente à filosofia, criticando o idealismo e recomendando um "imperialismo pagão" e um individualismo total, do qual ele expressará os princípios em *Teoria dell'individuo assoluto* [Teoria do indivíduo absoluto] (1927). De 1927 a 1929, ele anima em Roma o "grupo Ur", associação de estudos esotéricos que tinha por órgão a revista *Ur* (que se tornaria *Krur*); os trabalhos desse grupo foram objeto dos três volumes de sua *Introduzione alla magia quale scienza dell'Io* [Introdução à magia como ciência do eu] (1929).

Em 1930, o barão Evola escalaria o paredão setentrional do Lyskamm oriental, com o guia Eugenio David, e praticaria, a partir de então, o alpinismo como exercício espiritual. Sob influência de René Guénon, ele se tornou um defensor da Tradição em diversos livros importantes, entre os quais *La tradizione ermetica* [A tradição hermética] (1931), sobre os símbolos e a doutrina da "arte real"*, e *Rivolta contro il mondo moderno* [Revolta contra o mundo moderno] (1934), assim como nos dez números de sua revista *La Torre*. Declarava-se nem fascista*, nem antifascista, e seu objetivo era ressuscitar a corrente gibelina à qual havia pertencido Dante, que opunha os interesses do Império aos interesses da Igreja.

Durante a Segunda Guerra Mundial, ferido em Viena em abril de 1945 durante um bombardeio, Julius Evola ficou paralisado das duas pernas pelo resto da vida. Apesar de sua impotência, redigiu ainda diversas obras, dentre as quais *Metafisica del sesso* [Metafísica do sexo] (1958), *Cavalcare la tigre* [Cavalgar o tigre] (1961) e sua autobiografia iniciática *Il Camino del Cinabro* [O caminho de Cinábrio] (1963). Após sua morte em 1974, Julius Evola foi cremado no cemitério de Spolete e, depois, seu executor testamentário Renato del Ponte, acompanhado por um grupo de discípulos e do guia Eugenio David, subiram até o monte Rosa, para ali lançar em uma abertura natural glaciar, em 26 de agosto de 1974, a urna que continha suas cinzas. No mesmo ano, uma Fundação Julius Evola foi constituída em Roma, no palácio Baccelli, no Corso Vittorio Emanuele, sob a presidência do advogado Paolo Andriani, no intuito de perpetuar sua memória e manter a Tradição.

Para Evola, o ser humano é inteiramente definido por seu sexo, que ele assume como um destino; só existimos enquanto masculino ou feminino, mas essa diferenciação permanece obscura: "A masculinidade e a feminilidade são antes de tudo fatos de ordem interna, ao ponto de o sexo interior poder não corresponder ao sexo exterior"[777]. O sistema de Evola visa, portanto, o florescimento do sexo interior, e seu pleno acordo com o sexo externo. Acreditando que o masculino e o feminino têm funções específicas, Evola combateu o feminismo vulgar, que reivindicaria para a mulher o direito de ser um homem, mais

---

* N. E.: Atualmente, com base em documentos disponíveis, sabe-se que Julius Evola teve ligações estreitas com o fascismo italiano e europeu, atuando como ideólogo próximo ao regime de Mussolini e influenciando correntes neofascistas com sua defesa de uma "tradição" elitista e antidemocrática.

do que o direito de ser uma mulher. Ele dizia: "Não podemos nos perguntar se a 'a mulher é superior ou inferior ao homem', assim como não podemos nos perguntar se a água é superior ao fogo... As 'reivindicações' da mulher moderna derivam de ambições errôneas, assim como de um complexo de inferioridade — a ideia falsa de que uma mulher enquanto tal, enquanto 'apenas mulher' seria inferior ao homem"[*].

Assim, a magia sexual constitui o ápice final e a doutrina mais secreta da filosofia oculta. Os mestres sempre comunicaram confidencialmente a seus discípulos os modelos de experiências mágicas realizáveis por meio da sexualidade; a divulgação desses procedimentos é uma inovação recente, correspondente a uma certa libertação dos costumes; contudo só podem se dedicar a esses abraços especiais, semelhantes a viagens extáticas a dois, os iniciados que já possuem uma iniciação de primeiro grau, com tudo o que ela implica de disciplina e de noções gerais. Não podemos nos dedicar à prática do erotismo cósmico e da hierogamia moderna sem termos primeiro nos aprofundado nos princípios que evoquei nos capítulos anteriores. Segundo uma progressão rigorosa, a etapa final do nosso percurso devia ser a magia sexual, pois encontramos nela uma combinação de aritmosofia, da demonologia, da alquimia natural (transmutação do prazer carnal em absoluto espiritual), da medicina hermética e da exploração do astral, que reúne sob a égide do sexo diversas crenças preliminares, que os magos de outrora legaram, como depositários, aos ocultistas de amanhã.

A história da filosofia oculta está agora aberta para o porvir. A proliferação de seitas europeias e americanas, e o interesse de muitos espíritos sérios por todo o domínio do irracional provam que a necessidade de utilizar os recursos descobertos se faz sentir por toda parte. A filosofia oficial, tal como a ensinavam Bergson ou Heidegger, e a escolástica servida do alto de uma cátedra aos alunos que se diplomam não bastam para acalmar a inquietude ou excitar o ardor dos

---

[*] Ibid. Raymond Abellio, em *La Structure absolue* (Paris: Gallimard, 1965), dedica vários capítulos à magia sexual, "comunhão com o universal", em que expressa sua concepção da "mulher final", que, através da "intensificação do fator clitoriano", sucederá a "mulher original ou animal". Abellio estuda a ligação — que os hindus chamam de *kundalini* — entre os órgãos genitais e o cérebro por intermédio do plexo, e diz que "essa tríade no homem da sexualidade, da cerebralidade e da plexualidade" é "a chave da antropologia". Ele é o único ocultista que tratou do "aspecto transcendental da homossexualidade", que definiu do ponto de vista metafísico e à qual reconhece um estatuto genético (ele admite quatro tipos de cromossomos, que determinam quatro constituições fundamentais, duas heterossexuais e duas homossexuais).

nossos contemporâneos; as novas gerações precisam de filosofias insólitas, que abarquem em uma síntese o mundo visível e o mundo invisível, e prolonguem no século XXI o caminho de conhecimento aberto por Cornelius Agrippa, Paracelso, Jakob Böhme, Louis-Claude de Saint-Martin, Fabre d'Olivet, Wronski, Stanislas de Guaita, René Guénon e muitos outros.

Vimos que a filosofia oculta comporta constantes através da variedade de suas doutrinas. Primeiro, ela fez a análise racional das superstições, menos para catalogá-las do que para tirar delas uma direção viva, uma compreensão das aspirações da humanidade. Depois, teve diversas crenças fixas, interpretadas de modos diferentes de um autor para outro: a crença na tripla natureza do homem, composta de um corpo físico, de um corpo astral e de um espírito (o hílico, o psíquico e o pneumático, segundo a Gnose); a crença na Alma do Mundo, que vem do pitagórico Timeu de Locres, para quem o universo era uma esfera cercada por sua alma como uma gema de ovo boiando na clara dentro da casca, que os gnósticos chamavam de *Nous*, Paracelso, Éliphas Lévi de luz astral, e sobre a qual Cornelius Agrippa dizia: "A alma do mundo é uma certa via única que preenche tudo, que alimenta tudo, que liga e segura todas as coisas juntas"; a crença nas artes divinatórias, submetidas a inventário; a crença em "forças errantes" do mundo invisível, que podemos estudar através da experiência e da demonologia comparada; a crença no magnetismo universal, isto é, nas correntes de atração ou repulsão que emanam dos seres animados ou inanimados, da terra e do céu, que o iniciado se esforça para utilizar de modo cioso a fim de adquirir sua potência; a crença nos poderes metafísicos da energia sexual, concentrada ou radiante, que dá lugar a abusos terríveis (aberrações da bruxaria devidas às fantasias dos inquisidores e de suas vítimas, missas negras inventadas por satanistas), mas também a formas superiores de bodas místicas e de exercícios ascéticos. Sobretudo, um dos objetivos principais da filosofia oculta é criar uma medicina paralela associada à tradição de Demócrito (contemporâneo e rival de Hipócrates), no intuito de modificar ou completar, e não rejeitar em bloco, aquilo que se ensina nas universidades.

O pensamento mágico é, no fundo do homem, a melhor e a pior das coisas; a melhor, quando incita a explorar o desconhecido; a pior, caso imponha ilusões que falsificam sua relação com a realidade; a utilidade da filosofia oculta é que ela proporciona meios de separar o melhor do pior nesse elemento vital do psiquismo humano. Mas também deve ser submetida a uma crítica fecunda, que a leve a se superar, em função de descobertas da arqueologia e da ciência, e a garantir para si desenvolvimentos novos. Esta crítica, já recomendada pelos ocultistas do século XIX que buscaram "desocultar o oculto", não tem nada de restritiva. Se os ensinamentos de Hegel continuam válidos apesar dos erros que cometeu em sua *Filosofia da Natureza* (1817), os ensinamentos de Éliphas Lévi conservam sua importância ainda que tenha cometido excessos sobre as origens do Tarot. Retificar os erros de seus precursores é, para quem segue uma disciplina, uma maneira segura de fazer com que ela evolua. Cada vez mais, a humanidade se preocupa em fundir, em uma mesma Tradição, os postulados originais do paganismo antigo, do cristianismo esotérico, das religiões orientais e da dialética ocidental, a fim de criar um sistema de pensamento verdadeiramente universal. Um ideal como esse só poderá se realizar com o aperfeiçoamento dos comportamentos iniciáticos e da ideologia empregados desde a Gnose, de modo a suscitar ações e obras em que o mágico concordará plenamente com o pragmático para ampliar a vida.

NOTAS

PRÓLOGO [PP. 11-38]

1   Klein, Melanie. *A Psicanálise de Crianças*. Tradução de Pola Civelli. São Paulo: Mestre Jou, 1981.

2   Winnicott, D. W. *O Brincar e a Realidade*. Tradução de Breno Longhi. São Paulo: Ubu, 2019.

3   Piaget, Jean. *A Representação do Mundo na Criança*. Tradução de Adail Ubirajara Sobral. São Paulo: Ideias & Letras, 2018.

4   Cf. Anzieu, Didier. *L'Auto-analyse de Freud et la découverte de la psychanalyse*, t. II, pp. 561-571. Paris: Presses Universitaires de France, 1975.

5   Artaud, Antonin. *Suppôts et Supplications*. Paris: Gallimard, 1978.

6   Cf. Henry, Victor. *La Magie dans l'Inde antique*. Paris: Dujarric, 1904.

7   Hubert, Henri; Mauss, Marcel. *Esboço de Uma Teoria Geral da Magia*. Tradução de Paulo Neves. São Paulo: Ubu, 2018.

8   Beugnot, Arthur. *Histoire de la destruction du paganisme en Occident*. Paris: Didot, 1835.

9   Sévère, Sulpice. *Vie de saint Martin*. Tradução francesa de Richard Viot. Tours: Mame, 1861.

10   Ibid.

11   Le Brun, Pierre. *Histoire critique des pratiques superstitieuses*. 2ª edição aumentada. Amsterdã: Jean-Frédéric Bernard, 1733.

12   Ibid.

13   Ibid.

14   Thiers, Jean-Baptiste. *Traité des superstitions*. Paris: Antoine Dezallier, 1679.

15   Le Brun, Pierre. op. cit.

16   *Sepher ha Zohar: O Livro do Esplendor*. Trad., ed. e notas de Rafael Resende Daher. São Paulo: Daemon, 2019.

17   Agrippa, Cornelius. *La Philosophie occulte ou la magie*. Tradução francesa revista por André Levasseur. Paris: Chacornac, 1911.

18 Naudé, Gabriel. *Apologie pour tous les grands hommes qui ont esté faussement soup-çonnez de magie*. Paris: François Targa, 1625.

19 Ibid.

20 Ver o documento rosa-cruziano reproduzido em Jannet, Claudio; *Les Précurseurs de la Franc-Maçonnerie au XVIe et au XVIIe siècle*. Paris: Victor Palmé, 1887.

21 Le Forestier, R. *L'Occultisme et la Franc-Maçonnerie écossaise*. Paris: Librairie académique Perrin, 1928.

22 Cagliostro. *Rituel de la Haute Maçonnerie Égyptienne*. Nice: Cahiers astrologiques, 1947.

23 *Le Grand livre de la Nature, ou l'Apocalypse philosophique et hermétique*. Visto por uma sociedade de Fil… Desc… e publicado por D… (Au Midi, Imprimerie de la Vérité, 1790). O autor dessa obra é Duchantau. Uma reedição foi feita em 1928 por Oswald Wirth.

24 Ragon, Jean-Marie. *Orthodoxie maçonnique, suivie de la maçonnerie occulte et de la tradition hermétique*. Paris: Dentu, 1853.

25 Lévi, Éliphas. *Philosophie occulte. Première série: Fables et symboles*. Paris: Germer Baillière, 1862.

26 Lévi, Éliphas. *Les Éléments de la Kabbale en dix leçons*. Paris: L'Initiation, 1891.

27 Francis Barret. *O Mago: Um Sistema Completo de Filosofia Oculta*. São Paulo: Madras, 2022.

28 Guénon, René. "Organisations initiatiques et sectes religieuses". In: *Le Voile d'Isis*, junho de 1932.

29 Breton, André. *La Lampe dans l'horloge*. Paris: Robert Marin, 1948.

30 Ibid.

1. A GRANDE TRADIÇÃO DA GNOSE [PP. 39-78]

31 Puech, Henri-Charles. *En quête de la Gnose*. Tomo I. Paris: Gallimard, 1972.

32 Matter, Jacques. *Histoire critique du gnosticisme*. Paris: F.G. Levrault, 1828.

33 Plotino. "Contra os Gnósticos". In: *Enéada II: A Organização do Cosmo*. Petrópolis: Vozes, 2010.

34 Orígenes. *Contra Celso*. São Paulo: Paulus, 2004.

35 De Faye, Eugène. *Gnostiques et gnosticisme*. Paris: Geuthner, 1925.

36 *Les Homélies clémentines*. Tradução francesa com introdução e notas de A. Siouville. Paris: Rieder, 1933.

37 Ibid.

38 *Les Homélies clémentines*, op. cit.

39 *Histoire critique du gnosticisme*, op. cit.

40 Hipólito, Santo. *Philosophumena: Refutação de Todas as Heresias*. Belém: Cardeal, 2024.

41 Cerfaux, Lucien. "La gnose simonienne". In: *Recherches de science religieuse*, dezembro de 1923-dezembro de 1926.

42   *Les Homélies clémentines*, op. cit.
43   *Les Homélies clémentines*, op. cit.
44   *Philosophumena.* op. cit. .
45   Roma, Justino de. *I e II Apologias: Diálogo com Trifão*. São Paulo: Paulus, 1995.
46   *Philosophumena*, op. cit.
47   Ibid.
48   Ibid.
49   Ibid.
50   *Histoire critique du gnosticisme*, op. cit.
51   *Oeuvres de Tertulien*. Tradução francesa de M. de Genoude. Tomo I. Paris: Louis Vivès, 1852.
52   Leisegang, Hans. *La Gnose*. Tradução francesa de Jean Gouillard. Paris: Payot, 1951.
53   *I e II Apologias*, op. cit.
54   "Contre les Valentiniens", *Oeuvres de Tertullien*, tomo III.
55   *Philosophumena*, op. cit.
56   *Philosophumena*, op. cit.
57   "Contre les Valentiniens", *Oeuvres de Tertullien*, tomo III.
58   Jâmblico. *Sobre os Mistérios dos Egípcios, dos Caldeus e dos Assírios*. São Paulo: Polar, 2024.
59   Cf. Blochet, E. Études sur le gnosticisme musulman. Roma: Casa editrice italiana, 1913.
60   Festugière, A.J. *Le Révelation d'Hermes Trismégiste. III - Les Doctrines de l'âme*. Paris: J. Gabalda, 1953.
61   Trimesgisto, Hermes. "Poimandres". In: *Corpus Hermeticum Græcum*. Trad. e glossário de David Pessoa de Lira. São Paulo: Cultrix, 2023.
62   Ibid.
63   "Poimandres", op. cit.
64   Ibid.
65   *Pistis Sophia.* Tradução compilada e notas de Karl Bunn. Curitiba: Edisaw, 2013.
66   Ibid.
67   *Corpus Hermeticum*, op. cit.
68   *Corpus Hermeticum*, op. cit.
69   Festugière, A. J. *La Révélation d'Hermès Trismégiste. II - Le Dieu cosmique*. Paris: A.J. Gabalda, 1949.
70   Amelineau, E. *Essai sur le gnosticisme égyptien*. Paris: Pierre Leroux, 1885.
71   *Pistis Sophia*, op. cit.
72   Scholem, Gershom. *As Grandes Correntes da Mística Judaica*. São Paulo: Perspectiva, 2000.
73   *Pistis Sophia*, op. cit.
74   *Oeuvres de Zosime de Panopolis*, publicadas por M. Berthelot. Paris: Collection des anciens alchimistes grecs, 1888.
75   Irineu. *Contra as Heresias*. São Paulo: Paulus, 1995

76   *Philosophumena*, op. cit.

77   *La Chronique de Sulpice Sévère*. Texto crítico, tradução francesa e comentários de André Lavertujon. Paris: Hachette, 1849.

78   *I e II Apologias*. op. cit.

79   Alexandria, Clemente de. *Le Protreptique*. Tradução francesa de Claude Montdésert. Paris: Éditions du Cerf, 1942.

80   Olimpiodoro, *Commentaire sur Zosime*. Texto grego e tradução francesa. Paris: Collection des Anciens alchimistes grecs, 1890.

81   *Philosophumena*. op. cit.

82   Ibid.

83   Ibid.

84   Loisy, Alfred. *Les Mystères païens et le mystère chrétien*. Paris: Émile Nourry, 1930.

85   Trismegisto, Hermes. "A Cratera ou a Mônada". In: *Corpus Hermeticum*, op. cit. Trad. e glossário de David Pessoa de Lira. São Paulo: Cultrix, 2023.

86   Epifânio. *Kata aireseon ogdoekonta (Contre quatre-vingt héresies)*. Texto grego estabelecido por Oporinus (Basileia: J. Hervagius, 1544). Tradução latina em Epifânio, *Opera omnia* (Paris: Migne, 1858).

87   *Pistis Sophia*, op. cit.

88   Faye, Eugène de. *Gnostiques et gnosticisme*, op. cit.

89   Bar Konai, Teodoro. Traduzido para o francês por Franz Cumont In: *Recherches sur le manichéisme*, tomo I. Bruxelas: H. Lamertin, 1908.

90   Jonas, Hans. *La Religion gnostique*. Traduzido para o francês por Louis Evrard. Paris: Flammarion, 1978.

91   Guaita, Stanislas de. *Lettres inédites à Josephin* Péladan. Lausanne: Pierre Genillard, 1952.

92   Sophronius. *Cathecisme expliqué de l'Église gnostique*. Paris: Chamuel, 1899.

93   Guénon, René. "Ce que nous ne sommes pas". In: *La Gnose*, janeiro de 1911.

94   Carta citada em *René Guénon et l'actualité de la pensée traditionnelle*, Atas do colóquio internacional dirigido por René Alleau e Marina Scriabine. Brame-le-Comte: Éditions de Baucens, 1977.

95   Ruyer, Raymond. *A Gnose de Princeton*. São Paulo: Cultrix, 2011.

96   Puech, Henri-Charles. "Phénoménologie de la Gnose". In : *En quête de la Gnose*, tomo I, op. cit.

97   Ibid.

2. OS MISTÉRIOS DA KABBALA [PP. 79-120]

98   Scholem, Gershom. *Les Origines de la Kabbale*. Paris: Aubier-Montaigne, 1966.

99   Karppe, S. Études sur les origines et la nature du Zohar. Paris: Félix Alcan, 1901.

100   Vulliaud, Paul. "Les procédès de la Kabbale". In: *La Kabbale juive*. Paris: Nourry, 1923.

101   *O Bahir: O Livro da Iluminação*. Trad., introdução e comentário de Aryeh Kaplan. São Paulo: Polar, 2019.

102   *Sepher ha Zohar: O Livro do Esplendor*, op. cit.
103   Vulliaud, Paul. "Le Rituel", In: *La Kabbale juive*, op. cit.
104   Aescoly-Weintraub, A.Z. *Introduction à l'étude des hérésies religieuses parmi les Juifs. La Kabbale. Le Hassidisme.* Paris: Paul Geuthmer, 1926.
105   *Sepher ha Zohar: O Livro do Esplendor*, op. cit.
106   Cf. Vajda, Georges. *Recherches sur la philosophie et la Kabbale dans la pensée juive du Moyen Âge.* Paris: Mouton, 1962.
107   Vajda, Georges. op. cit., p. 172.
108   Karppe, S. Études sur les origines et la nature du Zohar, op. cit.
109   *Sepher ha Zohar: O Livro do Esplendor*, op. cit., iv, p. 48.
110   Ibid, iii, p. 406.
111   Ibid.
112   Ibid, v, p. 208.
113   Moïse Schwab, tradutor francês do Talmud, transcreveu todos esses nomes em *Vocabulaire de l'angelologie.* Paris: Klincksieck, 1897.
114   Cf. Serouya, Henri. *La Kabbale.* Paris: Grasset, 1947.
115   Études et Correspondance de Jean de Pauly relatives au Zohar. Paris: Chacornac, 1932.
116   Ibid.
117   Scholem, Gershom. *Les Grands courants de la mystique juive*, op. cit.
118   Karppe, S. Études sur les origines et la nature du Zohar, op. cit.
119   Études et Correspondance de Jean de Pauly, op. cit.
120   Ibid.
121   *Sepher ha Zohar: O Livro do Esplendor*, iii, seção *Vaiykra*. Cf. Givry, Grillot de. *Anthologie de l'occultisme.* Paris: Éditions de la Sirène, 1922.
122   *Sepher ha Zohar: O Livro do Esplendor*, op. cit.
123   Ibid., v, p. 216.
124   *Sepher ha Zohar: O Livro do Esplendor*, iii, p. 318.
125   Grinberg, M. *Lumière du Zohar.* Paris: Maisonneuve, 1973
126   *Sepher ha Zohar: O Livro do Esplendor*, op. cit., tomo v, p. 434.
127   Ibid., tomo v, p. 439.
128   Ibid.
129   Citado por François Secret em *Les Kabbalistes chrétiens de la Renaissance.* Paris: Dunod, 1964.
130   Reuchlin, Johannes. *De Arte cabalística.* Introdução e tradução francesa de François Secret. Paris: Aubier-Montaigne, 1973.
131   Postel, Guillaume. *Les Raisons de la monarchie.* Paris: 1551.
132   Cf. Billons, Le P. des. *Nouveaux éclaircissement sur la vie et les ouvrages de Guillaume Postel.* Liège: J.-J. Tutot, 1703.
133   Gaffarel, Jacques. *Profonds mystères de la Cabale divine.* Traduzido do latim para o francês por Samuel ben Chesed. Paris: Bibliothèque universelle Beaudelot, 1912.
134   Gaffarel, Jacques. op. cit.

135 Gaffarel, Jacques. *Curiosités inouïes sur la sculpture talismanique des Persans, horoscope des patriarches, et lecture des estoilles.* Paris: Hervé du Mesnil, 1629.

136 Ibid.

137 Ibid.

138 Gaffarel, Jacques, op. cit.

139 Ibid.

140 Ibid.

141 Ibid.

142 Gaffarel, Jacques. op. cit.

143 Ibid.

144 Chacornac, Paul. Éliphas Lévi, rénovateur de l'occultisme en France. Paris: Chacornac, 1926.

145 Lévi, Éliphas. *Dogma e Ritual da Alta Magia.* São Paulo: Pensamento, 2017.

146 Ibid.

147 Ibid.

148 Lévi, Éliphas. op. cit.

149 Lévi, Éliphas. *História da Magia.* São Paulo: Cultrix, 2019.

150 Ibid.

151 Ibid.

152 *História da Magia,* op. cit.

153 Cf. Viatte, Auguste. *Victor Hugo et les illuminés de son temps.* Montreal: Éditions de l'Arbre, 1942.

154 Papus. *L'Occultisme contemporain.* Paris: G. Carré, 1887.

155 Barrès, Maurice. *Un rénovateur de l'occultisme: Stanislas de Guaita.* Paris: Chanuel, 1898.

156 Guaita, Stanislas de. *No Umbral do Mistério.* São Paulo: WMF Martins Fontes, 1985.

157 Matgioi. *Nos maîtres. Stanislas de Guaita.* Paris: Librairie hermétique, 1909.

158 Barrès, Maurice. *Stanislas de Guaita,* op. cit.

159 Guiata, Stanislas de. *Le Temple de Satan.* Paris: Librairie du Merveilleux, 1897.

160 *Lettres inédites de Stanislas de Guaita au Sar Joséphin Péladan.* Lausanne: Pierre Genillard, 1952.

161 Ibid.

162 Conde de Larmandie, *L'Entracte idéal, Histoire de la Rosa-Croix.* Paris: Chacornac, 1903.

163 *Catalogue du second Salon de la Rose-Croix.* Paris: Librairie Nilsson, 1893.

164 *Le Temple de Satan,* op. cit.

165 Guaita, Stanislas de. *La Clef de la magie noire.* Paris: G. Carré, 1897.

166 Matgioi, op. cit.

167 *La Clef de la magie noire,* op. cit.

168 Jounet, Albert. *La Clef du Zohar.* Paris: Chacornac, 1909.

169 Wirth, Oswald. *Stanislas de Guaita. Souvenirs de son secrétaire.* Paris: Éditions du Symbolisme, 1935.

170 *La Clef de la Magie noire,* op. cit.

171 Ibid.

172 Ibid.

173 Guaita, Stanislas de. *Le Problème du Mal*. Levallois-Perret: Éditions du Symbolisme, 1949.

174 Ibid.

175 Carta citada por André Billy, em *Stanislas de Guaita*. Paris: Mercure de France, 1971.

176 Barrès, Maurice. *Stanislas de Guaita*, op. cit.

177 Péladan, Joséphin. *L'Occulte catholique*. Paris: 1899.

3. A ARITMOSOFIA [PP. 121–154]

178 Cf. Kircher, Athanasius. *Arithmologia, sive de abditis numerorum mysterir*. Roma: Varesiu, 1665.

179 Warrain, Francis. *Les Sephiroth*. Paris: Chacornac, 1931.

180 Agostinho, Santo. *A Doutrina Cristã*. Tradução de Frey Ary E. Pintarelli. Petrópolis: Vozes, 2023.

181 Lacuria, Abade. *Les Harmonies de l'être exprimées par les nombres*. Paris: Chacornac, 1899.

182 Paneth, Ludwig. *Le Symbolique des nombres dans l'inconscient*. Paris: Payot, 1976.

183 Caramuel, Juan. *Mathesis audax*. Louvain: A. Bouvet, 1660.

184 Johan Malfatti von Montereggio. *Estudos Sobre a Mathesis ou Anarquia e Hierarquia da Ciência*. Chapecó: Argos, 2012.

185 Désiré Marchand, Abade. *La Science des nombres d'après la tradition des siècles*. Paris: G. Tegui, 1877.

186 Papus. *La Science des nombres*. Paris: Chacornac, 1934.

187 Saint-Martin, Louis-Claude. *Des Nombres*. Paris: Leroy, 1843.

188 Ibid.

189 Lacuria, *Les Harmonies de l'être*, op. cit.

190 Fax, A.M. *Des Nombres mystèrieux et en particulier du nombre 3*. Paris: Ledoyen, 1850.

191 Auber, Abade. "Des nombres", em *Histoire et théorie du symbolisme religieux*. Paris: A. Franck, 1870.

192 Abade Auber, op. cit.

193 Saint-Martin, *Des Nombres*, op. cit.

194 Doutor René Allendy, *Le Symbolisme des nombres* (Paris: Chacornac, 1932).

195 Ragon, Jean-Marie *Orthodoxie maçonnique*, op. cit.

196 Allendy, *Le Symbolisme des nombres*, op. cit.

197 Lévi, Éliphas. *Lettres au baron Spédalieri. De la Kabbale à la science des nombres*. Paris: Chacornac, 1932.

198 Saint-Martin, *Des Nombres*, op. cit.

199 Lacuria, *Les Harmonies de l'être*, op. cit.

200 Ibid.

201 Saint-Martin, *Des Nombres*, op. cit.

202 Le Brun, *Histoire critique des pratiques superstitieuses*, op. cit.

203 Citado por Auber, "Des Nombres", op. cit.

204 Lacuria, *Les Harmonies de l'être*, op. cit.

205 Agrippa, *La Philosophie occulte*, op. cit

206 Thiers, *La Philosophie occulte*, op. cit.

207 Lacuria, *Les Harmonies de l'être*, op. cit.

208 Malfatti, *La Mathèse*, op. cit.

209 Cornelius Agrippa, *La Philosophie occulte*, op. cit.

210 Lévi, *Lettres au baron Spédaliéri*, tomo I, op. cit.

211 Piobb, P.V. *Formulário de Alta Magia.* Rio de Janeiro: Francisco Alves, 1982.

212 Agrippa, *La Philosophie occulte*, op. cit.

213 Lévi, *Lettres au baron Spédéliari*, tomo II, op. cit.

214 Lacuria, *Les Harmonies de l'être*, op.cit.

215 Piobb, *Formulário de Alta Magia*, op. cit.

216 Carta reproduzida por Paul Chacornac, em *Grandeur et adversité de Jean Trithème*. Paris: Chacornac, 1963.

217 Ibid.

218 Piobb, P. V. *Clef universelle des sciences secrètes d'après les indications de la "Polygraphie" de Jean Trithème*. Paris: Omnium littéraire, 1950.

219 Vigenère, Blaise de. *Traicté des chiffres ou secrètes manières d'escrire*. Paris: Abel L'Angelier, 1586.

220 *Correspondance inédite de Henri IV avec Maurice-le-Savant*. Paris: Renouard, 1840.

221 *Oeuvres de Malherbe*, tomo III, p. 351. Paris: Hachette, 1862.

222 Le Baillif, Roch. *Premier Traicté de l'homme et son essentielle anatomie*. Paris: Abel l'Angelier, 1580.

223 Butte, Wilhelm. *L'Arithmétique de la vie humaine*. Paris: Dentu, 1812.

224 *Idem.*

225 Cf. Gaffarel, Jacques. *Curiosités inouïes*, op. cit.

226 Villirouet, Mouësan de la. *Recherches sur les fonctions providentielles des dates et des noms*. Paris: Dumoulin, 1852.

227 *Ibidem.*

228 Bruck, Rémi. *Électricité ou Magnétisme du globe terrestre*. Bruxelas: Delevingue et Cellewert, 1851.

229 Ibid.

230 Bruck, Rémi. *Manifeste du magnétisme du Globe et de l'Humanité*. Bruxelas: E. Guyot, 1866.

231 Bruck, Rémi. op. cit.

232 Wronski, Hoëné. *Messianisme ou la Réforme absolue du savoir humain*. Paris: Firmin Didot, 1847.

233 Wronski, Hoëné, op. cit.

234 Wronski, Hoëné. *Le Sphinx ou la nomothétique séhélienne*. Paris: Poulet, 1818.

235 Wronski, Hoëné, *Le Sphinx*, op. cit.

236 *Messianisme ou la Réforme absolue du savoir humain*, op. cit.

237 Ibid.

238 Wronski, Hoëné. *La Loi théologique du hasard*. Paris: Gauthier-Villars, 1833.

239 Ibid.

240 Wronski, Hoëné. *Instructions pour l'anneau arithmétique*. Paris: Pinard, 1833.

241 Wronski, Hoëné. *Nouveau système de machines à vapeur*. Paris: Jules Didot, 1834-1835.

242 Wronski, Hoëné. *Dernier appel aux hommes supérieurs de tous les pays*. Paris: Firmin Didot, 1849.

243 Wronski, Hoëné. *Document historique (secret) sur la révélation des destinées providentielles des nations slaves*. Metz: Alcan, 1851.

244 Landur, Nicolas. *Exposition abrégée de la philosophie absolue de Hoëné-Wronski*. Paris: Aubusson e Kugelmann, 1857.

245 Augé, Lazare. *Notice sur Hoëné-Wronski*. Paris: Ladrange, 1865.

246 A influência de Wronski sobre Balzac foi minuciosamente estudada por Fernand Baldensperger em *Orientations* étrangères *chez Balzac*. Paris: Honoré Champion, 1927.

247 Prefácio a Francis Warrain, *L'Oeuvre philosophique de Hoëné-Wronski*. Paris: Véga, 1933.

4. A ALQUIMIA TRIUNFANTE [PP. 155–188]

248 Berthelot, Marcellin. *Les Origines de l'alchimie*. Paris: Georges Steinheil, 1885.

249 Jollivet-Castelot, François. *Comment on devient alchimiste*. Paris: Chamuel, 1897.

250 *Les Alchimistes grecs*. Organização e tradução para o francês por Robert Halleux. Paris: Les Belles-Lettres, 1981.

251 Cf. Needham, Joseph. *Science and civilization in China*. Cambridge University Press, 1976.

252 Berthelot, *Les Origines de l'alchimie*, op. cit.

253 Salmon, William. *Bibliothèque des philosophes chymiques*. Paris: Charles Angot, 1708.

254 Charles, Émile. *Roger Bacon, sa vie, ses ouvrages, ses doctrines*. Paris: Hachette, 1861.

255 Valentim, Basílio. *As Doze Chaves da Filosofia*. São Paulo: Polar, 2016.

256 Berthelot, *Les Origines de l'alchimie*, op. cit.

257 Salmon, William. *Dictionnaire hermétique*. Paris: Laurent d'Houry, 1645.

258 Pernety, Antoine-Joseph. *Dictionnaire mytho-hermétique*. Paris: Bauche, 1758.

259 Salmon, *Dictionnaire hermétique*, op. cit.

260 D'Espagnet, Jean. *L'Oeuvre secret de la philosophie d'Hermès*. Paris: Éditions Retz, 1977.

261 Reibhand, Cristophe. *Le Filet d'Ariadne*. Paris: Laurent d'Houry, 1655.

262 Glauber, Rudolph. *La Description des nouveaux fourneaux philosophiques*. Paris: Thomas Jolly, 1651.

263 Pernety, *Dictionnaire mytho-hermétique*, op. cit.

264 Ibid.

265 Ibid.

266 Salmon, *Dictionnaire hermétique*, op. cit.

267 Pernety, *Dictionnaire mytho-hermétique*, op. cit.

268 Saint-Didier, Limojon de. *Le Triomphe hermétique ou la pierre philosophale victorieuse*. Amsterdã: Henri Wetstein, 1699.

269 Ibid.

270 Reibhand, Christophe. *Le Filet d'Ariadne*, op. cit.

271 Salmon, *Dictionnaire hermétique*, op. cit.

272 Saint-Didier, *Le Triomphe hermétique*, op. cit.

273 Salmon, *Dictionnaire hermétique*, op. cit.

274 Ibid.

275 Ibid.

276 *Le Triomphe hermétique*, op. cit.

277 Salmon, William. op. cit.

278 Ibid.

279 Ibid.

280 Ibid.

281 Ibid.

282 Reibhand, Christophe. *Le Filet d'Ariadne*, op. cit.

283 Pernety, *Dictionnaire mytho-hermétique*, op. cit.

284 Berthelot, *Les Origines de l'alchemie*, op. cit.

285 Cf. Pascal, P.; Baud, P. *Traité de chimie minérale*. Paris: Masson, 1933.

286 Figuier, Louis. *L'Alchimie et les alchimistes*. Paris: Hachette, 1860.

287 Salmon, William. *Bibliothèque des philosophes chymiques*. Paris: Charles Angot, 1708.

288 Salmon, *Dictionnaire hermétique*, op. cit.

289 *Mémoires de la Société des Antiquaires de France*, 1857.

290 Valentim, Basílio. *Le Char triomphal de l'antimoine*. Paris: Éditions Retz, 1977.

291 Ver prefácio de Sylvain Matton em *Dernier testament* de Basílio Valentim, Paris: Éditions Retz, 1977.

292 Salmon, *Dictionnaire hermétique*, op. cit.

293 Salmon, *Dictionnaire hermétique*, op. cit.

294 Ibid.

295 D'Espagnet, Jean. *L'Oeuvre secret de la philosophie d'Hermès*, op. cit.

296 Salmon, *Dictionnaire hermétique*, op. cit.

297 Ibid.

298 Libois. *Des Dieux et des Héros suivant la science hermétique*. Paris: Veuve Duchesne, 1773.

299 Maïer, Michael. *Atalanta Fugiens (A Fuga de Atalanta): Scrutinium Chymicum*. Tradução de Thiago Tamosauskas. eBook Kindle, 2022.

300 Andreae, Valentin. *Les Noces chymiques de Christian Rosencreutz*. Tradução francesa do alemão seguida de comentários alquímicos de Auriger. Paris: Chacornac, 1928.

301 Philalète, Eyrenée. *L'Entrée ouverte au palais fermé du roi.* Paris: Denoël, 1972.

302 *Le Triomphe hermétique,* op. cit.

303 Aimé Porte du Trait des Âges. *François Jollivet-Castelot.* Paris: E. Figuière, 1914.

304 *Comment on devient alchimiste,* op. cit.

305 Jollivet-Castelot, François. *La Science alchimique.* Paris: Chacornac, 1904.

306 Prefácio a *Bréviaire alchimique* de Auguste Strindberg, Paris: Durville, 1912.

307 August Strindberg, carta de 8 de fevereiro de 1897, em *Bréviaire alchimique,* op. cit.

308 Ambelain, Robert. "Jean-Julien Champagne, alias Fulcanelli". In: *La Tour Saint-Jacques,* n. 9, 1962.

309 Fulcanelli. *Les Demeures philosophales.* 3ª edição aumentada. Paris: J.J. Pauvert, 1965.

310 Ibid.

311 Canseliet, Eugène. *Alchimie.* Nova edição revista e aumentada. Paris: J.J. Pauvert, 1978.

312 Ibid.

313 Barbault, Armand. *L'Or du millième matin.* Paris: Publications Premières, 1969.

314 Alleau, René. *Aspects traditionnels de l'alchimie.* Paris: Éditions de Minuit, 1956.

315 Jung, Carl G. *Memórias, Sonhos e Reflexões.* Rio de Janeiro: Nova Fronteira, 2019.

316 Jung, Carl G. *Memórias, Sonhos e Reflexões,* op. cit.

317 Salmon, *Dictionnaire hermétique,* op. cit.

318 Pernety, *Dictionnaire mytho-hermétique,* op. cit.

5. A CONQUISTA DO PORVIR PELAS ARTES DIVINATÓRIAS [PP. 189-244]

319 Peucer, Kaspar. *Les Devins ou Commentaires des principales sortes de devinations.* Tradução para o francês de Simon Goulart. Antuérpia: Hendrik Connix, 1584. Essa tradução é melhor que o original, pois Goulart dividiu em quinze livros, cada um subdividido em capítulos, o texto latino compacto e sem intertítulos de Peucer.

320 Ibid.

321 Ibid.

322 Ibid.

323 Ibid.

324 Ibid.

325 Peucer, Kaspar. op. cit.

326 Ibid.

327 Ibid.

328 Ibid.

329 Ibid.

330 O cânone do Concílio foi inteiramente reproduzido por Pierre Le Brun em *Histoire critique des pratiques superstitieuses,* op. cit.

331 Thibeau, René. *La Mysterieuse prophétie des papes*. Paris: J. Vrin, 1950. Esse padre vai ainda mais longe na ciência mística dos números do que o ocultista Pierre Piobb em *Le Sort de l'Europe d'après la célebre prophétie des papes de saint Malachie*. Paris: Dangles, 1938.

332 Lecanu, Abbé. *Dictionnaire des prophéties*. Paris: Migne, 1858.

333 Fontbrune, Doutor. *Les Prophéties de Nostradamus expliquées et commentées*. Sarlat: Michelet, 1938.

334 Fontbrune, Doutor. *L'Étrange XXe siècle vu par Nostradamus*. Sarlat: Michelet, 1950..

335 Pavillion, Antoine Couillard. *Les Contredicts aux faulses et abusives prophéties de Nostradamus et autres astrologues*. Paris: Charles L'Angelier, 1560.

336 *Recueil des ouvrages de la célébre Mlle Labrousse*. Bordeaux: Brossier, 1797.

337 Star, Ély. *Les Mystères de l'horoscope*. Paris: E. Dentu, 1888.

338 Julevno, *Nouveau traité d'astrologie pratique*. Paris: Chacornac, 1949.

339 Star, Ély. op. cit.

340 Legendre, Gilbert-Charles. *Traité de l'Opinion*. 3ª edição revista, corrigida e aumentada. Paris: Briasson, 1741.

341 Cf. *Oeuvres du comte de Pagan*. Paris: C. Besogne, 1669.

342 *Traité de l'Opinion*, op. cit.

343 Villon, Antoine. *De l'Usage des éphémérides*. Paris: Jean Moreau, 1624.

344 Fomalhaut. *Manuel d'astrologie sphérique et judiciaire*. Paris: Vigot, 1933.

345 Papus. *Premiers élements d'astrosophie*. Paris: Publications de l'École hermétique, 1910.

346 Julevno. *Nouveau traité d'astrologie pratique*. Paris: Chacornac, 1949.

347 Desmoulins, J.; Ambelain, R.; *Lilith, le second satellite de la terre*. Paris: Niclaus, 1938.

348 Carteret, Jean. *Des Dialogues et du Verbe*. Paris: L'Originel, 1978.

349 Ibid.

350 Cf. Ebneter, Theodor. *Poème sur les signes géomantiques*. Lausanne: Urs Graf Verlag, 1955.

351 *La Géomancie du seigneur Christofe de Cattan, gentilhomme genevois, le tout mis en lumière par Gabriel du Préau*. Paris: Gilles Gilles, 1558.

352 *La Géomancie abrégée de Jean de la Taille de Bondaroy, gentilhomme de Beauce, pour sçavoir les chose passées, présentes et futures*. Paris: Lucas Breyer, 1574.

353 Cf. Maupoil, Bernard. *La Géomancie à l'ancienne Côte des Esclaves*. Paris: Institut d'Ethnographie, 1943.

354 Warrain, Francis. *Physique, métaphysique, mathématique et symbolisme cosmologique de la géomancie*. Paris: Vega, 1968.

355 *La Physionomie humaine de Jean-Baptiste Porta, napolitain, traduite du latin en françois par le sieur Rault*. Rouen: Jean et David Berthelin, 1654.

356 *La Physionomie humaine de Porta*, op. cit.

357 Ibid.

440

358 Ibid.
359 *La physionomie humaine de Porta*, op. cit.
360 Ibid.
361 De La Chambre, Cureau. *L'Art de connoistre les hommes*. Paris: P. Rocolet, 1659.
362 Lavater, Caspar. *L'Art de connaître les hommes par la physionomie, novelle édition corrigée et disposée dans un ordre plus méthodique*. Paris: Depélafol, 1820.
363 Ibid.
364 Martiny, M. *Essai sur la biotypologie humaine*. Paris: J. Peyronnet, 1948.
365 *Revue de morpho-physiologie humaine*. n. 1, outubro de 1948.
366 Christian, Paul. *Histoire de la magie*. Paris: Furne et Jouvet, 1870.
367 *La Chiromance de Patrice Tricasse, Mantouan*. Paris: G. Des-Bois, 1561.
368 Ibid.
369 Ibid.
370 *Les Principes de la Chyromancie tirez des oeuvres mathématiques de Jean Taisnier*, Veuve Clousier, 1667.
371 *Les Oeuvres de Me Jean Belot*, op. cit.
372 Taisnier, Jean. op. cit.
373 *Les Oeuvres de Me Jean Belot*, op. cit.
374 D'Arpentigny, Stanislas. *La Chirognomonia ou l'art de reconnaître les tendances de l'intelligence d'après les formes de la main*. Paris: C. Le Clere, 1843.
375 Desbarrolles, Adolphe. *Chiromancie nouvelle*. Paris: Dentu, 1839.
376 Papus. *Premiers éléments de chiroscopie*. Paris: Chacornac, 1896.
377 Ibid.
378 Cf. Soriani, Eugenio. *La Moderna quirologia*. Buenos Aires: Ediciones Ananké, 1937.
379 Mangin, Henri. *Abrégé de chiroscopie médicale*. Paris: Dangles, 1951.
380 Muchery, George. *Traité complet de chiromancie déductive et expérimentale*. Paris: Éditions du Chariot, 1958.
381 *La Métoscopie de Hierosme Cardan*. Tradução de Lavrendière. Paris: Thomas Jolly, 1658.
382 Ibid.
383 Ibid.
384 Ibid.
385 Ibid.
386 *La Métoposcopie de Hierosme Cardan*, op. cit.
387 Ibid.
388 Ibid.
389 *Oeuvres de Synésius*. Tradução para o francês por H. Druon. Paris: Hachette, 1878.
390 Ibid.
391 Ibid.
392 *Les Oeuvres de Me Jean Belot*, op. cit., p. 384.
393 Ibid.

394 Ibid.

395 Mirbel, Célestin. *Le Palais du prince du sommeil*. Bourges: Jean Christo, 1667.

396 Ibid.

397 Ibid.

398 Ibid.

399 Retracei a história desses precursores e de seus métodos em "Le Mystère en pleine lumière" (Alexandrian, Sarane. *Le Surréalisme et le rêve*. Paris: Gallimard, 1974).

400 *La Magie naturelle de Jean-Baptiste Porta, napolitain, nouvellemente traduite du latin en français*. Rouen: Thomas Daré, 1612.

401 Ibid.

402 Fernel, Jean. *De Abditis rerum causis*. Paris: Wechelun, 1548.

403 Defrance, E. *Catherine de Médicis et ses magiciens*. Paris: Mercure de France, 1911.

404 De Visé, Donneau. *La Devineresse ou les faux enchantements*. Paris: C. Blageart, 1680.

405 Ibid.

406 Saint-Simon. *Mémoires*. Paris: Hachette, 1897.

407 Cahagnet, L. A. *Magie magnétique*. Paris: Germer-Baillère, 1854.

408 Ragon, J. M. *Maçonnerie occulte*. Paris: E. Dentu, 1853.

409 Sédir. *Les Miroirs magiques*. Paris: Chamuel, 1895.

410 Janet, Pierre. *Sur la Divination par les miroirs*. Paris: Les Amis de l'Université, 1897.

411 Ibid.

412 D'Allemagne, Henri-René. *Les Cartes à jouer du XIVe au XXe siècle*. Paris: Hachette, 1906.

413 Bullet, J. B. *Recherches historiques sur les cartes à jouer*. Lyon: J. Deville, 1757.

414 Sua vida foi contada por J.-B. Millet-Saint-Pierre, em *Recherches sur le dernier sorcier*. Le Havre: Lepelletier, 1859.

415 *Etteilla ou manière de se récréer avec un jeu de cartes*. Paris: Lesclupart, 1770.

416 Ibid.

417 Etteilla. *Fragments sur les Hautes Sciences*. Amsterdã: 1785.

418 Segundo, J.-B. Millet-Saint-Pierre, op. cit.

419 D'Ambly, P. Boiteau. *Les Cartes à jouer et la cartomancie*. Paris: Hachette, 1854.

420 Lévi, Éliphas. *Dogme et Rituel de Haute Magie*, op. cit.

421 Vaillant, J. A. *Les Rômes*. Paris: Dentu, 1857.

422 PPapus. *Le Tarot des Bohémiens*. Paris: Georges Carré, 1889.

423 Van Rijnberk, Gérard. *Le Tarot, son symbolisme, son ésotérisme*. Lyon: Paul Derain, 1947.

424 Wirth, Oswald. *Le Tarot des Imagiers du Moyen Âge*. Paris: Émile Nourry, 1927.

425 Michelet, Victor-Émile. *Les Compagnons de la hiérophanie*. Paris: Dorbon, 1937.

426 De Bertereau, Martine. *Véritable Déclaration de la découverte des mines et des minières de France* Paris: 1632.

427 *La Physique occulte ou Traité de la baguette divinatoire*, 2ª edição. Paris: Jean Anisson, 1703.

428 Padey, Benoît. *Les Secrets de la baguette et l'art du sourcier*. Paris: Amat, 1922.

429 Leprince, Doutor Albert. *Radiesthésie médicale*. Paris: Dangles, 1975.

6. A MEDICINA HERMÉTICA E A TAUMATURGIA [PP. 245-298]

430 Cf. Haven, Dr. Marc. *Arnaud de Villeneuve*. Paris: Chamuel, 1896.

431 Cardan, Jérôme. *Ma vie*. Texto apresentado e traduzido para o francês por Jean Daye. Paris: Honoré Champion, 1936, p. 106.

432 *Ma Vie*, op. cit.

433 *De la Subtilité*, op. cit., p. 141.

434 *De la Subtilité*, op. cit., p. 368.

435 Ibid., p. 154.

436 Ibid., p. 165.

437 Ibid., p. 282.

438 *Oeuvres complètes de Paracelse*. Tradução francesa de Grillot de Givry, tomo I. Paris: Chacornac, 1910.

439 *Oeuvres complètes de Paracelse*, tomo I, op. cit.

440 Ibid.

441 Ibid.

442 Ibid.

443 Paracelso. *Traité des trois essences premières*. Tradução francesa de Grillot de Givry. Paris: Chacornac, 1903.

444 Ibid.

445 Hahnemann, Dr. Samuel. *Exposition de la doctrine médicale homoeopathique*. Paris: J.-B. Ballière, 1832.

446 *La Grande Chirurgie de Paracelse*. Tradução francesa de Claude Dariot. Lyon: A. de Harcy, 1553.

447 Ibid.

448 Pagel, Walter. *Paracelse. Introduction à la médicine philosophique de la Renaissance*. Tradução francesa de Michel Deutsch. Paris: Arthaud, 1963.

449 Pierre Rabbe fez uma tradução francesa parcial da *Médecine spagyrique* de Rhumelius, Paris: Chacornac, 1932.

450 Cf. Hutin, Serge. *Robert Fludd, alchimiste et philosophe rosicrucien*. Paris: Omnium littéraire, 1971.

451 Gassendi. *Epistolica exercitatio, in quia principia philosophiae Roberti Fluddi, medici, reteguntur*. Paris: S. Cramoisy, 1630.

452 Sprengel, Kurt. *Histoire de la médecine*, tomo V. Paris: Déterville, 1815.

453 Digby, Chevalier. *Discours fait en une célèbre assemblée*. Paris: Augustin Courbé, 1663.

454 Lémery, Nicolas. *Pharmacopee universelle*. Paris: L. D'Houry, 1697.

455 Rommelaere, Dr. W. Études sur J.B. Van Helmont. Bruxelas: Henri Manceaux, 1868.

456 Daremberg, Charles. *Histoire des sciences médicales*, tomo I, p. 471. Paris: J.-B. Baillère, 1870.

457 Cf. Starkey, Georges. *Pyrotechny asserted and illustrated*. Londres, S. Thomson, 1658; Le Pelletier, Jean. *L'Alkaëst ou le dissolvant universel de Van Helmont révélé*. Rouen: G. Behourt, 1704.

458 *Lettres de Gui Patin*. Nova edição cotejada com os manuscritos autógrafos. Paris: H. Champion, 1907.

459 *L'Ésprit de Gui Patin*. Amsterdã: Henri Schelten, 1709.

460 *Lettres de Gui Patin*, op. cit.

461 Ibid.

462 *Traité de la Conservation de la santé*. Paris: Jean Jost, 1632.

463 *Les Oeuvres de Jean-Baptiste Van Helmont*. Tradução francesa de Jean Le Conte, doutor em medicina. Lyon: Huguetan et Barbier, 1670.

464 Mesmer. *Précis historique des faits relatifs au magnétisme animal jusques en avril 1781*. Londres: 1781.

465 *Précis historique*, op. cit.

466 *Aphorismes de M. Mesmer*. Paris: Quinquet, 1785.

467 *Aphorismes*, op. cit.

468 Ibid.

469 Cf. Suetônio. *A Vida dos Doze Césares*. São Paulo: Martin Claret, 2004.

470 Cf. Bloch, Marc. *Os Reis Taumaturgos*. São Paulo: Cia das Letras, 2018.

471 Bossuet. *Correspondance*, tomo VII. Paris: Hachette, 1912, p. 47.

472 Cf. Chacornac, Paul. *Le Comte de Saint-Germain*. Paris: Irmãos Chacornac, 1947.

473 Spach, Louis. *Oeuvres choisies*, tomo V. Paris: Berger-Levrault, 1871.

474 Ibid.

475 Cf. Haven, Dr. Marc. *Le Maître inconnu, Cagliostro*. Paris: Dorbon, 1892

476 Bricaud, Joanny. *Le Maître Philippe*. Paris: Chacornac, 1926.

477 Lalande, Marie. *Lumière blanche, évocations d'un passé*. Lyon: Andin, 1948.

478 Cf. Weber-Bauler, Dr. Léon. *Philippe, guérisseur de Lyon à la cour de Nicolas II*. Neuchâtel: Éditions de la Baconnière, 1943.

479 Lucas, Louis. *La Médecine nouvelle basée sur des principes de physique et de chimie transcendantales*. Paris: F. Savy, 1861-1862.

480 Encausse, Dr. Philippe. *Sciences occultes ou vingt-cinq années d'occultisme occidental: Papus, sa vie, son oeuvre*. Paris: Éditions Ocia, 1949.

481 Papus. *A Ciência dos Magos: e Suas Aplicações Teóricas e Práticas*. São Paulo: Ajna, 2022.

482 Encausse, Dr. Philippe, op. cit.

483 Encausse, Dr. Gérard. *Du traitement externe et psychique des maladies nerveuses*. Paris: Chamuel, 1897.

484 Encausse, Dr. Gérard. *Du traitement de l'obésité locale*. Paris: Chamuel, 1898.

485 Encausse, Dr. Gérard. *La Thérapeutique de la tuberculose*. Paris: Chamuel, 1899.

486 Bret, Dr. Paul-Thomas. *La Guérison surnaturelle ou métiatrie*. Paris: J.-B. Baillière, 1933.

487 Ibid.

488 Bret, Dr. Paul-Thomas. op. cit.

489 Cf. Bott, Victor. *La Médecine anthroposophique*. Paris: Triades-Édition, 1972.

490 Lewis, Dr. H. Spencer. *L'Art mystique de la guérison*. Villeneuve-Saint-Georges: Éditions Rosicruciennes, 1977.

7. AS COMUNICAÇÕES COM O INVISÍVEL [PP. 299-358]

491   Papus. *Considérations sur les phènomènes du spiritisme*. Paris: Librairie des Sciences psychologiques, 1890.

492   Wier, Johan. *Cinq livres de l'imposture et tromperie des diables, des enchantements et sorcelleries*. Tradução francesa de Jacques Grévin. Paris: J. du Puys, 1567.

493   Taillepied, Noël. *Traité de l'apparition des esprits*. Paris: Guillaume Bichon, 1587.

494   Taillepied, Noël, op. cit.

495   Ibid.

496   Ibid.

497   Ibid.

498   Ibid.

499   Lavater, Ludwig. *Trois livres des apparitions des esprits, fantosmes, prodiges et accidents merveilleux que précèdent souventes fois la mort de quelque personnage renommé*. Zurique: G. de Marescz, 1581.

500   Le Loyer, Pierre *Discours des spectres ou visions et apparitions d'esprits*, segunda edição, revista e ampliada. Paris: Nicolas Buon, 1608.

501   Ibid.

502   Ibid.

503   D'Autun, Jacques. *L'Incrédulité sçavante et la crédulité ignorante au sujet des magiciens et des sorciers*. Lyon: Jean Molin, 1671, p. 720.

504   Costadau, Pe. Alphonse. *Traité des signes*, tomo VI. Lyon: Bruyset, 1720, p. 148.

505   Séraphin, Rev. Pe. *Principes de théologie mystique*. Tournai: Casterman, 1873, p. 417.

506   D'Autun, Jacques. *L'Incredulité sçavante et la crédulité ignorante*, op. cit.

507   De Nyauld, Dr. I. *De la Lycanthropie, transformation et extase des sorciers*. Paris: Nicolas Rousset, 1605.

508   Ibid.

509   D'Autun, Jacques, op. cit.

510   Lévi, Éliphas. *Dogma e Ritual da Alta Magia*, op. cit.

511   D'Autun, Jacques, op. cit.

512   *Histoire prodigieuse et lamentable de Jean Fauste*. Tradução francesa de Palma Cayet. Paris: 1598.

513   Cf. *Nouveaux mémoires d'histoire, de critique et de littérature*. Segundo o abade d'Artigny, tomo I. Paris: Debure, 1749.

514   "Trois procés de magie", Bibliothèque de l'Arsenal, manuscrito 2663.

515   De Plancy, Collin. *Dictionnaire des sciences occultes*. Paris: Encyclopédie théologique Migne, 1846.

516   Derson, Jacob. *Pour conjurer et faire venir l'esprit du lieu où vous voulez opérer avec le cercle*. Arsenal, manuscrito 2795.

517   *La Sacrée Magie que Dieu donna à Moyse... qui enseigne la vraie Sapience divine*. Arsenal, manuscrito 2351..

518   Ibid.

519   Cf. Poisson, Albert. "Vie de John Dee". In: *L'Initiation*, dezembro de 1893-abril de 1894.

520   Foi publicado todo tipo de biografias fantasiosas de John Dee, algumas delas chegando a dizer, sem provas, que era agente de Elizabeth I. O estudo mais sério ainda é o de Charlotte Fell Smith, *John Dee*. Londres: Constable, 1909.

521   Boehme, Jacob. *Confessions*. Prefácio e notas de Alexis Klimov. Paris: Arthème Fayard, 1973.

522   Ibid.

523   Boehme, Jacob. *Mysterium magnum*. Tradução francesa de Vladimir Jankélévitch, tomo I. Paris: Aubier, 1945.

524   Matter, Jacques. *Swedenborg, sa vie, ses écrits, sa doctrine*. Paris: Didier, 1862.

525   Swedenborg. *Le Livre des rêves*. Tradução francesa e apresentação de Régis Boyer. Paris: Pandora, 1979. O original foi publicado em Estocolmo sob o título de *Swedenborgs Drömmar* (1859).

526   Swedenborg. *Des Terres dans notre monde solaire, qui sont nommées planètes, et des terres dans le ciel astral*. Tradução francesa de J.-P. Moët. Paris: Treuttel & Würtz, 1824.

527   Sobre esses procedimentos respiratórios, ver Martin Lamm, *Swedenborg*. Paris: Stock, 1936.

528   Swedenborg, *Du ciel et de ses merveilles, e de l'enfer d'après ce qui a été entendu et vu*, tradução francesa de Le Boys de Guays (Paris: Fischbacher, 1899).

529   Swedenborg, op. cit.

530   *Des Terres dans notre monde solaire*, op. cit.

531   Cf. Bricaud, Joanny. *Les Iluminés d'Avignon. Étude sur Dom Pernety et son groupe*. Paris: Émile Nourry, 1927.

532   Le Forestier, R. *La Franc-Maçonnerie occultiste au XVIIIe siècle et l'Ordre des Élus Coens*. Paris: Dourbon, 1929.

533   Fournié, Abbé. *Ce que nous avons été, ce que nous sommes et ce que nous deviendrons*. Londres: 1801.

534   Papus. *Martinès de Pasqually, sa vie, ses pratiques magiques, son oeuvre, ses disciples*. Paris: Chamuel, 1895.

535   Ibid.

536   Van Rijnberk, Gérard. *Martinès de Pasqually, sa vie, son oeuvre, son ordre*. Paris: Félix Alcan, 1935.

537   *Souvenirs de Charles-Henri, baron de Gleichen*. Paris: Techener, 1868.

538   Pasqually, Martinès De. *Traité de la réintegration des êtres*. Paris: Chacornac, 1899.

539   *La Correspondance inédite de Louis-Claude de Saint-Martin*. Paris: E. Dentu, 1862.

540   *Souvenirs du baron de Gleichen*, op. cit.

541   *La Correspondance inédite*, op. cit.

542   *Oeuvres posthumes*, tomo I. Tours: Letourmy, 1807.

543   *L'Homme de désir*. Nova edição revista e corrigida pelo autor. Metz: Behmer, 1802.

544   Ibid.

545   *L'Homme de désir*, op. cit.

546 Ibid. Ver também Amadou, Robert. *Trésor martiniste*. Paris: Éditions Tradition-nelles, 1969; Amadou, especialista em martinismo, publica neste livro um inédito de Saint-Martin, "Magnétisme et somnamnulisme", que critica os sonâmbulos e os convulsionários.

547 *La Correspondance inédite*, op. cit.

548 Ibid.

549 Ibid.

550 *La Correspondance inédite*, op. cit.

551 Ibid.

552 *Le Ministière de l'homme-esprit* (Paris: Migneret, 1802).

553 Ibid.

554 *Oeuvres posthumes*, op. cit.

555 Cf. Teder. *Rituel de l'Ordre martiniste*. Paris: Dorbon, 1913.

556 Michelet, V. E. *Les Compagnons de la hiérophanie*, op. cit.

557 *Oeuvres posthumes*, op. cit.

558 D'Olivet, Fabre. *La Vraie maçonnerie et la céleste culture*. Paris: Presses Universi-taires de France, 1952.

559 Ibid.

560 Léon Cellier forneceu citações desse manuscrito mutilado, em *Fabre d'Olivet. Contributions aux aspects religieux du romantisme*. Paris: Nizet, 1953.

561 D'Olivet, Fabre. *Notions sur le sens de l'ouïe*. Montpellier: Picot, 1819.

562 *La Vraie maçonnerie et la céleste culture*, op. cit.

563 Ibid.

564 Ibid.

565 Ibid.

566 *Histoire philosophique du genre humain*. Paris: Brière, 1824.

567 *La Langue hébraïque restituée*. Paris: 1815.

568 *La Vraie maçonnerie et la céleste culture*, op. cit.

569 *La Vraie maçonnerie et la céleste culture*, op. cit.

570 Ibid.

571 Cf. Willermoz, Jean-Baptiste. *Les Sommeils*. Paris: La Connaissance, 1926.

572 Van Rijnberk, Gérard. *Épisodes de la vie ésotérique*. Lyon: Paul Derain, 1948.

573 Guldenstubbé, L. *Pneumatologie positive et expérimentale*. Paris: A. Franck, 1857.

574 Lévi, Éliphas. *Histoire de la magie*. Paris: Germer-Bailler, 1860.

575 Papus. *Traité méthodique de science occulte*. Paris: Carré, 1891.

576 Papus. *Qu'est-ce que l'occultisme?* Paris: Leymarie, 1929.

577 Ibid.

578 Ibid.

579 Papus. *Traité méthodique de magie pratique*. Paris: Carré, 1893.

580 Decrespe, Marius. *Les Microbes de l'astral*. Paris: Chamuel, 1895.

581 *Considérations sur les phénomènes du spiritisme*, op. cit.

582 Ibid.

583 Papus. *Traité méthodique de magie pratique*, p. 361, op. cit.

584   *Qu'est-ce que l'occultisme?*, op. cit.

585   Baraduc, Dr H. *L'Âme humaine, ses mouvements, ses lumières, et l'iconographie de invisible fluidique.* Paris: Georges Carré, 1896.

586   Papus, *Traité méthodique de science occulte*, op. cit.

587   Guaita, Stanislas de. *Clé de la magie noire*, op. cit.

588   Papus, *Qu'est-ce que l'occultisme?*, op. cit.

589   D'Alveydre, Saint-Yves. *La France vraie.* Paris: Calmann-Lévy, 1887.

590   *La France vraie*, op. cit.

591   D'Alveydre, Saint-Yves. *Mission des Juifs.* Paris: Calmann-Lévy, 1884.

592   *Mission de l'Inde en Europe.* Paris: Dorbon, 1910.

593   *Mission de l'Inde en Europe*, op. cit.

594   Barlet. *Saint-Yves d'Alveydre.* Paris: Durville, 1910.

595   Ibid.

596   D'Alveydre, Saint-Yves. *L'Archéomèttre* (Paris: Dorbon, 1911).

597   *Saint-Yves d'Alveydre*, op. cit.

598   Guénon, René. *Teosofismo: História de Uma Pseudo-Religião.* Joinville: Clube de Autores, 2023.

599   Guénon, René. *O Erro Espírita.* Itu: IRGET, 2010.

600   Ibid.

601   Ibid.

602   Ibid.

603   Guénon, René. *A Crise do Mundo Moderno.* Itu: IRGET, 1994.

604   Guénon, René. *Iniciação e Realização Espiritual.* Itu: IRGET, 2009.

605   Guénon, René. *Os Estados Múltiplos do Ser.* Itu: IRGET, 2009.

606   *Os Estados Múltiplos do Ser.* op. cit.

607   Ibid.

608   *Iniciação e Realização Espiritual,* op. cit.

609   *Iniciação e Realização Espiritual,* op. cit.

610   Ibid.

611   *Symboles fondamentaux de la science sacrée.* Paris: Gallimard, 1962.

612   *Aperçus sur l'initiation.* Paris: Éditions Traditionnelles, 1946.

613   Ibid.

8. A MAGIA SEXUAL [PP. 359–427]

614   *La Sacrée Magie que Dieu donna à Moyse.* Arsenal, Fonds Paulmy, manuscrito 2351.

615   Filho, Dr A. Péladan. *De la Spermatorrhée.* Paris: 1872.

616   Agrippa, Cornelius. "De la vertu admirable de certains poisons", em *La Philosophie occulte*, op. cit.

617   Ibid.

618   Cf. "Mystique et continence", número especial de Étuds *carmélitaines.* Paris: Desclée de Brouwer, 1952.

619 *Oeuvres complètes d'Ambroise Paré, revues et collationnées sur toutes les éditions,* tomo II. Paris: J.B. Baillière, 1840.

620 Ibid.

621 Ibid.

622 Ibid.

623 Pompanazzi, Pietro. *Les Causes des merveilles de la nature ou les Enchantements.* Tradução do latim para o francês de Henri Busson. Paris: Rieder, 1930.

624 Liébault, Jean. *Thrésor des remèdes secrets pour les maladies des femmes.* Paris: Jacque du Puys, 1535.

625 Ibid.

626 Joubert, Laurent. *Des erreurs populaires touchant la médecine et le régime de santé.* Paris: C. Micard, 1587.

627 *Leçons anatomiques et chirurgicales de Germain Courtin.* Paris: Denys Langlois, 1612.

628 Rivière, Lazare. *Observations médicalles.* Lyon: J. Certe, 1680.

629 Liébault, Jean. *Thrésor des remèdes secrets,* op. cit.

630 Ibid., p. 125

631 Ibid.

632 Joubert, Laurent. *Des Erreurs populaires touchant la médicine,* op. cit.

633 Ibid.

634 Ibid.

635 *De la Géneration de l'homme,* em *Oeuvres complètes d'Ambroise Paré,* op. cit.

636 Ibid.

637 *De la Géneration de l'Homme,* op. cit.

638 Joubert, Laurent. *Des Erreurs populaires touchant la médicine,* op. cit.

639 Rivière, Lazare. *La Pratique de la médecine,* tomo II. Lyon: Jean Certe, 1690, p. 384.

640 Bénédicti, Pe. Jean. *La Somme des pêchés et les remèdes d'iceux.* Lyon: P. Landry, 1596..

641 Ibid.

642 De Lancre, Pierre. *Tableau de l'inconsistance des mauvais anges et démons.* Paris: Nicolas Buon, 1613.

643 Del Rio, Martin. *Les Controverses et recherches magiques.* Traduzido do latim para o francês por André du Chesne. Paris: Régnaud Chaudière, 1611, p. 733.

644 Ibid.

645 Martin Del Rio, op. cit.

646 Ibid.

647 Ibid.

648 Bodin, Jean. *De la Démonomanie des sorciers, revue diligemment et repurgée de plusieus fautes.* Lyon: A. de Harcy, 1608.

649 Del Rio, Martin, op. cit.

650 Ibid.

651 Boguet, Henry. *Discours des sorciers.* Lyon: Pierre Rigaud, 1608.

652 Boguet, Henry, op. cit.

653 Ibid., p. 75.
654 Ibid., p. 156
655 Ibid., p. 157.
656 Jean Bodin, op. cit., p. 375.
657 Del Rio, Martin, op. cit.
658 De Lancre, Pierre, op. cit.
659 Bodin, Jean, op. cit.
660 Boguet, Henry, op. cit., p. 69.
661 De Lancre, Pierre, op. cit., pp. 224-226.
662 Le Baillif, Roch. *Le Démostérion*. Rennes: Pierre le Bret, 1578.
663 Del Rio, Martin, op. cit., p. 447.
664 Cf. Cesalpino, Andrea. *Daemonium investigatio peripatetica*. Florença: Juntas, 1580.
665 Del Rio, Martin. op. cit.
666 Boguet, Henry, op. cit., p. 205..
667 Ibid., p. 208.
668 Del Rio, Martin, op. cit., p. 371.
669 Ibid.
670 Del Rio, Martin, op. cit., p. 749.
671 Boguet, Henry, op. cit.
672 Erastus, Thomas. *Deux dialogues touchant le pouvoir des sorcières, et de la punition qu'elles méritent*. Paris: Bibiothèque Diabolique, 1885. Tradução francesa de *Repetitio disputationes de lamiis seu strigbus*. Basileia: P. Pernam, 1578.
673 De Nyauld, I. *De la Lycanthropie, transformation et extase des sorciers*. Paris: Nicolas Rousset, 1605.
674 Ibid.
675 De Nyauld, I., op. cit., p. 107.
676 Fontaine, Jacques. *Des marques des sorciers*. Paris: Claude Larjot, 1611.
677 Ibid.
678 Ibid.
679 Le Brun, Pierre. *Histoire critique des pratiques superstitieuses*, op. cit.
680 Cf. Scribonius, Wilhelm Adolf. *De Sagarum natura et potesta*. Marburg: P. Egenolphi, 1588.
681 Bodin, Jean, op. cit.
682 Ibid.
683 De Lancre, Pierre, op. cit., p. 205.
684 Maldonat, Pe. Jean. *Traicté des anges et des démons*. Tradução francesa de François de la Brie. Paris: F. Huby, 1605.
685 Boguet, Henry, op. cit., p. 128.
686 Ibid., p. 130.
687 De Lancre, Pierre, op. cit.
688 De Lancre, Pierre, op. cit.
689 Ibid.
690 Ibid.

691 Ibid.

692 De Lancre, Pierre, op. cit.

693 De Lancre, Pierre, op. cit., p. 125.

694 Ibid., p. 124.

695 *Confession faicte par messire Louys Gaufridi, prestre en l'église des Accoules de Marseille*. Aix: Jean Tholozan, 1611.

696 Ibid.

697 Ibid.

698 Michaëlis, Sébastien. *Histoire admirable de la possession et conversion d'une pénitente*. Paris: Chastellain, 1633.

699 Ibid. I, p. 341.

700 Ibid. II, p. 40.

701 Ibid. II, p. 24.

702 *Histoire de Magdeleine Bavent, avec sa confession générale et testamentaire*. Paris: J. Le Gentil, 1652.

703 Du Boisroger, Pe. Esprit. *La Piété affligée*. Rouen: Le Boulenger, 1652, p. 386.

704 Ibid., p. 385.

705 Ibid., p. 383.

706 Ibid., p. 387.

707 *Interrogatoire et confessions de Magdeleine Bavent*. Bibliothèque de l'Arsenal, manuscrito 2833.

708 Des Anges, Irmã Jeanne. *Autobiographie d'une hystérique possédée*, a partir do manuscrito inédito anotado pelos doutores Gabriel Legué e Gilles de la Tourette. Paris: Delahaye e Lecrosnier, 1886.

709 "Dossiers de l'affaire de Loudun", Biblioteca Nacional da França, manuscritos, Fonds Français 7618-7619.

710 Surin, Pe. Jean-Joseph. *Le Triomphe de l'amour divin sur les peines infernales*. Avignon: Seguin, 1828.

711 Des Anges, Irmã Jeanne. *Autobiographie*, op. cit.

712 Surin, Pe. Jean-Joseph. *Le Triomphe de l'amour divin sur les peines infernales*. Avignon: Seguin, 1828.

713 Bossard, Abade Eugène. *Gilles de Rais d'après des documents inédits*. Paris: H. Champion, 1885.

714 "Papiers de la Chambre ardente", Biblioteca Nacional da França, Fonds Français, manuscrito 7608. Estudando esse dossiê dos interrogatórios, notei alguns detalhes omitidos até o presente.

715 *Archives de la Bastille, documents inédits recueillis par François Ravaisson*, tomo v. Paris: Durand e Pedaume-Lauriel, 1872, p. 466.

716 Ibid., tomo v, p. 312.

717 Ibid., tomo vi, p. 26.

718 Ibid., tomo vi, p. 37.

719 *Archives de la Bastille*, vi, p. 64.

720 Ibid., tomo vi, p. 228.

721 *Archives de la Bastille*, tomo VI, p. 228.

722 Ibid.

723 Ibid.

724 Ibid., tomo VI, p. 275.

725 Ibid., tomo V, p. 384.

726 Depoimento do abade Guibourg, 3 de janeiro de 1681.

727 *Papiers de la Chambre ardente*, op. cit.

728 *Archives de la Bastille*, op. cit., tomo VI, p. 463.

729 Ibid., tomo VI, p. 463.

730 Depoimento de Lesage, 15 de julho de 1680, *Archives de la Bastille*, tomo VI, p. 252.

731 Depoimento da moça Voisin, 20 de agosto de 1680. Ibid., tomo VI, p. 295.

732 Depoimento de Lesage, 28 de novembro de 1679. Ibid., tomo VI, p. 256.

733 *Archives de la Bastille*, tomo VI, p. 80.

734 *Archives de la Bastille*, tomo VI, p. 438.

735 Ibid., VI, p. 309.

736 *Papiers de la Chambre ardente*, op. cit.

737 *Archives de la Bastille*, tomo VI, p. 244.

738 *Papiers de la Chambre ardente*, op. cit.

739 Depoimento do abade Guibourg, 10 de outubro de 1680, op. cit.

740 *Papiers de la Chambre ardente*, op. cit.

741 *Archives de la Bastille*, tomo VI, p. 259.

742 Bodin, Jean. op. cit. Segui a ortografia do impresso original.

743 Del Rio, Martin. op. cit.

744 Ibid.

745 Ibid.

746 Boguet, Henry. op. cit., p. 89.

747 *Le Comte de Gabalis ou Entretiens sur les sciences secrètes* . Paris: Claude Barbin, 1670.

748 Saint-Martin, Louis-Claude. *Correspondance inédite*. Paris: E. Dentu, 1862.

749 Louis-Claude de Saint-Martin, op. cit.

750 Debreyne, Pe. *Essai sur la théologie morale*. Paris: Poussielgue-Rusaud, 1843.

751 Postel, Guillaume. *Très merveilleuses victoires des femmes du Noveau monde*. Paris: Jehan Ruelle, 1553.

752 Swedenborg. *Les Délices de la sagesse sur l'amour conjugal*. Tradução francesa do latim de Le Boys des Guays. Paris: Minuit, 1855.

753 Ibid.

754 Ibid.

755 Ibid.

756 Cf. Gozzoli, Adrien. *Les Saints de Tilly-sur-Seule*. Caen: 1846.

757 Lévi, Éliphas. *Histoire de la Magie*, op. cit., p. 487.

758 Cf. Bricaud, Joanny. *L'Abbé Joseph Boullan*. Paris: Chacornac, 1927.

759 Ibid.

760 Guaita, Stanislas de. *Le Temple de Satan*, op. cit. Guaita, por discrição, não fornece o nome de seu correspondente, mas é evidente que se trata de seu amigo o cônego Roca, apaixonado pelo ocultismo.

761 Ibid., p. 446.

762 Ibid.

763 Guaita, Stanislas de. *La Clef de la magie noire*. Paris: Chamuel, 1897.

764 Mohan Bose, Maninda. *Post-Chaitanya Sahajiya Cult* (Calcutta University, 1911).

765 Maspéro, Cf. Henri. "Les procedés de 'nourrir le principe vital' dans la religion taoïste ancienne", *Journal asiatique*, julho-setembro de 1937.

766 *Yu-fong tche-yao*, em Henri Maspéro, op. cit.

767 Eliade, Mircea. *Essai sur les origines de la mystique indienne*. Paris: Paul Geuthner, 1936.

768 Randolph, P.B. *Magia sexualis*. Paris: Robert Télin, 1931.

769 Filho, Dr. A. Péladan. *Anatomie homologique*. Paris: J.B. Baillière, 1886.

770 Cf. "Maria de Naglowska et le satanisme féminin", em meu livro *Les Libérateurs de l'amour*. Paris: Éditions du Seuil, 1977.

771 *Magick in theory and practice, by the Master Therion (Aleister Crowley)*. Paris: Lecram Press, 1929, p. 15.

772 Cf. "Ecclesiae Gnosticae Canon Missae", em *Magick in theory and practice*, op. cit., pp. 345-361.

773 Symonds, John. *The Magic of Aleister Crowley*. Londres: Frederick Muller, 1956.

774 Ouspensky, P.D. *Fragments d'un enseignement inconnu*, traduzido do inglês para o francês por Philippe Lavastine. Paris: Stock, 1949, p. 361.

775 Ver os documentos reunidos por Louis Pawels em *Monsieur Gurdjieff*. Paris: Éditions du Seuil, 1954, p. 296.

776 *Fragments d'un enseignement inconnu*, op. cit.

777 Evola, Julius. *Métaphysique du sexe*. Paris: Payot, 1959.

SOBRE O AUTOR

que em Longny-en-Potez fazia-se o sabá na noite de segunda para terça-feira porque esse momento era indicado como o mais saturniano por Abraham Aben Esra em seu comentário em hebraico sobre o 4º artigo do Decálogo*. O sabá pelo qual seis bruxas de Longny foram queimadas consistiu, para elas, em encontrar em um prado seis camponeses com os quais elas dançaram e fizeram amor: "Pela confissão das bruxas de Longny, elas diziam enquanto dançavam: har, har, Diabo, Diabo, peca aqui, peca lá, brinca aqui, brinca lá. E as outras diziam: sabá, sabá, isto é, a festa e o dia de descanso, erguendo as mãos e as vassouras no alto, para mostrar e dar um certo testemunho de alegria"[681]. Talvez essas camponesas tivessem lido Aben Esra em hebraico; talvez também se divertissem, para apimentar um encontro galante, com a paródia desse famoso sabá sobre o qual todo mundo tanto falava.

Estou convencido de que os "sabbats" foram, originalmente, bailes populares clandestinos, aos quais fanáticos atribuíram motivações espúrias. Na verdade, o único ponto concordante de todos os relatos é que se dançava bastante e, ainda por cima, "danças novas", para indignação dos inquisidores. Bodin escreveu: "As danças das bruxas deixam os homens furiosos e fazem as mulheres abortarem". Ele incrimina uma dança italiana – a volta –, na qual o homem ajuda a companheira a rodopiar várias vezes: "A volta, que os bruxos trouxeram da Itália para a França, contém tanto mal que uma infinidade de homicídios e abortos decorrem dela"[682]. Lancre critica as bruxas bascas por dançarem a chacona ou a sarabanda, "a dança mais afrontosa e mais lúbrica que se possa ver... pois o homem e a mulher passam e repassam com certos passos medidos um perto do outro, dir-se-ia que cada membro e cada pequena parte do corpo procura e toma a medida para se juntar e se associar, em tempo medido"...

Historiador da arte, ensaísta e romancista, Sarane Alexandrian nasceu em 1927 em Bagdá e faleceu em 2009 em Paris. Criado na França a partir de 1933, ele participou, aos dezesseis anos, da Resistência no Limousin. Na mesma época, foi iniciado no dadaísmo por Raoul Hausmann e publicou seus primeiros poemas em uma coletânea intitulada *Couronnes de vent*. Após estudar psicologia na Sorbonne e história da arte na École du Louvre, conheceu André Breton em 1947 durante a conferência sobre o Surrealismo e o pós-guerra organizada na Sorbonne por Tristan Tzara.

Alexandrian participou, em seguida, da Exposição Internacional do Surrealismo, organizada na galeria Maeght em 1947, e publicou um manifesto na revista Fontaine no mesmo ano, *Poesie et objectivité*, que o levou a ser considerado o teórico número dois do surrealismo. André Breton confiou a ele a direção de *Cause*, junto com Georges Henein e Henri Pastoureau, para atender ao influxo de jovens candidatos de todo o mundo no grupo surrealista. Em 1948, ele conheceu a pintora Madeleine Novarina, que se tornaria sua esposa em 1959, e fundou, com Victor Brauner, Jindrich Heisler, Véra Herold, Stanislas Rodanski e Claude Tarnaud, a revista *Néon*.

De 1962 a 1974, foi crítico de arte assíduo da *L'Œil*. Artista, também atuou como crítico literário no *Les nouvelles littéraires*. Faleceu em 2009, poucos dias antes do lançamento de seu último livro, *Les Peintres surréalistes*. Sarane Alexandrian escreveu vinte e quatro livros sobre arte, quatorze ensaios filosóficos e literários, seis romances, duas coletâneas de contos e fundou a revista *Supérieur Inconnu*.

---

* Foi Pierre de Lancre, o primeiro, em 1610, a empregar os temos "sabbats", "sinagogas de Satã", para designar essas supostas assembleias de bruxos e bruxas. Até então, eram chamadas em francês de *bonesozes* (bruxos e bruxas assim chamados eram de boa companhia, pois eram assimilados aos ritos noturnos de Diana ou da deusa germânica Trollkona). O inquisidor dominicano Etienne de Bourbon, no século XIII, descreve ainda sob o nome de *dohinères* as reuniões em que as bruxas se transportavam pelos ares. (Cf. Étienne de Bourbon, *Anecdoctes historiques*, p. 323. Paris: Renouard, 1877.) Depois disso, a heresia dos valdenses fez prevalecer a palavra *vaudoisie*: Enguerran de Monstrelet evoca em Artois "um terrível caso e lamentável, que se chamava de *vaudoisie* não se sabe por quê". (*Chroniques*, tomo III, p. 84. Paris: Pierre Mettayer, 1454), em que os acusados confessaram sob tortura que tinham sido raptados de suas casas para irem beijar o traseiro do Diabo em uma clareira. Quando os inquisidores foram encarregados de julgar os *bonesozes*, o espanhol Alfonso Spina escreveu, em Valladolid, o *Fortalitium fidei* (1458), que fornecia os argumentos para o antissemitismo, não se ouviu mais falar em *bonesozes* e de *vaudoisies*, mas de sabás.

e lugar, um com o outro"[683]. Ele adiciona, um tanto consternado: "Elas dizem que vão ao sabá apenas para dançar". Lambert Daneau, que publicou um requisitório contra as bruxas, escreveu também contra as novas danças e os jogos de cartas. O que se queria erradicar era o prazer, a revolta pagã da carne oprimida por dogmas puritanos.

Johann Wier, que desejava salvar as bruxas da fogueira, disse que elas apenas auxiliavam no sabá "através da ilusão e da fantasia do espírito": os inquisidores protestaram veementemente. O padre Maldonat afirma que, para se entregarem de verdade ao sabá, as bruxas esfregam no corpo um unguento composto de gordura de criança; para irem em imaginação, elas se deitam, durante o sono, sobre o lado esquerdo do corpo; e para serem espectadoras sem sair de casa ou dormir, "elas vomitam um certo vapor espesso, no qual, como em um espelho, elas contemplam todas as ações e diabruras da assembleia"[684]. Del Rio distingue quatro tipos de transportes de bruxas até o sabá: o transporte em espírito, o transporte normal (em geral a pé), o transporte pelos ares e o transporte ambíguo (quando elas não sabem se foram até lá transportadas corporalmente ou em pensamento). Lancre alega que as bruxas francesas voam até o sabá montadas em um cabo de vassoura, apenas ao pronunciar palavras cabalísticas, mas que as bruxas italianas vão por terra montadas em um carneiro negro.

Naturalmente, depois que se inculcou na cabeça do povo que existiam essas orgias demoníacas, todos os mitômanos começaram a inflar o tema. Era, no fundo, a mesma história, com variantes: os bruxos e as bruxas iam adorar o Diabo sob a forma de um bode com voz humana, beijavam seu traseiro, contavam as maldades que haviam feito e prometiam fazer outras mais, fabricavam um pó nocivo. Boguet afirma: "Convém a existência de água onde acontecem essas assembleias... de modo verossímil, os bruxos procuravam água no sabá porque Satã os mandava bater na água com uma vara para agitá-la. Mesmo que esses miseráveis, na falta de água, urinassem em um buraco feito na terra, depois batiam na própria urina para agitá-la"[685]. Sentavam-se à mesa para um banquete, no qual as carnes não tinham sabor, e do qual saíam mais famintos do que antes: "Nunca há sal nessas refeições, pois o sal é um símbolo da imortalidade, pelo que o Diabo tem um ódio extremo"[686]. Dançam juntos em roda, virados de costas, com o rosto voltado para fora do círculo, de modo que não